从《唐将书帖》
看明清时代的南兵北将

Southern Soldiers and Northern Generals during the
Transitional Period of Ming & Qing:
From the Perspective of *Letters from
Chinese Servicemen During Campaign in Korea*

杨海英　著

中国社会科学出版社

图书在版编目（CIP）数据

从《唐将书帖》看明清时代的南兵北将／杨海英著 .—北京：中国社会科学出版社，2022.1（2022.8 重印）

ISBN 978 - 7 - 5203 - 8941 - 9

Ⅰ.①从… Ⅱ.①杨… Ⅲ.①兵法—中国—明清时代 Ⅳ.①E892.49

中国版本图书馆 CIP 数据核字（2021）第 177378 号

出 版 人	赵剑英	
责任编辑	宋燕鹏	
责任校对	郝阳洋	
责任印制	李寡寡	

出　　版	中国社会科学出版社	
社　　址	北京鼓楼西大街甲 158 号	
邮　　编	100720	
网　　址	http://www.csspw.cn	
发 行 部	010 - 84083685	
门 市 部	010 - 84029450	
经　　销	新华书店及其他书店	
印　　刷	北京君升印刷有限公司	
装　　订	廊坊市广阳区广增装订厂	
版　　次	2022 年 1 月第 1 版	
印　　次	2022 年 8 月第 2 次印刷	
开　　本	710×1000　1/16	
印　　张	33.25	
字　　数	591 千字	
定　　价	189.00 元	

凡购买中国社会科学出版社图书，如有质量问题请与本社营销中心联系调换
电话：010 - 84083683
版权所有　侵权必究

国家社科基金后期资助项目
出版说明

后期资助项目是国家社科基金设立的一类重要项目，旨在鼓励广大社科研究者潜心治学，支持基础研究多出优秀成果。它是经过严格评审，从接近完成的科研成果中遴选立项的。为扩大后期资助项目的影响，更好地推动学术发展，促进成果转化，全国哲学社会科学工作办公室按照"统一设计、统一标识、统一版式、形成系列"的总体要求，组织出版国家社科基金后期资助项目成果。

全国哲学社会科学工作办公室

谨以此书献给

我的父亲杨家和（1936—2021）
20 世纪 50 年代南麂岛的一名守军

与

我的母亲王云爱
照顾卧床病父十二载的传奇女性

前　　言

（一）

《从〈唐将书帖〉看明清时代的南兵北将》探讨一般通称壬辰战争[①]的万历援朝东征（1592—1598）中的参战将士，以个体人物为主线，贯穿东征乃至明清之际的军人及群体，在具体社会环境中的作为及其与历史发展、世界趋势的关系，也试图展现遭遇来自游牧体系之外的非传统挑战时，明代中国的局部、整体反应和渐行性蜕变的冰山一角。

具体地说，《唐将书帖》是万历援朝战争期间，一批明朝东征将士写给朝鲜宣祖时期（1568—1608）著名相臣柳成龙的书信。作为保存在韩国的朝鲜时代古文书之一，被收入《河间丰山柳氏文书·书简通告》中，于1994年、2000年先后刊印出版。前者是影印手书原件，后者是经过释读的正书印刷体，两种形式相互参照，为学界提供了极大方便。[②] 本书就从释读《唐将书帖》出发，深入探析明清时代的南兵北将，以期呈现出一种立体的、动态的、多视角下的感性认识史。

注意到《唐将书帖》，可以说是出于偶然，但也与过去的研究有直接联系。2006年商务印书馆出版的《洪承畴与明清易代研究》，其中有一个没有解决的问题，那就是在明清辽东松锦大战的战场上，受到清朝胁迫的朝鲜军队被迫攻击明军，尤其是朝鲜的火炮手十分抢眼："汉兵死亡甚

[①] 案：这场战争参战各国的称呼都不同。朝鲜一般称为"壬辰倭乱"及"丁酉再乱"，日本则称"文禄之役""庆长之役"，中国史料往往称"东征"，或称万历援朝战争，现在学界一般通称壬辰战争。为尊重时代起见，本书特别采用"援朝东征"这个表述。

[②] 参见《古文书集成》第16册，六，《书简通告类·唐将书帖》手书原件，第177—264页，韩国汉城：精神文化研究院1994年版；《古文书集成》第52册，正书本，河间柳氏篇，第571—598页，韩国汉城：精神文化研究院2000年。

多,而中炮者十居七八",以致"中朝民士逢我国(朝鲜)之人,必流涕而言曰'大明之覆亡,专由于锦州之沦陷;锦州之沦陷,专由于你国之精炮'云"①。朝鲜的精炮是从哪里冒出来的?为什么会比明军更厉害?过去的历史知识并不足以解答这个问题。2003年书稿完成交付出版后,正好有机会可以申请韩国高等教育财团的资助,到韩国做1年国际交流学者。我就向当时的历史研究所提交了申请报告,准备研究明末崇祯年间朝鲜与明朝军事合作的一段秘史,得到了韩国汉阳大学任桂淳教授、中国社会科学院及韩国高等教育财团的支持。但当时研究的范围,离现在这个主题还有50年的差距,中间至少还隔着万历、天启、泰昌3个朝代的3个皇帝。

2004年9月我入住汉阳大学国际公寓。但临街夜半飙车的摩托,使我失眠严重,勉强坚持3个月后,搬到了汉城大学(今国立首尔大学)附近落星岱的一幢私宅,与中国社会科学院传媒研究所殷乐博士及浙江大学另一位教授为邻,在那里度过了放松得多的9个月。宿舍二楼的平台上,可以看到邻居家成堆的泡菜坛;附近就可以爬山,不少山头都留下了我们的回忆;更好是去奎章阁和汉大图书馆看书很方便。正是在汉大图书馆漫览时,看到了朝鲜古文书中的《唐将书帖》,该书中有两位作者就是万历时代援朝东征的将士。2005年夏天,在结束课题研究后,我带着超重的复印材料回到北京,发现在国内几乎找不到与这些书信作者相关的史料。②因此,在我刚刚发现浙江义乌有现存家谱,还保存着几位东征参战将士事迹时,并不知道自己是发现了一个多么庞大的史料宝库——除了各种习见史料及地方志之外,并在随后的日子里深陷其中而不能自拔。这一点,相信常用家谱和爱跑田野的学者都有深切的体会:每当有新的发现时,会多

---

① 《朝鲜仁祖实录》(朝鲜实录版本甚多,页码各不相同。如日本东京学习院东洋文化研究所1962年刊本、韩国汉城探求堂1973年影印本、国家图书馆出版社2011年影印本等,韩国古典综合数据库http://sillok.history.go.kr/网上实录也容易查找,为统一起见,特取消页码,但注明年月日及干支、条数以方便查对)卷42,仁祖十九年九月七日庚辰1条;《朝鲜孝宗实录》卷19,孝宗八年十月二十五日甲午1条。
② 案:除总兵刘𬘩在清修《明史》有传外,吴惟忠、骆尚志、陈寅、沈惟敬在《明史·外国传》中的《朝鲜》及《日本》传中露了一面,其他人物大都无考。虽有少数人出现在地方志中,文字记载也寥若晨星。

么兴奋。①

不好的地方是所选题目涉及的对象，是参加一场7年战争的南北将士，人数动辄成千上万。② 这样庞大的人口基数，既是不断刺激研究突破的力量，也是基础材料受限的最大瓶颈。哪怕将研究对象从"南兵北将"这个概念，缩小到《唐将书帖》的作者及其相关人物，也是一个不小的挑战。③ 因此，从2006年开始申请中国社会科学院重点课题立项，到2020年国家社科基金后期资助项目完成结项，前后拖了15年。但研究似乎仍然看不到可以结束的曙光，尤其是在不断涌现新材料和新成果的参照下，再看前期写下的文字都会感到不安。但项目死限在那，不得不按部就班走下来：2006年，申请中国社会科学院重点课题"从《唐将书帖》看南兵北将"立项并完成；2009年，申请中国社会科学院亚洲研究中心年度项目"朝鲜王朝军队的训练师——万历援朝战争的南兵将和南兵师"立项并完成。同年，在机缘巧合的情况下，认识了浙江省义乌市市志办主任吴潮海、张金龙等先生，打开了义乌家谱这个宝库，并在他们的帮助下，多次前往义乌实地考察和田野工作，收获甚富。经数年努力完成了《域外长城——万历援朝抗倭义乌兵考实》书稿，2014年作为浙江省义乌市《义乌丛书》百种之一，由上海人民出版社出版。福祸相倚的是，在不申请承担研究课题、出版基金等各种麻烦的同时，该书不知何故没有进入图书流通市场，故有不少读者、朋友反映想看却没有办法找到。有鉴于

---

① 案：在过去十余年间，先后发掘出80余部有关南北兵的家谱，分布在浙江义乌、缙云、温州、绍兴等地，还有辽东张氏家谱、佟氏家谱、山东李氏家谱等，这些资料本身就十分难得：每发现一种新资料或家谱，都经历过大欢喜。其中大致有40%未被2008年最新出版的《中国家谱总目》收录。如《柳溪吴氏宗谱》《葛峰陈氏宗谱》《（铜峰）王阡楼氏宗谱》《梅溪楼氏宗谱》《稠州石楼陈氏宗谱》《缙云陶氏宗谱》等，都基本未被学界利用过。这说明民间家谱是值得大力挖潜的富矿宝藏，无疑会给学界注入新鲜血液。若说缺陷就是结合域外资料进行综合研究不充分。虽然在力所能及的范围内也收集包括朝鲜、琉球（明代仍为独立国家）、日本等不同来源的资料，但现实和语言、文字的障碍仍较大影响了域外资料的利用和成果吸收。在此，特别要对在收集域内外资料过程中给予我各种帮助的新、老、中、外朋友、同事、同人表示万分感谢！

② 案：仅明朝而言，全面参战的前后两个阶段，入朝将士约为23万余人次，参见孙卫国《"再造藩邦"之师：万历抗倭援朝明军将士群体研究》，社会科学文献出版社2021年4月版，第32、43页。

③ 案：日本学者中村荣孝在20世纪70年代即已关注到《唐将书帖》并进行了简单介绍，但因不详的来历不明者太多而未能深入下去，可参见中村荣孝《万历朝鲜役と浙江将兵——柳成龙〈唐将书帖〉の一文书をめぐつて》，刊东京《东方学论集：东方学会创立二十五周年纪念》，1972年。

此，2017年，我再次申请到国家社科基金后期资助，并在申请延期研究1年后，完成了《从〈唐将书帖〉看明清时代的南兵北将》，想尽量纳入《域外长城——万历援朝抗倭义乌兵考实》的基本内容并在避免重复的基础上包含研究的新资料和新进展。这个吃力不讨好的工作，勉强在2019年年底完成，并在经历2020年世纪大疫、继而家父病重不治等各种变故后，几经反复，到年底交付书稿给中国社会科学出版社出版。想必燕鹏编辑那坑坑洼洼的办公室，再也不会出现在我的梦里了。

（二）

本来还需交代有关这场战争的学术史梳理。幸运的是，目前已有不少重分量的学术报告新鲜出笼：包括成果数量目前属国内第一梯队的山东大学陈尚胜团队和南开大学孙卫国团队的两个深度报告，从不同角度，系统、翔实地总结了中、日、韩三国近百年来的学术发展历程和重要研究成果，可资参考。[①] 这样我的工作就轻松了，仅结合主题谈一点自己的感想。

虽然有关这场战争的研究，是随着时光的流逝而不断进步——从早期的涓涓细流到现在的大踏步前进，但总体格局仍然不出"至少落后50年"。这是2019年9月10日在纪念郑天挺先生诞辰120周年明清国际学术讨论会上，南开大学历史学院孙卫国教授说的名言："在研究万历壬辰战争这个领域，我们落后了至少50年！"虽然卫国教授的说法仍留余地，但日、韩学界启动之早、成果之丰都是有目共睹的事实。尤其是日本，从史料收集、整理到出版研究著作并进一步深入社会普及层面，这一系列工作都早在100年以前就已完成，令人印象深刻。[②] 大家辈出，成果丰硕，加上15年前日、韩携手共同研究，进步更快。[③]

而中国学术界断裂明显。以1949年为界，大陆史学界包括作为国别

[①] 陈尚胜、赵彦民、孙成旭、石少颖：《地区性历史与国别性认识——日本、韩国、中国有关壬辰战争史研究述评》，《海交史研究》2019年第4期，第96—124页。孙卫国、孙中奇：《近百年来中国对万历朝鲜之役研究的回顾与总结》，《史学月刊》2020年第2期，第125—136页。

[②] 比如日本，早在1878年（明治十一年）已经出版了东洋文库论丛第二十五池内宏所著的《文禄庆长の役》，1894年博和堂出版的长尾景弼《文禄庆长と朝鲜役全（朝鲜全图添）》，1914年南满洲铁道株式会社、丸善株式会社共同出版的历史报告《文禄庆长の役》；1916至1917年文友社出版的黑川真道的《朝鲜征伐记》一、二部；1919年历史学社普及会出版的历史讲座渡边世祐的《丰太阁及其家族》等。

[③] 六反田丰等：《文禄·庆长の役（壬辰倭乱）》，《日韩历史共同研究报告书》第1期第2分科报告书；朴哲晄：《壬辰倭乱（文禄·庆长の役）研究の现况と课题》，《日韩历史共同研究报告书》第1期第2分科报告书，东京：日韩历史共同研究委员会，2005年。

史的日本史或通史、全史、小史、史纲，都没有一部以壬辰战争为主要研究对象的著作，需要在明清史及中外关系史的分类著作中寻找零星信息，这还得益于抗美援朝的局势。1956年，上海人民出版社出版李光璧《明代御倭战争》，1962年中华书局出版周一良《明代援朝抗倭战争》、李景温《朝鲜壬辰卫国战争》，比起韩国1967年首尔大学校出版的李炯锡近3000页综合性研究著作《壬辰战乱史》（上下册全六篇21章82节，包括附录、文书、附表、附图）学术分量也远远不足，只能算是小册子。但在远离农民战争、资本主义萌芽、汉民族形成与古史分期、封建土地所有制形式等热门领域之外，还算保留着万绿丛中一点红（延边大学柳树人的《壬辰抗倭战争》直到20世纪80年代才出版），这说明1949年以后大陆史学界研究或反思战争的意识淡薄，即使研究农民战争，关注的主角也是农民，而战争只是作为农民活动的空间背景或次生场域，这与日本、韩国重视国家历史上的战争、后果的国情存在较大差距。

另外，孟森先生固然早就在《重印朝鲜世宗实录地理志序》卓论"简明翔实"的《朝鲜太宗实录》"足为谈东北史地者一大论证"；吴晗编录《朝鲜李朝实录中的中国史料》也在1980年由中华书局出版，但在改革开放之前，大陆史学界从起步到蹒跚，远没有海峡对岸的台湾地区走得快。① 尤其是20世纪60年代后，在西方兴起全球史的新趋势，经一两代人努力后已被多数人认识和接纳，万历援朝战争也成为国际"显学"，整合海外、中国大陆和中国香港、澳门、台湾地区的研究力量，完成一部海内外华人共同研究的著作，是不是也可以成为期待的目标？无论如何，脚踏实地走自己的路都是基础。

本书分为上、中、下三篇。上篇三章内容是释读《唐将书帖》。通过考证《唐将书帖》的作者及涉及的相关人物、事件等线索，以期大致勾勒出这场战争的轮廓，为进一步分析研究明朝战略及作为战争主体的南兵北将提供一个参照系。而如何定义和解读南兵北将的生活时代及其活动的

---

① 案：从被誉为"现当代中国万历朝鲜之役研究的开拓者"的王崇武到发表《朝鲜"壬辰倭祸"研究》《万历廿三年封日本国王丰臣秀吉考》的李光涛，1970年台北"中央"研究院历史语言研究所出版李光涛编辑的《朝鲜"壬辰倭祸"史料》五册，1972年"中央"研究院近代史研究近所出版编辑《中日关系史料》《清季中日韩关系史料》及张存武《清韩宗藩贸易（1637—1894）》等，均可谓该领域从资料到成果登堂入室的代表。更详细的论述可参见孙卫国、孙中奇《近百年来中国对万历朝鲜之役研究的回顾与总结》文。到2020年以"壬辰战争"为题的硕、博士学位论文已达85篇，学术关怀和问题意识都有大幅进步，基本涉及战争相关的各领域研究，但细致研究和总结性著作仍值得期待。

意义，也构成了本书三篇九章的基本内容和写作动力。

中篇三章的内容是根据《唐将书帖》所提供的线索，探讨明朝的战略：从和谈、练兵和粮饷及善后工作三个角度切入。

第四章从战争前后期参与和谈的具体人物入手，探讨明朝战略前后期的特点，变与不变的主旨。战争前期，日军小西行长的部将藤原如忠羁留辽东一年有余，其进京问答的过程，显示明朝封贡和谈意见形成及对日作战失机的过程。战争后期南兵千总毛国科出使日军岛津义弘营中，则属战略总攻阶段明军补救战场失利的应急措施，也反映了东征军高层的操控与事后弥缝。

第五章考察朝鲜王朝军队的训练师——梳理了东征军中60余位南兵将和南兵教师，揭示东征期间，明朝帮助朝鲜重建、训练王朝军队"三手军"的历史事实，探讨停战期间明朝的战略、变化及朝鲜的应对和改进。朝鲜专门设立的练兵机构"训练都监"，由柳成龙、李德馨负责，并通过赋税制度的相应改革，设立"三手粮"制度以保证练兵的顺利进行。练兵的中心内容是"三手"训练，包括"射手""杀手"与"炮手"，通过持续十余年的练兵活动，朝鲜拥有了一支可动员应战的2万人军队。而训练都监这个机构也一直运行到朝鲜近代被日本灭亡之前。这意味着明朝的策略从对朝倾国"输血"转变为提高、锻造朝鲜的"造血"功能。而总管朝鲜练兵的南兵游击胡大受，其作为和经历折射了明朝、女真、朝鲜三方关系史，实际上预示了战后东亚发展形势中的趋势性倾向。

第六章考察东征后勤管理、海运及东征善后工作。从东征副总兵佟养正入手，这位出身辽东女真的边将，其个人的能量和作用，及其父兄族人包括佟起凤、佟养材（羊才）及管下都司张三畏等，背后呈现的建州女真与东征战争千丝万缕的联系；而管粮通判陶良性及括苍总兵李承勋，生平事略与东征的关系，也都可落实到明军粮饷供应体系；陶良性父子三代的出身、建树与归处，李承勋的《马经》《剑记》和火器改良，都从不同侧面反映了万历时代军人的风貌和从军之路的利弊。

下篇三章则立足于人物线索，具体考察南兵北将及其变迁轨迹。

第七章从南兵概述出发，探讨其类型、特点，并进一步通过吴惟忠、骆尚志的个案，关注朝鲜战场上"戚家军"及其消逝的身影。针对曾经流行的观点，即戚继光在蓟镇练兵10年，却没有得到实战演练的机会，具体阐述南兵游击吴惟忠、参将骆尚志的生平：前者是朝鲜史料中的东征旗帜，也是明朝史料"武弁中第一神钻"，历史的翻云覆雨莫过于此。后者是东征明军炮兵队长，200年后还被朝鲜人尊为"世间奇男子"却一直不能落实于故国家园。通过考证这两位南兵将生平的几个关键问题，揭示不同视野下东征军的评价问题，同时探讨"戚家军"投放朝鲜战场的实效以及对整个战局的影响，包括对东亚世界文化交流的贡献。

第八章探讨北将的概览、分类和特色。具体通过辽将张应种，代表与南兵不同的北将，在东征中并无突出表现，后来成为著名的"废将"之一，他的后代却在明清易代后成为另一个天下清朝的股肱之才。这或许也涉及了明朝制度的短板。而在朝鲜史料中具有典型意义的"皇明"人康世爵之祖康霖，则是一位无名的北将。在朝鲜流传的康世爵自述显示其为明清易代之际流寓朝鲜的东征将士后裔，祖父康霖死于壬辰东征战争，父亲康国泰战死于萨尔浒之战。而在明朝选簿中也存在一个康世爵，是明朝嘉靖三十二年袭职辽东三万卫左所副千户的女真人，从时间、履历等方面考察，都具备东征战争亲历者的要素。围绕明朝记载与朝鲜叙事异同，分析康世爵家族的来源与历史记忆之间的差异真伪，为观察东征战争及明清易代如何塑造、影响中、朝两国不同的历史叙述，提供了一个新的窗口。

第九章是通过个案研究展示南兵北将的变迁史。在东征过程中崛起的南兵将吴宗道，最值得关注的是其家族背景与社会关系，通过分析其家族成员连接的经贸网络，不仅可还原东征过程中重要却被忽视的一些历史场景，也显示这位浙江绍兴山阴籍南将，受到朝鲜重视的内因；朝、明外交的重大问题处理，甚至也借助其社会关系，揭示明清历史演变过程的一些背繁和脉络；吴宗道的外孙甥辽东都司马聪，天启初年参与朝、明军事合作的谈判，实为萨尔浒战役后朝、明间未能成功的军事合作的再度尝试；吴宗道的族叔东征千总吴大圭、"东宁镇抚"吴大斌兄弟与族侄东江义士吴廷忠，其生平和历史际遇，也都反映了东征战争后南兵北将变迁的一些重要关节点。

本课题研究的基本史料，包括中国、朝鲜、日本、琉球等不同国家的官私史料，如明朝、清朝和朝鲜的《实录》《琉球宝案》及中、日、朝三国的文书、档案、誊录、日记、谱牒、文集、碑刻、地方志等不同来源、背景的史料。因此，首先需要进行大量的考辨工作，尤其结合稀见的地方宗族谱牒材料进行比较研究，使出自不同参照系、不同来源、背景的史料互相印证——或以证同，或者证反。由此观察各种历史书写中，不同的国家意识、地域差别、制度体系、文化背景、评价标准、价值观念之间多面向、多层次、多方位的表现，不仅可以使研究过程充满趣味，也可使研究课题拥有较大的展示空间及足够的深度和广度，力求在还原当时历史事实的基础上，结合当今学界研究的最新成果，重新拾取业已消失的一些过程和环节，再现更加丰富的历史画面，或重新解读过去的历史叙事，得出更加客观公正或不同前人的看法，这既属于理想境界，也是本书追求的目标。①

如果说，对各种历史文本（史料）的释读和书写，只是停留在辨别是否靠谱这点上，那是否意味着史学发展的停滞或走到终点？透过文本抓住背后的东西，通过文本连接史实还原出一片新天地，从而追求更加靠近真相，追求历史与现实的不断对话，才是更应努力的方向吧？但能否实现，也还需要运气以永远在路上的姿态对待史料，对待那些真假难辨的白纸黑字记载，并认识到各自的历史认识都处在永无止境的前进路上，这才更符合自然状态吧？站在书写者的立场，认识史料并摆脱史料与生俱来的缺陷，才能深刻领会史学研究存在的意义。

研究者可以做到的，是替读者点亮一盏灯，"照亮历史的幽暗处"。比如各国民众间的朴素交往，就是我感兴趣的一个观察视角：文明的碰撞与交流、历史现象的呈现与掩盖、过程的发展与断裂，这里可以不看政治动员，也希望战争走开，仅仅通过普通民众的日常生活，关注他们的所思所想、基本活动、信仰和内在动力，从而随时调整观察的角度和坐标轴，这应该也是有意义的吧？在写作过程中，这是经常跳出来的问号和思考。

就像东征过程中出现的这个普通日本人，名叫甚五郎，就很令人难忘。万历二十八年（1600）四月十六日，他出现在中国浙江宁波外海的昌国卫，起因是借了50两银子给马一松。后者是与福建漳南道差随把总刘志迈、吴从周一同前"往日本侦探消息"的间谍，没有还钱。为了讨债，甚五郎就跟随马一松的回程船来到了中国。②

对甚五郎来说，这是一趟前途未卜的冒险。他搭乘的是从福建到日本贸易的乌尾商船，船长后来被明朝官府认定是"狼子野心，复图厚利"的危险人物而禁止出洋。在借钱时，甚五郎知道马一松的真实身份吗？对自己出借的银子做过风险评估吗？如果，他知道回本需冒险远航万里、历经风涛、往返中国日本二次——如此高风险的借贷生意他会做吗？即使发

---

① 案：取得新资料后，用国内外多种来源的资料进行互证，构成多重证据，能比较精确地锁定事实。这不仅可以避免乡土资料难免存在的"夸饰或虚构内容"的毛病，还可补充其不足或遗漏的史实，事实证明家谱中漏载但经域外资料证实的历史事实所在多有。因此，乡土资料中多出的虚夸成分和缺少的历史事实，实际上是一枚硬币的两面。多重证据法可起到补充、纠谬、校准的立体功效。

② 刘元霖：《浙抚奏疏》卷17《题报倭使送还差官请旨勘处疏》，日本东洋文库藏万历刻本，第11—12页，由宁波大学郑洁西教授提供，特此致谢！

挥最大的想象力，甚五郎就是要钱不要命的日本高利贷商，他的经历也太过传奇。对万历时代的普通人来说，50两银子的粮食或够吃10年，但值得为此冒生命危险吗？①至于甚五郎到达中国后是否要回了50两银子、有无顺利返回日本都还在其次。

可资对照的是，同船徽州歙县商人高光国。万历二十七年三月，他从福建海澄出发，原想去吕宋贸易"往西洋为商被劫，随向日本王告状，已蒙审明追给"，他回来的结局是被没收财产，包括日本颁发具有"番号年月白绢旗"（类似营业执照）并下狱"以禁其犹"。因此，我更倾向于甚五郎就是一个普通的日本人：或是一时不多想，或是好心办错事，在不知道马一松身份的情况下，借了50两银子给他。而在得知马一松即将回国，情急之下稀里糊涂就上了船，蹲在船舱中熬过了前途未卜的前半段航程。

试想，如果在借钱前就已得知马一松的身份，并在深思熟虑后还要追到中国来讨债，甚五郎的想法是不是很奇怪？②还是说中国的吸引力比日本更大？③

这样的小例子就可以说明：一个生活在17世纪初的普通人，包括中国、朝鲜、日本人，要维护自己的正当权益，所需付出的代价。直接被这场战争波及的三国人民，包括羁留异域的中国人和朝鲜被掳人，仅在

---

① 案：根据高寿仙整理的《明代北京三种物价资料的整理与分析》（载《明史研究》第9辑，黄山书社2005年版）推算50两银子，以明朝万历年间的物价，大概可以买5匹壮年军操马、十五六头黄牛、50头猪、100只羊、200只狗、500条5斤重供上等宴席的鲜鱼，还有160石糯米或粳米。若按1个成年人1天1斤米的定量，以120斤为1石计算，可吃50年，已超过五口之家10年的粮食用量——也差不多是甚五郎乘坐这艘商船船长1个月的工钱："夷船看针，最为要役，雇值每用四、五十金。"（刘元霖：《浙抚奏疏》卷17《题报倭使送还差官请旨勘处疏》，第17页）可见，当时远赴海外贸易的商船船长出海一次就能赚到一家人数年的口粮钱。固然，一个人的生活成本不可能只计粮食，但以粮食作为最基本的计算单位，可大致了解当时维持生活的最低水准。

② 案：在帆船时代，海上航行遭遇风涛，沉船丧命是大概率事件。据中国历史第一档案馆的原始档案记载，从明末的崇祯二年（1629）到崇祯三年，走宁远海道的朝鲜使臣，1年之内就有柳涧等5起使臣遇难事件，可见海难概率之高。

③ 案：可资参考的实例是万历二十三年（1596）年初，朝鲜兵曹佐郎李时发陪伴浙江杭州游击陈云鸿进入朝鲜南部金海竹岛日营，面见日将小西行长、玄苏、平义智等，通过万历乙亥年（1575）被掳的浙江人洪通事问答，谈到"朝鲜男妇被掳者转卖于日本，若美妇人，则至捧三十余两云"，即战争期间一名貌美朝鲜女子值30两银子。当被问到"日本风土与浙江如何"时，洪通事的回答是"若比浙江还好，闾阎扑地，门不夜闭矣"（《朝鲜宣祖实录》卷60，宣祖二十八年二月十日癸丑6条），也就是说一个被迫在日本居住了20年的浙江人，就认为日本比浙江更好。

1600年到达浙江宁波昌国卫的这条船上,就有先后被掳人王君翰、张盖二、王礼夏、翁尾、汲科、王必宽、周璘、林薰等8人,"俱系福州府福清县、江阴、麻蓝等处地方人民,于万历二十六年五月,在于牛蹄奥打鱼被掳;蔡朝庙,系温州府乐清县人;杨三,系宁波府奉化县人,于万历九年在洋山被掳";还有"王文恺、吴宾、郝应元、安东易、钱和、王子荣、宋宇,系东征被掳南、北兵士;太平、安乐严得禄、王福、可喜,妇人二口,系朝鲜被掳人氏,俱系倭主交附搭本船回家"[1]。他们的日常生活实态,遭遇的艰难困苦,都需要被展示、被铭记、被交流。[2]

而那些野心膨胀到失当而挑起战争的人,兴师动众,劳民伤财,一无所获,却给人们生活的世界带来重大灾难,前有丰臣秀吉,后如希特勒,这样的人究竟是民族英雄还是历史罪人,不是很清楚吗?古往今来,基于国家、民族、地域、政治、经济、社会等不同视域的立场和观察,产生的看法和结论都曾不同。但作为地球之灵的人类构成的社会,要维持正常的运转,总需要赋予个体平等、公正、自由、人权等基本要素以价值和意义,否则人类就会失去方向,乱世人终究比不上太平犬的幸福。

2019年11月16日完稿
2020年3月20日修改
2020年10—12月再次修改
2021年12月三次修改

---

[1] 刘元霖:《浙抚奏疏》卷17《题报倭使送还差官请旨勘处疏》,第13—14页。
[2] 案:更极端的例子是万历二十三年(1595)蓟镇兵变,征战异国幸而生还的上百名南籍军士,为了讨要50两银子的军饷,付出了生命的代价(具体参详下篇第七章第二节)。

目 录

上篇 《唐将书帖》释读
——打开历史的另一扇温情之窗

第一章 南兵三营将书帖 ……………………………………（3）
 第一节 南兵游击王必迪八书 ………………………………（3）
 第二节 南兵参将骆尚志七书 ………………………………（20）
 第三节 南兵游击吴惟忠书 …………………………………（35）

第二章 南兵教师书帖 …………………………………………（52）
 第一节 练兵千总邵应忠和南兵营总领官郑德三书 ………（52）
 第二节 旗牌官张三六和千总徐文、吴惟林书 ……………（60）

第三章 其他南兵北将书帖 ……………………………………（72）
 第一节 总兵刘綎书帖 ………………………………………（72）
 第二节 总兵戚金五书 ………………………………………（82）
 第三节 总兵陈寅和游击李化龙书 …………………………（94）
 第四节 和谈使沈惟敬、胡泽及失名无考书帖 ……………（105）

中篇 和战之间的南兵北将
——探讨明朝战略的三个角度

第四章 和谈——性质不同的前后期和谈 ……………………（133）
 第一节 鸡同鸭讲的前期和谈 ………………………………（133）
 第二节 各怀鬼胎的后期和谈 ………………………………（153）

第五章　练兵——朝鲜王朝军队的训练师 ……………………………（167）
- 第一节　朝鲜训练都监的成立及作用 ……………………………（167）
- 第二节　朝鲜军队的训练过程与结果 ……………………………（177）
- 第三节　朝鲜王朝军队的训练师 …………………………………（190）
- 第四节　总管朝鲜八道练兵游击胡大受 …………………………（204）

第六章　后勤——粮饷运输及善后工作 …………………………（221）
- 第一节　东征前期的副总兵佟养正 ………………………………（221）
- 第二节　粮饷运输及海道开通 ……………………………………（237）
- 第三节　管粮通判陶良性 …………………………………………（248）
- 第四节　括苍总兵李承勋 …………………………………………（258）

下篇　南兵北将及其变迁轨迹

第七章　南兵 ………………………………………………………（274）
- 第一节　南兵概览 …………………………………………………（274）
- 第二节　历史迷雾中的吴惟忠 ……………………………………（314）
- 第三节　东征炮兵队长骆尚志 ……………………………………（341）

第八章　北将 ………………………………………………………（359）
- 第一节　北将概览 …………………………………………………（360）
- 第二节　东征参将张应种 …………………………………………（379）
- 第三节　东征北将康霖与康世爵 …………………………………（387）

第九章　南兵北将的变迁轨迹 ……………………………………（404）
- 第一节　东征崛起的山阴将吴宗道 ………………………………（404）
- 第二节　东征千总吴大圭的家族历史 ……………………………（419）

结　语 ………………………………………………………………（445）

附　表 ………………………………………………………………（451）

参考文献 ……………………………………………	(460)
索　引 ……………………………………………	(486)
后　记 ……………………………………………	(510)

上 篇

《唐将书帖》释读
——打开历史的另一扇温情之窗

《唐将书帖》是万历援朝战争期间（1592—1598）一批明朝东征将士，致朝鲜宣祖时期（1568—1608）著名相臣柳成龙的书信，一共43通，分启、拜帖、揭帖、书等不同形式。其中有确切作者的是27通①，结合书帖内容、风格及书法形式等尚能断定作者的有10通，其余7通为"名别具""名正具""名不具"或"名具端柬""名具正幅""名具正柬""贱名别具"等未署或另署名书帖，因未见书套或失去书帖封皮、包裹物等而致作者佚名，归入俟考行列。虽然书帖本身，不一定是署名的作者亲手书写②，但意思不差，书信原件也是400余年的故物。影印的书帖翰墨淋漓，400年后看起来依然亲切如昔。《唐将书帖》的最后一页，是"右札付朝鲜相国柳成龙，准此"，算第44号书帖，但无具体内容。

---

① 案：署名包括总兵刘綎2、戚金2；参将骆尚志3、陈寅1；游击王必迪7、吴惟忠1、李化龙1、副将游击沈惟敬1、明朝兵部标下练兵千总邵应忠与兵部原委平壤管粮委官董元1、领兵教官郑德3；骆尚志标下旗牌官张三六1、主事袁黄标下教练徐文1、吴惟林1、谢隆1、泽生1等。为方便起见，以《古文书集成》第16册中的原件书帖影印顺序1—44以N标出，分别标注16册和52册的页码，除有署名外，其他未署名但结合书帖内容及书法形式等尚能断定作者的书帖有10通（骆尚志4、王必迪1、戚金3、沈惟敬1、胡泽1），其余不能断定作者的只标序号和页码。正书本中未能识读的文字用"□"标出，识读有误者以"[ ]"表示，标点符号均为笔者所加。书帖手书原件的摄影工作，最初由本院民族学和人类学研究所江桥完成，本所李花子也曾帮忙补拍，中国科学院郑诚、宁波大学郑洁西均提供过重大帮助，特此一并致谢。重新识读的文字大小、排列顺序和抬头、空格等方式，请参考附录的原件图片。另韩国国家文化遗产网也将《唐将书帖》以文化财160—9号展出，网址为：http://www.heritage.go.kr/heri/mem/selectImageDetail.do?s_code1=00&s_code2=&s_code3=00&query=唐将书帖+乾，可参考。

② 案：书帖更有可能出自书手、相公、幕僚之手。如中国使臣到朝鲜会见朝鲜国王时，即先令家丁送出使臣手书小帖，由幕僚抄写成正式书信呈送宣祖，而宣祖是亲笔手书谢帖呈送使臣。其中既有国王、使臣的亲笔文本，也有抄录文本。参见万历二十一年闰十一月十九日申时（下午3—5点）发生在朝鲜别宫中的具体情景："上诣南别宫，设饯宴上与天使，行拜礼后就座。天使求纸笔，手书小帖于案上，使家丁出外正书以来以其帖送于上前。其帖曰'数日数会，王容貌词气真君人气象，此根心生色有内形外，若是中兴之事业，余将拭目以观矣。世子虽贤，尚令其历练数年，身强志定，道明德立，达情与权，然后可以膺重寄。王素无失德，以承平日久，兵力不支，遂有倭奴之变。王及今益脩德行仁，整戎饬旅，与二三贤人君子共图恢复，不可遽云传位世子，至祝！'云云。上亦以亲笔答谢送呈于天使，天使览讫付家丁。"《朝鲜宣祖实录》卷45，宣祖二十六年闰十一月己亥6条。

第一章 南兵三营将书帖

南兵三营将是个特定的称呼，是指万历二十一年（1593）冬季驻守朝鲜南部庆州的三位浙江籍将领：参将骆尚志、南兵游击吴惟忠和王必迪。刘綎率领的川兵，应属于广义的南兵，但不在朝鲜人特指的南兵"浙江兵"的范围内，明朝史籍一般称之为"川兵"或"西兵"。

第一节 南兵游击王必迪八书

在《唐将书帖》中，南兵游击王必迪致柳成龙书帖最多，有八通，前四通均自称"侍生王必迪"，后三通则自署"眷服生王必迪"，尚有一通失署者，从时间、内容、书法判断，也归入王必迪名下。此外，《唐将书帖》中时间最早的一通书帖也出自王必迪。其八书勾勒出南兵入朝参战、驻扎安州，追击日军南下汉城、安康之战及驻守庆州的情况，重现了战争诸多细节，是珍贵的历史资料，也是值得深入挖掘的富矿。

一 王必迪第一书（N4；16-187~188；52-574~575）[①]

（187）不佞未发师时，闻丰院君治国如家，口碑载道。继履尔境，观之时势，察之舆情，果言非泛然。如是而行，诚哉贤相也。敬服！敬服！远辱来言，足征雅意，窃惟王京之势，虽将有溃败，但穷寇勿宜急追，兵难运手必胜，乃古今格言。总之，竣于此事者，亦不喻二月终、三月之初也。况王师数万，孰无故乡之（188）□念，恨不能一鼓殄灭，即日班师，又何廑注意若此乎？平壤迤东，地土荒芜

[①] 案：序号是韩国精神文化研究院1994年《古文书集成》第16册影印件原序，前一页码即第16册的页码，后一页码为《古文书集成》第52册的页码，第几书则是我根据内容判定的时间先后自拟，以下各书帖处理均同。

殊甚,去年虽被残害,居民苦楚至极,今春趁此兴其农业,不佞谆谆劝谕者,为抚民首务,幸速图之,勿迟。匆匆附覆,余不既　左地
侍生王必迪拜。

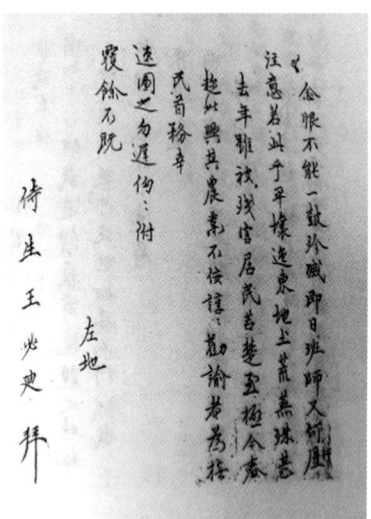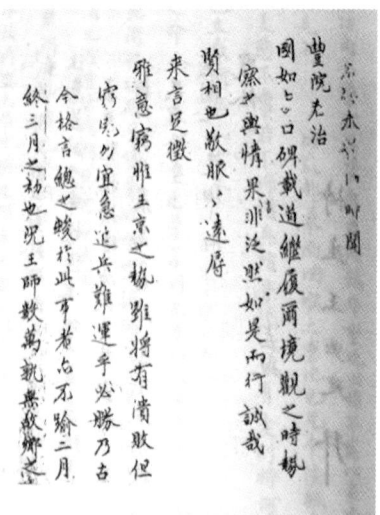

案:这通第四号书帖,按内容判断,可知是王必迪八通书帖中时间最早的,当在万历二十一年平壤战役之后、进入汉城前的二、三月所书。

王必迪,浙江义乌(今义亭镇铜锋王阡村)人,号吉吾,以军功授金华所千户,历任蓟镇崔黄口守备,升北京神机营游击转中路游击将军。① 万历二十年十二月十三日,他与游击楼大有等领兵渡过鸭绿江,前往朝鲜,一周后的十九日发往安州。② 万历二十一年正月初八日平壤大战,是明朝东征军大部队入朝之后,与日军进行的第一场大战,主要运用火炮优势,歼灭日军千余人,取得了辉煌的战果,基本上实现了明朝以战止战的战略目标。参加战役东征军共43500名,其中就有王必迪所率的南兵1500名参加战斗。

明军光复平壤、开城后,黄海、平安、京畿、江源四道也告恢复。但

---

① 熊人霖纂:《义乌县志》卷10,《人物表·武职表》,崇祯十三年刻本,载中国科学院图书馆选编《希见中国地方志汇刊》第17册,中国书店2006年版;参见程瑜、李锡龄等纂《(嘉庆)义乌县志》卷12,《武职》,民国十八年灌聪图书馆石印本。
② 参见《朝鲜宣祖实录》卷33,宣祖三十五年十二月十九日乙巳2条。按:此处未言明王必迪所率人数。另《朝鲜宣祖实录》卷34,宣祖二十六年正月十一日丙寅16条《天兵各营领兵数目》载其"领步兵一千五百名"。

正月二十七日，提督李如松以少数亲随在碧蹄馆与日军遭遇、受挫，明军主力撤回平壤，明、日之间和谈使者，开始出现，穿梭往复。书中王必迪所云"竣于此事者，亦不喻二月终、三月之初"之语，反映了明军将领对战事的预期，就是一场以战止战的决胜战，最晚到三月也将结束，普遍对战胜日军持乐观态度。大部分东征明军将领（甚至包括高层）都没有估计到战事会发展成迁延不绝的持久战，完全没有在朝鲜长居久住的打算，正如经略宋应昌所言"近日朝中议者，俱谓不宜深入……倭奴卑词乞哀，纵未必真否，而我假此纵归，朝鲜故土不失尺寸，天朝兵马可以速还，钱粮可以减省"①，就是这种看法的代表。故王必迪也希望柳成龙能抓紧农业生产的恢复工作，自己打完仗就赶紧回家。

二 王必迪第二书（N12；16-204；52-579）

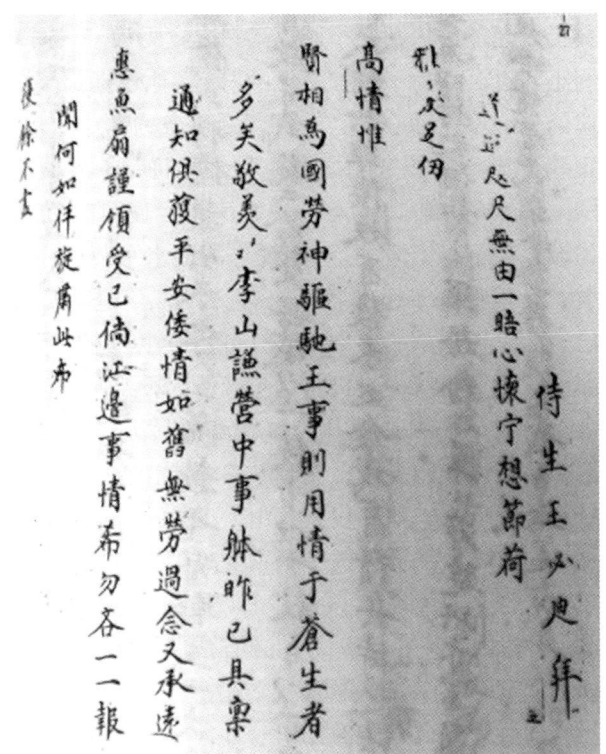

---

① 宋应昌：《经略复国要编》卷8，《与艾主事书》（万历二十一年）四月初一日，台北华文书局据万历刊本 1986 年影印本，第 639 页。

  侍生王必迪拜。道途咫尺，无由一晤，心怀宁想，节荷雅爱，足切高情。惟贤相为国劳神，驱驰王事，则用情于苍者多矣。敬羡，敬羡！李山谦营中事体，昨已具禀，通知俱获。平安倭情如旧，无劳过念。又承远惠鱼扇，谨领受。倘江边事情，希勿吝，一一报闻，何如？平旋肃此，布复，余不尽。

  案：此书提到的李山谦，为朝鲜著名的义兵将；而平安倭情指平安道附近的日军情况；可大致推测此信乃王必迪在平安道向南（黄海道开城、王京汉城方向）追击日军途中所作。其所言"江边事情"，当与水师调度有关，可呼应柳氏提出的三路合势的计划，时间应当在万历二十一年三月前后。

  查柳成龙文集，题名致王必迪书有二，分别为癸巳（万历二十一年）三月、八月所作。前者表彰了王必迪所率的南兵在平壤战役中的功绩："老爷总统南兵，自平壤之战，异绩尤着，表表在人耳目。远近之人以及稚童贱妇，莫不以老爷为依归……诚以南军之宣力最多，而老爷之诚心恻怛，所以怜悯小邦者，特出于寻常万万故耳。"他还提出了一个大胆的计划，与王必迪的想法不谋而合："今日，鄙生条列军中事宜，启禀寡君，其中一款，正论此事，不图来喻之意，与之相符，不胜欣慰。"他建议："天兵从江华出于南方，乘其不意，一举荡击，使首尾断绝，则京城之贼，虽以铁为城，势不得不溃矣。"朝鲜忠清道水军节度使丁杰、京畿水军节度使李薲、义兵将金千镒等各率舟师"从江华进兵汉江下流，要截龙山，贼势已蹙矣。天兵乘船，不一二日可达通津等处，而南方郡邑粮谷稍优，馈饷亦易。此实不可失之机。伏乞老爷，千万主张，决策无疑，不出数日，而大功可成"①。柳成龙认为以朝鲜的兵力、财力均难以支持长期战争，派出精兵截击龙山日军，偷袭其粮仓所在地，以求日军迅速土崩瓦解才是可行之道。后来，明军偷袭龙山，正是执行了此计。这也是移居汉城之前，王必迪与柳成龙商讨的一个重要决策。

  柳氏《答天将书》的对象应该也是王必迪："伏闻：体探兵回自李山谦之营，未知所言如何，在老爷高见必有成算，而诸公之议又相契合否？"②柳成龙担心明军内部有不同意见。他后来追忆："平壤战后，李如松退回，留王必迪独守开城。至四月初七日，提督还开城府。十九日，贼

---

① ［朝鲜］柳成龙：《西厓集》卷9，《答王游击必迪》癸巳三月，韩国汉城民族文化推进会1990年版，《韩国文集丛刊》第52册，第190页。
② ［朝鲜］柳成龙：《西厓集》卷9，《答天将书》癸巳三月，第195页。

兵弃城南去。二十日，提督大军入京城。先是余贻书王必迪曰：'贼方据险固未易攻，当进驻东坡、坡州蹑其尾，选南兵一万，从江华出于汉南，乘贼不意，击破忠州以上列屯，尚州以下之贼疑天兵大至，必望风遁逃，京城之贼归路断绝，必向龙津而走，因以后兵覆诸江津，可一举扫灭。'必迪击节称奇策，拨侦探军三十六名，驰往忠清道义兵将李山谦阵，察贼形势。时贼精兵皆在京城，而后屯皆羸疲寡弱。侦卒踊跃还报，云不须一万，只得二、三千可破。李提督北将，是役也，痛抑南军，恐其成功，不许。"[1] 柳成龙透露在日军退出汉城前，曾与王必迪商议，欲抛开北兵，单独以南兵作战，得到王必迪的积极响应，他还派兵与忠清道朝鲜义兵将李山谦联系，侦探日军动向，探讨双方联合作战的可能性，但被统帅李如松等制止。

朝鲜义兵将李山谦，作为西人党、义兵将赵宪的继承者，命运蹇迫，与明末清初著名朝鲜将领林庆业类似。[2] 而韩国有关朝鲜义兵将的研究，一直都是壬辰战争研究的热点之一，成果丰硕。但自20世纪80年代以后，韩国学界对于朝鲜义兵的认识也经历了一个变化：不再全面肯定义兵活动，开始关注包括直接影响到朝鲜官军建设等消极方面。[3]

事实上，经略宋应昌的原计划是利用朝鲜水军对付撤归日军。令朝鲜"集水军万余，俱集海口，俟倭归出港，遇其船，或撞碎，或烧毁，使其前不可过海，后不可返王京，我兵则须俟其粮尽力疲，一鼓灭之"，而明军"只宜远彼倭一、二日路程，尾后而行，切不宜赶上，急与交锋，为彼行时百般防备，恐落其觳中"[4]。宋应昌的持重是站在明朝经略的立场上，以贯彻和谈封贡政策执行者的身份行事，与朝鲜君臣迫切想消灭来犯日军的立场完全不同。这不仅是因为穷寇莫追的古训，更因为缺粮此时已成为扼住明军脖子的严重问题。

万历二十一年二月，宋应昌移咨朝鲜国王，提到三月底明军粮食供

---

① ［朝鲜］柳成龙：《西厓集》卷16，《记壬辰以后请兵事》，第310页。
② 案：朝鲜国内残酷的派系斗争也是一种掣肘。如《宣祖修正实录》卷26，宣祖二十五年（万历二十年）十一月丁巳1日5条："忠清道韩山人李山谦收赵宪余兵讨贼。山谦，之菡之妾子也（以之菡故乡里，从之者多）。"又卷28，宣祖二十七年正月初一庚辰4条："义兵将李山谦为逆贼所诬引，逮捕下狱。与贼对辨，贼辞屈，山谦久系未放。或言：'山谦拥义兵未罢，情迹可疑。'遂命刑推，死于杖下，人多冤之。"
③ 具体参见陈尚胜、赵彦民、孙成旭、石少颖《地区性历史与国别性认识——日本、韩国、中国有关壬辰战争史研究述评》，《海交史研究》2019年第4期，第105—106页。
④ 宋应昌：《经略复国要编》卷8，《与总兵刘綎书》（万历二十一年五月）初八日，第691页。

应将出现问题,一是朝鲜储备粮料用尽,二是中国粮料转运不及。① 正是三月底这个时间节点,决定了四月初明军撤回国内的时间表(参见附录《表一》),战场上也出现明军"有一城之粮草,进一日之兵马",尾随日军"挨城而进"②的奇怪局面。粮饷运输的实际情况,决定明军的行动和速度。随后出现明、日和谈局面,朝鲜只留刘绖及南兵三营将分据半岛南部战略要地庆州、南原等地,粮饷供应实为制衡战局的利器,也是影响战争进程最为关键的因素。

三 未署名王必迪第三书 (N10;16-201;52-578~579)

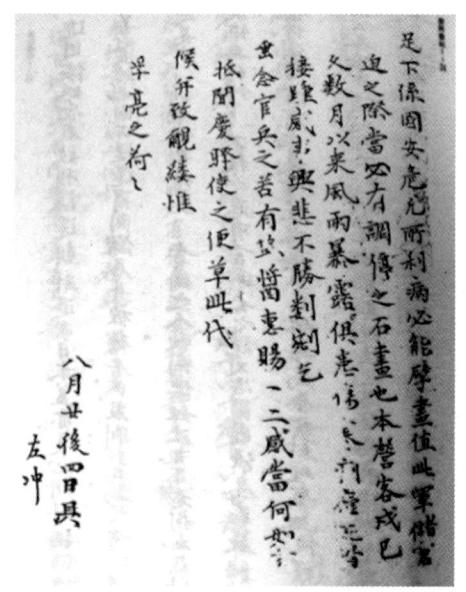

---

① 宋应昌:《经略复国要编》卷6,《移朝鲜国王咨》(十七日),第511页。案:朝鲜国王咨战前储备粮料余量只够吃40天,计算时间正好到三月底。本欲"乘此兵威,尽灭丑类"的明军,因"王国军粮告匮,中国粮料又转运不前,致使兵顿开城,士多枵腹"。明军在收复平壤、开城后只能尾随日军撤退路线,彼退我进缓缓推进。

② 宋应昌:《经略复国要编》卷5,《议取王京开城疏》(二十五日),第438—439页。案:平壤战役之前朝鲜国王准备的粮料,计划供给义州、平壤4万驻军、2万马匹支用两个月(有本色米65700余石,豆68400余石,草104200余束,平壤以及王京一带的粮料数目大略相同)。但从正月二十五日至二月十七日,20余天内明军即消耗米2万余石,豆3万余石,草1万余束。而日军将平壤、王京积贮焚掠一空,中朝粮料又不敢前运怕被劫夺,故攻下平壤后,因粮饷来不及转输,剩余粮料只够支撑到三月底,东征前期战事只能到此为止。

足下系国安危，凡所利病，必能擘画。值此军储窘迫之际，当必有调停之石画也。本营客戍已久，数月以来，风雨暴露，俱患伤寒、痢疟，死者接踵。感事兴悲，不胜刲剞。乞垂念官兵之苦，有盐酱惠赐一二，感当何如哉？抵闻庆驿使之便，草此代候，并致觇缕，惟受[孚]亮之，荷荷。八月廿后四日具左冲。

案：此书虽无名，但据时间、内容和书法，可以推断为王必迪所书，当时王营已抵达闻庆，离日军清正部在撤退途中曾列城驻守的尚州不远。

四月十九日，日军退出汉城。五月，清正部尚驻守尚州、善山一带，"列寨无算，联络数十里不绝。虎牢、木栅、石城、土堡，极其坚固，一路险恶，处处埋伏"①。日军入侵朝鲜后建造的倭城，大都集中在朝鲜南部，也就是在东征大军逼迫下，退向釜山一带沿海地区之后逐渐修筑的（参见附录《表七》）。宋应昌建议"今日借箸而筹朝鲜者，无过于因地设险，因险设防为第一策"②，"今日不必议战，只以固守为上"③，"只留游击将军王必迪守开[城]府"④。

万历二十一年八月，柳成龙在庆尚南道陕川有《答王游击（必迪）书》，解释了朝鲜方面的调度困难："本道郡邑，二年沦为贼巢，公私赤立。自四月以后，各站粮饷皆取诸全罗道，逾越山险，担负支给，不期贼陷晋州，声言又犯全罗，众心汹骇，运粮人夫各自逃还，仍致粮路断绝，猝难收合"，加上"户曹管粮官李诚中病死，代者不时，至催督等事颇致稽缓"，"谨将鹿纰四端、茶食二百叶，奉呈行橐，而盐六包，略备营中支给之需"⑤。从四月开始，明军粮饷供应困难，各地催督迟缓，留守明兵闹起饥荒，大家都不得不勒紧裤腰带度日。万里驰援的明军在吃、住、行、医等方面均面临严重匮乏，伤、病减员不断，又无法得到及时补充，损耗极大。即使王必迪等所率南兵移住庆州以后，情况也没有大改善。且至入冬以后更加困窘，朝鲜陪臣海平府院君尹根寿曾以面临

---

① 宋应昌：《经略复国要编》卷8，《报三相公并石司马书》（万历二十一年五月）十九日，第711页。
② 宋应昌：《经略复国要编》卷8，《檄刘赞画》十九日，第715页。
③ 宋应昌：《经略复国要编》卷8，《与李提督》（万历二十一年五月）二十七日，第723页。
④ [朝鲜]申灵：《再造藩邦志》卷2，朝鲜古书刊行会1971年版，第513页。
⑤ [朝鲜]柳成龙：《西厓集》卷9，《答王游击书（癸巳八月）》，第191页。

"经略以军粮乏绝,至欲棍打臣"① 的窘境向国王投诉,可见情况确实十分危急。

缺粮成为常态,不仅王必迪一营如此。六月,"刘綎、吴惟忠等兵留防岭外,有食而无盐菜"②。八月,宋应昌移咨朝鲜国王:"刘綎等官兵驻扎大丘等处,人无粮,马无料,非但荤菜不能沾唇,即盐酱未曾入口,至皆相向而泣。"③ 到十二月严冬季节更惨,"骆总兵、吴游击时驻庆州城中,军粮乏少,已曾累次启闻"。即使放粮也是蒸米交杂,或继或绝,而"骆总兵部下四百余名,仅以黄豆支给,他余军卒,自明日更无可支之米"④,可见留守朝鲜明军中,断粮是常事,即使有粮也往往无盐无菜,生活困难。故柳氏八月回书言及"饥困之民,疲于转输,千里馈粮,士有饥色"并赐南军盐品、绸、果诸端,欲稍解明兵的燃眉之急。

四　王必迪第四书（N2；16-179~182；52-572~573）

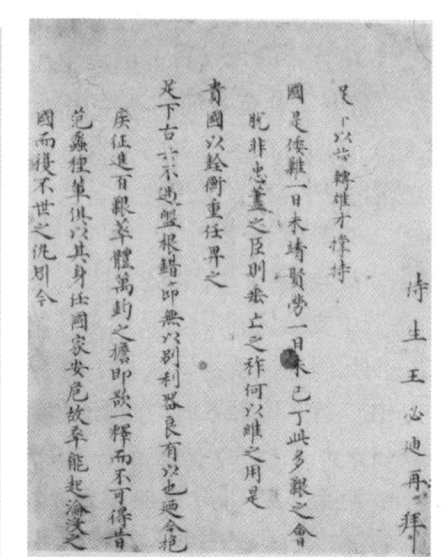

---

① 《朝鲜宣祖实录》卷44,宣祖二十六年十一月二十五日乙亥4条。
② 《朝鲜宣祖实录》卷39,宣祖二十六年六月九日壬辰10条。
③ 宋应昌:《经略复国要编》卷10,《移朝鲜国王咨》(十八日),第851页。
④ 《朝鲜宣祖实录》卷46,宣祖二十六年十二月一日庚戌17条。

（179）侍生王必迪再拜。足下以旋转雄才，撑持国是，倭难一日未靖，贤劳一日未已。丁此多艰之会，脱非忠荩之臣，则垂亡之祚，何以维之？用是贵国以铨衡重任，畀之足下。古云不遇盘根错节，无以别利器，良有以也。乃今抱疾征进，百艰萃体，万钧之担，即欲一释而不可得。昔范蠡、种辈俱以其身任国家安危，故卒能起沦没之国而复不世之仇，矧今（180）足下之贤，又迈越臣之上，则今日虽遭困踣，翌时之雄据诸国，又未必非此变基之也。国以一人而兴，而一人而亡。足下多材厚德，植国本于千百年之固，有繇然矣。翰示饥困之民，疲于转输，千里馈粮，士有饥色。不佞披诵至此，不觉戚然增悲。纷纭劼勤之际，又承垂念本营之苦，馈以盐品并锡[赐]绌、果于不佞，嗟嗟！原德高情，有加无已，愧不佞胡以当哉！欲却，恐拂高雅拜嘉，又增赧颜。二者横于方寸而莫知所措，岂非（181）足下有以致之然耶？尊恙未痊，属劳王事，事不避难，虽臣之节而为国爱身，亦不佞拳拳注望于足下也。车旗西发，不及一面，瞻念之私，不知何日可罄谈吐？译官李麒寿向随奔走，艰劳万状且又忠实，并不扰索馆站，行谊尤可称录。惟足下矜其勤劳，特为荐拔，颙望，颙望。前衣箱、物件托寄安州，今值天寒，倘遇便使，乞发王京敕[敞]寓，又所极感。使旋，草此鸣（182）谢，临楮不任依依。外具青屯绢壹端涫[俏]缄，希叱纳是荷。八月二十九日具冲。承惠刀扇三事，致谢！

案：此帖为王必迪承前书致柳氏赐予盐品诸物的答谢书，所缺年份亦可断定为万历二十一年，内容多有铺陈，以示感激之情。王必迪在前八月二十四日信中言及已抵闻庆，此信仅在5天后写发，应仍在闻庆及附近地区，因感"天寒"，希望柳氏能将其先前寄放在安州的衣箱、物品等托运到汉城寓所，可见当时军邮系统的运行情况。万历二十一年，秋季气温很低，八月仲秋之后已感"天寒"，预示着接下来的这个冬季将会十分漫长寒冷，缺医少药且经常饿肚子的东征明军又会怎样度过这个严冬呢？

五　王必迪第五书（N34；16-248~249；52-593~594）

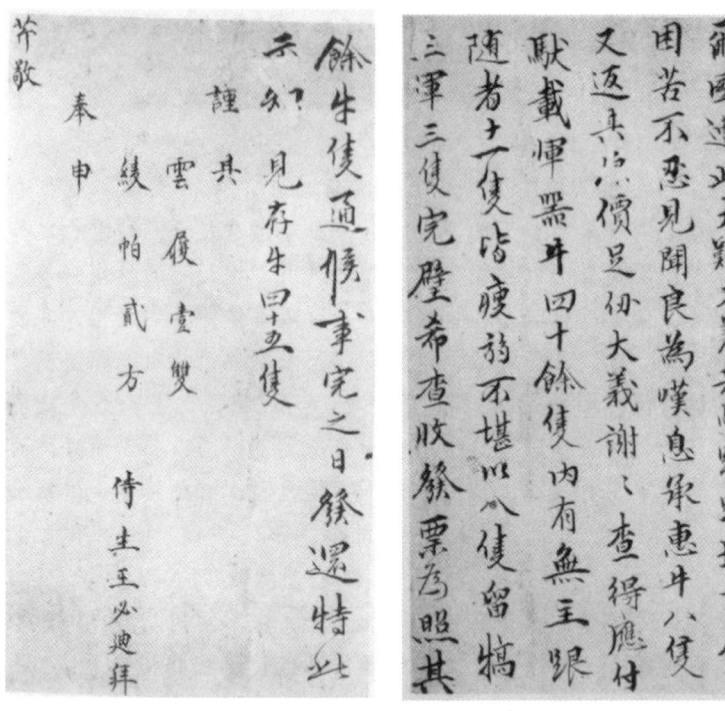

　　尔国遭此大难，又兼兵马蹂踏地方，居民困苦，不忍见闻，良为叹息。承惠牛八只，又返其原价，足仞大义，谢谢！查得应付驮载军器牛四十余只内，有无主跟随者十一只，皆瘦弱不堪，以八只留犒三军，三只完璧，希查收发票为照。其（249）余牛只，通候事完之日发还，特此示知，见存牛四十五只，谨具。云履壹双，绫帕贰方，奉申芹敬。侍生王必迪拜。

案：王必迪此书通报本营官兵吃了8头瘦弱的无主之牛，剩余3头无主之牛还给柳成龙。当时明营中尚留有45头牛，主要用于驮载军器。参照《宣祖实录》谈及朝鲜国王还都之初，见到明军食用马、牛，引发朝鲜人的"骇愕"之状①，故将此书系于万历二十一年十月之后。

从朝鲜战争开始，到万历二十一年五月，明军运到朝鲜战场的牛只将近500头，还仅限于两次犒师之用。二月二十三日，明军犒师用牛210只，三协官军每协分牛70只，军丁每人折酒银5分，盐20万斛，由双山管盐官王三知委买，"牛肉、食盐尽数俵散"；五月犒师时，用郑同知解牛120只，分守道解牛80只，佟养正解牛60只，共260只，犒赏三协及刘𬘘之军；东征明军两次犒师吃了将近500头牛，可见当时的主要供应还是依靠辽东内地。明军强牵朝鲜百姓牛只，受到军令严行禁止，这一点，无论是管粮通判陶粮性、军需官张三畏、艾惟新等人的相关史料都可以证明。仅万历二十一年二月，明军一次运输食盐就达20万斛，还包括"兀喇达靴"等其他军需品。② 王必迪的这封书信，不仅展示了中朝两国物力及风习的差异，也可想见缺粮少菜的东征明军，度过严冬的一个权宜之计，很有可能就是杀食那些驮载军器的瘦弱牛马充饥，这也见诸万历二十二年六月朝鲜赵庆男的记载："前日民间虽窘而或有储谷者，故牛马杂物贸换有所，且官谷用市转卖多方。今则公私俱荡，场无升米。时有牛马者，卖于天兵，一日屠杀百牛，四境牛马、鸡犬亦尽。"③ 明军从朝鲜民间买牛马充饥，附近地区鸡犬不存。

六　王必迪第六书（N22；16-217；52-583~584）

荛服生王必迪再拜启。昨寓八营，具尺一申，候谅登记室矣。十月初三日，倭犯安康，本营防守庆州，势不容于不援，距州北三十里许，遇贼截杀，众寡不敌，彼此多伤。本营阵亡官兵二百十六员名，

---

① 案：宣祖万历二十一年十月时，"路上见天兵列置牛肉，若出市之状，极为骇愕"，下令"今后屠牛之人，即令刑曹、汉城府、司宪府，禁断痛治"（《朝鲜宣祖实录》卷43，万历二十六年十月二日壬午1条）。又有"兵曹启当初大军出来时，本无刷马之规，天朝或以其情请之，我国亦从优例，随便应索，仍成规例。今则至于往来天兵皆责刷马，一路各官，已不能支当……一给天兵，永无还推之路……移咨于刘总兵处，往来天兵使之勿责刷马，似为便当"（《朝鲜宣祖实录》卷43，宣祖二十六年十月三日癸未12条）。
② 宋应昌：《经略复国要编》卷10，《示谕》（八月）二十六日《又》，第874—875页。
③ ［朝鲜］赵庆男：《乱中杂录》三《乙未》，《大东野乘》卷27，朝鲜古书刊行会1910年版，第670页。

丁壮之夫，横罹锋刃，情实可惨，第不能代贵国歼灭贼寇，久戍于此，只增汗颜。皮箱、顺袋已收，另跟役裆裈物件，尚未见掷，已嘱役走领，虔此布谢，不尽惓惓。外，上好大样花席，乞代领，多寻数条，其价容奉偿也，特恳。

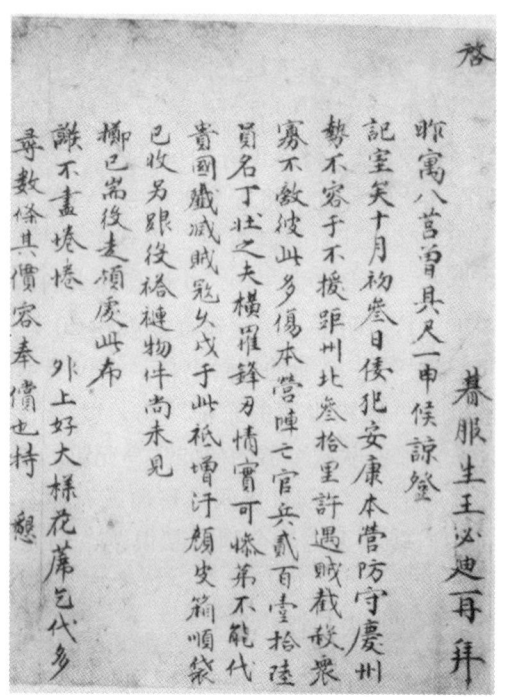

案：此帖关系最重者，莫过于提到十月初三日安康战役南兵损失216名。写信时，王必迪驻守八莒。对照前述骆尚志书提到：九月救援庆州、十月堵截庆州以南、十一月初三日战于庆州以北30里的安康，而王必迪所说的十月初三日安康之战，很可能是误记或"十"后"月"前，脱落了"一"字，即十一月初三日战事。他提到的战斗地点在庆北30里，与下文将出现的骆尚志记载的第三场战事可以重合，而十月战事发生在庆州以南，地点不合。故推测从十月到十一月间，驻守庆州地区的南兵，与日军在庆州南、北各地发生过至少两次冲突，可见，安康之战是由系列战事构成，也是继晋州、南原之战后，庆州地区最重要的战事。王必迪、骆尚志致柳成龙的书帖，都提到了三次相关战事的细节。要厘清历史事实，自然须以这些书帖重见天日为前提。

七　王必迪第七书（N3；16－183～186；52－573～574）

(183) 朞服生王必迪再拜。昨差官回，曾具启 帖 ，候想清澈矣。久不获晤念，想为劳兹。闻国王驻驾王京，足下匡辅左右，凡安集人民，惠养黎庶，赈贫恤死，兴灭举坠，俾垂亡之国脉，焕然振拔而更新，此足下真宰相事也。不佞当拭目以观太平，伫望，伫望！迩来倭奴窃聚，犹然未渡，屡肆侵犯，抢掠沿海。贵国官军宜乘此振发，戮力歼贼，譬之艾草，不至除(184)根，不可遽已，方为完算。奈何倭奴一报，远近奔徙，甚至有甘心降敌，运负粮米马牛，且多代为向导者。若然，出将君父之恩置之何地？朝鲜系箕子遗风，不意有此悖逆之辈。更忠州一带，盗贼蜂起，不拘有物与否，遇孤旅单行，即便杀害，往来官军，屡为寒心。夫天兵之来，所以救援贵国，每动遭毒害，此风一闻，以贵国为何如人也？今我南兵驻守庆州，与贼伊迩，兵寡力疲，不堪屡战，况日夕哨伏，无时休息。毋论先后阵亡将四百人，感病物故(185)贵国者，已二百余人矣，俱系良家子弟应募而来，望博功名，今踵籍而死，莫非皆贵国累也？昨承惠布，骆爷兵四百余人，每名得分布二匹。本营三千官兵，除各死亡外，见在二千三百余人，五、六名不得分布一匹。彼此均系南兵，共戍一营，而受惠有厚薄之殊，官兵多有愤闷而不平者。庆州天将，吴、骆泊［洎］不佞，止三人耳！地方官供应馈送之类，每每厚薄有无不一，同为贵国而分等第、别厚薄，恐非所以服人心也。不佞扶病奔驰，将已半载，更二舍侄，均病死于此。异域征夫，每为伤(186)感，贱恙转增，即不佞惧不能自保时下，每欲乞归，而大马倒死，苦乏骑坐，动辄艰难，每有不可愬者。恃足下雅，敢辞，缕及之。小介亲领所寄物件，不知曾发付否？专此驰布，统希炤原，不尽。左地。

案：原自称"侍生"的王必迪，此时自称"期服生"，当与此帖所言"二舍侄"① 病死于朝鲜有关。王必迪前书已报告王营兵士，经十［一］月初

---

① 案：王必迪出身将家子，其父（即瑠廿六公）为随戚继光入闽抗倭将领，兄弟五人：必进、必遇、必周、必达、必迪。二兄必遇为钦授把总，四兄必达为福建哨总，均阵亡于福建，称"双烈"，其本人亦以战功得授金华守御所千户，并随戚继光镇守长城北边。其在朝鲜阵亡的二侄，或为长兄必进次子大猷（钦授中路城子岭千总）、四子大成（钦授西路千总）。参见王懋德《贺吉吾将军荣擢崔黄守戎序行球九十一》，载王梦松《〈义乌〉铜峰王阡楼氏宗谱》卷16，《赠序》及卷2《世系图》，光绪丙午重修本，第75、76页。楼氏旧谱共有23册，包括光绪卅二年丙午本（王梦松撰）、民国九年庚申20卷本（骆益三撰）；民国廿四年乙亥本（楼柄文撰）、民国卅六年丁亥本（楼松涛撰）等，内容以光绪丙午本为多。

三日安康之战损失216名。这封书帖继续报告驻守庆州的南兵状况：先后阵亡近400人，病故200余人，驻守庆州的3000南兵已减员20%，其中包括两位亲侄。写作时间当在万历二十一年冬季。本书帖还透露了一个重要细节，就是日军屡肆侵犯，抢掠沿海，明兵日夕哨伏，无时休息，兵寡力疲，不堪屡战。在缺衣少药的情况下，明、日军队仍对阵不已。可见，南兵驻守庆州的这个严冬，正是东征第一阶段最为艰苦难熬的日子。

万历二十一年秋，日军开始骚扰朝鲜南部沿海地区，包括庆州。明军从九月开始，即频频与战，无论是骆尚志所说的"急奔救援，动辄人先，官兵怨苦，溪岖鸟道"，还是王必迪透露的"与贼伊迩，兵寡力疲，不堪屡战。况日夕哨伏，无时休息"，都反映战事频繁与应对不易。王必迪营的三千南兵，减员超过1/5。何况庆州、安康地区的存粮都被日军抢劫，朝、明守军"粮饷乏绝"①，濒临绝境。加之朝鲜地方官营私舞弊，加剧了明军困难。如高灵县监郭天成，贪鄙无状，每入纳征米大租30余斛外，加纳菜、果诸物，声称支供天将，科敛多至20余种，"孑遗之民不堪怨苦，将至流散"，甚至在"骆参将自居昌向高灵时，厌惮支待，逃避山谷"。另一位咸阳郡守李觉，领到军粮后被窃数百石，为此"别造小斛"②颁给明兵，被发觉后，搜得旧斛比较，大小悬殊。郭天成和李觉都是无良朝鲜地方官的典型代表。

王必迪的年纪较大③，资格亦老，个性鲜明，说话耿直。在书中直抒对帮日军运粮且作向导的"朝奸"的愤慨之情，也对朝鲜地方官无力管理治安情况表示强烈不满。除面对战场上真刀实枪的日军，明军还要应对劫杀道途的朝鲜暴民和盗匪，包括无衣无食沦为盗寇的普通百姓，遭受额外的生命和财产损失。如万历二十一年闰十一月，朝鲜备边司启平安监司李元翼报告："唐人一名，逢刃致死于顺安官，所持物件及尸躯索置"④；"近日沿途各处，盗贼兴行。至于杀掠天兵，夺取公文，极为骇愕。非但一处，如顺安唐人致死亦甚可疑。而前日竹山屯聚山头、追逐摆拨儿等事，相继不绝"。这些沿交通线发生的劫杀案件，说明饥寒交迫的朝鲜民

---

① 《朝鲜宣祖实录》卷45，宣祖二十六年闰十一月十八日戊戌5条。
② 《朝鲜宣祖实录》卷44，宣祖二十六年十一月六日丙辰2条。
③ 《铜峰王阡楼氏宗谱》卷5，《世行传》载："瑥廿六公之五子，球九十一讳必迪，吉吾，任蓟镇三屯营统领南兵正总兵官，袭金华守御所千户……生于嘉靖二十年辛丑七月初十日寅时，卒于天启元年辛酉三月三十日。"（光绪丙午重修本，第68页）可见当时王必迪已年五十二。先后娶张氏、郑氏，生子三，鸣凤、鸣鹤、鸣鹿，女一适孝顺方。
④ 《朝鲜宣祖实录》卷45，宣祖二十六年闰十一月三日癸未3条。

众铤而走险,是敌是友已难分辨。故经略宋应昌"以徐锄头之事"①移咨备边司,要求朝鲜解决问题。为此,备边司请求追究黄海监司兵使之责,且因"湖岭之间,盗贼盛行"②,宣祖特派左议政尹斗寿南下救急。严冬的困难局面,不仅是明军和朝鲜所面临的问题,也同样是日军的问题。安康之战就是在这样的背景下发生的。

这里,还牵涉一个南兵营兵数的问题。入朝之际,王必迪所领南兵1500名,至此增为"本营三千官兵"③,当是接管了游击吴惟忠部"熟知火器,且久戍蓟镇,颇有固志"④的2858名官兵的结果。正是在安康战役中,吴惟忠积极迎战、导致兵丁折损而被削职,王必迪代替吴惟忠为南兵营主管,管辖驻扎庆州的一个南兵营,与另一个南兵营即骆尚志所在的炮营别为一支,且因性质不同待遇有别,这也是王必迪因两营不同待遇提出抗议的原因所在(详见第七章第一节)。最后,他还查问托付运送王京的行李是否已经发出,关系到战地军邮或运输系统的畅通与否,也不是无关紧要的问题。

八 王必迪第八书(N15;16-207;52-580)

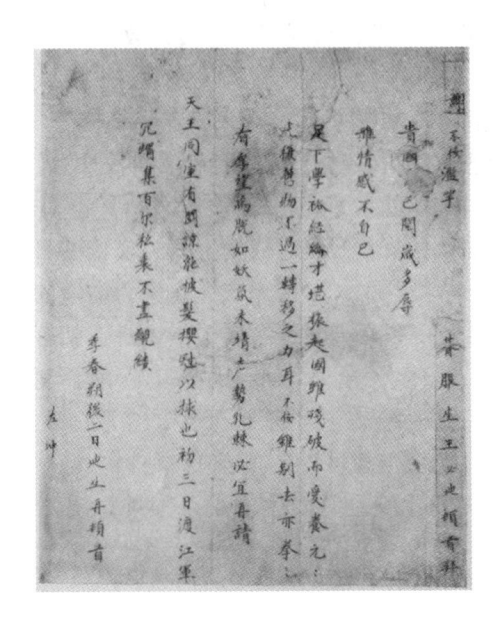

---

① 《朝鲜宣祖实录》卷45,宣祖二十六年闰十一月八日戊子8条。
② 《朝鲜宣祖实录》卷44,宣祖二十六年十月三十日庚戌1条。
③ 《再造番邦志》卷2:"副总兵王必迪领南兵一千……咸统于世爵",第492页。
④ 宋应昌:《经略复国要编》卷8,《移朝鲜国王咨》(万历二十一年五月)二十九日,第728页。

綦服生王必迪顿首拜谢。不佞滥竽贵国，业已阅岁。多辱雅情，感不自已。足下学裕经纶，才堪振起，国虽残破，而爱养元元，光复旧物，不过一转移之力耳！不佞虽别去，亦全权有厚望焉。脱如妖氛未靖，声势孔棘，必宜再请天王，同室有斗，谅能披发缨冠以救也。初三日渡江，军冗猬集，百尔私衷，不尽觌缕。季春朔后二日，迪生再顿首。

案：王必迪习称"不佞""迪生"，此书依然自称"綦服生"，是归国前致柳成龙的告别书，写作时间万历二十二年季春三月初三日，正是熬过了最严寒的冬天之后，幸存的明军渡江归国的日子。

王必迪东征归国后，请求恢复原姓楼氏，仍为蓟镇南兵营游击[1]，领蓟州东路南兵驻守马松之地，为蓟镇东路马兰、松棚两个驻守点的合称。在《铜峰楼氏宗谱》中，尚存两份敕书可让后人了解事件的前因后果。万历二十二年十月二十六日敕书载："皇帝敕谕署都指挥佥事楼必迪：先该兵部议令南兵分为二班，以南将统领回浙。上边三年一换，近年俱不更番，常川驻守。令特命尔充游击将军，统领蓟镇东路南兵驻扎马松地方。务要督兵登台，昼夜了望，遇警极力堵剿，无事照常操练，不许需求科敛，生事害人，听蓟镇总督抚镇官节制。尔持廉奉法，正己率下，以副委任，毋贪得残偾事，自取罪谴，尔其慎之，故谕，敕命。"这也是一份珍贵史料，可补国史记载缺失，真实性也无可置疑。这就解释了王必迪在方志中被称为楼必迪的起因，是"旧从王姓"[2]。该《楼氏宗谱》所载万历二十四年三月《复姓本》称：

钦差蓟镇中路南兵营游击将军署都指挥佥事臣王必迪等谨奏，为比例陈情，恳恩复姓，以明世系，以重伦纪纲事。臣浙江金华府义乌县民籍，祖系楼姓，高祖浩五生长子楼澄二，次子楼澄三，即臣之曾祖也。因姑亲全一无嗣，出继为子，从姓改名王珪一，后王全一续娶张氏，有二子珪六七、珪十六，是王氏宗支仍然有在也。自臣曾祖楼澄三以及至臣等，凡四世矣，皆以草莽氓未敢奏请，未由复姓。伏思臣以一介武夫，荷蒙皇上拔居重地，日思捐躯报效之未及，又安敢私

---

[1] 《明神宗实录》卷277，万历二十二年九月丙戌，台北"中央"研究院历史语言研究所1967年刊本，（以下各朝实录均同，不另注版本）第5127页。
[2] 崇祯《义乌县志》卷10，《人物表·武职表》；嘉庆《义乌县志》卷12《武职》。

家之自便。顾木本水源，忍忘所自？矧今王姓流裔繁衍，反置楼氏于不祀，臣心又何安也。臣伏睹大明会典内开一款：凡官员人等过房乞养、欲复本姓者，具奏改正，钦此。臣又查得戊辰进士叶懋中，系臣族叔也，先世亦因出继母舅叶芳为嗣，寄籍江都县，传历四世。自懋中登第之后，具奏改复楼懋中。臣与前例相同，伏乞皇上俯念下私，敕下该部，将臣等准复本姓，承接楼氏宗支，庶世系不泯而存殁，永沾浩荡之恩于无穷矣。为此除具奏，蒙通政司取二姓保给宗图外，理合具揭，禀知须至揭帖者。①

可见，王必迪是在东征归国之后请准改姓归宗的——因其曾祖楼澄三因姑亲王全一无嗣，过继为子，改名王珪一，已传四世，至必迪立功异域，请准恢复原姓楼氏，遂认夏演楼姓为祖。若不知其中曲折，欲在义乌找到王必迪其人，还真需要经历大曲折。

万历二十五年十二月，"叙蓟门罗文谷斩虏首功"，楼必迪得升"实职一级"②，可见东征后期，王必迪也就是楼必迪未再入朝参战，仍驻守蓟镇。

第二节　南兵参将骆尚志七书

对于万历三大征之一的援朝东征，明清时代的中国史籍基本上都持否定、贬低的态度。③ 即使在7年战争期间，前后几位东征军最高统帅宋应昌、顾养谦、孙鑛、邢玠等人的传记，《明史》都付诸阙如，提到时也是以他事入载，更遑论其他参战将士。因此，《唐将书帖》的面世，对我们来说，不啻是一部福音书：它让我们看到了万历援朝战争诸多真实片段和更多的光彩耀人的人生篇章，骆尚志书尤为可贵。

---

① 《铜峰王阡楼氏宗谱》卷1，《复姓本》。参见朱之蕃《贺吉吾楼将军请复姓序》，卷16《赠序》。
② 《明神宗实录》卷317，万历二十五年十二月丁丑，第5908页。
③ 参见孙卫国《清官修〈明史〉对万历朝鲜之役的历史书写》，《历史研究》2018年第5期。文章指出，东征朝鲜的明将几乎无人"因朝鲜之役入传"，而《明史·朝鲜传》对于相关人物与战役采取否定、贬低的负面评价，因杨镐须为萨尔浒之败负责，实录也取否定杨镐及明军在朝鲜战绩的态度；而清朝出于塑造正统性的现实政治需要，对后来在辽东成为后金对手的东征朝鲜将士也采取否定态度。

一 骆尚志第一书（N18；16-209；52-581）

故土初复，民物渐归，正当变理颓纲，百工听命之际。何遽□贵恙而过于忧国也耶！料吉人天相，获愈可待；须宽心调理，为上弗负贵国主倚佐江山之重望耳。此地山川形胜，昨已略观大概，但未细玩，俟公少愈请教，如何？特此，附候不尽。侍生骆尚志拜。

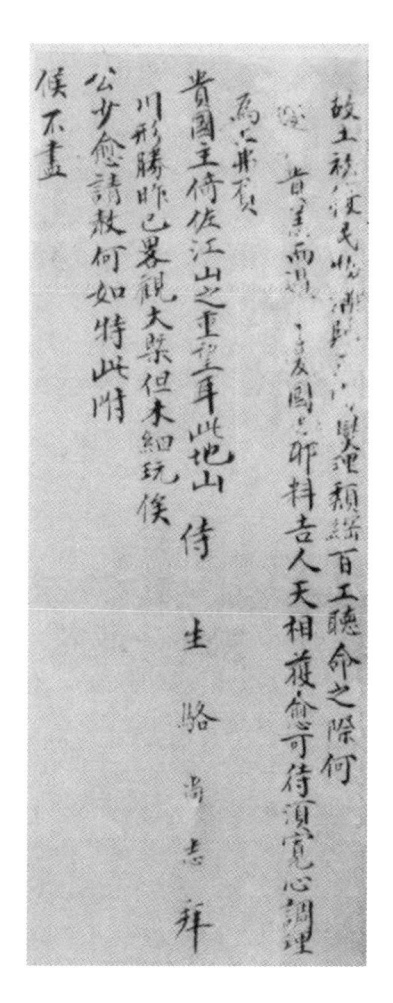

案：南兵参将骆尚志致柳成龙书帖共7封。此第一封书帖时间是万历二十一年四月，日军退出汉城，骆尚志等南兵随即进入，听闻柳成龙身患疾病不适，致以问候并略通舆情的便笺。柳氏《年谱》载："丁未，有疾调治，骆参将尚志来问疾，与论兵事。"当时柳"症势危重，天朝将士来见者,亦皆有忧色,陆续来问,至六月始离枕席"。①

骆尚志,号云谷,浙江人,万历十三年正月,以都指挥佥事署任大同入卫游击将军②;十五年升任大同东路左参将,十九年"革任听调"③,随以钦差统领浙直调兵神机营左参将率兵入朝,膂力绝伦,能举千斤,故号"骆千斤","体甚肥大",凡事躬亲,"造车之时,亲持其役",虽然性急但"为人表里如一"④。

二 骆尚志第二书(N11;16-202~203;52-579)

---

① [朝鲜]柳成龙:《西厓集·年谱》卷1,《韩国文集丛刊》第52册,第511页。按:丁未为四月初三日。
② 《明神宗实录》卷157,万历十三年正月壬辰,第2898页。
③ 《明神宗实录》卷191,万历十五年十月癸未,第3604页;卷241,万历十九年十月己酉,第4495页。
④ 《朝鲜宣祖实录》卷29,宣祖二十五年八月十三日庚子4条;卷36,宣祖二十六年三月四日己未3条。

近因倭奴畏威效顺，让还朝鲜，退回日本，盖亦良心所发，悔过迁善之大端也。既而送还尔国储君并被掳居民，及剔发为倭者，一一还之，是亦□□之意也。今闻贵国之人，欲同倭奴往日本者，何也？恐彼反怪无情，谢□不杀之恩，有言同去之说，又恐尔国法度森严，归则概付法曹者有之，是借处之无可奈何耳！为今之计，理宜与诸公各陪臣议之，何不将计就计，宥其既往之愆，原其来归之意，早早出令宣谕曰：汝等各军民人等，被倭所掳者，皆出不得已之意，内岂有不念汝祖宗坟墓，与夫父母兄弟子侄妻妾子女之属哉！我知汝等进退两难，特此宣谕，早早出来，既知征战之法，我今正欲卧薪尝胆，以图报复，或将倭巢出来之人，一万数千有余，立一大元帅统之，定立头目，教习武艺，修整器械，以一教十，以十教百，以千教万，务成精兵，虽倭奴有复来之念，我有精兵待之，法曰弗侍不来，侍吾有以待之，何如？军务纷纷，草草布达，此亦富国强兵之道，百姓安堵，居民乐业，岂不美哉？骆参将。

案：这则署名书帖的时间当在万历二十一年五月，日军退出汉城、送还朝鲜王子之后。在此，骆尚志建议柳成龙将曾经降倭的朝鲜人组织起来，教习操练，增强实力，防备将来再犯的日军。柳成龙立即接受其建议，其《年谱》有载："六月，上状请抄择精兵以为后图……又上状，乞练兵，且仿浙江器械，多造火炮诸具，以备缓急之用。"[①] 其上书朝鲜国王曰："不如乘此南兵未还之前，急急学习、操练火炮、筤筅、长枪、用剑、鸟铳、器械，一一传习，以一教十，以十教百，以百教千，则数年之后，可得精卒数万，倭虽再来而势可防守"，也完全引用骆尚志的原话，朝鲜遂兴起练兵之事。

柳成龙《西厓集》中有三封致骆参将答书，中心都围绕练兵之事。其一曰："前日老爷所教操练之法，以一教十，以十教百，以百教千，甚为切要。虽孙、吴复起，其为小邦谋不过如此矣。……近于城中召募年少伶俐之人得数十，伏愿老爷先下营中，各以南兵一人，主教一人，如教阅歌舞者之依趁节奏，择城内房屋闲旷之处，逐日训习，以试其成否如何？所选四十余人，其中十余人乃炮手，其余枪、剑、筤筅、阵法，随其所习，无所不可。又已令京畿诸道，挑选习斗骁健者，各数千余人，以相传习，千万怜察而指挥之，使小邦生灵永蒙老爷之恩，以有辞于万世也。"[②] 如此看

---

① ［朝鲜］柳成龙：《西厓集》，《年谱》卷1，《韩国文集丛刊》第52册，第511页。
② ［朝鲜］柳成龙：《西厓集》卷9，《答骆参将尚志书》，《韩国文集丛刊》第52册，第193页。

来，朝鲜兴起的练兵之事——人数虽少却级别甚高，初在汉城的数十人，均住南兵营中，与南兵同吃同住，"南兵一人主教一人"，由南兵手把手地进行教练，除了专门学习火炮的十余名炮手，其他枪法、剑法、阵法等各有专人教习，还有京畿诸道"各数千余人"，等待"以相传习"。这在朝鲜古代历史上并不是一件不足为道的小事，而是具有深远影响和历史意义的大事。

尤其是五六月间，骆尚志南下以后，柳尚请求"欲抄择伶俐数人，随行学习，而其间有年幼不便远行者，且恐路中多事，妨于训习，如蒙老爷留下数人，使之仍前提撕，不日可以成才，尤出陶甄万万"①。可见，即使骆南下，军中仍有随行学习的朝鲜军人。

三　未署名骆尚志第三书（N24；16-222~225；52-585~586）

（222）正适闻荣登贵国首辅，诚贵国有幸，砥柱中流而永赖矣！果不负苍生之素望也，曷胜庆贺，庆贺！今生与贼为邻，操戈无息，变出不常，何时是了？自南原拒贼之后，而营心设备机宜，劳工修造将竣，而调赴大丘、八莒，与刘总府合营防御。正采寨木将完而欲成栅，又为庆州报警，率兵急奔救援，动辄人先，官兵怨苦，嵚崎鸟道，（223）极目边涯，暑往寒来，经年旅邸，征人莫不惨伤。及诸营到后，方据山立寨，或木或土，成坦［垣］俱草苫栖止。生因执木调度，被树节偶伤，左腿臁胥，俄尔成疮，形如小碟，动履艰难，痛不可忍。饮食俱废，勉强支持，在此陪臣无不知见。十月内，倭奴突犯庆州迤南，二十里之间烧掠，随发官兵堵截，不遂而遁；又于十一月初三日复统大众，六路连营，恣肆烧荡，延至安康，离庆州北数十里之程，系各县运粮通衢，焉得不发兵救剿？生带兵守住营寨，以为后应。吴游府统兵前去，相机拒堵。彼处草深林（224）厚，被贼诱入咽喉，两下冲杀，讵料贼众漫山寨［塞］涧而来，不但无暇取级，抑且折损官兵，深愧无谋，以至如此。但生所部不满六百，安能自展庸才，徒付之慨叹！虽然安康遭害，幸得庆城安堵，亦可塞其责耳。值今隆冬，风狂地燥，祝融不仁，各营无不遭禄。看得庆州城内，地址宽广，仅可分居远离，防其不意，已移入本城数日矣。俛思城垣倾圮，防御甚艰，意如南原修饰设备，亟恐不能如是。今城外已加木栅一层，并叠高城垛数丈，及造高耸敌台一座，（225）皆为加

---

① ［朝鲜］柳成龙：《西厓集》卷9，《与骆参将书》，《韩国文集丛刊》第52册，第193页。

第一章 南兵三营将书帖 25

增式样。当此严寒,恐劳工役。欲在明春修理,犹恐事生不测。以愚度之,修得一事,恐得一事之济;苦疮疾日侵,犹豫未果。诸事营心,容颜顿改。如留善后之兵,俱系倍经战斗之役,朝夕枕戈,身极疲惫。况地方穷苦,盐、酱、蔬菜无易,精神不足,安能恋战?胡有不思归之叹也!风便附候,兼布愚衷。不尽。名具正幅,左冲。

案：此帖失名，从书法、字迹细长无锋顿特点看颇似前载骆尚志书，证以内容可判定为实。骆尚志署名书有第 11、18、40 通，未署名的 4 通（第 24、27、28、29 通）可断定为其所作，一个最鲜明的标志就是"所部不满六百"，原额 600 余名①，战后剩 400 余人。此帖还谈到几个时间节点：一是柳成龙擢升领议政②的时间窗口；二是十月庆州之战；三是十一月初三日的安康之战；当时修建庆州城已"加木栅一层并叠高城垛数丈"还"造高耸敌台一座"，皆如南原城式样加增。综合判断写作时间是在隆冬十二月前后。骆尚志在此书中谈到的情况十分重要。第一次战斗是从南原调赴大丘、八莒，在与刘綎合营采木建栅之际，因庆州报警而急奔救援，当即九月之战。目前有关庆州战役的最新研究成果有韩国学者金冈泰（김경태）认为安康战役是"影响战争大局面的小事件"并从有关战斗的时间、地点、次数、作战背景、规模、目的、意义等方面分析，结论为加藤清正并没有从这场战斗中得到任何政治利益。③

事实是八月上旬，日军声称将进攻庆州，朝鲜已有警惕。宣祖指示备边司策应"庆州等处作贼之报"④，备边司认为"凶贼尚屯海上，为筑城久驻之计……且有攻犯庆州之语"，忧虑其"先声鲜有不实之时"⑤。当时，刘綎驻扎高灵，离庆州有"数日程"。经略宋应昌移咨朝鲜："朝鲜管粮官金润国为因缺粮，欲移兵马，故捏庆州有惊，讹传妄报。副总兵刘綎未探的实，据其讹传亦即发兵，不惟疲劳士卒，抑且警扰地方，则皆金

---

① 案：东征经略宋应昌言"沈茂浙兵，俱系招募义乌等处之人，与吴惟忠兵无二，虽骆尚志之兵稍有不同，然止六百余名"（《经略复国要编》卷 9，《移本部咨》七月十四日，第 769—770 页；卷 4《檄蓟辽等七道及艾主事》十二月初三日，第 281 页）可参见。
② 案：柳氏"复拜领议政"时间在万历二十一年十月，见柳成龙《西厓集》，《年谱》卷 1，《韩国文集丛刊》第 52 册，第 513 页。
③ 可参见金冈泰（김경태）《임진전쟁기경주안강전투와강화교섭국면의변동（壬辰战争时期庆州安康战役与讲和交涉局面的变化）》，载《韩国史学报》第 62 号，2016 年 2 月，第 39—69 页。另外其《壬辰战争前期加藤清正的动向：战功的危机与讲和交涉的可能性》（载《大东文化研究》2012 年）《壬辰战争初期军粮问题讲和交涉讨论》（载《历史与谈论》第 70 期，2014 年）《壬辰战争时期讲和交涉破裂的原因研究》（载《大东文化研究》第 87 辑，2014 年）《壬辰战争时期丰臣秀吉的讲和条件研究》（载《朝鲜时代史学报》第 68 期，2014 年）等论文，也都对朝日双方在战争中议和的原因、条件、当事人与破裂原因等做了较为深入的分析，可参见。
④ 《朝鲜宣祖实录》卷 41，宣祖二十六年八月九日庚寅 3 条。
⑤ 《朝鲜宣祖实录》卷 41，宣祖二十六年八月十日辛卯 5 条。

润国欺妄之罪也。"① 此咨未载《经略复国要编》,从宋应昌奏疏看九月其注意力尚在安排朝鲜战守:练兵屯粮,筑成修台,减免赋税,招徕逃民等,未注意到日军已发动战事。

九月,庆州战事正式开始。郑琢记载:"癸巳九月(吴惟忠)同骆尚志、谷燧等连营在庆州。惟忠与贼战于安康县,兵败多死伤。惟忠曰:'吾恨不听老将之言,以至于败。'盖其时尚志戒勿轻战也。"② 除透露当时连营驻扎庆州的南兵将领之间出现意见分歧外,这条记事的时间十分重要。九月,《宣祖实录》记载政院以庆尚监司书状备忘三条,其一为"贼势如此,连续飞报,使中朝一一知之,可也。经略虽已还,可成咨文,急急报于辽东";其二为"如此勇敢之人,各别破格升赏事";其三"庆州、蔚山之兵,最能捕贼,其守令已为堂上姑待后效",还建议包括军人也都"下书慰谕给某物"③,这说明外围的朝、日军队双方已进行过多次战斗。骆尚志营卷入安康之战的背景即如此。

但九月战斗,在骆书中记载的并不是很明确。只提到所部官兵崎岖鸟道,寒暑往来,急奔救援,大概未与日军发生正面冲突,所以说得比较模糊。另外两次就很清楚:十月,日军突犯庆州以南二十里之间烧掠,在明军官兵堵截下,不遂而遁。十一月初三战事,即吴惟忠军,书中所谓的"吴游府"折损兵丁最多的这次。当时南兵各营均已搬入庆州城内居住,据山立寨筑墙,或土或木,上盖草苫,隆冬风干物燥,经常失火。因时间仓促,不能像南原那样修建城墙,但也增加木栅一层并叠高城垛数丈。骆尚志就是在亲自斫木修城的过程中伤及大腿,疮口迁延难行,甚为痛苦,这与他凡事躬亲的个性特点也相符合。正因为骆尚志拥有修建长城敌台的经验,故在庆州城外也造了"高耸敌台一座","皆为加增式样",给朝鲜留下了城垣建筑的经典标本,实乃有关朝鲜古城建筑史、南兵驻守南原、

---

① 《朝鲜宣祖实录》卷41,宣祖二十六年八月十二日癸巳15条。案:朝鲜"据被掳逃还人及体探人所报倭贼欲犯蔚山、庆州"、"体探军官李彦邦昨夜自蔚山回来言内贼势极炽,蔚山、彦阳、梁山等处,倭贼遍满山野,不知其数,处处列阵,充斥上来之患,迫在朝夕,事势甚急"(《宣祖实录》卷41,宣祖二十六年八月十三日12条),事确属实惟日子未定而已。
② [朝鲜] 郑琢:《龙湾见闻录》,《宋经略书》,国立首尔大学奎章阁藏本,第67—70页。
③ 《朝鲜宣祖实录》卷42,宣祖二十六年九月十六日丁卯8条。

庆州的重要史料。① 据经略宋应昌汇报："南原府城，先该骆参将督率将城加高三尺，修筑垛口，并建悬楼三十余座，小楼七十余座。外壕、重墙、木栅足堪保御。"②而《宣祖实录》记载南原城"元高十三尺……最为完固，垓子亦且深峻"，"女墙则骆参将尚志所修筑"，杨元进驻之前想增筑此城，接伴使郑期远建议在旧女墙之上加筑女墙，使城高十六尺，这样"用功不至浩大"，粮饷也够支持三千兵四五个月。③ 可见，骆尚志所修南原城的大致规模。

四 骆尚志第四书（N40；16－258～259；52－596）

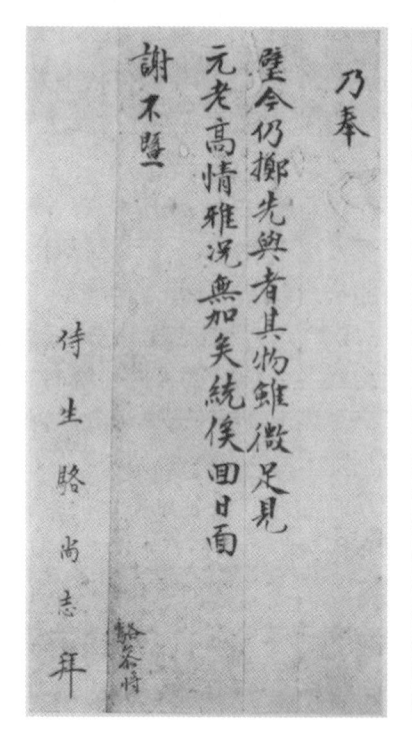

---

① 案：韩国学界虽关注到壬辰战争前后的关防设施及变化过程，如关于鸟岭关防，提到了明军经略（宋应昌）和刘员外（刘黄裳）的督促，但未注意《唐将书帖》中骆尚志的书信，因此对明军在修建朝鲜类似关防设施中的影响付诸缺如。参见车勇杰《壬辰倭乱前后의关防施设에대한몇가지问题》，载《韩国史论》9《朝鲜后期国防体制과诸问题·朝鲜后期关防施设의变化过程》，国史编纂委员会1981年，第167—196页。
② 宋应昌：《经略复国要编》卷11，《移朝鲜国王咨》（万历二十一年九月）二十五日，第926页。
③ 《朝鲜宣祖实录》卷88，宣祖三十年五月二十五日乙卯10条。

（258）夜来兵 校 并守牛人役，各不谨慎，致烧草舍，各兵棉衣亦弃。□须进兵之际遭此不虞，于心何安？已将不谨员役军法治之外，今各炮车牛畜，或多少乞即差官查发，甚幸。昨赐腰刀，小儿云乃别官长出入自佩之器，故不敢当，（259）乃奉璧。今仍掷先与直，其物虽微，足见元老高情雅况，无加矣。统俟回日，面谢，不暨。（骆参将）侍生骆尚志拜。

案：此署名帖中"骆参将"三字，当是阅读或保管者后来添加的。书中提到因看守不慎，明军草舍失火被烧，冬季棉衣也失。草棚易燃，冬季用火不当即有火灾，写作时间即万历二十一年冬。此书与以下未署名的第五、第六、第七书，都可通过所部600人及炮车、炮火判断同为骆尚志书帖。在这封书帖中，骆尚志希望柳成龙给炮队提供拉车的牛畜，也说明南兵炮队一直有装车重炮随营。根据戚继光在蓟镇练兵时制定的规程，战车、骑兵、步兵相互配伍，"以车为正，以马为奇，进可以战，退可以守"，车中有随车鸟铳可发，佛狼机则"断不可离车……随车军兵，必每车留数名。车正等役，必留车中"[①]。骆尚志东征朝鲜所率的600余人，应该就是包括炮兵、车兵的辎重营。隆、万年间蓟镇练兵，戚继光曾练成辎重六营，"二营战车五百余辆"，当时总计造就战车千余辆，仅储车房屋就需1500—2000间。[②] 再联系经略宋应昌万历二十一年奏疏中提到"本部委官叶思贤等发去轻车三百辆，都司修造、各道解到明火毒火药箭、委官李大谏等制造大将军灭房炮、火药委官吴梦豹转运一应军火器械"[③]的信息，基本可以肯定，这就是一个辎重营的装备，骆尚志即可谓主管炮兵营的队长。此信还透露骆尚志有一个儿子随侍军营，这也是难得的史料。骆收下柳所赠腰刀也照值付款，可见南兵将在收受朝鲜赠物方面普遍谨慎小心，与那些被记载公开索要财物的官将有云泥之别。

[①] 戚继光：《戚少保奏议》卷4，《定随车营马兵》，中华书局2001年版，第122页。

[②] 戚继光：《戚少保奏议》卷4，《条陈大约事宜》"一整器械。看得蓟镇自隆庆二年以来，缘以议造战车，请发官银四万余两，共建大小车计六营共一千一百九辆"（第151—152页）；《补遗》卷2，《建客兵营房》"二营战车五百余辆，雨侵日晒，久则损坏。今每房一间贮车一辆，容军五名"（第201—202页）。可见，戚继光蓟镇练兵期间，至少需要建造贮车容军的营房1500—2000间。

[③] 宋应昌：《经略复国要编》卷5，《咨赵抚院》（万历二十一年正月）初五日，第357页。

五 未署名骆尚志第五书（N28；16-234~235；52-589）

（234）径渎。敝营官兵原额六百余员名，除阵亡、病故等项，见在不满五百矣。所费行粮，较之别营一日之需，可济我兵十日之用。今奉文撤兵回国，闻得前路驿站，钱粮不敷，有碍进发。俛想敝营官兵自守义州及破平壤，东至全罗，南原、庆州、光阳、顺天等处，备御侦探，辛苦最久，倍出诸营，为国除氛，颇有尽心之效。但兵少贼多，不能如愿悉扫为恨（235）耳。今因给散关内解来坐粮，故停缓一二日，准拟初十日，官兵先行。烦念久成之劳，乞先发一文，或差一官于前途，如开城、平壤诸处，预备大米百数包接济，足仞始终之盛德，何如？如何！否则，各营人马将至矣，恐不能普及，千乞吹嘘于户曹，速赐预图之，不惟生之感佩，足见贵国少分优劣之阶耳。冯妇多端，弗嗔，幸甚。名别具　冲。

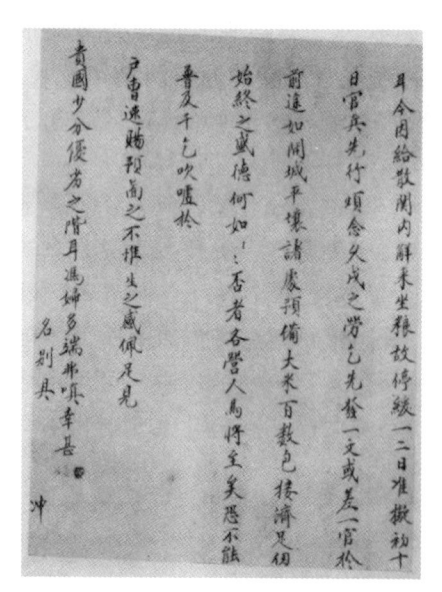

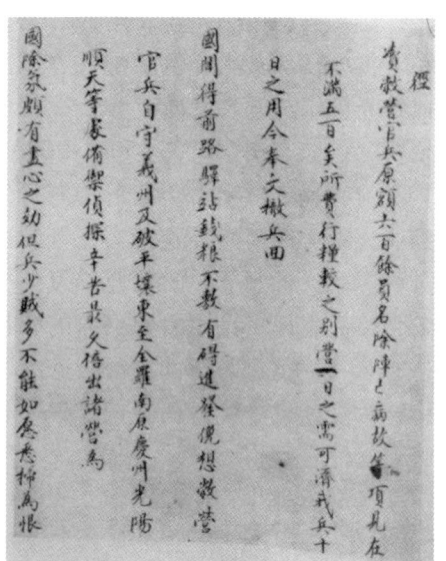

案：此书从"原额六百余员名"即可断定作者为骆尚志；时间当是万历二十二年初接令回国之前，恐撤归路途断粮，希望柳成龙早作预备，在前途开城、平壤等处预备粮食，供骆营400余人食用。骆尚志还谈到本营的

作战经历：战守于义州、平壤、全罗、南原、庆州、光阳、顺天等地，"备御侦探，辛苦最久，倍出诸营"，阵亡、病故的损失百余人，所剩不满500人，折损率接近1/3，也是有关南兵辎重营炮队极为重要的宝贵资料。

六 未署名骆尚志第六书（N29；16－236～237；52－589～590）

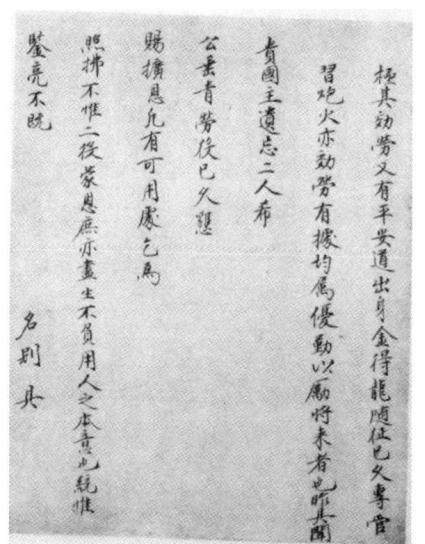

正　昨承贵国主送义枪一对，极精致，生甚爱之，但乏人持带，并铜炉一个，今奉上，乞照存。外旗帜一副送用，如练人马，正系有用之物，希照入。外有小通事李仲庆，自壬辰冬，自义州随营督运炮车，进兵平壤及往全罗、庆、尚等处，寒暑风霜，生至一处，渠随之一处，经年劳瘁，甘苦倍常，（237）极其效劳。又有平安道出身金得龙，随征已久，专管习炮火，亦效劳有据，均属优勤，以励将来者也。昨具闻贵国主遗忘二人，希公垂青，劳役已久，恳赐扩恩。凡有可用处，乞为照拂，不惟二役蒙恩，庶亦尽生不负用人之本意也。统惟鉴亮，不既，名别具。

案：此帖为离朝前交代未尽事务书。谈及赠送朝鲜与练兵有关的旗帜并铜炉及转赠国王所赠一对义枪等事。判断此书作者为骆尚志，不仅因其爱用枪，且谈到随营督运炮车的朝鲜通事李仲庆，以及随征学习火炮技术的平安道人金得龙二人，透露了南兵炮营的行动轨迹及朝鲜军人跟随炮队学习火炮技术的相关细节，主笔者除骆尚志外，不可能为其他将领。作书时间大概在万历二十二年三四月间。

朝鲜史料记载的两个细节可资佐证：

一是三月二十五日，朝鲜礼曹参判李忠元"承命往骆参将寓处问安，呈物膳礼单"，转告朝鲜国王自义州屡次欲会而未获，"每闻老爷尽心小邦之事，寻常感激。今来此城，切拟奉慰。而老爷气适不平，未参诸将之会，国王心甚缺然"。骆尚志回称："平生之志，唯在官事，不在金帛。前者我先领兵而来，不就拜国王，避人言也。今日之疾，非他，近有怏郁之事，未得参进。况受命之事未了，何敢受此馈乎？"还以暮夜三知之说却之。李忠元再三请求："国王为将军之心甚隆，而此数种海味、弓矢之具至微，不害于礼接之间。而以将军大度拒之至此，臣亦惭愧，何以报国王也？"骆尚志因出辞帖示忠元，亲捧内赐物件及膳品。①

二是《宣祖实录》载"通事李亿礼以骆总兵差备通事，炼兵时最有奔走，句当传译之劳"得到赐给"熟马一匹"奖励，时为万历二十二年四月十五日。②骆尚志在得知小通事李仲庆、金得龙二人未得奖时，特请柳成龙加以照顾，体现出来的周到细心，殷切感人。

七 未署名骆尚志第七书（N27；16-232～233；52-588）

（232）正汉城匆匆话别，且承贵国主厚待，多方冗费，皆公等推爱所致，言莫以谢。其各项防御炮火、阵图、进止及武艺、御敌机宜，生势不及久居教演，已托委官闻愈等，代生（233）以为授受之勤，倘或略有次第，即当遣发归来，而莫迟滞，感感。余情缕缕，使回冗夯，不及详裁，幸弗深罪，谢谢。书吏金彦希勤劳，亦希拔擢，谢谢！贱名别具，慎余。

---

① 《朝鲜宣祖实录》卷36，宣祖二十六年三月二十六日辛巳2条。
② 《朝鲜宣祖实录》卷50，宣祖二十七年四月十五日癸亥1条。

正

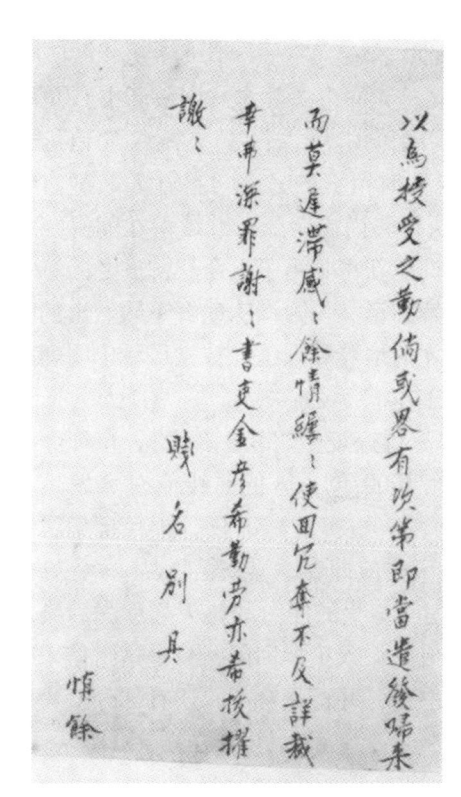

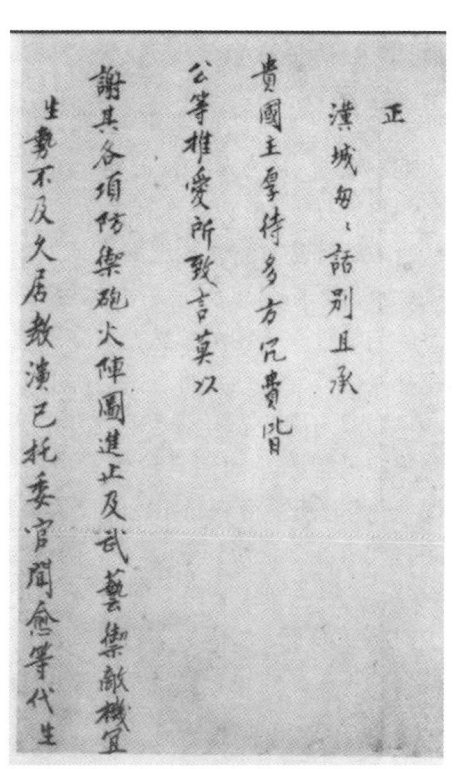

漢城匆匆話別且承
貴國主掌侍多方冗貴眄
公等推愛所致吉莫以
謝其各項防禦砲火陣圖進止及武藝繫敵機宜
生勢不及久居敎演已托委官聞愈等代生

以爲授受之勤倚或畧有次第即當遣發歸來
而莫遲滯感感餘情緬緬便回冗奉不及詳裁
幸而深罪謝謝書吏金彦勤勞亦希核擇
謝謝
賤名別具
悚餘

案：此书虽未署名，但"委官闻愈"直属骆尚志营，且所谈之事关系重大，可以判定是骆尚志所书无疑。时间在万历二十二年三月前后。其所言之事，在柳成龙的文集中都有回应："都城八方操练之事头绪渐见，此乃闻、鲁二子体奉老爷盼咐，尽心纲纪之效，敝邦之人方以为幸，不意相继沦逝。"他回忆起万历二十一年癸巳四月，骆尚志来访时谈及练兵备倭及其他守国之要，遂募汉城人70余名，分军官统领二队，"送于骆公阵下，请学南方技艺、鸟铳、筤筅、长枪、用剑等事。骆公拨营中南校十人分教之，公或亲至卒伍中，手自舞剑用枪而教之甚勤。余以其事驰启行在，此我国训练之所由起也。既而骆公还中原，余请留教师数人，公临行在西郊，为留闻愈、鲁姓人而去。二人体公之意，二年在国中训士，昼夜几尽成才，且教营阵之法，不幸相继而死，槁葬城内。至是，二人姓亲来护丧柩而去，时骆公在蓟州，寄书于余，请护送其丧，余答书云云"①。骆尚志撤回之后,委官闻愈等继续留居朝鲜,帮助朝鲜练兵。

闻愈是戚继光亲军,"尝与戚启[继]光同事,其作《纪效新书》也亦同参云"②。作为戚家军老将,闻愈到朝鲜时为"千总",不仅"谙炼火炮制度",且为人"甚温雅"。与闻愈同时留下的另一"鲁姓人"教官名叫鲁天祥③,二人在东征大军撤回后执行骆尚志命令,继续留在朝鲜练兵且教营阵法,不幸相继辞世,为朝鲜训练新军献出了生命。柳成龙的答书,点出了骆尚志及所属南兵教练对朝鲜的意义,为训练朝鲜军队做出的贡献与牺牲——朝鲜军队尤其是火炮人才的培养和训练,首先得益于明朝东征军的教导和南兵将、南兵师的艰苦工作。

1592年朝鲜战争爆发,次年春天即流行瘟疫,"军士多病",东征经略宋应昌曾紧急动用马价银,买药制丸4000包,运抵前线应对突发情况④。当时明军得病、死亡的比例很高,《宣祖实录》记载"天兵疾病居半,死者亦多,锐气顿衰"⑤。闻愈与鲁天祥应即春季瘟疫牺牲品。"鲁姓人"名鲁天祥⑥,骆尚志回国后,羁留朝鲜练兵的闻愈和鲁天祥就先后染上时疫病殁了。骆尚志还特地写信请柳成龙派人护柩回国,只是这封信未能保存下来。可见,以上7封骆尚志的书信,并不是全部,还有部分遗失或未被发现。

---

① [朝鲜]柳成龙:《西厓集》卷9,《答骆总兵书》,第194页。
② 《朝鲜宣祖实录》卷48,宣祖二十七年二月四日癸丑2条。
③ 《朝鲜宣祖实录》卷49,宣祖二十七年(万历二十二年)三月五日癸未1条,朝鲜国王传教于政院:"闻千总[名愈]既逝,鲁天祥又殁,非但警[惊]惨,国事不幸如此,训练之事不可一日而弛。"
④ 宋应昌:《经略复国要编》卷6,万历二十一年二月初十日《檄分守分巡海盖等道》:"据报朝鲜地方瘟疫流行,军士多病,合行买办药饵调理……即动本部马价银买办、单开药料,就令医生制造四千丸包,分送部发。"第490—491页。
⑤ 《朝鲜宣祖实录》卷40,宣祖二十六年七月十八日庚午15条。
⑥ 《朝鲜宣祖实录》卷49,宣祖二十七年三月五日癸未1条。按:次年闻愈之侄继皋、鲁天祥之兄天伦到达朝鲜迎亲,朝鲜分赐两人路费银10两、5两。参见卷75,宣祖二十九年五月一日丁卯6条。

第三节　南兵游击吴惟忠书

一　吴惟忠书帖（N8；16-197~198；52-577~578）

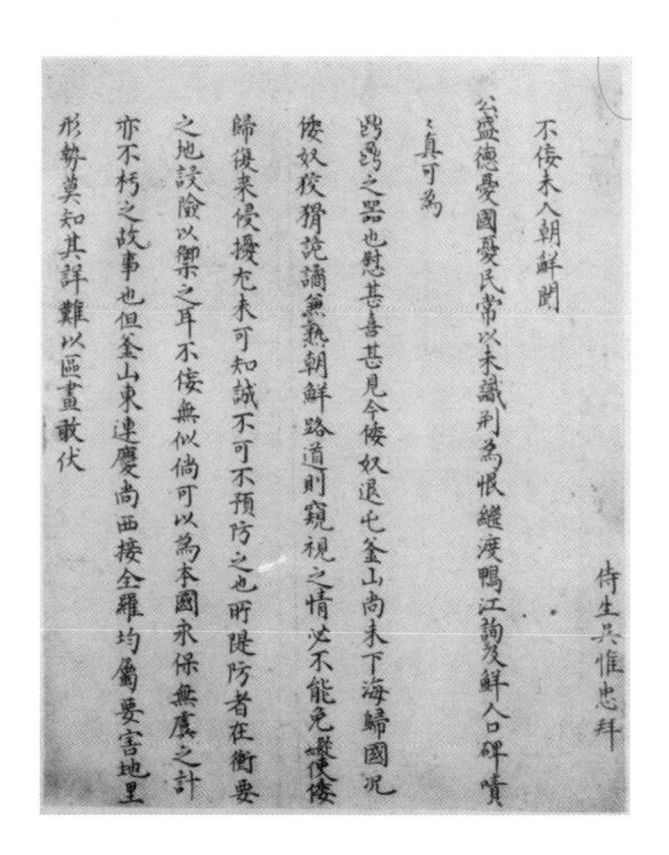

　　侍生吴惟忠拜：不佞未入朝鲜，闻公盛德，忧国忧民，常以未识刑［荆］为恨。继渡鸭江，询及鲜人，口碑啧啧，真可为鼎鼐之器也。慰甚，喜甚。见今倭奴退屯釜山，尚未下海归国，况倭奴狡猾诡谲，兼熟朝鲜道路，则窥视之情，必不能免。纵使倭归，复来侵扰，尤未可知，诚不可不预防之也。所隄防者在冲要之地，设险以御之耳。不佞无似，倘可以为本国永保无虞之计，亦不朽之故事也。但釜

36　上篇　《唐将书帖》释读

山东连庆尚，西接全罗，均属要害，地理形势，莫知其详，难以区画。敢伏（198）足下，奋［分］投查勘，自釜山东连庆、尚以及大丘、善山、高灵、陕川等处，西抵全罗以及南原、求礼、头趾、阴山等处，倘别处可以御之者，又须相机处置，不可泥于此说，必择以寡敌众之地为妙耳。宜当分析，要见某处极冲，设险可御大敌；某处次冲，设险可御中敌；某处稍冲，设险可御小敌；某处有江河，贼船可否通往两岸，可以制御否；某处多山，某处至某处，路程多少及总括四面极冲要路并咸镜各道贼势，由海有无可乘之处，兼赐备细，画图贴说明白，速为教之，未识尊意以为如何？但国事重大，幸勿延缓，临楮曷胜瞻注。冲。

案：吴惟忠是与骆尚志、刘綎齐名的南兵将。此书当为其驻尚州时所上，时间在万历二十一年八月前后。

东征经略宋应昌曾言："今日不必议战，只以固守为上。若刘𬘩、吴惟忠兵马当令分守大丘、善山，更拨精锐守鸟岭，余任门下分布。"①《朝鲜宣祖实录》也载备边司启："伏见胡泽、沈思贤手本'蒙经略牌催，会同刘𬘩、骆尚志、吴惟忠前去大丘、善山、鸟岭等处，踏勘地势险阨，或主筑关隘，或立寨堡云'。即今刘、吴、骆三将俱赴战所，难以调回。"②可见，吴惟忠派驻于鸟岭。七月的任务是"看审地势，可以设关防守处，筑置城寨，何处可留兵马几许，何处系是贼路要冲，计功量力，筑城造屋"③。而朝鲜认为"设关筑城事，非今时所急，亦非物力可及"④，但最后仍听从南兵将建议。鸟岭在闻庆县，位于庆尚北道西北，地处朝鲜内陆的中心地带，是连接汉城与庆尚南北道的交通要地。闻庆鸟岭所在的鸟岭山，自古以来就是韩国最高、最险峻的山岭，交通状况极为艰难。闻庆第二关鸟谷关正是万历二十一年修建的⑤，这证明了南兵将的努力付诸实现，吴惟忠此书也可作为一个旁证。

吴惟忠（1533—1613），字汝诚，号云峰，浙江金华府义乌（今夏演吴坎头村）人。"幼习诗书"，"自嘉靖四十年寇扰台州，始奋志从戎"⑥，"以武生应募，累功授松门卫指挥，万历五年升蓟镇大毛山提调，转三屯营游击将军，升三沌〔屯〕参将，十九年奉旨取用，授石匣游击，转海防参将，总督南兵出边援朝鲜，论功升海防加衔副总兵"⑦。结合方志及《柳溪吴氏宗谱》所载吴惟忠的《行传》《履历》⑧，可以清楚知道其由武生应募、从戎抗倭及随戚继光奉调蓟镇、驻守山海、修葺长城、东征援朝，最后告标

---

① 宋应昌：《经略复国要编》卷 8，《与李提督书》（万历二十一年五月）二十七日，第 723 页。
② 《朝鲜宣祖实录》卷 40，宣祖 26 年七月七日己未 1 条。
③ 《朝鲜宣祖实录》卷 40，宣祖 26 年七月十日壬戌 2 条。
④ 《朝鲜宣祖实录》卷 40，宣祖 26 年七月十日壬戌 3 条。
⑤ 案：据韩国旅游网介绍，鸟岭古道，山势险峻，有鸟也飞不过之意，自 15 世纪初朝鲜太宗（1400—1418）年间开辟后，直至 1925 年才开辟了另一条通向梨花岭的新路，可见山路难行。闻庆鸟岭上的城墙与关门，都是壬辰倭乱之后所建：万历二十一年（1594）修建的是第二关鸟谷关，1708 年修建了主屹关和鸟岭关，均为国防要塞。这些关门后来一度被毁，1966 年第一、二、三关及城墙被指定为大韩民国第 147 号史迹。
⑥ 吴福梅等：《柳溪吴氏宗谱》卷 9，《内纪文集》，金志宁撰《赠云峰吴将军分镇边城序》；吴悬撰《云峰吴将军传》及李洵瑞撰《云峰将军履历功次荐本考语缘由书记于左》等，民国廿六年丁丑重修本。案：该谱今藏义乌夏演吴坎头村吴云飞先生家，共十卷，云飞先生所藏九册（一、二、四、五、六、七、八、九、十）缺卷三《系图》之一部分。
⑦ 崇祯《义乌县志》卷 10，《人物表·武职表》。
⑧ 《柳溪吴氏宗谱》卷 4，《行传》载他生于嘉靖癸巳十二年，卒于万历癸丑四十一年，享年八十一岁。出征朝鲜之年已届六十岁，确为老将。第 66、69 页。

回卫的一生。

作为戚家军中的抗倭老将，吴惟忠跟随戚继光身经百战，屡立战功。《戚少保年谱耆编》卷十所附《创修滦阳驿记》即有"乃率左、右二营史君宸、马君承允、吴君惟忠诫诸部士鸠材塞外"之语，时系隆庆六年底。①总计吴惟忠北上驻守长城达十余年之久。其致柳成龙之书，亦以"戚家军"干将特有的军事眼光，为承平日久、武备松懈的朝鲜政府领导和军队防务提出了许多具体而微的指导意见，所虑周详。他在信中要求朝鲜尽快查勘军事要地及运行路线，并画图说明以备实战之用，展现了重视实战的吴惟忠之所虑所思。

与此帖相关的有柳成龙癸巳八月《答吴游击惟忠书》及《封上吴游击书兼陈御贼形势状》二书。在八月答书中，柳氏云："示喻倭奴狡猾诡谲，兼熟道路，提防当密，冲要设险等事，真是料敌备患之良策。而为小邦谋又极长远。鄙生奉读未半而感泪先下何者？老爷自平壤之役，冲冒矢石，奋勇先登，以成收复之功，奇绩卓然。今又提兵万里，镇抚南服，遮遏凶锋……至于降屈威重，下询愚贱，斯乃自古大人君子之盛节，而何幸亲见于今日。"语气恭谨，并表示已行文左右道巡察使及元帅等官，"令急遣详知地里、惯于经历者，分投查勘，明白画图，逐一帖书来到"。他详告吴惟忠朝鲜的地形及当时形势："釜山以北，直路则有密阳府，迤东海边则蔚山郡及节度使营；迤西则金海府，此三路皆系要害必守之地。……而年前因将帅无人，不知出此，才闻釜山东莱之陷，相继逃溃，使贼肆意横行，其间虽有高山大川百二之险，皆弃不守，尚何言哉！"朝鲜仍守有蔚山、密阳、全罗等地，但"今夏，诸将自咸安见贼退北，而不知列兵守鼎津之险，贼乘船渡江，横行于三嘉、丹城，以断援兵之路，而晋州因而不救，此莫非人谋不臧之所致"。对晋州惨案做出检讨，同时希望"今贼兵实畏慑天兵余威，留屯于釜山一隅，若蒙大军因驻大丘等处，以遏东边及直路冲犯之势，又连骆参将诸军，驻宜宁、固城之境，遮蔽西路，因约束小邦水军将李舜臣等，悉率舟舰，横截于巨济海中，三路合势，牵缀贼兵，则贼首尾皆有所惮，不敢轻动，或出于逡巡遁走，未可知"②。万历二十一年八月，朝鲜南部并无战事，但朝、明联军也只有固守之力不能进攻，离取得战略主动权还差得很远。

自万历二十一年四月，日军退出汉城后，由嘉兴人沈惟敬主持的明、

---

① 戚祚国汇纂：《戚少保年谱耆编》卷10，中华书局2003年版，第360页。
② ［朝鲜］柳成龙：《西厓集》卷9，《答吴游击惟忠书（癸巳八月）》，第186—188页。

日和谈就已展开。六月，日军却乘和谈之机，攻陷朝鲜晋州，屠杀 6 万军民。明军为此被责为不救援。朝鲜《无名子集·论壬辰事》记载："六月，倭始还王子及陪臣等，遣小西飞禅守藤偕惟敬来请欸，而随围晋州，屠杀一城，绖、惟忠驰救不及。应昌请留绖川兵五千，惟忠、尚志南兵二千六百，合蓟辽兵共一万六千分戍全罗、庆尚。"① "驰救不及"当是更接近事实的论述。因为明军接受宋应昌指令，一直尾随日军，缓行南下："天将骆尚志、查大受、宋大斌等及我国将洪季男等皆退次。已而刘绖遣军援南原，骆、宋诸将始与我国李薲等入守南原城。贼遂卷兵还晋州，仍归海上，复议和事。"② 刘绖、骆尚志、宋大斌等驻守南原，亦无力进攻，日军"卷兵还晋州，仍归海上，复议和事"，正是交战双方拉锯战的表现。

柳成龙对吴惟忠的建议极为重视。他致朝鲜国王书中提到："昨日吴游击自尚州致书于臣，言设险御敌事……其书谨封上，而一边行文于都元帅及左右道巡察使，令查勘各处要害之处，回报于吴游击。"指出形势严峻："凶贼以东莱、釜山为窟穴，以蔚山、机张、金海、昌原为首尾，以梁山、密阳为腰背，我兵救彼则击此，御西则冲东，乘机出没于空虚之地，而使我奔走不遑，力疲食少，自致困极而坐乘其弊，以售吞噬之计。"这正是两军相持阶段顾此失彼的写照。日军退守南部，明军因粮尽开始撤军，仅余南北兵万余分守要地，而寄希望于和谈成功。柳成龙建议："贼之颇所忌惮者，天兵耳。今若令刘总兵之军，进驻于大丘、清道之境，左右顾眄，遮蔽庆州及中路内侵之势；又使骆参将进驻于固城、泗川之境，遮截贼兵西犯之路，且令三道舟师水陆合势，以壮声威，而从海道，自顺天运湖南之谷，以为军粮……以省陆运之弊。因令郭再祐、朴晋等，临鼎津而设机固守，无使贼舟得渡。三处连兵，且战且守，则贼势自敛，不敢肆意冲突。"③ 这种以朝鲜军驻守水路，保持粮道畅通的安排，也是防守而非进攻态势，对刘绖、骆尚志承担两翼庇护充满期待。

从柳成龙保存骆尚志、王必迪书帖都达七八封推测，吴惟忠的书帖或

---

① ［朝鲜］尹愭：《无名子集》文稿册十，《文·论壬辰事》，韩国汉城民族文化推进会 2000 年版，《韩国文集丛刊》第 256 册，第 414 页。
② 《宣祖修正实录》卷 27，宣祖二十六年（万历二十一年）七月一日癸丑 2 条。
③ 柳成龙：《西厓集》卷 6，《封上吴游击书兼陈御贼形势状》，第 128—129 页。案：其指陈形势的文字在《宣祖实录》卷 41，宣祖二十六年九月二日 11 条基本相同。都体察使柳成龙驰启："凶贼以东莱、釜山为窟穴，以蔚山、机张、金海、昌原为首尾，以梁山、密阳为腰脊。我兵与天兵，救彼则击此，御西则冲东，乘机出没于空虚之地，而使我奔走不遑，力疲食少，自致困极。而坐乘其弊以售吞噬之计，其凶谋所在实非偶然。"

也有佚失。但其憨直讷言的质朴个性，加之安康战后即被革职，也可能未留下更多书帖，不能不说是个遗憾。但吴惟忠所留的这封书帖，也给我们留下了重要线索，且开门见山，言之有物，令人一读即略知其人胸径及指画方略。

朝鲜裴龙吉《上吴游击惟忠》书，也提供了吴惟忠的素描画面：

> 凶锋余喘，特蒙再造之德，感慰殊甚。引领西望，窃自增气。何幸戎车驻近，聊控下怀。伏以小邦地邻暴夷，能得免者，恃天朝为之赖。不图海鳅匪茹，君父播迁、臣子之愤，庸有极乎。第以踟躏之余，恐不得图报万一。而蝼蚁微诚，天眷不遗。焕弘字小之仁，大举惩荆之师。将军壮方叔之猷，受南仲之命，扬兵率先，天威震迭。箕城一捷，腥尘四散；使卫国忘亡，楚社更存。以有今日，更谁之力？虽然贼自箕城之败，退据东莱等地，蜂屯蚁聚，日以峙糇筑城为事，此其志终欲何为？必有久驻再举之计。今若不征，更待明年，则小邦之势，深有所不堪。何者？遭变两载，农不耕收，兵尽死亡，固无以饷天兵，亦难以捍岛夷。岂徒小邦之忧，抑天朝之所深虑也。将军之筹必及于此，想有奇谋神算出人意表。然以愚料之，兵连祸结，蚌鹬势危，而小邦之存亡、倭贼之擒纵，其几只在将军一开口之间。苟能图上方略，濯征屯贼，使只船不返，则蠢尔海贼畏天之威，永戢猾夏之氛，更无南顾之虞，小邦可保百年无事。然则天子之恩，宜如何报？将军之劳，宜如何酬？龙吉等仇虏未灭，不胜切齿之愤。冒犯严威，恐见鈇钺之诛，惟将军垂察幸甚！①

此信写作的时间是万历二十一年，明军入朝已两载，朝鲜"农不耕收，兵尽死亡，无以饷天兵，亦难以捍岛夷"，正是泥潭胶着、翻滚不出浪花的感觉。吴惟忠后来在庆州积极迎战，或许是受此舆论刺激。只是裴生不知出兵与否，绝非吴惟忠个人所能决定。

二　吴惟忠与安康之战

正如骆尚志第三书所云，万历二十一年九月开始的庆州战役，驱使南兵崎岖道路，暑往寒来，经年旅邸，艰苦万状。十月，庆州战事趋于

---

① ［朝鲜］裴龙吉：《琴易堂集》卷3，《书》，韩国汉城民族文化推进会1991年版，《韩国文集丛刊》第62册，第66页。

激烈。

(一) 战役次数和作战对手

《宣祖实录》记载十月二日"昨观边报,蔚山之贼出掠庆州地"①;王必迪则书报十月初三日战事,本营折损官兵216员;十一月初三日安康之战,骆尚志率兵守营盘,"吴游府统兵前去,相机拒堵。彼处草深林厚,被贼诱入咽喉,两下冲杀,讵料贼众漫山寨[塞]洞而来,不但无暇取级,抑且折损官兵",遭到重大打击,吴惟忠营折损官兵227名。

东征经略宋应昌汇报:"骆尚志与吴惟忠同守尚、庆州,今尚志禀称乱民烧掠,而惟忠独报倭贼抢掠;尚志安守不动,而惟忠独轻率渡江深入,以致损军最多。明系贪功,咎将谁诿……游击吴惟忠,好大喜功,寡谋轻敌,驱杀无知乱民,不足为武,伤折远戍我军,实已损威……所当革任者也。"② 具体损失数字,除吴惟忠营227名外,还有陆承恩下甲兵49名,骆尚志兵24员名,提调马禹卿、李为瑚下官兵27员名,总计损失327名。

问题之一是吴惟忠营的损失,与王必迪所报的阵亡216名,是否指同一批人?唯人数有11名出入?考虑到王必迪所言的十月初三战事,与骆尚志所言十一月初三战事地点相同,故更倾向于王必迪所书有误,或为误记,或为误书(脱落"一"字)。三营将虽各自报告己方损失,但总数与《宣祖实录》所载二三百人损失差距不大。综合各方所报,包括骆尚志、王必迪书信、宋应昌疏报及《宣祖实录》所载,判断吴、王所报,当为同一批折损的官兵。而南兵营主将由吴惟忠转为王必迪后,吴仍驻守在庆州,唯不能主事而已。问题之二是安康之战究竟是"乱民烧掠",还是"倭贼抢掠"?弄清安康之战的对手和性质,再看东征高层对吴惟忠的处理,或许能够看得更客观。

首先,朝鲜方面的判断,与东征军高层完全不同。除骆尚志、王必迪的书帖提供具体细节外,朝鲜方面的情报包括:一是接伴使金瓉所报,十一月初一日,"数百"西生浦加藤清正日军来犯,吴、骆两将接到救援信后,经过争论,在天亮后出师,被日军杀伤数百人。

> 本月初一日,西生之贼,来犯庆州,即告天将求援。而论议不一,顿无遮截之意。标下马千总独曰:"天兵受命,来救小邦,贼不

---

① 《朝鲜宣祖实录》卷43,宣祖二十六年(万历二十一年)十月二日壬午3条。
② 《经略复国要编》卷12,《参失事将官疏》(万历二十一年闰十一月二十八日),第1021—1022页。

来则已,今者不有天兵,来过十里之地,焚荡杀戮,至于此极,不可不伐。"天将终不肯从,马千总奔赴于吴、骆两阵之间,明发不寐,劝谕诸将。诸将日出行师,贼之去处,无从访问。忽有二十余贼,快走天兵之右,似为掩后之状,天兵一时退走,不复回顾。贼高声追后,斫杀如麻,天兵死伤,几至数百。大概贼不过数百,而以千余兵,不能抵当,大失兵机,终至于此。"①

其次,刘绖的接伴使徐渻驰启庆州塘报:十一月初三日,日军"分三路,犯庆州安康县",骆尚志的接伴官李时发、巡察使韩孝纯也连连告急,刘绖遂传令发送南、北兵各一千驰援,又令两道防御使金应瑞、李思命等抄"军中绝好汉子亲自带领,一时起马"前去支援。"安康之距本州岛三十余里,土民倚仗天兵,尽返故居,生业如平时。而事甚仓卒,未暇奔避,抢杀之惨,有不忍闻者"②,指责吴惟忠、骆尚志避敌不战,导致安康惨遭洗劫:"吴、骆两将,托以众寡不敌,闭城自守,不敢交锋。"

朝鲜史料记载的十一月战斗,是日军"未及一月,再度来犯",与十月战事相隔很近。且有初一和初三两战,中间仅隔一天。如果初一日"天兵死伤,几至数百",南兵营中陈尸累累,则初三日吴、骆两将"闭城自守"也属情有可原。但骆尚志书明确"十一月初三日……吴游府统兵前去,相机拒堵。彼处草深林厚,被贼诱入咽喉",哪种说法更加可靠呢?相较而言,骆尚志是当事人,比起《宣祖实录》的远距离报告和传闻记载,应更可靠。还有一个可能是朝鲜方面的报告混淆了相距很近的数场战事。如果还存在第三方日军的记载,三方比较定谳,或能彻了此案。因此,所谓吴、骆两将闭城自守,或者不存在,即使存在的话,也当不在十一月初三日,这是基本可以判断的。故金瓒所谓明军受制于高层保守意图,吴惟忠、骆尚志之间产生争论,延误了主动出击之机不一定为实,但吴惟忠出兵遭到日军伏击,造成重大损失,直接导致他被革职却事实无差,遂有郑琢所记吴惟忠后悔不听老将言之事,而郑琢将此事系之于九月。可见,所谓安康之战,应为九月至十一月间数次战役组成。这从刘绖发令南、北兵2000余人前往增援仍感不足,又加派朝鲜两道防御使军中能战人马,说明六路来犯日军的规模不小,并非宋应昌所谓的"乱民抢劫"。

朝鲜政院采信了金瓒的情报,却更加严厉地批评了朝鲜军:

---

① 《朝鲜宣祖实录》卷44,宣祖二十六年十一月二十一日辛未5条。
② 《朝鲜宣祖实录》卷44,宣祖二十六年十一月十九日己巳9条。

安康贼势初非大段，其数不过数百，而天兵持疑不战，反致败衄，极为痛心。天朝所为，则我国无如之何。我国之将如高彦伯、洪季男、权应铢、李守一以下，方在庆州，贼之犯境，既不能先期侦探，以为遮截之计；及其阑入安康，又不能晓谕人民、区处粮谷，使许多人物尽被抢杀，军粮亦尽被掠。有将如此，其何用焉？大概近日军令，日懈一日，巡察使以下阃帅、守令皆安坐傍观，每以剿贼之事，委诸天兵。少有贼奇，则奔窜恐后，贼退之后，虚张贼势，托以众寡不敌，掩其败状，种种罪状，难以形言。①

这说明，进犯安康的日军加藤清正部，有一个增兵的过程：从开始的数百人渐进，明军也曾迟疑参战，导致遭受损失。但更重要的原因是朝鲜将领首先临阵逃脱，如高彦伯等人，既无斥候侦探，事后也不动员战斗，反而逃走并掩败为功，"每以剿贼之事委诸天兵"，朝军防御体系的漏洞，给日军造成了可乘之机，突破朝军防线后掩袭明军，导致吴惟忠军被伏击。朝军将领坐看、推诿、扯皮、争功，都是造成明军安康折兵的原因。朝鲜政院固然不理解明军的战略意图，但朝鲜军备的状况，也着实堪忧。以下两条备边司状启或更重要。

十一月十八日："高彦伯等状启，庆州贼势极为鸱张。庆州若失，则左道亦无所为……近观诸将，只以何斩一、二零贼为上策，稍遇数百之贼，辄为退避之计，且诸将所当合势并进、先知贼之动静，可战则战，可守则守。至于粮谷所在尤当严备，而诸将都不致意。庆州、安康在腹内，而不能预先把截，使些少军粮尽失无余，尤为骇愕。"说明朝鲜军对日军动向毫无觉察，也未警惕粮食储备，导致军粮"尽失无余"。

闰十一月三日再启："军中耳目专在体探、了望、斥候。近日各处诸将，皆不致察于此。贼之动静、去来了未闻知，以此致败者，非止一二。如安康之战，贼兵绕出天兵之后，深入腹内，而诸将不能先期知觉，以致军粮多数被夺，我兵苍黄狼狈，一未捕贼，极为痛甚。"②

安康之战的结果是"军粮多数被夺"，军粮"尽失无余"。也就是说，庆州战役是由冬季日军在安康及其附近地区抢粮引起。但因驻守外围的朝鲜军队不作为，日军绕过朝军防线，从明军背后突袭，导致明军仓促迎

---

① 《朝鲜宣祖实录》卷44，宣祖二十六年十一月二十三日癸酉6条。
② 《朝鲜宣祖实录》卷44，宣祖二十六年十一月十八日戊辰3条；《朝鲜宣祖实录》卷45，宣祖二十六年闰十一月三日癸巳9条。

战，中伏受损，安康的军粮也被抢劫殆尽。中、朝双方究竟谁的责任更大？在此或可不赘。更值得关注的问题是：既然安康存粮已被抢劫殆尽，为何日军还要一而再，再而三地进攻庆州、安康地区？

平壤战役之后，日军受到极大震撼，但又不甘心放弃朝鲜。故一边由小西行长部派出内藤如安（小西飞）入京与明和谈，一边且战且退。万历二十一年六月，小西行长等突袭晋州，烧杀掳掠，朝鲜损失6万军民，是执行丰臣秀吉的指示，也算在平壤败后扳回了一局。之后，日军8万余人，分期渡海返日，留下4万余人驻守庆、尚东南沿海，从蔚山至巨济间的18处据点屯垦，"构成巨大之滩头阵地"①。西生浦、林郎浦的日军清正部总数不下万余，他们在入秋以后，动辄出动数百千人到蔚山等沿海地区抢粮，且深入庆州、安康等内地腹里，导致驻守庆州的南兵营频频出战，伤亡大增。朝鲜军队的伤亡，从上述所引《宣祖实录》的材料中亦可见一斑（日军出兵及伤亡情况可参见附录《表三》，水军情况参见《表四》）。

事实上，从七月开始，加藤清正筑城西生浦，已开始做长期战争的准备，并到处搜求军需品的补给：不仅包括万石米豆、货船、船具、刀剑、旗帜、衣料、日用品等物资，也包括士兵、水手、民工、匠人、家臣所有的火枪、火药和火枪手（包括丰后的）、熊本、高濑、川尻三地的硝石及硫黄，"混合后发向朝鲜"②。这是当年八月，加藤清正向留守国内的家老所发的50余条书信的内容，尤其是制造弹丸的原料铅完全靠进口，天然硝石大部分来自海外。1593年12月6日，加藤清正向留守肥后的家老发信，要求派遣唐船装载白银和20万斤面粉等货物，以伊仓代官后藤勘兵卫为贸易负责人，唐船船头"又大夫"负责航海，"まてやす"负责与外国人交涉赴海外交易。这正是安康之战如火如荼之际，服务于加藤清正家族的唐船航行海外，尽管对方向还有分歧③，但中国式帆船"唐船"的远航性能大大超过日式帆船，加藤清正向唐船船头"又大夫"支付的报酬（米70石、大豆30石）远超同时期支付肥后运输朝鲜船头的报酬（谷物

---

① 台湾三军大学编著：《中国历代战争史》第14册，中信出版社2013年版，第411页。
② 参见中岛乐章《十六世纪末朝鲜战争与九州—东南亚贸易：以加藤清正的吕宋贸易为中心》（郭阳译，载中国明代研究学会主编《明史研究》第28期，第89—120页，台北，2016年）第94页。材料见《下川文书》，《文禄二年八月八日加藤清正书状》，收入《熊本县史料·中世编五》，第344—352页（熊本县，1966）。
③ 案：森山恒雄认为加藤清正计划派遣唐船驶向长崎，将白银、面粉等卖给从吕宋航至长崎的商船，并从他们那里购买铅等军需品以支撑战争。但中岛认为加藤清正准备派遣这艘唐船直接驶向吕宋而非长崎。森山恒雄：《豊臣期海外贸易の一形态续论》，收入箭内健次编《锁国日本と国际交流》上卷，东京吉川弘文馆1988年版，第212—218页。

15—30石）①。因为侵朝战争"所动员的大名们，必须自己筹措大部分的军需物资"，无论是需求量大且有持续需要的军粮、运输船还是武器、弹药，事先准备的"足用六个月的军粮"，到1592年年末，后勤补给就已"漏洞百出、难以维持"，这与明朝以国家之力动员战争不同，但为了得到朝鲜土地的诱惑，对各大名而言却是真实而迫切的。

日本学者中岛乐章的研究还揭示，1594年以后，加藤清正一直在为军需品短缺而烦恼，"这种状况基本持续到战争结束"。他在西生浦的倭城中，反复致信留守肥后的家老，督促运送军需品补给：1594年二月催促从去年开始一直未来的硝石、火药；二月末，硝石和硫黄运到，铅却一点都没有；四月，要求紧急输送铁1000—2000斤，硝石1000斤，铅2000斤，到十一月，铅未运到，硝石火药也十分短缺。一直到1597年加藤清正指示将属于他的唐船变卖，从海外贸易中收手，这些都充分显示出朝鲜战争对于中、日、朝三国及东南亚贸易网络的影响，而东南亚贸易体系也反过来影响了战争的进程。②

（二）战役性质和意义

从全局范围看，安康之战包括吴惟忠军在内的明、朝军损失，只是局部损失。何况"庆州、蔚山之军，勇敢倍他，斩获颇多，亦须论赏使之耸动"③。《宣祖实录》列举了极力抗倭的朝鲜地方官，如清河县监郑应圣、兴海郡守崔辅臣；梁山郡守边梦龙、青松府使郑慎与韩仁溥；义城县令李汝温、醴泉郡守郑大任、尚州判官郑起龙等人，使这些地方获得保存，"民皆耕获"。甚至"庆州崔文炳，把截慈仁县，守护国谷，自四月至八月拒守不退"④，安东附近青松府、义城县令接济军粮；闻庆附近醴泉郡守、尚州判官等，或力战斩贼，或至诚接待天将。清河县在庆州东（即今德里城）、兴海郡在浦项附近；梁山郡在蔚山西南，这些地点都不出庆尚南、北两道，正是朝鲜著名粮仓的所在地，日军倭城大都集中于此也非偶然（可参见附录《表七》）。

这从另一个角度说明：从九月开始，日军加藤清正部发动秋冬攻势，抢劫庆尚南、北道粮食，虽然战线拉得很长，但以庆州为重点攻击目标，包括安康在内的附近地区遭受多次攻击，这正是南兵三营将的防区。如果没有他们留下来的书信，也不容易看清日军的战略意图。而在重点区域之

---

① 《加藤清正文书集》，《文禄三年四月二十九日加藤清正书状》，第247—255页。
② 上引中岛文第99、108、110等页。
③ 《朝鲜宣祖实录》卷43，宣祖二十六年十月三十日庚戌1条。
④ 《朝鲜宣祖实录》卷44，宣祖二十六年十一月五日乙卯1条。

外，朝鲜地方基本得以保全。因此，日军作战的最初意图，首先是夺取过冬粮食，以维持沿海滩头阵地，这是未来作战的基础。

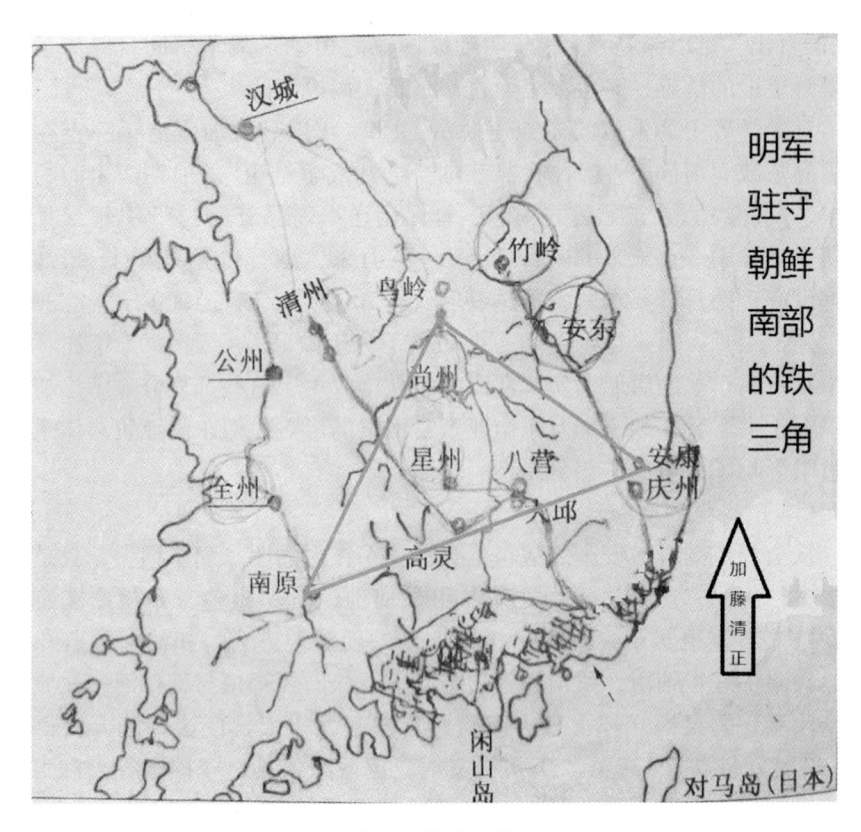

安康之战示意图

但围绕粮食的争夺战，仅仅是双方攻守的表象。更重要的是庆尚南北道，不仅是朝鲜产粮、囤粮重地，还是连接、沟通大陆南北、东西，包括运输全罗南北道所产粮食、物质的重要通道；维护粮道安全，保障未来作战基地，其战略意义不可低估。而明军驻守庆州地区，与南原、尚州构成的铁三角，牢牢掌控了朝鲜大陆的交通枢纽，不仅使日军对朝鲜大陆的企图化为泡影，就是沿海地区也食不下咽。所谓征服明朝，更是银汉之路杳杳。因此，加藤清正出动优势兵力，前往庆州等地骚扰、抢粮，着眼点并不仅仅在于军粮。

最能说明问题的是，在闰十一月以后，庆州地区包括安康等地的存粮已被抢夺殆尽。如果仅仅为了粮食，日军还有必要再三、再四进攻庆州、安康——这些已无粮可抢的地区吗？尤其是"十二月初二日，贼数万余，分三路进抢，直至安康县"①，频频进攻庆州的日军，人数"数万"固然不准确，但加藤清正万余兵力也不算少，何况日军的战略行动不虚，目标明确，明、朝两军疲于应对也是事实。除粮食外，加藤清正想做的正是拔除明军及南兵三营将驻守的战略据点，重新夺回掌握朝鲜大陆的战略基地，这才是他的最终目的。②

这样，似乎又回到日本发动壬辰战争目的的老问题上了。关于丰臣秀吉侵略朝鲜的目的，学界至今仍有分歧，尤其是是否拥有对中国的野心这一点。至于对丰臣秀吉势在必得的朝鲜领土，这一点基本没有异议。明朝君臣极力追求理想结局，欲将日本纳入中国传统的封贡体系，或者说是礼义世界，而这个想法与多数日军将领及丰臣秀吉的想法并不在一个轨道上。所谓的双方和谈，实际上并无共同基础。因此，在战争伊始祖承训出兵失败后，明朝和谈使沈惟敬即到朝鲜，寻求与日和谈的途径和可能③，这种在今天看来无意义的举动，在当时却是明廷多数派极力追求的目标，也是万历君臣的理想境界。

正是受制于明、日和谈的进行，经略宋应昌下令不许截杀日军："今日发兵协守为第一策。"④故前线将领动辄犯规、触线，不仅吴惟忠积极迎战受责降职，其他南兵将也面临难堪局面。如闰十一月，总兵刘綎得报："今日骆参将、吴游击、王游击文报内倭贼五、六千，距庆州五十里地来屯云。"但"我为贵国写紧急利害，呈送经略衙门八十七度，皆以为不便而不肯奏达。屡送牌票，禁止杀倭，我何以主张剿灭？使我任意灭贼不难，皆为经略掣肘中止，奈何？"⑤明军高层并不十分清楚日军的战略

---

① ［朝鲜］李好闵：《五峰集》卷13，《吴游府惟忠前揭帖（癸巳）》，韩国汉城汉城民族文化推进会1991年版，《韩国文集丛刊》第59册，第521页。

② 案：前引韩国学者金冈泰《壬辰战争时期庆州安康战役与讲和交涉局面的变化》文也认为包含安康之战在内的庆州战役是需要在整个战争结构中把握的"小事件"，并对后来的议和活动产生了重要影响。但并未利用《唐将书帖》中当事人骆尚志和王必迪的书信。而朝鲜在与明朝廷、明军、日军等各种势力的不同立场和要求中，积累了"外交"经验并学习如何在名义上与各级将帅、官员保持良好关系，为本国争取最大利益，故也对战争局面起了决定性作用，是强大的"常数"而非微弱的"变数"的观点，也从另一个角度，说明了朝鲜君臣及军队将领的重要性，包括在安康之战中的负面作用也是如此，可供参考。

③ 参见郑洁西、陈曙鹏《沈惟敬初入日营交涉事考》，《宁波大学学报》2017年第6期，第86—93页。

④ ［朝鲜］申灵：《再造番邦志》三，朝鲜古书刊行会1971年版，第545页。

⑤ 《朝鲜宣祖实录》卷45，宣祖二十六年闰十一月二十二日壬寅4条。

意图，指示方略也与战地将领的直觉反应大相径庭。即便如此，日军想要拔除眼中钉，驱逐或消灭驻守庆州明军的意图也未达成。

明军驻守庆州、大邱一带，形成了一种"虎豹在山之威"，这才是日军如刺在喉、频频进攻庆州的主要原因。

> 今之贼之在庆尚道者，蔚山之西生浦也，东莱也，釜山也，梁山之上下龙堂也，金海也，熊川也，昌原也；海中则加德天城也，巨济也，巨济之永登浦也，场门浦也。小邦猛将精兵前后力战，而死于咸安、晋州之间者，无虑数万余人，贼首尾连亘于左、右道数百里，迭出横掠，犹幸天兵压临于大丘、庆州，故蔚山之贼不得逾庆州，而东莱之贼不得逾大丘。而西北本国诸将李薲、高彦伯、洪季男、宣居怡等，亦得籍［藉］虎豹在山之威，收拾零残之卒，分头相截于宜、宁、蔚、庆之间，逐日血战而势已靡矣。①

庆州战役持续进行，朝鲜军接战力竭，明军也支撑勉强，且都须克服缺粮少衣、医药无济的困境——在明军是能否保住平壤战役之后的胜势，在日军是可否将平壤颓势翻盘，双方都将依恃万历二十一年冬天的庆州战况，决定今后战争进程的走向。而此前六月的晋州之战，说明日军尚有较强的反扑能力，此后的南原之战，更说明明军稍有不慎，也存在全军覆没的可能。因此，为了避免日军北上，推进战线，必须死守庆州。

这一点，吴惟忠看得很清楚。刘綎也不糊涂，因此他准备发军支援庆州，甚至请求了87次，却被全意致力和谈的当局阻挡，东征军高层，视前线将领积极迎战为"好大喜功"，也造成战地将领间意见分歧，吴惟忠与骆尚志的争论就是一例。但明朝当局的想法，与战场日军的意图完全相左，尤其是发动安康之战的加藤清正。因此一方欲推进和谈另一方想决一死战，朝鲜当局对形势的看法，也与明朝相左，势必与日军争短较长，故吴惟忠积极迎战的态度，在朝鲜获得了最高程度的赞赏，却被东征军高层视为失责的最佳替罪羊。对此，朝鲜人评论："至以安康大举之贼为我国叛民，而则吴游府以贪功轻战，竟至隳职。此岂非小邦天亡之秋！"② 甚至将吴惟忠被削职上升到关系朝鲜生死的高度，中、朝两国对吴惟忠评价的巨大差异，正体现了两国对这场战争的不同研判和预后：双方的出发点

---

① 《朝鲜宣祖实录》卷45，宣祖二十六年闰十一月十四日甲午2条。
② ［朝鲜］李好闵：《五峰集》卷13，《兵部差官周基处书给赠帖（癸巳）》，第522页。

和立场不同，考虑问题的角度不一，这种差异也反映在明军高层与日军将领在战略上的南辕北辙，因此才有以战为罪，以不战为胜的别扭现实。

《宣祖修正实录》反映了朝鲜当局屡经修正的看法："倭兵掠庆州安康县，天兵战不利。倭久屯海上，以完和事为言。而时出抢掠、收粮谷。刘綎移书行长责之，行长答书'此贼倭之所为，非我所知'。至是焚荡安康县，取仓谷累千石去。高彦伯、洪季男等不敢击，但钞零贼献级而已。时天将吴惟忠、骆尚志、马禹卿在庆州，出兵千余人，阵于城外，见倭兵少，长驱直进，发炮杀贼数十。既而倭兵舞剑突前，天兵不能抵当，一时溃退。背有大川，争先涉水，衣甲尽湿，不能运步。贼自后乱斫，死者二百余人。贼初畏天兵，自是意甚轻之，我人亦无所恃。"① 除将明军损失降低到200余人外，至言日军"意甚轻之，我人亦无所恃"，完全是自灭威风。对于日军的志在必得，看不到明军驻守和反击的意义。而保住朝鲜交通线和重要产粮区及运粮通道的畅通，这不是胜利又是什么？尽管付出了沉重的代价，饥寒交迫、衣衫褴褛的明军，最终还是度过了万历二十一年的严冬。庆州这颗钉子，也牢牢地钉在加藤清正北上的途中。朝鲜实录编修者的评论，反映的是朝鲜的立场，但明显忽视明朝也包括明军的立场。

明廷内部关系错综复杂，影响到前线的军事行动。吴惟忠被削职、刘綎至请战87次而未获批准，从军事角度看，确属失策——后来和谈失败，战事重启也证实了这一点。当然，明军后勤供应，始终是个大问题。主动进征日军，存在实际困难，甚至消极固守也不容易：面对前来挑战、志在必得的日军，也下令禁止杀敌，在军人眼里，不仅显得愚憨，更是帮敌大忙。客观地说，这一阶段的战争，并不是打胜一两场战斗就能结束的，实际上是明日两个东亚大国，争夺地区操纵权的战争，也是完成国内统一、实力处在上升阶段的日本，挑战开始走下坡路的明国，亚洲两大国间的一场实力较量。日军在战前进行了较为充分的准备，而明军则完全是被动应战，仓促开动国家机器，临时召集军队，虽然境外作战的困难，在明、日两军相同，但朝鲜这个"变数"基本上难以依恃，为尽快结束战事、减少损失，明廷君臣在以战止战、以战促和观念的指导下，积极推进和谈，并力促朝鲜练兵自保，意在保持胜势的情况下不战而胜。这是明朝的战略，也是明军高层积极贯彻的大局观。但若不结合前线战场的千变万化，

---

① 《宣祖修正实录》卷27，宣祖二十六年（万历二十一年）十一月一日辛亥1条。按：这里提到明军死者200余人还是权栗的说法。据宋应昌奏折吴惟忠、骆尚志营等共折损官兵327名，以出兵千余比例论，伤亡超过1/3。

出现胶柱鼓瑟、打击前线将领积极性的情况，也是必然的结果。

朝鲜同副承旨李好闵始终如一地反对议和，他论吴惟忠之功绩最一唱三叹：

> 前年六月，贼攻陷晋州。庆尚右道郡县，望风瓦解，无敢有拒之者。其时，大人自凤溪晨夜星驰，以孤军镇守于高灵、草溪之境，遮遏凶锋，右道之保全，则亦大人之赐也。既而贼帅清正屯据西生浦、林郎浦，窥觇庆州，而左道之势又急。于是大人移兵复守庆州，南拒贼屯仅数十里，贼兵无日不出，焚爇闾阎，杀掠人畜。大人深惟贼寡难易之势，相机制变，按兵持重。乃于十二月初二日，贼数万余，分三路进抢，直至安康县。安康乃庆州属县，在府治北三十余里，本道输运军粮、接济大军皆由此路。此路若失，则粮道断绝。而庆州在贼围中，其危甚矣。小邦将兵官高彦伯、朴毅长等各率羸兵，连日血战，抵敌不住，告急之报，相望于道。大人乃与总兵骆、游击王，从长计议，以为贼已绕我军后，犹不出兵制其狂逞，则以单兵坐毙孤守，非得计也。遂抄发诸营兵千数百余人，出城迎战，杀伤相当。毕竟贼势浩大，难以赌胜，官军颇有损折。而贼亦力疲，经夜遁归，庆州得免丧败，而左道及江原沿海州县尚未瓦解者，实此一战之功也！此等事情具在于诸陪臣文报之中，至详至明。敝邦君臣，感荷恩庇，常恨刳肝沥血，以列大人盛德殊勋于天日之下。岂料市虎之谤，媒蘖其间，功之不图，而谴罚加焉！令人伤叹不能已已。小邦与此贼相持，今已三年。贼之情状，谙委甚悉。其阴蓄祸心而假降乞和，乃其常态也。若谓求欵天朝出于真情，则所当敛兵待命，何故沈游府才离贼营，而晋州之陷，在旬日之内？谭委官宣谕未已，而安康之贼，又复横突？是所谓请封请贡者，诚耶，伪耶？其计不难知也……今春汛已迫，王师撤回，小邦兵残食少，千里空虚，贼之凶计验矣！机会一失，后悔难追，呜呼痛哉，尚忍言哉！或者又以安康之贼，为非真倭，乃小邦饥民，此言又何自而起耶？诚使东莱、釜山之倭已尽渡海，但有望哺饥民，则天兵之半年驻扎大丘，望釜山数百里而不得前进者，何耶？①

李好闵的反问十分有力。在送别吴惟忠归国时，他不仅表扬其平壤战

---

① [朝鲜]李好闵：《五峰集》卷13，《吴游府惟忠前揭帖（癸巳）》，第521页。

役"功无与大人并者",也揭示了晋州惨案发生时,吴惟忠星夜救援、孤军镇守高灵、草溪,保全庆尚右道的功绩,不仅充分肯定吴惟忠入朝以来的战绩,且对其被革职尤为痛心,辨析安康之战更是铿锵有力:驻扎大丘的明军,离日军釜山大本营不过数百里,却半年不能前进一步,这是为什么呢?不正是两军相持,力有不逮吗?吴惟忠虽然血战安康失利,但全罗道及北江原道等沿海州县"尚未瓦解者,实此一战之功也"!朝鲜对吴惟忠的高度评价,反衬了东征军高层的战略意图在推行过程中遭遇困难:"今议留兵,原为朝鲜修设选练,本部节行。但欲保守无事,即为有功。……惟忠为将已久,不审事机,轻率渡河,贪冒功级,致伤军兵……姑行申饬。"① 吴惟忠违背高层的意图,触犯"保守无事即为有功"的原则,下场自然不出意外。但他的血性和职业军人的素养,使他面对来犯之敌,只凭直觉迎战,保境安民的意识,战胜了政治正确的抉择,表现出一位纯粹军人在履行天职时的敏锐意识,使他在异国赢得尊敬,也同样值得后人尊敬。

撤兵归国前,万历二十二年正月十四日,吴惟忠与将骆尚志、王必迪等南兵三营将,同时受到朝鲜国王接见。吴惟忠说:"朝廷以俺安康之战,为捕杀乱民,乃至参劾亏官……此则小不挂念。但边报阻拦之事,俺甚痛惋,须以贼情详报朝廷。"② 他当然不理解明廷中枢的议和战略,心心念念仍是边报被阻、实情被瞒的现状,为此痛心。朝鲜国王也为他鸣不平,"实是先锋,身中铁丸,功冠诸营,非徒不蒙赏典,反以我国之事至于被参亏职,不胜悲愤,直欲吁天而无从"③,只能以送礼表示慰问。

---

① 宋应昌:《经略复国要编》卷12,《檄刘綎》(万历二十一年十一月)二十六日,第994—995页。
② 《朝鲜宣祖实录》卷47,宣祖二十七年(万历二十二年)正月十四日癸巳1条。
③ 《朝鲜宣祖实录》卷47,宣祖二十七年正月十六日乙未1条。

第二章　南兵教师书帖

南兵三营将的书帖，意义重大。南兵教师则为南兵三营将所属将士，他们贯彻执行明朝和谈战略之外的另一个重要战略：即通过帮助朝鲜练兵，使其能够自保，以求明军尽快脱身于这场战争。这个重要的事实，也隐含在南兵教师的书帖中，又为我们点亮了一盏明灯。

第一节　练兵千总邵应忠和南兵营总领官郑德三书

南兵教师书帖中，第一封有确切时间和明确职衔的书信，出自两人合署，作者是兵部主事袁黄标下的千总将官邵应忠和兵部原委平壤管粮官董元。

一　练兵千总邵应忠书（N1；16-177～178；52-571）[①]

兵部标下练兵千总邵应忠、兵部原委平壤管粮委官董元稽首上书［言］：启　殿下　忠本鄙陋武夫，不谙文事。至于忠君报　国之心，未尝不拳拳在念。昨者，西虏跳梁，东倭窃发，凡有血气，莫不附膺流襟。缘我王邦国仁义存心，圣贤对面，以致风霾骤起，掩日无光。虽然收桑榆之功者，又在我王上之进取也。且忠谬蒙兵部袁主政带赴军前，满拟啖贼血肉，以酬此志，讵期袁公寻遭尘谤，挂冠西归。

---

① 案：手书原件注明规格是37.6×26.6（单位概为厘米），有"忠孝堂"字样，应为刊印铺或纸铺名号。形式上这是一封"启"。内容方面凡书及"君""王"之时均抬头顶格书写，比其他内容上抬三四字。书中自称"忠"字，则比其他字小一号。类似的书信格式，在其他书帖中也有不同表现，在正文中就不再专门出注或进行讨论，格式部分暂且略过。

第二章　南兵教师书帖　53

然袁公之慕赤松久矣，寄迹烟霞，浪游蓬岛，几尝以去留为荣辱，其如天下苍生何？袁公问学渊源江南，名士从征塞上，将士蒙恩。只缘性禀耿介，致忤权家，且破平壤，复取咸镜，退王京，发从指示，皆其方略。站设官，禁冒温[滥]，丽人口碑，啧啧盈耳。今日鞭(178)挞馆夫，分外需索，世有袁公，民无此苦。我王霄衣旰食，进贤远奸，何忍袁公拂袖而缄默乎？况忠寓居王邦经年，颇知贵邦人物，颠沛流离之中，各怀灭贼之志。第承平日久，武备未修，贼出不意故也。若能保留谋勇天将数人，传授火器，演习阵法，鼓其勇气，教其进止，且兵且农，数年间足成富国强兵矣，何患仇之不雪乎？忠叨食我王水土，凡有见闻，复敢隐讳？予夺进取，又在我王独断而已。为此端肃，具启下情，无任激切之至。万历二十二年正月十四日。

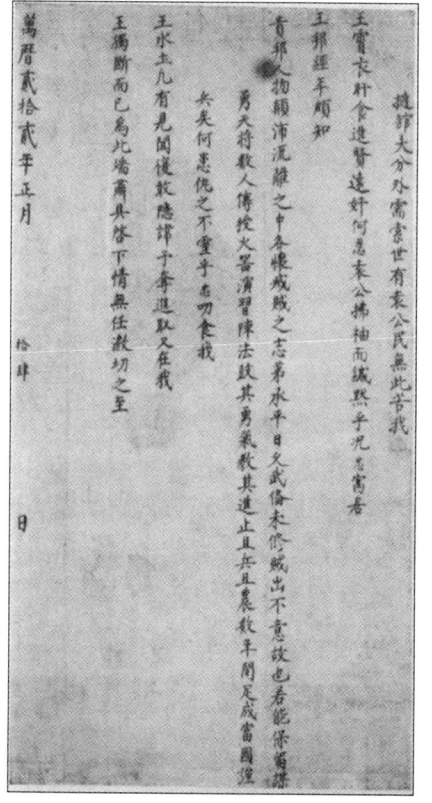

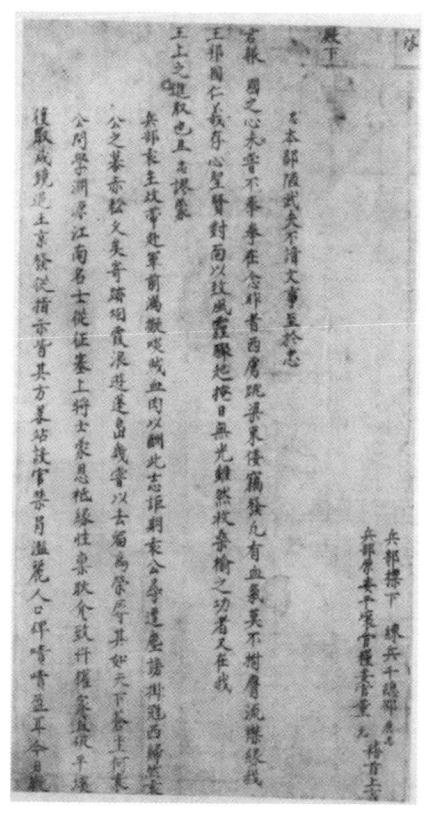

这是《唐将书帖》中有确切时间的两份书帖之一，万历二十二（1594）

年正月十四日。从内容看,主笔者为邵应忠,通篇都是他的口吻,附署的董元存在感很弱,史料中也找不到多少可以作证的史料。

邵应忠是明兵部职方清吏司主事袁黄标下差官,万历二十年入朝的练兵千总,这封致柳成龙之书,表面他希望通过柳成龙,说服朝鲜国王留下明将数人,设营练兵——正是东征将士即将撤归回国之际的留别之言。此时,战争已进入第三个年头,却仍未结束。

信中提到的背景人物"兵部袁主政"即袁黄,字坤仪,号了丸,浙江嘉兴府嘉善县人,万历丙戌(1586)进士,著有《增订二三场群书备考》《了凡四训》《两行斋集》等。作为"功过格"的提倡者和身体力行者,他在晚明伦理道德思想史上影响极大,尤其是《了凡四训》曾被胡适认为是研究中世思想史的一部代表作。①

作为供职兵部的南籍官员,袁黄对兵机将略自不陌生,他与赞画刘黄裳同出,"一路馆站,置标下差官,禁其作拿。性好佛道,持身如山僧",曾被称为"老和尚"。他初到义州,即遣幕下士冯仲缨到安边日军营垒,希图弄回两个朝鲜王子,未果;又尝与朝鲜领议政崔兴源论学,不合,被言官弹劾"左道惑众,革职"②回国,时为万历二十一年六月③。邵应忠亦为浙籍人氏,到朝鲜后参加过平壤、咸镜、汉城等地作战,因袁黄挂冠失去依靠,故向柳成龙请求教习机会,自荐所长在火器操作和阵法演练。

柳成龙《答邵参军应忠书》曰:"去夏,鄙生卧病城中,始得戚爷书一部,读之累日而不厌,盖其规模宏远,节目分明,就孙吴遗法尔新出机轴,变化自如,真将家之指南,而兵法之要诀叶。第其中微辞奥义及营阵、器械等条,尚多有难晓处……今蒙来谕,即明师良匠临于几席之近,而久未知依归",对邵应忠的请求正是求之不得:"敝邦虽残败已甚,犹有余民,可堪招集,但患粮乏,今见在教场者仅五百人,如得陶镕于炉锤之中,则一日二日之间精彩立变,苟能继此传习,稍稍自振,雪国家无穷之耻,则戚将军事业,因大人而益有光于海东矣。谨当启知寡君,拨将官领赴麾下,听候指挥。"④可见当时在习的朝鲜炮手已增加到500人。再

---

① 参见胡适《〈精本袁了凡先生四训〉封面题记》,见楼宇烈编录《胡适读禅籍题记、眉批选》,耿云志主编《胡适研究丛刊》第一辑,北京大学出版社1995年版,第296页;章宏伟《袁了凡生卒年考》,《中国道教》2007年第6期,第50—52页。
② 申钦:《象村稿》卷38,韩国汉城民族文化推进会1991年版,《韩国文集丛刊》第72册,第270页。参见《再造藩邦志》卷2,第488、543—544页。
③ 案:袁黄被革职也是明显的政争结果,参《明史》卷224,《孙鑨传》。
④ [朝鲜]柳成龙:《西厓集》卷9,《答邵参军应忠书》,第192页。

证以柳成龙《募京城军卒练习浙江火炮状》，他已将骆尚志、邵应忠等人的建议落到了实处："今日备贼之事，一刻为急，而抄出年少勇锐之军，配于天将，传习南方器械阵法，乃是第一件事。"① 邵应忠后来成为朝鲜炮手的教习官，得到国王的接见与奖赏。②

万历二十一年十二月，朝鲜国王检阅训炼院炮手，见到朝鲜"数百年所未见之军容，其貌样服制一依天兵，各知部伍，虽不试才，揣见其可用"。时任炮手教习邵应忠得到朝鲜国王的夸奖："昨日邵千总聚炮手教阵法，亲走行伍间，东西指挥，极其劳苦。放炮变阵，一依《记[纪]效新书》之法习阵。"邵应忠亦自言"我来到这里，勘合放粮，禁革弊端，今又教演兵法，此意愿启知国王移咨致谢于刘总兵，其草稿见我"③，希望能得到国王的推荐书。他特别提到刘綎，可见邵应忠在袁黄离朝后，归隶刘綎。东征经略宋应昌在《查核东征功次》疏中提到王汝贤、吴宗道、邵应忠等138员名"人重贵轻，一赏已足"④。

邵应忠前后两次东征朝鲜，在朝鲜居留时间不短。万历二十四至二十六年，还有两条材料记载他在朝鲜南部庆州、晋州等地的活动，身份是军门孙鑛、邢玠标下的差官及守备，看起来已不再续任朝鲜军队教练之职。⑤

万历二十六年八月，"东路麻贵、中路董一元、西路刘綎、水路陈璘。八月二十七日，军门分送旗牌官于四路：邵应忠则东路，范文石则中路，河为贵则西路，朱忠则水路。各持令旗令剑，监督诸将"⑥。此时邵应忠为邢玠的旗牌官，可见双方关系应该不错。

从邵应忠先随嘉善袁黄、后从余姚孙鑛、再从邢玠的经历推断，他在军中多少有些门路。浙江家谱中，有一位余姚江左邵某千总，或可与其对应："禄二十七，行语，朝鲜千总，卒于扬州，生二子，兵乱失去。"⑦ 这

---

① 柳成龙：《西厓集》卷6，《募京城军卒练习浙江火炮状》，第126页。
② 《朝鲜宣祖实录》卷47，宣祖二十七年正月一日庚辰3条。
③ 《朝鲜宣祖实录》卷46，宣祖二十六年十二月十九日戊辰3条；二十四日癸酉7条。
④ 宋应昌：《经略复国要编》后附《兵部一本》，第1139页。
⑤ 参见《朝鲜宣祖实录》卷80，宣祖二十九年九月一日甲午8条；卷99，宣祖三十一年四月九日癸亥6条。
⑥ [朝鲜] 金大贤：《悠然堂先生文集》卷3，《杂著·记军门杂事时先生为邢军门接待郎厅》，韩国汉城民族文化推进会2005年，《韩国文集丛刊续集》第7册，第518页。
⑦ 邵荫裳纂：《绍兴江左邵氏家谱》卷5，《中宅支世系》，第40页，民国十九年（1930）安乐堂活字本。按：这个失名的邵千总，父世美（爵八）生五子，禄七讳思礼、禄十讳思义、禄十八、禄二十 [讳思明号杨区，生万历丙申十二年（1585）十月十五日，卒顺治庚寅六月初七日]。从中推断邵千总亦应名"思"某，但考虑到谱名与原名、本名往往会有不一致的情况，也不排除邵应忠其人的可能性。

位失名的余姚籍的"朝鲜千总",最后死在扬州,即使不是邵应忠本人,也应是与邵应忠类似的南兵一员。事实上,参加过东征而不见于记载的将士是多数,在前后两次东征共20余万参战将士中,多数都是默默无闻的失名者。

二 海防南兵营总领管郑德三书

1. 海防南兵营总领官郑德第一书（N5；16-189~192；52-575）

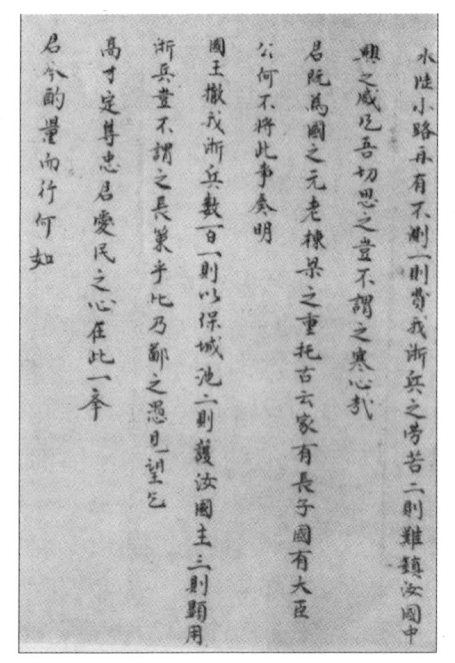

[总]领海防南兵营领兵官郑德为镇守重地以保不虞以安宗庙事。切见王[京]□□国建都东南咽喉之重地也。况今倭贼未退,其性变态不常,若不将精兵防守,恐一时有变,则将何所御敌也？且我浙兵三千奉朝廷之命令,不辞万里之劳苦,到正月初八日,不惧怕斧钺之诛,冒死冲锋,攻破平壤,势如雷霆,振开千百里之土地,而使倭贼闻风逃遁,皆我浙兵之力,汝国君臣所共知者也。今汝国王春秋鼎盛,正乃中兴之明主也,若不以重兵镇守,仍恐一时（190）水陆小路,再有不测,一则费我浙兵之劳苦,二则难镇汝国中兴之威风,吾

切思之，岂不谓之寒心哉？君既为国之元老，栋梁之重托，古云家有长子，国有大臣，公何不将此事奏明国王，撤我浙兵数百，一则以保城池，二则护汝国王，三则显用浙兵，岂不谓之长策乎？此乃鄙之愚见，望乞高才定夺。忠君爱民之心，在此一举，君今酌量而行，何如？（后两页重复印刷）

案：郑德此书是《唐将书帖》中最有意思的一书，时间当在万历二十一年四月朝明军队进入汉城之前。第一，郑德自称"统领海防南兵营"的领兵官，南兵三营将中有"海防"之责的吴惟忠，故郑德初属吴营。关于"海防营"的来历，方应选曾记载："滦东以南薄大海，然海不为警，旧无海防兵。自万历二十年倭陷朝鲜，募南兵二千一百名，又抽台兵九百名，加设游击吴惟忠率之东援，饷仿台兵，人月食一两五钱，率义乌旁邑一带游民，性素犷悍。平壤之捷，登城者不下数十枝，而独负先锋功，与北兵露刃相睨。从此，衔李提督甚，已修怨；挞本管某，经略宋公置不问，顾缚本管鞭之，日益骄。至二十二年，朝鲜难解，撤入关，人犒银二两，还乡者若干，归台者若干，存者一千二百有奇。前参将陈蚕及今参将钱世祯奉文续募，留住石门路，计三千五百九十有奇，称海防营兵。"[①]证实吴惟忠所率之兵多数为义乌及附近地区之人，人数有3000人，后经万历二十三年的石门兵变，减少了800人，再续募至3590人左右。而这支海防营兵，最初就是孙鑛为山东巡抚时，花费不少心血，到处讨要粮饷，精心练就的重器："浙兵三千即令陈、胡二游击往募"，陈姓游击尚不能确定，但胡游击就是胡大受："不敏前令胡大受往训练，虽小有言，第此策恐终不可废"，最终或得石星批准："此事可从，窃欢慰无量。"从调任"胡大受领赴山东"的"浙兵三千"[②]到"若夫南兵，则即饷不给，亦望慨发"都史有明证，因此推测郑德多半也是义乌人。第二，他突出强调浙兵在攻破平壤战役中的作用，要求重用"浙兵"，以此增强自己的背景实力，希望朝鲜国王特别留下数百浙兵"显用浙兵"。而训练朝鲜军队恰好也是朝鲜从国王到大臣都相当用心的一件事，朝鲜方面需求旺盛，东征将士中更不乏积极请缨者，双方就此一拍即合。

---

① （明）方应选：《方众甫集》卷7，《滦东平叛记》，明万历刻本，四库全书存目丛书编委会编《四库全书存目丛书》集部，第170册，齐鲁书社1997年版，第135—141页。

② 孙鑛：《孙月峰先生全集》卷4，《山东兵札·与石东泉书》（二十年十一月廿四），北京大学藏嘉庆十九年刻本，清初刻本（有抄配），第27页。

2. 郑德第二书（N9；16-199~200；52-578）

　　侍教生郑德顿首拜

　　大国柱冢宰柳老大人台下：向从江边一别，不觉数月有余。久违□教，心觉茅塞之矣。今生蒙督府差往领粮，意图领教，不幸忽染小病，不得趋侍，心甚怏怏，累遣小价寻访，又不知贵馆馆何处，生之缘分浅薄，何如其鄙耶！生看尚州、大丘又无房屋栖身，雨水霜雪，其苦不可胜言，奈何，奈何！况我浙江俱是富家子弟，召募而来，又与马军不同，皆是为名利而至，攻（200）城略地，实肯向前。目今天寒地冻，其实难存。今有愚见，虽不堪听，生托相知，故此具陈。倘其言可彩[采]，望乞玉音示下，以图进退可也。无物恭敬，外具毡帽贰顶，以表寸意，伏乞笑纳。病中草草不恭，容当面陈，恕罪，幸幸，左冲。德再拜具。

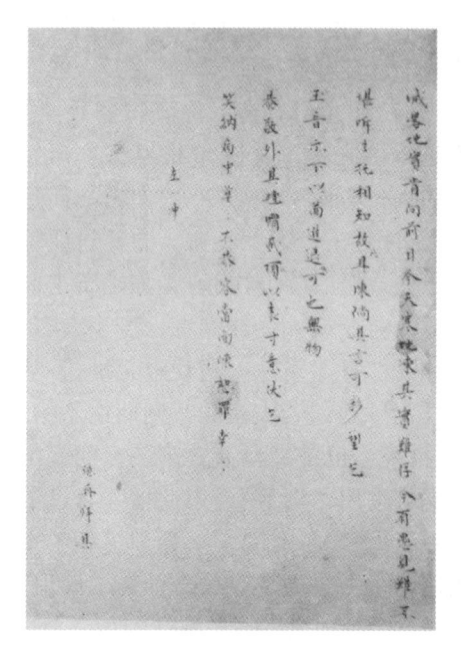

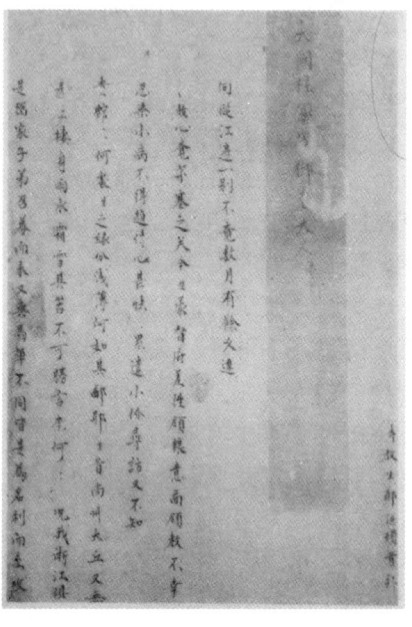

案：这封书信应是万历二十一至二十二年冬春之季所作，极具代表性，真实直白且形象地表达了南兵的自我意识和定位，还有敢言善陈的交际策略与技巧。它使我们不仅可了解驻守南部大丘、尚州等地的浙兵所面临的艰苦环境，也表明投石问路之意：朝鲜君臣若有需求，自己很愿意留在朝

鲜。尤其是侃侃谈及"况我浙江俱是富家子弟",应募当兵"皆是为名利而至",直截了当又特立独行地表明南兵的地域和行业特色:募兵不在军队编制之中,是一种临时募集、亦可随时遣散的人员,与来自边兵卫所的北军不同,心理也基础各异,昭示南兵敢战首先是为了追逐功名富贵的现实利益,具有相当的可信度和鲜明的代表性。

3. 郑德第三书(N39;16-256~257;52-595~596)

  侍生郑德顿首拜。昨者奉别,不得面领,心甚谦谦。特□古书二十八本卷,箱一只,未知收否?今有本将亲侄尸骨,葬在沈宗谦园内,被他主唆教住房奴才,将尸故意藏匿,瓦石搬去砌炕。切思为国亡躯,尸骨不得归葬,情实可伤。(257)再有兵部侍郎沈宗谦主唆藏匿,情法难容,伏乞大人追究,生死感恩难忘,为此连犯送府,速追骸骨还朝。顶恩感戴,激切 屏容之至。问 安。侍教生郑德拜。

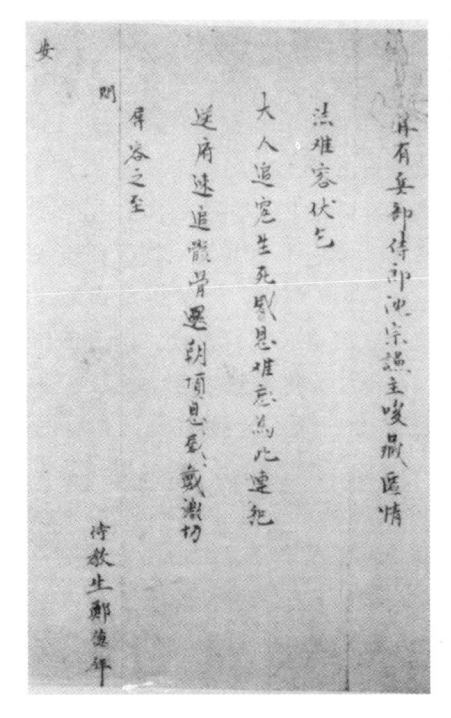

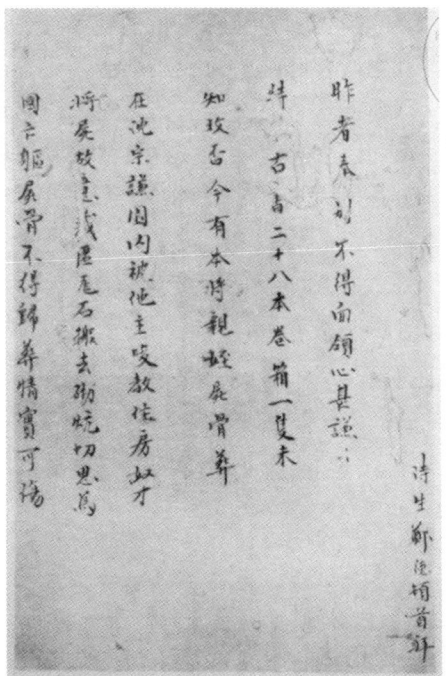

案:郑德此帖除查问所赠的二十八卷一箱的古书外,主要是告发朝鲜兵曹判书沈忠谦家奴藏匿其侄尸骨,而将瓦石搬去砌炕。虽然不知事件的前因

后果，但沈忠谦与明军将领、教练之间的矛盾，包括他与骆尚志的旗牌官张三六之间的公案，通过这些意外曲折和矛盾，多少可以看出朝鲜对明军留居人员的紧张和矛盾心理：一方面朝鲜迫切需要明军帮助他们御倭、练军；另一方面又时刻怀抱紧张心态，害怕前门驱虎，后门进狼，表现出一个弱小国家特有的敏感与矛盾。

第二节　旗牌官张三六和千总徐文、吴惟林书

一　骆尚志标下旗牌官张三六揭帖（N23；16 - 218 ~ 221；52 - 584 ~ 585）

（218）揭帖　标下旗牌官张三六为公论难明，小人逸谤以别效尤以励人心事。切六原系骆副将标下旗牌，因去年正月间，攻克平壤得级二颗，贼见斩首，赶来被伤两腿。力战数人，早从日暮，回营口吐鲜血，两胁疼痛，伏枕号呼，数月略愈。而命途多舛，又遭时疾，在八营卧炕岁除，不期撤□镇，六形如枯骨，弱体难以随营，即蒙骆副爷给票，仰各驿站供应，仅存生命。不逾时，而刘总爷移营南原驻扎，扛抬残喘至彼，极蒙刘总爷情如父子，照常支给等等周全，至正月间稍愈。欲（219）留旗牌管事，六思离家日久，思归亦切，家有七旬父母，幼子娇妻，倚门悬盼，目断云霓，告辞赐票。四月间至王京，有练兵官是同乡亲友，拉六同往，旬日之间，适兵部李尚书来探，偶遇同谈讲其军旅颇谙，御敌有方，武备而超群出众，教兵而练艺过人。彼云'我国板荡，亦无智深识远以救倒悬之苦，闷极，闷极。欲留足下，暂救生灵。'恳请之诚如三顾，为国求贤，追寻月下。六见殷勤眷恋，知遇隆厚，剖心应允。则无辞志，图效用，意在策勋；少伸宿志，何分异国。传言李堂官通事，重加供应，优异非常，傍有申翰林、赵侍郎劝留，忾然得此艺精之辈，少助国威，实邦家之洪福。依命教练武艺数月，而李尚书丁忧，辞阙守制，而分袂拳拳耿耿，丁宁（220）不可懈弛，是有甄别重报也。不料小人进，则大事不成，逸言议作，谤谇交兴，则将支给口粮革去，不容久住王京，吞声月余，上白方行。六非哺啜之徒，贪婪之辈，屡克有功，一于朝廷出力，二于本国图成，辱可忍，言不可忽也。而慕与者、求者，皆为国家巩固，无涂炭之艰，则谤者、逸者苟窃利肥己、无拯民

救溺之心。恭闻阁下才识宏猷，学贯天神，辇万机而民心悦服，理军务而士卒欢腾，六仰望之心益切，睹颜诉衷曲 犹 深。六无颇牧之能，非有管乐之贤，致误事机，无颜久恋，西归在即，觌面告辞。训艺三月有余，少有成功，而幽烛不明，徒为恺悌，意欲仰叩（221）殿庭，剖沥愚衷以伸心迹，以别效尤，虽无名而有甄别之名，死得瞑目。六日夜思维，非李尚书不能练将操兵。转启殿下，召出以理军务，可保万姓之无虞。所有忱服，且今乱世之际，邦国多难，妖氛未息，而先尽忠而后尽孝。所谓家贫思贤妻，国乱思良相。况李尚书谋猷识远，力练老成，如子房定高祖之洪基，赤心贯日，为国忠贞，如周公助成 周 之浩业，当用励精求治之时，进贤退奸之际，愚人莽憨，不识进退，少祈悃愊，采择迂阔之言，望乞阁下甄别，以安人心，可黜谗谀之徒，则国家万民幸甚，而洞烛详察焉。

案： 这是书帖中唯一以揭帖形式出现的书函，作者张三六显然是想广而告之，时间约为万历二十二年七八月间。他所控诉的"小人"将他的"支给口粮革去，不容久住王京"，在忍气吞声月余，考虑后才"上白方行"，声称"辱可忍，言不可忽也"。因此，此揭帖提供了许多难得一见的细节，其注脚在《宣祖实录》中也可找到。

万历二十二年七月，朝鲜兵曹判书沈忠谦启曰：

> 当初教师有闻愈手下胡汝和、王大贵二人，其后李二者追到。又有骆参将逃军张六三［三六］者，自刘总兵营来到，无端以教师自处，一日所支米五升、豆七升，日设虚名，冒受家丁、马匹料于江监。非但虚费甚多，挟娼作弊，事甚可恶。接待都监觉其为逃军，减去其料。教师辈呈帖于臣，请因以教师待之。臣答以教师既有启知之数，未敢擅便云。则六三以减料疑臣所为，昨［日］授帖于领议政柳成龙，语颇侵臣，至有"进贤退奸"等语，其诗张可怪。臣与领相相议，还给其料，而不许其仍留，使通事厚待以送，其所不满之意多出于此。且今教师辈，欲受其节制，如待闻愈。闻愈乃有职将官，

而人物与技艺皆可观。此辈乃厮役贱卒,别无技能。臣之妄意,国家恐不可以待闻愈者待之。

但朝鲜国王的意见是:"与天朝人何足较?但胡、王二人,则国家初既不以为厮役贱卒,而待之以教师,使诸军就习焉,则其有职、无职似不须论。如以为厮役无技能云,而待之贱恶……一边称之为师,一边贱恶蔑之,恐为未稳。此二人……勿待罪。"① 最后,因朝鲜国王介入处理,矛盾得以化解。同年十月,宣祖传曰:"教师唐官李二、张六三〔三六〕刘总兵拿去云。凡人家父兄为子弟受业之师,尚且款厚,今欲讨贼,而炼兵教师、唐官中间饶舌,终致系颈而去,是何心哉? 此无非忘国大贼之致。"② 因朝鲜兵曹郎厅官员不满教师的"诋毁""饶舌"之语,留守总兵刘綎遂派人将李二、张三六两人"系颈"抓走,朝鲜国王认为兵曹官员"薄恶"行径因小失大,欲将诋毁李、张的通事及兵曹郎厅官投入"诏狱",并要求兵曹给李、张二人颁发慰问银两,可见,朝鲜国王不愿影响练兵而支持张三六。万历二十三年三月八日午时,宣祖在时御所接见"教师唐官胡汝和、王大贵、李二、张六三〔三六〕"③,表明矛盾基本妥善解决。

张三六原是骆尚志标下旗牌官,即书中自称"六"者,即"三六"而非"六三"。④ 因在平壤战役中负伤,养病年余,未能随骆尚志部撤回,遂留居朝鲜,由此被称为"逃军"。后得到总兵刘綎照应,伤愈欲留管事,但因思乡准备归国。行至汉城,却被"同乡"练兵官所留,得见朝鲜兵曹尚书李德馨,受邀留汉城教练朝鲜军武艺三月余。因李德馨丁忧,继事大臣沈忠谦以其地位不如闻愈而轻斥之,并裁其口粮。此举遭到其他练兵官和教师的反对,朝鲜国王也亲自介入调和,终至化解矛盾。

朝鲜礼曹判书李廷龟回揭张三六、胡汝和二位教师:"两足下为小邦劬勤数年,留练不教之民,一变恬嬉之习,稍习节制之方,敝邦之受赐多矣。"⑤ 判断张三六所云的"同乡亲友"练兵官就是胡汝和、王大贵这些

---

① 《朝鲜宣祖实录》卷53,宣祖二十七年(万历二十二年)七月八日甲申6条。
② 《朝鲜宣祖实录》卷56,宣祖二十七年十月四日戊申3条。
③ 《朝鲜宣祖实录》卷61,宣祖二十八年三月八日辛巳2条。
④ 案:此帖可证《宣祖实录》及朝鲜官私史料中提到的"张六三"均为"张三六"之误,当非原名而是家谱排行。考虑到揭帖性质原为揭露隐情并广而告之,用排行而隐去本名的做法或更妥当。
⑤ 〔朝鲜〕李廷龟:《月沙先生集》卷25,《回揭张六三〔三六〕胡汝和教师》,汉城景仁文化社1988年版,第3册,第12页。

拉他入伙的老乡。张三六后来成为南兵教师的首领,朝鲜挑选精兵集中"听六爷节制,兼与南兵同其起居衣服,法其起伏击刺,以期有成"①。

从"骆参将逃军张六三[三六]"这个线索出发,联系李德懋所记"田好谦,字逊宇,广平府鸡泽县人。父允谐,吏部侍郎;祖应旸,兵部尚书……在广平有子曰存儿,东来复娶张氏女。张亦金华义乌县人,父龙,从天兵征倭,留仕本朝,为同知中枢府事。"② 鸡泽田好谦的姻亲即留居朝鲜的东征"指挥同知"义乌籍将领张龙。

尹行恁《硕斋稿》也证实:"田好谦者,广平府蓟镇鸡泽县之冯郑里人也。大父应扬事显皇帝,为兵部尚书;父允谐,吏部侍郎。好谦以庚戌生,隶乡学。先是都督黄龙镇东江,好谦往游之。崇祯九年,金人东抢,遂侵东江。房将奇好谦状貌非常,释之……壬辰之役,指挥同知张龙,从麻贵征倭,留仕本朝,为同知中枢府事。好谦娶其女,有四男。"③ 娶张龙之女为妻的田好谦,与李如梅的后裔也是姻亲。

基本同源的朝鲜史料记载的义乌籍"指挥同知张龙",也曾列名东征经略宋应昌的奏折,因东征有功题请"复职"但不准"食俸"④,可见朝鲜史料所记的"指挥同知"不虚,但因不准"食俸",需要生活来源的张龙,与骆尚志营旗牌官张三六重合的可能性很大——他因伤病留居朝鲜,被朝鲜练兵都监大臣沈忠谦称为"逃军",遭到革粮驱逐而忍气吞声,不得不以"张三六"之名发布揭帖进行抗争,得到了同乡练兵官的一致支持,朝鲜国王也介入处理,最后得以留居朝鲜,后加入麻贵军,参与东征后期战争,并在战后与广平蓟镇田好谦结为儿女姻亲,以"张龙"之名声闻朝鲜。通过练兵朝鲜的义乌籍教师,包括胡大受、胡汝和、王大贵、余希元等人,联系东征"指挥同知"义乌县人张龙即张三六就顺理成章了。胡汝和后来再次入朝,还与张三六一起拜谒宣祖国王,带去胡大受被

---

① 申钦:《象村稿》卷37,《回咨宋经略》,韩国汉城民族文化推进会1992年版,《韩国文集丛刊》第72册,第249页。
② [朝鲜]李德懋:《青庄馆全书》卷47,《磊磊落落书补编[下]田好谦》,韩国汉城民族文化推进会2000年版,《韩国文集丛刊》第258册,第347页。
③ [朝鲜]尹行恁:《硕斋稿》卷9,《海东外史·田好谦》,韩国汉城民族文化推进会2002年版,《韩国文集丛刊》第287册,第145页。
④ 宋应昌:《经略复国要编》附后,《兵部一本为查核东征功次仰乞圣明酌行赏罚以昭国是以励人心事》,第1142页。参见孙卫国《兵部尚书石星与明代抗倭援朝战争》(载《朝鲜韩国历史研究》第14辑,延边大学出版社2013年版)对留居朝鲜的石星后裔的分析。

囚永平府、幸赖国王移咨得脱的消息。① 这条史料也反映他们之间的关系很近：从义乌老乡的关系，或可坐实骆尚志的旗牌官张三六就是张龙，也即以"皇朝"遗民居留朝鲜，并与原属蓟镇的同袍田好谦结为亲家融入朝鲜的轨迹清晰连贯。

南兵教练的作用不容低估，他们具有共同的特点，均出自南兵将营中，尤以骆尚志营、吴惟忠营（后由王必迪管理）为多，他们应募而来，拥有真才实学，愿意留居朝鲜，靠才艺吃饭，也不怕考验、测试。其中不隶军籍的教练或应募南兵，自然比原籍卫所之兵更易脱离军队，张三六（即张龙）的经历就是一个典型例子。若此，朝鲜君臣极为关注和紧张的"逃兵"问题，也有来自明朝制度的根源。以下是另一个类似的例子。

二　千总徐文书帖（N25，16-226~229；52-586~587）

（226）如面，久闻令公英名而不能谒见，仰愧，仰愧！生原系旧任赞画袁主事标下千总，上年经略宋老爷、赞画袁、刘二爷，因贵国二王子并陪臣五员，有韩进士名格，被倭奴掳禁咸镜道安边地方。生等四人即奉差，于上年二月拾五日，奋身突入安边倭巢数次。随说咸镜道（227）之倭奴，于本月二十日，即起程往王京，退其咸镜之一道地方。况又领成川判官朴震男之兵马，杀截首级数十颗。而后又说还王子。后不幸旧恩主袁主事罢职还家，生等毫无微功，可叹。生想浙江来此，万里程途，有如此之功，毫不得之于心，何忍？后又蒙（228）经略宋老爷收录标下千总，向随营报效，而今宋老爷以进关，生即带教师、家丁十余名，俱系浙江人，前往全罗见刘总兵，欲操练贵国之兵。而今来此，闻知此处兵众，缺人操练，而生等颇知阵法，武艺皆通，可以面试。如生往前见刘总兵而来，则往回（229）之浚［跋］涉也，故今特差家丁沈文龙走叩台前，请乞示下为幸。生欲亲叩令公，诚恐起居不便，故不敢进谒也。只此怖恃知，伏惟监察焉，何如？余容面谈，不一。侍教生徐文顿首，拜［内阁柳宰相台下］，左冲。

---

① 《朝鲜宣祖实录》卷98，宣祖三十一年三月二十三日戊申5条。

66　上篇　《唐将书帖》释读

如面

文閣

令公英名帥不能謁見仰愧、生原係措
住贊畫袁主事標下千總上年
經略宋老爺贊畫袁劉二爺因
貴國二王子并陪臣五員有韓進士名格被
倭奴搆禁咸鏡道安邊地方生等四
人即奉差於上年二月拾五日奮身
突入安邊倭巢數次隨說咸鏡道

之倭奴於本月二十日即起程住王京
退其咸鏡之一道地方児又咸川判
官朴慶男支兵馬殺虜首級数十
顆巾俊又說還王子後不幸
鵬恩主袁主事罷職還家生等毫
無微功可媿・生想浙江未此萬里
程逾有如此之功毫不得之於心何
恩後文蒙

經略宋耆爺收錄標下千總向隨營報効
而令
宋老爺以進關生即帶教師家丁
十餘名俱係浙江人前往全羅見劉
總兵欲操練
貴國之兵而今顃知陣法武藝守通司
操練而生等顃知陣法武藝最鼓人
以面試如生往前劉總兵而未則往迴

之逢淡也故今特差家丁沈大鵬走叩
臺前請己
示下為幸生致覩叩
令公誠恐起居不便故不敢進謁它只些怖
知伏惟
盟察爲何如餘容面談不一
内閣柳掌朝臺下
　　傅致生徐文頓首拜
　　　　　　　左冲

案：这封书信的作者徐文，与邵应忠同原属袁黄标下的千总，时间应作于万历二十一年六月。徐文自言曾与其他使者，于万历二十一年二月十五日进入安边数次，二十日又至咸镜道（即加藤清正）日军营中谈判，促使日军退出咸镜道、归还朝鲜王子、陪臣等。六月，袁黄被罢。其后，徐文为经略宋应昌标下千总。至宋应昌回国，徐文遂与所率浙籍教师、家丁十余名，欲往驻扎全罗道的总兵刘綎处效力，前路尚远，途经汉城，"闻知此处兵众，缺人操练，而生等颇知阵法，武艺皆通，可以面试"，欲就近在汉城训练朝鲜官兵，故先差家丁沈文龙投石问路。徐文书帖中最重要的信息是他数次突入安边倭巢，即加藤清正军驻地，亲历加藤军绍兴冯仲缨与加藤清正的谈判，并领朝鲜官军朴震男等截杀日军数十人。另外，他和所领教师、家丁同样不隶于军籍。

万历二十一年三月十七日，《宣祖实录》记载"冯相公、金相公等所捉活倭及首级"①的战果，实为二个月前由兵部主事袁黄策划的"差冯、金二人，领管下兵三十人同往"②咸镜道安边等地，与日军加藤清正谈判。朝鲜向导崔遇报告："臣等与冯相公同处假宿，翌日，清正请天使于东轩，相会论话，百般谋出王子，终不肯从。"③参与行动诸人，从正月开始准备，二月十五日动身，前往安边清正营中，至三月底出营，在加藤清正营中停留了月余。经略孙鑛记载："入倭营者，一向未入清正营……昨接禀帖，已见清正出矣。"④概因得到的消息过于惊悚——得知沈惟敬的真实谈判条件和假表文这种爆炸性新闻，冯仲缨一出日营即病倒，至四月人仍未归，只是传回了禀文情报。整个过程，作为30人之一的徐文也都亲身经历并参与其中。

朝鲜尹行恁《朔斋稿》详细记载了冯仲缨进入加藤清正营之事：

阳岩在阳德县北二里。万历壬辰，天将冯仲缨等据其城，以讨北关屯倭。其文曰："倭酋清正，自壬辰夏，盘据咸镜道吉州、安边等处，凶狂枭猰惨毒，民不聊生。缨等奉皇命率兵至此，以便宜行事，一面运筹设奇，一面缨单骑入巢，开示利害。倭酋畏服，即日退去王京，以待后命。予惟朝鲜北鄙，我国之人至此者自开辟以来无之，故赋小诗以记其事，不计其韵，岂欲自伐其功，以图夸耀于后世哉？"其诗曰："倭酋盘据若蜂屯，流毒生灵不忍闻。兵马散亡难作战，城闉板荡惜遗文。天皇广德极藩国，小子微诚在致君。单骑入巢开利害，片言何幸靖妖氛。"同事诸公兼指挥张汝翼、赵膺孚［应爵］、叶伯明、王椒、杨先、参军金相、祖［脱廉字］、陈文彦、周于中、金依祥、虞膺鳌、吴明拣［栋］、刘守信；朝鲜观察使洪世

---

① 《朝鲜宣祖实录》卷36，宣祖二十六年三月十七日壬申5条。
② 《朝鲜宣祖实录》卷34，宣祖二十六年正月二十五日庚辰7条。
③ 《朝鲜宣祖实录》卷36，宣祖二十六年三月二十一日己未7条。
④ 孙鑛：《孙月峰先生全集》卷5，《致辽抚李霖寰书》二十三年四月初一，第54页。

泰、节度使申礏、向导金知崔遇、部将金龟长、成川判官朴震男、阳德知县洪龟祥、通事柳宗伯、李膺、李德年，皆同功之人也。万历癸巳仲春廿四日，大明浙江绍兴府山阴沧州冯仲缨书。天将宋大斌（广德人）诗以美之曰："雪霁名花县，春回细柳营。喜传前部捷，好缓后援兵。鼓角山城静，烽烟海宇清。愿言诸父老，从此任□耕（自注云残倭败遁，猛师出阳德县，赋此为洪大尹赠）。"当是时天将之东援者，试剑横槊之余，往往有挥毫弄墨之胜。如总兵王继阳之题诗敬止堂也，有"武城言偃兴弦诵，蜀地文翁阐教声"之句。敬止堂在漆谷府之细纸坊，其淋漓尚今不沫。又闻护军都尉古书顺兴府之君子亭，有"西壁垂红，东方既白"之语，而失其名云。①

文中提到与冯仲缨同行的"同事诸公"中，有一位陈文彦，应该就是义乌籍抗倭将领陈良栋②的长子，也是子承父业，从军东征立功异域者。故而推测徐文为义乌人的可能性也很大，或可与义乌龙陂徐氏的几位东征将士对应。

如徐延宠（1547—1599），便九十五长子，"铨八十八，字惟锡，号少川，由武生立功，历札授征东备倭千总，为人谦恭自重，知勇异人，操守清洁，绰有父风。"朝鲜申钦记载："徐成，号少川，浙江金华卫人，以游击将军领水兵到江华，病还，季金代之。"两位均号"少川"的徐延宠、徐成是否为同一人？徐成或为延宠官名，后者是谱名，卒于万历二十七年，享年52岁，与"病还"的情况也相合。其父徐尚明（1528—1591）"以武功，历任浙、闽都司"为浙闽武将，生三子：延宠、延美、延宾。③

龙陂徐氏还有徐宗节（1548—1597），"伦百七十七幼子，行便二百廿三，讳宗节，字应侯，号望云，以武勇应募，扎授防海御倭千总，更名鸣雷。"徐宗节（鸣雷）卒于万历丁酉十月初五日，正是东征第二阶段初

---

① ［朝鲜］尹行恁：《硕斋稿》卷9，《海东外史·阳岩》，《韩国文集丛刊》第287册，第161页。案：文中提到明将即朝鲜国王万历二十一年二月在新安馆接见的祖廉、张汝翼、陈文彦、叶伯明、赵应爵等人。可见尹文"祖"字后脱落"廉"字，"赵膺孚"是"赵应爵"之误。参见《朝鲜宣祖实录》卷35，宣祖二十六年二月十四日己亥1条。
② 《葛峰陈氏宗谱》卷9，《行状》："陈良栋，字惟材，号丹峰……由浙闽剿倭佥总哨，统兵往广攻罗旁，屡建懋功（生嘉靖己巳正月十四日戊时，卒缺）。娶义亭鲍氏，生六子：文彦、文龙、文美、文雄、文缘、文豹。"（2010年庚寅重修本，第72页）
③ 参见徐汉荣主修《义乌龙陂徐氏宗谱》卷9，第14、46页，2012年重修本；申钦《象村集》卷39，《曹副总票下官》，《韩国文集丛刊》第72册，第290页。

始，以"防海御倭千总"卒于东征亦可推见。①

徐敬贤（1561—1633），铨51长子，行汉廿五，字汝明，号左松，札授河南千总，"奉使朝鲜，仰仗天威，岛夷宁谧，而忠义足征。"②书序者为万历三十八年文华殿掌诰敕中书舍人"眷生"陈文科。而这位"奉使朝鲜"的徐敬贤，很可能或即万历二十一年四月与绍兴胡泽、沈思贤等同入日军营中的徐行其人："天朝将官同知沈思贤、策士胡泽、徐行、吴行道，距嘉山十里许逢译官，言之曰'我等此行非但讲和，实欲瞒过出城，仍为剿灭而前。则刘綎兵未到之故为虑矣，刘兵二十八日已为越江，俺等之行，非全为讲和而行也，此意密告国王云'"③也应为四月十七日《宣祖实录》记载言及"宋侍郎被参杜门，杨元以罪出守辽东云。杨若被罪，则宋、李亦不能独免矣"的"徐某"④：他的消息来源及推测都证明其接近高层，所知甚确。当年年底，徐行还托到朝鲜的兵部"差官钱立仁、贾鸿儒、谭德等三人"带信，到训练都监面见金命元，传递"胡参将书札"，实"乃前日胡泽同行徐行之书也，出示小纸'兵部石老爷上本奉圣旨，准倭封王，今先令小西飞进京，石老爷将圣上旨意并玉帖，差我三人星夜送至倭营，与行长要看。谭爷分付倭子安心候封，不许仍前为非作乱，如再仍前作乱，即遣天朝大将人马剿除倭子。封贡以后即要倭子退了，不许住在釜山'"⑤。可见，徐行一直保有与朝鲜联络的管道。

徐学圣（1577—1630），字汝贤，号鸣宇，"统（总）领标右营浙兵往复朝鲜"⑥。徐延桂（1540—?）便廿五长子，行铨五十二，讳延桂，字汝芬，号见淮，"由武生应募立功，历任蓟东桃林关千总，有志量，善交游"，延桂比延宠、宗节年长，为蓟镇桃林关千总，卒年缺载，或许也不会错过东征。⑦

综之，义乌龙陂徐氏的这几位族人，很可能就是中朝官私史料中出现的徐文、徐成、徐行等人，故附此待征。

---

① 《义乌龙陂徐氏宗谱》卷9，第25页，2012年重修本。
② 《义乌龙陂徐氏宗谱》卷2，第52页，万历庚戌陈文科《赠左松汉二十五徐君荣膺旌奖励序》，参卷10，《行传》，第3页，2012年重修本。
③ 《朝鲜宣祖实录》卷37，宣祖二十七年四月一日乙酉6条。
④ 《朝鲜宣祖实录》卷50，宣祖二十七年四月十七日乙丑2条。
⑤ 《朝鲜宣祖实录》卷58，宣祖二十七年十二月四日丁未2条。
⑥ 徐汉荣主修：《义乌龙陂徐氏宗谱》卷9，第67页，2012年重修本。
⑦ 《义乌龙陂徐氏宗谱》卷9，第43页，2012年重修本。

三 千总吴惟林书帖（N33；16-247；52-593）

（247）侍教生吴惟林顿首拜　违颜未几，殊多企仰。且昔叨扰，感谢，感谢！缘拘冕信守开城，未遑领教为歉。足下为国劳神，实黎民之福庇也。然名标青史，流芳百世，岂虚语哉！近有舍亲赍到球袜一双，令人送上，恐不堪用，希筦纳，荷荷！外有马鞍一付，烦换好大倭刀二把，弗拒，幸甚。

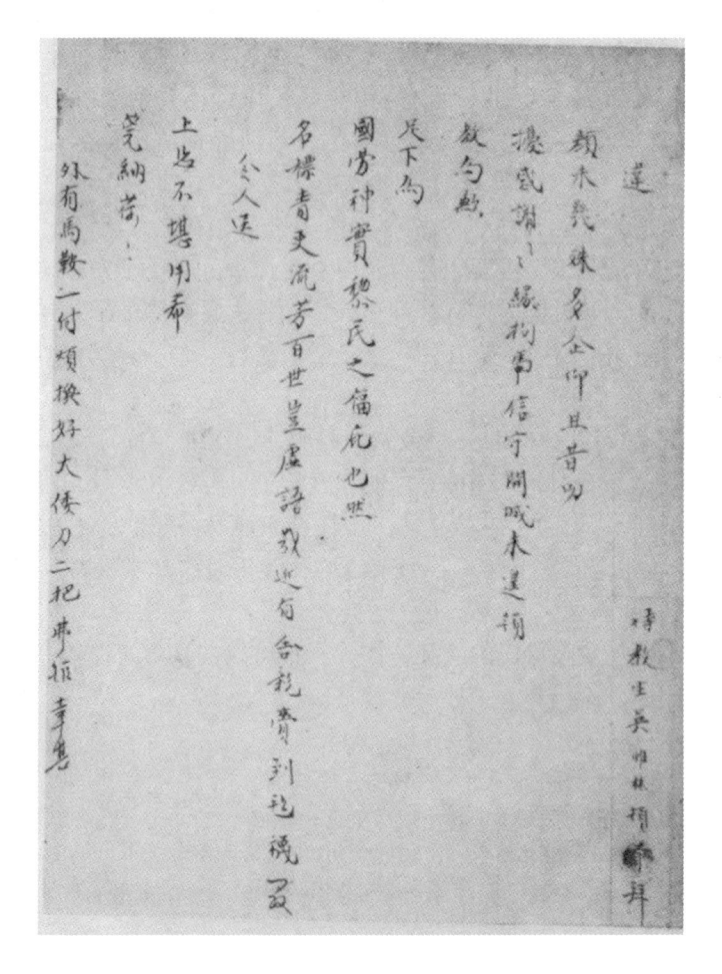

案：此帖作者吴惟林，是否与南兵游击吴惟忠有亲缘关系，目前尚无确证。书信显示吴惟林驻扎开城，请求用马鞍一副，换取大倭刀两把，故推

测他是一位善使倭刀的军官。他的身份是浙兵千总，列名于韩国忠清南道保宁市鳌川的季金功德碑中，为"督阵旗牌官周焕、张邦达；把总陈子秀、戴起龙；前营千总丁文麟，把总杨永、龚琲；左营千总朱守谦；中军官王启予；右营千总江鳞跃，把总许龙、施胜；后营千总吴惟林，把总侯应连、陈国敬"中的一员。① 万历二十六年三月，东征经理杨镐在《分兵二南疏》中曾提到"游击季金领浙兵三千三百，驻全罗道地方"②，可见吴惟林为水兵游击季金的后营千总，与其所领的3000名浙兵，驻扎全罗南道保宁鳌川，是东征后期的水兵将。

这位吴惟林，或许就是《明实录》万历十九年七月十三日为直隶巡按、御史荆州土举劾的"吴惟璘"，为35位"附记将籍，循资推用"将官之一，属"候改调用"③者，其中还包括原戚继光的左膀右臂史宸在内。容易令人联想到吴惟忠的屡踬屡起及万历十九年骆尚志等被革职，是否仍属驱除原戚继光部将的后续行动？但很快巡关御史张鹤鸣又题荐史宸等4员"可备大将"④，或有政治斗争因素存在，但双方的力量并不悬殊。

---

① 碑文参见王英础、朴现圭、孙连忠编《抗倭援朝的名将——季金》，浙江工商大学出版社2020年版，第142—144页；《温岭日报》2009年4月3日第6版王英础《万历抗倭名将——季金》最早披露。
② 《朝鲜宣祖实录》卷98，宣祖三十一年（万历二十六年）三月二十九日甲寅6条。
③ 《明神宗实录》卷238，万历十九年七月丙子，第4413页。
④ 《明神宗实录》卷239，万历十九年八月庚申，第4448—4449页。

第三章　其他南兵北将书帖

这章书帖的作者包括原四川总兵刘𬘘、浙营总兵戚金和陈寅、游击李化龙及明朝首席和谈使沈惟敬、兵部差官和谈使谢隆等人。而署名"泽生"的作者，根据古人名和字号的相关关系，推测为胡泽。此外还有待考失名六书，有待高明后续发现更多佐证，以解决问题。

第一节　总兵刘𬘘书帖

一　刘𬘘第一书（N14；16-206；52-580）

据来报，知倭情叵测，提防当严。今已发兵二队，先赴大丘屯守，明旦统领众兵俱往，庶声援密迩，狡奴或者寝其邪心也。凡地方有事，着人探实，预报本府，自为裁酌应酬，此复。刘总兵。

案：原四川总兵刘𬘘，是《明史》有传的《唐将书帖》作者，只不过是以萨尔浒之战入传的。正像孙卫国指出的那样，东征文臣武将几乎没有能单独入传的。刘𬘘所率军士以地处西南的云、贵、川苗土兵为主，中国史籍称为"西军"或"西人"，熟悉火炮运用，与浙籍南兵有相似之处，又别具特色，曾在西南地区建立不少战功。申钦记载刘𬘘，字子绅，号省吾，江西南昌府洪都县人，万历二十一年二月，以钦差统领川贵汉土官兵参将领步兵五千人入朝。四月，抵达汉城，受命留守："副总兵官刘𬘘，原领川兵五千名，素谙倭情，且新到朝鲜，其志方锐……堪以留守。"[①]两营共7858员名，五月初六日前往忠州。

[①] 宋应昌：《经略复国要编》卷8，《移朝鲜国王咨》（万历二十一年五月）二十九日，第728—729页。

第三章　其他南兵北将书帖　73

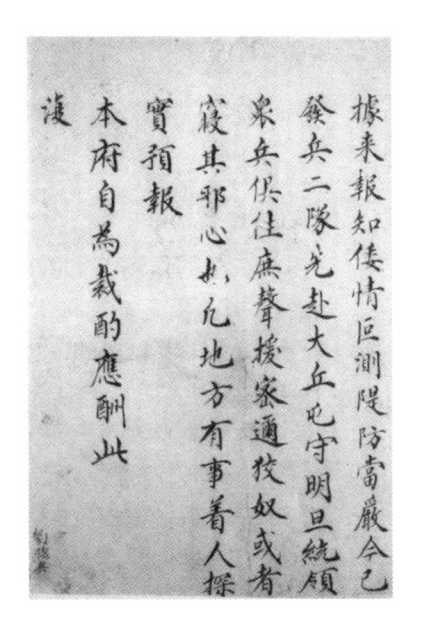

六月二十日，体察使柳成龙"贻书刘总兵绖，请进救晋州"①。其书称据驰报倭贼已犯全罗道求礼，分兵一向南原，一向谷城。而晋州是全罗的屏藩，日军在全罗，其根底在晋州。若出其不意，先击宜宁等处，断日军腰尾，则必顾此失彼："然后骆参将诸老爷军击其前，天兵又自此乘其后，庶几一举可胜，此亦救全罗之一策也。"②刘绖此帖没有注明具体时间，仅告知柳已拨兵二队前往大邱防守，"明旦统领众兵俱往"。大丘在庆尚北道南部，离晋州尚远。可见晋州城被日军攻占之际，刘绖军尚鞭长莫及，他七月才到陕川。

中日议和开始后，刘绖的行动就受到制约。行人司宪所谓"经略、提督自幸平壤之捷，甚讳碧蹄之败，有似掩耳盗铃。刘将军忠勇壮烈，欲有所为而掣肘不能行其志"③，说明刘绖的处境。宣祖与刘绖寒暄"今日倭贼不敢抢掠，皆大人之功之德，请行谢拜"时，他直截了当回答："俺虽守此，空坐大丘，不能使贼尽为撤去，何功之有！"④

万历二十二年四月，朝鲜得知"准封、准贡等事，廷议时未归一。科道官皆以为许封犹可，许贡则不可……礼部罗尚书之意亦然。众科之

---

① ［朝鲜］柳成龙：《西厓集》，《年谱》卷1，《韩国文集丛刊》第52册，第512页。
② ［朝鲜］柳成龙：《西厓集》卷9，《与刘总兵书》，《韩国文集丛刊》第52册，第190页。
③ 《朝鲜宣祖实录》卷45，宣祖二十六年闰十一月十九日己亥12条。
④ 《朝鲜宣祖实录》卷45，宣祖二十六年闰十一月二十日庚子3条。

中，南京科道官之论议最为峥嵘。张相公，张阁老之亲侄，故此间事情得以细陈。唐给事一鹏初论宋、李之诈谎，至以秦桧之欺罔比之，廷议以为过当题本，下锦衣卫棍杖五、六十矣。戚总兵、刘游击得罪于顾爷，皆遭棍杖，遣归乡里。顾爷最忌刘总爷，张相公，刘爷之姻亲也"①，反映讨论封贡问题时，南方科道反对尤甚，如贵州卫籍唐一鹏等。但终极操纵手仍在朝廷，刘綎的"姻亲"内阁张位的作用，也值得特别关注。

广东道御史唐一鹏"劾总兵李如松贪功、掩败、衅祸三罪，冒滥伯爵，成于张学颜；盘踞宣镇，庇于申宋九；倾陷文臣傅霖、刘葵、武臣杨绍勋、刘綎及宣淫嗜杀状，因言经略宋应昌过信不明"②。万历帝命吏、兵二部从公据实查奏。礼部郎中何乔远遂奏："朝鲜陪臣金晬等涕言，倭夷猖獗，李如松既与讲和，抑勒朝鲜任其杀戮，束手受刃者六万余人，倭语悖慢无礼，沈惟敬与倭讲和，皆云和亲，辄曰乞降悔罪。臣谨将万历十九年中国被掠人许仪后所寄内地书、主事洪启睿面审金晬情节、倭夷答副总兵刘綎书及历来入寇处置之宜进览，乞特敕亟止封贡，若下部便成故纸，仍下兵部。"③ 都属反对派的急先锋。

朝鲜丰山士人金大贤，先后两次致书刘綎表催战之意：

> 狂贼倔强海岛之中，睥睨天下之大，不知天日不可射，而乃敢弯弓拟之。其凶慝之状，蚩尤以后所未有也。天子明见万里之外，以为其志不在小国，而其势非小国所敢当。于是发周王膺征之怒，恢唐宗独断之智，选良将，拣锐卒；器械在前，粮饷在后。毋安于却退之小成，不陷于讲和之邪议。其睿圣神武，亦何愧于汤武哉? 将军胸藏万甲，智出千人，吉甫之文武，为宪于万邦……夫贯盈之罪，上天所殄；无名之师，一战可服。以圣天子临一独夫，而二三贤将相与协力，攻取于其间，则迅扫廓清，当不烦再举矣! 然淹留至今者，岂非养力蓄智，待其机而发也? 天日已寒，雨雪已霏，旌节欲冻，米菽或匮，虽是孑遗之民，气疲力竭之致，忍闻王师庚癸之呼，而百里之间牛酒不至者，其可不惕然悯郁于心乎? 生腐儒也，技短拔蛮弧，虽有愧先登之勇，诚深献箪食，窃愿效迎师之礼，敢以薄资，用展深惊。④

---

① 《朝鲜宣祖实录》卷55，宣祖二十七年（万历二十二年）九月二日丁丑4条
② 《明神宗实录》卷269，万历二十二年正月丙申，第4999页。
③ 《明神宗实录卷》卷270，万历二十二年二月戊寅，第5022页。
④ [朝鲜] 金大贤：《悠然堂先生文集》卷1，《书·上唐将刘綎》，《韩国文集续刊》第7册，第497页。

但刘綎不能满足金大贤的愿望,他只是一个前线执行命令的将领而已。他前后两次入朝,口碑不一:"久住八莒县,性机警,多权诈,外自巧饰,自奉甚约,能禁戢军卒。时经大兵,年甚歉,民多饥色。提督设法令军中有余米者,悉贸卖于鲜民,以资其食,民莱尔得活者众,人甚思之。戊戌,以西路提督出来,骄亢颇甚,大言曰当不使伊贼只轮得返也。待到南原,便生退避之计,本情尽露……民不堪其苦。且忌陈璘之成功,不肯进攻……仍聚铁匠于南原,打造刀枪,一如倭制,且乞首级及倭衣器械于都元帅权栗,以为献捷之资。及回京城,盛陈首级器物于军前,以自夸功。"① 朝鲜人对刘綎看法的变化,从初次入朝军纪严格②,口碑甚佳③,到再次东征,骄亢扰民,包括向朝鲜元帅乞求日军首级。

初次东征的刘綎,因与朝鲜君臣反对议和、尽速歼敌的认识一致,博得了朝鲜大力赞美。如金大贤致刘綎书:

> 将军提师远临,涉暑而寒,良苦,良苦!夫东方孑遗之民,获保今日,以偃仰食息于覆载间者,秋毫皆圣天子及将帅诸公之德也。凡有血气者,孰不愿以箪壶迎于路左,以效其微诚哉?然其钦艳之无已,叹服之不止,信之如父母,仰之如泰山,咸欲感戴而不能自裁其情者,独于将军为至,焉其意岂无以也!盖天子命将出师之时,小邦之人,莫不欢欣踊跃。咸曰徯我王师。王师渡江之日,即我再生之秋。相与喜贺之余,又不能无忧惧焉。于是君子小人,各有议矣。小人者曰天子明见贼情,不在小邦。而小邦之民,先为鱼肉。以为待贼于门庭之内,孰若捍御于藩篱之外?且彼氓亦朕赤子,是以远劳王师而不惮。然将帅之仗钺而东也,亦复有知天下之大计而能体圣意者乎?古之为将者,或以小成沮大谋,或以讲和误大计。能无此二患者,周有吉甫,汉有卫霍、唐之李郭、宋之寇准、李纲数人焉而止耳。今之专阃外者,出于上计,则天下幸矣,小邦苏矣。如其不然,中道而归,夸以为功,误于求成,重贻后患,则今日之王师,不如毋

---

① [朝鲜]郑琢:《龙湾见闻录》下《宋经略书》,第54—56页。
② 按:《朝鲜宣祖实录》卷45,宣祖二十六年闰十一月二十日庚子5条。政院启曰:"刘总兵回来时南大门外有一人诉曰:'唐人夺接我家。'总兵驻马,即拿致其所夺人三人棍打,二人则结项拿来云。"
③ 《再造藩邦志》卷2第601页有类似记载:"时大兵之余,饥馑荐臻。民多易子而食,杀人相啖,填于沟壑者,日以千计。刘总兵久住我国,自奉甚约,又恻然民兵饿死,设法令军中有余米者,悉贸卖于我民,以资其食。民赖以活。"

来也！君子者曰"天下事不患无臣，患无君"，既有圣君，则岂可无良将哉？方今中国治道无阙，固非外夷侵侮之时。而翘楚之将，鱼鳞杂袭，其间必有奉天命致天讨者矣。既以平壤之贼，才见汛扫，而汉阳之幕，已为乌集。波既涸之鲋，肉已寒之骨。薄伐之功，迄亦可休，而天下之忧则犹在也！盖贼势甚炽，非一战可却；贼情甚谲，非一和可平。而诸将或有以为贼尽而返者矣，或有从其请成而退者矣，不幸中于小人之所料，诚可痛也！将军以天下大计为己任，而不以小成为幸。深知讲和之非，不为邪说所挠，屹然独立狂澜之中，尽力式遏滔天之势。知进而不知退，屡危而无所沮。所谓奉天命致天讨者，非将军而谁也！至于勒卒以律，不为侵暴平民；奉己以约，要与最下同苦者，特其余事耳，此人心之所以不谋而同为仰戴者也！虽然师难聚而易老，机难值而易失。反此凶徒冻缩之时，粮饷乏匮之日，克期歼灭，以树大功，以毋负吉甫以下数公之为者，岂非计乎？呜呼，书生技短，虽未效于先登，有笔如杠，请大赞于勒石。敢呈不腆之资，用寓无穷之祝。①

万历二十二年四月，柳成龙曾致书刘绖，欲利用平义智和清正的矛盾"行计以缓其溃裂之祸"②，或为刘绖东征后期与日本讲和提供了思路。

二 刘绖第二书（N6；16-193~194；52-575~576）

（193）详览来书，忧深虑远，非通达国体、洞识时务者曷克［及］兹？当是属国艰难之秋，正需安危出群之士。倘使大展筹策，久计灵长，则朝鲜十年可回元气矣。突尔召还，勋勚何赖？可为长大息也。区区谬拜简书，东来尾事，恨不奋兵决战，歼此岛夷。而中制外监，动末自便，朝徒怒发，夕杠拊膺！虽欲亟拯一方民，竟未获遂除凶志。回视畴昔，南征西讨，辄有（194）成功。今则尺寸莫收，忸怩无措矣。时势不同，谁则谅之？而称许太殿，胡独见知最深耶？此行归报国主，劝以亲贤远佞，整肃朝廷，缮甲修兵，提防边围，善后之策，不出来书所云。第倭奴果尔遁还，则撤兵省费，固可图完聚

---

① ［朝鲜］金大贤：《悠然堂先生文集》卷1，《书·上唐将刘绖》，《韩国文集续刊》第7册，第496页。
② ［朝鲜］柳成龙：《西厓集》卷9，《与刘总兵绖书》，《韩国文集丛刊》第52册，第189页。

而定远猷，或釜山之寇久屯，境上之师日老，则既烦兵饷，又苦民穷，国事之宁，尚不知在何日也！冗中聊复，不既欲言。刘总兵。

案：此书是刘綎的归国告别书。万历二十一年四月，刘綎到朝鲜后受命留守。五月，朝鲜李汝馪日记记载："唐卒皆着羊毛帽子，或有夺我军笠、去其台而着；或有着毛笠者，军粮日给二升半。虽于将士不为具食，只以生米给之，馔物亦以生物与焉。为其下者受，而供具亦不为盘案，杂陈品数，但以食盛于中钵或甫儿奉进，馔亦不过一二品，置盘中投进，将卒相与杂坐而食。食亦不用匙，但以箸筶食之。且喜食油，馔物每品，每多和油而食……其后数日，刘总兵綎领兵逾岭，步卒赍粮，皆自系杖端而荷，重几一驮。又驱猛犬千余，以助军容，犬亦驯扰，不失行伍，随人指喉，必成阵，追围噬杀云。"① 可见，明兵的生活条件甚为艰苦，炊煮困难，吃饭不用勺，"以箸筶食"只能舔食。为饱腹起见，喜和油食。在刘綎荷杖赍粮的队伍中，还随带有一支猛犬队，这大概就是后来记载稷山之战出

---

① ［朝鲜］李汝馪：《炊沙先生文集》卷3，《杂著·龙蛇录》三，《韩国文集丛刊续编》第9册，第263页。

现猿猴传奇的源头？刘𬘩部七月在陕川，八月住星州、八莒，吴惟忠在善山，祖承训、李宁在居昌，骆尚志、王必迪屯驻庆州。明、日媾和后，双方军队处在休战状态。九月，刘𬘩驻守大丘，"便于东援庆州，西应全罗，皆所以固王京也"，他在大丘分营列寨，加筑东门，添建西门，增置门楼两座并四角敌台六座，可盖营房数百间，屯兵二三千。① 次年三月，吴惟忠、骆尚志等南兵将陆续撤回国内，刘𬘩独留，统管留军5000人，移驻南原，设防全罗道。他于万历二十二年九月归国，是东征前期最后撤回的部队。

万历二十一年冬天，柳成龙见刘𬘩"总兵虽多般答说而未见归宿，最后总兵尽出经略、提督、石尚书札付及自己条陈事宜一册示之"，似不愿多说，只搬出上级指示以表无能为力。柳成龙认为日军已经集结，"今诸道之倭尽聚于一处，所率之兵只一万三千六百，难以轻举。今加发精兵合势剿灭，上也；回兵守内地，待倭贼入来，出其不意击之，其次也。"②而刘𬘩"不以贼势为甚难"，但迫于经略、提督之令无法展布，若能做主就不徒守八莒"或守全罗，或分兵备倭，或以舟师绝其粮道，无所不可"。柳成龙建议他联合朝鲜官军500名及万余义兵作战，刘𬘩回答"我不得主张"③。可见，前线将领包括吴惟忠、刘𬘩等人，都不理解和谈大局，言及掣肘及"突尔召还"，遗憾"尺寸未收"，可见明廷上下、明军内外的暌违局面。

辽东巡抚韩取善的意见也代表前线将领的心声："倭在王京，彼实有求于我。倭据釜山，我则有冀于彼。前宋应昌许于倭，揭于按臣俱曰'封贡'。及言于朝、请于皇上，惟曰'封'。其辩明心迹一疏亦曰表文一至即与之封，则'贡'之一字，督臣生之乎？经略生之乎？为今日许，则封、贡并许，听督臣持议以退倭，此督臣之所能任也。欲绝，则封、贡并绝，惟议守鸭绿以示援，此臣所敢任也。若欲议征，则险阻不能转输，人皆知之矣。盖讲和于兵饷两足之时，而驱战于兵饷俱竭之后，人心称苦，恐有他虞。"而兵部尚书石星则发怨言："我不当禁朝鲜不战，何苦狗倭奴以封？"韩取善、顾养谦都请罢绝封贡"蓄其全力待备境上"。得旨："许封不许贡，正为倭情未定，使曲在彼方，可随机操纵。既有此报，就合行查，若请封仍又抄掠，便以大义绝之。总督作速报来，勿得含

---

① 宋应昌：《经略复国要编》卷11，《移朝鲜国王咨》（万历二十一年九月）二十五日，第925页。
② 《朝鲜宣祖实录》卷45，宣祖二十六年闰十一月二十二日壬寅2条。
③ 《朝鲜宣祖实录》卷45，宣祖二十六年闰十一月二十二日壬寅4条。

糊姑息。主议之臣务要缓不忘备,急不张皇。"① 可见,万历皇帝要掌握主动权,以封贡定进退,既要大义凛然,又要随机灵活。但执行起来也困难重重。

万历二十七年二三月间,朝鲜纷传"刘䋘标下亲信之人,多有质入贼中者",至说"刘䋘赂银一万两、绢二千匹,军门亦与知其事"②。关于刘䋘"以五千两银买倭贼之和"③ 及"力主讲和,与平行长潜通,多受其赂,故纵行长,终不致讨,使凶丑扬扬渡海,全师而还"④ 的谣言,也曾腾喧朝鲜道路。可见,是否与朝鲜立场一致,与在朝鲜的评价高低,在刘䋘身上看得很清楚。

值得注意的是,战后有不少朝鲜人跟随刘䋘撤归。万历二十七年四月十九日,辽阳城刘䋘部下朝鲜人权鹤见朝鲜使臣言:"遭乱流离为刘家军,先年随刘爷入洛,潜谒于厓相,将欲仍还本国。事泄为刘所觉,刘尽搜其行李,得银二百两,置在公橐,使不得逃……随刘爷东征西伐,所历多矣。以我所见,鞑子易与,海鬼差强,至于倭子,最强难敌。顺天之役,泗[四]川官军见海鬼先登者,及见倭子莫不失色。计功之时得首级最多,皆是朝鲜人化为汉军者。泗[四]川兵勇敢虽不下于鲜人,临战真不若鲜人之知形势,故首级必下于鲜人,自是刘爷尤重鲜人,提防甚密,不令逃逸。然鲜人随刘爷渡江者不下三百人,经年留本国,百计逃逸,失亡甚多云。"⑤ 谈到"刘家军"中至少有朝鲜人300名,善战知势,甚得重视。

朝鲜使臣郑弘冀也记载万历四十一年"到杏山,逢我国人二名,自谓本是湖西民。壬辰乱后,随天将入来,其一为家丁,其一隶军籍,家丁则自受银四两五钱,步军则月给银一两五钱,献首,则每首赏银五十两,凡民倍给云"。问其思乡与否,回称:"在此资生有路,我邦则徭

---

① 《明神宗实录》卷273,万历二十二年五月初七甲申,第5060—5061页。
② 《朝鲜宣祖实录》卷109,宣祖三十二年二月十六日丙子1条。
③ 《朝鲜宣祖实录》卷110,宣祖三十二年三月二十五日甲辰4条。案:朝鲜史臣还提到:"刘大刀不胜好色之欲,以三百两银买一女而来。况贪功之心有甚于好色者……以三军司命受阃外重寄,反信妖巫掷米之说,欲占其吉凶,岂不鄙哉?"记载其迷信及朝鲜巫女出入陈璘、董一元衙门的细节。
④ 《朝鲜宣祖实录》卷115,宣祖三十二年七月十七日甲子6条记载刘䋘初次东征回国"带去本国一娼,以至生子,累德甚多。戊戌,率大军复来,骄恣日甚,蔑视军门以下,略无所惮,求请之物,倍于诸衙门,都监亦不能支"等往事。
⑤ [韩]林基中编:《燕行录全集》第19册,作者未详《朝天日录》,首尔东国大学出版社2001年版,第112—113页。案:其中的"泗川"当为"四川"之误,概因朝鲜有"泗川"因之。

役繁重,虽还,岂有保活理?余言'我国亦养兵月给粮料,尔辈若还,当有所赖。岂患无生理耶?'渠辈不以为然,其一人有老父在而亦无顾恋意甚矣。"① 反映部分朝鲜军士在刘绖部下乐不思蜀,并不眷恋朝鲜故土。所谓的家国意识,首先维系于资生之路,辽东生活比在朝鲜更加宽裕。

类似的记载不一而足:"壬辰以后,我民遭乱,避地流入中国者颇多。至癸巳、甲午连岁大饥,时刘总兵绖久住两南,两南流民皆就佣于军中,名曰'帮子',得延余命殆将万余。及刘军撤回,仍随渡江。自是辽广一带,我国男、妇、牛马殆将半焉。"② 癸巳、甲午是万历二十一年至二十二年,因饥荒而流入刘绖军中的朝鲜"帮子"人数众多,后即定居辽东。

万历三十三年,朝鲜使臣李祚永、李馨郁在山海关外见到一位"朝鲜人居宝埠郡……庚子年,水兵唐将往湖南时,以格军上船,不许下船,仍为率来。到浙江放归不得,因做流丐……愿陪行次,生还故土。父母皆亡,同生……名余福云"③。这位万历二十八年被刘绖强留的朝鲜水夫"格军"十方想望故乡,表明个人境遇不同,选择也多种多样。而生活优裕、事业顺畅的入明朝商,态度就完全不同:"山海关外旅舍有一汉,乘夜馆叩门,亦自言是我国(朝鲜)人,思恋乡土,常欲脱归,主家伺之甚勤,无隙可乘。同里有鲜人之流寓者,不下三十余人。若一人先唱,皆当脱归。但其中一人来此,即行商贩,资产甚殷;买大屋,拥美娥,已享富家之乐,绝意东归,唯此难动矣。"④ 生活在山海关外的入明朝人,依个人境遇而论。

东征战后入辽朝鲜人甚多:"余到辽阳,有一少汉,数以余寓,与下人相熟。自言是孔德里居人,入辽为佟家家丁,因言辽阳城里,鲜人来居者不能悉数。有一武人忘其名,自言名族,善骑射,天朝之人号为教师,别开教场于此,距六、七十里地面,选辽人之伶俐者逐日教习,厚给廪料,因是成就者甚多。"⑤ 朝鲜使臣所见流寓辽东朝鲜人,多数人愿顺应

---

① [韩]林基中编:《燕行录全集》第15册,郑弘冀《燕行录》,第109—110页。
② [韩]林基中编:《燕行录全集》第19册,作者未详《朝天日录》,第116—117页。
③ [韩]林基中编:《燕行录全集》第20册,李祚永、李馨郁《燕行日记》,第184页。
  案:格军是韩语"걸꾼"的汉字标记,直译是"在边上帮忙的人",朝鲜时代特指给沙工帮忙的水夫,复旦大学丁晨楠博士帮助解释了"格军"的确切含义,特地致谢!
④ [韩]林基中编:《燕行录全集》第19册,作者未详《朝天日录》,第118页。
⑤ [韩]林基中编:《燕行录全集》第19册,作者未详《朝天日录》,第117页。

现实，表示哪里生活好，就愿意生活在哪里。这是人性，无关国家与民族，也无关朝鲜、汉人乃至被称为"鞑虏"的蒙古、女真人："辽假鞑十分之八、九，其中真鞑仅一、二而已……鞑地风俗，比中国十分醇好，无赋役，无盗贼，外户不闭，晨出暮还，自事而已。□与居辽，役役不暇者，苦乐悬殊，苟活目前，不思逃归耳。"① 所谓的"假鞑"，就指流入蒙古、女真地区的汉人，如辽阳黄姓士人："自少以能文知名，被虏在鞑中，称为黄郎中……今以贡事来此，鞑颇敬之。资产极丰，常蓄美姬四人，牛马弥山云。"② 这是民族交融地区人民生活的常态。

东征归国后，刘綎很快被点将征播。万历二十七年二月，诏征倭总兵刘綎以所部土汉官兵回四川防剿，提督如故，以前战功及今次撤发事宜，命督抚详加议处。③ 四月，使臣通判黄平所辖的五土司发生骚乱，贵州巡按宋兴祖建议："彼自谋杀安定，何与中国事而必以汉法绳之？宜赦陈恩、王嘉猷，以结疆臣之心，仍催新督抚李化龙等兼程视事。"④ 六月，兵部言川中土、汉等兵营聚通州，日夜击斗纷扰，而"刘綎已久入关，乃沿途尚尔缓进"，被"严催速来，随营宣谕，督率前发"⑤。七月，四川巡按赵标，鉴于川兵"桀骜难训"，建议将刘綎所部土兵裁撤，得允。⑥ 但因播州杨应龙举事，刘綎逃过一劫，命运的航船得以续行。

八月，杨应龙攻陷四川綦江，总督李化龙建议"急征诸道"，于是刘綎、吴广、陈璘等奉命入蜀，"刘綎等督令兼程前进，总督李化龙赐剑以重事权"⑦，刘綎遂得便宜从事，甚至要求："刘綎受命赴蜀，逗遛不进，建议征播，必用精兵二十万人，倍其饷，不许损伤，不限年月，不繇中制，不许。"⑧ 十一月，四川巡按赵标疏参"新任总兵刘綎与原任抚道邢玠、王士琦等，谓綎跋扈，玠等酿衅"，疏下兵部覆议："刘綎业奉处分，邢玠姑免议……播酋惯行贿赂，有黠货通贼者，尤宜廉实重处，以肃人心。"⑨

综合以上史料，刘綎在朝名声有个变化过程，而跋扈难驯则是他的标

---

① ［韩］林基中编：《燕行录全集》第19册，作者未详《朝天日录》，第120页。
② ［韩］林基中编：《燕行录全集》第19册，作者未详《朝天日录》，第120页。
③ 《明神宗实录》卷331，万历二十七年二月甲戌，第6131页。
④ 《明神宗实录》卷333，万历二十七年四月庚午，第6165页。
⑤ 《明神宗实录》卷336，万历二十七年六月戊寅，第6221页。
⑥ 《明神宗实录》卷337，万历二十七年七月辛亥，第6240页。
⑦ 《明神宗实录》卷338，万历二十七年八月丁丑，第6258页。
⑧ 《明神宗实录》卷340，万历二十七年十月丙戌，第6312页。
⑨ 《明神宗实录》卷341，万历二十七年十一月戊申，第6323页。

签。但即将被罢时，杨应龙①举事又助其逃过一劫。他的好运或与其深厚的背景有关：东征结束后即成功点将征播，而失败的吴惟忠却成为阶下囚，两人的命运形成强烈对比。但最后的结局是刘绖战死辽东，吴惟忠安然乡逝，谁又更比谁幸福？

刘绖有弟刘国相"系例贡监生，若照开纳事例，改授武衔，加以守备职衔同来亦可。此于御倭，尤为省便，尤为因材器使，更胜于设大将及用董一奎也"。在东征经略孙鑛考虑备倭大将人选时，考虑的还是监生的刘绖之弟，通过捐纳事例改授武职守备，便成大将人选，足见当时政、军两界都流行重世家的社会风气。故刘绖有跋扈的资本："刘绖兵前东行时，每至一站，必要夫六百名，马二百匹，民安得不疲困"？辽东、朝鲜都需要他的南兵："宽甸兵原止二千名，数百入广宁为选锋，又八百拨铁厂，打造军器。马栋虚列一副将衔，部下不过六、七百羸弱兵马，新募兵数月，来尚不满百名，又俱未曾训练，安得一千兵往朝鲜耶？且朝鲜甚不宜马兵，马到彼病损者多，总不若南兵为便也。"② 或许孙鑛继事朝鲜，战场情形会有改观，但历史不能假设，过去的就是现实。

第二节　总兵戚金五书

一　戚金第一书（N38；16－253；52－595）

承　脾贶，感激无涯。然人众，供应繁难，于心不安也。第高谊难却，除登受扇一柄，余俱完璧。草此以谢，仰唯心亮。而此后再不敢厘公在念。至嘱，至嘱！侍生戚金拜。

案：戚金书帖，既多行草，也有楷书。或出多人之手，概幕下不止一位书手或幕僚。柳成龙《年谱》载万历二十一年十月，"复拜领议政，往见戚

---

① 案：杨应龙未参与东征："兵在朝鲜者见有六七万。而刘绖、杨应龙、沈茂等且相继，日以益多。"[《孙月峰先生全集》卷4，《与政府书》（万历二十一年二月二十六日），第64页]但杨应龙"诡言征倭自赎，得脱归"于狱（《明神宗实录》卷354，万历二十八年十二月乙未）第6632页，直到万历二十八年，李化龙平播之后自尽。

② 孙鑛：《孙月峰先生全集》卷5，《与石本兵》（万历二十三年正月十二日），第34页。

总兵金，论兵事"①。戚金此书概即书于此时，表明只收柳氏一柄扇子，其余礼物均奉还（也与见面礼相合），并对柳氏准备供应带来的烦难，表示歉意。

戚金，号萧塘，山东登州卫人（一说他是凤阳定远县人），据说是"戚南塘继光同宗，或云其孙也，领步兵一千"②。明嘉、万年间，他随戚继光驻守蓟镇北边，为中军官，职任八达岭守备，万历六年五月，拿获教唆蒙古黄台吉兵马入寇的古北口叛军张廷福③，万历十年三月，从蓟镇守备升职大水峪游击④，次年二月升古北口参将⑤，六月，以蒙古黄台吉部"夷妇大嬖只部落达子约六百余骑，在古北口边外抢去出关牧放马一百七十一匹，杀尖夜家丁一十一名，抢去军人一十七名，官军并无追赶对阵"⑥被革职。东征朝鲜时以游击身份从军。万历二十一年，他曾应经略宋应昌命，同查大受、李如梅等"率死士夜往"焚烧了被日军占领的朝鲜200年租赋之所龙山仓⑦，这也是迫使日军行长部倾向和谈的

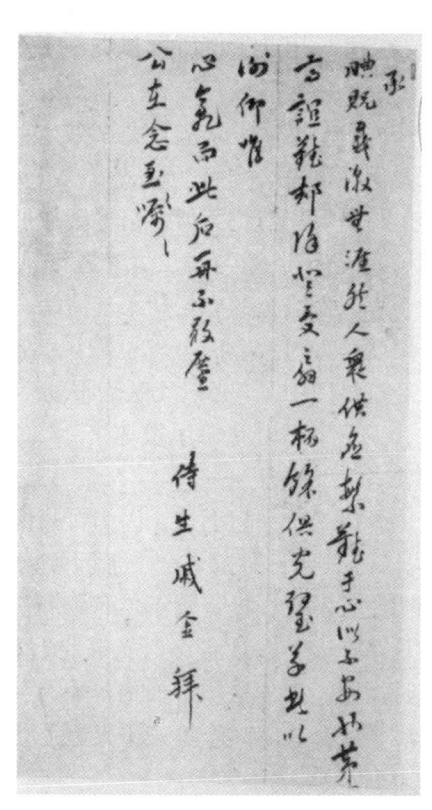

---

① ［朝鲜］柳成龙：《西厓集》，《年谱》卷1，《韩国文集丛刊》第52册，第513页。
② 《再造藩邦志》卷2，第491页。
③ 金云铭《陈第年谱》载：万历六年戊寅（1578），陈第38岁，仍守潮河。五月禀陈道基揭略云："今有古北奸军张廷福，于万历五年十一月投归大嬖只营内，主使教唆……为向导入寇……四月二十九日，总理戚手书言'叛逆之贼不容不擒，本参任事忠赤，陈第思虑深长，必能捉获罪人，计出万全，以慰我也'。卑职捧诵，日夜忧惶，复邀中军官戚金（字少塘，后擢八达岭守备，先生有贺少塘戚公擢八达岭守备序）誓于河上……廷福于六月内果复进口……遂为中军戚金挐获。"台湾大通书局1987年版，第15页。
④ 《明神宗实录》卷122，万历十年三月初二庚申，第2273页。
⑤ 《明神宗实录》卷133，万历十一年二月庚子，第2483页。
⑥ 《明神宗实录》卷138，万历十一年六月十七丁卯，第2576页。
⑦ 诸葛元声：《两朝平攘录》卷4，《日本上》，台湾学生书局1969年版，第251页。

一个原因。

戚金在朝鲜的经历，最值得注意的是在平壤战役中，事先计划"先放毒火飞箭千万枝入城……悬重赏召死士，俟黎明时，每人含戚金所合解药二三丸，用艾主事所置布袋，或盛米，或盛土，或盛沙石，再用柴草堆垛于上，攀援登城"①。戚金显然懂得医道，进攻平壤各军都得益于他的解药方子。事后，宋应昌致书戚金："幸执事奋勇当先，一鼓遂下平壤，此希世功也……今将题叙，以表殊勋。"② 强调戚金为其荐举的私谊。戚金也与南兵三营将类似，是平壤战役的先登者之一，但宋应昌最终认定中军杨元居首，"戚与钱二将继之"③，戚金第二。南兵三营将为之不满，言溢于辞，而戚金的立场却不甚清楚。

朝鲜人对戚金的态度也能说明问题。领议政柳成龙认为"此人亦未脱经略科臼中""必以无贼瞒报朝廷，而不复为我料理。小西飞又引入辽东，天下事恐由此辈手里坏了"④，属于与宋应昌同调、瞒报敌情、赞成和谈者。

万历二十一年七月，因为晋州惨案，提督李如松准备发兵一万至全罗道。"今日明日游击戚金、王问领火炮手四千先发送云""任自强、李如梅明明日发行，提督则十二日继行"⑤。但这个计划很快中止，沈惟敬取得日军降表，携日将小西飞等北上和谈，申钦《象村稿》记载任自强等八月撤回，李如松、李如梅等十月撤回辽东（参见附录《表一》）。只有刘綎、戚金、骆尚志等三千火炮手驻守南原并修建了城墙和工事，可与骆尚志书参看。

二 未署名戚金第二书（N31；16-241~243；52-591~592）

不佞初五日，于凤山相会天使。连日谭论率皆为贵国万世治安之事，此行最重。公可启国君，凡百振作起来，不可多令人在傍教唆，

---

① 宋应昌：《经略复国要编》卷5，《檄李提督并袁刘二赞画》（万历二十一年正月）初四日，第348页。按：戚金懂得医术，曾主动请缨为朝鲜王子光海君诊疗，"俺暂知医术，若见则可治其病矣"，甚至表示"若书病证以示，则当治之"。见《朝鲜宣祖实录》卷44，宣祖二十六年十一月三十日庚辰。
② 《经略复国要编》卷5，《与游击戚金书》（万历二十一年正月）二十二日，第423—424页。
③ 《经略复国要编》卷5，《与杨中军书》（万历二十一年正月）二十七日，第452页。
④ 《朝鲜宣祖实录》卷45，宣祖二十六年（万历二十一年）闰十一月二十六日丙午5条。
⑤ 《朝鲜宣祖实录》卷40，宣祖二十六年七月十七日己巳7条；七月十八日庚午15条。

语言流沟者，先筹画停当，临时讲之，至于练兵、修险事，可极口应承。曰："准经略提督咨，已于某日命某专发运粮，某（242）某练兵，某修险，近日迎光海君至王京矣，不日南行，由全罗赴大丘，断不敢懈怠，以贻皇上东顾之忧。"光海君及公并李德馨可与天使一见，此皆天朝久知仁贤者。其倭奴事，不必听信下人虚报，以碍封事要紧！可云"朝鲜力能练兵一万余，分三路防守全罗、大丘、庆州，杂于（243）天兵内演习，明春可用。独少硝磺，求皇上敕下兵部，于山东海船内，运赐数万斤，以为守御之具"。天使覆命，必达无疑。时下先求天使，转致经略，将辽东合药余剩下硝磺，发数千斤来，以备目前之急，切记，切记！看毕即发丙丁，免存形迹，名不具。

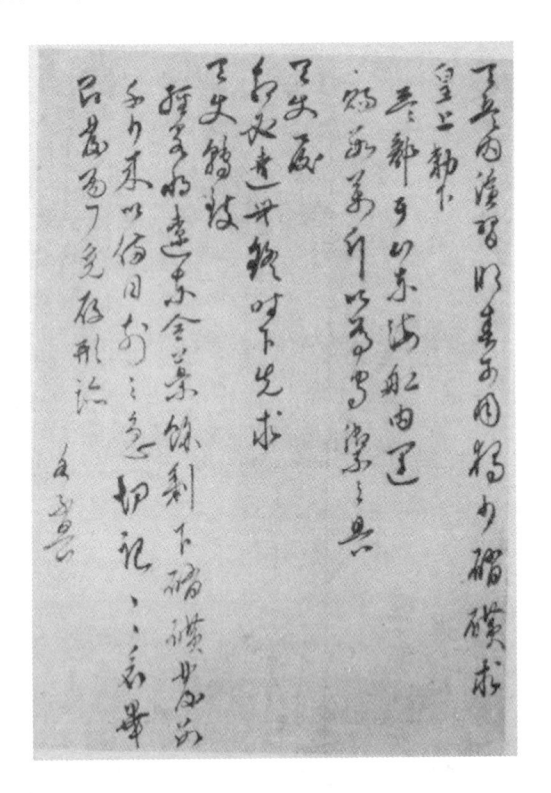

案：此信中的"天使"是指兵部行人司行人司宪等人，万历二十一年十一月抵达朝鲜①。十一月十八日，戚金南下，行前朝鲜国王接见于南别宫，询其行程，戚金回称经略、提督送牌文，令其前往大丘，等待沈惟敬同入庆尚道日军营中，"见倭降表，然后撤兵入归"。书信当作于此日之前，回应了朝鲜国王所急"小邦只习弓矢，不识火器、火药造作之法"②，除教柳成龙敦促朝鲜练兵外，对朝鲜急需硝磺，教之请求明朝兵部转致经略宋应昌将辽东所余硝磺发来备用，考虑甚为周详。柳成龙记载："我国本无火药，前朝末有唐商李元，船到开城礼成江，寄寓于军器监崔茂宣奴家。茂宣令其奴厚遇之，李元教以煮焰硝法，我国之有火药自茂宣始。……国初，军器寺只有火药六斤，后逐年加备。壬辰变前，军器库有

---

① 《朝鲜宣祖实录》卷45，宣祖二十六年十一月二十二日壬寅8条："天使司宪小札曰：'来时，东坡地方官备馆谷，仆从无冻馁之苦。真有宾主礼乐之风。昨夕何夕，何前恭而后倨？岂惟倨之，使主仆露立风雪中。东坡小臣，其奉国王之命与遇天使意亦甚隆矣，如此举动，安望其励精以图恢复？余无所怨尤言之为朝鲜发一笑柄。'"案：东坡是离汉城百里外临津江以北的驿站。

② 《朝鲜宣祖实录》卷44，宣祖二十六年十一月十八日戊辰2条。

火药二万七千斤……一夕煨烬。癸巳，大驾还都，稍稍措备，有一万余斤。及蔚山之役，取用几尽云。"① 万历二十一年八月，宋应昌致信李如松曾言"戚金不知堪重托否"②，显示对戚金不甚了解。至明定议撤军、欲"牢笼"行长所遣小西飞弹守，促使日军退归，由戚金负责处理善后事宜："游击戚金率兵一千驻扎王京，候事完，同留守各将撤回"③，可见已通过经略的考验，戚金当时率兵一千。

十一月，朝鲜大臣李光庭面见戚金时，言其做两手准备："以倭贼不去之故，速欲下去。而提督文书行长见之而去，则俺当还洛留镇；不去，则当留大丘。"朝鲜认为"时提督与贼将行长有通书退兵之事"④，而"戚与宋一体"，"大要宋专委戚句当讲和一事"⑤。至顾养谦取代宋应昌经略朝鲜，戚金"而今欲附顾侍郎"⑥，显然是紧跟上级。而朝鲜对戚金从紧张、不满到后来声称为一家，或与戚金与柳成龙之间的密信有关："成龙又因游击戚金密言传位事大不可。司使自此待上，礼意颇洽。宪留京七日乃返。宪性狂戾，好驰马上，下峻坂疾驱，兼程而返，伴使仅能追及。宪之来，兼欲讥察国情，有所变置。上固欲释位，先示辞避，大臣弥缝其间。宪亦见上心悦，只宣命而返。"⑦ 牵涉朝鲜国王大位问题，司宪入朝探察实情，满意而归。

戚金对用兵有自己的看法："倭奴已在吾目中，大炮胜小炮，多炮胜少炮，如用兵不难胜矣。"也表达过很私人的看法："石尚书虽贤而无才，今此主和乃尚书本意。"他也认为和谈使者所呈表文"似是假作"，此"非忌嫉人功而言，所闻如此，关天下利害故"⑧。故大体态度与前线将领刘綎、吴惟忠等南兵将一致，也倾向以战取胜，而非谈判桌上讲和，与吴惟忠"此等说话，大触忌讳"及骆尚志"以理言之，则决不可和"相类似，显示出一定的复杂性。

---

① ［朝鲜］柳成龙：《西厓集》卷16，《杂著·记火炮之始》，第521页。
② 《经略复国要编》卷10，《与李提督书》（万历二十一年八月十二日），第833页。
③ 《经略复国要编》卷11，《朝鲜谢留兵守王京咨》（万历二十一年十月二十九日），第962页。
④ 《朝鲜宣祖实录》卷44，宣祖二十六年十一月二十一日辛未4条，21日。
⑤ 《朝鲜宣祖实录》卷48，宣祖二十七年（万历二十二年）二月二日辛亥3条。
⑥ 《朝鲜宣祖实录》卷48，宣祖二十七年（万历二十二年）二月四日癸丑2条。
⑦ 《宣祖修正实录》卷27，宣祖二十六年（万历二十一年）十一月一日辛巳2条。
⑧ 《朝鲜宣祖实录》卷48，宣祖二十七年（万历二十二年）二月十日己未1条。

三 未署名戚金第三书（N30；16-238~240；52-590~591）

（238）别来抵八莒，细察行长情形，无他，止是要求封贡。至于"和亲"二字，乃倭奴狡诈，说出一端言语难我，欲沈游击居功，恐别人分其功耳。今行长有书来，谓表已在熊川营内，即与沈矣。沿海倭奴，有暂过釜山奇别。不谷昨有书示行长云："朝鲜受我天朝正朔，乃吃紧东藩，是必争之国也。虽调兵百万，征讨百年，必要朝鲜安枕，而天朝方肯息肩，汝万勿妄想我天朝弃朝鲜而不救也。以具表之后，万（239）不可再纵一倭上岸，抢虏杀害朝鲜之人，方保封贡得成。否即徒耽日时，致神京台省有言封贡不准，是汝枉费一番心力，慎思，慎思。"行长已允，令不谷差二人守伴彼营，不许纵倭生事。昨夕，沈游击取表，不日可至大丘。表一来，即不谷即还归矣。南方一应事，经略已置属之刘君矣。贵国君相，善承之是望。明岁四月中（240），天使可至釜山封关白，或川兵至彼时撤之，第要贵国首先开矿、铸分以通交易，以养民生，其次修城，造火器，练兵，裁冗员，省刑罚，薄税敛，以养元元，以图报复，此贤相之事也。时在知爱，乃尔琐琐。冗中草草，不尽欲言。知生戚金拜具，十二月廿七日寄。李汉荫若至王京，望为致念想之意。

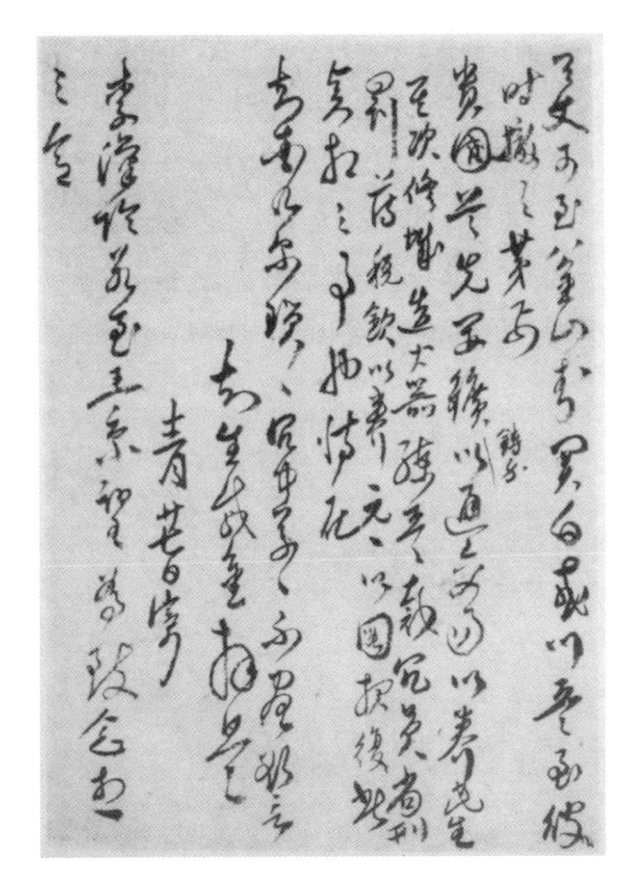

案：此书时间为万历二十一年十二月二十七日，时戚金驻扎八莒南兵营中，谈到沈惟敬和小西行长惺惺相惜，且有内定之约，书中引用的致行长书也是难得的史料。"吃紧东藩""必争之国"都体现了东征军人的国家意识，"朝鲜安枕，天朝方肯息肩"也是上下一致的看法。

有一种看法认为明朝出兵，跨海东征，抗倭援朝，是为了自己，因为丰臣秀吉的目标是想侵略中国，进攻朝鲜不过是一个过渡而已。但也有研究者认为丰臣秀吉的终极目标并非侵略中国。[1] 无论如何，当时的历史实际就是，日军已将吞并朝鲜的行动付诸实施，明军就是去援助朝鲜抗击倭

---

[1] 案：如加拿大哥伦比亚大学许南麟教授就认为"没有证据证明秀吉曾经做过侵略中国的细致准备，但在接到占领汉城的消息后，有了'将天皇和秀次移驾北京'的想法，他自己则"移驾由贸易而兴盛起来的港口城市宁波"。即使在 1592 年 3 月 13 日的跨海征朝军令中，也只提到要"迫使朝鲜臣服（日本）"而没有中国在内。参其《日本对朝鲜侵略和丰臣秀吉政权》（2018 年山东大学《第二届壬辰战争工作坊论文集》，第 93 页）。

寇，出兵原因、战斗决心都明明白白，是保护朝鲜人民安枕。没有显露端倪的中国存亡安危的威胁，自然也没有出现在明军官兵的头脑中，戚金的书信再现了真实的历史。刘君即指刘綎，是留防东征军的统帅。信末提到的李汉荫即朝鲜兵曹判书李德馨。

戚金的建议代表了多数明朝东征将领的意见：开矿，修城，造器，练兵等，尤其是将"开矿铸分以通交易"作为培养民生的第一要义，表现出东征将士紧紧把握时代脉搏的鲜明意识，这在南兵将中体现得尤为突出。

四　戚金第四书（N35；16-250；52-594）

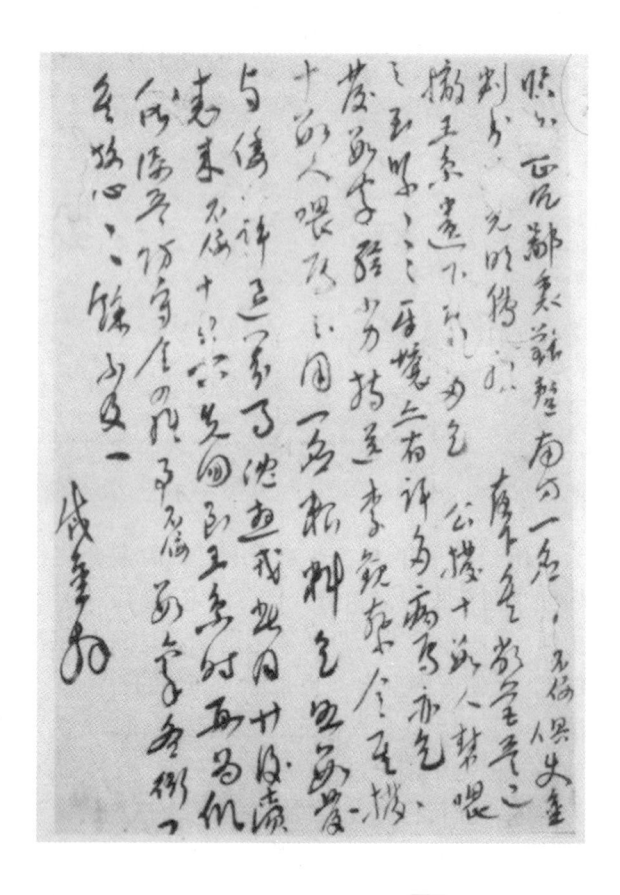

（250）临书正冗，鄙衷难馨。南方一应 事，不佞俱使金判书 命元 明转报台下矣。敝营兵已撤，王京遗下马多，乞公拨十数人帮喂之，至紧，至紧。平壤亦有许多病马，亦乞发数字，给小力持送李观察，令其拨十数人喂马之用，一应粮料，乞照数发与。倭 奴 许退对马，沈游戎此月廿后赍表来。不佞十五、六先回至王京时，再为似[作]劄（札）添兵防守全罗事，不佞数禀各衙门矣，放心，放心，余不及一一，戚金拜。

案：此书时间大约是万历二十二年春季。戚金在此告知回京时间，且属下营兵均已撤回，在王京汉城与平壤留下不少马匹，希望柳氏派人仔细喂养。

关于东征明军的马匹，可分为正马和驮马两种。正马用于作战，驮马运输或备用。而这些马的来源，绝大部分是明朝拨运的在役军马及太仆寺供应的官马，如宋应昌奏疏之"兑领寺马"2727匹，每匹日支料草银三分的"随征寺马，朝鲜虽有本色料草，然每每短少，不得充用，马匹倒死日多"[①]。倒死补充的马匹，除"抽取于原来营伍"的调拨马及太仆寺马这两个来源之外，第三个来源是马市，如经略邢玠奏疏"或收买于蓟辽近边""行宣、大两镇各买"1500匹、"分发顺天、保定、辽东各抚镇衙门，责成各道、协将、差官分投，作速选买四千匹"——宣、大、蓟、辽等地的边境马市[②]。故万历援朝战争期间，抚顺等地马市繁荣成为必然趋势。第四个来源是"咨行朝鲜国王于各山搜取野马"，第五个来源是"量给价银搜买民间之马充用"[③]。所谓野马恐不易得，或可想见大多为价买朝鲜民间之马。若执行者稍有不慎，难免演变为"刷马"的民弊。在严酷的战争环境下，东征马匹折损率高达50%[④]。戚金书信显示其处置马匹的小心谨慎。明军撤归之际，未能带回的部分病马，出自以上5个来源的马匹都有可能。信中还告知日方已答应退兵至对马岛，和谈使沈惟敬将于当月二十日后带表文入朝，先四五日回京，到时再商议添兵防守全罗道之事。

---

① 宋应昌：《经略复国要编》卷13，《奏销支存马价册籍疏（十二日）》，第1081—1082页。
② 邢玠：《经略御倭奏议》卷2，《买补东征马匹疏》，全国图书馆文献缩微复制中心2004年《御倭史料汇编》第五册，第317、322页。
③ 邢玠：《经略御倭奏议》卷2，《买补东征马匹疏》，第317、322页。
④ 案：据邢玠《买补东征马匹疏》（第313—323页）明军入朝一年27839匹战马、驮马已经减少1.4万余匹，其中倒死1961匹头，蔚山、岛山战役，"昼夜群羁雨雪中，旬余不得喂养"且"入春乏于草料，时气盛作，又无日不报病死"瘟病倒死共4896匹头；往返两月"走伤倒死"2103匹头，"弹伤倒死213匹"，长途暑雨、积雪严霜、水草不服，"瘟疫交作，脖颈一肿，膘壮马匹数日亦毙，无日不报倒死"，邢玠为此不得不立"马神庙以祷之"并急请补充战马，战争的严酷和悲惨，从马的遭遇也可见一斑。

万历二十二年二月，朝鲜国王接见总兵戚金、参将胡泽，言及"倭奴之上降表，是其巧诈益深处"，戚金表示已无从变更，"俺之西行，一要撤还旧兵，二要替出新兵，三为勿扰贵邦刷马等役，四为陈达贼情"[①]，这里也谈到要做的工作包括"勿扰贵邦刷马等役"，戚金最后带着"陈达贼情"的使命，结束其东征朝鲜之行。

五　未署名戚金第五书（N7；16-195~196；52-576~577）

　　别后无时不念。承公以兵、粮二事再入嘱，不佞既已面领，敢托诿之？容抵辽阳谒军门时，当力陈颠末。军门乃我朝杰出者，必有一番高远作用，亮［谅］不因人成事也。近于嘉平馆会周游戎，公云司农告匮，只欲息肩。要以封、贡二事许倭，而（196）科道必竟不允，且看倭表入都，有何言说。各营兵马既撤，凡流连贵国不归者，必为恶之人，如此之类，当启贵国君，行八道禁逐之。如用强伤人者，即绑解军门老爷台前，请治一二，其余即息矣。三月初七日，渡鸭录［绿］江，旋便此谢，余希嗣音。柳公同此致声，不及另书，名具端束。

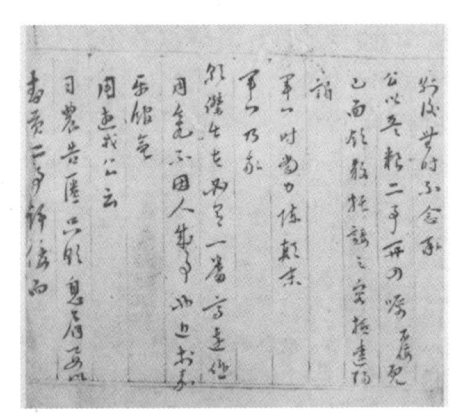

　　案：戚金书帖以行草为多，据此断定此通未署名草书，亦为戚金所作，但初始收信人并非柳成龙，因信中明告不另致信柳氏，故此书经转手到达柳成龙手中。写信时间在万历二十二年三月初七之后，当在渡江归国、抵达

---

① 《朝鲜宣祖实录》卷48，宣祖二十七年二月七日丙辰1条。

辽阳前途中所草。书中透露明朝科道官员对于撤兵、封贡等问题的分歧："倭奴封贡、羁縻之事，政府及兵部、经略则主之，礼部、台省则力争。"① 这是万历二十一年闰十一月出使朝鲜的行人司司宪透露的情形。

戚金回国后，出任刘河游击②。万历二十一年年底，戚金弟戚云作为兵部差官到过朝鲜③。戚金本人因政争"遭棍杖"④，"遣归乡里"⑤，复职后又被"充军"⑥。朝鲜李廷龟《回揭戚参将》："牙旗西迈，已阅星岁。向往之情，谅不能已。眷惠手翰，指教缕缕，足见高明不遗之盛意，倾慰鸣谢，曷任云喻。仍念小邦七年兵火，仅延坠绪。今幸氛翳稍净，区域再造，丝毫纤芥，莫非帝力。况如高明，曾临敝服，跋涉荒墟，冲冒锋镝，辛勤劳苦，万倍乎他，功烈不刊，在人耳目。冥鸿无痕迹，而馨闻亘存；光尘已邈，而瞻慕长悬。岂料兹者，得接尺素于累千里之外，而复蒙高明轸念下邦，查拨漂到人民，致之再生之地，非我高明勤厚之意，何以及此？其为感荷，实难容喻。山川间阔，奉晤靡便，临风驰遡，只切依黯。别露土宜，略申惭悃，统惟下亮。"⑦ 推测戚金时已充军期满或赦罪起复理事。

总之，作为南兵北将的代表，戚金的身份和态度都曾难以归属：既曾被"性急"的南兵"尽拔其须"⑧，也被李如松打过板子："戚金既犯军令，捆责诚是，此门下专之者，何必翰示耶。"⑨ 在南、北矛盾中，他的角色似乎是替罪羊，与吴惟忠的命运有相似处，根源就在主战。朝鲜李德馨有《呈戚游击》告别诗云：

> 帐下三千组练明，殊方先识旧家声。
> 人传代北兵机妙，我爱关西世业清。
> 画戟卓城边日退，牙旗下陇阵云平。

---

① 《朝鲜宣祖实录》卷45，宣祖二十六年闰十一月十五日乙未24条。
② 《明神宗实录》卷277，万历二十二年九月庚辰"以原任游击戚金为刘河游击"未升职，第5122页。
③ 《朝鲜宣祖实录》卷46，宣祖二十六年十二月十六日乙丑8条。
④ 《朝鲜宣祖实录》卷50，宣祖二十七年四月二十四日壬申2条。
⑤ 《朝鲜宣祖实录》卷55，宣祖二十七年九月二日丁丑4条。
⑥ 《朝鲜宣祖实录》卷102，宣祖三十一年七月十六日己亥1条。
⑦ ［朝鲜］李廷龟：《月沙先生集》卷25，《回揭戚参将》，景仁文化社1988年版，第3册第17页。
⑧ 《朝鲜宣祖实录》卷102，宣祖三十一年七月十六日己亥1条。
⑨ 《经略复国要编》卷6，《与李提督书》（万历二十一年二月二十四日），第523页。

再生恩德浑难报，应向南营别有情。①

诗中李德馨提到其所领 3000 名南兵的战绩以及显赫"旧家声"，赞赏其兵家妙算、世业清誉及对朝鲜的再生恩德，依依惜别南兵营。

万历二十六年，兵戈再起，戚金倩材官赍揭帖至朝鲜："往年以兵革从事贵邦，得接光仪，足慰平生至愿。继而贼势小炽，敛卒西归，荷辱深恩，执手叮咛，眷眷不舍。而又承沿涂赤子，勒石记名，使不肖揽辔东顾，恋恋不忍去，此国主爱之深，而诸士庶感之笃也。但倭贼情形不测，金亦知有变诈状，故临别时以《纪效新书》为别后赠，欲贵邦知此书而教此法，富国强兵以拒贼耳。近闻倭贼又犯，而盖国文谟武略者想皆奋志，以报昔恨。此上天欲速此贼之自灭也，指日矣。兹因材官之便，肃此以代，惟天慈垂察焉。名具正幅。裕后。"② 感谢朝鲜君臣勒石纪功之举。

万历三十年，戚金得任镇守南直隶江南地方副总兵署都指挥使佥事③，当已（充军期满或赦罪）起复。天启元年（1621），后金进攻沈阳，戚金仍率"浙兵三千营于河北"④，以最后一位南兵将，死事于戎行，结束了他作为战将的一生。

第三节　总兵陈寅和游击李化龙书

一　总兵陈寅书帖（N16；16-208；52-581）

　　侍生陈寅顿　□□□出围，据官兵拿获一男子来，因其人避匿草丛□□□□□疑，恐属奸细，故不得捉送审问耳。生译审之，未得其真，幸详加究问，如果不无诈伪情弊，当释放之，连人崮送。惟备照不宣。

---

① ［朝鲜］李德馨：《汉阴先生文稿》卷 2，《七言律・呈戚游击》，《韩国文集丛刊》第 65 册，第 301 页。
② 《朝鲜宣祖实录》卷 97，宣祖三十一年二月二十一日丙子 5 条。
③ 韩浚等修：《嘉定县志》卷 16，《兵防考下・镇臣》，成文出版社 1983 年影印万历三十三年刊本，第 1006 页。
④ 方孔炤：《全边略记》卷 10，《辽东略》，北京出版社 2000 年版，《四库禁毁书丛刊》史部第 11 册，第 381 页。

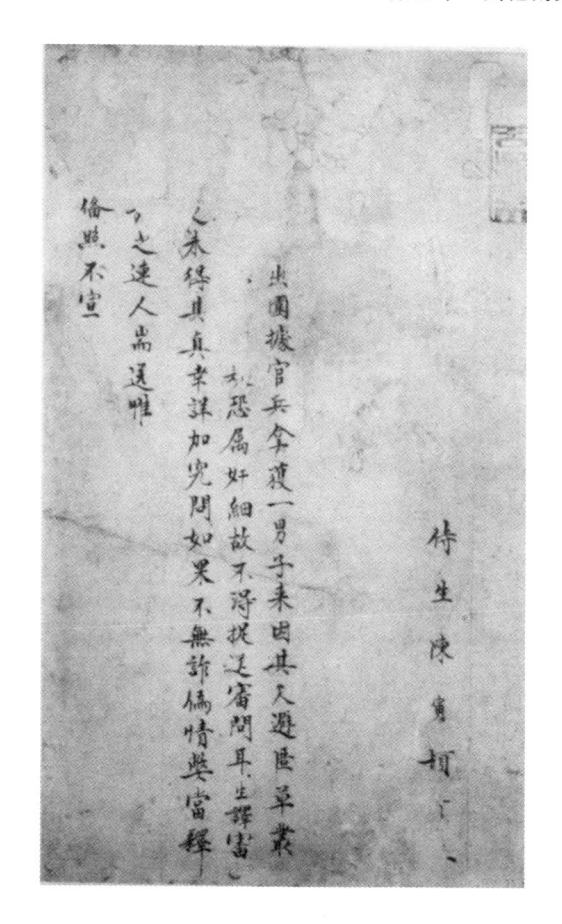

案：这是一封交涉不明身份被掳人事宜书。陈寅，温州府金乡卫人，号宾阳，"膂力绝人，能追及奔马，倒拖其尾以归，初授金盘备倭，著名海上"①。他曾自言早年经历"与刘绖父现［显］从事，而亦与余大猷同行于戎阵之间"，可见也是一员抗倭老将。

万历二十五年十一月，"以钦差统领蓟镇永平添防南北官兵游击将军署都指挥使佥事，领步军三千八百五十"入朝，"岛山之战，中丸，抬还京城，出资立关帝庙于南大门外，己亥四月回去"。② 他第二次入朝参战，闻名于蔚山之战："神将陈寅身先士卒，冒弹矢勇呼而上，砍栅两重，清正白袍跃马督倭兵拒守，至第三栅，垂拔，杨镐遽令（茅）国器窃割倭级，战稍解。"③《明史》亦曰："游击陈寅连破贼二栅，第三栅垂拔矣，

---

① 李琬、齐召南等纂修：《（乾隆）温州府志》卷18，《名宦·武官》，民国四年补刊本。
② 申钦：《象村稿》卷39，《曹副总票下官》，第290页。
③ 谷应泰：《明史纪事本末》卷62，上海古籍出版社1994年版，第250页。

镐以如梅未至，不欲寅功出其上，遽鸣金收军。"① 蔚山会战是东征战事第二阶段最难啃的一块骨头，经理杨镐听信日军援兵到来，部署草率不备，吴惟忠、祖承训等部未及退回，为日军所迫，"浙兵多堕水死"②，损失千三四百人，伤数千人，陈寅、陈豫钟、杨湾禁诸将均中弹。以下为陈寅有关蔚山战役的自述：

> 上年蔚山之役也，至十二月二十三日骑兵先到，攻破蔚山外栅。翌日，俺领步兵共破内木栅三重，至石窟下。城坚攻之未易下，欲以积草而焚之，人持一束而上，铳丸如雨，近者辄倒，无敢扑城者。欲以大碗撞破，而城高势仰，不得施技。俺谓杨、麻两爷曰："看今日之势似难轻举。徐竢大军齐到，一举而蹂躏之。"经理曰："当攻外城之时，汝既先登。汝军之勇健冠于诸军，须急攻勿失也。"俺遂唾掌奋锐，贾勇先登，贼丸中齿而小无怖心，益励士卒，鹰扬鹘击。而丸又中腿，隔于超距，遂乃退步。思之至今，不胜怏怏。③

透露了陈寅不主张急攻，后奉主将之命进攻，虽负伤仍表现英勇。至其所言"本国有筤筅、矛枪诸军器乎？以此兵器次次而行军，则首末相仍，缓急得中，遇敌不散，攻敌易摧也。国王试以五千人付之于我，则我当训炼而服用之，事毕之后亦当以五千人还之，而无一人死伤者耳。当今之计，得本土之兵，添用于天兵之数，或屯田、或组练，以为长久之计。当初杨、麻大人不用吾计，故致有今日之误事也"多少显示与主将之间的意见分歧，但分歧归分歧，一旦下令，其作战之英勇仍毋庸置疑。《明神宗实录》亦表彰其"乘胜登蔚城，援桴鼓之，可灭此朝食"④ 的英勇气概，续写了东征以来南兵敢战力战的优良传统，朝鲜祠庙也记录了这段不可泯灭的往事。

朝鲜君臣的对话，证实陈寅自述相当谦虚。当朝鲜国王问"岛山内城之制如何"时，柳成龙回答："非内城也。孤山有两层，如覆铜盆之状，势不高峻，如造山，然设木栅，而其上筑城，是谓内城，虽云三匝而实二匝也。"李德馨也说："因地形筑二匝，臣周见其三面，则以石筑之，出穴上下，皆能放炮。百步之内，发丸如雨。陈寅快入欲拔，而数百人中

---

① 张廷玉等：《明史》卷259，《列传》147，《杨镐传》，中华书局1974年版，第6686页。
② 申钦：《象村稿》卷3，《杨镐传》。
③ 《朝鲜宣祖实录》卷96，宣祖三十一年（万历二十六年）正月二十日丙午5条。
④ 《明神宗实录》卷317，万历二十五年十二月丁亥，第5911—5912页。

丸而死，故不能拔。"国王问，"大炮不能触破其穴耶？"李德馨说："未得近前而放，故远莫能破也。城隍堂之下是海也，铺幕星罗，以至于岛山。清正初在城隍堂，李如梅之拔城隍堂也，土窟、铺幕一时尽焚，斩级不知其数，清正穷蹙入岛山。臣使军官追见，则大华江近处，贼幕亦尽焚烧。茅国器军士率我国炮手八人，入岛山城门而还，出曰人〔入〕则被杀云。臣上岛山对峰望见，则经理督战甚急，倭贼亦苍皇防御，相战良久，有一倭持白旗出来，插于东门之边，勿令放炮。经理谓之必有奸计，而犹不正〔止〕战，久不能拔。经理使之少退，翌日欲更攻，而人多伤死，不得攻矣。以生松木为三层木栅，火箭亦不能尽烧矣。"国王再问："今番兵力比平壤时何如？"李德馨说"尤盛"，"何以不能攻耶？"李回答："岛山形势比平壤尤难拔矣。"①

二　陈寅的东征记忆

朝鲜汉城的第一座关帝庙即为陈寅所建，从此将中国传统的关帝信仰引入了朝鲜。据柳成龙记载："万历壬辰，我国为倭贼所侵，国几亡。天朝发兵救之，连六七载未已。丁酉冬，天将合诸营兵，进攻蔚山贼垒，不利。戊戌正月初四退师。有游击将军陈寅力战中贼丸，载还汉都调病。乃于所寓崇礼门外山麓，起庙堂一座，中设神像以奉关王。诸将杨经理以下各出银两助其费，我国亦以银两助之。庙成，上亦往观之。"② 这就是南关王庙。其后，明朝将领及朝鲜王室还在汉城及朝鲜各地修建了多所关王庙，有的至今仍存，如今首尔市内的东庙即是其一，成为朝鲜尊周思明的重要表征③，这是东征战事深刻影响朝鲜社会、文化的又一表现。

有关陈寅的个人信仰，朝鲜实录记载："陈寅符术，尤极怪诞……且接战时，许多曲折事状，若是其纤悉不遗，尤为可疑"，朝鲜人甚至担心"他日流入中国，为东征将士之断案"④，建议谨慎记录，说明明军官兵相信神秘法术的人不少，陈寅即为其中之一。

李德馨与朝鲜国王讨论杨镐为人，谈及其"性禀颇欠周详，南北军兵待之，不能脱彼此形迹，故南兵皆怨之"，而怨杨者皆依附丁应泰。并言昨日见衙门前剑戟森罗、标兵奔走仓皇，询问门下人言"陈寅军中做

---

① 《朝鲜宣祖实录》卷99，宣祖三十一年四月二十九日癸未1条。
② ［朝鲜］柳成龙：《西厓集》，《别集》卷16，《记关王庙》，第321页。
③ 参见孙卫国《大明旗号与小中华意识——朝鲜王朝尊周思明问题研究》第二章第一节《朝鲜崇祀明朝东征将士之祠庙》，商务印书馆2007年版，第99—113页。
④ 《朝鲜宣祖实录》卷167，宣祖三十六年十月十七日己亥3条。

荒唐事"。朝鲜国王分析:"大抵丁主事以陈寅为第一功,经理则以李如梅为首功云,二人争功之高下,予所难详。何人果为最优,右相知之乎?"李德馨回称:"陈寅农所之战,大获首功。李如梅则旁观而得之。"农所在忠清南道公州西面的青阳郡七甲山地区,但二十二日战斗,"李如梅为前锋,引贼而出,挺身击之。摆赛、杨登山夹而击之。小臣随后望见,陈寅亦闻之,跃马驰入。未及十里,已尽灭贼,斩首四百。此时,则陈寅在后,安有第一功乎?"朝鲜君臣的讨论当较为客观。

二十三日克捷后,明军当乘胜直捣而非鸣金而退,"军情皆以是归咎于经理耳"。朝鲜国王认为明军失误在"以岛山为囊中物而如是耳"。二十四日战况:明兵攻破城隍堂及太和江左右日军营垒,焚烧栅房,斩级六百余颗。"贼遁入岛山小城,步兵三面围住"冲锋,游击茅国器、卢继忠等兵多损伤致死。二十五日,明军进攻本城,"游击陈寅督兵先登。至西门城下中丸,管下官兵亦多死伤"。各营官兵左右齐进,也多中丸而退。当天明军官兵死者二百余,伤者千余,是岛山战役损失最多的一天。万历二十六年正月初三日,各营官兵进攻本城死伤"似不及二十五日之多"①。故朝鲜人认为"龙王堂之捷解生为首,次日则陈寅为首"。而后原随胡大受的相公、唐人余希元揭发:"阵亡隐匿者,查出数千,且李汝梅非首功而冒录云"②,可见南兵意见很大。朝鲜许筬见闻:"经理囚陈寅中军周陛。故陈寅欲夺之,几至于发兵相攻。"朝鲜国王不解:"假使经理囚周陛,在陈寅之道,何敢乃尔?"李恒福也谈及其家所住千总某,与来会将官辈饮酒,"相与诋诟经理,加之以无理之说",显示"气象甚恶",而李恒福替杨镐辩护,遭到"辱臣无所不至"的痛骂。故朝鲜国王认为"经理大失人心"不能成功,丁应泰"嫉怨经理,设谋倾陷,渠之言,奚足以眩乱朝廷之视听哉?"③确也一语中的。

万历二十六年正月,朝鲜国王接见陈寅,两人的对话反映了东征军跨境作战面临的诸多问题,也集中体现了陈寅的思想,颇有代表性。

寒暄之后,陈寅首先提出心中疑问:"俺初到安东,闻邑主输谷于倭营,以为实然而疑之,攻破蔚山之后,见其倭粮皆是贼土山稻,而无朝鲜之米,始觉其非实也。俺行军上下时,厥倅尽力支供,且其救疗极其诚意,甚可嘉也。"反映在东征过程中,明、朝两国军队、民众之间存在的

---

① 《朝鲜宣祖实录》卷107,宣祖三十一年十二月四日乙卯4条。
② 《朝鲜宣祖实录》卷107,宣祖三十一年十二月二十一日壬申2条。
③ 《朝鲜宣祖实录》卷101,宣祖三十一年六月二十三日丙子2条。

误解，谣言往往不胫而走。但事实胜于雄辩，经双方努力，最终化解了彼此的误解与防御心理。可见东征明军面临的形势，比起境内作战更加复杂艰难，仅仅做到知彼知己，还很不够。

其次，谈到对日军的看法。陈寅谓："彼贼不足畏也，不足虑也。只以入据窟中，故攻之未易也……清正之兵稍强，而行长之军不甚劲锐。当连船来救之际，欲为绕出军后之计，且进且退，势若登岸。俺初以大炮撞破一船而沈之，贼犹不退；又撞破一船，须臾二船继破之，贼乃退遁，更无向岸之意。贼若有飞渡之勇、殊死之力，则岂以此三船之破而退北乎？以此知其贼之无能为也。"在知彼知己、熟悉水战且有丰富对日作战经验的南军将领心中，打败日军并非遥不可及。他建议："后日御倭之策不须攻城，竢其出城而掩击之，则蔑不胜矣。吾自年十七、八岁从事于讨倭，今至四十余年，岂不知倭情乎？倭贼不足畏也。"再次表现出战胜日军的强烈信心。

再次，对军纪不严的北军提出批评，并赞扬了配合作战的朝鲜军队："俺曾闻朝鲜兵马怯懦无用，今试于战场则甚锐且勇，真劲卒也。"这是一种高度评价，实际上也反映经过第一阶段入朝东征军的训练，朝鲜军队已经能够胜任本土作战。"虽云朝鲜兵善于北走，而北兵之奔溃，尤善于朝鲜。而扰害村落无所不至，朝鲜之民何辜何罪？可怜，可怜！大概天朝本欲来救朝鲜，而反扰朝鲜，至于此极，安有救之之意乎"，对北军军纪问题提出严厉批评。不独陈寅，东征战役中诸多事例，都证明南兵将领相当重视军纪问题，故谈及东征军军纪问题，不可以偏概全。而有些论著专以揭露、批判北兵军纪问题为重，实在有失公允。

最后，还对朝鲜士民表达了感激之情并给予高度评价："安东、荣川两太守尽力于天兵之支供，厥功最大"，"荣川儒生无少无大，亲为负戴，以输粮饷。荣川何等地方？而太守最贤，人民亦贤。俺中丸来时，非但人人皆来致慰，稚儒少士亦来而悲伤，诚可嘉也。……如此仁风厚俗，若不一一通之于国王，缘何知有此等好个"[①]。完全展现出外交家的风范。后世的历史也证明：中朝两国人民用鲜血凝成的友谊，具有久远的生命力。

有意思的是，万历三十四年，御史孙居相参劾"云南副总兵陈寅目不识丁，心惟怀诈，钻刺真同登垄，贪婪不耻攫金。选补营官，亲索把总朱邦瑞等或贰百两，或叁百两，夺彼与此，遂起买官之谣。给散军饷，暗谕奸识丘一复等，或造轻等，或假军器，关多散少，大兴剜肉之谤，防范当严也；令旗牌官王惟诚选择官娼田奇哥等数人，每夜进衙轮流奸宿，则

[①] 以上未指明出处者，均见《朝鲜宣祖实录》卷96，宣祖三十一年正月二十日丙午5条。

王可成接送可据，功罪宜核也；令哨官王文带兵徐大等贰拾余名，暗向中路潜顶阵亡，则海防道发觉甚明。任蓟州而营兵三千所部署也，每壹兵扣安家银壹两，名曰'见面'，主帅之体谓何？住朝鲜而查核粮草其职事也，每郡县索茶果银伍拾两名，曰'免驳'，字小之仁安在？始攻岛山，私投赞画之揭，以致参论多官，而东事几坏。今总滇戎，重索土司之贿，以致苗夷多怨而南衅渐开，三窟是营，寸功未竖，前察已挂弹章，今次难容漏网"①。把总朱邦瑞在义乌《山盘朱氏宗谱》中有记载，孙居相揭露的明军风气，包括宿娼风气、假报阵亡、将领克扣安家银及收索朝鲜郡县银两等，包括岛山之战中，陈寅私投揭帖于赞画丁应泰，对我们从另一个角度了解陈寅和明朝官军及围绕岛山之战的政争细节也有帮助。

三 游击李化龙书帖（N36；16－251；52－594～595）

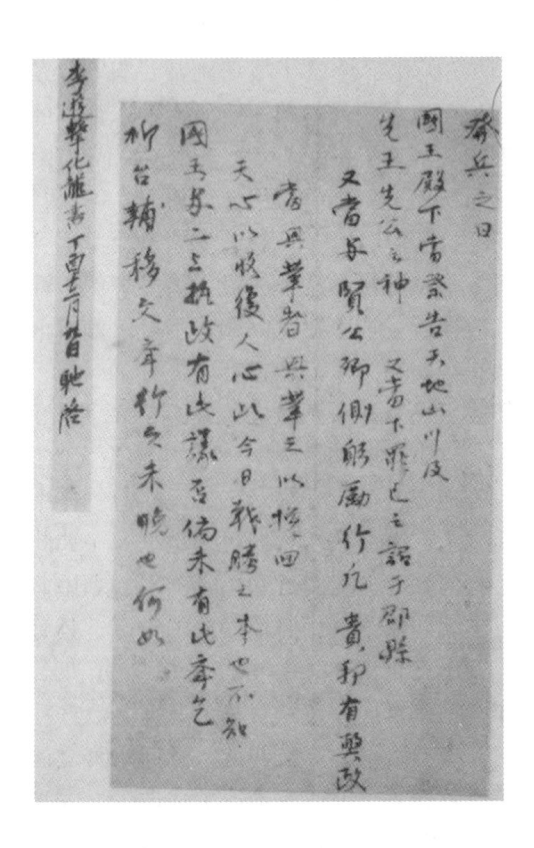

---

① 朱吾弼、李云鹄等辑：《皇明留台奏议》卷18，《举劾类·丙午军政拾遗疏》明万历三十三年刻本，第50页B面—51页A面。

发兵之日，国王殿下当祭告天、地、山、川及先王、先公之神，又当下罪己之诏于郡县，又当与贤公卿侧躬励行，凡贵邦有弊政当兴革者，兴革之，以挽回天心，以收复人心，此今日战胜之本也。不知国王与二三执政有此议否？倘未有此举，乞柳台辅移文举行之，未晚也。何如？李游击化龙书丁酉十二月九日驰启。

案：这是《唐将书帖》中第二封有完整年月日的书帖。① 万历二十五年十二月初九日，正是东征第二阶段著名的岛山战役开始之际。书中所言关于发兵前的仪式，显示东征军上下都十分重视出征礼，视之为胜利的前提和保障。作者李化龙，是书帖中少见的北将代表人物，与同期辽东巡抚、河南长垣李化龙名同实异。

保定中卫人李化龙，号雷门，生于嘉靖四十五年（1556），山东峄县人，幼习儒业，弱冠为诸生②，万历十七年八月，以保定卫军舍的身份恩袭其族伯李绍先保定中卫指挥使一职，时年24岁。在东征后期，以钦差统领保定兵游击将军都指挥佥事领马兵2500人，万历二十五年十月入朝，正是32岁的青壮之年。岛山之战时，以观望不前，被经理杨镐绑示军前："经理提督诸军四面攻城，欲为火攻。而贼于城外自先明火放炮，经理斩士卒之退却者，又绑游击李化龙循示军中，诸军见此，争相进击。"③ 时为二十六年正月初四。在杨镐的威逼下，明军抵死苦战，仍未克城，终以撤军酿成苦果。此信是李化龙在战前所作，显示东征军将士的信仰实况④，也属难得史料。对照前述朝鲜记载"陈寅符术尤极怪诞"，考察东

---

① 案：郑洁西认为该书帖正文后"李游击化龙书丁酉十二月九日驰启"为贴纸，字体与正文完全不同，且"驰启"为朝鲜大臣呈送国王的一种特殊文体，可见贴纸当系柳成龙或其他书帖整理者添笔后粘贴，并非李化龙亲书。贴纸之意为这份书帖系游击将军李化龙所撰，此帖所及事项已于丁酉（万历二十五年［1597］）十二月九日向朝鲜国王驰启转报。故《唐将书帖》中写明具体时间的只有第一份书帖。这是2020年8月5日与郑洁西微信讨论时的见解，很有道理，特附此供参考。
② 《（兰陵）李氏族谱》，民国十三年续修本，峄城成文印刷本《重修李化龙碑记》，由李天正先生提供，特此致谢！
③ 申钦：《象村稿》卷38，《天朝出兵先后来援志》，第263页。
④ 案：东征军中在编术士多人随征，最著名者为叶靖国，不仅得到东征军上下一致的重视，也为朝鲜宣祖看重，先后在朝鲜活动达十年之久，为朝鲜修建城池（南汉山城）、宫阙（仁庆宫）、陵寝（裕陵）、祠庙（东庙）等勘断形势、选址定穴，影响甚大。通过叶靖国，不仅可以了解东征军中术士的活动情形，展示明代军事史中一个独特的面相，也为后人准确定位这段历史、了解信仰文化及其传播手段和辐射影响力提供了典型的个案。参见杨海英《万历援朝战争期间的术士》，载《纪念郑天挺先生诞辰110周年中国古代社会高层论坛论文集》，中华书局2011年版。

征军将士的信仰实态也是很有意思的课题。

岛山之战后，李化龙被参奏革职①。回国前，朝鲜李山海有多诗相送。其一《送雷门三首（李化龙号，时罢还）》：

> 却君经术兼戎略，征房歌壶异俗流。
> 久识升沉真有数，不应才俊尽封厚。
> 佳辰对酒撩乡思，客路看花惹别愁。
> 愿把忠勤须奋翼，妖氛犹暗海东头。
> 吾乡正对山东路，两地遥分一水头。
> 上界衣冠新道契，宜城亭馆旧风流。
> 春庭细草移蒲席，夜榻孤灯递漏筹。
> 别后裁书何处达，梦魂长绕凤凰州。
> 衰白逢人却自羞，偶因湖叟识荆州。
> 群鸡独鹤知难并，一字千金未易酬。
> 宝箑多情长在手，仙巾歌着几登楼。
> 只应太华山前月，分照松根古井头。②

诗中李山海喻李化龙为群鸡中的"独鹤"，高看一眼或因其出身世袭指挥使；"难并"之说则透露对李化龙去职的同情。杨镐绑示李化龙，并非偶然的过激之举，一如岛山战役时割提建议的军士耳朵，至于其指示是否正确，恐另当别论。

李化龙出身五军都督府后军都督大宁都司保定中卫。该卫指挥使自单廷相起，至世袭百户候广止，共计存留91张选簿，其中指挥使8员，第肆号"李绍先（始祖李景，代五，峄县人）"即李化龙堂伯。李家第一代是吴元年从军的峄县人李讨住，老疾后由侄子李景代役，从洪武三十二年升小旗、百户；晋升至永乐二年钦与流官、都指挥使。十年，授流官，附选，即第一辈李景（或写成李璟）。

二辈李昌是湖广都司流官都指挥使李璟嫡长男，原系金吾左卫同知，宣德八年二月随征到京，有奇功升都指挥使金事。因平定九门有功，加升

---

① 申钦：《象村稿》卷39，《曹副总票下官》，第289页。
② ［朝鲜］李山海：《鹅溪遗稿》卷4，《送雷门三首（李化龙号，时罢还）》。又《题雷门扇》："别愁春恨剧纷纷，共化天东万迭云。多事狂风吹作雨，夜深偏入客窗闻。丁卯龙湾送颖阳，当时年少尚刚肠。即今衰病难为别，一曲骊驹泪万行。"载《韩国文集丛刊》第47册，第521—522页。

都指挥同知，征剿湖寇，升指挥使。调本都司管屯，病故，钦准本人袭世袭指挥使，定常德卫。三辈李恩，履历有缺。

四辈李渡，嘉靖十年六月，年26岁，系保定中卫世袭指挥使李恩嫡长男。

五辈李绍先，嘉靖十六年二月，2岁，系保定中卫故指挥使李渡嫡长男，照例与全俸优给，至嘉靖二十九年终住支。嘉靖三十年四月，李绍先年18岁，出幼袭职。

六辈李化龙，万历十七年八月，李化龙年24岁，系保定中卫故指挥使李绍先堂侄。伊族伯原袭指挥使，万历十六年故绝。"该卫保送本舍前来，查伊祖四辈未袭，据有巡按御史查明印验，合免驳查，照旧与袭指挥使，比中一等。"李化龙嫡子七辈李世忠，万历二十九年六月，年19岁，"比中三等"①，应可袭职。

保定中卫指挥使这份世职，从李景至李化龙子已传承七代。山东峄县李氏第一辈则是李景之叔李讨住，从吴元年（1367）起，就从军跟随朱元璋征战，可谓军卫世家。但万历十六年，53岁的李绍先身故后因绝嗣，由本卫保送"堂侄""军舍"李化龙袭职，比试一等合格后承袭指挥使，可见李化龙的武艺还是相当不错的。

东征朝鲜时，李化龙亦携家族子弟出征。李山海送行诗《雷门临行出涕，送其子弟致惓惓之意》："浊醪虽酌未成醺，佳句吟来只断魂。他夜独寻湖叟第，满庭松月倍思君。鹅瓮病眼隔重纱，不见檐端燕子过，别后更堪无意绪，落花深巷闲门多。"李化龙归国前情绪低落，"临行出涕"，仍遣"子弟"告别李山海，其"子弟"若指李世忠则似年少，更有可能是兄弟。

民国《李氏族谱》载李化龙娶妻徐氏，生二子：世忠、世懋。"世忠，字远东，刘氏五子，袭保定府指挥使，原任陕西都司。明制每省置都司一员，明之都司即清之提督，在官威名远震，外夷闻之，不敢犯边。家中积蓄非周贫乏即睦亲族，周家营天齐庙、观音庙均有施地，又鼎新关帝庙，并施田地以供香火。"可见李氏资产规模不小，为山东峄县周家营三座庙的香火田施主，信仰关帝、观音，这也可与致柳成龙的书帖参看。李世忠在袭职前已为陕西都司，为中下级军

---

① 中国第一历史档案馆辽宁省档案馆合编：《中国明朝档案总汇》，广西师范大学出版社2011年版，第68册，《五军都督府所属卫所·后军都督府·大宁都司·保定中卫》，第339、349页。

官。次子世懋为庠生,"慷慨善承先志,尝设祭田二百五十亩,建家塾,延师训族中子弟之贫者,乡里至今称之"①。从李氏家族拥有的祭田数量推断,指挥使的家底还是比较丰厚的。

李化龙最后战死辽东,隶属东江总兵毛文龙。据雍正《兰陵周家营李氏族谱》载:"化龙,孔彰子,字雷门,承旁枝袭保定府[指]挥使,迁征倭游击,因灭寇功,迁都指挥金事。后因狼炽沟功,征用入都,未获生还,葬营南埠,未山丑向。"②狼炽沟的具体地点不可考,但"征用入都"说明他后到北京,再被征发入辽。

天启六年五月十九日,辽东总兵毛文龙塘报有"都司毛有子下中军张廷弼、官兵李化龙,都司毛有孝、守备红旗毛士珉下官兵宋友良,共活擒真夷二十五名,斩获首级一十一颗并达马等因"③的记载。其中,"官兵李化龙"应该就是保定中卫李化龙,随毛文龙军抗击后金战死。《峄县志》亦记载其"嗜义如渴,敦睦周恤之举,未可仆数。后以辽东之役征用,卒于官。从援朝鲜,军旋日,适河决漕壅,工部都水分司某,荐化龙董修筑之役,有巨商木筏道阻,利速归,愿以千金为寿,正色却之。役竣,工部方具疏论功,化龙不愿,遂挂冠归"④,卒于"辽东之役",与毛文龙塘报相符,已为70岁老将,证实李化龙为明朝尽忠,流尽了最后一滴鲜血,是位本分的武将。

李化龙之孙、世忠长子一广,字孚石,袭保定府指挥使。在明清易代之际,清兵至,城陷力竭投井死,葬保定城西北大河北岸,也是一位以身殉职、为明朝死忠的武将。元配马氏,继配阮氏,有三子。清初礼部尚书陈名夏曾赋吊诗一首,也是难得的史料:

孤城鼓角咽相闻,独具衣冠死报君。
朱鹭欲歌挥落日,白虹熟视变浮云。
裹尸新息羞儿女,食肉睢阳耻寇氛。
门第陇西今不愧,过人忠孝李将军。⑤

---

① 赵亚伟等点注:《峄县志》卷21,《乡贤列传下·明李化龙》,线装书局2007年版,下册,第417页。
② 民国《(兰陵)李氏族谱》卷1《世系》,此材料及《峄县志》均系山东省枣庄市峄城区政府办公室李化龙后人李天正先生所赠,热心收集李化龙资料,特此致谢!
③ 毛承斗辑毛文龙:《东江疏揭塘报节抄》,浙江古籍出版社1986年版,第71—72页。
④ 赵亚伟等点注:《峄县志》卷21,《乡贤列传下·明李化龙》,第417页。
⑤ 赵亚伟等点注本《峄县志》卷21,《武功》下册,第435页。按:李化龙家族上溯世系是李昺次子—一世朝润—二世思仁—三世孔彰—四世化龙—五世世忠—六世一广。

第四节 和谈使沈惟敬、胡泽及失名无考书帖

一 和谈使沈惟敬书帖（N17；16-209；52-581）

兹者东行，非不才身事，促装数日，而未获一好马。纵有数匹，皆残羸弱不堪，如此冰道难行，恐非事体。欲情布国君，似涉轻亵。幸为告戒，速催好马，幸幸。外领[烦]一启，再得通事二名应用，前送陪臣，又为更易。今者形类佝偻，不堪为□□□□才干者来，政府柳老□……□侍生沈惟敬拜。

案：此帖与骆尚志书印在一起，视觉效果不佳。好在韩国遗产院已公布《唐将书帖》，郑洁西也详细考证此帖内容是请求安排好马供骑乘及有才干、身体利索的通事和陪臣前往日军营中，时间是在万历二十一年冬季闰十一月。① 沈惟敬将入汉城前，自开城府差备通事李愉通知朝鲜国王："惟敬率小西飞，率下倭一名及通事倭，今日当为入京。"② 国王极为痛愤，令政院查处。

沈惟敬（1537—1601）或称沈维敬，是在明日和谈过程中起重要作用的首席谈判员，挂衔"游击将军"。他自称浙江省

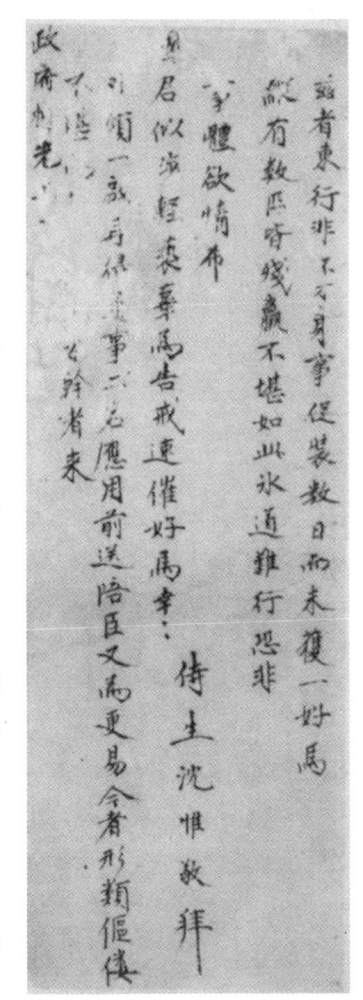

---

① 参见《朝鲜宣祖实录》卷45，宣祖二十六年闰十一月三日癸未 3 条及韩国遗产院网址：http：//www. heritage. go. kr/heri/mem/selectImageDetail. do? s_code1 = 00&s_code2 = &s_code3 = 00&query = 唐将书帖 + 乾。
② 《朝鲜宣祖实录》卷45，宣祖二十六年（万历二十一年）闰十一月三日癸未 7 条。

嘉兴县人，有可能是出自平湖名家"清溪沈氏"。早年随其父沈坤在嘉靖倭乱前后从事过对日贸易，后落魄流落北京，即萧大亨所谓"先年不合越关来京潜住"①，结识沈嘉旺和袁末（《两朝平攘录》谓袁茂），与兵部尚书石星建立联系，走上了东征的政治舞台，也因其深刻牵涉朝廷对外战略决策和内部激烈政治斗争，最终以讲和欺君之罪被处死。②

东征期间，沈惟敬数次前往日本，在明、日、朝鲜之间穿针引线。郑洁西的最新研究成果是：从万历二十年八月至二十五年二月，沈惟敬先后7次"东行"，此书反映的是万历二十一年闰十一初二至初十日的第5次"东行"，并对其目的、结果和朝鲜的态度进行了较为详细的考证。③ 朝鲜人引述沈惟敬"其父以商往来日本，备谙其国事情。又自言嘉靖年间，在浙直总督胡宗宪票下用间谍，鸠倭众甚多，因谙倭国事情，上书于朝，因此出来值探贼情，且许便宜从事"④，虽明人视之"市井无赖"⑤，以商人的狡诈与日人尔虞我诈，拿国事当儿戏。但新近研究已更趋客观，不仅摘掉了其"奸人""奸细"的帽子，也认为他对明日和谈失败无明显责任⑥，并对"这种由民间人士在外交领域唱主角的情形"进行

---

① 萧大亨：《刑部奏疏》卷2，《沈惟敬招由疏》，转引自郑洁西《沈惟敬的籍贯家世、生卒年日及其早年经历》，《宁波大学学报》2016年第3期，第66页。
② 参见郑洁西、杨向艳《万历二十五年的石星、沈惟敬案——以萧大亨〈刑部奏议〉为中心》，《社会科学辑刊》2014年第3期。
③ 案：郑洁西认为沈惟敬当时受经略宋应昌委派，经王京"东行"至熊川营索取丰臣秀吉降表。朝鲜既有协助沈惟敬"东行"的义务，但在马匹、通事、陪臣问题上，都没有做好相应合理安排，使得沈惟敬处境尴尬。为此致书柳成龙，希望其代为斡旋，但朝鲜国王似乎有意给沈惟敬"东行"设置障碍。而沈惟敬之后却很快拿到了丰臣秀吉的降表，且因降表赞誉明朝、美化自身、贬恶朝鲜，有分化明鲜关系的明显用意，朝鲜国王提出"假表"之说并向明朝派出陈奏使团以"攻破沈惟敬所赍倭表假作之情"。但降表在送达辽阳后，却因明朝罢开封贡而未能顺达北京并发挥相应的外交作用。时隔4个月之后，朝鲜国王上呈为丰臣秀吉题请封贡奏本，明朝重开对日交涉，丰臣秀吉降表最终随内藤如安被传送入京。参见郑洁西《沈惟敬"东行"与丰臣秀吉降表——以《唐将书帖》中的〈沈惟敬书帖〉为线索》（待刊稿），先睹为快，特此致谢！
④ 《再造藩邦志》卷2，第482页。《朝鲜宣祖实录》卷44，宣祖二十六年十一月十八日戊辰1条。
⑤ 张廷玉等：《明史》卷320，《外国一·朝鲜》："惟敬者，市中无赖也。"第8292页。
⑥ 参见三木晴男《小西行长と沈惟敬—文禄の役、伏見地震、そして慶長の役》，东京，日本图书刊行会1997年版；山室恭子《黄金太閤》，东京中央公社论1992年版，第153—158页；桑野荣治《东アジア世界と文禄・慶長の役—朝鮮・琉球・日本における対明外交儀礼の観点から》，日韩历史共同研究委员会《第2回日韓歴史共同研究報告集》，东京日韩历史共同研究委员会2011年，第85—95页；郑洁西《沈惟敬的籍贯家世、生卒年日及其早年经历》，《宁波大学学报》2016年第3期。

了特别讨论①。作为草根阶层的一介平民，他承担国事的勇气与建功异域的冒险精神确实令人不可小觑。其在信中所说的冰道难行及求马、求通事的情形，也从一个侧面反映出其不畏艰险、知书达理且好面子的个人形象。

万历二十一年六月，沈惟敬曾尽力阻止日军攻打晋州："再三苦阻于先锋行长、大总兵秀家、副总兵三盛等"，但"彼因去岁被杀戮，愤恨不平，且宋老爷禁约之令，昭昭在目。奈何贵国兵士，屡杀日本刈草之倭，关白来文云'彼既不遵大明约束，尔等亦可进攻晋州，打破城池，以雪前耻'"无奈之下，秘密通知朝鲜防避。据庆尚右兵使崔庆会报告：沈惟敬曾派一张姓把总通知朝鲜日本将进攻晋州，"恐缓不及事"，行长也将"我日本往晋州兵马三十万恐不能当，修书密报"，建议朝鲜"预避其锋锐，彼见城空人尽，即撤兵东回云"②。故日军将攻打晋州早就不是秘密。但朝鲜未听从沈惟敬建议，集中军队在晋州进行决战，几乎损失了所有的精锐。

而朝鲜李汝馪记载晋州之战经过，认为明军不救援是晋州陷落原因之一：

> 时沈惟敬在贼中，我国得以知之。乃聚右道将士及全罗、忠清兵马，皆会晋州，为固守计。兵卒三万余，将官亦二十余，贼将清正者围城，环而攻之，昼夜不息，我师疲病不能当。天兵坐视不救，外援不至，苦战六、七日而城陷，将士死者二十余，军兵及居民避乱、士女死者，不可胜计。良将健卒殆尽于是，惨不忍言。贼遂夷其城郭，乘胜入全罗道求礼地。唐将骆尚志等阵南原，邀击走之。其后，刘总兵阵八莒（八莒即星州属县，为左右道要害之地），为大阵于是，大筑营垒，为持久之计。凡其营造之事，皆令唐匠为之，其他士卒留阵之所，令我国人为之。故郡邑计民田结，出丁往役，民间为出米布，雇代丁夫以送。其他唐将支供之事，军粮输运之备，皆责于民。自遭乱以来，专废稼事。癸巳之秋，重以凶荒。农不耕收，财粟殚亡。赋

---

① 参见陈尚胜《壬辰战争之际明朝与朝鲜对日外交比较——以明朝沈惟敬与朝鲜僧侣四溟为中心》，载《纪年许大龄教授诞辰八十五周年学术论文集》，北京大学出版社2007年版，第195—213页。

② 《朝鲜宣祖实录》卷40，宣祖二十六年七月十日壬戌8条。

敛酷急,责出无艺。流离死亡,十居八九,邑里萧然,鞠为茂草矣。①

但从李汝馪反映的情况看,即使明军满员,刘䋲部5000人、骆尚志等部南兵3000人尚未分布到位,也不能替朝鲜承担晋州失陷的责任。

对于沈惟敬,朝鲜君臣的感官复杂。一边认为他"聪慧敢为","多才有文艺,且有胆气,出入贼中如坦途","足以做事,足以误天下事,不可说之人也"②,一边对他从事和谈不满,觉得沈惟敬的存在,妨碍了朝鲜痛快复仇,但又怕他"与贼同事"而生事,因此"莫如弥缝,不存形迹可矣"③,朝鲜国王也不得不勉强接见沈惟敬④。

东征军经略宋应昌认为:"倭奴远遁西生浦等处……游击沈惟敬宣扬晓谕之功,实不可泯。况出入倭巢,已经数次。而今天气冱寒,不辞艰险,毅然前往,晓谕倭众,必欲令其尽数浮海,具表乞封,此其忠诚任事尤可嘉。"因此将沈惟敬及从行员役应得的廪月粮银按月报销,还动用马价银100两,赏给沈惟敬"以慰寒月劳役之苦"⑤。

万历二十五年七月,"总督邢玠计拘沈惟敬,请旨处分。上命押解来京,姑送法司监禁,候事完问,拟沈懋时等递解回籍。余党着厂卫及巡城严加驱逐,仍有潜匿京边者,缉挐重究。当玠受事时,以惟敬出入倭营久,恐其急而走险也,先为二檄谕安之,阴令大帅麻贵以惟敬属杨元,四路设伏,以防其走。其原带辽兵二百余,以更换为名,令麻帅撤之。及惟敬见事不成,欲跳庆州与清正讲事,元遂执送王京,操纵缓急,颇中机宜云。"⑥ 以雷霆手段对付沈惟敬。十二月,沈惟敬与萧应宫同下刑部拟罪。部审"惟敬市井恶棍,潜通外国,倡倭奴乞封之说,巧计阻军,致撤边守,辱国损威,法宜斩。应宫暗不知人,引奸入幕,惑乱军心,稽误国事,法宜遣。得旨:依拟"⑦。

鉴于沈惟敬曾"娶倭将阿里马养女为妻,业已有孥",册封使李宗诚推测沈惟敬"妻子在日本,伊家何所顾恋而复故土也?他日倭奴入犯,必惟

---

① [朝鲜] 李汝馪:《炊沙先生文集》卷3,《杂著·龙蛇录》,韩国汉城民族文化推进会2005年版,《韩国文集丛刊续编》第9册,第263页。
② 《朝鲜宣祖实录》卷44,宣祖二十六年(万历二十一年)十一月十八日戊辰1条。
③ 《朝鲜宣祖实录》卷45,宣祖二十六年(万历二十一年)闰十一月五日乙酉4条。
④ 《朝鲜宣祖实录》卷45,宣祖二十六年(万历二十一年)闰十一月五日乙酉5条。
⑤ 《经略复国要编》卷12,《檄王君荣》(万历二十一年十一月十九日),第1011页。
⑥ 《明神宗实录》卷312,万历二十五年七月丙辰条,第5848页。
⑦ 《明神宗实录》卷317,万历二十五年十二月癸亥,第5905页。

敬为之向导矣"①，将沈惟敬视为危险人物，颇有以其为己背锅的心理。故经略邢玠等为防患于未然，先控制沈惟敬，后带回北京投入监狱，业经三覆，万历二十七年九月，与郑国锦等19人"会官处决"②。沈惟敬以花甲之年，东奔西颠，辛苦一场，下场堪称悲惨。③

二 兵部差官谢隆书帖（N41；16-260~261；52-596~597）

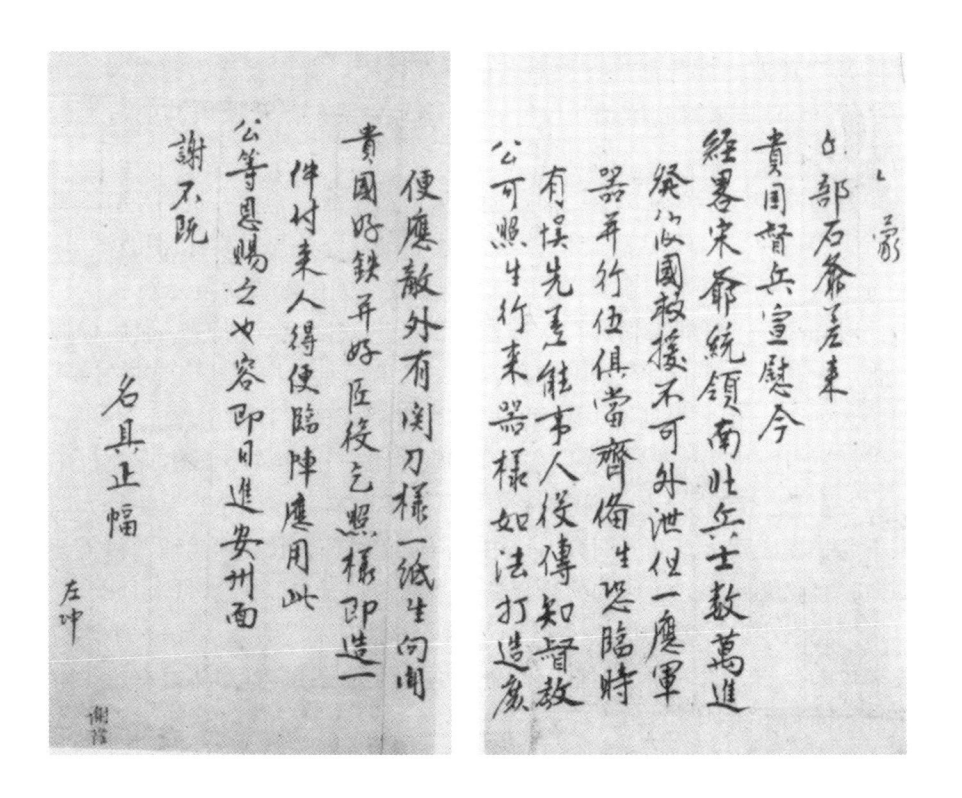

蒙兵部石爷差来贵国，督兵宣慰，今经略宋爷统领南北兵士数万，进发彼国救援，不可外泄。但一应军器并行伍俱当齐备，生恐临

---

① 《朝鲜宣祖实录》卷74，宣祖二十九年（万历二十四年）四月十八日甲寅3条。
② 《明神宗实录》卷339，万历二十七年九月辛未条，第6302—6303页。按：《两朝平攘录》记载沈惟敬于万历二十七年九月二十四日被处决（卷4第394页），与《明实录》记载相差一天。万历二十五年十二月癸亥判决："法宜斩"（《明神宗实录》卷317），但最终执行延迟了2年余。
③ 朝鲜君臣曾议论："游击与提督相得乎""岂有相得之理乎"。李德馨说："游击乃南将也。每以笔札示臣曰：'俺为尔国，敢不尽死力为之，而提督若此，奈何？'"（《宣祖实录》卷35，宣祖二十六年二月二十日乙巳）显示南北矛盾也是其死因之一。

时有误,先差能事人役,传知督教,公可照生行来器样,如法打造,庶(261)便应敌。外有关刀样一纸,生向闻贵国好铁并好匠役,乞照样即造一件,付来人得便,临阵应用,此公等恩赐之也,容即日进安州面谢,不既。名具正幅,左冲。(谢隆)

案:此书作者谢隆,拜左下角后加提示得知。书帖时间当是万历二十年底,浙兵第一次进发朝鲜,尚未到达安州之前。信中提到的"器样打造法"及"关刀样纸"都是有关军备的重要线索。有记载认为谢隆为谢用梓之侄①,只是未得到家谱证实。两人均为关系东征和谈内幕的重要知情者。

万历二十一年六月,谢用梓受经略宋应昌指派,与徐一贯同往日本见丰臣秀吉遣使。六月二十三日,顾养谦委官胡泽、沈思贤禀称谢用梓、徐一贯二人"前至日本,亲见关白,谕以天威。关白敬畏,复令行长送二使回对马岛,不日即来朝鲜。众倭皆有悔罪乞哀之意等情"②,似属虚假报告。七月,自日本回至釜山的谢、徐二人谓面见关白"极其恭谨礼待,愿顺天朝"③,由此得到不少赠赉。八月六日"天朝差官谢用梓、徐一贯,陪王子远自贼中出来"④,这是东征前期取得的一大胜果,日本方面也确认:"提督老爷李号天使差谢用梓、徐一贯于日本,行长导二天使赴大阁殿下名护屋之营,直闻大阁殿下口中之语归矣。俾行长在西生浦,待天朝回命,且陷晋州,二天使如何告提督乎?回命迟延矣。"⑤这是十月七日,日本国秘书少监兼嘉善大夫丰臣调信《答李将军幕下书》中语。小西行长等攻陷晋州,谢、徐二人难以回命。更重要的是谢、徐日本之行,了解了日本的和平条件。

据福建泉州海商被掳人黄加等报称:"往年游击将军沈惟敬进兵朝鲜之时,与倭连和。而送倭之时,约送徐一贯、谢用梓于倭王。倭王与沈惟

---

① 谷应泰:《明史纪事本末》载:"李宗城纨绔子……适谢周[用]梓侄隆与宗城争道,宗城欲杀之。隆诉其左右,以倭将行刺,宗城惧,弃玺书夜遁。"(上海古籍出版社1994年版,第249页)参见诸葛元声《两朝平壤录》谓:"(惟敬)密令宗城旧识谢隆扬言封事败,泣动宗城。宗城果大恐,寅夜与仆谋,置印信诏敕,易服出营",第275页。
② 宋应昌:《经略复国要编》卷九,《檄李提督》(万历二十一年六月)二十六日,第758—759页。
③ 《经略复国要编》卷10,《讲明封贡疏》(万历二十一年八月)二十九日,第893页。
④ 《朝鲜宣祖实录》卷41,宣祖二十六年八月六日丁亥7条。
⑤ 《朝鲜宣祖实录》卷57,宣祖二十七年十一月八日壬午6条。

敬约曰：'可送大明王女于日本也。若然，则大明王女为倭王妃，而明年不往征，永永天地相好云云。'"这样的条件，在明人眼里为荒唐、狂妄："何以天下之王屈犬豕乎？"可见，明日双方的观念和思维方式完全处在南辕北辙的境地。福建巡抚刘芳誉亦云听闻此事，"毛发上指，恨不即请尚方剑，斩贼臣头以谢思谨（指朝鲜人廉思谨）"①。

万历二十四年三月二十八日，"谢隆以和亲、割地、纳质、通商四件事"直陈于李宗诚受呵责："何不早言于我！径到天朝言之，使我入此网中耶？"谢隆回说董应诰、徐治登皆以直言被责，敢不敢禀告。四月初二，李宗诚和杨方兴等宴请日将义智、沙古也门、飞鸾岛法引等，弄清情况后即密谕张万禄等送出节符、敕印；差李恕等往调宽奠兵。三更归，五更变家丁服，骑马遁走，一行员役皆睡熟不觉。

李宗诚得知日本和平条件实超意外："关白何曾要封？其所要求，皆不可为之事。其中有一件臣子所不能忍闻者。"进而联想自己处境："而过海之后，执我等为质，求其所欲。不从，则必杀我。"推断存在生命危险，紧张到失态。李宗诚未曾预料到册封经历会如此波折诡谲，复杂反转超出其想象，惊慌失措之下，一逃了之。②谢隆只不过是戳破肥皂泡的人。

当时来自日本的消息，既有"行长以皇女将至哄关白，而今无皇女，关白大怒。命夜也士起兵四十万出来云"，又有"关白病死之说"③，可见情况较为混乱。谢用梓、徐一贯二人究竟有无"欲苟完和事以要己功"而自作主张"假作皇印""伪作公文以遗倭将"，应其纳质、通商、割地、皇女四事？蓟辽总督孙鑛提到有关谢隆的细节，如万历二十四年二月廿七日，孙鑛致辽抚李化龙书："然则沈惟敬之挟诈无忌，何足怪也！彼固谓天下真无人耳。大凡国家事，言者言，任者任，岂有畏重担即缄口者乎？谢隆昨言前冬圣上将有不允封之意，惟敬即献策云'今小西飞等二十余人，亦足为功'。去冬，杨副将初入倭营之时，有报来谓倭情变动，欲将倭军尽杀，不知我兄曾闻此说否？"④杨方亨后将"本兵密书十三纸封

---

① 《朝鲜宣祖实录》卷55，宣祖二十七年九月十一日丙戌3条。
② 案：朝鲜人见李宗诚碎碎念"四件事，皇朝必不许；俺不可渡海也，俺当起身回程"，夜半被踢醒的南好正看见李宗诚"着毡笠，衣道袍"同下卒"骑骏马，将驰向梁山"，他追到东莱被告知正将与尚书金晬在京见面，或者直到义州。参见《宣祖实录》卷74，宣祖二十九年四月十日丙午1条。
③ 《朝鲜宣祖实录》卷74，宣祖二十九年四月十日丙午3条。
④ 孙鑛：《孙月峰先生全集》卷5，《致辽抚李霖寰书》，第153—154页。

进"，暴露"大指欲苟完封事，无令督抚破坏而已"诸语，足见兵部尚书石星防范孙鑛、李化龙这些督抚，觉得他们是"破坏"封事者，正所谓"本兵疏论方亨反覆，附会以向来书揭十五纸进呈，语多涉督臣阴事"。石星与副使私下攻击孙鑛，但九卿科道会问时，杨方亨却不承认"揭中所称清正与督臣通书、受其彩币"，"亦并无哄诱宗城出营情节"①。杨方亨最后被万历皇帝"革任永不叙用"。

一个月后，孙鑛再度致信李化龙："昨郭覆已有韩信郦生之说，近又闻临淮又欲斩张其之语。皮此意象，似有人于临淮及正使前，明谓吾等有罢封往剿、陷彼不归之意。渠目下所急，惟恐吾等为淮阴，若日后子卿、鲁公、洪皓、王伦，且置之度外耳！且据揭中沈惟敬未有文揭，只出右石门一人之语，似明惧我等以候久欲发兵剿之，特为此以缓我师之计，弟因此翻更有深忧也。"对李宗诚因担心其发兵而陷入危地的心理多有揭露。孙鑛还谈到"谢隆抵是，所知沈惟敬中情。至所谈兵数，或未可信"，可见谢隆为孙鑛所派观察使，对日本撤兵说充满疑虑，认为四月尽"无倭退实信"即当上疏，"朝鲜有事日，无不往救之理，但尽敌未须说出耳！"②

副使杨方亨也证实："棍徒谢隆妄称关白起兵，屡催册使出营。又慎懋龙未见沈惟敬消息。关白真情，辄听倭通事密传，驾空捏言，互相煽乱，以惑人心。又有家丁张应宿者，扶同假报。"③ 朝鲜实录也说谢隆"尝以讹言恐动上使者"④，后被辽东巡按御史扭解到京"严审兴谣惑众情由"⑤。但家丁张应霄（当即《神宗实录》所谓的张应宿）逃走，五城御史未戡获，而"中军杨贵、千总谢隆俱向宗城泣诉，谓关白志不在封，要称兵内犯"成为要犯，终以"多证未集"，至万历二十四年十月，谢隆仍在押待审⑥，从"皆为被窜"⑦ 判断其结局是充军发边。

综之，曾为"沈惟敬营千总"的谢隆，在万历二十四年三四月，在朝鲜釜山致使册封使李宗诚仓皇出逃事件中，充当了打破"和谈骗局"

---

① 《明神宗实录》卷308，万历二十五年三月己酉，第5766页。
② 孙鑛：《孙月峰先生全集》卷5，《致辽抚李霖寰书》，第158—159页。
③ 《明神宗实录》卷296，万历二十四年四月二十九日乙丑，第5528页，杨方亨题。
④ 《朝鲜宣祖实录》卷74，宣祖二十九年（万历二十四年）四月十日丙午3条。
⑤ 《朝鲜宣祖实录》卷75，宣祖二十九年（万历二十四年）五月十二日戊寅2条。
⑥ 《明神宗实录》卷303，万历二十四年十月庚午条，第5678页。刑部覆兵科徐成楚奏。
⑦ 《朝鲜宣祖实录》卷74，宣祖二十九年四月十日丙午1条。

的工具。① 而李宗诚出逃原因,目前学界研究趋向认为李宗诚在得知日方有议和七条件后,畏惧难以完成册封使命,故"采取出逃的下策"②。其思想根源,或许与"心疾""素无经历,多有畏刼之心"③ 的身世及惊慌失措的纨绔风格有关,但实质在于李宗城对沈惟敬和小西行长进行秘密交涉之事毫不知情,中途又被明朝情报系统排除而对石星和沈惟敬不信任,叠加心里不安的结果,也从侧面反映了各国内部政治斗争与情报共享的问题④。至于加藤清正的威吓、谢隆的传达,都须通过李宗诚这最后一逃而发挥作用。

三 署名泽生的胡泽第一书（N26；16-230~231；52-588）

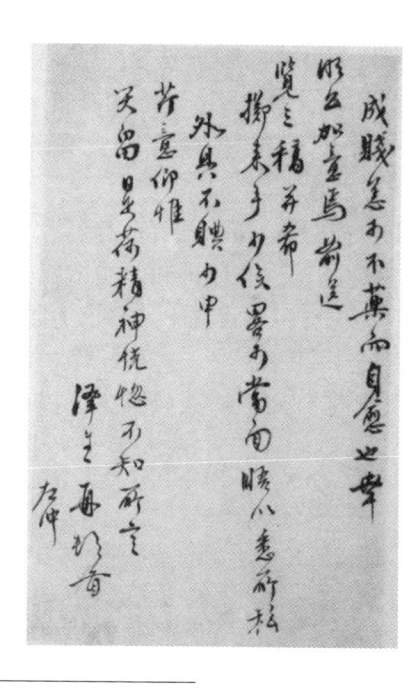

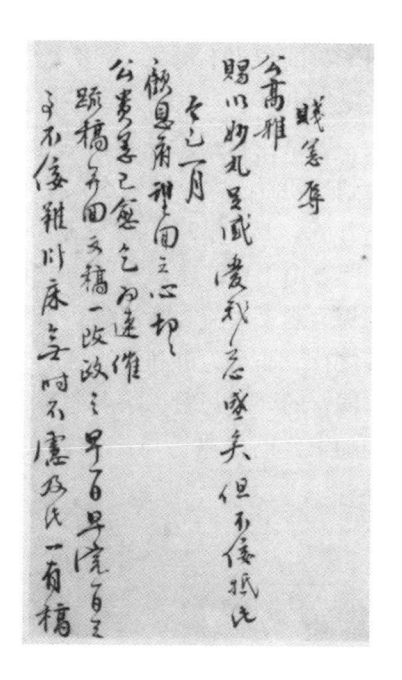

---

① 参见杨松林《万历壬辰战争册封日本国正使李宗诚逃离釜山考》（载《黑龙江史志》2013年17期,第253—254页）提到有"谢隆说"一因,认为"这次逃逸彻底改变了原有和谈拖沓不前的情况,使得由沈惟敬与小西行长制定的'和谈骗局'被出乎意料地打破,最终加速导致了第二阶段战事爆发"。但以谢隆平民出身否认《两朝平攘录》云其为李宗诚"旧识"的可能,似失武断。
② 参见陈尚胜《字小与国家利益:对于明朝就朝鲜壬辰倭乱所做反应的透视》,《社科科学辑刊》2008年第1期,第116—124页。
③ 《朝鲜宣祖实录》卷76,宣祖二十九年六月一日丁酉4条。
④ 参见韩国学者孙成旭《壬辰战争期间册封使李宗城逃亡再考》,《山东大学学报》（哲学社会科学版）2020年第3期,第84—93页。

（230）贱恙辱公高雅，赐以妙丸，足感爱我之心盛矣。但不佞抵此，今已一月，顾恩府望回之心切切。公贵恙已愈，乞为速催疏稿并回文稿，一改政之，早一日，早完一日之事。不佞虽卧床，无时不虑及此。一有稿（231）成，贱恙可不药而愈也，幸明公加意焉。前送览三稿并希掷来手，少俟略可当面晤，以悉所私，外具不腆，少申芹意，仰惟笑留是荷。精神恍惚，不知所言。泽生再顿首，左冲。

案：这通署名"泽生"的书帖，根据书信内容和古人自拟字、号必与名相关的习惯，推测作者为胡泽，时间大约是万历二十二年五六月。书中谈到的"顾恩府"，即和谈初期东征经略顾养谦，曾为"广宁后屯卫指挥同知胡泽"的顶头上司①，曾多次给予好评。胡泽原籍绍兴，做过盐商，在辽东谋得出身后，东征入朝。申钦记"胡泽，号龙山，浙江绍兴府余姚县人，以原任官往来贼营。后以顾经略票下再来，又随丁酉大军出来"至少到过朝鲜三次：前两次入朝均与和谈事有关。

　　万历二十一年四月，"天朝将官同知沈思贤、策士胡泽、徐行、吴行道，距嘉山十里许逢译官，言之曰'我等此行，非但讲和，实欲瞒过出城，仍为剿灭而前。则刘綎兵未到之故为虑矣，刘兵二十八日已为越江，俺等之行，非全为讲和而行也，此意密告国王云'"②，这是胡泽初次入朝，同行的"沈思贤，字邦达，号沙川，浙江绍兴府余姚县人，以原任通判随宋经略出来，与沈惟敬入倭营，丁酉再来"③，两人为绍兴老乡。

---

① 案：顾养谦《抚辽奏议》卷17，《甄别练兵官员》有"广宁后屯卫指挥同知胡泽，貌伟气雄，机圆事练，力战功劳甚著，通才边腹皆宜"，被认为是"堪推长安堡备御"（齐鲁书社2001年版，《四库存目丛书》史部第62册，第647页）的人选之一；卷20《荐举武举官员》疏中，"广宁后屯卫指挥同知胡泽，材具通敏，干局勤能，从征屡有勋劳，任事可蹈汤火"，名列19位被荐举的"旗鼓中军千把总之良"（第704页）首位，均为好评。万历二十三年，蓟州三屯营南兵兵变，胡泽为参与镇压的"保定营都司"（方应选《方众甫集》卷7，《滦东平叛记》明万历刻本，第31页B面）显示其东征后升职，并与后为内阁首辅的朱赓拉上关系："如极富盐商胡泽，先馈银万两，投靠门下，及私盐事发，复馈银十余万，某为营脱重辟。"[范凤翼《范勋卿集·文集》卷1，《摘发权奸疏（代）》，明崇祯刻本，第12页A面]显示胡泽的社会活动能力极强，且为盐商富有财力，谋得"广宁后屯卫指挥同知"并在荐举中名列前茅均非难事。
② 《朝鲜宣祖实录》卷37，宣祖二十七年四月一日乙酉6条。
③ 申钦：《象村稿》卷39，《天朝诏使将臣先后去来姓名·记自壬辰至庚子》，第269页。

胡泽曾自言"山东人"①，当是强调军籍（卫籍），与原籍绍兴并不矛盾。他与李如松的个人关系也不错，为其"亲信守备"②。

七月初七日，胡泽、沈思贤寄言会同刘綎、骆尚志、吴惟忠前往大丘、善山、鸟岭等处，"踏勘地势险阨，或筑关隘，或立寨堡"。十日，请见朝鲜国王"以鸟岭设关商议事来到，上辞以疾，命尹斗寿接见"③。八月备边司启："前往胡泽等只是与刘綎等相度形势而已，未有及设城台之事，而今忽责问某月兴工与否，亦为闷迫。"④从词意看胡泽应已回辽，但仍贯彻孙鑛指示，督促朝鲜修建鸟岭等战略要地，朝鲜则因兵力不敷感到为难。

胡泽第二次入朝，在万历二十二年三月至七月。为贯彻明廷、兵部对日和谈战略，胡泽出使朝鲜"驰信使以上表章，干属藩为之代请"⑤议和，在汉城停留3个多月待答复，在朝鲜掀起轩然大波。《宣祖实录》记载："方顾养谦以讲和事，遣胡泽催上本也。成龙日制奏文，虽无和议二字，而一篇皆藏头说话。先言我国兵单力弱，决难御敌之状，而以天朝许其封款、使贼撤归之意结之，将书示胡泽。成龙自料已之为此，必有知而罪之者，托称病后起草，文甚荒拙，可令他人改撰。遂取其草藁而去，竟不出示，使尹根寿制之，根寿亦难于下笔。"⑥柳成龙记："胡泽在馆三月，朝议不决。余时病在告，启以国势如此，当详具事情，以听中朝处置。"⑦柳成龙之病实与胡泽大有关系。

许穆《西厓遗事》提到："宋应昌被劾去，顾养谦来代。至辽东，遣参将胡泽，以箚付责谕我，以屈己自强以为言，且令我为倭请封，廷议持不决。督报甚急，公病肺痿，不视事逾月。乃上札曰当具陈贼状，以听大国处分；赞倭请封事，决不可从。又条上战守便宜十一策，请令兵曹专任

---

① 《朝鲜宣祖实录》卷49，宣祖二十七年三月二十日戊戌1条。案：胡泽原籍浙江绍兴余姚县，张元忭《（万历）会稽县志》卷5，《户书一》退归嵊田"三图胡泽等田九亩七分八厘八毫"（台北成文出版社1983年版，第218页），故申钦所记为实。而胡泽自言"山东人"或与说话环境有关，卫籍为"广宁后屯卫指挥同知"，辽东属山东管辖，也解释得通。
② 方孔炤：《全边略记》卷9，《海略（广东福建浙江南直山东北直）》，第324页。
③ 《朝鲜宣祖实录》卷40，宣祖二十六年七月七日己未1条；七月十日壬戌1条。
④ 《朝鲜宣祖实录》卷41，宣祖二十六年八月二十二日癸卯3条。
⑤ 万历二十三年正月二十一日诏书中语，载《万历起居注》，参郑洁西《明神宗册封丰臣秀吉诏书考》（待刊稿）感谢作者赐稿先睹为快。
⑥ 《朝鲜宣祖实录》卷53，宣祖二十七年七月二十日丙申2条。
⑦ 柳成龙：《西厓集》卷16，《杂著·记壬辰以后请兵事》，《韩国文集丛刊》第52册，第312页。

炼卒。"① 安邦俊也记："（顾养谦）止陈奏使许顼于辽东，俾不达。遣参将胡泽移咨我国大臣，责以句践屈己自强之事，且令奏请和事。于是众议不一：或以为我国不可与于和事，贼来则宁渡辽而已，顾咨断不可从也；或以为不得不从顾咨，而奏本大指只将贼情开陈而已。留参将月余，而议犹未决。"② 以柳成龙为首的朝鲜大臣，主张练兵自强，反对为日请和，事实上成为胡泽此行最大的阻碍。

五月十一日，朝鲜国王接见胡泽。胡泽言："顾爷最刚且明，贵国之事，尽力措置。委遣俺与国王相议使之上本，以请封贡。贵国若从所言则已，不然将尽撤川兵，限鸭绿为守，东事不复顾矣。"还解释："顾爷以为请兵而兵不得发；请粮而粮不可运，为此封贡之说，以纾目前之急耳。贵国虽不可直为奏闻，以二月以后贼情据实以陈，其末微陈封贡之意似为不妨。"朝鲜国王以"小邦只竢朝廷处置而已，指教上国于义不敢为也"婉转拒绝。胡泽恩威并举："沈惟敬已与行长许封贡，今不可举兵而临之。不举兵临之又不许封贡，则伊贼岂有渡海之期哉？连年不去，以至于十年、二十年之久，则民不得耕，渐至焦烂。"③ 五月二十七日，胡泽又遗书户曹判书金命元："前不佞到，见诸公备言贵国存亡之事体，并在顾恩府之一主持。诸公不信，全然胶柱，一味执牢。不佞万不得已，具情顾恩府。恩府已知力不能为，即具疏辞官回籍。圣上虽未即许，已下部议之矣。部议欲放顾恩府回，密仍管总督事，而另差经略孙侍郎。此事大变一番，则目今非平静气像也。昨晚报过刘总兵处，不佞得以拆视，敢此告知。'"④ 故意透露事情曲折。柳成龙曾记载：

> 臣病中，精神昏暗，凡事皆惘然。独念胡参将今所系极重，有关存亡。而臣忝为大臣，适得危病，未得与闻末议，极以为悯。数日前，金命元使人传言于臣曰，胡参将云："俺为你国大事而来，阁老以下，或称病不出见，是甚道理？"臣不胜未安。借人书拜帖往谢，则参将即为回书，且并顾军门题疏二册、宣谕，付稿一录以送。谓通事曰："俺来此，闻你宰相则实病，他余诸宰，一番来见后，连

---

① ［朝鲜］许穆：《记言》卷38，《东序记言（一）西厓遗事》，《韩国文集丛刊》98册，第225页。
② ［朝鲜］安邦俊：《隐峰全书》卷10，《杂著·买还问答》，韩国汉城民族文化推进会1992年，《韩国文集丛刊》第80册，第464页。
③ 《朝鲜宣祖实录》卷51，宣祖二十七年五月十一日戊子1条。
④ 《朝鲜宣祖实录》卷51，宣祖二十七年五月二十七日甲辰3条。

续告病。所句当公事，率皆迁延顾望，推托他人，俺甚以为悯！此文书浩繁，病中不可易览。待气苏醒，时时阅过，既为国之大臣，虽有病，如有达情之事，必须启达国王可也云云。"臣得此二日，神气昏乏，至今尚未仔细看过。又伏闻昨日已为接见胡参将于行宫，朝廷之意，必已商确以定矣。但参将之送来于臣及自书，臣不可私见而置之，故敢此启达。臣不能详观谕帖中所云曲折，而其中大段难从者，我国替倭请封贡一节也！……今此胡参将亦以总督之命出来，宴慰等事，非物力所办，似当令诸宰逐日轮流参见，无使落莫而还，亦恐合于敬待天官之体也。"①

因难以接受胡泽要求"我国替倭请封贡一节"，柳成龙及众大臣接连告病，也不应答胡泽所请，只让众臣轮流做东请胡泽吃饭以全礼节，事情则能拖就拖。此为胡泽催促柳成龙尽快办事之书，柳则"借人书拜帖往谢，则参将即为回书"者，或令有书。

面对僵局，胡泽软硬皆施，送书朝鲜国王曰："兵部石老爷上本，奉圣旨准倭封王，今先令小西飞进京。石老爷将圣上旨意并玉帖差我三人星夜送至倭营，与行长要看。谭爷分付倭子安心候封，不许仍前为非作乱。如再仍前作乱，即遣天朝大将人马剿除倭子。封贡以后即要倭子退了，不许住在釜山。"② 或旁敲侧击："顾总督以经略之重，委遣胡泽求为一奏，守催屡月，其势不可拒绝。"朝鲜"百般筹度，敢请陈奏而难于措辞，以用兵、羁縻两端迁就为说"③。朝鲜最终因"许款之议，制在天朝，我国受命之势，出不获已"④ 而得不就范。

耐着性子等待的胡泽，六月底终于看到希望的曙光："朝廷从泽所言，泽大喜。点抹奏草多所删改，使之陈奏。"⑤ 从"朝廷持难不决，数朔乃从"到七月末"胡泽还辽，余亦自义州还程，逢于宣川路中"，朝鲜使臣尹国馨言："此事终始，固非在外者所预闻，所谓鼓动力赞者，亦出构捏也。虽参此论，不至大段害事，然事情如此，不得无言。"⑥ 印证当

---

① ［朝鲜］柳成龙：《西厓集》卷7，《请接待胡参将听其所言启（五月）》，《韩国文集丛刊》第52册，第147—148页。
② 《朝鲜宣祖实录》卷58，宣祖二十七年十二月四日丁未2条。
③ 《朝鲜宣祖实录》卷56，宣祖二十七年十月二十五日己巳5条。
④ ［朝鲜］柳成龙：《西厓集·年谱》卷3，《附录·行状》第541页。
⑤ 《朝鲜宣祖实录》卷52，宣祖二十七年六月二十五日壬申5条。
⑥ ［朝鲜］尹国馨：《甲辰漫录》，《大东野乘》第九，朝鲜古书刊行会1910年版，第623页。

时在朝鲜引发的反响,而柳成龙以病为由拖延回文及迟滞疏稿达月余之久。胡泽此书,即为催促柳氏早日完事,并以彼"病"治己"病",认为若有稿来即可痊愈,反映了在外交过程中斡旋双方斗智斗勇,各种智慧、心机、手段的大比拼。①

朝鲜史臣评价胡泽催本之举:"方顾养谦以讲和事,遣胡泽催上本也。成龙日制奏文,虽无和议二字,而一篇皆藏头说话。先言我国兵单力弱,决难御敌之状,而以天朝许其封款,使贼撤归之意结之,将书示胡泽。成龙自料已之为此,必有知而罪之者,托称病后起草,文甚荒拙,可令他人改撰,遂取其草稿而去,竟不出示,使尹根寿制之。根寿亦难于下笔。适郎僚中有一览而能尽记者,示成龙所制,根寿乃仿而缀文。"朝鲜国王亦视为"万世之耻",极为痛心。②胡泽在朝鲜遭到抵制,最后又不得不屈服的种种细节,栩栩如生。正如孙鑛所言:"台翰谓许封须以朝鲜之请为名,此尤不然。朝鲜之疏原非本意,乃胡泽强要其来者,且闻欲取下允其封贡四字,渠君臣坚执,毕竟不从……今若以此名归之朝鲜,则朝鲜人心内明白,天下人闻见明白,何为为此掩耳盗铃之事乎"③,实是干了一件蠢事。

四 未署名胡泽第二书(N32;16-244~246;52-592~593)

　　启　东坡、剑水、平壤,三具小启致公,谅已撤览。且行且候,至十二日抵义州,今赍本官尚尔迟迟未到,哄军门乎?骗不佞乎?总而言之,误国也!数月之内,立可见矣。不佞前路獐[撞]刘兵主差官,皆言军门顾恩府不动,孙经略已不来此,先边如是。后(245)顾恩府又上本,必欲　孙经略出来,今又允矣。　顾恩府已于七月初六日起马,至广宁候代,孙经略约在月终可到。前不佞差旗牌范有仓同通官李愉赍疏稿,二十四日,王京起身,初一日到辽阳,见顾恩府,问通官云:"本何来迟?此本在五月到,可救你国王,今难救你国之死亡也。"分付不佞旗牌云快快着不佞前进,又有一牌催之。又云与(246)孙经略计议,此本可上则上,不可则止。此前不

---

① 案:蒋菲菲、王小甫等著《中韩关系史(古代卷)》认为:"在明朝前线官员的威胁和欺骗下,朝鲜被迫在1594年九月违心地向明廷呈上了代日本请封贡的奏章。这份奏章成为明廷议和派的有力武器,反对议和的官员受到神宗的切责,议和的进程大大加快了。"社会文献科学出版社1998年版,第294页。
② 《朝鲜宣祖实录》卷53,宣祖二十七年七月二十日丙申2条;卷56,宣祖二十七年十月二十六日戊辰10条。
③ 孙鑛:《孙月峰先生全集》卷5,《与石本兵书》(万历二十二年)十月十七日,第4页。

倭原如此见，未有军门、经略两相矛盾耶！事体如斯，不佞势不可再稽，十三日渡江西向，留官候许公同行。来与不来，不佞不得而晓也。谨此，再致，行［幸］速启国王知之，余接伴官回，再布不一。名具正幅，冲。

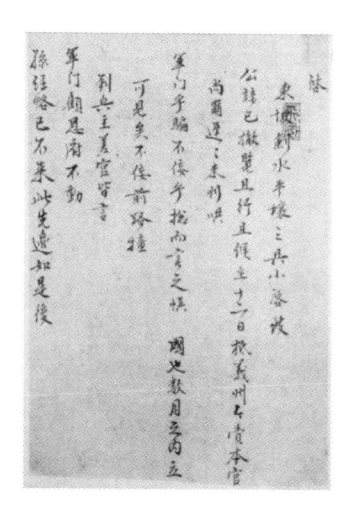

案：此启未署名，通过时间、内容判断当为胡泽所书。但书中提到的"通官李愉"即随沈惟敬"出入釜山贼中"的"译官李愉"，有时也写作"通事李愈"[1]，而沈惟敬自万历二十二年正月与李德馨见面之后，到二十三

---

[1] 《朝鲜宣祖实录》卷60，宣祖二十八年二月二十四日丁卯 2 条；卷51，宣祖二十七年五月二十六日癸卯 1 条等。

年年初近一年时间内无活动记载。从启本内容及称呼顾养谦为"顾恩府"的口吻看,与胡泽的身份习惯更为符合,尤其是言及万历二十二年七月孙鑛和顾养谦交接之事,孙鑛七月终可到广宁等信息,故断定作者为胡泽。其中谈到"不佞原如此见,未有军门、经略两相矛盾"之事,可以窥见明廷内部对和谈、遣使、封贡等问题的分歧。而所言"东坡、剑水、平壤三具小启",是指旅途中所作三信,分别在临津江北五里东坡驿、黄海道凤山郡剑水驿和平壤三地发出,从行程次序看,是从汉城回辽东的北行、西行方向。六月二十四,通官李愉离开汉城,七月初一到辽阳见顾养谦,催促作者前进,书信最后言及从义州"渡江西向",为作者即将回辽东之前,时间概为万历二十二年夏季七八月,或是胡泽二次入朝的回归告别书。

东征后期,胡泽第三次入朝,曾给朝鲜国王送礼,表达朝鲜以龙山仓米为其缴纳五百石赎罪米的谢意。[①] 可见,胡泽至少3次出入朝鲜。

五 待考失名七书

1. 失名书帖之一（N20；16-212~213；52-582）

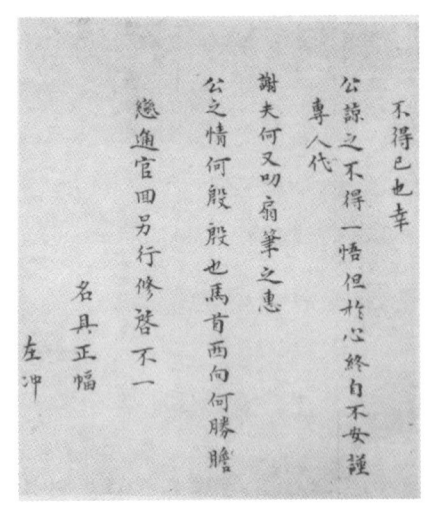

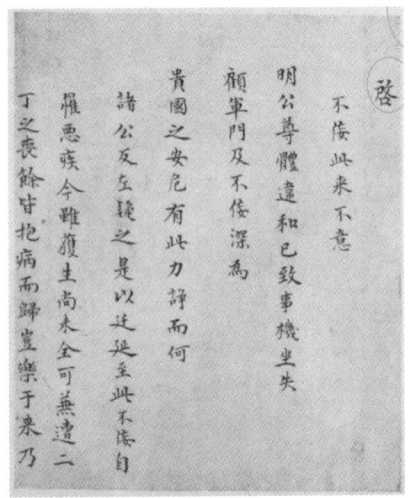

启　不佞此来,不意明公尊体违和,已致事机坐失。顾军门及不佞深为贵国之安危,有此力诤,而何诸公反左疑之,是以迁延至此?

---

① 《朝鲜宣祖实录》卷110,宣祖三十二年三月十二日辛卯2条。

不佞自罹恶疾，今虽获生，尚未全可；兼遭二丁之丧，余皆抱病而归，岂乐于来？乃（213）不得已也，幸公谅之。不得一晤，但于心终自不安，谨专人代谢！夫何又叨扇、笔之惠，公之情何殷殷也！马首西向，何胜瞻恋。通官回，另行修启，不一。名具正幅，左冲。

案：此书帖未署名，称顾养谦为"顾军门"，与胡泽书帖称"顾恩府"习惯不同，书法也与第27号胡泽书帖有异，但前见戚金书帖中也曾出现不同书法的先例，而万历二十二年六、七月是胡泽一行归国之期。顾养谦接任宋应昌经略朝鲜，派沈思孝、胡泽等入朝周旋朝鲜请和上本之事。从自称"不佞"及生病这两个细节看，与胡泽相合，但考虑第33号前书判为胡泽"渡江西向"告别书，此帖作者或另有其人。

查万历二十二年六月初四日，有《辽东支行使司为遵奉明旨宣预谕属国早见事机以图自存事蒙钦差总督蓟辽保定等处军务兼理粮饷及防海御倭事务兵部左侍郎兼都察院右佥都御史顾宪帖》，提到："本部院先差游击周弘谟、旗牌官胡大经、今差参将胡泽、守备彭士俊、李大谏、李荣春各官随带兵马之外，更无别项人马留于尔国，不得混与刍粮。"[①]作者或为以上诸人之一。书帖作者还透露未能与柳成龙见面即将踏上归程，考虑游击周弘谟、守备彭士俊、李大谏、李荣春等无理由不与柳成龙相见，故推测作者有可能为顾养谦的旗牌官胡大经，他很可能为随后入朝练兵的义乌籍总管游击胡大受亲族，书中还提到"兼遭二丁之丧"，即在朝期间遭遇家中亲人辞世变故，而胡大受同族有胡天灵"为国建功，阵亡高丽"；胡天俊"为国建功，征朝鲜，阵亡三山"[②]，故附胡大经于此，俟考。

2. 失名书帖之二（N21；16-214~216；52-583）

（214）启　萧老先生回时，有行李顿平壤，今差家人来辽及信文，与旧官杜荣，赴彼取发。相国发文于彼中，发付来官，尤见存注于萧公，非惟萧公感（215）爱，在事者亦知感矣。敝营军器，准国王咨催发，至今一无所报，故物假借转移之间，尚六月月闲矣。耽误战守计，莫此为甚。不佞不足为轻重，其如贵邦之事，何似当同心共济，协力切除凶孽，经事者置之度外，未宜有也！再咨（216）国王，又虑繁文，相国留心焉。不佞老矣、病矣，虽已告罢，贵邦未了

[①] 案：《朝鲜宣祖实录》卷52，宣祖二十七年六月四日辛亥4条。
[②] 《凤林胡氏宗谱》卷6，第69页，2009年己丑重修本。

之孽，无时无日不在胸臆间。虽去，然鄙心未忘贵邦之事也。虔此代闻，书去神随，不尽欲言。名正具，冲。

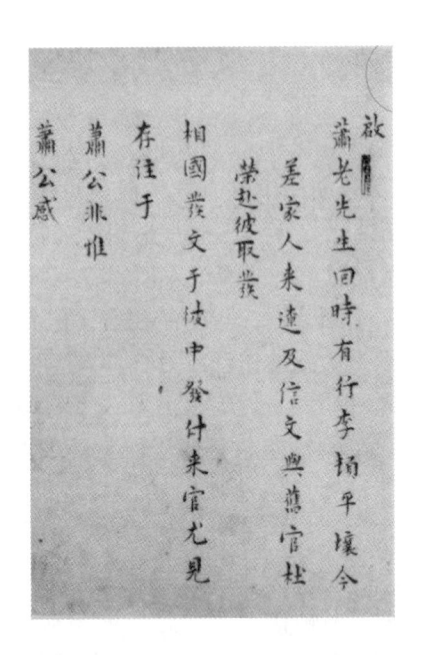

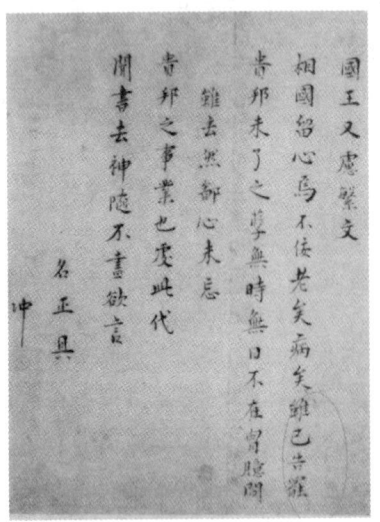

案：此书作者不明。但书中提到的"萧老先生"即指萧应宫"萧按察"，号观复，直隶苏州府常熟县人，甲戌（1574）进士。万历二十五年丁酉七月，以钦差整敕辽阳等处海防兵备山东按察使到朝鲜，"时沈惟敬被罪拿去，应宫申救惟敬，语在惟敬传中，巡按劾之，削职。九月回去"。作者与萧应宫的关系较为密切，寄信时间当在万历二十五年九月之后。书中言及"敝营军器，准国王咨催发，至今一无所报""今差家人来辽"这两个信息，似可从萧应宫的中军刘天秩处寻找线索。[①] 但从"老""病""告罢"及派"旧官杜荣"拿取行李这些细节看，或与杜潜也有联系。[②] 但杜潜归国时间在万历二十八年之后更晚，具体俟考。

3. **失名书帖之三**（N19；16－210~211；52－581~582）

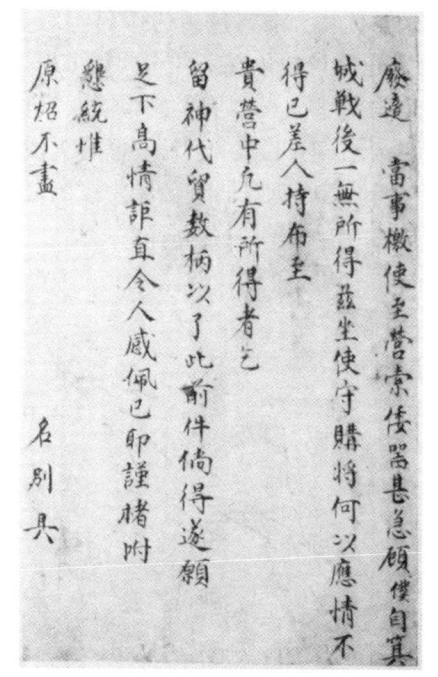

（210）启　辱承使至存问，知贤相用情于仆也多矣，感谢，感谢！仆抱病伏枕，日就汤药，每怀灭寇之志，而无起舞之能。当事执

[①] 案：萧应宫中军刘天秩，辽东东宁卫人，"从萧按察为中军，后为梁按察中军去"。梁按察则指梁祖龄，号景泉，四川成都府温江县人，万历丙戌进士，"戊戌以钦差整敕辽阳宽奠等处海防兵备兼理朝鲜东、中二路军务、山东布政使司右参议兼按察使佥事出来。往来岭南，能钤束下卒，所过晏如。"见《象村稿》卷39《王参政票下官》，第284页。

[②] 案：杜荣或为杜潜戚属："杜潜，字孔昭，号见田，山东东昌府高唐州人，庚辰（万历八年）进士。己亥四月以钦差协理海防兵备山东按察司副使出来，庚子十月回去，持身简约。"（《象村稿》第284页）；而梁守忠曾是杜潜中军，字汝孝，号海宇，浙江观海卫人，先从吴惟忠出来，后仍为杜按察中军，同时回国，可为备选。

持，目击时艰，徒自热中而已。足下文武全才，忠贞懋着，当此乱后余黎，文故当修，武亦当备，坚甲利兵，不数月民知亲上死长，纵有侵凌之变，何足畏哉！仆为病么所苦，百事俱（211）废。适当事檄使至营，索倭器甚急，顾仆自箕城战后，一无所得，兹坐使守购，将何以应？情不得已，差人持布至贵营中，凡有所得者，乞留神代贸数柄，以了此前件。倘得遂愿，足下高情，讵直令人感佩已耶？谨楮附恳，统惟原炤，不尽。名别具。①

案：此通未署名，从书法、内容看，很像刘綎所书，包括为应付上级查索，派人持币向朝鲜军营购买日本武器，还原了战争现场的一些细节。但"仆自箕城战后，一无所得"这句话，当为平壤战役亲历者的口吻，箕城即平壤古称②，而刘綎到达平壤在万历二十一年四月，已无缘平壤大战。再细揆文意，实为平壤战后无新战功，故想买几柄倭器充数覆命。因此，很可能是与刘綎同驻的南北将领如宋大斌、查大受等人的作品。

4. 失名书帖之四（N37；16-252；52-595）

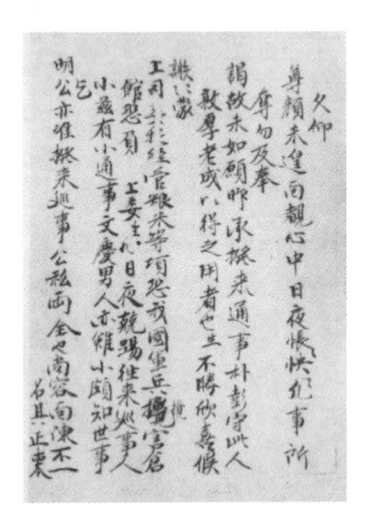

久仰尊颜，未遑面睹，心中日夜怅怅怏怏。凡事所夺，勿及奉谒，故未如愿。昨承拨来通事朴彭守，此人敦厚老成，以得之用者也，生不胜欣喜，候谢候谢。蒙上司委托，经管粮米等项，恐我国军兵扰害仓馆，恐负上委。生心日夜兢踢［警惕］，往来巡事人小。兹有小通事文庆男，人亦虽小，颇知世事，乞明公亦准拨来巡事，公私两全也。尚容面陈，不一。名具正柬。

---

① ［朝鲜］柳成龙：《西厓先生文集》卷7，《韩国丛集丛刊》第52册，第147页。
② ［朝鲜］尹国馨撰《甲辰漫录》文初即载："李提督荡平箕城之后。我国为提督及亚将张世爵、李如栢置画像，立生祠，春秋祭之。祠在箕城中玄福岘，名曰三大将祠堂。"（《大东野乘》第九，朝鲜古书刊行会1910年版，第623页）可见是否参加平壤之战，可为判断此书作者的一个标准。

案：此失名书帖的作者，是一位受命管理军饷粮草的明朝官员以防"我国军兵扰害仓馆"，反映明朝在粮饷管理方面也有严格的制度设计。但时间不明，作者的可能人选包括东征前后期明军管理粮饷的军需官，如陶良性、张三畏、艾维新、佟养正、陈蚕等人。而通事译员"朴彭守"与"文庆男"在中朝史籍尤其《朝鲜实录》与韩国古典文献数据库中都缺乏记载，难以查对跟随、协助何人工作。只能暂时存疑，列入失考者名单。

5. 失名书帖之五（N13；16-205；52-580）

足下文武全才，再造贵国，功德高厚，古今罕有。不佞虽系神交，亦油油然兴企慕之想。值此妖氛乍息，及时振举，转移更化之功，其机多在足下，宜留意焉。使旋布谢，不尽。名别具，冲。

案：此失名书帖提供了未曾见面者，投递告别书的实例。作者对柳成龙有一定了解，如赞誉柳氏文武全才及再造之功也能说得到位。而"妖氛乍息"当指中日停战和谈，写作时间当为万历二十一年春夏季节之后。"使旋"示意即将东归，对柳氏表示感谢之情，同时建议柳氏抓住机会"及时振举转移更化之功"，也不显得交浅言深。

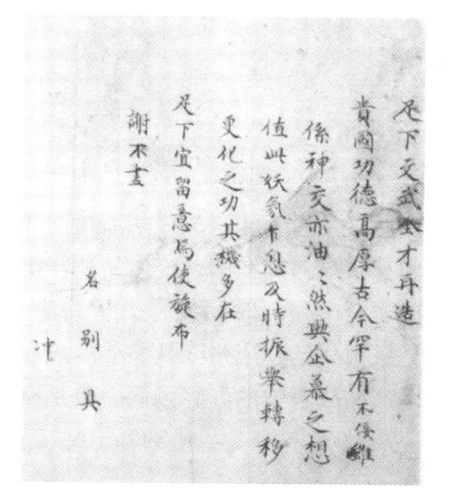

6. 失名书帖之六（N43；16-264~265；52-597~598）

（264）恭闻阁下燮理阴阳，然本国万民，咸颂大德。生竭欲躬叩，以聆德教，恐妨公务，故弗敢冒谒矣。罪歉，罪歉。兹生自浙至贵治探严君，奈人属两国，语音难办，伏乞（265）念生远来，俯赐善言中国语者通事一名，送至庆州，俾生早得父子相见，则明公之所赐也。谨此，颛官代恳，惟祈炳炤，不备，名别具，左玉。

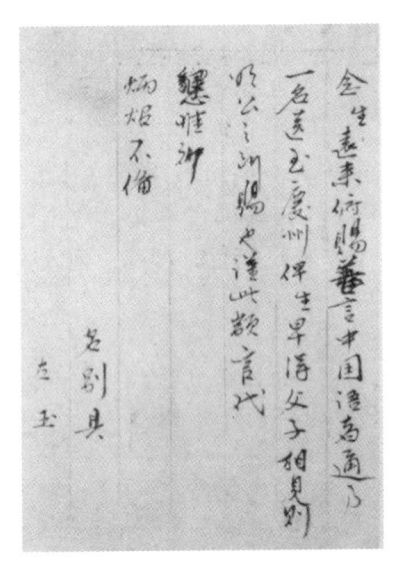

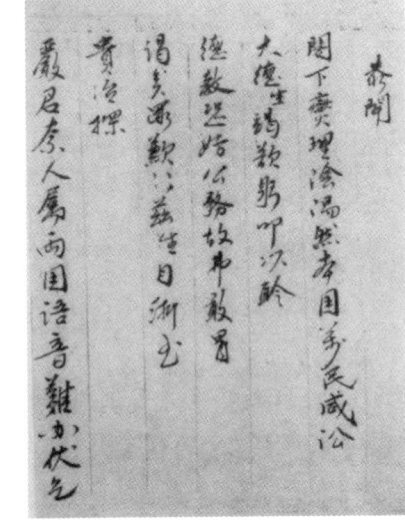

案：此书作者为驻守庆州的浙籍南兵将子，如浙籍南兵将骆尚志、吴惟忠等均有亲子随侍在侧。该生从浙江出发到朝鲜探父，希望能得一名通事译员，送至庆州。时间或在万历二十五年秋季（结合下书），气候便于旅行，且南兵已在庆州驻扎稳妥。故乡亲子到战地探父，联结慈母心怀，展示了严酷战争中的温馨场面，也是有关这场战争宝贵的历史记忆。

7. 失名书帖之七（N42；16-262~263；52-597）

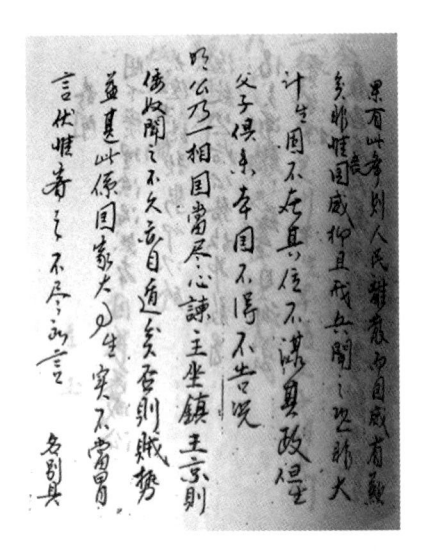

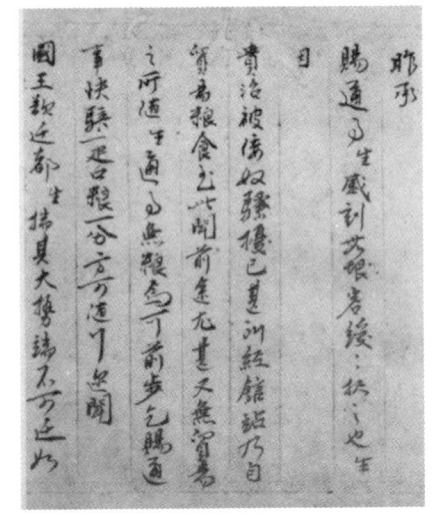

昨承赐通事，生感刻无垠，容缓缓择之也。生因贵治被倭奴骚扰已甚，所经馆站乃自贸易粮食。至此，闻前途尤甚，又无贸易之所，随生通事无粮，焉可前步？乞赐通事快骑一匹，口粮一分，方可随行。迩闻国王欲迁都，生揣其大势，端不可迁。如（263）果有此举，则人民离散，而国威有歉矣。非惟丧国威，抑且我兵闻之，恐非大计。生固不在其位，不谋其政，但生父子俱来本国，不得不告。况明公乃一相国，当尽心谏主，坐镇王京，则倭奴闻之，不久亦自遁矣。否则，贼势益甚，此系国家大事，生实不当冒言，伏惟察之，不尽所言。名别具。

案：从书法、内容判断，此书作者与第 43 号帖作者相同，言事亦承上书：入境朝鲜后，因语言不通，请柳氏帮忙派遣通事，得到满足。但因自贸口粮无力支付朝鲜所派通事的额外支出，包括口粮和骑乘，再次请求帮助。从中可见朝鲜经济凋敝状况；也反映东征军家属自理探亲费用细节。[①]

作者还针对朝鲜国王欲迁都谣传，提出一己看法：迁都不仅有损国威，也会影响军队士气，包括入朝东征明军。从一个入境朝鲜的明朝书生角度，建议柳成龙辅佐朝鲜国王坐镇王京汉城，坚信日军很快会遁走，否则可能造成形势逆转，事实证明这位书生对形势判断十分准确，也由此判断书帖时间当在万历二十五年秋季，当时朝鲜君臣正处在慌乱失序之时。

八月，日军攻陷南原。[②]"自南原失事，东西皆倭，我兵因退守王京。王京之险在汉江，臣虑倭长驱江干，断绝粮道，檄麻帅造舡筏，通我师往来，分守上下，哨口防倭暗袭。又发兵守稷山、天安，经理即身赴王京，谕以死守，人心始定。嗣是九月，副将解生等挫倭于稷山，参将彭友德等追倭至青山，共获级一百五十二颗。军声渐振，臣乃遣别将分守鸭绿、临

---

① 案：东征军中尚有不少自费报国之人，如辽东大宁都司见任经历陈勋，"取委标下赏功……既非实缺，又无俸薪，日逐薪水，俱系本官自办"；另如"河间府见任通判王君荣为人恢宏，才猷练达，取委标下管理钱粮……从事异域，往来驱驰，一应馆谷、薪水之费，俱系自办，且无俸银资助。"后东征经略宋应昌发牌查照辽东都经历和河间通判"每月俸薪、柴炭等项公费银两，每项若干，遂一开报本部"或以马价银酌处，或补发其基本工资。参见宋应昌《经略复国要编》卷11，《檄通判王君荣（二十六日）》，《又檄》，第 958—960 页。
② 案：陈尚胜《论丁酉战争爆发后的明军战略与南原之战》（《安徽史学》2017 年第 6 期）认为南原之战的失败，不仅在于南原的明军主将杨元个人轻率寡谋，还在于朝鲜水军在闲山岛海域的覆没使南原失去屏障，也在于邻近明军与朝鲜军队缺乏相互配合与援救，更在于明军的战略失误以及相关决策者的急躁心理。不过，也正是南原之战的失利，明朝及时调整了援朝御倭的军事战略。

津、清川、嘉山等江，移郎中董汉儒屯义州，海防道萧应宫屯平壤，又声言调南北水陆兵七十万旦暮至，福广浙直水兵直捣日本，倭闻风遂不敢进，行长奔井邑，离王京六百里，清正奔庆尚，离王京亦四百里。"① 当时日军的战略是："当初行长、清正之意，欲分三道直冲京城，关白遣人传令勿犯京城，限九月，随其所到处厮杀，十月内还来西生浦、釜山等窟穴。"② 日军只求抢掠得手，即退回根据地，造成汉城人心惶惶，都督麻贵曾在私下建议朝鲜国王将家眷搬到江华岛，"密密稠稠从叉路出避"，其接伴使张云翼透露："南原阽危，都督则虽不形于言色，而闻门下之言，忧惧之色可掬……都督之忧不在南原，而惟恐清正直捣京城。若闻清正往围南原，则吴总兵当送公州，都督亦欲前进湖南矣。南原人民尽为逃散，天将独守孤城云，此甚痛愤矣。"③ 可见杨元在南原失陷前所面临的"孤城独守"之状。书帖作者当在这前后到达朝鲜。

因骆尚志并未参与东征后期战事，书帖作者很可能为吴惟忠之子。万历二十五年五月二十五日，吴惟忠军再次东征，到达义州。义州府尹黄璡、接伴官黄致敬亲眼见到："总兵此行，捡束军兵，益严于前日。茶啖早饭一切减除，至如厨房馈物，并皆不受。"④ 六月中旬，吴军到达汉城，休整一个月。七月中旬南下，先被安排在南原，后与杨元调换到忠州并前进永川、新宁等地，经历蔚山战役后回驻安东、汉城。

万历二十七年四月二十日，朝鲜国王曾到吴惟忠住处慰问。时天气甚热，馆宇湫隘，吴惟忠前往都督衙门办事未回，朝鲜国王"入幕次以待之"，从臣皆"露坐于墙壁之间"。有吴惟忠"小子"捧茶敬献于国王。⑤

参吴悬《云峰将军传》称吴惟忠"才敏而练，行直而廉，法尚严明，令先抚养，甘苦直与士卒同，勤劳每以一身倡。料敌知彼知己，行师有正有奇，出征秋毫无犯，行己权毫不避。横戈四出，收捷万全；南复西清，东恢北靖；筑长城、防山海，朝鲜号为铁面，日本称为神仙。所率子弟孙侄有数十人随林器使，各效其能"⑥，提到吴惟忠所率子弟、孙侄有数十人入朝参战，端茶献朝鲜国王的"小子"应即吴惟忠长子吴文模："云峰将军长子讳文模，字子范，行恩廿五，冲宇其别号也。其为人正直清廉，

---

① 《明神宗实录》卷315，万历二十五年十月辛酉，第5883—5884页。
② 《朝鲜宣祖实录》卷93，宣祖三十年十月初三日庚申3条。
③ 《朝鲜宣祖实录》卷91，宣祖三十年八月十五日癸酉2条。
④ 《朝鲜宣祖实录》卷88，宣祖三十年五月二十五日乙卯6条。
⑤ 《朝鲜宣祖实录》卷111，宣祖三十二年四月二十日己巳4条。
⑥ 吴悬：《云峰吴将军传》，载《柳溪吴氏宗谱》卷9，《内纪文集》，民国丁丑重修本。

奉椿萱能孝……因尊翁奉旨援辽，遂弃笔墨而事剑戟，荆闱中虽缺一隅，綦帐内实增一阀。……迄万历己未（四十七年，1619年）秋，东寇复发，天下芨芨，上命兵部魏公成中、督抚军门刘公一焜，同主将陈公希范通求将种，每乏其人。公潜深谷，逍遥自傲。邑侯吴公尚默、金华尹师公泉闻公有孙吴韬略，韩白智勇，揭叩辕门，举荐部院，擢授中军，累建功勋，钦升守备，握兵符，抵辽阳，酋寇敛迹，据城固守，边界清安，皇上称为良将。"① 印证文模因父奉旨东征弃文到朝鲜，后从戎"历任援辽守备"。

吴氏家族参与东征者还有吴惟贤（1539—1604），棣四幼子，惟忠弟，原名洲，字汝哲，号左泉，"隆庆六年，流贼扰闽地，随仲兄云峰将军剿焉，斩获独多，任为北蓟镇把总。于二十年又随兄驱寇于高丽，悉赖以安……授本府试百户以镇守婺境。阙后升授石匣南兵营中军，于万历廿九年因兄起退藏之思，而公亦遂兴隐逸之念"。惟贤比惟忠小六岁，终年66岁。②

吴文林（1558—1630），吴惟忠亲侄，惟忠兄三屯营千总惟恩（1525—1609）③长子，东征朝鲜把总④。万历二十八年，以43岁盛年退职归乡："茂山者，乃云峰公之亲侄，梅溪公之长子也，讳文林，字子萃……从乃叔征寇辽东，破虏高丽，擢授把总之职，荣加守备之衔……班师西度，翁谓富贵功名实外来物也，吾人何必营营逐逐于此。彼王事固当勤劳，而亲恩亦宜报效。于是解组舍戈，旋还故土，事父母，乐田里，愿作清闲俊品，更不升利达之念。"⑤ 当受吴惟忠革职影响，万历二十九年，亲弟吴惟贤、亲侄吴文林均解甲归故乡。

吴文亮（1567—1619），吴惟忠族侄，"显七长子，恩三，讳文亮，字子彰，号近松，任蓟镇千总，统领征东功，奉守字二千九百一号勘合，金华府守御所袭授正千户"。其中有杨四畏、张臣、刘应节等赞语，"万历二十九［当为一之误］年，寇之陷朝鲜也，公首破平壤，继复开城，保全三都八道，归还王子。部臣而叙功之见于王都督、周御史、孙军门、石尚书题奉钦依左军都督府给发勘合，擢授金华所署正千户……功在太常者"⑥，可见吴氏族人东征者不在少数。

---

① 吴福梅等：《柳溪吴氏宗谱》卷9，《内纪文集》，《冲宇吴公序》。
② 《柳溪吴氏宗谱》卷9，浦阳宗侄国钦撰《左泉吴公墓志》。
③ 《柳溪吴氏宗谱》卷4，《行传》，第62页。案：惟恩生三子：文林，文柱，文楹；或以年老未能与弟惟忠、惟贤同行东征，但长子文林从征朝鲜。
④ 《柳溪吴氏宗谱》卷4，《行传》，第91、93页。
⑤ 《柳溪吴氏宗谱》卷9，堂弟文桌克成校正天启三年李遴美撰《茂山吴翁叙》。
⑥ 《柳溪吴氏宗谱》卷9，从堂弟克成校正李葵、李遴美同撰《近松吴将传》。

中 篇

和战之间的南兵北将
—— 探讨明朝战略的三个角度

持续7年的万历援朝战争，分为前后两个阶段：前期明朝二次出兵，后期第三次出兵，胜负参半；参战的中、日、朝三国，大小人物轮番登场，纷争不断。通过小人物体现的明朝战略，包括和谈、练兵和后勤粮饷供应等内容。

明朝和谈战略，在战争前、后期有两个典型事件：小西飞入朝与毛国科去国。前者小西飞入明，典型地反映了明代中国人模糊的日本观及对局势认识不清的困境；后者毛国科去国，则反映了明、日两国都急于体面地结束战争，明军高层的应对和手段。正是在这些三国两军对垒战场上的小人物身上，呈现了战争格局乃至背后的中日关系、中朝关系与整个东亚局势的变化。另外，也透露了援朝东征战争中另一个没有实现的可能性：即明朝要不要万里驰援介入朝鲜战争？即使介入，是否也应尽快摆脱而取代以朝鲜的自立自强？这正是明朝主导下朝鲜练兵运动兴起的另一背景和内在逻辑。

明朝练兵战略，主要是通过沉埋域外400余年的《唐将书帖》，拨开了历史迷雾，照亮了来途去路。通过上篇的书信释读，我们具体了解到南兵将领骆尚志、吴惟忠及南兵教师的所为，为揭示练兵细节和厘清史实提供了关键线索和重要航标。其中一个很重要的信息，就是在南兵将和南兵教师的具体指导帮助下，朝鲜成立了专门的练兵机构——训练都监，训练朝鲜军成为一支新式的"三手军"，这正是明末清初松锦大战中帮助清军打败明军、震惊东亚和世界的朝鲜军爆发的源头：明朝东征军的作用，应该得到彰示而不能被埋没。而胡大受作为停战期间入朝教练朝鲜军队的总管游击，因出面解决朝鲜与女真边境的矛盾，付出了沉重的代价。这也从另一个侧面反映明朝固守祖制、无力应对边疆出现新危机的现实。

东征后勤管理工作，主要通过掌管东征后勤供应的副总兵佟养正其人其事，可以反映东征战争，至少直接关系明、日、朝鲜、女真这三国四方政治军事力量的消长和实力对比，微妙的平衡一旦被打破，沧海桑田、大厦将倾也不过就在二三十年间。管粮通判陶良性、括苍总兵李承勋的生平与东征事略，也都与明军粮饷供应有关，并从不同侧面反映了万历时代军人的风貌和从军的利弊。我们需要从更广阔的视野去观察这场战争，并不断刷新现有的认识和结论。

第四章　和谈——性质不同的前后期和谈

小西飞入朝，是东征前期明朝策略游移不定的结果。小西飞名藤原如忠，也称小西飞弹守，是日军小西行长部下的幕僚。在明日和谈之际，作为小西行长的代表进入中国谈判，羁留辽东年余。后被送到北京，接受明朝内阁九卿科道的责询，终被放归朝鲜。但北京朝廷却始终未弄清丰臣秀吉的真实意图，也不了解小西飞入朝所图为何，显得有些莫名其妙。毛国科去国，也是东征后期不明不白的一件事。毛国科隶属明军中路董一元部，南兵游击茅国器营下义乌千总。在泗川战役失利后，以"都司"名义，进入日军萨摩藩岛津义弘营垒讲和，并在日军撤退时，作为人质被带到日本，羁留3年后送回明朝。围绕毛国科的往返，明廷朝堂出现系列政治操作，使得这个无意踏上国际舞台的小人物，成为一枚掩盖战场失误的棋子。

第一节　鸡同鸭讲的前期和谈

在持续7年的万历朝鲜战争中，有4年多的时间处在停战阶段，和谈遂成为受重点关注的问题。从前期日方投书龙山水师兵船的"龙山谈判"开始，到后期毛国科等进入泗川日军营垒谈判，和战之间曾出现过多次和谈及多个谈判小组，中外史学界的相关研究成果较为丰富。[①] 自19世纪

---

① 案：东征战争时间持续2年，4年多处于停战阶段。期间出现多次和谈：从"龙山谈判"到泗川战役后的和谈。沈惟敬和小西行长这组和谈被关注最多，持续时间也最长。冯仲缨与加藤清正、四溟堂惟正与加藤清正、朝鲜金应瑞与锅岛茂直等谈判，参见张子平《万历援朝战争初期明日和谈活动的再探——以万历二十一年的"龙山谈判"为中心》（2011年复旦大学硕士论文）、金冈泰《壬辰战争期间朝鲜军与日本军的秘密交涉》（山东大学2018年《第二届壬辰战争工作坊论文集》，第141—163页）；北岛万次《加

至今，日韩学者中村德五郎、中村荣孝、北岛万次、石原道博、小野和子、三木聪、中岛乐章、佐岛显子、金文子等都从不同角度进行了宝贵的探索。有关和谈人物，从明朝阁臣王锡爵、赵志皋、沈一贯、兵部尚书石星、首席谈判员沈惟敬到日军小西行长、加藤清正、宗义智和景澈、玄苏、四溟堂惟正、锅岛直茂等都受到了不同程度的关注，但还有不少可供深耕的空间：因为和战之间存在太多的不确定性和难解之谜。[①]

一 小西飞入朝——有关和谈的争论及观念差别

1. 围绕小西飞入朝的争论

从万历二十年十二月明军入朝，到次年正月初八日即攻克平壤，明朝前期以战止战、"兴灭继绝"[②]的目的十分明确。万历二十一年二月，平壤、碧蹄馆战役后，因粮饷不济，中日开始休战和谈。六月，日将小西行长派出使者小西飞弹守入明交涉，原名藤原如忠，为小西行长幕僚，后改

（接上页注）藤清正—朝鲜侵略の实像》（吉川弘文馆 2007 年）探讨日方反对和谈的重要人物加藤清正在和谈期间的作为、中村荣孝《日鲜关系史の研究》（吉川弘文馆 1969 年）、陈尚胜《壬辰战争之际明朝与朝鲜对日外交比较——以明朝沈惟敬与朝鲜僧侣四溟为中心》（载《纪年许大龄教授诞辰八十五周年学术论文集》，北京大学出版社 2007 年版）、郑洁西和陈曙鹏《沈惟敬初入日营交涉事考》[《宁波大学学报》（人文科学版）2017 年第 6 期，第 86—93 页]、郑洁西《16 世纪末明朝的征讨日本战略及其变迁——以万历朝鲜之役的诏令资料为中心》（载《明史研究论丛》第 14 辑，中国社会科学出版社 2010 年）、孙卫国《兵部尚书石星与明代抗倭援朝战争》（《朝鲜韩国历史研究》第 14 辑，延边大学出版社 2013 年）等论著和文章。陈尚胜、赵彦民、孙成旭、石少颖：《地区性历史与国别性认识——日本、韩国、中国有关壬辰战争史研究述评》（《海交史研究》2019 年第 4 期，第 96—124 页），孙卫国、孙中奇：《近百年来中国对万历朝鲜之役研究的回顾与总结》（《史学月刊》2020 年第 2 期，第 125—136 页）罗列了最新进展和研究综述，均可参见。

① 案：如张子平认为最初的"龙山谈判"就是明日两军前线指挥在未获得本国授权的情况下，为应对各自困境展开的停战谈判：双方都有掌握主动的意图和需要，明朝中央因"避战"方针和前线指挥依赖和谈，导致谈判中整体被动；而宋应昌在谈判伊始就将日方条件锁定于"求贡"，不仅使"封贡问题"成为此后数年间明日和谈的基调，也引发了无穷党争；前线指挥急于求和的心理被日军利用，从容完成撤退和再部署，为"壬辰战争"期间明日和谈的开端，也确定了此后和、战变化的基调。而后期毛国科等与泗川岛津义弘部谈判，授意于东征军高层却在事后否认，也是迷障重重。

② 宋应昌：《经略复国要编》卷 4，《移朝鲜国王咨》万历二十年十二月（十二日），第 312 页。

名"小西飞"①。他到达辽东宽甸，由佟养正负责其一行生活，但受史料限制，小西飞羁留辽东年余，具体情形并不明朗。②

六月二十日，小西飞由沈惟敬带领从朝鲜釜山起身，所带行李物品有20余抬，随行人员有30名③，因"倭将驮载行李甚多"④，包括银子"数千两"，宋应昌判定其目的"欲行间以缓我师"⑤，故羁留小西飞留住汉城月余，七月二十二日，明军"差官将扛内物件，公同查验的数，登记明白，开数呈报"⑥，由毛承祖、任自强、钱世祯等人负责监督盘验咨报"倭将带来行李金刀之类"⑦，陪伴小西飞的沈惟敬，也被管控⑧。迁延二月余，至八月底，才将小西飞送入辽东。宋应昌请示如何处置小西飞："通贡""献俘"还是"显戮"⑨，显示明廷仍未定策。故宋应昌建议先将"小西飞带至宽奠或辽阳，交付佟副将管领优待，以安其心"⑩，"择一好公馆与居，供给亦须丰盛"⑪，以"得其心兼可得其力，想仰妙画，倭众

---

① [日] 川口长孺：《征韩伟略》，载《壬辰之役史料汇辑》，全国图书馆文献微缩复制中心1990年版，第2册，第500页。
② 案：小西飞先到宽甸，后到辽阳、广宁，直到万历二十二年年底入京之前，羁留辽东年余。若能发现小西飞寄抵小西行长的书信，将会是惊天发现。万历二十三年正月，兵部差官陈云鸿以"皇朝推恩许封"奉明旨谕小西行长到达朝鲜。十二日自榆川起身，过密阳，泊金海，到"竹岛营小将来见于船上请饭，仍宿其所"。倭营基址广比平壤，三面临江，周以木城，重以土城，内筑石城，高台杰阁，粉壁绚烂，大小土宇，弥满栉比，量可容接万余兵。大小船只列泊城下不计其数，包括投付鲜民结幕城外，处处屯结，捉鱼为生。期间有"小西飞子来见，年可十七、八，体貌英妙"。游击言"我在辽阳见汝父爱悦，赏以银牌，姚游击与我偕出押领入京，朝廷赐以赏宴，且分付说话后即当出来，汝不久见父矣"。小西飞子答曰"爱父及子感激难胜"云。因小西行长怀疑小西飞在山海关被拦截未能进京，游击言"我在辽阳时，见送小西飞入关，姚游击奉旨领进。钦差官当前，谁敢拦住？此必沈嘉旺等邪说也"。见《宣祖实录》卷60，宣祖二十八年二月十二日癸丑6条。
③ 宋应昌：《经略复国要编》卷10，《讲明封贡疏》（万历二十一年八月）二十九日，第892页。同书同卷不出年份。
④ 宋应昌：《经略复国要编》卷9，《移本部咨》（万历二十一年七月）二十二日，第787—788页。
⑤ 宋应昌：《经略复国要编》卷10，《报石司马书》（八月）二十八日，第877页。
⑥ 宋应昌：《经略复国要编》卷9，《移本部咨》（七月）二十二日，第788页。
⑦ 宋应昌：《经略复国要编》卷10，《檄沈惟敬》（八月）二十九日，第883页。
⑧ 宋应昌：《经略复国要编》卷10，《与李提督》（八月）二十四日，第859页。"幸大将军专责陪伴小西飞，即其家人亦勿使复入行长营内，恐关防不密，漏泄军机也。"
⑨ 宋应昌：《经略复国要编》卷10，《讲明封贡疏》（八月）二十九日，第896页。
⑩ 宋应昌：《经略复国要编》卷10，《报三相公书》（八月）十九日，第857页。
⑪ 宋应昌：《经略复国要编》卷9，《与李提督书》（二十一年七月）初一日，第761页。

退归"①。所谓"妙画",即"令小西飞速遣从倭回取表文前来"②,尽快得到日军表文以结局和谈"小西飞既已在此,亦须照用前着,完此一局"③,他的意见很快占了上风。九月,小西飞到达宽甸堡,副将佟养正驻扎该地,军多地僻,易于防守。但因"从倭人众",该堡逐日供给困难,遂另委专官管理支应,"以慰外夷向化之心"④。宋应昌等人认为小西飞来朝是为"向化"归诚,这种观念与日方的想法有着方向性分歧。

小西飞居住宽奠半年。佟养正为人周到,处事周详:"其致降倭推问也,次第有序,备尽无欠,钩得贼情。"⑤ 他与小西飞接触最多,相处不错,但得到的"贼情"能否具化为明廷的行动指南?

万历二十二年五月,朝堂九卿科道奉旨会议倭事。时内阁主事由王锡爵转为赵志皋,包括尚书陈有年、侍郎赵参鲁、科道林材、甘士价等各具疏揭,总以"罢款议守"为主。但兵部尚书石星主张"封贡",有封而不贡之说,有退而后封之说,都从中国传统政治理念出发,既要将日本纳入封贡体系,又想少打交道,最好是封而不贡,禁绝贸易,避免麻烦。故石星建议:降敕一道,付小西飞归谕关白,尽撤釜山兵,以观诚伪。后续三议则是:一如罗万化议,遣使往谕,必如中国约,乃许倭使具表请封;二如孙鑛议,守鸭绿江以西;三如陈有年、赵参鲁议,封贡并绝,"自修内备,令朝鲜淬砺图存,而我遥为声援,兵饷俱难再助。而众论之所佥同者,莫不汲汲于选将、练兵、储器、待饷、屯田、扼险,皆本计也"⑥。万历皇帝认为降敕事大,未可轻拟,遂令顾养谦谕众悉归,查验表文。

石星认为,明军主动出战"遣兵驱去"日军,虽为"上策"也不能轻议,千里趋利乃兵家所忌,故取"待其再来,出兵征之"的应敌之策,是"臣等议处而见行者",同时也不反对备兵。经略顾养谦认为许日"封贡既成,可保十年无事",但未获石星首肯,"绝封贡而欲保朝鲜,臣必

---

① 宋应昌:《经略复国要编》卷10,《与李提督书》(二十一年八月)十二日,第833页。
② 宋应昌:《经略复国要编》卷10,《檄沈惟敬》(二十一年八月)二十九日,第883页。
③ 宋应昌:《经略复国要编》卷10,《报辽东周按院书》(二十一年八月)十六日,第850页。
④ 宋应昌:《经略复国要编》卷11,《檄李提督刘员外》(二十一年九月)初一日,第900页。
⑤ [朝鲜]郑琢:《药圃先生文集》卷6,《龙湾闻见录》,《韩国文集丛刊》第39册,第524页。
⑥ 《明神宗实录》卷273,万历二十二年五月戊寅朔,第5057—5058页。

不能任……非吏部左侍郎赵参鲁、刑部左侍郎孙鑛不可"①。于是主张封贡并绝、选将练兵、储器待饷、屯田扼险、以战为守的刑部右侍郎孙鑛，在七月被任命为兵部右侍郎，取代顾养谦经略朝鲜。

万历二十二年五月，赵志皋内阁推出"明三条"取代"日七条"，在明、日往复和谈过程中，学界的研究成果尚不足以说明各种细节："石星与小西飞似乎蒙骗明朝，小西行长似乎蒙骗丰臣秀吉，究竟封贡和谈是丰臣秀吉精心布置的骗局？还是明朝与丰臣秀吉两方面都被石星、小西行长、沈惟敬所蒙骗？似乎迄今为止，未有更多的史料予以论证。"② 现在看来，孙鑛的认识较为清醒，只是未曾受到重视。

孙鑛，浙江余姚人，字文融，号月峰，姚江孙氏被誉为明朝"二百余年来海内仅此一家"，三世得谥，"门宗贵盛，世以清白见称"，孙鑛四兄弟均位至列卿，"名德无玷"③，文武忠孝集于一门，"指不多屈"④。祖父孙燧为右副都御史赠礼部尚书，谥忠烈；父亲孙升，南京礼部尚书赠太子少保，谥文恪；兄孙鑨，吏部尚书赠太子太保，谥恭简。孙鑛是孙升第四子，万历二年会试第一，以礼部贡生殿试授兵部主事，历仕礼、吏、刑、兵各部及太常少卿，万历十九年以左佥都御史同吏部尚书陆光祖主外察，次年以兄鑨代光祖为尚书，引避出巡山东。二十一年，进刑部右侍郎，明年改兵部。七月，代顾养谦总督蓟辽军务兼经略朝鲜。⑤ 八月十九日，孙鑛随带原调东行兵马，自辽阳启程，九月初九日，驻扎山海关，"料理虏情"⑥

孙鑛一直反对封贡。早在万历二十一年二月，他就提出中国不应介入朝鲜战争："倭此来未伤中国一草，所扰者朝鲜耳。我恐失藩篱，是以出师救之。今已克平壤，再战再胜，德已宣而威已振，可以善息矣。"他的情报是日军在朝鲜有30万人，对马岛有40万人，"其六十六岛之精锐者，不知其几也"。虽不准确，但"王京既克，彼必奔海，狂心岂遂诅已？"判断日军的趋势却符合实情。他的观点很鲜明："今以朝鲜委倭，亦奚不可者？而必疲我兵力，与决于一战，为属国穷讨乎？且此诸兵，皆九边之锐卒，浙中之选士，川广之强悍才技，今尽以发辽左，徒以供李氏兄弟博

---

① 《明神宗实录》卷272，万历二十二年四月初六甲寅总督顾养谦奏称，第5045—5046页。
② 卜永坚：《十六世纪朝鲜战争与明朝中央政治》，《明代研究》第28期，第49页。
③ 沈德符：《万历野获编》卷13，《三世得谥》，中华书局1959年版，第二册，第349页。
④ 张元忭、孙鑛等纂：《绍兴府志》卷29，《职官志》六《武职》，李能成点校，宁波出版社2012年版，第567页。
⑤ 《明神宗实录》卷275，万历二十二年七月庚辰初四，第5088页。
⑥ 孙鑛：《孙月峰先生全集》卷2，《倭情疏》（二），万历二十二年八月十九日，第24页。

封侯之用，而国家不与其利，于计未为得也。"① 明确提出不应介入朝鲜战争，日本不能轻易被消灭，若被打得太狠，四处剽掠，进犯东南沿海，反而驱贼进家，视举国之力"为属国穷讨""供李氏兄弟博封侯"不明智。

孙鑛的看法代表着朝堂上存在另一种声音。他认为明军深入朝鲜，"大有可虑"者三：一是道路不熟，"设或有自间道驰入，我忽后者则奈何"？二是平衡问题，"且倭今来，尚未履我土，未伤我寸草，辄穷兵追之，似亦为过"；三是后果问题，"彼岂肯安坐受戮？必逃奔而四驰，亦未见为中国之利"②。尤其是第二条，避免为属国绑架的观念很值得注意。他提出："若为天下大势计，则彼贼所扰者朝鲜耳……若乘此再胜之势，振旅而归，少留兵阻守大同江而严烽燧以伺探，且休我兵力，令朝鲜人自图恢复，以后乘间再举，门下且还朝，以兵事付之督抚，此万全之策也。"③ 但未受重视，万历皇帝、兵部尚书石星及东征经略宋应昌都未采纳他的建议。

万历二十二年前后，明廷再次围绕封、贡、战、守进行反复讨论。自被迫卷入战争以来，明朝在战争观念、目标、处理手段等方面，均与日本差距甚大，几乎没有可以谈判的基础。而粮饷缺乏，战场胶着，也实在打不下去了。从阁臣王锡爵、兵部尚书石星到经略宋应昌等都趋向封贡和谈。九月初九，万历皇帝上谕兵部："朕前见廷臣争讲东倭封贡事宜。自奉旨停罢后，如何再无人言及倭事？你部里亦未见有奇谋长策来奏，不知善后之计何在？"认为"或速遣兵驱去，或待再来出兵征之，或不许贡但往市。这三策，你部里可斟酌覆奏……勿致误事"④。可见，对朝论善后许市、兵驱、征讨三策，皇帝也未尝对"不贡往市"表示明确反对。最终万历皇帝定调"战守羁縻，不妨互用"，尚秉持稳妥之见。

自二十二年七月，孙鑛就任蓟辽总督兼经略朝鲜后，对如何守卫朝鲜，与其任山东巡抚时的主张就不同了。比如，他原以"守鸭江以援朝鲜为平策"；"如从富疆之说，则守朝鲜为优"；"若论圣贤中正之谊，则保我幅员、无疲兵力于异域，实为稳策"⑤，开始赞成守朝鲜，而不再局

---

① 孙鑛：《孙月峰先生全集》卷4，《与政府书》（万历二十一年二月二十六日），第63页。
② 孙鑛：《孙月峰先生全集》卷4，《与石东泉书》（万历二十一年二月十九日），第55页。
③ 孙鑛：《孙月峰先生全集》卷4，《与宋桐岗书》（万历二十一年二月二十一日），第56页。
④ 《明神宗实录》卷277，万历二十二年九月甲申，第5124—5125页。
⑤ 孙鑛；《孙月峰先生全集》卷5，《阁部院书》（万历二十二年）十月初三日，第1页。

限于辽东或鸭绿江之西,这与当初宋应昌经略朝鲜的看法一致。所谓在其位者谋其事,孙鑛与宋应昌先后经略朝鲜,在观念上也趋同了。

惟在反对封贡①这点上,孙鑛认识明确,态度坚决。他认为"大抵求款一事,只行长心果欲之,而其中尚有不能得之于关白者。又各倭将之意亦或不同,所以终多龃龉"②,分析日军内部矛盾,"渠今候封是实,然非是恭顺,只是无厌,渠意似谓得一件是一件,既抢朝鲜,兵疲食乏,退去无名,欲求封求贡求市,得此三件之后,又孰能禁其抢掠?……人谓我且以封贡羁縻彼,不知彼更以封贡羁縻我也",认为封贡是"万万不敢坚任者也"③。

宋应昌曾认为"勿为朝鲜代戍,而止增兵戍我辽阳"是下策,是不顾全局之势的一孔之见,完全比不上"守全庆之为省且便也"。但他也反对封贡会导致日本"必犯我中国"的看法:"八闽见行海市,公私受利无算,此中外臣民所共知也",主张封、贡并举且代戍朝鲜,今"降表之至,既已周岁矣,小西飞之拘留不下岁余矣"④。故万历二十二年十一月十六日,小西飞在千总官李荣春等人伴送下,离开辽东"赍齐捧表文"赴京⑤。十二月十九日,宋应昌在广宁面见小西飞:"倭酋小西飞弹守,于本月十九日前来谒臣乞封,呈送平秀嘉、行长、三成、吉继、长盛五将刀铳、盔甲,且复禀称关白降表送倭营已久。飞将今日见后,行长等闻知表文即来……岛夷今已革面,亦可识其归心,诚不可拒绝之。"⑥ 但实际

---

① 日本学者小野和子梳理了反对封贡的明朝官员,有张辅之(1547—1620)、许弘纲(1554—1638)、侯廷佩、宋兴祖(1554—1613)、曾伟芳、王德完(1562—1621)、逯中立、赵善继、陈有年(1531—1598)、赵参鲁(1537—1609)、甘士价(1545—1608)、徐成楚(1553—1602)、岳元声1557—1628)、戴士衡(?—1617)、周孔教(1548—1613)、叶继美、曹学程(1563—1608)等17人。可参见小野和子《明季党社考——东林党と復社》,京都:同朋舍,1996年,第122—133页。三木聪《万历封倭考——封贡问题と九卿・科道会议》分析九卿科道就封贡方案的万历二十二年三月、四月、万历二十四年五月会议,尤其详尽,亦可参见,载《伝统中国と福建社会》,东京汲古书院2015年版,第275—377页。
② 孙鑛:《孙月峰先生全集》卷5,《阁部院书》(万历二十二年)十月初三日,第2页。
③ 孙鑛:《孙月峰先生全集》卷5,《与石本兵书》(万历二十二年)十月十七日,第4—5页。
④ 宋应昌:《经略复国要略》卷14,《辞免恩荫并陈一得疏》(万历二十二年十月)二十一日,第1124、1126、1128页。
⑤ 孙鑛:《孙月峰先生全集》卷2,《钦奉圣谕疏》(一),第2页。
⑥ 宋应昌:《经略复国要略》卷13,《恭进海图倭物疏》(万历二十二年三月)二十日,第1096页。案:宋应昌还拣选金鞘长柄刀十把、鸟铳二门、红铁盔、铁下领配红漆皮甲一套;黑铁盔、铁下领配黑漆皮甲一套上交,可见日军重量级装备以铁、皮甲为主。

上，明、日双方观念差距甚大，所谓"小西飞叩伏不起，只讨天朝一封"①，基本上是宋应昌等以己之心度人之腹的结果。

2. 从日本侵朝目的看中日观念差别

万历二十二年十二月二十日，在北京城左阙门，小西飞与明朝文武科道等官，通过翻译问答 16 次。其中有 4 个问题，小西飞未答：第一，是"如何举兵相犯"朝鲜？第二，是"原来兵二枝，一行长，一清正。今独行长请封，倘清正不肯输服如何？"第三，是"你既保永无他变，尔当对此订盟立誓，方与请封"；第四，是"尔国既有天皇，今若立关白为王，将国王置之何地？"第一个问题涉及日本入侵朝鲜目的，虽在最终目的包不包括中国这点上，至今学界还有争论，但其初心征服朝鲜则实无可疑。②

秀吉的初心，或许还包括与邻国建立直接的贸易关系、转移国内庞大军队的土地回报要求、对荣耀的追求和对来自不限于亚洲大陆的海外敬意的渴望等，但在缺少实现目标的足够资源面前，丰臣秀吉看起来更像个疯子而不是一个清醒的统治者，由此开启的潘多拉之盒，却在日本历史上树立了一杆难以超越的政治标尺，诱使疯狂的后继者持续努力。

而小西行长，大约是在海外远征过程中发现了丰臣秀吉"疯狂"一面的人，所以怂恿与秉持一种"防守与谈判的策略"③。而清正的动向和态度，小西飞不易答更不想答。口头立誓容易，订盟则小西飞的级别也不够。至于最后一个问题，是日本国内的政治难题，小西飞的沉默也属自然。"日本王今实尚在，见有文禄年号历日可据。则小西飞称国王为信长所杀，子孙金印俱未之闻者，似出权辞枝梧。此而不实，其他又安得实？"孙鑛在派往日营的使者回来后，曾上《直陈倭情疏》，全面提出"倭情未驯帖"的 5 个证据——就包括小西飞回答不出的问题、有关日本国王之疑、沈惟敬所漏贾儒语及令行长拘留谭宗仁、行长明语清正不听他及关白没有真实回信等关键点；而六"可疑"则涉及换班、盖房、商议

---

① 宋应昌：《经略复国要略》卷 14，《辨明心迹疏》（万历二十二年四月）十二日，第 1109 页。

② 案：如加拿大许南麟认为"没有证据表明"丰臣秀吉曾做过侵略中国的"细致准备"，但接到占领汉城的消息后有了"将天皇和秀次移驾北京"的想法，但即使在 1592 年 3 月 13 日的跨海征朝军令中也只提到要"迫使朝鲜臣服（日本）"，参许南麟《日本对朝鲜侵略和丰臣秀吉政权》，2018 年山东大学《第二届壬辰战争工作坊论文集》，第 93 页。

③ ［美］玛丽·伊丽莎白·贝里：《丰臣秀吉：为现代日本奠定政治基础的人》，江苏人民出版社 2017 年版，第 310、306 页。

不决，推说头痛、每事以关白为解、要买焰硝、播种田土等具体细节；五"可虑"是为封后及贡、拘留使臣要求无厌、封后复来、夺君逾约、游说者向倭不向我等。他认为小西飞乃一弹丸小将，不过若明朝守备、把总之类的小官，现"以世勋之臣报之""彼时即留小西飞为质，将置之若弃，恐不足当也"①，完全揭穿了和谈营造的虚假氛围。

万历二十一年六月，明日和谈进行之际，丰臣秀吉依然下令，集中优势兵力进攻朝鲜晋州。而当时，区区数千南兵及刘綎所部才推进到尚州等地，遭到朝鲜指责不肯营救。小西飞回答明臣"求封如何又犯晋州"时，只狡辩"原是朝鲜人去日本，相遇清正、吉长兵马杀了，因此相杀，后见天朝兵，即便退去"②。孙鑛判断丰臣秀吉不会满足于"封贡"或者是"贡市"，但理想派则以丰臣秀吉（关白）所思、所想不出于封贡或贡市，故明廷君臣欲维持现实秩序的想法，无法与丰臣秀吉最基本的领土要求调和。至于"准封之外，不许别求贡市"③，则与小西行长的设想也差距遥远。故当小西飞在紫禁城接受质询时，兵部差官和孙鑛情报官也分别进入行长、清正营中，将面临的局面可想而知。

万历二十三年正月，孙鑛差往釜山倭营的夜不收郭顺、千总李荣春、宣谕官谭宗仁等，携带谈判三条件"一釜山众倭尽数归巢；二不得因封更求贡市；三不得复犯朝鲜"④ 及兵部差沈嘉旺、坐营陈云鸿及标下官骆一龙、叶靖国等都先后碰壁而归。

如孙鑛所遣叶靖国，进入庆尚南道行长熊川营后，随军僧玄素、平调信及通事林小乔将叶靖国所携榜文讲给行长听，"天朝止准封，不许贡市，又教永不犯朝鲜，又要收兵渡海，又要誓表"⑤，听完玄素、行长都没说话。行长推说头痛要去睡，玄素留住行长，叶靖国再三委曲晓谕，行长方叫取纸笔，从头细写报告关白，吐露实情"清正不肯听我说"，需"写禀帖与关白，调他回去"。叶靖国当场指问行长回兵、搬运木石盖造房屋似有久居之意，要求约定退兵日期、地点并"领我去看"。行长推说风水不定，转换支吾"竟无的确回答"⑥。叶靖国面见小西行长时，谈到

---

① 孙鑛：《孙月峰先生全集》卷2，《直陈倭情疏》，第14页。
② 宋应昌：《经略复国要略》后附《兵部等衙门一本》，第1207—1211页。
③ 宋应昌：《经略复国要略》后附《兵部一本》，第1202页。
④ 孙鑛：《孙月峰先生全集》卷2，《钦奉圣谕疏》（二）第3页；《直陈倭情疏》，第7页。
⑤ 孙鑛：《孙月峰先生全集》卷2，《直陈倭情疏》，第8页。
⑥ 孙鑛：《孙月峰先生全集》卷2，《直陈倭情疏》，第9页。

关键问题"不求贡市一节,竟不回答"①,与小西飞在北京的表现几乎一模一样。大概两人都没想到明朝的底牌,与丰臣秀吉的目标差距如此之大。这也说明明朝对丰臣秀吉了解太少,双方势必是鸡同鸭讲,丰臣秀吉后来接到明朝册封书时的心态也就可以推想一二。

二 孙鑛反对封贡的见解及行动

1. 孙鑛的御倭机宜

就任经略朝鲜后,孙鑛反对小西飞入朝。他认为日本求款"只行长心果欲之,而其中尚有不能得之于关白者。又各倭将之意亦或不同,所以终多龃龉",完全摸准了日军动向:日本方面并非铁板一块,即使羁縻日本,"岂必在贴然受封"?停战局势相持一年,没有任何推进或改观:"若尽以委之于鑛,姑便宜通使,以尝试之,不必封之。成与不成,因之为间,亦可用之为延迁之役,亦可经理朝鲜之事,原不妨与并行。"②孙鑛的御倭机宜是先走着瞧。

万历二十二年十月底,孙鑛明示石星:"今台衡若推心不敏,以东事一切付之,不问其未战守羁縻,但事后责其成,不敏断不敢推脱。"并认为许封之端一起,以后事渐生出,日更以多,局恐更未易结,后来的事实不幸被他言中:"小西飞似不必令进京,倭之封与不封,亦不系于此"③。但皇帝既已主许封贡,庙堂之意大略相同,"内庭主封二使,弟与修战守……此乃是互相为用。第恐既封之后成骑虎之势,必欲护短而弥缝,不知若何结果也?且许封亦觉太早,而小西飞亦不必令其进京。"④孙鑛已经看到小西飞进京于事无补。至二十三年四月,得知部分和谈实情,孙鑛更直言:"若但主战守,据不敏本意,则小西飞者,自去年即拟遣其回矣。"⑤羁留小西飞担当三事之约是失策,早该放回之人因庙堂迟疑处于被动局面。

二十二年十一月十六日,小西飞起身当日,孙鑛还上疏内阁张位、陈于陛,认为丰臣秀吉"其心乃属无厌,既不欲蒙败遁之名,且要贡市以为利,而更欲据釜山以为固,又不能不垂涎于既得复失之朝鲜也",认为封之未必即有患,但"使其力果足以大举,则不必鼠伏海滨年余而不动,以待我之封矣!是以妄谓但可绝之"!认为日军同样力竭不足以进攻,大

---

① 孙鑛:《孙月峰先生全集》卷2,《直陈倭情疏》,第11页。
② 孙鑛:《孙月峰先生全集》卷5,《阁部院书》二十二年十月初三日,第1—2页。
③ 孙鑛:《孙月峰先生全集》卷5,《与石本兵书》十月二十九日,第6—7页。
④ 孙鑛:《孙月峰先生全集》卷5,《与辽抚李霖寰书》十一月初二日,第8页。
⑤ 孙鑛:《孙月峰先生全集》卷5,《与石大司马书》二十三年四月初八日,第58页。

胆地提出了绝封的主张。从当时实际情况看，他的判断更加准确。但圣意已决，只能遵旨遣小西飞进京，"设未能如约，则后看尤宜慎也"①!

孙鑛的御倭观，包括六个方面：一全朝廷之体，二破狡夷之谋，三省我军需，养我兵力，四不忘藩篱之保，五复虑腹心之耗，六既图目前之安，仍防将来之隙。苦心焦思，要期出于万全，实在不是一件容易之事。但"大抵目下倭力果能克朝鲜，断不株守釜山以俟我之封也！此理之可必也"②。

至二十三年正月，孙鑛已意识到明日和谈的肯綮在于"行长意亦未尝不顺，独未知关白何如耳"③，建议调兵一万至釜山"制驭"日军。十二日，他向石星要求调南兵，不得。十五日，再向户部尚书杨俊民建议"以兵驱逐是一孤策，若失此机会，釜山之众多未肯即去，然则封后倭情，正与今日未封时一同"，但发兵远征，为费不赀，而川兵多费、南兵不调，更是"胶柱"④。三月，孙鑛"侦得倭真信，似未肯退"⑤；四月，通过叶芳与玄素交涉、骆一龙和陈云鸿及所差俞大武等入倭营交涉，尤其是朝鲜东莱县被掳吏目金龙虎所云"各贼分占本县膏腴田土，以为明年耕种之谋，大麦已行播种"⑥等消息，孙鑛得出结论："倭之乞封，原藏狡诈；我之封倭，本属羁縻；贵得相机之宜，难守胶柱之说。"⑦ 在此路不通的情况下，只好建议将册封使臣留在三浪江北岸，不入倭营，令行长代关白领封，"来不拒，去不追"，并罢免沈惟敬"以杜后隙，而调兵一节尤不容已"⑧。

五月，孙鑛建议对沈惟敬"可明白与讲，彼从则封之；不从则中止，但从实据报，莫非汝功。今原不曾责汝必使倭退，无须多位辗转，弄巧成拙，渠亦唯唯。"他确定"行长之令，似未能行之清正也"；"惟敬此行，倭尽退，大善；不退，亦于我无损。惟恐其诈退，待使臣登舟后，复来据釜山，则大有难处耳。"⑨ 考虑到调兵速度，一调即至者有海防营三千、

---

① 孙鑛：《孙月峰先生全集》卷5，《与张陈二阁下》（二十二年十一月十六日），第14—16页。
② 孙鑛：《孙月峰先生全集》卷5，《与李霖寰书》（十二月初一），第17—18页。
③ 孙鑛：《孙月峰先生全集》卷5，《与沈阁下书》（万历二十三年正月初六日）第29页。
④ 孙鑛：《孙月峰先生全集》卷5，《与杨本庵书》，第36页。
⑤ 孙鑛：《孙月峰先生全集》卷5，《致辽抚李霖寰书》（二十三年三月二十四日），第52—55页。
⑥ 孙鑛：《孙月峰先生全集》卷2，《直陈倭情疏》，第11页。
⑦ 孙鑛：《孙月峰先生全集》卷2，《直陈倭情疏》，第12页。
⑧ 以上未指明出处者，均见孙鑛《孙月峰先生全集》卷2，《直陈倭情疏》，第15页。
⑨ 孙鑛：《孙月峰先生全集》卷5，《与石大司马书》（二十三年五月十一日），第67—68页。

天津三千及水兵一千及标下共可一万人，"御倭必须浙兵。若果有急，当再调台兵三千"及山东杨文兵三千人，大约可凑足二万人①。总之，东倭之事，"大抵战、守、和三策，原互相为用"，"关酋若果如所言，欲借我之封，以压服六十六岛之心也，则一封诚可以暂弥目前矣。设其中有未然，而徒愿侍沈惟敬之能得于行长，而冀其就里委曲。即果尽退，亦恐非真退也，而况未必能乎？"②

孙鑛的观念很值得注意。如他提出明朝不应介入朝鲜战争，即使介入，也应尽快抽身，而令朝鲜自振，认为欲为天下大势计，必须持平居中，"未伤我寸草，则穷兵追之，似亦为过"③，是一种将日本也纳入视野的天下观："若为天下大势计，则彼贼所扰者，朝鲜耳……若乘此再胜之势，振旅而归，少留兵阻守大同江，而严烽燧以伺探，且休我兵力，令朝鲜人自图恢复，以后乘间再举，门下且还朝，以兵事付之督抚，此万全之策也。"④ 可以看出孙鑛为宋应昌的建议，后来也演化为就任朝鲜经略后的具体行动指南。

2. 冯仲缨、金相等入清正营

万历二十三年四月，孙鑛遣入清正营中的将官传回报告："入营时，大陈兵威，戈刃林立，炮声不绝。相见首即问和亲事。去官答云但知封关白为王，不知和亲者。清正拍手大笑，对四僧人语'不知所言何事'。去官曰关白有请封表文。清正曰：'关白何尝不是王，乃要你中国封？行长伪奏于关白，沈游击亦伪奏于大明，以此四年不成。若有表文，一官住此，我差一将，同一官往见关白，此伪即明'。"一直反对议和的加藤清正，透露了沈惟敬所许五事：一是与倭婚姻；二是割朝鲜四道；三是朝鲜大臣为质；四是朝鲜王子为质；五是与大臣老人共说誓，绝无封贡之事。而清正表示"我也不向日本，我也不恼大明"，只关注领土需求："但分朝鲜四道与我，我就和好。"此外，还探听到"营中称清正为倭王，清正亦以王自居，似有据朝鲜自主之意。又其修筑、耕种兼举不已。其城皆重城重楼，兵众六营，兵共可二万，似未肯即退也"。所透露的日本和亲条件、请封表文作假、沈惟敬所许五事、清正与小西行长的矛盾等，都是爆

---

① 孙鑛：《孙月峰先生全集》卷5，《致辽抚李霖寰书》（二十三年四月初一），第55页。
② 孙鑛：《孙月峰先生全集》卷5，《与辽抚李霖寰书》（四月二十七日），第63页。
③ 孙鑛：《孙月峰先生全集》卷4，《与石东泉书》（万历二十一年二月十九日），第55页。
④ 孙鑛：《孙月峰先生全集》卷4，《与宋桐岗书》（二月二十一日），第56页。

炸性的新闻。因此"去官一出倭营即病"①，至四月初一日仍未回，只是传回了禀帖。

需要注意的是，此时加藤清正允许明使入营，表明他对和谈的态度已与二十一年安康之战时有了很大的变化：由于南兵三营将坚守庆州以及吴惟忠的积极迎战，包括外围朝鲜军的协助，加藤清正的冬季攻势并没有取得预期的成果，他不得不接受现实，接受明军冯仲缨等入营商谈。孙鑛言明"入倭营者，一向未入清正营。闻其人鸷悍难近，亦未有人敢往者。又行长知之，亦必留之，不肯令往。弟昨募人往使，适标下有应者，弟即嘱之，谓此行只是要探真实信，非与彼讲封贡，但可善为辞，亦无须自出己见，但从间道往，勿令行长知"②。孙鑛遣使的目的是探听消息及真相，绍兴人冯仲缨等应募而往。朝鲜尹行恁《朔斋稿》曾详细记载了冯仲缨等人进入咸镜道吉州、安边等地加藤清正军营中的事迹。

冯仲缨，浙江绍兴府山阴县人，初为明兵部主事袁黄幕下策士。袁黄，字坤仪，号了丸，浙江嘉善县人，万历十四年（1586年）进士，二十一年以兵部职方清吏司主事"钦差经略赞画防海御倭军务"入朝。其初到义州，即遣冯仲缨等入清正营，欲说回两王子"未果"，与朝鲜领议政崔兴源论学"不合"。二十一年六月，被言官弹劾"左道惑众"③革职回国，著有《增订二三场群书备考》《了凡四训》《两行斋集》等。袁黄被革职，有明显的政争背景。

冯仲缨初次东征，即随袁黄来去。万历二十一年正月二十五日，冯仲缨面见朝鲜同知金宇颙："吾等欲率数十人，星驰入贵国营中，助成形势，以剿众倭。"金宇颙怀疑仅"以数十人赴之"何以剿灭日军？仲缨应以"兵诡道也"，加藤清正"不畏朝鲜而畏弊国，故欲以数十人入营中，设奇出不意攻之，要在乘机不在多也"④。这次行动袁黄"差冯、金二人领管下兵三十人同往"⑤咸镜道安边等地，与清正会谈，朝鲜向导崔遇报告："臣等与冯相公同处假宿，翌日，清正请天使于东轩相会论话，百般谋出王子，终不肯从。"⑥与冯仲缨云"倭酋畏服，即日退去王京，以待

---

① 孙鑛：《孙月峰先生全集》卷5，《致辽抚李霖寰书》（万历二十三年四月初一日），第54—55页。
② 孙鑛：《孙月峰先生全集》卷5，《致辽抚李霖寰书》（二十三年四月初一），第54页。
③ ［朝鲜］申钦：《象村稿》卷38，第269—270页；参见《再造藩邦志》卷2，第488、543—544页。
④ 《朝鲜宣祖实录》卷34，宣祖二十六年正月二十五日庚辰6条。
⑤ 《朝鲜宣祖实录》卷34，宣祖二十六年正月二十五日庚辰7条。
⑥ 《朝鲜宣祖实录》卷36，宣祖二十六年三月二十一日己未7条。

后命"有差。

万历二十三年四月初一日，孙鑛致信辽东巡抚李化龙，透露清正"我也不向日本，我也不恼大明"而只关注领土的态度。而三月"冯相公、金相公等所捉活倭及首级"① 中的"活倭"有无可能是被带回明营的加藤清正和谈使？再证以《唐将书帖》第 26 号千总徐文书帖，他也参与万历二十一年"二月拾五日"出发入安边日营的 30 人之一。《宣祖实录》所记载正月二十五日或是计划开始时间，孙鑛云"入倭营者，一向未入清正营……昨接禀帖，已见清正出矣"，可见参与行动诸人从正月准备，二月十五日动身入营，至三月底出，在安边清正营中停留或出入数次。

朝鲜成海应《题天将冯仲缨诗后》：

万历壬辰，倭酋清正盘据北路吉州、安边等地。癸巳春，天将山阴冯仲缨与将军宋大斌兼都指挥张汝翼、赵膺孚［应爵］、叶伯明、王椒、杨先、参军金相、祖［脱廉字］、陈文彦、周子中、金依祥、虞膺鳌、吴明拣、刘守信据阳岩城而击之。清正闻行长败于平壤而惧，遂逃去。阳岩者，阳德也，仲缨题诗于客馆，备言其绩曰："单骑入巢，开示利害，倭酋畏死，即日退去王京，以待后命。"余尝怪清正之入北路，欲犯我宣庙北幸也，既知宣庙不北幸，则何为迁延久屯于北也？我之被倭以上国路也，行长梗西路以当天兵；清正之计，安知其不出于白头之趾，而犯辽沈之不意者哉？仲缨屯阳德而邀之者，似亦虑及于此也。国史言北路之全，乃郑文孚之功，然亦仲缨之力为多。其单骑入巢之事，少知者，其开示利害之事，又未知如何。东国之疏于文献如此，然考之申玄轩所著东征将士录，有大斌而无仲缨，仲缨岂暂来而旋去欤？②

成海应也认为清正从咸镜道退兵，冯仲缨的功劳更大，而不像朝鲜国史所谓只是朝鲜郑文孚之功。成氏引文来源于尹行恁记载，其中脱、误字均同。但成海应怀疑冯仲缨在朝鲜时日甚短，并非事实。

冯仲缨参加过二次东征，先后为袁黄、孙鑛、宋应昌、丁应泰、邢玠

---

① 《朝鲜宣祖实录》卷 36，宣祖二十六年三月十七日壬申 5 条。
② ［朝鲜］成海应：《研经斋全集·续集》册 11，《文》三，《题天将冯仲缨诗后》，韩国汉城民族文化推进会 2001 年版，《韩国文集丛刊》第 279 册，第 239 页。

等所用,为参军于"军门标下"①。至万历二十六年十二月,冯仲缨还言及"三路将官多有未尽事,而制府一从欺瞒,塘报夸张其功"及"科道与赞画在东路点兵时,剃半边眉。到中路,则又出令,剃半边头发。军情多怨,查点稽滞。若到西路,则又未知出何令也?天兵早撤,然后百姓安集;而上司处置如此,亦为可虑",担忧丁应泰查勘岛山功罪无所不用其极的做法,透露的细节反映了当时东征将士的普遍遭遇。

明末清初"江左三大家"之一钱谦益,用了2000余字详细记载冯仲缨、金相两位义士的事迹,以文豪笔墨书写丹青,虽然不如孙鑛的禀帖真实,但文采飞扬亦有可观之处。兵部职方主事袁黄最早访得山阴冯仲缨、吴县金相并招致幕下。后李如松兵败碧蹄馆,小西行长占据龙山,清正自咸镜道趋截鸭绿江,冯仲缨献计于袁黄:"清正狡而悍,貌行长而贰于关白,愿与金相偕使,可撼而间也。"经略宋应昌许往清正营,立马扬言:"汝故主源道意,受天朝封二百余年,汝辈世世陪臣也,汝敢慢天朝忍遂忘故主乎?"遂与清正定约急还朝鲜王子陪臣、退兵封贡。清正还解下所着团花战袍,赠予仲缨歃血约盟,即日自王京解兵而东。而当仲缨说清正时,金相则勒兵以待,领健卒两千分伏南山观音洞,截杀日军90余人。"仲缨归,武库果以通倭为言,仲缨取相所斩倭级示之……乃止。"后因李如松疏状袁黄十罪,袁黄罢归,仲缨与金相随归。"邢益都"(即邢玠)曾欲聘仲缨,谢绝之,居北京读书卖药终老。但参《宣祖实录》,冯参军邢幕为实。而"仲缨矮小,善谈笑,虽家贫坐客恒满,曾示人清正所赠战袍曰'此老禅和衲头也'"十分传神。金相结局凄凉:东征归,叙功当实授守备,然兵部吏谓"长安中金银世界,君徒手来何为"?遂怒烧文牒而去。辽东战事起,金相往来蓟镇、燕中,望老有所为而不济,终老济河舟中,其仆负骨归葬虞山,钱谦益为之营葬。其所言东征事与世"绝异",然与赞画丁应泰之子所藏的应泰手记相合,故事"所言有征"②。

万历二十三年三月,冯仲缨在清正营中,得知和亲、假表等爆炸性新闻,曾一病不起,或过于惊悚劳累。孙鑛原即疑兵部所"谓清正、行长二人原互为机械,若以目下之事观之,清正翻极其恭顺,而行长顾挟诈难信。然则清正之归,安知非吕蒙之诈病,而行长甘言,又独非陆逊之输诚

---

① 《朝鲜宣祖实》卷107,宣祖三十一年(万历二十六年)十二月三十日辛巳6条。
② 未指明出处者均见钱谦益《初学集》卷25,《杂文》五《东征二士录》,上海古籍出版社1985年版,第806—810页。

耶?"① 在相继接到骆一龙、陈云鸿、叶靖国、沈嘉旺、叶芳等人从朝鲜倭营传回情报后,大致了解行长、清正部实情,知道日军不会接受明朝的三个条件。朝鲜三浪江倭营通事洪文正亦云:"倭子切不可许他贡。倭国没有焰硝并铅子,今通贡只要买焰硝铅子。"而沈嘉旺对此初也不肯明说,"后逐件细问,乃吐实情"。可见,双方都有隐情。

三 孙鑛和石星矛盾的关键

万历二十三年三月,陈云鸿回报:"倭船大约不甚大,即使果去三十六船,不过千余人耳。"十六日,骆一龙也说:"倭决未肯即退……即退,亦只是诈退,必仍复来。"② 唯有搞清日军的真正意图,才能制定有针对性的策略。③ 而小西行长等代表的"对马团队"在议和过程中,又有自己的利益和诉求,能在多大程度上代表丰臣秀吉也成问题。④ 孙鑛意识到和谈的关键在于"关白何如",说明他是清醒的务实者,与石星为代表的理想派存在重大分歧。

但丰臣秀吉的意图亦不甚明确⑤,直到1593年(万历二十一年)5月才出现了一个较为明确的方向,即"谈判显得是避免逐渐溃败的唯一出路",为掩饰"一个愚蠢侵袭的后果"⑥,前提是加藤清正和他主导的贯彻丰臣秀吉强硬命令"保持攻势"的尝试遭到失败之后。这也是综合分析

---

① 孙鑛:《孙月峰先生全集》卷5,《与石本兵书》(二十三年七月初九日),第75页。
② 孙鑛:《孙月峰先生全集》卷5,《致辽抚李霖寰书》,第50页。
③ 案:对于日七条的宗旨及在和谈过程中的变化,中村荣孝认为丰臣秀吉提出的"大明日本和平条件"七条,最核心的是第二条恢复勘合贸易和第四条割让朝鲜四道的领土要求,而谈判底线是第四条。但实际和谈围绕第二条展开,这也是导致和谈最终破裂的要因之一;而明、日双方负责谈判的当事者都对各自最高当局隐瞒实情,并在暗中操纵和谈进程,也直接导致和谈失败。但最根本的问题,还在于丰臣秀吉顽固坚持分割朝鲜国土的要求。参见中村荣孝《日鮮関係史の研究》,吉川弘文馆1969年版,第289页。
④ 北岛万次发展了中村荣孝的观点,除和平七条外,还重点研究了"勘合"的含义,指出丰臣秀吉理解的"勘合贸易"绝非室町时代那种受到明朝严格限制的纯官方贸易,明日双方对"勘合"认识本有差异,而小西行长、宗义智和景澈、玄苏为核心的"对马团队",又在与明、朝交涉中传达有悖于丰臣秀吉真实意图的信息并试图操纵和谈,使之朝有利于自身利益的方向发展。参见北岛万次《豊臣政権の対外認識と朝鮮侵略》,校仓书房1990年版,第112—118页。
⑤ 美国学者玛丽·伊丽莎白·贝里认为:"没有理由相信他(丰臣秀吉)对缺乏一个解决方案感到不快。含糊比一个不得体的解决方案要好……只要战败能以奉承的和议条款来掩饰,秀吉就能忍受漫长而且不确定的谈判。"参见《丰臣秀吉:为现代日本奠定政治基础的人》,第310—311页。
⑥ [美]玛丽·伊丽莎白·贝里:《丰臣秀吉:为现代日本奠定政治基础的人》,第306页。

上篇《唐将书帖》骆尚志、吴惟忠、王必迪等有关安康之战的书帖后得到的认识。

日本学者津野伦明的最新研究成果则认为，丰臣秀吉出兵的最终目标是征服明朝，但参战的大名、大名家臣、杂兵的目的各有不同。在扩大领土、获得恩赐的层面，丰臣秀吉和参战大名、家臣目标一致，但也有部分不愿参战的大名受到惩戒，参加朝鲜战争对他们而言是"宿命"；与此相应的是得到"甜头"的积极动机——大名获得领土的意愿和秀吉的加封赐地，如"藏入地和流用型恩裳"也具有现实性。而对占参战人数一半以上的杂兵，战争目的就是掠夺。①

孙鑛认为"大约东事利害，惟系关白本心如何"，如果关白真心恭顺，以封为幸，则海防可撤；但若行长委曲其中，即使退亦暂退，终必有扰，则应趁此二三年，正宜修备"应着"以备万一。他认为"罢绝其封"，撤回二使则"不至损威"；"不强要其目前之从，则不至贻患。而制驭机宜，则可尽付之不敏"②。见识甚有见地，但兵力"水陆数千足矣，其费则一年二十万或不可少，若经理朝鲜有次第，又可渐减。彼即能再破朝鲜，决不能据朝鲜，即能据朝鲜，日本又恐为他人据矣"③。似乎又有些未考虑朝鲜及战场实况的夸大成分。

除孙鑛外，万历二十四年正月，史科给事中张正学题本：两年前审译小西飞的时候，大家都觉得"东封之成应在旦夕"，但派出"二臣衔命将及逾年"，仍久住朝鲜，未闻渡海。而正使李宗城、巡抚李化龙、沈惟敬各报"窃未敢深信其然也"，怕是"岛屿称雄，原无忌惮，未必仅仅利天朝之一命而已也"④，他的忧虑也基本接近事实。

三月，孙鑛再言："沈惟敬未有文揭……谢隆抵是，所知沈惟敬中情，至所谈兵数或未可信，且渠与正使禀帖云未完之事后至。然则当有朝鲜四道与之矣，何为又撤兵耶？若果二十万众来，则信有难御者……若四月尽，无倭退实信，亦即当疏上矣。"还说"朝鲜有事日，无不往救之

---

① [日]津野伦明：《文禄庆长之役诸大名的目的：对参战动机的讨论》（赵彦民译），载《第二届壬辰战争研究（国际）工作坊论文集》，第12—48页。案：与他不同的观点，如许南麟教授认为丰臣秀吉并不具备事先侵略中国的目标，那是在得到汉城之后才新生的想法。同上。
② 孙鑛：《孙月峰先生全集》卷5，《与石大司马书》（万历二十三年五月十一日），第66页。
③ 孙鑛：《孙月峰先生全集》卷5，《与石大司马书》（万历二十三年五月十一日），第67页。
④ 《明神宗实录》卷293，万历二十四年正月甲申，第5437—5439页。

理，但尽敌未须说出耳！"①

四月，兵科署科事徐成楚梳理倭寇侵略史，认为今非昔比的关键在"其志足畏"，也涉及丰臣秀吉的战略意图，故需重新考虑战略部署：包括辽阳战守、登莱、天津预备、朝鲜应援及南兵调募等，还有副使杨方亨等是否撤回，建议"或断乌岭之道、扼旅顺之险，塞成山之口，使进无所犯；或密谕福建巡抚，亟选良将锐卒，直捣沙街护屋，使退无所归"，如此"关白送死，或未可知"②。进攻态势逐渐成为当时的多数派。

面对越来越清楚的真相，兵部尚书石星仍题催封使李宗城前往朝鲜，著沈惟敬至釜山宣谕。③ 孙鑛觉得，封固是"示弱，但未必即有患"，"俟与封后，看彼情形果何如"再酌量机宜，尤其要看全罗道动静，阃外之事须一切假以便宜乃可展布："乃今事事中制，令人若何措手？"④ 则暗示石星不支持，故孙鑛认为真正最难为者并非倭事。

孙鑛设问："设册使既往之，釜山之倭犹有留者，或虽去而尚聚对马岛……第不知台衡若何定局？将即遵奉明旨，明正其罪，兴师驱剿乎？抑仍行宣谕乎？或一面调兵，一面宣谕乎？将惟修我内备，俟彼变动，然后酌量发兵乎？抑且承此隙经理朝鲜乎？或以为吾局已结，彼虽屯聚，亦无能为，姑任之乎？"⑤ 面对这些问题，石星"愚戆"选择视而不见⑥。故孙鑛直言："今事之掣肘，无事不费调停，所难者正不在倭耳！"⑦

作为明廷理想派的代表，石星坚持"封贡并许"，即使撞到现实南墙，也无法或不能立刻改弦更张。纵有务实官员提出"不贡而市"的新思维，也因不知预后而被归入"权宜之策"遭到冷遇。但这两部分人也都具有"和"的想法，可归于主和派。主战是"封贡并绝"，虽是长图远略中的两败俱伤，却是当时明朝实力仍占上风时的方便法门，也在朝中得

---

① 孙鑛：《孙月峰先生全集》卷5，《致辽抚李霖寰书》，第158—159页。
② 《明神宗实录》卷296，万历二十四年四月二十三日己未，第5518—5520页。
③ 《明神宗实录》卷283，万历二十三年三月初七日庚辰，第5231页。
④ 孙鑛：《孙月峰先生全集》卷5，《与山海关主事张自显书》（十一月十四日），第10—11页。
⑤ 孙鑛：《孙月峰先生全集》卷5，《与石本兵书》（二十二年十一月十五日），第13页。
⑥ 《明神宗实录》卷287，万历二十三年七月庚子，第5331页；参见孙卫国《朝鲜史料视野下的石星及其后人事迹略考》分析封贡失败的原因："从明朝这方来说，石星应负主要责任，他既有用人不当之责，亦有过于固执，偏听偏信之愚。而从大的方面讲，也是朝中无人，集体无知所致。"（《古代文明》2012年第4期，第96页）
⑦ 孙鑛：《孙月峰先生全集》卷5，《与李霖寰书》（二十二年十二月初一），第17—18页。

到不少臣僚的赞同,孙鑛就是这一派的代表。

万历二十二年十月,孙鑛斟酌朝议三策后,见上策"兵驱"及权宜"往市",均因兵部不支持作罢,不得不执行"战守羁縻不妨互用"以作"应敌之策"。他面临的局势有些尴尬,兵部尚书石星寄希望于沈惟敬议和,派册封使李宗诚、杨方亨随行,"鑛不得已,先遣麾下叶靖国持檄谕行长",得到情报日方"殊无撤兵意,亦无不求贡市之说"。明廷"要以撤兵而不许贡市"的理想,与"倭志在贡市不在封"的现状已陷入僵局,更何况日军还有领土要求。孙鑛只能着意"今封使一至,倭即引退固善,不退当即进剿",或者利用"关白尝欲召行长还,而清正素不服关白,与行长复不相能"的情况,欲"以计招之"①。

二十三年二月,鉴于叶靖国的情报,蓟辽总督孙鑛请调海防营浙兵3000名前往朝鲜,并请优恤阵亡南兵,但兵部未准。大学士赵志皋认为:兵部请封甚恳,保无他虞,且以"诏敕已颁,若迟疑何以彰信"?大有一错到底"示信外夷"之势——封事已成、印册已备、冠服已制、使臣李宗城已遣、游击沈惟敬已行,督抚孙鑛、李化龙"请更号停使,阻惟敬无往,并议调兵防剿",不合外交礼仪,建议"将无过信叶靖国"!石星言"东封大信"难爽,"乞遵成命如前,果倭情反复,听督抚便宜援剿"②。若说石星对危机完全懵懂似无证据,但何以死抱"东封大信",致误事机也不好理解,或许"愚戆"勉可应之,缺乏应变机智及退步策略,石星浪漫主义的理想被严峻的现实碾得粉碎,最后只能以身殉职。

二十三年四月,孙鑛致沈一贯书:"鑛近遣人入倭营侦探,得有真信。倭似未肯即退,将来似必须用兵。"还一针见血地指出:"今乃以委曲讲和之计,而为四夷来王之举,称功目前,遗患事后,不以诈敌而唯以自欺……恐终非安社稷之远谋也!"从这个角度来说,"则倭夷犹是第二义"③,可谓犀利之至。孙鑛还曾与李化龙谈论石星:"大司马临事最易仓皇,彼时不议大发兵穷剿,必且迁就许贡市,及允其住朝鲜,但不许侵犯;又不然,则必如前疏所云,自策马与李如松直往收拾耳!此三策者,皆非计也。"极力动员李化龙出面说服石星绝封贡,"其战守和之事,一

---

① 以上未指明出处者见孙仰唐等纂《余姚孙镜宗谱》卷1,《史记录》1,光绪二十五年活字本。
② 《明神宗实录》卷282,万历二十三年二月初十日癸丑,第5214页;卷285,万历二十三年五月初一癸酉,第5273—5274页。
③ 孙鑛:《孙月峰先生全集》卷5,《与沈阁下书》(二十三年四月),第58页。

切付之于弟……虽不敢谓万全，亦或十五、六得胜算"。不满于石星只付虚名却事事掣肘的实际情况，孙鑛对"彼等自主其事，特借弟分其谤、受其诬名。穷不可为，则弟任其祸。弟虽有奇谋妙策，亦何所施耶？"①清楚显示受制于石星的孙鑛，对自己只能起分谤任祸地位的抱怨，这也显示了孙鑛所寄非人。

孙鑛在内阁的实际后台是其座师沈一贯，但后者基本上没有作为："对孙鑛而言，与兵部尚书石星沟通的路线已经行不通，而与老师沈一贯通信向其提供准确的前线信息，借沈一贯对自己的支持进而影响明神宗的对日战略决策，是实现其政治理想的唯一可行途径。"但沈一贯因此时地位不高，而与孙鑛意见相左的石星，却获得首辅赵志皋的全力支持，故沈考虑自身仕途并未在朝堂发声支持孙鑛，以貌合神离之势，选择站在"东征事件中权利更重的一方"，"主要附和位高权重者而言事"②。

直到万历二十四年二月，兵部公文始出现怀疑口气。日军在朝鲜重新发动攻势后，四月二十六日，石星疏题封事"情形忽变"，要求孙鑛移驻朝鲜近地。七月，孙鑛奉旨东巡，经实地考察后，议赞画、议监军、议经略朝鲜、议管粮官员，要求掌握具体人事权及经办事务权。八月，孙鑛东巡后《敬陈御倭机宜》，仍议形势、设兵、聚粮及额饷，要在"不论封事成否，战、守二端，在我原不可废"③。可惜的是，十月，孙鑛就因千户郑一麒"奏督抚孙鑛等迟玩"而杜门。十二月，他乞调浙兵驻扎要害以为声援，章下兵部。朝鲜国王也要求先调浙兵，防备明年春汛。

万历二十五年三月，皇帝下旨："清正复来，非因孙鑛所致，今杜门逊避恐失事机，亦革职听勘。"④而奏言孙鑛贿赂清正败"坏封事"⑤的，正是石星本人，他终于把孙鑛这个"在必难了封贡事"且"临事或有偏执"⑥的障碍搬开了：孙鑛不仅到处宣扬"今之失处，只是在要

---

① 孙鑛：《孙月峰先生全集》卷5，《与辽抚李霖寰书》（万历二十三年四月二十七日），第64页。
② 参见孙娜《沈一贯与万历东征之役》，硕士学位论文，宁波大学，2019年，第35页。
③ 《明神宗实录》卷300，万历二十四年八月二十四日己未，第5639—5631页。
④ 《明神宗实录》卷308，万历二十五年三月十九日己酉，第5766页。
⑤ 《明神宗实录》卷308，万历二十五年三月二十四甲寅，第5770页。
⑥ 张岱：《石匮书》卷178，《顾养谦孙鑛列传》，稿本补配清抄本，第5页。

认真做四夷来王模样耳"①，还断言所谓封贡"明是自哄自，特以赏物赠之耳"②，语出惊人又一针见血。明廷听任石星"愚戆"而难用清醒的孙鑛，是否显示朝堂政治已病入膏肓？

第二节 各怀鬼胎的后期和谈

一 毛国科归国的风波——和谈真相和对策探讨

朝鲜战争后期战事，据玛丽教授研究是丰臣秀吉"节制能力的缺失"加以"怒不可遏"的结果，但也得到了"他所想要的"，即"展现其意志之坚强，再次显示其军队可以挑战中国，并让朝鲜为蔑视他的声誉而付出伤亡惨重的代价"③。

而明朝朝堂及军中动向也不乏令人费解处。如毛国科归国风波，是否为了"体面退场"？

万历二十八年四月十八日，宁波昌国卫（今舟山）报告倭船一只来泊，来船插大旗一面，上书"平倭奏凯"四字，这是送毛国科（1560—1621）归国的来自日本的福建商船。随船带来的有日本王送经略邢玠书一封，福建巡抚金学曾书一封，兵各馈刀枪、马甲、金盔，俱用箱盛。④ 这在《明神宗实录》及浙江巡抚刘元霖、东征军经理万世德、经略邢玠等人奏疏中都提到，此处转引毛国科本人所写的使日三年报告，这是最原始的资料：

> 委官毛国科手本为倭情事：国科系南兵游击杨万金营督阵千总，缘以本将阵亡，归并浙江游击茅国器营，仍任前职。万历二十六年十一月初一日，当蒙游击茅国器、蓝芳威、叶邦荣各选勇丁共二十余人，拨与跟用，权称都司名色，与同史世用并通官柯十郎于十一月初五日径进泗州倭营，多方用间。说得萨摩倭酋义弘、忠恒等，于十一月十五日收兵撤寨。及至釜山，又因倭酋清正按兵扎营，科又用计说，令正成暗将营寨焚毁。是以各路倭兵俱不敢留，至十一月二十七

---

① 孙鑛：《孙月峰先生全集》卷5，《致辽抚李霖寰书》（万历二十三年四月初一日），第54—55页。
② 孙鑛：《孙月峰先生全集》卷5，《与永平道书》（万历二十三年五月廿八日），第72页。
③ ［美］玛丽·伊丽莎白·贝里：《丰臣秀吉：为现代日本奠定政治基础的人》，第334页。
④ 诸葛元声：《两朝平攘录》，第385—394页。

日尽皆扬帆东归。奈倭人虑我舟师追杀,因要科与刘总兵委官刘万寿、王建功,陈总兵委官陈文栋同往日本。及到倭京山城伏见等处,遵将我国威德一一宣谕。比有执政家康见辅关白幼子秀赖行事,此人颇重信义,因见国科到彼宣谕,即令各倭俱回岛穴安业,不许出海生非。及命倭酋觅船送科归国,间又因海寇横行阻塞归路,具书求嘱家康、义弘等酋,欲其为我缉此巨寇,以免扰害海边。其时,幸有先年被虏民许仪后、郭国安接力赞襄,以故家康、义弘乃行各岛缉获贼首林明吾、王怀泉、蒋兴岩等见监倭京,听候天朝明文取究,其前后杀过贼犯共计一百余徒。今将贼首李明等一十一人肘绑送来,与科带回正罪,用彰彼国尊敬天朝之意。①

毛国科汇报了使日三年简历:曾隶属南兵游击杨万金营,因杨万金阵亡转隶茅国器营。万历二十六年十一月初五日,受茅国器、蓝芳威、叶邦荣等南兵将领委派,以都司名义,与史世用、通官柯十郎等进入泗州日军倭营,说动岛津义宏部于十五日收兵撤寨,又至釜山,用计烧毁日军营寨,迫使清正也不得不撤归。毛国科则与刘綎委官刘万寿、王建功、陈璘委官陈文栋等,被撤退日军挟为人质带往日本。在日本伏见山城,见过辅佐关白幼子秀赖执政的家康,最后家康命人觅船送归。但因海盗盛行羁留,直到海盗被缉,得到旅日明人许仪后、郭国安等帮助,才随带海盗李明等11人觅船归返明朝。

实际上,毛果科入日营"用间"时,丰臣秀吉已死72天。九月,日本执政家康等决定从朝鲜撤兵。明军所谓"用间"是在日军决策撤军两个月后,此举在当时有何合理之处?

首先,毛国科入日营契机,肇始于泗川之败。十月初二日,茅国器营中火药爆炸,"阵中扰乱,倭贼望见开门,迎击左右,伏兵四起,大兵苍黄奔溃,死亡之数几至七、八千,提督退晋州"②。《宣祖实录》记载明军死亡数虽受质疑,但茅营爆炸、日军乘乱开门放炮,导致明军损失,包括军粮器械损失殆尽:"我兵损伤甚众,所有粮草尽行丢弃。"明监军御史陈效总结三条教训:一全军皆出,不设老营;二马步齐攻,并无后应;三一见倭来,望风披靡,"骑兵在先,纵横塞道,而委步兵于锋镝"——马

---

① 刘元霖:《抚浙奏疏》卷17,《题报倭使送还差官请旨勘处疏》,日本东洋文库藏万历刻本,第11—12页。
② 参见《朝鲜宣祖实录》卷105,宣祖三十一年十月八日庚申7条;十月十日壬戌6条。

兵先逃，罪浮于步。游击师道立、柴登科、茅国器、叶邦荣、蓝芳威、原任游击彭信古、原任副将祖承训等"不能设伏戒严，遇贼冲突，竟尔捧头鼠窜，致使困兽蹂躏我军"①，受到严厉批评。得知前线战况，阁臣赵志皋大怒："夫既封不成，则自当主战。顾战非孟浪，以冀侥幸也。"明军一败于南原，二败于蔚山，三败于泗川，"夫合水陆十万之师，四路一时并进……四路之师，一时溃败……三战三败，贻笑倭奴，耻辱中国亦已甚矣。岂朝廷之钱粮、百姓之膏血，数万之生灵，为博功名之儿戏耶！"②

十月初七日，茅国器营已派议和通事进入倭营。5天之内，议和决策出笼，顶头上司董一元应该不是局外人。此后，日、明双方往来不绝。初十日，一位未削头发的明人持送沈安道（即岛津义弘）送茅游击书。从日营逃出的"断发唐人"也言日军"生擒天兵三四百，以茅游击军，则不为削发。其余尽削，欲送日本。天兵铳筒、弓子、筒介、马、骡、驴、衣服等物，相为买卖；唐环、刀枪，打破铸丸。接战时，斩获天兵，削取鼻子、头颗，积置东门外，数不下四、五千云云。近日倭人等皆着天兵物色，骑唐马，纵行窥探，难辨彼此"③，十分骇人听闻。十四日，明军彭信古部一人"持要时罗送沈安道书，往泗川贼营"，茅国器也送史世用、孟通事及唐人二名、朝鲜通事一名入日营。

其次，双方议和的基础在于如何体面结束战争。万历二十七年三月，刘綎接伴使金晬曾汇报："自对马岛出来十贼中，作头三人，陈总爷作好衣与他穿，留置身边，馈以酒饭，极其厚待，要送还本地。万都爷亦有送还之意，茅国器亦欲不杀送还……国器久在，终必为坏事之人，乃是第二沈惟敬也。"④ 透露陈璘、万世德、茅国器都有讲和之心，金晬还提到刘兆元、叶春两人，原即刘綎父刘显军中降倭，而入送日营的"亲信之人"刘万寿则为仲子⑤。七月，茅国器与万世德等密议："天朝及我国被掳人

---

① 《朝鲜宣祖实录》卷105，宣祖三十一年十月十七日己巳1条。
② 赵志皋：《内阁奏题稿》卷7，《陈议东事》，上海古籍出版社2003年版，《续修四库全书》第478册，第98页。
③ 以上未指明出处者均见《朝鲜宣祖实录》卷105，宣祖三十一年十月二十三日乙亥3条。
④ 《朝鲜宣祖实录》卷110，宣祖三十二年三月十五日甲午3条。
⑤ 案：王秋华《明万历援朝将士与韩国姓氏》（《中国边疆史地研究》2004年第2期，第122—129页）引1989年韩国明义会《大明遗民史》收录《浙江刘氏先系渊源》记"浙江刘綎，壬辰倭乱以提督之职参战。丁酉再乱时，又携子千寿、亿寿参战。战后千寿回国，亿寿滞留定居……刘亿寿以下传十二代。1985年韩国经济企划院进行国情调查时，浙江刘氏有71人"，说刘綎为浙江人有误，但刘綎有子千寿、亿寿，根据排行，可判断客死日本的刘万寿当为居中次子，亿寿为少子。

带同倭子，自贼中出来。茅游击为此一事疾速驰来，至与经理辟人密语。孙中军乃言贼之所言，则要尔国通好遣使。"① 东征军高层都参与和议，各路大将也非局外之人。

如中路总兵董一元，曾被邢玠疏参"筹倭既无胜算，对垒益多轻率，按法定罪，均无可贳"②而革官衔，降府职三级，戴罪立功。次年三月，与麻贵、陈璘等俱"撤回听用"③，改任李承勋以原官提督南北水陆官兵充防海御倭总兵官，入朝善后。兵科左给事中桂有根请核实"董一元失律丧师之罪"，揭露"东征失律董一元等，久当伏法，乃迁延濡滞，至叙功献俘之日，抚臣万世德缓颊求解"④，终至"董一元罪不掩功，复原职，赍银币"⑤。万历三十七年，"废将董一元"复因冒领军饷及向旧督郑汝璧"纳贿以希叙"，被户部追解所冒钱粮7770余石及"所实支本折钱粮"⑥，于天启二年十二月辞世⑦。在这样的情况下，毛国科出使日营，成为无头公案也是自然。

万历二十八年九月十日，兵部覆经抚朝鲜邢玠、万世德《倭奴解送华人疏》："毛国科自称宣谕，初无文凭；既解至闽，应听审明真伪，酌议功罪……备讯海外情形，明白其奏。"⑧ 十二月初五日，兵部会审"闽抚所解毛国科吐称初入倭营奉经理之檄文"，但今归"所持檄文，止一抄白，既无印信可凭，又无年月足据，其言曷敢轻信?"⑨ 可见，当初万世德颁给毛国科的檄文，就是一张无印无凭的白条。故其归来时，尽管各级上司都仍在世，但拒不认账，毛国科也无可奈何。

明使进入倭营后十余天，日军即开始烧营撤兵，东、西、中三路同时撤退，从十一月十八日至二十六日撤完。⑩ 毛国科等人未尝不起作用。邢玠曾言蔚山战后"节有严牌，禁约各营，不许私差一人，出入倭营"⑪。

---

① 《朝鲜宣祖实录》卷115，宣祖三十二年七月十六日癸亥4条。
② 《明神宗实录》卷328，万历二十六年十一月壬午，第6067—6068页。
③ 《明神宗实录》卷332，万历二十七年三月乙未，第6148页。
④ 《明神宗实录》卷330，万历二十七年正月庚子，第6102—6103页；卷333，四月戊寅，第6170页。
⑤ 《明神宗实录》卷339，万历二十七年九月乙卯，第6289页。
⑥ 《明神宗实录》卷462，万历三十七年九月壬寅，第8723页；卷463，万历三十七年十月乙丑，第8736—8737页。
⑦ 《明熹宗实录》卷29，天启二年十二月戊子，赐原任南京左都督董一元并妻祭葬如例。
⑧ 《明神宗实录》卷351，万历二十八年九月庚度10日，第6577—6578页。
⑨ 《明神宗实录》卷354，万历二十八年十二月甲戌5日，第6619—6620页。
⑩ 邢玠：《经略御倭奏议》卷10，《题倭奴送回宣谕人役疏》，第547—548页。
⑪ 邢玠：《经略御倭奏议》卷10，《题倭奴送回宣谕人役疏》，第549页。

那毛国科等出使,难道是战地将领如浙胜营游击茅国器等自作主张?

邢玠据董一元塘报茅国器等报称:石曼子寨内有用事者,名郭国安"愿作内应,乃具禀经理都院而以计破之。蒙发谕文,于是月初九日令本营参谋史世用,同督阵官毛国科等,持文往谕石曼子等因,随经塘报讫"。可见毛国科出使,是经逐级请示汇报后行动,邢玠也不得不承认:"今毛国科等当两军对垒,慷慨直入虎穴,亦好义敢死之士,而又能完身而归,使以礼送回,虽倭之蓄谋未可知,然既归中国、朝鲜行间与被掳之人,又擒海寇以献天朝,又监余党以候上命,则国威已震,国体可观。"但因"国科等盛称其行间宣谕退倭之功"明显犯忌,日军"为败而去,非一间一谕所能去"①。在肯定毛国科微劳同时,更批评他有争功之嫌,不可表彰。兵部议复相同。

毛国科公案的机关,实系于内阁首辅的态度。当时主事者为浙江宁波沈一贯。他的御倭主张,初与张位更接近,但出于自身政治前途的考虑,长期附和内阁首辅兰溪赵志皋主封方案,唯在册封失败、赵志皋失势后,才掉头与张位结盟,在朝堂力言主战。而在蔚山战后、张位离职的情况下,被丁应泰、徐观澜等弹劾的沈一贯,又与邢玠等组成共同利益集团,逐渐扩大浙党影响力,加强对前线将领的牵制和联系,从幕后推动整个战争的走势,突出表现为"沈一贯有意将御倭后期的议和之事用前线捷报所代替,隐瞒了实情,因此笔者推测在邢玠背后的最高指挥者便是沈一贯"②。

民间舆论却为毛国科鸣不平。《两朝平攘录》载:"浙江指挥茅明时领兵至辽,献平倭十策,总督嘉纳之,后多用其策……工间谍(后令毛国科间义弘,二酋竟归)。"③还认为朝鲜之役结局,与关白之死有关:"设非天夺其魄,用间出奇,力攻血战,岂旦夕所能奏绩?"且"义弘、行长将毛国科八人及继所差刘天爵等,皆留在船,护送渡海,方得还国,而亡失已甚多矣"④。此后,与毛国科同行者陆续归国。二十七年四月初五日,陈文栋等40余人从对马回到朝鲜,提到毛国科上年十二月已随福

---

① 邢玠:《经略御倭奏议》卷10,《题倭奴送回宣谕人役疏》,第549—550、553—554页。
② 参见孙娜《沈一贯与万历东征之役》,硕士学位论文,宁波大学,2019年,第47页。
③ 诸葛元声:《两朝平攘录》卷4,第330页。案:茅明时是"四路提督以下诸将官及善后留驻将官一时往来各衙门"人员之一,"俞明德、涂明宰、卢应奎、茅明时、程鹏起、白鑛等,或以听用,或以管粮来去"。参见申钦《象村稿》卷39,第291页。
④ 《两朝平攘录》卷4,第380页。

建商船归国①，可见毛国科的归国航程持续了四个月。考虑到当时的海上航行速度，正常航程并不需四月之久。或除风涛遇险，也还兼顾生意。九月，辽东日本归民朱勇报告了刘万寿、王建功的消息②。

随毛国科同来的日人头目喜右卫门、小大胜门等口供显示：毛国科、刘万寿、王建功、陈文栋等在日先羁住京都一年，居住中谷数月，再从对马岛转送朝鲜，执政家康同意岛津义弘造船送回。因其"归心甚紧，故将福建原往乌尾商船，用价修葺，雇觅舵工、伙长，稍水，资送饭米一百二十石，共约费银二百余两"③，差喜右卫门等伴送回朝。唯刘万寿客死日本，即日本三大臣致朝鲜礼曹书信中屡屡提及的"刘爷"④。

万历二十七年五月五日，在日本和泉沙盖旅舍，被掳朝鲜刑曹佐郎姜沆见到毛国科、王建功两人，"对座温语"，王建功后将姜沆"手疏并录其舆图、官号及贼强弱之势"⑤信件送达朝鲜，姜沆本人也在次年四月寻机离日回鲜，其致毛国科、王建功之书，证实毛国科等"天朝差官在倭馆中，一守体面，略不挠屈"⑥的体面。

六七月间，被掳朝鲜官员郑希得记载"在倭国唐津华人茅国科、刘万寿等自中争功"，同入日营者"岂无思父母、恋妻子之念乎？今在异国度日如年"⑦。毛国科手本中的"贼首林明吾"，在琉球史料中却是毛国科渡海之初的"旗手"林元，也称林明吾，被疑为"海寇，托言探贡而嫁祸琉球"，同行琉球人熊普远"海洋劫掠"，被琉球陪臣"蔡奎称识得熊普远、林元二人"，而通事梁顺证实"熊普远是官舍，林元是看针人"。自宋代开始，远洋航海已采用"针盘"⑧导航，船长必会看针使舵。经众译再三确认："林元即林明吾，先系茅国科旗手，周明译报，盖彼随国

---

① 《朝鲜宣祖实录》卷124，宣祖三十三年（万历二十八年）四月十一日甲申2条。
② 《明神宗实录》卷351，万历二十八年九月戊辰28日。
③ 刘元霖：《抚浙奏疏》卷17，《题报倭使送还差官请旨勘处疏》，第15—16页。
④ 《朝鲜宣祖实录》卷124，宣祖三十三年（万历二十八年）四月十四日丁亥5条。
⑤ [朝鲜] 姜沆：《睡隐集·看羊录》，《疏·贼中封疏》（宣务郎前守刑曹佐郎臣姜沆），韩国汉城民族文化推进会1991年版，《韩国文集丛刊》第73册，第102页。
⑥ [朝鲜] 姜沆：《睡隐集》卷3，《文·呈中朝差官文》，《韩国文集丛刊》第73册，第50页。
⑦ [朝鲜] 郑希得：《月峰海上录》卷1，《疏·自贼倭中还泊釜山日封疏》，韩国学中央研究院藏书（索书号B15ID-9），第3页A面；《日录》第49页A面。案：郑希得在日本南海道阿波州猪山城（城主为蜂次贺家政），曾数次以佣书所得银两买船及橹手欲归朝鲜不得。万历二十七年六月，随明人河应瑞、汪洋等五人从倭京回对马之船回国。
⑧ 中国社会科学院《中国历史年表》课题组编：《中国历史年表》，中华书局2012年版，第58页。

科往倭国"。因材料错、缺字很多，无法贯穿所有细节，但福建人林元曾为毛国科旗手并随之到达日本则毋庸置疑。毛国科为何在手本中称为"贼首"？归途航海四个多月间又发生过什么？毛国科曾经的"旗手"、会看针掌舵的林元，最后被"解发福建衙门禁治"①。

东征旗手林元战后"教字看针"，或做琉球"通事"，都需航海经验及多种语言，或为情势所迫，做过抢劫营生亦未可知。包括与毛国科同船的日本海盗、债权人甚五郎及被掳南北明人、朝鲜人，共同勾画了万历时代亚洲东部沿海地区普通民众的生活百态图。鉴于严峻的海防形势，明朝政府采取强力手段控制民众，甚至严禁海外贸易，故逐利商人与赶海船工、舵手往往都被视为海盗，即使在郑和七下西洋的船队中，除太监和军人之外，也找不到一个有姓名的船长。②故有观点认为在明清时代，真正的航海专家，往往被冠以"倭寇""海盗"之名遭到杀害，这正是中国海洋文明不发达的根源所在③，值得重视。

"武举"④出身的毛国科，虽是邢玠眼中的"白丁"，但能"平倭奏凯"，其人生实已登顶。之后，毛国科曾为山东莱州守备把总，万历三十六年（1608），由浙江巡抚甘士价荐任"总理游兵"。天启元年，"钦取援辽将军"，但未履职即辞世。其父毛宗元（1535—1602）为邑庠生，共生三子：国科、国和、国稠。国科为长，万历三十年，父丧丁忧，距任莱州守备仅年余，就丁忧归乡："万具题加授阃职，但当事者欲以金革无起复之例夺之，直到戊申，大中臣[丞]甘公以有积勋，起君总理游兵。"⑤"万"即东征经理万世德，"大中丞甘"是万历三十六年任江巡抚的甘士价。⑥可

---

① 案：以上未指明出处者，均见[琉球]《历代宝案》卷8，《为夷使译词颇异海洋功罪宜覆恳乞部覆行详勘议处以服从事》，为万历三十年二月初十，浙江按察使司向琉球国所发的公文。汉城景仁文化社1990年影印1936年台湾大学影印本，第一册，第255—263页。
② 参见[日]松浦章《明清时代东亚海域的文化交流》（郑洁西译）第一编提到明档《武职选簿》及天启《海盐县图经》中提到的四五十名军官，江苏人民出版社2009年版，第34—41页。
③ 可参见《海南专辑（上）——谁也阻挡不了我们对海洋的向往》，《中国国家地理》2013年第1期。
④ 毛氏宗办新纂：《绣川毛氏宗谱》卷8，《行传》，第30页，1995年重修本。
⑤ 《绣川毛氏宗谱》卷24，顾达甫《传闻戎会彬毛君征语》，1995年重修本。
⑥ 案：甘士价，江西信丰县人，万历丁丑科进士，知黟县、调丹阳县，升授御史、大理寺丞、凤阳巡抚。艰归服阕，起抚浙江，升大理寺卿，候代，万历三十九年七月卒。参见《明神宗实录》卷448，万历三十六年七月初二丙戌，第8484页；《明神宗实录》卷485，万历三十九年七月初八乙巳，第4518页。

见，打压、扶持均有人为。

最后，还有一点需要说明。在中国史料中如《绣川毛氏宗谱》、诸葛元声《两朝平壤录》及东征经略邢玠、浙江巡抚刘元霖等各级官员奏疏中的"毛国科"，在域外史料如朝鲜《宣祖实录》、琉球《历代宝案》等都误书"茅国科"，或许跟茅国器有关。而茅国器在家谱中实为"毛国器"，可见他们都实姓"毛"而非"茅"。

与毛国科同入倭营的史世用事迹，则可参见郑洁西的论文。①

二 毛国科归国的事机关联

毛国科归国，一石激起千层浪，东征经略邢玠的顾忌就很明显。

礼部尚书冯琦有答邢玠书一通，其略曰："初闻毛国科辈送还，必自侈其游说之功，恐忌者且借以为辞。比见士夫都未有言及者，盖公论已定矣。军中间使自是常事，贵如李宗城，效如沈惟敬，尚不能止倭之不来，国科辈何能为？即使其能为，郦生亦不自损淮阴之功耳，况必不能耶？"②冯琦，山东临朐人，万历五年进士，仕至礼部尚书。他担心毛国科自夸其功，会被政治对手利用，后见朝堂反响不大，判断尘埃落定。故安慰邢玠，军中间使即贵胄如李宗城，见效如沈惟敬，均未能阻止日军，毛国科又能有多大作为？即使有，也不过像秦末陈留高阳人郦食其，不会减弱淮阴侯韩信的威信。借喻韩信安抚邢玠，而以毛国科为郦食其。从另一个角度也说明邢玠曾为毛国科事烦恼，故致信冯琦商讨对策。

万历二十六年六月初四，杨镐被罢，邢玠独主朝鲜战事。但泗川战役失败，议和活动频频，持续到二十七年上半年。毛国科入日营之前，明、日前线将领谈判已开；之后"刘总兵委官刘万寿、王建功"代表西路军刘𬘩，"陈总兵委官陈文栋"代表水路陈璘，"游击茅国器、蓝芳威、叶邦荣各选勇丁共20余人"与毛国科同入倭营。蓝芳威领西路南兵，茅国器、叶邦荣领中路南兵，均隶提督董一元。日军最后带走刘𬘩家丁30人，茅国器家丁19人。③ 十二月初，日军在釜山放回2名人质送信，其余人都到达日本。若按邢玠所说，讲和只为沈安道一营，何以明军西路、中路、水路各营将领也都派人入营？

二十七年正月，传回萨摩州岛津义弘书信，茅国器得知关白已死，义

---
① 郑洁西：《万历二十一年潜入日本的明朝间谍》，《学术研究》2010年第5期。
② 冯琦：《宗伯集》卷76，《答蓟辽督院邢公》，明万历刻本，第14A－B页。
③ 《朝鲜宣祖实录》卷107，宣祖三十一年十二月十一日壬戌4条。

弘、义贵兄弟专擅国柄,欲自为关白,与清正相斗争立等信息。① 夹在中间的朝鲜左右为难:"今此茅国科等非但揭帖于经理,亦及于上前……以彼本欲分罪于我国之心,他日事或彰露,执此文以我国为预知此事者,难保其必无。若曰茅国科之初入归也,小邦邈然不知而近始闻之,惊骇不已云云,则语似明莹。且其揭帖既已来此,不可不从实具报。"② 想装成刚刚得知的样子,又怕露出马脚。直到万历三十年四月,明有廷议仍将朝鲜之役"成功归于关白之亡","科臣曹于汴论臣多端"③,邢玠对此十分气愤。若此主战派不仅要为路线错误承担政治责任,多年转输劳饷、耗费巨大的经济损失甚至于二十多万将士的浴血奋战也都失去意义,又如何让支持东征的万历皇帝下台?故邢玠"萦心苦辩",皇帝也站队邢玠。但邢玠的辫子包括将日俘名字弄错,乃至冯琦信中所说毛国科"自侈其游说之功,恐忌者且借以为辞"都是他担心的问题——这关系到路线问题。

万历三十三年四月,原任南京兵部尚书邢玠奏:"臣居丧在籍,见河南道御史吴达可等为东征西勘二事,纠拾及臣。"御史王明、赵标、科臣徐观澜、李应策、赞画丁应泰、辅臣赵志皋等"反覆搜索,不知几千万言";"臣等辩疏及府部九卿科道会议并明旨处分,亦不知几千万言","使朝廷恩威两失,以战为和,以胜为败,使朝廷盛美有亏,且诬臣以贿以买,为中国损威、狡酋增气。臣之当罢也久矣!"④ 说明朝堂上言及东征之役纠弹邢玠者仍大有人在,"几千万言"干系非浅。故邢玠高举"皇上诛暴之义",回击对手"以战为和、以胜为败"的舆论,重点歌颂"皇上文谟武略,照耀千古"。即使借助皇帝的大旗,邢玠仍不能高枕无忧。

《明实录》追述因泗川之败,中路将领成为议和主力:"初,朝议以东征师久无功,汹汹谓当撤兵。"户科给事中郝敬上疏计留文武将吏各一员,"其余兵马,尽撤还辽,屯种操练,以固守门庭"。大学士赵志皋亦言:"兵疲饷竭,结局无期。请令督臣邢玠仍归本镇,与蓟辽抚臣一意制虏,而以东方之事悉委抚臣万世德,量留兵将,分布坚守要害,互为声援"⑤。朝廷主张撤兵的意见,促使东征军高层转向议和,与正想体面撤军的日军一拍即合,双方议和随之展开,进行得有声有色。

---

① 《朝鲜宣祖实录》卷108,宣祖三十二年一月二十日辛丑1条。
② 《朝鲜宣祖实录》卷123,宣祖三十三年三月十六日己未5条。
③ 《明神宗实录》卷371,万历三十年四月十二日癸卯,第6954—6956页。
④ 《明神宗实录》卷408,万历三十三年四月二十三日丁卯,第7616—7617页。
⑤ 《明神宗实录》卷328,万历二十六年十一月十一日壬辰,第6071页。

但邢玠后来极力淡化、模糊乃至否认议和。二十七年正月初十日,邢玠中军戴延春言:"老爷终始力排众议……而不惑于史世用、吴宗道等游说之言,尽心督战,终有水兵大捷之效。"告诫朝鲜接伴使卢稷"贼虽曰自退,而亦不可谓以和而去",定调朝鲜撰写谢恩稿,要突出邢玠主战之功,即"邢老爷力排群议,独为主战";此外即不可说日军"以和而去"①。戴延春指示朝鲜着重刻画东征成功是主战而非和议的结果,反衬出与事实的距离。当时,朝堂和战势力激战正酣,邢玠需援朝鲜谢表证明己方路线正确。万世德中军也表示朝鲜不愿讲和"其意是矣","然不许讲和,今者大兵将撤,若贼来据釜山,则尔国又奏闻天朝,请兵请粮之际,八道已尽殁矣,将奈何?"②茅国器、刘𬘩、叶邦荣、陈遴、蓝芳威等南兵水陆将领也都是毛国科奉高层之命"专为讲和"而去的见证人,却在日军撤兵后成为不能公开的秘密。二十六年十二月十五日,邢玠飞骑报捷。此后议和即为忌讳话题。

万历二十八年三月,朝鲜申钦上言备边司:"伏见茅国科等揭帖,当初天将之入送,专为讲和一事。渠又被拘异域,脱还无期……今日之势,非我国之所擅为,曰战、曰和,所当一听于上国。而今此茅国科等之事,初非上国之所知,大小将官皆相隐讳,惟恐漏泄于天朝。此事终不得掩匿,则非但天将被谴,我国亦难免知而不言之责,所关甚重。"③显露朝鲜夹在中间的尴尬。事情很清楚:毛国科等被派往日营议和,是东征军高层欲通过和议结束战争,事后又不想暴露真相,邢玠所谓"臣东征之役,专主于剿"④也属政治冒险。毛国科使日,实为明廷旷日持久路线斗争的延伸,不仅关系其个人功罪认定,也关系对东征战争的整体评价、朝廷主战、主和派的政治斗争。事实虽然简单,认定却很复杂。

三 东征功罪与和战争议

万历二十七年二月,邢玠联合朝鲜国王及刑部尚书萧大亨等,发动对丁应泰和徐观澜的反击战。

---

① [朝鲜]金大贤:《悠然堂先生文集》卷3,《杂著·记军门杂事·时先生为邢军门接待郎厅》,《韩国文集丛刊》续编第7册,第518—519页。
② 《朝鲜宣祖实录》卷123,宣祖三十三年三月十日癸丑2条。
③ 《朝鲜宣祖实录》卷123,宣祖三十三年三月十六日己未4条。
④ 邢玠:《经略御倭奏议》卷9,《奏辩东征始末疏》,《御倭史料汇编》第五册,第250页。

第四章 和谈——性质不同的前后期和谈 163

丁应泰，字元父（甫），武昌江夏（今湖北武昌）人，万历十一年进士，历任知县、兵部职方司主事等职。二十六年六月，上疏弹劾辽东巡抚杨镐、总兵麻贵、副将李如梅等与次辅张位、三辅沈一贯"密书往来，交结欺弊"事。七月，邢玠"奏免会勘东征功罪，不允"，说明此时，明朝君臣尚希望通过会勘求得东征功罪真相。

二十六年年底，日军撤还，邢玠奏捷。二十七年正月，邢玠要求朝鲜撰写谢表，歌颂其主战路线成功。同年二月，朝鲜国王李昖、监察御史于永清、刑部尚书萧大亨等，先后奏辩丁应泰疏，邢玠阵营开始反击。初十日，神宗下旨："自古功疑惟重，罪疑惟轻；朕今参酌事理；独断于心；其令从优叙录，不必苛诘，以示朕庆赏德意。"可见其不愿过多纠缠东征是非。至十六日再次指示："丁应泰说贿倭退兵，自可理断；七年狂寇，岂五千金能买其退败？"① 态度倾向邢玠一方。

在《奏辩东征始末疏》中，邢玠揭露政治对手丁应泰为"关白先锋"，左给事中徐观澜"畏泰如虎"。"以今日四路扫荡、一倭不留之全功大捷，皆归于和"，中路失事后，"谓臣授意茅国器与倭讲和，贿以五千金，倭酋遗酒米刀马而去"②。因此，传播谣言；一是以明军四路功绩皆归于和；二是中路失事故令茅国器、史世用贿倭，西路水、陆路均同贿；三是邢玠以五千金贿倭讲和；四是明军四路败归、差官送行长渡海。这些谣言，后来均被朝鲜人拾为牙慧，载于各种史籍。

邢玠辩驳，首先，日军撤兵非因关白之死："若以倭欲归为易与，则十月初二，非关白死之第四月乎？而中路丧师数千谓何？是倭果以关白之死生为去留强弱乎？泰等不过借此以掩其战功也。"③ 在关白死后四个月，日军依旧负隅顽抗，中路军因此死伤数千人。日军最后撤兵，只能是明军战斗的结果。

其次，揭露明军内部存在一个"和党"。"臣受张位意指讲和乎？抑观澜受志皋意指讲和乎？盖澜出都门，已受皋指授，与泰结为死党，昏夜往来，行迹不避人。谓应泰之初疏，皆志皋、观澜等同谋共议，各有遗书为泰所执……皇上试看观澜前后章疏，曾勘完某路、确有定见、定议以报皇上乎？不过听应泰播弄，作践将官，败坏战事。而末后一疏，全是泰

---

① 参见《明神宗实录》卷 323，万历二十六年六月初四丁巳条，第 5995—5998 页；卷 324，万历二十六年七月初三丙戌，第 6015 页；卷 331，万历二十七年二月初二壬子，第 6114—6116 页，十一辛酉，第 6121—6122 页，十七日丁卯，第 6124—6125 页等。
② 邢玠：《经略御倭奏议》卷 6，《奏辩东征始末疏》，第 71—72 页。
③ 邢玠：《经略御倭奏议》卷 6，《奏辩东征始末疏》，第 78—79 页。

稿。人言啧啧,谓为泰所做,且随泰东则东,西则西,朝夕不离,无言不从。"丁应泰和徐观澜不过是赵志皋内阁的代言人,和战分歧背后隐藏着激烈的路线斗争:"至于向来和党逆天奸弊,应泰扰乱根由,臣久欲一言上闻,又恐大伤国体,此诸党所以犹得摇唇鼓舌、纵横欺罔也。臣受辱受窘至极,实不能忍矣。"拍案而起的邢玠,揭露了和党的"逆天奸弊",自恨不能"尽唊狂酋与和党之肉"①。

因徐观澜、丁应泰与赵志皋结党,导致张位也被拉入:"观澜亦拾其余唾,每借张位以中人。"丁、徐"二臣一失身和党,视如骑虎,自度不极力以攻战臣,则无以结和党之欢;不极力以坏战功,则无以掩和党之罪;不极力以排朝鲜,则无以罢战;不极力罢战,使功废半途,则无以陷朝鲜而见主战之失策;不极力以诋主战之失策,则无以见封和之当"。铿锵指控和党"为外夷掩败、为诸将没功"。

和、战之争实源于党派有别:"必使战臣尽去,而后封、和可行。封、和行,则二臣固坐蹑高官,和党亦可再出而无穷。"②他提出两个证据:一是"惟敬执而志皋之恨臣日深",二是"应泰所怨者在臣,志皋所恨者在臣,两人相得,如鱼投水",捅出自己与赵志皋的矛盾。而丁应泰也弹劾刑部尚书萧大亨"代庖本部,与邢玠结党"③,双方用同一个武器对打。

朝堂斗争堪比战场的你死我活:"二臣日盼东事之败,而一见大捷欲叙功,则恐违和党且自悖前疏。"邢玠要求对质:"如臣果有讲和用贿实迹,即斩臣于市,以正欺君辱国之罪;如二臣果党和坏战,捏杀战臣,亦乞即斩二臣,以为奸邪陷害忠良之戒。"万历皇帝下旨调停:"这事情曾经两次会议,屡旨处分。丁应泰已回籍了,徐观澜还着遵旨会勘复命。卿安心经略,以奏成绩。朕倚信专笃,不必多怀顾虑,以后各官亦不许再行分辨、渎扰。"④

"和党"主要由南人构成。丁应泰的党羽,包括叶靖国、许国威、茅国器、陈寅、吴惟忠、蓝芳威等南兵将领,他还曾许诺给经略标下的占候官叶靖国做游击,骗走许国威项带金玉素珠,保茅国器为通家兄弟做总兵,参董一元许陈寅做中路总兵,参麻贵革职,许吴惟忠以东路总兵、蓝

---

① 邢玠:《经略御倭奏议》卷6,《奏辩东征始末疏》,第81—82页、第85、89页。
② 参见邢玠《经略御倭奏议》卷6,《奏辩东征始末疏》,第125、75、126页。
③ 《明神宗实录》卷326,万历二十六年九月初三乙酉,第6039—6040页。
④ 邢玠:《经略御倭奏议》卷6,《奏辩东征始末疏》,第129—130页。

芳威以西路协守,"凡吏掾皂卒,皆许把总"①。

邢玠很善于拉同盟军:"皇上试问二臣:与东征官兵何恨?朝廷何仇?日本何德?而如此催促将士之气乎?是明为关白先锋也!"视同僚通倭卖国:"应泰乃备诋蔚山之丧败,备言兵粮不支,损朝廷之威,长娇倭之气,使益轻中国,而启其戎心,坚其死守。"证以小道消息:全罗道传报清正、行长差朝鲜人潜往各营,以倭刀、漆碗换买应泰刻疏进看而拍手大笑,"是泰明为倭奴作奸细,而泄漏军情,东征文武无不欲食其肉而剥其皮⋯⋯即将泰粉骨碎身,亦不足以尽其通倭卖国之罪!"揭露丁、徐拉大旗作虎皮,打着"圣上注意丁爷"的旗号,"妄指皇上眷顾,且夸耀于文武,大开骗局,人号为江东天子,又安知有臣等区区督抚哉?"一记阴拳加之丁"应泰日捏章奏辱骂阁部,辱骂科道,辱骂督抚,辱骂总副诸臣,备极恶语,彼亦何所恃,敢于君父之前全无忌惮?此等章疏刊刻遍布朝鲜,流传倭营,使外夷视中国为何等体统法度,辱君辱国,莫此为甚","皇上以应泰当诛否?"② 表现出高超的政治技巧。

邢玠奏疏,不仅公开明廷阁臣间的矛盾,还把所谓"和党"的问题与通倭卖国挂钩,充分显示在东征问题上政治斗争的白热化:敌我之间尚有媾和余地,朝堂上只能你死我活。故《明实录》编者也感叹:"应泰既以赂倭诋诸将,维春又以党倭诋应泰,嘻亦甚矣。"最终兵部等衙门会议:"诸臣参详督抚二疏,大都以国体军情为重,竣事班师为急。臣等窃谓主事丁应泰往年初疏非尽无因。其在于今⋯⋯罗织之太苛,将士既已离心⋯⋯诸臣谓其损伤国体,臣等亦以为然。或令回籍,或令回京,仰听圣明处分。"万历皇帝同意"丁应泰举动乖谬,几误大事,姑令回籍听勘"③。丁应泰得到了与被他参劾的杨镐同样的下场。

---

① 邢玠:《经略御倭奏议》卷6,《奏辩东征始末疏》,第75、94、96、99—100、108页。案:邢玠的炮弹实轻重相间。轻者如丁应泰粗暴的工作方法,十一月初十日在安东,为搜寻阵亡册底,丁应泰令人将千、把总的衣箱、行李尽行搜刮,"获有银两,尽入于搜人手";在王京汉城同样"今日搜某将箱柜,明日搜某兵行李;今日拿将官之家人,明日拿将官之掾识",并促使徐"观澜今日参总兵,明日劾参游,使临敌将士人人自危"。重者如"各兵正在岛山围困清酋,麻贵昼夜擐甲,伺隙而动。而泰与观澜严牌尽撤兵,赴庆州点验,海防道力求更番调查,不听。十七日点兵,而酋十八遁去,致失此机会,未得邀击。次日,仍重点马兵,故意牵扯,使不得袭釜山之贼",故"东路斩获独少,为此故耳",丁、徐二人也成为分谤者。

② 以上未指明出处者均见邢玠《经略御倭奏议》卷6,《奏辩东征始末疏》,第109—114页。

③ 参见《明神宗实录》卷331,万历二十七年二月十九日己巳,第6127页;二十一日辛未,第6129页。

此后，有关东征功罪的口水仗未曾停歇。双方各执一词，辩和战、功罪，欲置对方于死地。二十八年四月前后，毛国科等陆续回国，难免暴露东征军高层乞灵和谈的往事，高喊"臣东征之役专主于剿"的邢玠身边多了颗定时炸弹，故忧虑问计于冯琦。除决不改口之外，邢玠等将水搅浑，拿茅国器、毛国科等下层将官开刀，努力看紧自己的夹袋，争取东征功罪的话语权。

需要指出，日军撤退当然与丰臣秀吉之死，也与明军东中西三路围攻及水军激战有关。而毛国科等人入营行间和谈，无疑加快了日军撤退的步伐，在时间表上进入倒计时。反复纠缠于此，只能说明各方的私心，通过抬高自己压低对方，贬低毛国科的功绩概即如此。

第五章　练兵——朝鲜王朝军队的训练师

《唐将书帖》作为沉埋400余年的域外史料，为我们提供了一个很重要的信息，那就是南兵将和南兵教师具体帮助指导朝鲜训练军队。朝鲜为此专门成立了一个特别的练兵机构——训练都监。以戚继光的《纪效新书》作为教科书，通过十余年不间断的训练，最终练成了一支可以随时召集投放战场的军队，最大规模可达2万人左右。[①] 在这个过程中，传道授业解惑的明朝东征将士、南兵教师功不可没。他们多为"戚家军"老将，通过他们朝鲜军队不仅学到戚家军的战术精髓，并且结合学习对手日本的战法，在融会贯通中走向精良，形成具有朝鲜特色的武学传统。这个事实，却长期不被海内外研究者重视或者有意无意忽略。[②]

第一节　朝鲜训练都监的成立及作用

一　训练都监成立的时间

1. 时间之惑

朝鲜军队的训练，以一个新机构的建立为标志——训练都监的出现，正是为了适应管理朝鲜军队训练的需要应运而生。但对于这个机构的设立时间，朝鲜史料却有不同记载。

[①] 案：最新成果孙卫国《〈纪效新书〉与朝鲜王朝军制改革》（《南开学报》2018年第4期，第115—129页）是从戚继光的《纪效新书》入手，深入探讨朝鲜王朝军制改革，弥补了先前相关研究的不足。

[②] 比如有的作者只强调一个结果，就是通过这场战争，朝鲜陆军被训练成为正规军，从此朝鲜拥有了一支可称为近代化的机械部队——鸟铳部队，却省略了主语是谁教的？又是如何练成的？脱离事实的前因后果及历史环境，给人的感觉好像只是朝鲜的内政建设，以至于朝鲜如何在短期时间内取得了这样值得赞叹的军事成就，反倒成了一个谜团，历史从此坠入五里雾中。

168　中篇　和战之间的南兵北将

《宣祖修正实录》将其设立时间安放在万历二十二年（1594）二月初一日：

> 设训练都监，以柳成龙为都提调。初，平壤之复也，上诣谢都督李如松，问天兵前后胜败之异。都督曰："前来北方之将，恒习防胡战法，故战不利。今来所用乃戚将军《纪效新书》，乃御倭之法，所以全胜也。"上请见戚书，都督秘之不出。上密令译官购得于都督麾下人，上在海州，以示柳成龙曰："予观天下书多矣，此书实难晓，卿为我讲解，使可效法。"成龙与从事官李时发等讨论，又得儒生韩峤为郎，专掌质问于天将衙门。及上还都，命设训炼都监，成龙为都提调，武宰臣赵儆为大将，兵曹判书李德馨为有司堂上，文臣辛庆晋、李弘胄为郎属。募饥民为兵，应者颇集……旬日得数千人，教以戚氏三手练技之法，置把总、哨官，部分演习，实如戚制，数月而成军容，上亲临习阵。此后都监军常宿卫扈从，国家赖之。①

首先，这个时间有问题。"上还都，命设训炼都监"，时间当为万历二十一年癸巳十月。据柳成龙记载："癸巳十月，车驾还都。……时命设都监练兵，以余为都提调。"②虽被怀疑不确切③，但八月宣祖令"别设训炼都监"④，但并不具备实现的条件，具体贯彻执行仍然需要时间。故训练都监成立时间仍以十月为合。

其次，朝鲜练兵兴起，与南兵参将骆尚志有直接关系。万历二十一年五月，骆尚志致柳成龙第二书云："或将倭巢出来之人，一万数千有余，立一大元帅统之，定立头目，教习武艺，修整器械，以一教十，以十教百，以千教万，务成精兵，虽倭奴有复来之念，我有精兵待之。"⑤ 柳成

---

① 《朝鲜宣祖修正实录》卷28，宣祖二十七年二月一日庚戌3条。
② ［朝鲜］柳成龙：《西厓集》卷16，《杂著·训练都监》，第325页。
③ 案：孙卫国考证认为训练都监成立的时间，还要提前至宣祖二十六年八月至十月之前，第一任都监提调是尹斗寿，根据是洪凤瀚《东国文献备考》（参《〈纪效新书〉与朝鲜王朝军制改革》第119页注②、第120页注①）。但查尹斗寿《梧阴文集》和《宣祖实录》相关记载，均未见尹斗寿任都提调之职，从宣祖二十五年六月至二十六年十月一直为左议政兼药房提调，自八月至十月，尹斗寿最关注的问题是如何处理宣祖内禅及明朝欲册立光海君之事，无暇顾及练兵。故尽管宣祖起意练兵确自八月，但具体贯彻执行仍然需要时间。且十月底尹斗寿已南下全、庆，处理"湖岭之间盗贼盛行"之事，可见洪凤瀚的记载并不可靠。
④ 《朝鲜宣祖实录》卷41，宣祖二十六年八月十九日庚子5条。
⑤ 《古文书集成》第16册，六，《书简通告类·唐将书帖》，第203页；第52册第579页。

龙《与骆参将尚志书》回应："前日老爷所教操练之法，以一教十，以十教百，以百教千，甚为切要。……近于城中召募年少伶俐之人得数十，伏愿老爷先下营中，各以南兵一人，主教一人……所选四十余人，其中十余人乃炮手，其余枪、剑、筤筅、阵法，随其所习，无所不可。又已令京畿诸道挑选习斗骁健者各数千余人，以相传习，千万怜察而指挥之，使小邦生灵永蒙老爷之恩，以有辞于万世也。"① 其上国王书："不如乘此南兵未还之前，急急学习、操练火炮、筤筅、长枪、用剑、鸟铳、器械，一一传习，以一教十，以十教百，以百教千，则数年之后可得精卒数万，倭虽再来而势可防守"②，亦基本引用骆氏原话。柳氏《年谱》亦载：（万历二十一年）四月"丁未，有疾调治，骆参将尚志来问疾，与论兵事……六月，上状请抄择精兵以为后图……又上状，乞练兵，且仿浙江器械，多造火炮诸具，以备缓急之用"③。

李德馨也证实："（癸巳）十月还朝。……设训练都监，承命与西厓公（按：指柳成龙）董领其事。上在肃川时，募兵扈卫帐前，还都后（原注：还都在十月初一日），命设训练都监。公从游击戚金得戚太师继光《纪效新书》。继光在嘉靖间御倭浙江，创设新法，以此能得全胜，诚御倭之良法。遂启进是书，请依此教练，上许之。以西厓公为提调，以公副之，以赵儆为大将，公协心规划，张大其事，设法募丁，逐日操练，置阵制器，皆仿浙法。置把总哨官，演习三手之技，数月而成军容。此后，都监军常宿卫扈从，国家赖之。"④ 可知《宣祖修正实录》也参考了李德馨年谱的记载。

因此，朝鲜训练都监，设立于万历二十一年十月。而《宣祖修正实录》系之于次年二月，或许是考虑到训练有个过程，以"数月而成军容"作为机构正式挂牌的时间。

训练都监的设立，冲击了朝鲜传统："谈者皆以为我国弓矢为长技，废我之长技，学习不可成之技艺，亦龃龉矣！或曰虽欲炼兵，其于善走何？军粮可惜矣！……此所以百战百败而无一捷之将也。"⑤ 新生事物遭

---

① ［朝鲜］柳成龙：《西厓集》卷9，《与骆参将尚志书》，第193页。
② ［朝鲜］柳成龙：《西厓集》卷6，《再乞练兵且仿浙江器械多造火炮诸具以备后用状》，第125页。
③ ［朝鲜］柳成龙：《西厓集》，《年谱》卷1，第511页。按：丁未为四月初三日。
④ ［朝鲜］李德馨：《汉阴文稿》，《年谱》上，《韩国文集中的明代史料》，广西师范大学出版社2006年版，第8册，第309页。
⑤ ［朝鲜］李德馨：《汉阴先生文稿》卷8，《陈时务八条启》，第65册，第392页。

遇传统势力抵触本是常态，成长过程更不能一蹴而就。万历二十八年二月，李德馨曾谈及："窃念炼兵一事……都监凡百料理……或称军额销蹙，器械荡然，粮饷竭乏，郎吏把哨之日为事者，只苟充塞责而已，縻伍残兵怨苦水深，皆言都监当早罢，其间虽有慷慨力于官事者亦没奈何。以此景象，毕竟自颓而难更振矣。"① 可见，都监练兵并非一帆风顺。

但"数千"名得到"戚家军"亲炙、训练有素的新式"三手军"出现，宣告朝鲜陆军今非昔比，最大变化是朝鲜军队从此走上了"职业化"的道路。通过改革"三手粮"制度，实现了从兵农合一到兵农分离的转变——建州女真的八旗军是在明清易代之际才完成这个转变，而朝鲜军这关键性的一步，比清军早走了半个世纪。这既是壬辰战争的副产品，也是明朝练兵战略的催化物，朝鲜的努力和明军教导、《纪效新书》的影响共同促成了这个关键进步。

2. 训练都监产生的前提

明朝东征军既不能久留，如何从根本上解决朝鲜防卫问题，是明廷也是东征军须直面的严峻问题。促使朝鲜练兵自卫，息肩明军重负，成为明廷及东征军高层最初的切想。

万历二十一年正月，明军平壤大捷。四月，日军退出汉城。五月底，退守釜山沿海设守，但无意退出朝鲜，且伺机与东征军较量。朝鲜方面也不能配合，经略宋应昌事先设想的上、中、下三策全部落空。②

当时朝鲜"彼国王徒欲报怨而不修省，徒欲中国烦师而不知兵连祸结，反贻伊国之害"③。最初宣祖"本意"欲"内附"中国，经柳成龙等力谏"大驾离东土一步地，朝鲜非我有矣"④ 而止。朝鲜国内"他无奸讨之策，苦待天兵之至"⑤，即使最具战斗力的水军，朝鲜南部三道板屋船只有120余只⑥，军士普遍缺粮死亡，"与李舜臣相为约束闲山等岛结

---

① 李德馨：《汉阴先生文稿》卷3，《疏札·乞递都监提调札（庚子二月）》，《韩国文集丛刊》，第318页。
② 按：宋应昌的上策是武装"比中国制更精利"（《经略复国要编》卷8，《报赵张二政府并石司马书》，第683—684页）、"更奇"［同书卷8《与总兵刘绥书》（五月初八日）第691页］的发贡瓜子炮的朝鲜水军，调集龟船千只及水军万余，在釜山、东莱、梁山等朝鲜南部沿海地区劫杀撤归日军，即使只"得截其半，亦不失为中策"；不然，日军得返本岛，"朝鲜土地尽尔恢复，恐亦不至下策"（第684页）。
③ 《经略复国要编》卷8，《与艾主事书》（万历二十一年四月初一日），第639页。
④ ［朝鲜］柳成龙：《西厓集·年谱》卷3，第535页。
⑤ 《朝鲜宣祖实录》卷39，宣祖二十六年六月三日丙戌7条。
⑥ 《朝鲜宣祖实录》卷40，宣祖二十六年七月十五日丁卯7条。

阵"① 之计也无疾而终。宋应昌期待调集朝鲜龟船千只、水军万余的计划根本无从谈起。

故宋应昌改议"今日借箸而筹朝鲜者，无过于因地设险，因险设防为第一策"②，进而演变为"惟是拨兵协守朝鲜为第一上策"③，令李如松："今日不必议战，只以固守为上。若刘綎、吴惟忠兵马，当令分守大丘、善山，更拨精锐守鸟岭。"④ 在朝鲜南部庆尚道鸟岭一带设关戍防，"贵国善后之策，莫急于此"⑤。此时明廷属意四件事：操练兵马、修筑险隘、造作军器、聚积刍粮。"而其中操炼兵马，尤为关紧"⑥。朝鲜练兵的始作俑者是明东征军统帅：早在朝鲜尚未馨动之时，从经略宋应昌到南兵参将骆尚志等已几番策划，练兵朝鲜如箭在弦上，呼之欲出。

万历二十一年六月，朝鲜国王传教政院："经略言留兵之将，尔国可意之人请之云云，骆参将并请如何？非此人恐无以学习、训炼。"⑦ 南兵参将骆尚志与游击吴惟忠、总兵刘綎等均留居朝鲜，一面驻守朝鲜南部要害，一面训练朝鲜军队。宋应昌认为："朝鲜士卒虽柔脆难用，而鼓舞有方、调度得法，即弱可使强，寡可使众。"八月，正式移咨朝鲜国王："亟行全罗、庆尚、京畿等道，令陪臣募选膂力精壮军人，以多为善，即使陪臣管辖，尽发副将刘綎、吴惟忠、骆尚志等营……令其所服衣甲与南兵同，所执器械与南兵同，令各营教师训练起伏击刺之法与南兵同，不数月间自与南兵无二。倭来则助我兵以与战守，由此渐渐增加，渐渐熟练。"⑧ 如此"三同"训练法，无疑是将明军战术精髓全盘托出，毫无保留地传授给朝鲜军队。

宣祖遂训示："备边司自前处事弛缓，经贼二年，未尝炼一兵、修一械，只望天兵，惟竢贼退，无乃不可乎？……予意别设训炼都监，差出可合人员，抄发丁壮，日日或习射、或放炮，凡百武艺，无不教训事议

---

① 《朝鲜宣祖实录》卷40，宣祖二十六年七月十五日丁卯8条。
② 宋应昌：《经略复国要编》卷8，《檄刘赞画》（万历二十一年五月十九日），第715页。
③ 《朝鲜宣祖实录》卷39，宣祖二十六年六月二十九日壬子9条。
④ 宋应昌：《经略复国要编》卷8《与李提督》（万历二十一年五月二十七日），第723页。
⑤ 《朝鲜宣祖实录》卷39，宣祖二十六年六月五日戊子3、5条。
⑥ 《朝鲜宣祖实录》卷44，宣祖二十六年十一月二十日庚午3条。
⑦ 《朝鲜宣祖实录》卷39，宣祖二十六年六月七日庚寅6条。
⑧ 《经略复国要编》卷6，《与参军郑同知赵知县书》（万历二十一年二月初二日），第461页；卷10，《檄朝鲜国王咨》（同年八月初四日），第805页；另八月八日《移咨刘綎谕帖》（第821页）、八月十二日《议朝鲜防守要害并善后事宜疏》（第838页）也都提到类似的话语，文中"副将"之称概为笼统称呼，不确。

处。"① 认可宋应昌建议，开始筹措练兵事宜。但朝鲜国内有种倾向，认为不必练兵，"祈福于天，望救于中国，以待贼之自退"②，李德馨对这种只期待、依赖中国救援，不着眼于未来的短见者，提出了尖锐批评。朝鲜后世史家也肯定：此前承平200年的朝鲜王朝"对国防和军备没有采取过适当的措施""军队未能很好地训练""国防设施没有任何效果"③，面对侵略日军，朝鲜方面除李舜臣水师及分散、自发的义兵抵抗外，并无多少像样的陆军作战。

在明朝东征军的催促下，经朝鲜大臣柳成龙等强烈呼吁，万历二十一年十月，宣祖下令设立训练都监，通过《纪效新书》学习戚家军战法，并在明军的帮助下，练兵半年，即初见成效，"各营督练丽兵，稍似精强"④，得到经略宋应昌的肯定。李德馨也欣慰不已："军粮稍裕、士卒渐集，则演为五营而备五方之色，常作留都之兵，递营教炼如中国矣。大概我国此后，将无岁不被倭贼之祸，射者为射，炮者为炮，枪剑者为枪剑，家家丁壮，尽为赴敌之精卒，始可以免于鱼肉矣，可以雪宗社父兄之耻矣！"⑤

作为朝鲜新诞生的国家机构，我们关注的重点，除训练都监的成立时间外，更重要的是它的内容和实质：朝鲜军士所学的"浙兵技艺"，完全脱胎于"戚家军"的训练方法和内容，戚继光的练兵书《纪效新书》是都监指定的教科书，"置阵制器，皆仿浙法"，中心内容就是学习戚家军的"三手之技"——朝鲜新式陆军的产生，东征军的作用岂可小觑？

二 训练都监的教科书及作用

1. 训练都监的教科书及传播者

万历二十一年十月，朝鲜新设立的训练都监中，采用的教科书是戚继光的《纪效新书》。作为嘉靖年间中国东南沿海最著名的抗倭将领，戚继光的《纪效新书》，通行版本有十八卷本和十四卷本两种。

十四卷本为戚继光晚年亲自校雠、付梓，共有12篇，包括《束伍》

---

① 《朝鲜宣祖实录》卷41，宣祖二十六年八月十九日庚子5条。
② ［朝鲜］李德馨：《汉阴先生文稿》卷8，《陈时务八条启》，第392页。
③ 以上未指明出处者参见［朝鲜］李清源《壬辰卫国战争》，朝鲜民主主义人民共和国文化宣传省1955年版，第25、33、4页。
④ 宋应昌：《经略复国要编》卷13，《谕示周九功》（万历二十一年十二月初八日），第1023页。
⑤ ［朝鲜］李德馨：《汉阴先生文稿》卷8，《陈时务八条启》，《韩集》本第392页。

《行营》《比较》《守哨》《舟师》《耳目》《手足》《营阵》《野营》《实战》《胆气》《练将》等名目；而十八卷本则包括《束伍》《操令》《阵令》《论兵》《法禁》《笔记》《行营》《操练》《出征》《长兵》《牌筅》《短兵》《射法》《拳经》《诸器》《旌旗》《守哨》《水兵》等篇目。两种版本除《束伍》《行营》《比较》《守哨》4篇相同，《舟师》与《水兵》相近外，其余篇目各不相同。

十八卷本是戚继光在浙江练兵条款的汇集，有许多颇具地域性的具体战法、战具的记载；而十四卷本则更具综合、总结性，地域适用范围更广，而《实战》《胆气》《练将》等篇更具战略指导意义。两书中即使篇目相同的部分，十四卷本多有增加、发展，如谈及练兵、练将、练胆、练艺的关系，舰船和佛郎机的型号、练倭刀的方法、城池的构筑、防守等等，时代特征尤其鲜明。该书自明代以来就多次刊刻，平均每五年就有一部重刊本问世，这在古代兵书中是少见的。[①]

万历十五年，戚继光辞世。5年之后，《纪效新书》被东征将士带到朝鲜，立即引起朝鲜君臣的注意。或从东征都督李如松麾下人手中购买，或从中国购买，万历二十一年九月，朝鲜买到数部《纪效新书》，得知不同版本内容各"有详略"，"须得王世贞作序之书贸来，且中国有以海水煮取焰硝之法……有能传习其法者，当大加褒赏，士人则当作堂上矣"[②]极为重视。戚继光后人游击戚金亦赠书朝鲜，冀其"富国强兵以拒贼"[③]，见载《唐将书帖》的五通书信都是宝贵史料。戚继光及后人戚金的命运固然乖舛，但他们留下的历史遗产包括《纪效新书》，在东亚历史上产生了重大影响：作为训练都监的教科书，了解并学习《纪效新书》在相当长的时间内都是训练都监的工作重点。

2. 戚继光《纪效新书》的作用

万历二十一年十月，训练都监提调启奏："训炼节目其载《纪效新书》者至详至密，今当一切依仿为之。但其文字及器械、名物有难晓处，趁此天兵未还之前，令聪敏之人多般辨质，洞然无疑，然后可以训习。"[④]与柳成龙共同负责都监训练的朝鲜兵曹判书李德馨也建议："今此各样武

---

① 参见高扬文等主编的戚继光《纪效新书》十四卷本，范中义所作《前言》及高扬文、陶琦所作《总序》，中华书局2001年。据不完全统计，现存明刊本、抄本有20多种，清刊本有40多种，民国刊本有十六七种，尚未完全计入丛书中的刊本。
② 《朝鲜宣祖实录》卷42，宣祖二十六年九月二十五日丙子5条。
③ 《朝鲜宣祖实录》卷55，宣祖二十七年九月二日丁丑4条。
④ 《朝鲜宣祖实录》卷43，宣祖二十六年十月六日丙戌11条。

艺、用剑、用枪之法,能中《纪效新书》规式者,别为论赏,并试于科举以变沈痼难改之习,恐不无利益。"① 从此,朝鲜军"训诲之法,朝廷不用五阵之法,皆仿《纪效新书》之制"②。

《纪效新书》卷帙浩繁,习之不易。训练都监特别找到一位能看懂《纪效新书》的儒生韩峤,提拔为郎官,专门负责"质问于天将衙门"。因为韩峤的贡献,后来得到了朝廷高规格的祭祀。③

在初步了解的基础上,朝鲜还对《纪效新书》进行改编。备边司曾令都监"删烦抄要,誊书下送";"都监方抄《纪效新书》为《撮要》一卷……又抄《操练变阵之法》为一书,且逐条图画,使之一见了然,又别图各样器械,而详解行用势谱于其下,分为三卷"④。可见《纪效新书》在朝鲜的传抄过程中不断有删削、变动,总趋势是化繁为简。

从万历二十三年起,朝军系统推广学习《纪效新书》。

首先,新增武官训练项目,并不断增加人数。备边司请"武臣堂下勿论时散,择其勇健有计策、可堪领率者十余人,使有料食而属于训炼都监,以学习《纪效新书》。如平日兵书训诲之例,以试能否而以为缓急之用"⑤。数月后备边司扩大学习范围和传教规模:"前日抄择有将来堂下武臣学习《纪效新书》于训炼都监,被抄者二十余人。其后因外任出去者甚多,而年少武士中有志自愿来学者,连续有之……苟使此路甚广,而人人兴起于学习,则虽教百得一二,犹可应用。请更为加抄启下,每月一次,依平时宾厅讲书之例,聚会考讲,且令兵曹一依唐阵之法,第其高下以行赏罚"⑥,得允。

其次,开放文官系统。万历二十三年七月,国王传于政院:除武士外,只要愿意学习《纪效新书》的"文士"亦可"劝奖","以为他日儒将之用"⑦。二十四年四月,朝鲜兵曹决定:"《纪效新书·束伍篇》一司五哨内,鸟铳只为一哨,而杀手多至于四哨。今之练兵花名,则随见在之数,尽为炮手。火药、鸟铳于何办得而习放乎?火药既不可多得,则减定炮手之数,使得精炼,而其余则教以射弓、枪剑之技,固无所妨。"⑧ 根

---

① 《朝鲜宣祖实录》卷48,宣祖二十七年二月十一日庚申1条。
② 《朝鲜宣祖实录》卷49,宣祖二十七年三月二十日戊戌2条。
③ 《光海君日记》卷69,光海君五年(万历四十一年)八月十八日癸卯1条。
④ 《朝鲜宣祖实录》卷64,宣祖二十八年六月十三日甲寅2条。
⑤ 《朝鲜宣祖实录》卷60,宣祖二十八年二月十三日丙辰6条。
⑥ 《朝鲜宣祖实录》卷64,宣祖二十八年六月四日乙巳3条。
⑦ 《朝鲜宣祖实录》卷65,宣祖二十八年七月十八日己丑5条。
⑧ 《朝鲜宣祖实录》卷74,宣祖二十九年四月二十一日丁巳4条。

据朝鲜实际情况变通《纪效新书》中各部人数的配备。

李德馨建议："训炼军兵，非深虑至诚难以见效。其间必有赏罚明果，临事激劝，然后众心渐合而不离散矣。必持久勤勉，每加筹度，考诸将、察军情、备器械、给号牌、按比校、习各艺、简精勇、汰庸残、小无解弛，然后可渐进矣。"① 面对重大的系统改变，如何平衡新思维与旧传统也很重要："大抵我国之长技，莫如弓矢。今日炼兵之要，弓矢为上，鸟铳次之，刀抢［枪］又次之。三者固不可废一，而亦不可偏有厚薄也……圣上之所以优赏炮、杀手者，盖以新创之兵，不如是无以耸动之故也。然而武士之心亦宜激劝，不可不一视而均施也。"②

训练都监设立3年后，朝鲜史臣评论："升平二百年，军政不修，虽有骑、步、正、甲之兵，而铃［钤］辖未整，条理紊乱，茫不知坐作、击刺、旗麾、金鼓之为何事。小有边警，则驱田亩荷锄之人而战之，无惑乎以国予敌也。变乱之后，自上闷其不教而弃之，募聚精壮，设局教训，以柳成龙、李德馨主之，又请唐教师以教之，盖其法中朝名将戚继光所著《纪效新书》也，锐意操炼，三载于今，忧其馈饷之不足也，则减御膳以供给之；愍其卒岁之无术也，则出内藏而俵给之。旬一试才，朔六开阅，五技既熟，羸弱成勇，井井焉，堂堂焉，束伍分明，哨队有伦，庶可有施于缓急，而必不至如前日之望风崩溃也。"③ 练兵三年，朝鲜望风奔溃的军队已变身为堂堂阵阵之伍，《纪效新书》的作用岂可小觑！

《纪效新书》对朝鲜武学传统的形成，也具有重要意义。

万历三十二年，训练都监修订、改编《纪效新书》，相互参订、考校戚继光江浙初本与移师闽中的后本，还增加了《炼兵实纪》作为"防胡大法"，相继修订、印出《纪效新书》《练兵实纪》《倭情备览》《操炼图式》《拳谱》《武艺诸谱》等，令韩峤撰次车、骑、步兵操炼规目，在朝鲜分地区、分项目进行有针对性的训练。在京畿、忠清、全罗、庆尚四道，教演《纪效新书》，而江原、黄海、平安、咸镜四道，则教演《练兵实纪》，"一如中朝南北防备之制"④。朝鲜各地、刊本众多的《兵学指南》，成为《纪效新书》流传最广的节本军制专用书，总领练兵的度人金针。⑤

---

① ［朝鲜］李德馨：《汉阴先生文稿》卷8，《陈时务八条启》，《韩集》本第392页。
② 《朝鲜宣祖实录》卷67，宣祖二十八年九月二十四日癸巳2条。
③ 《朝鲜宣祖实录》卷67，宣祖二十八年九月十日己卯1条。
④ 《朝鲜宣祖实录》卷182，宣祖三十七年十二月十六日辛酉3条。
⑤ 《朝鲜仁祖实录》卷16，仁祖五年（明天启七年）四月二十日丙辰1条。

至朝鲜肃宗时代（1674—1720），《兵学指南》已甚简易学："仍取戚氏《新书》，撮其操炼之要，名之曰《兵学指南》。……然《指南》一书，文不过百余，则图不过数十本，武士之初学者。始虽若声牙艰棘，而不出一两月，皆能举而诵之。"① 正祖亦称《兵学指南》为练兵津梁："此因戚继光《纪效新书》而钞节为书者……我国练兵之制，以是为津梁，故中外诸营皆有藏板，屡经剞劂，讹舛颇多，义例亦互有详略。"② 故宣传官李儒敬鸠合诸本，舍短取长，间增其格头注释，厘得九目五卷刊印颁行。

在刊行《纪效新书》简本《兵学指南》的基础上，正祖九年（1785），《兵学通》出现："汇辑场操程序，立纲分目，附以阵图，分为二编，凡七目。"③ 正祖序："今之《兵学指南》，即戚氏御倭之法也……我国遵而用之固得矣。第营各异例，操各异式，视《指南》多出入异同，而通习者尠，故平时操练每患失序，尚何以待敌乎？予慨然于是岁丙申，命元戎汇编之，寻委一二武臣，重加栉洗，凡中外营阃场操、城操、水操之式，无不备载。又为阵图附其下，名之曰《兵学通》。"④

5年之后，又出现《武艺图谱通志》："《武艺》诸谱所载棍棒、藤牌、狼筅、长枪、镋钯、双手刀六技，出于戚断光《纪效新书》……己卯（英宗1759）命增入竹长枪、旗枪、锐刀、倭剑、交战月挟刀、双剑、提督剑、本国剑、拳法、鞭棍十二技，纂修图解，作为新谱。上即阼，初命增骑枪、马上月刀、马上双剑、马上鞭棍四技，又以击球、马上才附之，凡二十四技。"⑤ 这两部书系统地总结了戚家军技艺200年来在朝鲜发展的过程和对军事学的全面影响，其刊行标志着具有朝鲜特色的武学传统

---

① ［朝鲜］金锡胄：《息庵遗稿》卷8，《序·行军须知序》，《韩国文集丛刊》第145册，韩国汉城民族文化推进会1995年版，第245页。
② ［朝鲜］李祘：《弘斋全书》卷183，《群书标记》50，《韩国文集丛刊》第267册，韩国汉城民族文化推进会2001年版，第565页。
③ 《朝鲜正祖实录》卷20，正祖九年九月十一日丁巳3条。
④ ［朝鲜］李祘：《弘斋全书》卷8，《序引》一，《兵学通序》，《韩国文集丛刊》第262册，第134页。
⑤ 《朝鲜正祖实录》卷30，正祖十四年四月二十九日己卯5条。按：其体例卷首《兵技总叙》，博考列朝建置军门、编纂兵书及内苑试阅年经月纬，逐事排次。次曰《戚茅事实》，为戚继光、茅元仪小传；再次《技艺质疑》，韩峤所撰，仍以韩峤事训局缘起合成案说载于《质疑》之下；又次为《引用书目》；二十四技有说、有谱、有图。《冠服图说》末附考证各营传习技艺不同的《考异表》；又有《谚解》一卷。书凡五卷，御制序弁其首。

形成，维持200余年几无变化："胶于癸巳，以后近二百年偏习之久"。①

朝鲜高宗十一年（1874，同治十三年），朝鲜领议政还提到"我国《兵学指南》即出于《纪效新书》"，"夫编伍约束，莫如戚继光之《纪效新书》，而我国武事专靠是书。惟当日讲其方略，时习其射御，为他日干城推谷之材，实是缓急之可仗。以此申饬于京营各道，令介胄之士依旧式炼习各技，期有成效似好"②，这时离朝鲜被日本灭亡只不过20余年。

第二节　朝鲜军队的训练过程与结果

一　都监练兵的三个阶段

在平壤战役中，朝鲜君臣目睹明军火器在作战中的巨大威力，积极推进"学习炮术，最为先务"③，这就是30年后朝鲜炮队在明清易代的松锦大战中轰出巨响的源头。训练朝鲜军队的东征将士和南兵教师，有谁能想到50年后，掌握了"戚家军"技艺的朝鲜军队，转眼间就变成了已方的对手？

1. 第一阶段

万历二十一年十月，训练都监成立后，到万历二十二年年底，通过数十名居留朝鲜的东征军将士，部分南兵将及南兵教师的努力，朝鲜军士已"粗晓武艺"，但人数尚少不成规模。南兵参将骆尚志及其营中教师闻愈、邵应忠等人教练出朝鲜第一批使用新式火炮的炮手——从十数人发展到在练500人的规模，且"已成才"可用，这是都监练兵第一阶段的成果。

最初，宣祖建议"火炮炼习，当设左右，有司急急为之"④。故都监设两营，以李镒、赵儆"分掌左右营，使之教诲"⑤，因人数不足，由大将赵儆专掌一营训练，李镒另掌骑射。因朝鲜缺乏火炮训练的火药，军器寺仅储300斤，宣祖特令都监因地制宜："炼习火炮固当为之，然火药未敷，不必偏习火炮，如骑射、步射，或踊跃击刺，或追逐超走，皆可为

---

① ［朝鲜］黄胤锡：《颐斋遗稿》卷13，《题跋·书兵学指南后》："况继光初而御倭晚而御胡，用固各有变，而我国乃胶于癸巳，以后近二百年偏习之久，不或省其本法之全也。"
② 《朝鲜高宗实录》卷11，高宗十一年（1874，同治十三年）三月二十日壬戌1条。
③ 以上未指明出处者，均见《朝鲜宣祖实录》卷49，宣祖二十七年三月二十日戊戌2条。
④ 《朝鲜宣祖实录》卷44，宣祖二十六年十一月二十一日辛未6条。
⑤ 《朝鲜宣祖实录》卷44，宣祖二十六年十一月二十二日壬申4条。

之，惟在教之者诚心尽力；而习之者日日不怠，时加赏格，以激劝之而已。"① 中心精神即学习戚继光的训练法，尽早建立一支技术全面能战胜倭寇的朝鲜军队。

万历二十一年十二月，宣祖阅示训练院炮手，赞叹此乃"我国数百年所未见之军容，其貌样、服制一依天兵，各知部伍，虽不试才，揣见其可用"②。次年四月，宣祖再次观阵："则我国所无之阵法，且似已熟习。"③ 在大力表扬柳成龙、李德馨的同时，也未忘记天朝教师的功劳。

第一阶段的训练重点是"首重炮手"，其他方面也及时跟进，朝鲜兵曹各有分工，专人责成。如习阵之事，"吴应鼎为中军，林仲梁为千总，李福崇、元慎为左右把总；郑虎臣、李大男为炮手哨官；姜谞、宋安廷、李应顺、朴葵英为杀手哨官，逐日学习。郎厅韩峤自初质问《纪效新书》，申睍为杀手军色，并为随参于习阵，而尽诚为之。通事李亿礼以骆总兵差备通事，炼兵时最有奔走，句当传译之劳；赵儆自初为训炼都监堂上；辛庆晋为都厅郎厅；李自海为炮手军色兼掌鸟铳妆饰、打造等事，郎厅崔德峋监造许多枪刃，习阵时从后随参；郑士荣专管火药剂造；金克忠、郑礼、朴命寿为炮手哨官，习阵时从后随参。"对于所取得成果，国王甚为满意："今此阵法及放炮，皆我国所未有。"④ 对勤于训练阵法整齐又能放炮者予以嘉奖。

万历二十二年六月，都监"三手"训练，已初见成效："炮手，则当初设都监训炼；其后又设义勇队以习刀枪，名曰杀手，数月之间颇有其效。恐有怠慢之渐，聚于都监点阅，则除南下炮手及病故外，时存四百五十六名，杀手三百三十四名，合七百九十名……但炮手、杀手所当，各以所长、所愿炼习，守门将皆是学射之人，不可强令弃其所业，而别学他技。宜为射手一队，定将分部，常常习射，分等赏罚，一如炮手之例。"⑤ 受训炮手、杀手已近 800 名，加上射手不下千名。

八月，备边司接受明朝教师胡汝和等建议，推广训练成果于各道："将武艺熟谙者为旗队总，即留渠等一人在此教演外，将旧熟旗队带之各道，操习新兵，一则就粮习艺，二则拓抚扬兵。"朝鲜军训练进入快马加鞭阶段，学习内容也有扩展。除了浙江技艺及刘綎军的川兵阵法外，日本

---

① 《朝鲜宣祖实录》卷41，宣祖二十六年八月二十二日癸卯6条。
② 《朝鲜宣祖实录》卷46，宣祖二十六年十二月十九日戊辰3条。
③ 《朝鲜宣祖实录》卷50，宣祖二十七年四月十二日庚申2条。
④ 《朝鲜宣祖实录》卷50，宣祖二十七年四月十五日癸亥1条。
⑤ 《朝鲜宣祖实录》卷52，宣祖二十七年六月二十七日甲戌3条。

剑术也并学不殆。或疑"炮、杀手近日所学者乃浙江阵法,今若兼学川兵之阵,恐成邯郸之步",备边司回称:"浙江阵法虽所当学,而川兵之阵并学何妨?如此则所学广矣,岂至于匍匐而归?川兵剑术、倭人剑术并不可不学,斯速抄出可学人,着实举行。"① 这是朝鲜军训练第一阶段的大致情形。

2. 第二阶段

万历二十三年春至年底。从明兵部侍郎、经略孙鑛遣陈良玑等16名千、把总进入朝鲜,到七月朝鲜特别"请来"的游击胡大受,率百余名教师入朝:"教炼游击胡大受出来,为教三手军请来"②,朝鲜君臣有目的、有计划地引进南兵教师,标志朝鲜军队的训练,已进入扩容的第二阶段。

孙鑛是明廷中对现状有清醒认识的封疆大吏,但受制于内阁与兵部,难以展布手脚,来不及施行更多有针对性的举措。但胡大受等进入朝鲜,帮助朝鲜练兵,这即孙鑛拍板决定并被付诸执行的一项措施,对中朝关系的影响,也未得到充分揭示。万历二十年,时任山东巡抚的孙鑛已着手募兵:"浙兵三千即令陈、胡二游击往募",得到批准:"此事可从,窃欢慰无量",他花费许多心思,无论是调任"胡大受领赴山东"的"浙兵三千"③,还是到"不敏前令胡大受往训练"都有明证。他还建议"募农师五百或一千,皆义乌人兼知战者",仍用"丽民为耕,度彼不疑但可久"。若令三南将各率500人,前往朝鲜"训练丽兵三千余,合之师一万"④,即可用之为守,而无烦留明兵戍守。可见,孙鑛未雨绸缪,判断准确兼有预案并具执行力。可惜的是早早在朝堂派系乱仗中被打落下马,否则东征的节奏或许会不同。

第二阶段,朝鲜军队训练重点是学习"戚氏三手练技之法"⑤并推广到地方各道。从万历二十二年十二月开始,训练都监"遣教士于各道,训习三手技法,置哨军"⑥。"三手"即炮手、射手和杀手,重点是综合训

---

① 《朝鲜宣祖实录》卷54,宣祖二十七年八月十五日戊申3条,三日庚申3条。
② 《宣祖修正实录》卷29,宣祖二十八年七月一日壬申6条。
③ 孙鑛:《孙月峰先生全集》卷4,《山东兵札·与石东泉书》(万历二十年十一月廿四),第27页。
④ 孙鑛:《月峰先生全集》卷5,《与杨苍屿书》(万历二十五年)四月廿六日,第181页。
⑤ 《宣祖修正实录》卷28,宣祖二十七年二月一日庚戌3条。
⑥ 《宣祖修正实录》卷28,宣祖二十七年十二月一日甲辰1条。"时,京城设训炼都监,募兵训练,而外方亦置哨军,或束伍军,毋论良民、公私贱人,选壮充额,束以戚书之制,教炼三手,分遣御史试阅,自是军额颇增益矣。"

练、熟练配合、融会贯通。南兵的经验是："浙人尝曰炮手、射手，所谓不过一举手之劳耳，炼兵工夫则专在杀手上，习阵节目则分炼为最切。"①

"三手"中，"杀手"科最注重基本功，运用刀、剑近距离砍杀，故特重"砍法"。而"炮手""射手"使用中、长距离武器，包括火炮、鸟枪、火铳、三眼铳等，三者通过不断变化的阵型，进行综合演练，达到配合精熟的程度。朝鲜人总结："浙兵各样武艺，元以炼手、炼足熟之，而炼心胆为务而已，似无别法。其中骁健者，则善为运用，观见似好矣。"②即熟能生巧，为戚家技法的不二法门。

杀手学"白猿之术" 朝鲜国王在骆尚志等初入朝之际，即已注意："路上见南兵来到皆是步军，所持器械皆便捷，多带倭铳筒、火炮诸具。其人皆轻锐，所著巾履与辽东、北京之人不同。有骆游击者领来，其人善使八十斤大刀，力举八百斤，号为骆千斤云。"③ 骆尚志所带南兵包括炮手、射手、杀手，他本人即善使大刀，精习杀手之技，渡过鸭绿江后，驻守安定城内，宣祖即指示"骆参将炮手送于安定教之"，"或越江学剑……必须请之可也。剑术则虽不可易学，我国仍此传剑术可也"④。"骆参将来在城中，可抄精锐学其剑术。"⑤ 并认为"我国所习剑、枪之术乃其糟粕"，故"别请教师于经略""欲尽传中国剑、枪之妙法……教师十二员中，精于剑、枪诸艺二三员须留于京中，使都监诸军日夜学习，期传白猿之术"⑥。除南兵参将骆尚志外，朝鲜国王还请经略孙鑛特派12名教师传授"白猿之术"。

七月，宣祖听闻平壤城内东征军有善于"真定枪法"及"剑术亦多端"者，遂令将平壤"善于真定枪法数人"上送"都监杀手学习"⑦。

射手学进退阵法。万历二十二年三月，朝鲜兵曹将训练都监鸟铳手左、右司各一哨、杀手左、右司各二哨"合为一营，设阵进退，疏其行列，迭为出入"。具体练法是："使射手各一哨，居鸟铳之后、杀手之前，敌至最远，则以鸟铳制之；次以弓矢继之；迫近者以长短相制，则各样器械无不兼具，而军心有所恃矣。"⑧ 要求从速试取受训者，合格者编入射

---

① 《朝鲜宣祖实录》卷62，宣祖二十八年四月二十四日丙寅5条。
② 《朝鲜宣祖实录》卷61，宣祖二十八年三月二十三日丙申3条。
③ 《朝鲜宣祖实录》卷54，宣祖二十五年八月十三日庚子4条。
④ 《朝鲜宣祖实录》卷55，宣祖二十五年九月十七日甲戌3条。
⑤ 《朝鲜宣祖实录》卷56，宣祖二十五年十月七日癸巳2条。
⑥ 《朝鲜宣祖实录》卷61，宣祖二十八年三月二十日癸巳2条。
⑦ 《朝鲜宣祖实录》卷65，宣祖二十八年七月十八日己丑5条。
⑧ 《朝鲜宣祖实录》卷49，宣祖二十七年三月二十五日癸卯条。

手队。除鸟铳外，炮手也兼学三眼铳，杀手则熟习"《杀手谱谚（解）》"①，三手奖赏一视同仁。

三手综合训练是结合杀手、射手队形变化，练习阵法："习阵节次，一依天朝阵法，且以此作《阵书》印出。"② 李德馨建议给射手配备战马："臣见平壤攻城时，筤筅、镋钯为杀倭之妙器；而浙兵亦谓长枪用剑，则临战不及于此二器……且骑兵利平地，步兵利险地。我国多有丘陵水田真合于用步，而捍御倭贼又莫尚于步兵也……但我国以骑、射为尚，而射手必得战马始逞其驰突之勇。除束伍射队外，拣聚有勇力善射者，着甲为骑卒，与步兵为对营，而一样勤加训练，则他日有协势之益矣。"③

炮手训练遍及各道。万历二十三年四月，训练都监望借"教师唐官派分各道"之机，调动兵力，加强训练，如黄海道当番上京军士，包括本道抄定炮手、监司炮手、兵使炮手及州、府炮手，每朔十日或五日裹粮入营试放；平安道"成效渐着"。但其他各道效果不佳，"未闻有一邑大为操练"，认为"挥枪、用剑真是虚事，炮手虽胜于杀手，而不如我国长技弓箭之为捷疾"。故外方即使"最号力于操炼者，只会放鸟铳而已。枪、筅、钯、牌运用之势，则懵不知何事……唐官虽欲勤勤训诲"，"在我无尽心协力干事之人"④，训练遭遇瓶颈。六月，都监"炮、杀各哨之军，合十二哨，而哨军或不满其数……今陈良玑以为束伍之法，必整齐无脱阙，然后可以备其貌样。责令合二哨为一哨，使充定额，前后帖谕意甚勤恳。教师之言固不得不从，依其言施行"。⑤ 在《纪效新书》和南兵教练的教导下，朝鲜军的三手技有大幅进步，训练半年后，都监选取京中三手与平壤三手比试，"炮手一人胜，杀手二人俱为平壤人所负，其勇锐如此，监司之养兵可见，至为嘉叹"，朝鲜国王在高兴之余，责令都监"更加尽心教训"⑥。

射手、杀手的训练，甚至延伸到儿童："抄发儿童能惯用剑者，都监时时试才，拔其尤者而论赏……则儿童五十余名中，入格者多至十九名，自都监分给食物，使之劝励矣。今承上教，以此儿童别为一队，统领专委，学习于吕汝文，分边试才，以示胜负、赏罚为当。射手庸杂者，近日

---

① 《朝鲜宣祖实录》卷63，宣祖二十八年五月二十八日庚子条。
② 《朝鲜宣祖实录》卷64，宣祖二十八年六月十三甲寅1条。
③ ［朝鲜］李德馨：《汉阴先生文稿》卷8，《陈时务八条启》，第392页。
④ 《朝鲜宣祖实录》卷62，宣祖二十八年四月二十四丙寅5条。
⑤ 《朝鲜宣祖实录》卷64，宣祖二十八年六月二十九日庚午1条。
⑥ 《朝鲜宣祖实录》卷62，宣祖二十八年四月二十九日辛未2条。

频数试才，多有澄汰。定额二百内，编入之人似难减下……其五十余名儿童及十九名入格儿童良贱、姓名、年岁并书启，且二百名编入射手，试射以启。"① 自上而下的提倡，使仿照《纪效新书》学习军事技术，在朝鲜蔚然成风，"近来月明之夜，家家皆习炮及刀枪，儿童亦皆效而习之，皆言曰今则虽逢倭，不至于曩日之无气就死"②，全朝出现学武热。

3. 第三阶段

始于万历二十五年战事重启，至万历三十年告成。尽管朝鲜军队已有一定的训练和规模，随着东征战局重启，入朝明军吴惟忠、许国威、陈寅等所部将士，再次成为朝鲜军队的辅导者和训练师。

东征后期与前期最大的区别是明朝出动了水军。水军将陈寅曾在铜雀沙场排演六阵阵法："阵乃方阵，以白布如城堞状，作帐围抱"，方阵布局四五里，参演人数有3400余人。演完阵法后，陈寅再演拳法，"其法踊跃腾身，以两手自击其面，或击其项，或击其背，或交打其胸腹，或抚其臀股，用拳捷疾神速，人莫敢当其前"；还演示"三支枪技"、偃月刀技、筤筅及镋把、橙牌等武器。陈寅强调："今此诸技，各各习之，不见奇妙，若令诸技作一队并呈以作相击相御之状，则可观矣。"于是队长在前，橙牌居次，炮手又次，筤筅、长枪、三支枪再次，"迭相进退，左旋右抽，各臻其妙"。宣祖感叹："不见天朝习阵之严整如此！今得见之，井井堂堂，倭贼不足平也。"朝鲜军士也演示用剑之技及驰马之技，或立于马上，或倒立于鞍上，宣祖评论"我国阵法有同儿戏"③，可见朝鲜军与明军的差距。

万历二十五年，都监报告："都监之军虽不可为十分精炼，数年教阅，颇知坐作进退之法，不至紊乱失次。但所习者南法，不知都督教炼又出于何法？自前观天将所行阵法亦皆不同。刘总兵专用川法，吴、骆两将用南法，北方之将则用北法。若以未曾学习者猝然试之，则恐或未免生疏，此为可虑。……吴总兵处，其时即令中军赵谊往请教师，则总兵即发军中善于武艺者六人，连日来教于都监。其言用枪之法亦稍与《纪效新书》有异。《新书》则以枪梢软颤者为上，而此则以软颤为非。大概以为我国之军，于诸技颇已向熟，只是手法、足法有些少未通处云。"吴总兵即吴惟忠。

---

① 《朝鲜宣祖实录》卷64，宣祖二十八年六月二十一日壬戌1条。按：吕汝文是降倭。
② 《朝鲜宣祖实录》卷50，宣祖二十七年四月十七日乙丑2条。
③ 以上未指明处均见《朝鲜宣祖实录》卷99，宣祖三十一年四月六日庚申2条。

明朝南北各军，浙军浙法、刘铤川法、北军北法，各有特点。而都监第一、二阶段训练，多采用南兵骆尚志及所部套路，吴惟忠演示的梨花枪法也与《纪效新书》不同，可见同为南法，"骆家军中之法"与刘铤军中的四川技法亦有不同，吴惟忠对"枪梢软颤"的运用也经过改进，并不拘泥成法，这给朝鲜人留下了深刻的印象。故训练都监总结前期训练的成效：一是数年教阅，朝鲜军队已知坐作进退之法；二是所学诸技已臻熟练，唯手、足法尚未贯通："《新书》中杀手之技，有花法、正法，未知前后唐人所教孰正、孰花耳？"①

一年后，训练都监建议设立一个教师队，精研《纪效新书》："天将中许游击自谓得妙于诸技，洞晓《纪效新书》之法，故自都监抄出杀手中最为精习者十二人，名为教师队，使加设主簿韩峤领之，就正于游击阵中，颇有所学。艺成之后当以此辈为教师编教中外军人，则其法庶可流行于我国，不至湮废。而所谓以一教十、以十教百者在此矣。"②

万历二十六年十一月十一日，明内阁首辅赵志皋提议"以东方之事，悉以委之经理抚臣万世德"，限以数年为期，挑选兵将屯田免饷，同时调选八道精壮之人分委晓畅将领，严加训练，"练一队，则可撤我一队之兵，久则我兵可以渐撤，丽兵可以自守矣"③，可见，练兵朝鲜也是明朝息肩的法宝。

万历二十八年四月，宣祖指示："唐兵结阵处，其一队皆持木棍。曾闻天朝之言，木棍之技胜于长枪、用剑云云，此技不可不习。且拳法乃习勇之艺，若使小儿学此，则闾巷儿童转相效则习而为戏，他日不为无助。此两艺儿童抄出，依前传习于李中军事言于训炼都监。"④ 甚至从儿童开始学习拳、棍法，将《纪效新书》所载木棍、拳法两图交付训练都监。

万历三十年二月，《明实录》载："把总萧［菜（叶）］靖国训练朝鲜军兵告成，兵部覆题：应量补一官，以酬劳绩，报可。"⑤ 朝鲜练兵之

---

① 以上未指明出处者，均见《朝鲜宣祖实录》卷90，宣祖三十年七月五日甲午2条。
② 《朝鲜宣祖实录》卷102，宣祖三十一年七月五日戊申2条。
③ 赵志皋：《内阁奏题稿》卷7，《陈议东事》，第99—100页。
④ 《朝鲜宣祖实录》卷124，宣祖三十三年四月十四日丁亥2条。
⑤ 《明神宗实录》卷368，万历三十年二月辛未条，6880页。按："把总萧靖国"是刻印错误。黄彰健《明神宗实录校勘记》卷368页三倒四行校勘记云："萧靖国，广本抱本靖作济。"可见，广方言本、抱经楼本《明实录》已与作底本的北平图书馆藏红格抄本晒蓝本《明实录》有所不同，各种版本的《明实录》对此记载均各有误，除第二字"靖""济"之误，"萧"也以形似而误为繁体的"叶"字，校勘记未出注。

事,告一段落。同年十一月,朝鲜国王请"选委知倭水将一员,领兵数百,督同该国训练修防"未允,"前此曾将士在彼教习今始还,成法俱在,宜益加意修演,以图自强,所请兵将不必再遣"①。至此得到明廷全力支持的朝鲜军训练,宣告结束。

帮助朝鲜练兵抗倭,一度成为明朝锦衣卫将官的日常功课。万历二十八年六月,明锦衣卫现役军官"铁殿将军官潘思见"上疏"为精忠破倭以显天威以振华事",毛遂自荐:"一会下水,坏舟破倭奴法;二会打造天遮身护手,又竝拔天关兵器;三会地理,暗藏刚钻、揽刀伤贼法;四会下万倭自死之毒药;五会造隔铅丸、枪、矢不透无敌甲;六会造地雷,看似坟形,百步以外伤贼法;七会造战车,内藏兵药,不现人形,陆地为车,遇水为船法;八会教习军士壮胆,大刀精勇之奇法;九会遇木石而为炮贼法;十会取城过门如走平路法。如是教习军士,押檐牌十面:一要勇,二要泼,三要舍命,四要谋,五要随机应变,六要昼夜精神,七要昂昂志气,八要生法倭马,九要刃快兵齐,十要护国心处,不贪嗜酒淫欲事,可为干城之将。"② 透露明锦衣卫将官潘思见掌握多种技艺,是一位受过天、地、水、陆全方位攻防训练,类似现代武艺高强、身手绝妙的全能特种兵。潘思见的"十会"包括下水、遮天蔽、埋雷、制毒、造弹、造车、穿墙过水,可随意改变的陆车、水船,可惜潘思见的具体情况不得考知。但也透露了东征期间,明朝锦衣卫的动向,毕竟锦衣卫的职能之一是有关外事活动和战争。③

万历四十一年正月,明廷命辽东巡按谕朝鲜招抚训练,防倭仍责成海盖道"简除戍器,制练兵舡,务求实用,以壮声援"。但兵部尚书王象乾反对按臣张五典"用南兵教朝鲜水兵,边兵教朝鲜陆军"的建议,"惟以中国之事责之中国,以属国之事责之朝鲜,所以为属国谋者正如是耳。上是其议"④,说明明廷已将朝鲜防务,从全盘考虑的战略角度,降低为区域性防范事务,归属辽东海盖道管辖。

---

① 《明神宗实录》卷378,万历三十年十一月乙亥条,第7121—7122页。
② 《朝鲜宣祖实录》卷101,宣祖三十一年六月十九日壬辰2条。
③ 参见廖元琨《明代锦衣卫行为研究》,硕士学位论文,西北师范大学,2007年;张金奎《锦衣卫职能略论》,载《明史研究论丛》第8辑,紫禁城出版社2010年版,第169—186页;孙志虎《〈锦衣卫选簿〉整理与研究》,硕士学位论文,陕西师范大学,2013年等。
④ 《明神宗实录》卷504,万历四十一年正月庚申,第9575—9576页。

二 "三手粮"的设立

1. 时间、来源和征收标准

"三手粮"或称"三手税",是朝鲜为练兵而新增税粮:"训局设而征三手之税,二匹之布。"① 朝鲜税收制度的变化,也是练兵深化在经济层面的一个反映,由此奠定朝鲜实现兵农分离、建立职业兵制的物质基础。

曾担任过骆尚志等接待使的李时发(1569—1626)曾言:"自壬辰以后,朝家之设法练兵,非一非再,而终无实效,以至今日无一卒之可调,此臣所以痛恨也。"② 李时发否定练兵作用,一方面是相对于百姓负担沉重的现实;另一方面也是针对训练不力的部分官员。事实上,抱怨练兵"终无实效"的李时发,是朝鲜练兵最有实效的地方官。万历二十三年十月,宣祖与柳成龙谈话,提到"闻李时发炼兵、分军等事,极为精详。京畿、忠清次第举行,得将授之,不患无兵"③。兵曹亦启:"忠清道则李时发下去之后,粗成操练模样,而炮、杀每一名各给奉足二名云,则编伍军三千,而通计其奉足,几至万名矣。"④ 其所练之兵实居八道之首:"炼兵一事,本曹及训炼都监前后移文,指授外方者非不勤矣,而罕见实效,徒有扰民之名……唯忠清道御史李时发粗成模样,而余道则犹纷然未知向方矣。"⑤

经略孙镰也谈及:"朝鲜自存及我训练其众二事,以理论之似决可行,而在今则决难行,缘在朝鲜君臣习于昏惰,虐使之,则唯唯奉命,但以正语之,及诡词相答,或谩置之不理,到彼公差及发去兵士需索,即可盈橐,待哺则必枵腹,真无可为处。"⑥ 因朝鲜束伍之兵,连年征戍、无以养家,李时发建议为兵之民"不可不减其田户之役",提出复田之策,希望实现兵、农分离,农不失业而兵有所养,三手粮由此横空出世:"壬辰后,宣庙与相臣柳成龙议设训局,而元田税外,别定三手粮,以为养兵之资。"⑦ 而李时发训练的军队,是朝鲜最好的三手军。

---

① [朝鲜]李祘:《弘斋全书》卷13,《序引》六,《军制引·翼靖公奏稿军旅类叙(庚申)》第216页。
② [朝鲜]李时发:《碧梧先生遗稿》卷4,《议·练兵长策宣惠号牌便否议》,《韩国文集丛刊》第74册,第457页。
③ 《朝鲜宣祖实录》卷68,宣祖二十八年十月十七日丙辰1条。
④ 《朝鲜宣祖实录》卷70,宣祖二十八年十二月十六日甲寅2条。
⑤ 《朝鲜宣祖实录》卷74,宣祖二十九年四月二十一日丁巳4条。
⑥ 孙镰:《孙月峰先生全集》卷5,《致少宰吕新吾书》(廿四年四月十日),第164页。
⑦ 《朝鲜肃宗实录》卷38,肃宗二十九年正月二十日丙寅2条。

正祖总结:"宣庙朝倭难甫平,相臣柳成龙招募七十余人,从浙将骆尚志帐下张六三[当为三六]等学习枪、剑、狼筅等技,遂命设都监,以相臣尹斗寿领其事,寻代以柳成龙,益募数千人,立把总哨官以领之,成马军二哨、步军二十五哨。以李德馨判兵曹兼管都监事,赵儆为大将,韩峤为郎,质问三手炼教之法于东征游击许国威;部分[分部]炼习,尽仿浙兵之制。而游击胡大受出来教习,因设三手粮及炮保、军饷保并收米、布以补养兵之需。命六道每于式年抄上勇士一百九十,号曰升户。"①宣祖二十三年七月,征收"三手粮",以粮米、布匹、兵保,共同构成训练都监顺利运转的润滑油。

三手粮粮额:"自乙未(1595)年间,禁军、闲良分而二之,闲良则自都监给粮,禁军以上则令本曹题给……(三手)应给之粮,岁不下二万余石。"②

三手粮来源:"都监军饷元不系国家经费,自设局以后,或广开屯田,或鱼盐兴贩,凡干得谷之事无论巨细,悉心规画。虽有些少弊端而不暇顾念,得以接济。"③

三手粮征收标准:"训炼都监三手军兵支放粮料,自壬寅年(1602)为始,全罗、忠清、江原、黄海、京畿等道,通共水、旱田,勿论大小,米每一结,一斗式收捧补用,已成近例。"④ "三手粮,每结所捧一斗二升之米,又是四斗外别税也。所谓三手粮者,壬辰倭乱时,天兵炮射杀手,粮资无以办出,两西、两南叱分,每一结收捧一斗二升。至今仍存不罢"⑤,"今有水田下种一斗地,其公赋虽并田税,大同炮粮,三手粮及邑杂费,不过米一斗二升,而私税则乃至米八斗"⑥。

到光海君时代,"三手粮一结二斗别收米"⑦,已增一斗。"三手粮之

---

① [朝鲜]李祘:《弘斋全书》卷13,《序引》六,《军制引·翼靖公奏槀军旅类叙(庚申)》,第216页。
② 《朝鲜宣祖实录》卷147,宣祖三十五年闰二月一日甲午3条。
③ 《朝鲜宣祖实录》卷147,宣祖三十五年闰二月一日甲午3条。
④ 《朝鲜宣祖实录》卷203,宣祖三十九年九月二十二日戊子5条。
⑤ [朝鲜]李衡祥:《瓶窝先生文集》卷18,《牒·星州田政变通牒》,韩国汉城民族文化推进会1996年版,《韩国文集丛刊》第164页,第516页。
⑥ [朝鲜]李沂:《李海鹤遗书》卷1,《田制妄言》,韩国汉城民族文化推进会2005年版,《韩国文集丛刊》第347册,第17页。
⑦ [朝鲜]李民宬:《紫岩集》卷4,《杂著·对或问》:"及乎废朝之日,始创三手粮一结二斗别收米之规。"韩国汉城民族文化推进会1992年版,《韩国文集丛刊集》第82册,第104页。

制，初因训局新设……为养兵之需也。五道田结，每结捧三手粮米二斗五升"①，"壬辰之乱，经费不给，该曹急于需用，常税之外巧作色目以加赋之。又设训炼都监，兵食不足，创三手粮。三手者，炮手，杀手，射手也。三南海西关东五道，每结收二斗五升以充之"②。可见，三手粮征收标准不断提高，从13斗、15斗、18斗升至20余斗。③ 一百年后翻倍："一年放料为四万七千石，而丰年所捧或至六万余石，中年亦不下五万五千石"④。从柳成龙招募、训练的70余人到"益募数千人"的规模，朝鲜经济支撑练兵能力已臻极限。

故至肃宗朝出现了废革"三手粮"之议。兵曹判书李濡云："既知三手粮之本为养兵而设，则既有其食，宁可革罢乎？"右议政申琓亦曰："此可以给军，何可罢之也？……非十年内见效之事，军兵则自无坚心，今为久远之效，不可罢。"刑曹判书闵镇厚认为："若以三乎粮为有调用之道，而必欲仍置，则臣未知其可也。"训炼大将李基夏言："国家炼兵累十年，已为手下精兵，一朝罢之，臣恐军情莫可收拾。"⑤ 可见，尽管对三手粮不乏异议，但事关养兵，维持意见仍占上风。

朝鲜正祖总结："显庙朝兵曹判书金佐明进《纪效新书》、《炼兵实纪》等书，使精抄军习行之，以本兵句管。其后洪重普、金万基判兵曹，益加通变，始为完局，号曰精抄厅……孝庙朝以李浣为大将，始备军营之制，定保收布，称御营厅…仿戚氏南军之制，置五司二十五哨……有军则

---

① 《弘斋全书》卷166，《日得录》六，《政事》一，《韩国文集丛刊》第267册，第248页。
② [朝鲜] 成海应：《研经斋全集·外集》卷42，《食货议》上编，《韩国文集丛刊》277册，第200页。
③ 按：收13斗，见郑侒《松坞先生文集》卷2，《疏·陈邑弊疏》："故一结收税，米则六斗三升，粟则七斗四升，并别收米三手粮射炮粮计之则一结之税常不下十三斗。"（第16册，第468页）收15斗见尹拯《明斋先生遗稿》卷44，《行状·汉城府左尹赠议政府左参赞炭翁先生权公行状》："今大同三手粮税米共十五斗余矣。"（第136册，第424页）权諰《炭翁先生集》卷3，《疏·论大同三税疏》："今湖西大同十斗为最小，而三手粮一斗余，税米四升，共十五斗余矣。"（第104册，第295页）收20斗见李宗城《梧川先生集》卷7，《论新法书》："及至土贡变为大同，而一结常赋之末并计加升三手粮，合为十八斗，而小民之应税者，非二十斗不能纳官。"（第214册，第168页）宋浚吉《同春堂先生文集》卷22，《谥状·大匡辅国崇禄大夫议政府左议政兼领经筵事监春秋馆事世子傅浦渚赵公谥状》："一结所赋十六斗，而输运之价在其中，并田税三手粮等，则为二十余斗，一结常田中岁亦可出二三十石，则二十余斗之米不能为十分之一，其敛岂不轻哉。"（第107册，第234页）
④ 《朝鲜肃宗实录》卷38，肃宗二十九年正月二十日丙寅2条。
⑤ 《朝鲜肃宗实录》卷38，肃宗二十九年正月二十日丙寅2条。

有饷,凡置一军门,害及生民,训局设而征三手之税,二匹之布;禁御、守总设而保米、保布,殆遍六道;予又设一营……于是出内帑钱,贸置谷物于诸道……而自夫卫部罢而军营设,旧制荡然。"① 显庙指顺、康年间的朝鲜显宗,孝庙是孝宗,朝鲜军制的变革与始终与经济制度的变化相辅相成,新式军营制度确立,使朝鲜军队有了脱胎换骨改变,"三手税"或"三手粮"承担了职业化军队的经济基础,其征收一直贯穿整个朝鲜时代。

英祖时代,"三手粮节目,壬辰都监设置时,柳成龙、李德馨、赵儆之创始者也。驿位田初无三手粮供纳之事,今则宫房免税皆出三手,而马位不可独漏,故亦入于节目中,驿卒宜有称冤之端矣"②,征收三手粮仍滴水不漏。

高宗时代,"宣庙癸巳,始设训炼都监,创出三手粮,此就田结中税外加赋也。见今六道收租案都总为七十余万结,每结添排一斗米,名之曰沁都炮粮米,每年上纳,假量当至五万石。而既有军饷矣,钱与木布并加措置,然后可作经远之计"③,三手遂分"三手米""三手钱""三手布""三手木"等名色,用以"接济训局军兵者"④,在各道严督疾催,征收丝毫不苟。⑤

2. 都监练兵的作用——"终无实效"的内涵

经过训练都监三阶段练兵,朝鲜军队练习"三手"之技已见成效。到万历二十五年六月,朝鲜京城新练炮、杀手共有1500余员;庆尚道防守官兵左右两道共7000员,忠清道防御使朴名贤所领军及道助防将李光岳所领军共2600员;全罗道兵使所领军1500员;水军则右道统制使元均、左道水使李云龙共领5000员。总计朝鲜军经练成军的部队已近2万人,其中陆军使用的军器寺各样大炮有300位。⑥ 万历三十年,朝鲜练成禁军"三手,已至一千二百十七名"⑦。

万历三十三年,边报渐紧,朝鲜开始抄兵:"被抄精兵、炮手等亦宜次次督送。"时所送京中、各道军"精兵三千余名"为李时发所练,而

---

① [朝鲜]李祘:《弘斋全书》卷13,《序引》六,《翼靖公奏槁军旅类叙(庚申)》,第216页。
② 《朝鲜英祖实录》卷96,英祖三十六年(乾隆二十五年)九月二日癸卯2条。
③ 《朝鲜高宗实录》卷8,高宗八年(同治十年)十月二十五日甲寅2条。
④ 《朝鲜高宗实录》卷19,高宗十九年(光绪八年)三月三日己丑3条。
⑤ 《朝鲜高宗实录》卷25,高宗二十五年(光绪十四年)十二月二十日丁酉2条。
⑥ 《朝鲜宣祖实录》卷89,宣祖三十年(万历二十五年)六月十五日戊戌5条。
⑦ 《朝鲜宣祖实录》卷147,宣祖三十五年闰二月一日甲午3条。

京、乡炮手并千余名也可"星夜下送","已装束都监交代炮手二百名、平安道炮手二百名,武士则前日兵曹启请装束六千名中抽出六百名,量定日限急急调发"①。迅速集结1万精兵,是朝鲜经济力量所能支撑的限度,而赡养万余精兵为其经济负担最大承受度,若扩大征兵,"三手粮"是否措手即成问题。万历三十八年,朝鲜"三手军兵"达"一万三千余名"。此外,尚有"其余武学通计一万五千余,南关军万余名,有事则入援矣"②。通计精兵及常备军总兵力可达4万余名。

万历四十七年,明朝发兵征剿建州女真努尔哈赤,朝鲜助兵1.3万余名,就是朝鲜练兵十余年的结果。对这点家底,朝鲜人自有打算,包括"实无攻战"之意的光海君及败降的元帅姜弘立,都有可理解的苦衷。至天启六年(1626),明朝辽东沿海风云突变,毛文龙部变生不测,朝鲜点兵集结,规模也在5000—10000人。③

朝鲜军队中,武士及炮手最为精勇。朝鲜仁祖朝右议政申钦言:"我国之军如猝然调兵之辈,则诚为无用,而如武士及炮手则甚为精勇,若能善驭,则虽大敌何难抵当乎?但其心不固,每怀走计矣。"④ 在明清易代过程中,朝鲜被迫臣服后金及清国,不得不出兵助战攻明。在松锦大战中,"汉兵死亡甚多,而中炮者十居七八",以至"中朝民士,逢我国(朝鲜)之人,必流涕而言曰:'大明之覆亡,专由于锦州之沦陷,锦州之沦陷,专由于你国之精炮'云"⑤,则主要是指来自朝鲜的鸟铳手。

朝鲜肃宗朝吏曹判书朴世采认为:"精选亲兵者兵贵精不在多。今所谓训炼都监始于柳成龙;所谓御营军,创于李贵。盖经历屡乱,为随时立制之举。厥后丁卯、丙子之乱竟得其力,此乃亲兵之效也。"朝鲜国王在满洲兴起、两次征服朝鲜过程中,能够逃脱就得益于先前的练兵运动:"自孝庙以来治戎炼卒,惟日不给,两局之徒号称精锐,足为一国之强兵。然岁月已久,教法或弛,今当使依《纪效新书》例,参以古法,不懈教阅。"⑥ 希望于《纪效新书》在新时代继续发挥作用,维续孝宗时代兵强马壮的局面。

---

① 《朝鲜宣祖实录》卷189,宣祖三十八年七月十三日乙酉5条。
② 《光海君实录》卷35,光海二年十一月十八日己未2条。
③ 《朝鲜仁祖实录》卷14,仁祖四年(天启六年)八月十七日丙辰1条。
④ 韩国史学会国史编纂委员会:《承政院日记》首尔奎章阁韩国学研究院藏本,第15册,仁祖四年八月十七日丙辰,第49页B面。
⑤ 《朝鲜仁祖实录》卷42,仁祖十九年九月七日庚辰1条;《朝鲜孝宗实录》卷19,孝宗八年十月二十五日甲午1条。
⑥ 《肃宗实录补阙正误》卷19,肃宗十四年(康熙二十七年)六月十四日乙卯1条。

总之，从壬辰战争的宣祖时代开始，朝鲜开始军事变革：设立训练都监，学习《纪效新书》及戚家军的"三手"之技，展开持续练兵运动。其"首重炮手"的思想，体现了练兵运动中的新思维——当时世界已从冷兵器时代进入火器时代，使用火器在战争成败中占有重要地位。宣祖紧跟时代潮流，妥善处理新、旧矛盾达成平衡：在以使用弓箭为主的朝鲜传统武士中，新增射手技法，如剑术、双刀等，并新设杀手、炮手，配备三手技法，学习诸多可变换的阵形、阵法，变革朝鲜传统的军事战术和战略思想，使朝鲜军队的面貌焕然一新。以后，朝鲜坚持以《纪效新书》指导军队训练，影响贯彻整个朝鲜时代，最终形成了具有朝鲜特色的武学新传统。

第三节　朝鲜王朝军队的训练师

万历援朝东征战争，前后历经两个阶段三次出兵。在后二次出兵中，不少"戚家军"嫡脉的南兵将和南兵教师，帮助朝鲜训练王朝军队，被朝鲜后世史家称为近代化的鸟铳部队，也即朝鲜领议政柳成龙所谓"此我国训练之所由起也"，对朝鲜军队的重建与创新起了重要作用。但遗憾的是，曾经立功异域的南兵将及南兵教师作，不仅多数人"赏未酬劳"[1]，而且被彻底忘却。这段历史不能在沉埋数百年后继续沉寂下去。

一　第一阶段的训练师

第一阶段的训练师，主要包括东征经略宋应昌所遣教师、兵部主事袁黄所携教师、四川总兵刘綎营中教习。南兵参将骆尚志尤为关键。

1. 骆尚志

万历二十一年五月，骆尚志致柳成龙书所谓"教习武艺，修整器械，以一教十，以十教百，以千教万，务成精兵"[2]之语，成为朝鲜训练都监的缘起。为朝鲜练兵事，骆尚志亲自考察汉城宗簿寺基、宫城废墟等处形势，设置练兵场："公或亲至卒伍中，手自舞剑用枪而教之甚勤"[3]。其"亲戚"周元曾谓李德馨："我欲以管下兵留此习阵，以教贵国。而各军

---

[1] 据宋应昌《经略复国要编》后附《兵部一本》查核东征功次，第1131—1146页。
[2] 《古文书集成》第16册，第203页；第52册，正本本，第579页。
[3] ［朝鲜］柳成龙：《西厓集》卷9，《答骆总兵书》，第194页。

虚费粮料，顿无遣归之意。我若先送则诸兵亦相继而归。我兵拨回后，若得换来南兵五千或三千，使我统领而不受他人节制，则庶可小伸己志。且我回还之后，你国咨奏请留我，则我当只率手下数人轻装还来"①，表达留教的意愿。朝鲜大臣尹根寿、韩应寅、李德馨等周旋于经略宋应昌及提督李如松等无果，受制于东征形势变化及中、日和谈，骆尚志等率南兵于次年春季撤归。

撤归之前，柳成龙请求骆尚志"留下数人"②教练朝鲜军，骆尚志遂"委官闻愈等代生以为授受之勤"③，包括各项防御炮火、阵图、进止及武艺、御敌机宜等。

2. 千总闻愈

骆尚志所留千总闻愈，原为戚继光亲军。李德馨请留"骆总兵手下深于各样火炮及剑、枪之技者三四人，留住教兵"，谈到"千总闻喻自戚继光在时，从事于行阵间，熟谙火炮制度"④。认为温雅有才，留之必有大益。闻愈回称："老爷令吾等就教场教演数三日，此非造次成就之事。尚书固欲愿留，则我姑退行，为留一旬云。"可见，闻愈等为助朝练兵，暂抑似箭归心，不意多留一旬却成永远，概因染上时疫，闻愈长眠异域，为教练朝鲜军队献出了生命，也书写了"戚家军"建功海外的新篇章。

3. 教练鲁天祥

与闻愈同时留下的"鲁姓人"教练，名鲁天祥⑤，也是骆营教官，擅长营阵之法："二人体公之意，二年在国中训士，昼夜几尽成才，且教营阵之法，不幸相继而死，槁葬城内。"为训练朝鲜军队鞠躬尽瘁，万历二十二年三月，两人几乎同时逝世于汉城，此时距离东征大军撤归仅两月。二十四年五月，闻愈之侄闻继皋、鲁天祥之兄鲁天伦抵达朝鲜，迎俸回国，朝鲜分赐路费银各十两、五两⑥。

4. 中军贾大才

骆尚志中军官贾大才，因"各样武艺妙绝无双"，与闻愈同留"必有

---

① 参见［朝鲜］李德馨《骆总兵周览正殿遗墟启》，载《汉阴文稿》，第275页。
② ［朝鲜］柳成龙：《西厓集》卷9，《与骆参将书》，第193页。
③ 《古文书集成》第16册，第232—233页；第52册，正书本，第588页。
④ ［朝鲜］李德馨：《汉阴先生文稿》卷8，《启辞·请留贾大才闻喻两人教炼火炮启》，第391页；《韩国文集中的明代史料》第8册，第275页；参《朝鲜宣祖实录》卷48，宣祖二十七年二月四日癸丑2条。
⑤ 《朝鲜宣祖实录》卷49，宣祖二十七年三月五日癸未1条。
⑥ 《朝鲜宣祖实录》卷75，宣祖二十九年五月一日丁卯训练都监启。

大益于国家",朝鲜君臣当时还颇费心思。① 《宣祖实录》记载:"唐人之欲留此炼兵者甚多,而诚心干事、不贻弊端者,恐难易得。故特留骆总兵营下闻俞、贾大才者,非独取炼兵而已。两人性雅详审,谙熟兵法,且采银、采茶、煮造焰(硝)等事,无不通晓,臣所欲取资者,非偶然也。今闻俞已死,而贾大才尚未回。"② 在骆尚志撤回、闻俞死后,贾大才原欲入继任经略顾养谦标下,朝鲜君臣特别选中他,除"谙熟兵法"外,还熟悉"采银、采茶、煮造焰(焇、硝)等事,无不通晓",可见都有过人之才。

5. 教师胡汝和、王大贵

万历二十二年三月,朝鲜兵曹启:"今者天将及教师相继卒逝,而千总、中军俱被论,群情不无解体。故今日臣大会各军于南别宫东门外,且请王大贵、胡汝和点阅试才,其中最为成才者,略给赏布,而不勤教诲哨官,则随轻重施罚,使之警敕勉励,逐日炼习,以待贾中军回来。"③ 贾中军即贾大才。恶劣的自然条件和疾疫,导致明军将士和教练相继卒逝,但留居教练的王大贵、胡汝和等依然尽心训练朝鲜军士并见显效。八月,备边司启:"教师胡汝和等所论,欲将武艺熟谙者为旗队总,即留渠等一人在此教演外,将旧熟旗队带之各道,操习新兵,一则就粮习艺,二则拊抚杨兵云云者,其说是矣……长枪、筤筅、藤牌之类,作速整饬者,其说亦是矣"④,对其建议言听计从。

在闻俞等人辞世后,胡汝和成为居留教师的代表,争取权益,请求朝鲜移咨兵部侍郎孙鑛表彰教师功绩。备边司考虑:"胡把总等协同教炼已过半年,受苦甚多,与追到之人有间,依上教,叙其劳绩移咨军门"⑤,仅为胡汝和单独叙功。也从另一个侧面,反映出第一阶段,留居朝鲜的明军教练为数不少,朝鲜考勤亦较严苛,除胡汝和外,并不愿为其他人开例叙劳。

东征后期,胡汝和重返朝鲜。万历二十五年,"指挥使胡汝和"奉书朝鲜国王:"往年练兵贵邦,为贵邦捍暴客也。礼优馆谷,惠实筐筥,资斧克攘,行旅是藉。未归,蒙东道之隆恩;既归,辱曹丘之洪德。殿下视东海鳜人,乃风马牛不相及者,顾从而肉骨生死之随蛇杨雀,故足以名报

---

① 《朝鲜宣祖实录》卷47,宣祖二十七年正月十二日辛卯3条。
② 《朝鲜宣祖实录》卷49,宣祖二十七年三月十四日壬辰2条。
③ 《朝鲜宣祖实录》卷49,宣祖二十七年三月五日癸未1条。
④ 《朝鲜宣祖实录》卷54,宣祖二十七年八月三日戊申3条。
⑤ 《朝鲜宣祖实录》卷63,宣祖二十八年五月二十五日丁酉6条。

私耶？始焉社稷丘墟，生灵涂炭；今焉天兵云集，鲸鲵潜踪。殿下之威灵，振于殊俗，岛奴之游息，无依秋风。《黍离》之歌，将变为太平击壤之乐矣，宁不重为故人鼓掌庆耶？夙谊在衷，分宜泥首。崇严所苾，蒲茯未能，肃裁尺一，敬布腹心。"① 回忆前期练兵所受的优待，也谈到归国后的遭遇并表达对国王的感激和祝贺之情。

与胡汝和同职教练的王大贵，万历二十三年，还帮助朝鲜处置与辽东女真首领努尔哈赤的外交问题："教师王大贵久在我国，情意相亲往来无弊，必与我国人无异。欲得游击（按：指胡大受）文书而差委王大贵与同申忠一前进。"② 还一度成为朝鲜君臣评价南兵教师的标准："大概今来教师等，别无武艺特妙之人，俱是王大贵等夷而或有不及者。"③

6. 骆尚忠

训练都监成立之初，不能很好理解《纪效新书》，都监郎厅派人与"骆参将留营之人骆尚忠"④ 处问习，为骆尚志"亲属"，或为兄弟辈。

7. 教师李二

教师李二，或即"李乙"其人。"当初教师有闻愈手下胡汝和、王大贵二人，其后李二者追到，又有骆参将逃军张六三［三六］者"⑤，朝鲜兵曹判书沈忠谦提到的4位骆营教师，李二晚到。因朝鲜兵曹郎厅官及通事的"诋毁""饶舌"，导致刘绖"系颈"抓走"教师唐官李二、张六三［三六］"⑥，宣祖介入处理，万历二十三年三月八日，在时御所接见"教师唐官胡汝和、王大贵、李二、张六三［三六］"⑦ 等人，妥善解决了教师和朝鲜兵曹的矛盾。

8. 旗牌官张三六（当即张龙）

《唐将书帖》中骆尚志标下旗牌官张三六的揭帖，交代了其为教师的来龙去脉并提供了许多难得的细节⑧，显现出普通东征军士的日常生活和境遇，也反映明朝万历时代揭帖风气盛行，舆论和信息传播渠道通畅，实为明朝国内社会场景在境外的反映。而揭帖中反映的中朝观念差异，也体现了朝鲜两班制度根深蒂固的影响，尤其是庶孽制下朝鲜士大夫观念中高

---

① 《朝鲜宣祖实录》卷93，宣祖三十年十月二十六日癸未1条。
② 《朝鲜宣祖实录》卷69，宣祖二十八年十一月二十三日辛卯2条。
③ 《朝鲜宣祖实录》卷61，宣祖二十八年三月二十三日丙申3条。
④ 《朝鲜宣祖实录》卷43，宣祖二十六年十月六日丙戌11条。
⑤ 《朝鲜宣祖实录》卷53，宣祖二十七年七月八日甲申6条。
⑥ 《朝鲜宣祖实录》卷56，宣祖二十七年十月四日戊寅3条。
⑦ 《朝鲜宣祖实录》卷61，宣祖二十八年三月八日辛巳2条。
⑧ 《古文书集成》第16册，第218—221页；第52册，第584—585页。

低贵贱的等级查别。① 张三六很有可能就是后来留居朝鲜的义乌人张龙。

9. 金文盛等 11 人

除骆尚志营教师外,第一阶段朝鲜军队的训练师,还包括经略宋应昌所遣教师 11 人:"教练把总一员段胡;南兵教师十名:金文盛、何文星、柳子贵、金忠、龚子义、丁言、娄虎、何元贵、杜其、张子龙。"② 一年后剩 7 人:"又有宋侍郎所送金文盛七人同在一处……将就刘总兵之营,训炼我国之军……且金文盛最晓阵法,人物亦甚温藉云,亦令接待堂上亲去问其来由,使之训诲为当。"③ 金文盛最受欢迎,把总段胡为负责人。从万历二十年十二月至次年十月减员 4 名,或如闻愈、鲁天祥等辞世,或如张三六脱离了组织。

10. 游击王朝元

王朝元(1552—1621),浙江义乌凤林蒲塘人:"浩九十六公长子,春六十一,讳朝元,字良选,号秀昆,平生尚气节,临事有机关。万历壬辰东征,兵部经略宋公委用练兵朝鲜,有记录功次给札,冠带荣身……娶傅氏,合葬屋边,生三子:日新,日高,日赓,一女适赤岸冯如璧。"④ 王朝元在朝鲜情况不详,但东征结束后驻守东江,隶属毛文龙,死于海难。天启五年八月,朝鲜使臣全湜出使明朝,在海上得知毛文龙九月在宣川,经过身尾岛时,其"麾下游击王朝元、王三荐、周丁及家丁七十余人,所乘船败没淹尽,毛帅以此无欢,使营下僧人等聚会招魂矣"⑤。可见宋应昌委用的教师不止 11 位,王朝元就是额外的练兵教师。

11. 千总邵应忠、董元

《唐将书帖》中万历二十二年正月十四日兵部主事袁黄属下将官邵应忠、董元致柳成龙之书,反映其参加平壤、咸镜、汉城等地作战及毛遂自荐请当教习,所长在火器操作和阵法演练。⑥ 邵应忠遂留居朝鲜教练火

---

① 张晓波、崔轶男:《禁通之间:朝鲜王朝庶孽制度初探》,载《韩国研究论丛》2018 年第 2 辑(总第三十六辑),第 140—155 页。
② 宋应昌《经略复国要编》卷 4,《檄李提督》(万历二十年十二月初八日),第 293 页。
③ 《朝鲜宣祖实录》卷 43,宣祖二十六年十月六日丙戌 11 条。案:万历二十三年初在日军行长营中的指挥金文凤很可能为金文盛兄弟行,参见《宣祖实录》卷 60,宣祖二十八年二月十一日甲寅 3 条游击陈云鸿言及"金指挥文凤今在倭营,来则必有所传报,贵国速为奏闻";朝鲜左相金应南"当初金文凤欲烧倭营而来云,倭贼岂听文凤之言而烧营乎?"《宣祖实录》卷 60,宣祖二十八年二月二十七日庚午 4 条。
④ 《(凤林)蒲潭王氏宗谱》卷 8,《行传》,页十二,民国丙子(1936)年重修本。
⑤ [朝鲜]全湜:《沙西先生文集》卷 5,《杂著·槎行录》,韩国汉城民族文化推进会 1991 年版,《韩国文集丛刊》第 67 册,第 83 页。
⑥ 《古文书集成》第 16 册,第 177—178 页;第 52 册,正本,第 571 页。

炮手。

12. 千总徐文

与邵应忠类似，徐文也是一位出自袁黄标下的浙江"千总"①，其所领教师、家丁十余名，均系浙江人，在汉城附近训练朝鲜官兵。从徐文所领教师、家丁在安边侦查倭情及说还朝鲜王子有功等细节看，与张三六性质相类，不隶军籍，可自由行动。

13. 总兵刘綎

刘綎建议朝鲜练兵："权栗所送操练军皆疲弱，如驱群羊攻猛虎，何以当之？须与大臣广议，此乃自己之事，岂可只恃天朝？天朝亦岂可每为外国防守乎？此在殿下自强而已。"② 明尚宝司卿赵崇善也疏言："不主封贡，当议战守……今刘綎五千川兵尚在，再加南兵三千，令之训练朝鲜士卒，彼国田最膏腴，因粮以练兵，无征输之烦而有安攘之利……是故欲安中国，必守朝鲜，欲安朝鲜，必守全庆。奏入，下所司。"③

万历二十一年年底，刘綎谈及朝鲜练兵之难："尔国自九月以后，若选将炼兵，则今可得满万精锐。迩来数三月，徒言而无实。解到之兵旋即逃散，虽言遮截不可得，况念杀他乎？且全罗之兵或召募、或抄发，不必来到吾营。若仍守全罗，一边防御，一边教训，则我当临时观势，调取用之矣。"④ 可见《宣祖实录》所谓刘綎"住兵八莒二年，训炼三道军兵，徒为烦费而一无实效"⑤，并不客观，但也表达了朝鲜对练兵代价与艰难过程有所不满，几乎忘记朝鲜国情及宣祖国王不计代价组建新军、学习新法的初心。

二 第二阶段的训练师

都监练兵的第一阶段，载入史册的东征将士及南兵教师已超过25位。一旦朝鲜扩大练兵规模，所需教师就显得杯水车薪。故朝鲜特向明朝请求增派教师：从万历二十三年初，宣祖接见陈良玑等南兵教练开始，到七月，南兵游击胡大受率领百余名教练到达朝鲜，标志朝鲜练兵进入第二阶段。主要教师有明兵部侍郎孙鑛所遣教师、南兵游击胡大受所领百余教师、刘綎留营苗兵及杭州千总陈云鸿和家丁等。

---

① 《古文书集成》第16册，第226—229页；第52册，第586—587页。
② 《朝鲜宣祖实录》卷45，宣祖二十六年闰十一月二十日庚子3条。
③ 《明神宗实录》卷272，万历二十二年四月癸酉。
④ 《朝鲜宣祖实录》卷45，宣祖二十六年闰十一月二十二日壬寅4条。
⑤ 《朝鲜宣祖实录》卷75，宣祖二十九年五月一日丁卯4条。

1. 总管练兵游击胡大受

南兵游击胡大受所领教师有"百余名"①，万历二十三年七月入朝"为教三手军"②。胡大受也是戚家军旧将，万历八年，戚继光《誓师》文中提到"各营路中军、千、把总、旗总胡大受、李时茂等"③，身份是中军。

胡大受居留朝鲜半年余④。其入朝的时机是明东征大军已撤回国内，但南兵教练却反方向进入朝鲜。⑤ 朝鲜国王向明廷请求增派教师，可见练兵规模已超越第一阶段。但随着训练工作的展开，教师的问题也不断暴露。十一月，训练都监启："胡游击屡见外方教师作弊之报，以我国节续呈称为未便，今要撤回……今若量留其勤练［干］员役若干，以终其操炼之事，而各道教师并许撤还。"⑥ 因入朝教师素质不齐，"贻弊罔极，民怨日深"⑦，胡大受建议撤回教师："一技在身，如藏至宝，便不肯尽其法以诲人；且或需索供养，以厚薄为是非"⑧，曾令戚继光头疼的事，东征期间也在所难免。至万历二十四年二月，"当初咨请教师，而孙军门先遣陈良玑等十六员，复遣胡游击一行之人，乃以我国扰害之故而尽令撤回。"⑨

2. 千总陈良玑

陈良玑与胡大受为"一家之人"，两家有"有姻娅之厚"⑩。万历二十三年二月二十六日，朝鲜宣祖在时御所接见教师唐官"千总陈良玑、把总朱虎、陈白奇"⑪ 等，均为孙鑛所派。

陈良玑（1539—1596），字惟敬，号双溪，浙江义乌葛峰陈氏，"由浙、

---

① 《朝鲜宣祖实录》卷75，宣祖二十九年五月一日丁卯4条。
② 《宣祖修正实录修》卷29，宣祖二十八年七月一日壬申6条。
③ 戚继光：《止止堂集》，《横槊稿》下，中华书局2001年版，第228页。
④ ［朝鲜］申钦：《象村稿》卷39，《册使标下官》，第279页。
⑤ 案：自万历二十年夏，经过讨论，明廷决定出兵东征援朝抗日。七月，辽东军五千人入朝败归；十二月，四万余明军再次入朝，至万历二十二年春，大部撤回。八月，经略顾养谦奏讲贡之说并胁迫朝鲜国王奏请保国。九月，诏日使小西飞弹守入明，定议与封不与贡，四川总兵刘綎统领朝鲜留军一万余人也同时撤归。
⑥ 《朝鲜宣祖实录》卷69，宣祖二十八年十一月三十日戊戌7条。
⑦ 《朝鲜宣祖实录》卷70，宣祖二十八年十二月十六日甲寅2条。
⑧ 戚继光：《纪效新书》卷5，《手足篇》第五，中华书局2001年版，第124页。
⑨ 《朝鲜宣祖实录》卷72，宣祖二十九年二月十七日甲寅2条。
⑩ 《朝鲜宣祖实录》卷72，宣祖二十九年二月十七日甲寅2条。
⑪ 《朝鲜宣祖实录》卷60，宣祖二十八年二月己巳2条，26日。

闽、广东、蓟镇军绩,升授金华所正千户"①,也是抗倭战争中成长起来的戚家将,"犹率一营浙兵,冲突数千倭寇乃大较也,以故戚公爱之如子,恒侍帷幄……龙飞五年,蓟西缺千戎,少保戚公素知将军,乃南檄补焉"②。万历五年,戚继光题任蓟镇西路千总,陈良玑"间历蓟西四镇……从戎十余载,优考数十余次"③,万历十三年,受戚继光调任影响,年仅46岁④归家养母。朝鲜战争爆发,56岁的陈良玑重披战袍,入朝后诚心教练朝鲜军队,训练都监以"陈良玑诚心教炼,且欲采银以资军食,其奉委致力之意,不可不慰"。宣祖也表示:"上国特差官人于外国,训炼兵卒……如是诚心教炼,至于图绘阵形以送,不胜感激。"⑤ 万历二十四年初,南兵教练大部撤回,"只留陈良玑一人"⑥。十月,陈良玑辞世于燕河,归葬家乡,谱有墓图。葛峰陈氏正是义乌兵中以抗倭起家的军功家族代表。⑦

3. 千总、把总叶大潮、胡文桂、杨贵

万历二十三年二月三十日,宣祖在时御所接见第三批12位教师,包括千总叶大潮、把总胡文桂、杨贵3人,也是奉孙鑛之命为"操炼之事"入朝。在明白制约朝鲜练兵的瓶颈为粮饷后,认为"兵不在多,若得炼精,一以当百,俺等当赤心教之"⑧。叶大潮等武艺高强,也对训练朝鲜军队充满信心。

其中,千总叶大潮"武艺胜人,曾从事于戚继光军中,多有所闻见之事",对于这位戚家军旧将,都监甚为重视,先指派其在"全罗道教训"⑨,后派往庆尚道练兵。

把总杨贵"善于双刀、偃月刀"⑩,与陈白(伯)奇齐名。骆营流行的双刀技法在朝鲜留传,至今在韩国花郎道、弓道等民族体育形式中还能看到其遗存。⑪ 杨贵后任册封使李宗诚中军,与千总谢隆"泣诉谓关白志

---

① 《葛峰陈氏宗谱》卷9,《行状》,民国己未重修本,第71页。
② 《葛峰陈氏宗谱》卷3上,《序》,罗万化《赠总戎双溪陈将军司马联旌序》。
③ 《葛峰陈氏宗谱》卷3上,《序》,张元忭《赠双溪陈将军致政归养序》。
④ 参见《葛峰陈氏宗谱》卷3下,《诗》,戚子忠万历乙酉夏月之吉所作《送双溪陈将军归养一律》。
⑤ 《朝鲜宣祖实录》卷64,宣祖二十八年六月二十一日壬戌1条。
⑥ 《朝鲜宣祖实录》卷72,宣祖二十九年二月十七日甲寅2条。
⑦ 参见《葛峰陈氏宗谱》卷6,《系图》,第15页。
⑧ 《朝鲜宣祖实录》卷60,宣祖二十八年二月三十日癸酉2条。
⑨ 未指明出处者均见《朝鲜宣祖实录》卷61,宣祖二十八年三月二十三日丙申3条。
⑩ 《朝鲜宣祖实录》卷61,宣祖二十八年三月二十三日丙申3条。
⑪ 参见马廉真《双手刀法源流》,广州《武林》2004年第1、2期。

4. 千总、把总曹忠、殷文龙、陈应龙

万历二十三年二月二十九日，宣祖在时御所接见第二批明朝教师，即千总曹忠、把总殷文龙和陈应龙3人。经略孙鑛派遣教师共12人，从事"训练之事"③，陈应龙后负责训练庆尚道炮手："京城造火箭、火器之人，则陈千总亲丁吴天明、吴守仁，不让于陈应龙，故应龙派分庆尚道矣。"④

5. 胡汝和、王大贵、李二、张三六

万历二十三年三月初二日午时，宣祖在时御所接见第四批教师唐官胡汝和、王大贵、李二、张三六4人⑤。他们都是首次东征期间就教练朝鲜军的南兵，但朝鲜人评价"李二、张六三〔三六〕虽执筹如此，而二人不解营阵之法"⑥。

6. 千总朱文彩和把总陈文亮

万历二十三年三月初六日午，宣祖在时御所接见的第五批教师是千总朱文彩、把总陈文亮和屠科⑦，他们到朝鲜后，分赴各道就教，每道二员。

朱文彩在平壤训练"一道之军自当总摄"，后转平安道。东征后期再次入朝，住李恒福寓所："有卢游击标下将官千总朱姓者来寓，即先年与教师胡游击同来者也。自言与戚游击金同里闬相善，戚金方为南边参将，朱千总者从征来，戚将愿付书转致于上前，故赍来使臣上达其书。"⑧ 查考朱姓千总唯朱文彩，故断定为戚金传递书信者正是其人。

把总陈文亮也二次入朝。万历二十五年十月，宣祖回帖陈文亮："曾于往岁，足下承命东来，蒙教阅之勤，使下邦不教之民，稍知坐作进退之

---

① 《明神宗实录》卷303，万历二十四年十月庚午。
② 案：顺治十二年，在明清鼎革的江南战场上，有位"刘河水营千总杨贵"（见《明清史料》已编第三本《江宁巡抚张中元残揭帖》，第261—262页，中华书局影印本第548页）是否即东征时期善用"双刀、偃月刀"的杨贵？若东征时杨贵是二三十岁的青年，则顺治中期已为六七十岁老人。时浙江崇明岛附近平洋等沙都是抗清名将张名振水师的活动范围，拥有百多艘船，与以福建沿海为根据地的郑成功抗清武装相结合，动辄"联鬃（舟旁）三百余只"进入长江，附近守军和居民则依违于明清之间，叛降无常。
③ 《朝鲜宣祖实录》卷60，宣祖二十八年二月二十九日壬申2条。
④ 《朝鲜宣祖实录》卷61，宣祖二十八年三月二十三日丙申3条；卷60，二月三十日癸酉2条。
⑤ 《朝鲜宣祖实录》卷61，宣祖二十八年三月八日辛巳2条。
⑥ 《朝鲜宣祖实录》卷61，宣祖二十八年三月二十三日丙申3条。
⑦ 《朝鲜宣祖实录》卷61，宣祖二十八年三月六日己卯2条。
⑧ 《朝鲜宣祖实录》卷97，宣祖三十一年二月二十一日丙子条。

节，至今赖以为用……今者足下又以戎事，重临弊境，而寡人不敏，未早知之，兹阙候问之仪，反承眷渍，把玩之余，良深惭谢。第方伺候于经理、提督，压于尊严，无便与足下一奉，尤用怅然。只倩笔札，草此申谢，幸惟谅察，不宣。"① 很可能为义乌葛峰陈氏第十三世孙，与教练陈良玑八世同祖②，与曾入日军加藤清正营的陈文彦也同族。虽族谱未载其事，但陈良玑与族侄数人同入朝鲜的可能性极大（参见下表）。

葛峰陈氏亲族关系表

世系	1	2	3	4	5	6	7	8	9	10	11	12	13
名	信臣	启宗	仪	进	潭孙	师龙	佛亮	体中	道行	文杰	中和	良玑	
									道德	元	廷熙	良栋	文彦
									远	廷旭	锷/钟	文亮
				逊	寿孙	应龙	怀德	邦能	道禧	士贵	世龙	良琪	

从上表可以看出：陈文彦与陈文亮关系最近，祖父廷旭（懋廿九）、廷熙（懋三十四）为亲兄弟，与陈良玑八世以上同祖，与另一东征将领陈良琪③的关系稍远，与陈良玑及陈文彦、陈文亮均为三世以上同祖。

7. 家丁吴天明、吴守仁

陈良玑所带家丁中有不少人才："京城造火箭、火器之人，则陈千总亲丁吴天明、吴守仁不让于陈应龙。"④ 陈良玑所带的两位亲丁就擅长制

---

① 《朝鲜宣祖实录》卷61，宣祖二十八年三月六日己卯2条；卷93，宣祖三十年十月百日乙丑3条。

② 案：陈文亮上溯世系为钟（过继于锷）—廷旭—远—道德—体中—佛亮—师龙—潭孙—进—仪—启宗—信臣。参见《葛峰陈氏宗谱》卷6，《系图》，2010年庚寅重修本。

③ 案：陈良琪（1578—?）葛峰陈氏第十二世孙，东征后期，随管粮同知韩初命负责督造火器。字惟琛，号仰山，德百四十八，华山公伯子。乡进士、眷生金德义撰其传云："于万历二十七年仗策从戎。都指挥金事韩，知其年力精壮，久历营武，弓马素娴，激励宜先，给札委用。至三十二年，兵部武选清吏司沈欲励士气，以图后报，亦以公幼习韬略、壮娴弓马，向随东征，督造火器，勤劳数载，未蒙优叙给札、冠带以示优异，所在辄建奇勋，人咸目谓框时伟器，御侮长才。"（《葛峰陈氏宗谱》卷2，《传·德百四十八公传》民国己未重修本）。可见他入朝时才22岁，传中所言"指挥金事韩"是韩初命，字康侯，号见宇，山东莱州府掖县人，万历七年举人，二十六年八月，以见任三河知县"屡膺荐奖"，邢玠提议"就近升授河间府同知，速来接管朝鲜粮饷事务，俟有成绩，破格擢用。"（邢玠：《经略御倭奏议》卷4，《题陈同知乞休疏》，第249、253页）万历二十八年十月归国。

④ 《朝鲜宣祖实录》卷60，宣祖二十八年二月三十日癸酉2条。

造火箭、火器，随同诸位教师入朝的亲丁家将数量可能翻倍。

8. 把总朱虎、陈白奇

万历二十三年二月二十六日，与陈良玑一起受到朝鲜宣祖接见的还有两个"教师唐官"把总朱虎和陈白奇。

陈白奇，也作陈伯奇，与陈良玑、朱虎均受宣祖接见的首批"唐官教师"，奉经略孙鑛之命，入朝教练军兵，以"武艺绝妙"，尤胜"枪、筅诸技"，与"把总杨贵"同"为其类之冠"①。朝鲜李廷龟《回揭陈把总》即致陈伯奇："曩足下之临敝邦也，敝邦之人蒙足下教练之效，一变至于节制。足下之惠寡人迨犹未忘。兹闻高盖再屈，甚慰悬望。近缘多事，一候未遑。长笺先辱，感愧如何。示意俱已领悉，事体所当为，则惟当一致诚款，宁容有一毫彼此于其间哉？盛贶不敢璧还，谨辄留领，姑此布谢。"② 朱虎事迹俟考。

9. 千总刘光远、把总屠科

二人事迹不详。朝鲜车天辂有言："二公受明命，辱临下邑，操练人卒……教成六千，可使即戎，遂激不振之气，一变至勇……天其或者恩二公，而幸不谷之社稷也……且屠把总足下曾与吴游击据鞍，又从陈中军剑及于此，勤劳我家，荣问且畅。激昂佩服，尤有所欤欤也。"③ 显示刘光远、屠科有劳于训练朝鲜六千军。把总屠科两次入朝，首隶南兵将吴惟忠营，再隶陈良玑，均为义乌籍南兵将，推断屠科大致也是义乌人。

10. 苗兵花应春、李乙

在胡大受等教师撤回后，训练都监仍暗藏刘𫄨营中二人，初次东征归国，得病落后辽阳。"胡游击一行之来，与之偕来"再次入朝，"能造毒药及各样火器之法"，诀窍在四月初生时，"采得毒药所入诸具制造试用"。都监将二人秘置管下偷艺："令精详之人尽学其技……勿使他唐人知之"④。李乙很可能就是前面提到的李二，也应另有正式名字。

11. 千总陈云鸿及所率陈姓家丁

万历二十二年十二月十二日"天朝游击陈云鸿，奉晓谕诏敕到京，

---

① 《朝鲜宣祖实录》卷61，宣祖二十八年三月二十三日丙申3条。
② 李廷龟：《月沙先生集》卷25，《回揭陈把总》，景仁文化社1988年版，第3册，第16页。
③ ［朝鲜］车天辂：《五山集》，《答平壤炼［练］兵千把总刘（光远）屠（科）揭帖（奉教撰）》，载《韩国文集中的明代史料》第8册，第56页。
④ 《朝鲜宣祖实录》卷72，宣祖二十九年二月十四日辛亥。

因下湖西、湖南，分遣教士，于各道长官，训习操练军三枝"①。二十三年二月，陈云鸿回到汉城，宣祖以其来自浙江，所带家丁必精剑枪之术，兵器、阵法者可学者甚多，最急者莫过于海边醎土煮炼焰硝及傅矢毒药之方。若不方便直问，就从家丁"赠赂密问"。硝焰炼成，火攻百技皆从此出。朝鲜长于射矢，若加以毒药则"中者必死，战无不胜矣"②。

朝鲜学习煮硝法的过程："海土煮焇、毒药用剑等事，臣某承命时与李时发、李海龙密议，昨日时发等往陈游击下处，随便问之，则游击以为海土煮取者则为盐、为皮焇，取海边人家土墙海气熏蒸处，刮取墙面之土，以此煮取，则五、六斗之土，可得十斤之焇。因招其家丁问之，则有一陈姓人详解其法，且言北京焰焇必更炼，然后为正焇。如不得其法，则更炼时俱为无用云。且此人能解打造各样火炮云。此人请于游击前，令李海龙带往京畿滨海各官，试之宜当。"③李德馨与李时发、李海龙等到陈云鸿处招家丁询知煮硝、造炮法，并将陈姓家丁带往京畿道海滨试煮硝土。但"都监每欲与唐人试之而未见成效"，朝鲜舒川军保林梦却"试验得效"，在南阳海边试煮时，5日之内煮得焰硝1斤、碱土2分、海土1分，合煮成焰硝3斤，"合剂试放，精猛可用"。忠清道御史李时发在蓝浦等有树木之处大举煮盐。④陈氏家丁的示范传授，是林梦试验成功的前提。此后李时发在安边府煮硝，独占八道鳌头，数量"多至六百十三斤"，质量也"优于他道"，遂得加资奖赏。⑤

陈云鸿还告知朝鲜人贵州毒药方以"乌头、狼毒为主"，制药诀窍在"漉汁澄清，待其至清取以合剂。毒气方治，流行不滞，人见血立死。且剂药时，必就山谷净洁处，使不闻鸡犬之声，而妇女、杂人一切禁讳，不然则无效矣，其工夫可抵半月之久"⑥。但未带药剂方书，答应随后"铭心传书以送"。

三 第三阶段的训练师

主要包括南兵游击吴惟忠营教习、南兵游击陈寅及许国威的教习等。

---

① [朝鲜] 赵庆男：《乱中杂录》二《大东野乘》卷27，朝鲜古书刊行会1971年版，第689—690页。
② 《朝鲜宣祖实录》卷60，宣祖二十八年二月十七日庚申3条。
③ 李德馨：《汉阴先生文稿》卷8，《训练都监秘密启（乙未二月吏判）》，第404页。
④ 《朝鲜宣祖实录》卷63，宣祖二十八年五月二十五日丁酉7条。
⑤ 《光海君实录》卷98，光海七年十二月二十五日丁卯1条。
⑥ 《汉阴先生文稿》卷8，《训练都监秘密启（乙未二月吏判）》，第404页。

1. 总兵吴惟忠及军中善武者6人

万历二十五年五月十六日，吴惟忠渡江再次入朝。次月，言于训练都监堂官刑曹判书金命元："贵国枪制不实，似难以此杀贼。而相战之时，后有生路，前则死路，若不严防生路，谁肯冒入死路乎？俺欲严军令亦未整齐。然贵国之军若如俺军之受制，事有可望。"① 派军中擅长武艺者六人在都监连教五六日。宣祖指示："须就吴总兵门下广习诸技，尽得其妙法。则二十年梨花枪之法，岂独在于杨家？"但留教之请，吴"似有难色"②，后南下。

2. 孙龙

吴惟忠标下孙龙懂得制造火药："剂药人孙龙，曾送于全罗监司处及统制使营，使之传习药法及炮法。而毒药喷火等法，尽为传习。只地雷炮，则火药甚贵，故不得传习。且海上熘硝，亦将煮取于扶安地，因都监催促，未成而来云。地雷则最关于陆战，海硝亦多利益，皆非我国人之所能。渠欲更试剂造之法，而不可以此挽留，即当随便入送。但渠是吴惟忠标下人，得罪落后，都监适闻其能解炮硝之法，开谕传习，至于往来湖南。"国王传令："海硝不可不传习。"厚给孙龙赏物，认为将孙龙送到南方教诲毒药等法"殊无远虑。传习之人，万一被掳于倭贼，倭贼传习此法，则他日无穷之祸有不可言矣。大概如此秘法，京中为之，不当使外方习之"③。

3. 游击陈寅

陈寅对教习朝军亦颇为踊跃："朝鲜官兵若干名若给与俺营下，则俺当一朔给银子五钱，使备号衣等装……俺当组练抚恤，一如家丁，以为临敌之用。"建议派遣朝军夹于明军中组练，料米由朝鲜发放，其他费用均由明军负责，服装、设备一如家丁，即不易筹措的长枪、筤筅等亦已请讨"四五百个及火药等物"以备不时之需，朝鲜提供"大木如船樯者，以为阵所筑台处竖旗之用"④ 即可。

万历二十六年四月，陈寅面见宣祖时表示："俺来住贵邦，少无丝毫之补，切欲操练军兵尔……若抄本国精兵二千以付于俺，则筤筅、橙牌、用剑诸技，寻常教习，可以灭贼。"⑤ 遂演示战阵一场六阵，从听令、行

---

① 《朝鲜宣祖实录》卷89，宣祖三十年六月十五日甲戌3条。
② 《朝鲜宣祖实录》卷90，宣祖三十年七月五日甲午3条。
③ 《朝鲜宣祖实录》卷137，宣祖三十四年五月二十一日戊午7条。
④ 《朝鲜宣祖实录》卷98，宣祖三十一年三月五日丁酉7条。
⑤ 《朝鲜宣祖实录》卷99，宣祖三十一年四月五日己未2条。

营遇放、夜营出奇、布衡三叠、大衡五叠到围剿获功,参演军士达3400余人。观赏完毕后,宣祖感叹说:"我国阵法有同儿戏。"①

4. 游击许国威

许国威,号元真,福建晋江县人,武进士,"以钦差统领福营游击将军都指挥佥事"率领步兵1160名,万历二十六年三月入朝,次年四月归。"能文词,有气义,与杨经理最亲,经理被参,国威率诸将官申救"②。

许国威为训练都监带出一支教导队。万历二十六年七月,"拣都监炮、杀手十二人,学艺于许游击军中"③。朝鲜庄献世子、英祖次子李愃记训练都监成立后,韩峤负责询问、记录之事,与许国威往来密切,得知练兵"妙谛"在"一胆、二力、三精、四快";又教以二十四枪势,谓"一势之变耳,推可为百势……易之六十四卦,是亦一卦之变,而一卦减不得,则枪势之二十四势奚间?"并教身法、腰法、手法、足法等"本一体,散为万殊,如棋之势,多多万万,精得百势,可称国手"。"峤退而成诸谱,教三手法于国中,一曰射,二曰炮,三曰技。技者,俗称杀手也"④,李愃感叹韩峤"竟以前所未学之技术教国人",其功甚伟。

5. 游击叶靖国

《明实录》载"把总萧[叶]靖国训练朝鲜军兵"⑤事,曾被视为"幌子",是部分明军将校贪索朝鲜俸禄,以练兵为借口留在朝鲜。⑥事实上,叶靖国为占候官,以术士面目活跃于朝鲜达十余年。但他的兵技应也不错,懂得阵法,是如假包换的军人。归国后授四川建武游击,7年后,升任广东东山参将。⑦作为一位有特殊信仰的军人,在东征明军中并非罕见,包括陈寅等也都相信神力,关公是多数明军将士都信仰的神灵。明军中活跃的术士多有其人,说明万历时代仍是一个民众普遍有信仰的时代。

6. 游击宋德隆、州判林万琪、千总杨乔林

经略邢玠曾"扎委标下听用原任游击宋德隆、州判林万琪、千总杨乔林,团练丽兵,俱照天朝服饰、号衣、旗帜,相兼防御,勿令(日军)

---

① 《朝鲜宣祖实录》卷99,宣祖三十一年四月六日庚申2条。
② [朝鲜]申钦:《象村稿》卷39,《军门票下官》,第289页。
③ 《朝鲜宣祖实录》卷102,宣祖三十一年七月二十五日戊申1条。
④ 李愃:《凌虚关漫稿》卷7,《艺谱六技演成十八般说》,韩国汉城民族文化推进会2000年版,《韩国文集丛刊》第251册,第130页。
⑤ 《明神宗实录》卷368,万历三十年二月辛未,第6880页。
⑥ 韩明基:《壬辰倭乱与韩中关系》,历史批评社2001年版,第154页。
⑦ 《明神宗实录》卷462,万历三十七年九月辛丑,第8723页。

窥我虚实"①。负责朝鲜善后事宜,具体"团练"朝军。第三阶段对朝鲜练兵有贡献的知名教练有十余位。其他不知名的教练还有不少,他们都不是单枪匹马活动,以团队演练为主。唯孙龙单飞秘行,为朝鲜火药制造术做出重大贡献。他应该就是吴惟忠军中的募兵而非卫所正兵,才能如此。

按万历初年戚继光练兵蓟镇,万名台兵(多南兵)配备教师915员的比例②,教师与兵士比例大约为10∶1。若照此比例,朝鲜训练万人成军,约需教师千人。但从朝鲜练兵三阶段看,教师总和不超过200人,承担着繁重的训练工作,第一阶段闻愈、鲁天祥等客死朝鲜,或也与此有关。

第四节　总管朝鲜八道练兵游击胡大受

历史人物难以盖棺论定的情况并不少见。尤其在全球史背景下,多视野观照历史事件和人物,将折射出多层面的历史。包括东征军中的小人物,如南兵游击胡大受(1528—1603)就是一例。

一　胡大受的生平

嘉靖四十五年,胡大受以"征倭功"③授绍兴卫指挥佥事,时年39岁。隆庆二年夏,戚继光以"坐营把总胡大受及浙江把总吴惟忠、陈子銮分募"浙江铳手及杀手,视胡大受与吴惟忠为左膀右臂,两人均为"把总"。万历八年,胡大受任蓟镇三屯营南兵中军,随戚继光北戍长城④。十年十一月,从镇庞关提调升任遵化左营游击⑤。

《凤林胡氏宗谱》记载:胡大受,浙江金华义乌人,"演十三公次子,在城,行茂三十一,讳大受,字廷可,号金峰,充为邑椽。为闽倭寇乱,弃文就武,有功为参将,授明威将军,袭绍兴卫世袭指挥。嘉靖戊子又十

---

① 邢玠:《经略御倭奏议》卷9,《春汛分布海防疏》,《御倭史料汇编》第5册,第383页。
② 参见戚祚国汇纂《戚少保年谱耆编》卷11,万历元年五月载《呈阅视兵饷条例》"三屯标下练兵教师等官兵915员名,每月约用银一千五百余两(月约1.6两)"。中华书局2003年版,第365页。
③ 张元忭、孙鑛等纂:万历《绍兴府志》卷29,《武职》六,李能成点校本,宁波出版社2012年版,第567页。
④ 戚继光:《止止堂集》,《横槊稿》下《定庙谟以图安攘疏》,中华书局2001年版,第228页。
⑤ 《明神宗实录》卷130,万历十年十一月己卯(25日),第2428页。

月十一日生，万历癸卯七月十八日终。"①邑掾出身，娶山盘朱氏，生子天叙（林二十六）及一女；继娶黄氏，合葬义乌十四都香山寺西鞍山。但未提到胡大受东征朝鲜。康熙三年胡其洪等撰《凤林胡氏重修宗谱序》云："武讳大绶［受］者，号为金峰，弃文就武，曾任督标副总兵职衔，出使朝鲜封王有功，回朝，敕赐世袭绍兴卫指挥。"②虽叙事颠倒，但涉及胡大受东征入朝。嘉庆《义乌县志》记胡大受由"西征"功授绍兴卫指挥，任福建坐营都司转蓟镇左营游击，升山东青州练兵参所［将］。（万历）二十三年，奉旨统练朝鲜八道民兵。

胡大受练兵山东，始于万历二十年十一月。山东巡抚孙鑛以兵部尚书石星批准"浙兵三千即令陈、胡二游击往募，此事可从，窃欢慰无量"，且题有安家月粮，移文浙江分拨"令胡大受领赴山东"即可。③次年六月，防海南兵在登州借食临、德二仓米五万石，"计脚价反溢于米值，迁延至今未领"，故孙鑛请户部尚书杨俊民以现年折色照米数扣留给兵，原米仍留二仓以当新纳之数，以减轻防海兵负担且军需有赖。④至二十二年二月十六日，三千浙兵到达济南⑤，"二千系标下旧兵，一千系新募"。孙鑛建议等十月秋汛完毕，将李承勋二千标兵发回浙江或别调，但新募的1000人"当留山东防御，并付杨文管领，斯为山东久远之计"⑥。

胡大受所募三千浙兵中，就包括曾任登州巡海奇营把总刘廷德。

刘廷德，字汝修，号凤山，万历二十二年秋，任山东登州巡海奇营把总，驻蓬莱附近的宁海，率500南兵任山东沿海防倭之责，后移军登州："今刘君征倭伟绩著闻，总督尚书邢公、军门万公交相奖劝"⑦，海宁、蓬莱缙绅均有送别诗词入载家谱。万历二十三年七月二十五日，刘廷德50岁寿辰。翰林院检讨、进士墨源周砺所撰寿序："凤山刘公，惟南兵奇营把总，提五百之兵防御宁海，凡一年所矣……已而振旅登州……耳目聪

---

① 胡慕歧等撰：《（浙江义乌）凤林胡氏宗谱》卷5，《世传》，第49页，北京国家图书馆藏光绪戊寅丁未（1907年）重修本。
② 《凤林胡氏宗谱》卷1，《旧序》，光绪戊寅丁未重修本；2009年新修本卷2，第20页。
③ 孙鑛：《孙月峰先生全集》卷4，《山东兵札·与石东泉书》（二十年十一月廿四），第27—28页。
④ 孙鑛：《孙月峰先生全集》卷4，《山东兵札·与杨本庵书》（二十一年六月十二日），第85页。
⑤ 孙鑛：《孙月峰先生全集》卷4，《山东兵札·与宋桐冈书》（二十一年二月二十一），第56页。
⑥ 孙鑛：《孙月峰先生全集》卷4，《山东兵札·与石东泉书》（二十一年二月初八日），第58页。
⑦ 刘文虎主编：《清溪刘氏宗谱》卷18，《奉贺大降价双溪刘先生荣膺序》，第61、62页。

明，形神盎溢，遂壮夫不逮。"① 叙述刘廷德备倭防守山东的经历。

其同族兄弟刘廷樟，字凤峰，"心明武略，志轶古今。从征朝鲜，辞秩归家""从征朝鲜，赐秩恳辞"②。义乌青溪刘氏廷樟、廷德兄弟，或驻守山东，或征战异域，均为胡大受所募义乌南兵一员。

因情报工作出色，孙鑛认为"平秀吉实怀不轨之志，不在抢劫，然其目下则惟垂涎朝鲜，得朝鲜乃图内犯，不得朝鲜必不内犯也"③，甚有识见。他建议杨镐"但须募农师五百或一千，皆义乌人兼知战者，仍用丽民为耕，度彼不疑且可久。不敏前令胡大受往训练，虽小有言，第此策恐终不可废。今若令三南将各率五百人，前往训练丽兵三千余人，合之师一万……则用之为守，无烦留戍矣"④，可见胡大受前往朝鲜练兵实发端于孙鑛。万历二十三年七月，已68岁的胡大受到朝鲜教练"三手军"，居留半年后，次年二三月间回⑤。

二 胡大受在朝鲜的三大建树

1. 训练朝鲜军队

胡大受在朝鲜最重要的建树就是训练朝鲜军队。胡大受入朝之机，正是援朝东征前期战事结束，明日和谈开始，后期战争尚未爆发之时。明朝东征大军撤回国内，南兵教练却源源不断反方向进入朝鲜，说明明廷与朝鲜达成共识：撤回明军的同时，另派教师训练朝鲜军队，以加强朝鲜的军事力量和国防能力。奇怪的是，如此重要事实，《明史·朝鲜传》只字未提，唯在孙鑛的奏折中还保留着端倪。

从万历二十三年春开始，宣祖国王分五批接见明兵部侍郎、经略孙鑛所遣的陈良玑等16名千、把总及教练。七月，游击胡大受率百余名教师入朝，彰显朝鲜练兵工作进入一个新阶段。主要特点是朝鲜国王请求明廷增派教师，在训练都监的管理配合下，训练一支具有戚家军遗风的朝鲜"三手军"，规模也从京城辐射八道，标志着朝鲜军训练进入扩容阶段，

---

① 刘文虎主编：《清溪刘氏宗谱》卷2，《系图》第103页；卷18《序·贺南兵奇营凤翁将军老大人五十寿序》，第47—54页。
② 刘光寅主修：《青溪刘氏宗谱》卷1，《历朝逸贤列名》，第37页，光绪十年（1884）木活字本；卷首《本纪世系图》，第39页；刘文虎主编：《清溪刘氏宗谱》卷1，第94页；卷2《系图》，第63页，2003年癸未重修本。
③ 孙鑛：《孙月峰先生全集》卷5，《与政府书》（二十五年正月十八日），第176—177页。
④ 孙鑛：《孙月峰先生全集》卷5，《与杨苍屿书》（二十五年四月廿六），第181页。
⑤ [朝鲜] 申钦：《象村稿》卷39，《册使标下官》，《韩国文集丛刊》第72册，第279页。参见《朝鲜宣祖实录》卷72，宣祖二十九年二月八日乙巳1条。

朝鲜视之为国防要事与重中之重（详前章）。故胡大受在朝鲜的地位，明显不受"一个小小的明朝游击"所限，他总理朝鲜八道练兵事宜，是明军教练在朝总管，也是居留朝鲜的明军最高职衔指挥官。练兵之余，胡大受还对朝鲜内政外交多有贡献。他提出的八项建议："折马驮运、分送教师、预措军粮、查索矿穴、据险防戍、议定兵备、广开屯田、招抚流民。"① 事实上是孙鑛建议版的细则，胡大受实为办大事的小人物。

2. 尝试在朝鲜开矿

胡大受在朝鲜的第二个建树是探索矿脉，尝试开矿。却令朝鲜不快，甚至引起一些朝鲜大臣的恐慌。②

早在万历二十一年三月，东征经略宋应昌就想开矿获利，"散给新军作为粮饷"③，鼓动尹根寿"今日之事在于吹炼银铜，以为粮赏之资"④，视为急务。而几乎所有明军将领，地不分南北东西，都对在朝鲜开发银矿、流通白银十分上心。如提督李如松曾密语朝鲜大臣李德馨"尔国勿为采银"，但"须待宋爷入去之后，采之无妨云"⑤。可见李如松也不反对开矿，只是鉴于南北矛盾，不欲南人染指其利而已。掌管东征后勤的副总兵佟养正，随带银匠到义州，传习炼银技术，希望在平安道、黄海道等地炼银以继国用，"皆为本国通变济之周急良图"⑥，得到一些朝鲜大臣的支持。南兵将戚金也将"开矿、铸分以通交易"⑦ 作为培养民生的第一要义。

万历二十三年正月，孙鑛告知李化龙"开矿已批行"⑧，故胡大受到

---

① 参见《朝鲜宣祖实录》卷65，宣祖二十八年七月二十五日丙申1条。
② 案：高丽末朝鲜每年向明岁贡黄金150两、白银700两，到李朝世宗十一年（1429）被免除。这是朝鲜在明、鲜宗藩关系中的胜利，但也形成了严格的金银禁令，以免明朝恢复金银岁贡。壬辰战争爆发，流通白银的明、日人员流动和物资往来，都对此禁令形成重大冲击，明军将领和朝鲜君臣也为此多次反复交涉，最终朝鲜在战后解除白银禁令，步入白银时代，融入世界经济秩序中。参见孙卫国《朝鲜王朝前期白银禁用之因由与影响》，《学术研究》2019年第10期。
③ ［明］宋应昌：《经略复国要编》卷7，万历二十一年三月初五日《报三相公并石司马书》，第593页。
④ 《朝鲜宣祖实录》卷36，宣祖二十六年三月八日癸亥9条。
⑤ 《朝鲜宣祖实录》卷50，宣祖二十七年四月十七日乙丑2条。案：朝鲜人由此对李如松充满好感，认为"提督为我国谋曲尽矣"，而宋应昌则"险陂不可测者耳"。
⑥ ［朝鲜］郑琢：《药圃先生文集》卷6，《龙湾闻见录》，《韩国文集丛刊》第39册，第524页。
⑦ 《唐将书帖》，载《古文书集成》第16册，韩国精神文化研究院，第238—243页。另《古文书集成》第52册，第590—591页。
⑧ 孙鑛：《孙月峰先生全集》卷5，《与李霖寰书》（廿三年正月初八日），第31页。

达朝鲜之前，就已备好朝鲜矿点名单，包括平安道江界、昌城、良策；黄海道瑞兴、开城府；江原道春川、伊川、原州、酒泉；忠清道公州、报恩、延丰、清风；咸镜道安边、文川、端川等邑，涉及八道中的五道，情报来源当即宋应昌："向得经略公谕札，欲开矿一节，非为多事。"战时朝鲜帑藏空虚，民穷财尽，而东征军的粮饷难以落实，也不理解朝鲜的百年禁令和担忧，"不行使银两，止米、布、棉、䌷互市"①，普遍使用白银的明军感到窘迫，希望朝鲜打破禁令，开采银矿、流通白银的呼声强烈。

万历二十三年九月，胡大受"分派教师等俱欲开矿"②，引起朝鲜部分大臣的恐慌，怀疑他入朝动机不纯。而热衷寻矿采银，实际上也是万历年间经济发展、社会"转型"③的现实在军队中的反映。当时世界已进入"白银资本"时代，尤其是"中国成为世界白银的终极'秘窖'"，"整个世界经济秩序当时名副其实地是以中国为中心的"④。东征军中也不例外：从宋应昌到孙鑛乃至胡大受都重视此事。

胡大受到朝鲜后，就教练待遇问题与朝鲜谈判，希望得到与前期川兵相同的待遇，但遭拒绝。万历二十四年，崔岦致书胡大受："至据往年川兵全给之例，则小邦之所必不能也。其在往年，尚有钦赐银两销费未尽者，得以难支一月。……而今蒙来咨，欲令小邦将大人带领各官兵合用廪给粮饷，查照前行，会同大人逐一酌议停妥回报……而国内见操炮、剑等手，约有千余，量彼所收，仅足廪养此辈，他不啻不给也。抑银、铁本非土宜，近因急于财用，多方觅矿，如于西北道内多费人力炼造，而所得皆铅，虽或成银零星而已，终不足以佐助有无也。"⑤ 其中涉及两个关键问题：

第一，朝鲜因艰于粮饷供应困难，拒绝胡大受请照"往年川兵全给之例"，教师待遇不如前期优厚。在16世纪末17世纪早期，明朝军队中"募兵年饷银为十八两"⑥ 为通行标准。东征属异域作战"饷银必须加倍"⑦，南兵通行饷银"每名月支粮银一两五钱，行粮盐菜银一两五钱，

---

① 《朝鲜宣祖实录》卷70，宣祖二十八年十二月二十四日壬戌1条。
② 以上未指明出处者均见《朝鲜宣祖实录》卷67，宣祖二十八年九月十三日壬午1条。
③ 参见张显清、林金树主编《明代经济转型》的相关论述，中国社会科学出版社2009年版。
④ 参见［德］贡德·弗兰克《白银资本——重视经济全球化中的东方》，刘北成译，中央编译局出版社2008年版，第108、110页。
⑤ ［朝鲜］崔岦：《简易文集》卷5，《槐院文录·帖回胡游击大受》，第371页。
⑥ 参见黄仁宇《十六世纪明代中国之财政与税收》，阿风等译，生活·读书·新知三联书店2001年版，第374页。
⑦ 宋应昌：《经略复国要编》卷7，《报三相公并石司马书》（万历二十一年三月）初五日。

衣鞋银三钱,犒赏银三钱,共三两六钱,将官、千、把总等官廪给,各于原支数目外,量加一倍,以寓优恤之意"①,故募兵43两余的年薪,比通行标准高出两倍,朝鲜供应明军教练也存在实际困难。

第二,朝鲜认为胡大受等在朝鲜觅矿、开矿之举于事无补。崔岦第二书显示胡大受与朝鲜的具体矛盾及其敕谕女真的背景:"专赖军门体奉圣慈,分送教师,法式操练,稍令疮痍孑遗,习于部伍技击。比及贵府受委来莅,则旌旗之色,钟鼓之音,又一番新矣……而练事属已就绪,告功亦当以时,则取回之禀实出于此。复有无籍棍徒假冒名称,列邑沿路难于辨认,纵奸贻燊不可具言,官兵以此受累则有,然所为禁革之请,固在彼而不在此也……贵府遣一辩士谕彼建酋,俾我西陲得以宁帖,兹事出于见行职务之外……无以自为酬报……布花一事,亦知贵府为许多员役欲慰循其望,而缘小邦本褊陋,行货不博,比又糜余力可图方便,前后不克曲副示意,种种惭负,何可限量,统惟谅恕。"② 除赞赏胡大受即教师的工作成绩外,解释了胡大受问责的三个问题:一请求取回教师,是因练兵已告一段落;二禁革其从人,是有假冒作弊者。或以教师群体素质参差,导致朝鲜想退货。三是不能贸易布花,乃因无货无力。

宣祖曾询问李德馨"胡游击于各道教师处所送花绒"是军门分给冬衣之次者还是自家商贩之物?李德馨解释因朝鲜不给月银,"故请于军门而受出,分送各道",因咸镜道多产银子木花稀贵,故送最多,此外还以小帽子、蓝布等"责纳人参、银子等物",为"接待唐人之事,物力荡竭,势难支吾"③。咸镜道监司洪汝谆抑禁不售,致使蓟辽总督孙鑛许运棉花、布匹、衣帽等物品分送各道教师,易物贸银以充月饷之计泡汤。胡大受因其所领教师无从领取月饷投诉于李德馨,宣祖恐教师私携图利,不知肇因实起于朝鲜缺银无从发放月饷。李德馨所谓"胡游击项日发送木花于外方教师,今因咸镜道监司禁卖买之事,投牌文于臣如此"④ 即指其事。

朝鲜虽然不开官禁,私市买卖却很兴盛:"市上买卖的人,昏夜潜赍银两,换贸货物……且尔国之人多持银子,人参、皮物常川买卖于江上,故上国地方官三个月收了一千两税银。"明朝官员不解朝鲜禁令,户曹解释"银子非我国所产,市上绝不行用。乱离以后只靠天朝钦赐数万余两,

---

① 《经略复国要编》卷9,《移本部咨》(万历二十一年七月)十四日。
② [朝鲜]崔岦:《简易文集》卷5,《槐院文录·帖回胡游击(丙申)》,第372页。
③ 《朝鲜宣祖实录》卷70,宣祖二十八年十二月五日癸卯2条。
④ [朝鲜]李德馨:《汉阴先生文稿》卷9,《进胡游击牌文启》,《韩国文集丛刊》第65册,第409页。

因买军粮等项花销折算已久,今虽竭尽公私之力,收拾之数想不满四五百两。"① 朝鲜官银总数只有四五百两,仅计算南兵月饷人均1两5钱,200人最低月需300两,行粮盐菜银尚未计,故对发放明军教师月饷而言,可谓杯水车薪。胡大受不得不另辟蹊径,其"遣一辩士谕彼建酋,俾我西陲得以宁帖"事,就与货银兑现的需求相关。

正是受到东征明军影响,朝鲜也开始渐变。万历二十二年二月,朝鲜大臣沈忠谦主张"今之所可行者,采银也";宣祖也注意到"唐之富商陈臣"所言"尔国所皆是银山,若采用国可富";尹根寿转述"天朝人尝言尔国不采银,不用钱,不畜鸡豚,何以通货?何以食肉?"柳成龙建议"世宗朝尝用钱,故有朝鲜通宝钱矣,时有上疏止之。今则采银,可与中原通财"。② 在东征军的影响下,朝鲜出现了赞成开矿的声音。

最后朝鲜也不能摆脱世界潮流的影响。申钦曾总结:"我东方多银矿,故丽未被中国需索,民不堪命。我朝初年敷奏,得免上贡。上贡既免,则不可用之为国货。故列圣遵守,遂闭采银之路。着之令甲,至于舌官,赴京如有私赍渡江者,则罪至于诛。迨二百年,至壬辰倭警,中国以银颁赐我国,军粮、军赏亦皆用银,以此银货大行。通贸上国之禁废而不举,市井买卖之徒,不畜他货,惟用银为高下。至于今日度支经费、上国奏请、诏使接待尤为浩穰。而银价翔贵,间阎间废居子母者,仍以牟大利。朝廷上黑墨吏吏相贿,舍此无由;官爵除拜、刑狱宥免但以是为绍介;甚至排金门入紫闼,与晋之孔方相甲乙,可见其世变之易流而难遏也。"③ 尽管朝鲜君臣开始颇有抵触情绪,但商品经济和白银资本④的大潮势不可阻,朝鲜也无法置身于潮流之外。东征将士将朝鲜带入世界经济潮流中,也是东征战事影响深远的又一表现。⑤ 胡大受是走在历史潮流前端的人。

---

① 《朝鲜宣祖实录》卷69,宣祖二十八年十一月二十八日丙申1条。
② 《朝鲜宣祖实录》卷48,宣祖二十七年(万历二十二年)二月四日癸丑2条。
③ [朝鲜]申钦:《象村稿》卷53,《漫稿第四·山中独言》,《韩国文集丛刊》第72册,第355页。
④ 石见银山历史文献调查团编辑的《石见银山·年表、编年史料纲目篇》(思文阁2002年版),汇集了日本、中国、朝鲜和西欧史料中关于16—17世纪东亚白银流通的资料,可作参考。
⑤ 案:万历壬辰战争,对朝鲜政治、军事、经济、社会、文化各方面产生了全面、深刻的影响,从明军将士"再造藩邦"的东征、南兵将及南兵师所训练的朝鲜正规军、推动朝鲜开矿、使用白银、流通货币到对朝鲜赋税体制、宗教信仰、祠庙制度等方面的影响都有史料和实物方面的确认。

3. 敕谕建州女真

胡大受在朝鲜的第三个重要建树，是派人敕谕建州女真。不仅表现出南人特有的敏锐与不羁，亦可视为下层社会欲挣脱传统体制束缚的尝试。其中隐情与朝鲜缺银的现状有关，事后得到部分解决，胡大受却为此付出入狱的代价。20世纪90年代出版的《中国通史》，将胡大受视为民族压迫的代表人物，承载了明朝与后金（清朝前身）关系史中不和谐的历史记忆，却完全忽略他在朝鲜的特殊身份：万历援朝练兵的总领官。①

胡大受与建州女真的交涉，代表着朝鲜，背后站着明朝——围绕这位南兵游击，至少涉及明朝、女真、朝鲜的三边关系。在多边关系框架下，只以适用双边关系的民族理论来诠释、判断这段历史，显然不易到位，更隐含一种成王败寇的逻辑：清朝的兴起和成功，是反抗明朝政治错误的胜利，明朝失败的必然性就蕴含在压迫女真民族的行为中，南兵游击胡大受就是这种错误政治的执行者。历史却通过鲜活的事实告诉我们，以固化模式简单解读历史，得出的结论有多偏颇，也从反面证明诠释历史所需的宏大视野，20年后的今天再关注这一段历史时，就不得不比前人多看一眼。

建州女真领袖努尔哈赤，领导族人长期活动在朝鲜边境一侧，双方经常产生边境纠纷。万历二十三年九月，建州女真边民进入朝鲜西北境渭原刨参、采参，与朝鲜边军发生冲突，死伤多人。当时，努尔哈赤欲兴兵报复，陈兵边境，这即"渭原危机"："奴酋聚兵三千，合冰即时，一运由末乙巨岭出高山里，一运由列于岭出加乙轩洞，以复渭原之仇。"② 朝鲜备边司建议乘唐官在此前往制止衅隙："大抵兵端最不可启。且见唐官宣谕之辞，深得中朝驭夷之法。至给其所乘之马，又欲进去房中面谕。其致力我国之事甚为可嘉。"③ 朝鲜初以中国弹压，女真之患无大碍，且"胡游击乃一教师……直遣人哨责，恐非渠所擅为。且彼方以炼兵一事，操纵要索无已"。顾虑胡大受位低职轻、漫天要价。但宣祖认为努尔哈赤此番大有新气象："老乙可赤事，其情叵测，所关非轻。观其刷还我民、累送书契，乃曰'天下一家'；又曰'以法绳之'，且遣人来问捕斩采胡之由，其举措施为，明非劣胡。或中国奸人投入指嗾，有以致此也！"决定请胡大受出面解决潜在危险，后来的历史证明宣祖并非多虑。

第一，努尔哈赤雄心勃勃却中规中矩，担心是受有见识的明人指引；

---

① 白寿彝主编：《中国通史》第10卷，第18册丁编传记部分，上海人民出版社1996年版，第9页。
② 《朝鲜宣祖实录》卷71，宣祖二十九年正月三十日丁酉3条，南部主簿申忠一书启。
③ 《朝鲜宣祖实录》卷69，宣祖二十八年十一月七日乙亥2条。

第二,在处理程序上,朝鲜只能移咨明辽东都司,而都司官是否流于官场习气,迁延时日亦不可知;第三,建州女真能否听从明朝官员的"空言"约束,鸣金收兵更不确定。故宣祖请在朝从事"练兵、把守等事"的胡大受"驰一介使,奉咫尺书"①。胡大受遂遣心腹"相公"幕僚余希元敕谕建州,由此得到为教师争取相应利益的机会。

十二月,余希元从女真返回朝鲜。备边司上启:"伏见胡游击移咨以咸镜道之禁买卖为咎,多费辞说。而欲使朝廷号令各道以便其买卖。此事轻许,则贻弊无穷;不许,则必致其愠,极为难处……然盛教如此,当令各道观察使量其事势,开谕民间,随力所及从布直买卖,以毋负军门之厚意也云云。"②即放开禁令,将布匹、棉花等贸易权下放到各道,一方面是感激胡大受挺身为朝鲜解难;另一方面也可对明朝高层有所交代,朝鲜的禁令被打开了一个口子,由各道观察使酌量民力,处理商品买卖事宜,教师的月饷问题得到解决,胡大受也得到"略有赠给"③的酬礼。

万历二十四年,宣祖接见胡大受,特别言及"西方有变,老爷送辩士以释纷,老爷恩德,终始无比,请再拜以谢"④。胡大受通过遣使建州女真,替朝鲜解决边界纠纷,促使朝鲜放宽贸易限制,保证教师利益不受损失,实为双赢互惠之举。

朝鲜的庆幸是真实的:"胡尘一起,其祸有不可言者,今乃坐而消之,岂非兵判之策,而游击之功也?"⑤直言不讳胡大受有功:"渠时不叛中朝,安敢不听?因此无事,则贤于用十万兵胜之。"⑥对成功安抚努尔哈赤甚为欣慰:"奴酋聚兵三千……因辽东官及余相公之宣谕罢兵。"⑦不战而屈人之兵,自古以来就是处理各种纷争的最高境界。胡大受所遣心腹余希元与辽东都司两支人马曾在路上相遇。正是明朝的实力与胡大受的外交斡旋,及时化解了朝鲜的边境危机,而建州与朝鲜的矛盾,实际也关系明朝的安危,后来的历史不断证明:这是一种唇亡齿寒、相辅相成的关系。

备边司还承认:"上年秋间,老胡有动兵声息,本国深用为虑。语及

---

① 以上未指明出处者,见《朝鲜宣祖实录》卷66,宣祖二十八年八月十三日癸丑2条。
② 《朝鲜宣祖实录》卷70,宣祖二十八年十二月七日乙巳1条。
③ 《朝鲜宣祖实录》卷69,宣祖二十八年十一月七日乙亥2条。
④ 《朝鲜宣祖实录》卷72,宣祖二十九年二月八日乙巳1条。
⑤ 《朝鲜宣祖实录》卷69,宣祖二十八年十一月十六日甲申2条。
⑥ 《朝鲜宣祖实录》卷70,宣祖二十八年十二月五日癸卯2条。
⑦ 《朝鲜宣祖实录》卷71,宣祖二十九年正月三十日丁酉3条,南部主簿申忠一书启。

行计之事于胡游击,则游击首肯许之。乃遣余希元赍文宣谕,继持段布往遗之。其所宣谕者胡游击也;赏给段布,则又指谓游击奉军门之令而为之云。则我国固非擅自讲和者比,而其间举措得失,游击及余希元当之,于我似不至大关矣。"① 表明朝鲜实知此举蕴含危险,但将风险卸肩于胡大受,坐拥渔利最划算。

最终建州、朝鲜各得其所。朝鲜边境安宁,受益匪浅②;建州也赢得了更多时间,秣马厉兵,安心发展实力。只有胡大受为此锒铛入狱,升迁之路也被断送,代价不可谓不沉重。

三 东亚视野与皇朝体系的冲突

1. 心腹相公余希元

胡大受所遣心腹"相公"余希元,是其"同地方之人"③,也为浙江义乌籍。李德馨评价其为"儒者","虽不能善文而性颇踈明,游击多从其言"④,是胡大受信任的"心腹之人",曾前后两次出使建州。

万历二十三年九月,胡大受接受朝鲜请求,派遣余希元出使建州,救谕努尔哈赤。十二月初四日,余希元完成破冰之旅回到朝鲜。仅隔十天,余希元等再次出发,因"已约胡人则不可背信。大概渠欲偿命对,以朝鲜不肯,则欲得中朝之赏,故依其言,约赠金段"⑤。余希元在寒冬腊月,马不停蹄地往返辽东、建州、朝鲜,与努尔哈赤谈判并订盟约和,成功化解了朝鲜与建州女真的边境纠纷:"持己廉谨,沿路禁敕除弊。见其带行通事权克中受各官赂物,封署寄送于江界府,囚之于本府。审闻宁边教师等索赂杀人之事,深以为痛愤,所赠礼物亦不愿受云。"朝鲜为他报销超过三百余两的"段布贸易价银","蓝布则以川兵赏给余布周旋出用"⑥。

余希元出使建州的细节,见于朝鲜译官李亿礼之报:"臣与余希元,二月初二日越江,宿仇郎哈洞。初三日……宿满车地佟巨于哈家;初四日,宿所难地王骨赤家。初五日,行到路中,老乙可赤先遣胡人康古里问安,又令中军张海及其婿忽乎里领骑兵三百……路中跪见,仍随行……日

---

① 《朝鲜宣祖实录》卷73,宣祖二十九年三月二十九日丙申4条。
② 《宣祖修正实录》卷29,宣祖二十八年十二月一日己亥1条。
③ 《朝鲜宣祖实录》卷70,宣祖二十八年十二月五日癸卯1条。
④ 《朝鲜宣祖实录》卷70,宣祖二十八年十二月五日癸卯1条。
⑤ 参见《朝鲜宣祖实录》卷70,宣祖二十八年十二月五日癸卯2条;十四日壬子1条。再次回程已是三月,参见《宣祖实录》卷73,宣祖二十九年三月十七日甲申1、3条。
⑥ 《朝鲜宣祖实录》卷70,宣祖二十八年十二月五日癸卯2条(兵曹判书李德馨启)。

晚，宿清水地和罗家。初六日行到路中，老乙可赤令胡将八名，领骑步兵六、七千迎接道路……日晚宿佟大家。初七日，距建州城三十里许，于老乙可赤农舍，老乙可赤兄弟领骑兵三、四千迎接。余希元于马上举手相揖后，下马设酌，行三杯酒即起身。行到二三里，骑兵四、五千左右成列随行。行到十五里，步兵万数分左右列，立道傍者，至建州城而止。"可见，余希元在朝鲜境内行程半月，渡江后仅1日即达建州地界。努尔哈赤派康古里及中军张海、女婿忽乎里（何和礼，五大臣之一）等中途问安。渡江后第6天，余希元即到达努尔哈赤农庄，离建州城大约30里，面见努尔哈赤兄弟。建州拥行骑兵上万，步兵也有万数，其兵威和实力使余希元断定"其志不在于小……天下亦不无其患"①。

  进入建州城后，努尔哈赤兄弟设下马宴欢迎余希元等，表示"保守天朝地界九百五十里，俺管事后十三年不敢犯边，非不为恭顺也。而杨布政无端说我不顺，令方欲题本征我部落……俺与朝鲜本无衅端。而朝鲜之人被倭追逐走过胡地，俺各供衣食，刷还满浦，我之举［学］好明矣……俺图名不图财。老爷此等事情禀报于军门，使之题本圣上知我恭顺，则心愿止矣"。表明努尔哈赤在羽翼未丰之前采取委曲求全策略，"恭顺""学好"，管事13年未曾犯边，还曾为被日军追逐的朝鲜人提供衣食并送返朝鲜。对渭源事变，则希望余希元能向明朝辩明是非。余希元回应"回到满浦，即差人禀报于孙老爷"孙鑛，计算回信时间大约在六月。努尔哈赤遂决定"事情完了，亦在老爷；不完，亦在老爷。我只待六月间而已"，显露出强硬的行事风格。但对余希元及旗牌官贾大恩、译员李亿礼及随行唐人教师方孝忠、陈国用、陈忠、内外家丁及朝鲜军官等各送礼物，"往返一路，皆杀牛设酒"，表现得有礼有节。厚待之下，李亿礼所带盘缠"余银六两七钱"缴归朝廷。②

  余希元等圆满完成了任务，维护明朝尊严的同时照顾了朝鲜利益，也使朝鲜、建州兵戈顿消。

2. 龚正陆与胡、余结局

  余希元在出使建州过程中，与被掳浙江"绍兴府会稽县人龚正六"建立了联系。龚正六"年少客于辽东，被抢在其处。有子姓群妾，家产致万金。老乙可赤号为师傅，方教老乙可赤儿子书，而老乙可赤极其厚

---

① 《朝鲜宣祖实录》卷70，宣祖二十八年十二月五日癸卯2条。
② 以上未指明出处者，皆见《朝鲜宣祖实录》卷73，宣祖二十九年三月十七日甲申3条译官李亿礼书。

待。虏中识字者，只有此人，而文理未尽通矣"①，这是一个引起中外学者广泛关注的重要人物。

龚正六，又称龚正陆，是明末清初史上颇受注意又不知所终之人。日本学者和田清和先师王锺翰都曾专门作文讨论②。先师断定歪乃非满语职名而是人名："歪乃，本上国人，来于奴酋处掌文书云，而文理不通。此外之人，更无解文者且无学习者。"③ 另"传闻有汉人龚正陆者，掳在其中，稍解文字。因虏中无解文之人，凡干文书，皆出于此人之手，故文字字画前后如一云云"④。歪乃可与龚正陆对应，"歪乃"或即龚正陆满语名。

龚正陆将努尔哈赤"今年不动之奇及大小之事，乘闲说与余希元"；并言"凡干密机，有胡人在傍，不可尽说。四五月间，小的亲到满浦，明白禀上老爷"。龚正陆作为被掳入女真部落中的识字汉人，为努尔哈赤诸子教师，且"在奴酋处掌文书"，虽"文理未尽通"也是凤毛麟角先生。故努尔哈赤待之极厚。但龚正陆思乡情浓，尤其"俺有一子尚在浙江，尔若率来，则欲以此金帛给遗云"。在女真的富足生活并未减轻他的思乡情。这也是龚正陆被余希元发展为情报员的心理基础。

结识龚正陆，成为余希元刺探女真情报的良机。龚正陆将努尔哈赤战马、军器所在处一一指引，因余希元所言"尔若尽告贼情而无误大事，则我当招尔子使得相见"。在亲情的感召下，龚正陆答应四五月间将亲自到满浦，明白禀告女真所有"凡干密机"事。他在历史上的活动时间约有6年，后来是否因泄密而被努尔哈赤侦知杀害，仍有待证实。⑤

万历二十四年四月二十一日，明发咨文查问胡大受私行敕谕女真事："今称统练胡游击转行宣谕，未知胡游击奉某衙门明文如何宣谕？即今朝鲜、建夷有无私通往来？刨（参）掠人曾否禁止？两国疆界作何限隔……逐一查议明白并申明禁约事宜，作速详报，以凭施行。"⑥ 严查已圆满解决之事，表明任何突破体制限制的行为都不受鼓励，胡大受在现行祖制面前碰了一鼻子灰，甫一回国，即被囚禁于永平府监狱，后因朝鲜国

---

① 《朝鲜宣祖实录》卷70，宣祖二十八年十二月五日癸卯1条兵曹判书李德馨启。
② 和田清：《清太祖顾问龚正陆》载《东亚史研究·满洲篇》，第642—644页，转引自先师王锺翰《歪乃小考》，载《王锺翰清史论集》第一册，中华书局2004年版，第740—745页。
③ 《朝鲜宣祖实录》卷71，宣祖二十九年正月三十日丁酉3条。
④ 《朝鲜宣祖实录》卷127，宣祖三十三年七月十七日戊午3条（备边司启）。
⑤ 以上未指明出处者，均见《朝鲜宣祖实录》卷70，宣祖二十八年十二月五日癸卯1条。
⑥ 《朝鲜宣祖实录》卷74，宣祖二十九年四月二十一日丁巳5条。

王力为营救得以脱险①。而在出使建州的回程，辽东已派人捉拿余希元。②

当时体制内分管领导是钦差分守辽海东宁道兼理边备屯田山东布政司右参议杨镐。万历二十三年九月，杨镐"行抚顺备御宣谕止之（指努尔哈赤）"③，所差官员与余希元等相遇途中，但官宣"不遵天朝禁令，则当尽杀进贡鞑子"④，若无余希元等不辞辛苦的外交努力，效果恐另当别论。努尔哈赤原欲"加兵于朝鲜，以报其（指渭原事件）仇"，但见余希元所携"军门孙老爷之赏物"，且"今有天朝宣谕之令，故姑为停止矣"⑤。天朝名号加上胡大受、余希元的积极斡旋与物质奖励，消弭了一场迫在眉睫的战争。胡大受却以"越职""私通外夷"断送前程。

辽东都司马栋言："游击胡只受炼兵之任，建夷非渠所管，乃敢越职而为之，上司及本衙皆以为未稳。"杨镐更反对朝鲜为余希元请功："余希元叙功事，胡大受只领统炼之任，而身在外国，非有天朝命令，擅差余希元私相交通。尔国王及大臣不知这等奸伪情状而反欲叙功，此事决不可行。"胡大受被扣上私通外国的帽子，朝鲜也被敲打一通："尔国则使炼兵马而不肯，使备粮草而亦不肯，不能自强，使天使〔兵〕为价而征倭奴，又为尔而却建夷耶？"⑥ 显示朝、明双方因征战引发的矛盾也在日渐累积。

朝鲜惊恐于"余希元冒称军门之令，军门以是嗔怒。……军门加罪于大受，则大受欲免其罪，必归咎于我国矣"。宣祖也抱怨："天朝将官率皆荒唐之徒。胡大受之为人尤为未尽。渠以炼兵教师来此既久，未见一人之训习，徒贻民间之怨苦，以此见天朝之无人也。"可见面临巨大压力。

但朝鲜仍派成均馆学谕柳汝谐，赍咨文前往辽东都司交涉："余希元前往宣谕时，以六月内再行宣谕为约。若愆此期，则恐奴酋更肆，而患在朝夕。"并一再解释："非欲使天朝动兵马，以却建夷，只冀蒙一遭宣谕，以实六月之约，以枉逞奸之计耳。"明廷官员却对余希元的外交成就不屑一顾："设使此事为可行而岂敢实一希元之言哉？勿为再言。"⑦ 拒绝朝鲜

---

① 参见《朝鲜宣祖实录》卷98，宣祖三十一年三月二十三日戊申5条：胡汝和、张三六请谒曰："前者胡大受，以小的妄言，瞒告孙军门，囚于永平府，幸赖国王移咨得脱"。
② 《朝鲜宣祖实录》卷73，宣祖二十九年三月二十五日壬辰1条。
③ 《朝鲜宣祖实录》卷71，宣祖二十九年正月一日壬午3条。
④ 《朝鲜宣祖实录》卷69，宣祖二十八年十一月二十三辛卯2条。
⑤ 以上未指明出处者，见《朝鲜宣祖实录》卷72，宣祖二十九年二月二十九日丙寅4条。
⑥ 参见《朝鲜宣祖实录》卷75，宣祖二十九年五月二十二日戊子3条。
⑦ 以上未指明出处者均见《朝鲜宣祖实录》卷75，宣祖二十九年五月二十二日戊子3条。

之请，使本可灵活处理的民间边境纠纷，演变为失信、欺辱，并落入民族压迫的窠臼，实在令人扼腕长叹。

东征后期，余希元再次现身，揭露岛山功罪内幕："唐人余希元言阵亡隐匿者查出数千，且李汝梅非首功而冒录云。"① 可见余希元参与二次东征，他在朝鲜的影响也不小。如岭南海平县尹承吉，万历二十三年六月代李元翼为平安监司："是年冬，老胡声言南牧。庙堂遣武人申忠一偕天将余希元，谕以与国交好之义，仍觇其动静。且令公便宜酬对……天将与公语，退谓译官曰：'东国有人矣。'"② 友朋辈借助余希元的赞语，总结尹承吉的生平。

3. 小人物背后的明、朝、女真三方关系及冲突重组

明廷问责胡大受以其假冒军门孙鑛名义，余希元等携往建州的榜文③和礼物特别说明"此非朝廷之钦赏，乃军门孙老爷之赏物"。问及是否"可得朝廷颁赏乎？"余希元回称："孙爷俱陈尔等恭顺之意禀于朝廷，然后可以处置，非我所能擅也。"④ 胡大受出使建州，孙鑛是否知情现无明证，但孙鑛无疑了解努尔哈赤："蓟道申文云，查万历二年建州王杲带犯辽阳，奉旨革贡、革赏。至十三年，奴儿哈赤以矜束余党，叩关乞款。所革十年贡赏，准其每岁带补一年，此似的确有据者。"⑤ 而朝鲜人也认为榜文"深得中朝驭夷之法"⑥，继承了明朝处理女真关系的传统。清史开山鼻祖孟森曾云清人"控制东北边，实力远出明代之下"⑦，虽针对清末状况而言，但对明代民族政策也持肯定态度。

榜文即未出格，外交斡旋也很成功。如何看待胡大受的"擅为"之举，体现了东亚视野与皇朝体制的冲突。万历二十三年，胡大受遣余希元出使建州之时，正是朝鲜、女真、明朝三方关系微妙之时。为争取更大的生存空间和发展舞台，努尔哈赤开始发展、壮大自己的实力，表现出强烈

---

① 《朝鲜宣祖实录》卷107，宣祖三十一年十二月二十一日壬申2条。
② ［朝鲜］李垓：《苍石先生续集》卷8，《碑碣·左参赞尹公墓碣铭》，韩国汉城民族文化推进会1991年版，《韩国文集丛刊》第65册，第89页。另尹镌《白湖先生文集》卷20，《谥状·左参赞赠领议政尹公谥状》，《韩国文集丛刊》第123册，第359页亦引用此记。
③ 《朝鲜宣祖实录》卷70，宣祖二十八年十二月十四日壬子1条。案：《中国通史》认为该榜文"飞扬跋扈、颐指气使"，见白寿彝主编《中国通史》第10卷，第18册《丁编》传记部分，上海人民出版社1996年版，第9页。
④ 《朝鲜宣祖实录》卷72，宣祖二十九年二月二十九日丙寅4条。
⑤ 孙鑛：《孙月峰先生全集》卷5《致辽抚李霖寰书》（廿四年六月二十四日），第173页。
⑥ 《朝鲜宣祖实录》卷69，宣祖二十八年十一月七日乙亥2条。
⑦ 孟森：《清朝前纪》，中华书局2008年版，第26页。

参与境外事务之意。万历二十年曾表示"壬辰年间，朝鲜被侵于倭奴，吾欲领兵驰救。禀报于石尚书，不见回答，故不得相援"①；而因渭原事件再动兴兵意图，又被余希元等成功打消。努尔哈赤一边恭顺、"学好"，一边也不怕挑事，积极参与境内外各项事务，说明朝、明边疆已进入多事之秋。但建州实力仍不足与明朝对抗，即余希元所携榜文言"朝鲜虽经倭乱，八道新练兵马林立，重以天兵八万分屯，形势何可束手无策，任令尔驰阑入乎？"除去外交威慑的夸张成分也是事实。努尔哈赤不能不掂量分寸采取行动，借助明朝乃至朝鲜旗号"夸示胡人，威服诸部"② 仍属刚需。在实力决定姿态的历史舞台上，政治粉饰实为多余。处在积聚力量过程中的努尔哈赤，仍需挟天子以令诸侯，自然不愿遽向明朝及其首重外藩朝鲜发难，这是余希元出使成功的关键所在。

但胡大受、余希元等人的主观努力，也不能抹杀。

第一，朝鲜所期得人。胡大受确为当时出使建州的最佳人选，其部下有一义乌籍南兵群体：如"同地方之人"的心腹余希元、夜不收杨大朝、教师陈忠③、王大贵④等，与流落建州的绍兴人龚正陆（六）存在着天然的亲近感。老乡见老乡，两眼泪汪汪。除龚正陆外，余希元等初入建州，了解改名马臣的"时下"，改名羊才的"苏屎"等均与努尔哈赤有矛盾："马臣、佟羊才满浦所受赏物，尽为奴酋兄弟所夺，渠辈亦有不平之色矣"⑤，可为争取对象。而马臣对"夜不收"杨大朝言听计从，杨与朝鲜译员河世国等遂得往来朝鲜女真间。

第二，胡大受所遣适人。余希元等把握时机出使建州，不辞辛劳与努尔哈赤多番交涉，使建州与朝鲜之间剑拔弩张的矛盾趋于缓解："其曲似在朝鲜"在前，努尔哈赤也承认己方有错在后："采参胡人，项日冒入渭原地界，先自非矣"⑥，因天朝老爷"前所未有"到达建州僻地，遂止复仇之念。朝鲜备边司启："余相公往来频频，不无示弱纳侮之悔……龚正六密报来到则当受之，而以传送余相公之意答之，似当。"⑦ 得利之后，

---

① 《朝鲜宣祖实录》卷72，宣祖二十九年二月二十九日丙寅4条。
② 《朝鲜宣祖实录》卷71，宣祖二十九年正月三十日丁酉3条，南部主簿申忠一书启。
③ 案：胡大受、余希元既同为义乌籍，则陈忠等为义乌籍的可能性也很大；另戚继光万历八年《誓师》文中曾提到一"游击"陈忠（参见戚继光《止止堂集》，《横槊稿》下，中华书局2001年版，第228页）可为义乌籍的一个旁证。
④ 《朝鲜宣祖实录》卷69，宣祖二十八年十一月二十三日辛卯2条。
⑤ 《朝鲜宣祖实录》卷71，宣祖二十九年正月三十日丁酉3条南部主簿申忠一书启。
⑥ 《朝鲜宣祖实录》卷72，宣祖二十九年二月二十九日丙寅4条。
⑦ 《朝鲜宣祖实录》卷74，宣祖二十九年四月十三日己酉12条。

又对余希元出使所送多费金帛"示弱纳侮"有了"悔"意。

更关键的是努尔哈赤日益崛起,即宣祖所谓"老乙可赤事,其情叵测,所关非轻",余希元等也看出"日夜训炼,造作弓矢,其志不在于小""天下亦不无其患"①。但辽东都司官员却仍秉持"祖制"处事,未意识到边疆产生"新"危机及胡大受等突破祖制的积极意义:了解建州女真发展实况,全力消弭新的危机,扼杀的不仅是弥补体制缺失的新尝试,也造成明朝潜在人才储备的流失。惩戒胡大受,或出于对现存秩序遭破坏的本能恐惧。遵守祖制还是泥古不化?为减少麻烦也可理直气壮、政治正确地渎职,但损害的是国家长远的利益。实际上,祖制尊严与弹性政策并不矛盾。历史发展过程中产生新的矛盾当是铁律,而判断轻重缓急与消弭转圜矛盾,无疑需要更高的见识和加倍苦干实干,除踏实努力之外的任何虚文空言都于事无补,朝廷执事者又何得意气用事?

胡大受和余希元,乘着东征的东风,在朝鲜提供的舞台上,展现出夺目光彩的惊鸿一瞥:民间外交正是克制、拯救制度僵死的重要法宝,但需借助自由的舞台。即使退一万步,从资本趋利的本能角度看,在边境、边疆地区从事高风险的贸易活动,也需要超出常人的勇气和雄厚的物质实力。更何况胡大受心怀朝廷,为国分忧是一种值得提倡而非惩戒的举动。回顾春秋时期,郑贾弦高矫诏犒劳秦师,至今仍被视为爱国典范,胡大受"绰然解纷救患之义",在明人眼中是"越职"是"奸伪",可见明朝不是无人,而是眼光不够。有见识、肯苦干的人,任何时代都不会缺乏,得不到重用才是问题,从孙镰到胡大受均是如此。相反,庸才往往春风得意、平步青云,历史一遍遍重演的老生常谈,让人嗟叹!胡大受这个"小"人物,再次为我们打开了一扇透视历史之窗。

纵使邻里相争,也有是非曲直。毗邻而居的明朝、建州和朝鲜之间,产生矛盾实难避免,关键是能否及时遣人处置,将矛盾消弭于无形,这就牵涉到制度是否合理、富有弹性,派遣人员是否精干有担当,维持各方实力平衡,实是世界和平相处的正道,比起兵戎相见、你死我活的鼎革,高下立判。如果,类似历史事件的处理,都能吸取此事处理的经验教训,又可减少多少纷争?胡大受、余希元等敕谕建州女真,阻止矛盾激化,哪怕就是为得到自己的利益,客观效果也很可观。但缺乏解决问题新机制的僵化祖制,消弭了他们的外交成就。处在"转型"期的明朝,来不及建立、完善处理纷争的弹性机制,胡大受就成为政治牺牲品。从这个角度来说,

---

① 《朝鲜宣祖实录》卷70,宣祖二十八年十二月五日癸卯2条。

南兵游击胡大受敕谕建州女真事件,呈现了一种来自下层的、带民间色彩、和平解决民族争端的新模式。以胡大受为首,包括余希元在内的这些东征将士,可谓隐身于历史中的真正功臣。

胡大受、余希元的交涉成果付诸东流时,历史也逐渐失去转圜余地。愆期失信的背叛和不实,导致双方龃龉不断增加。仅仅在二十年之后,努尔哈赤就以"七大恨"起兵反明,时为万历四十四年(1616)。除杀父杀祖之仇及不满明朝偏袒叶赫、压制建州外,另有三大"恨",均直陈明朝官员不讲信用、以大欺小。而类似胡大受这种可以为国解纷之人,却功罪难辨。明朝、建州、朝鲜之间的平衡状态,很快就被种种失误打破。3年后,明朝与建州兵戎相见于萨尔浒,失败后的明朝逐渐失去朝鲜的羽翼,边塞不保,步步退缩,朝鲜也为建州如虎添翼,女真终至挥戈入关,逐鹿中原,前后不过用了40余年。改朝换代有时就是一瞬之事。

作为戚继光曾经的中军,胡大受入朝执行明朝兵部与朝鲜的军事合作计划——虽无明文记载,但他就是朝鲜国王邀往朝鲜练兵的"总教头",是朝鲜特邀统练"三手军"的新军教头!虽然,胡大受只是一个小小的游击,但并非无足轻重!他在朝鲜的三大建树,多少人一生也望尘莫及:一是以戚继光的《纪效新书》为标准教科书,帮助朝鲜训练了一支具有新式"三手"(包括射手、杀手、炮手)技艺的军队,这是一支被誉为具备精良火炮技术的新式陆军。朝鲜为此专门成立一个练兵机构叫"训练都监",启动了一套新的赋税征收体系"三手粮"制度,这个军事财政相互配合的系统,一直运行到1910年朝鲜被日本灭亡为止。二是为训练朝鲜军队的明朝教师争取合法权益,撕开朝鲜贸易禁令一角,通过贸换布花,得到相应的俸禄月饷。三是两次派心腹幕僚余希元,前往建州女真腹地,与努尔哈赤谈判,帮助解决朝鲜与女真的边境纠纷,他自己却以违背祖制而入狱。最后朝鲜动用外交管道解救他,但他出狱后的结局却成为一个谜。

第六章　后勤——粮饷运输及善后工作

佟养正之父为辽东总兵佟登，出自历史悠久的海西女真家族。佟养正本人管理东征前期的后勤供应，也是中朝边境中江贸易的创建者。他能提供丰富繁杂的战略物资，反映背后明军后勤供应网络的特点。其管下都司张三畏与努尔哈赤兄弟密切关系、叔父佟养材居建州为贸易商等细节，不仅显示了隐没在东征战争幕后日渐涨大的建州女真势力，与这场战争之间千丝万缕的联系，也提示我们明军后勤供应系统的构成与运转、物资来源与运输道路、分配管理等环节，都与万历时代的政治环境、社会经济发展情况及管理者个人的人际网络关系有着不可分割的联系。

第一节　东征前期的副总兵佟养正

一　佟养正的先世与家族

1. 祖父佟恩及上下世系

佟养正的祖父佟恩，为辽东指挥，死于建州女真之手。嘉靖二十一年十一月，辽东巡按御史胡汝辅疏奏"建州达贼从凤凰城入寇，杀守备李汉、指挥佟恩等，所过卤掠无算"[1]。佟大年墓志铭亦记载："曾祖恩，守洒马吉。东房跳梁，殁于王事。"[2] 钱谦益说是"恩战马吉堡，追奔二百里，陷阵肢解，世宗皇帝命首祀群烈祀"[3]，马吉堡也就是洒马吉堡，离中朝贡道不远，位于连山关和瑷阳堡之间，草河堡以北。佟恩上溯世系尚

---

[1]《明世宗实录》卷268，嘉靖二十一年十一月辛亥，第5293页。
[2] 邹宝库辑录：《辽阳碑志选编》，辽宁民族出版社2011年版，第107页《明故庠生仲毅佟君墓志铭（1607）》。
[3] 参见钱谦益《有学集》卷33，《佟卜年妻陈氏墓志》，上海古籍出版社1996年版，第1182—1184页。

无法清晰确认，辽东七块佟氏墓志铭描述的佟达礼—佟敬—佟昱—佟瑛—佟棠—佟恩中间存在有托名、混编、断裂的环节，但出身海西女真当无疑问。

佟恩所生三子：长佟登，仲佟进，季佟暹，下行世系经历明清鼎革的巨变而混乱不堪，结果造成清代文献，包括档案中的佟氏祖先，尤其是易代前后的祖先，基本上都存在问题，至顺康之后才逐渐清晰起来。① 佟养正之父佟登，号慎齐，明定辽中卫人。嘉靖三十二年（1553）中癸丑科武进士，两年后任广宁前屯卫备御，升任山海关参将。后因朵颜三卫入犯赴援不速降职游击、又复职石门参将、燕河营副总兵。② 四十一年五月，佟登以石门寨参将总兵，管辖冷口、青山、桃林、界岭口等四提调，负责山海关地区与蒙古朵颜部的大小战事。③

嘉靖四十二年正月，佟登升任镇守山西总兵官④，被兵部尚书杨博视为与九边大将延绥赵岢、山西董一奎同等的"一时之选"⑤，或得赏银或被罚俸。⑥ 四十三年六月，蓟辽总督刘焘会巡按李叔和疏报辽东西平堡、碱场、甜水站等处诸臣御虏功罪，失事山西总兵佟登褫职回卫。⑦ 西平堡在广宁东南，已属辽东防区。可见佟登任事山西仅年余，即因前任辽东总兵之罪惩离职。

隆庆元年（1567）三月，原任辽东总兵佟登充副总兵管宣府西路参将事。次年二月十七日，因蒙古俺答部入犯柴沟堡（今张家口市怀安县

---

① 参见杨海英《明清之际辽东佟氏先世考辨》，《民族研究》2019 年第 6 期。有关易代之际的辽东佟氏已撰文《辽东佟氏由明入清考》待刊。
② 《明世宗实录》卷 446，嘉靖三十六年四月己丑，第 7600 页；卷 454，嘉靖三十六年十二月辛卯，第 7690—7691 页；《明世宗实录》卷 477，嘉靖三十八年十月戊午，第 7986 页；《明世宗实录》卷 482，嘉靖三十九年三月戊子，第 8056 页。《明世宗实录》卷 509，嘉靖四十一年五月己亥，第 8386 页。
③ 佟登为燕河参将见刘效祖《四镇三关志》卷 8，《职官考·蓟镇职官·武阶·燕河路参将》，北京出版社 2000 年版，《四库禁毁书丛刊》史部，第 10 册，第 462 页。
④ 参见《明世宗实录》卷 517，嘉靖四十二年正月庚辰，第 8483 页；卷 525，嘉靖四十二年九月乙未，第 8566 页。
⑤ 杨博：《杨襄毅公本兵疏议》卷 12，《遵谕会官集计边务疏》言大将见任之中，如宣府马芳、蓟镇胡镇、大同姜应熊、延绥赵岢、辽东佟登等"俱称一时之选"。《四库存目丛书》史部第 61 册，第 518 页。
⑥ 杨博：《杨襄毅公本兵疏议》卷 13，《请命蓟镇边臣哨报虏情疏》第 541 页："佟登、张懋勋能计处，抚恤军士各赏银二十两"；《分布援兵预备蓟镇调遣疏》被罚俸一月，第 543 页。
⑦ 《明世宗实录》卷 543，嘉靖四十四年二月壬辰，第 8778—8779 页；卷 559，嘉靖四十五年六月辛未，第 8566 页。

南)、新庄儿等处，守备韩尚忠迎战死之，佟登力战仅免，夺俸二月。八月，原任副总兵管宣府柴沟堡参将事都指挥同知佟登充神机营练勇参将；① 四年三月，升神枢营副将、都指挥同知佟登署都督佥事。五年十二月，神枢营左副将署都督佥事佟登充镇守甘肃等处总兵官。② 隆庆年间，职任山西、甘肃等地的佟登升职顺畅。

万历元年（1573）八月，陕西文武各官考核，佟登等升赏有差。三年，佟登复任镇守甘肃挂印总兵官。四年三月，佟登以原任甘肃总兵佥书中军都督府。③ 不久，佟登以中军都督府署都督佥事上疏称爵，被指"武官非勋臣，不得称爵"④，因冒出头而站错位置，多少有些灰头土脸。此后，佟登的历史开始模糊。在任中军都督府都督佥事八年后，因病请求调养，约在万历十二、十三年回卫称"同知"而无别职⑤，或与张居正辞世的政局动荡有关。当时佟登年富力强，却和二弟佟进、三弟佟暹先后退职。佟进墓志铭记载："公深念温情，传职胤子，归养焉。大夫亦数恳方允。骠骑亦得谢事，视广爱而三，之斑衣彩焕，与诸侄子孙时侍萱堂。"骠骑指佟暹，曾"出守江口以备倭房"，大夫指佟进，在军"多从"荣禄公即父佟登于"九边要塞，越三十载"⑥，故佟氏三兄弟均归家侍母，当事出有因。

万历十八年，佟登自题"赐会武荣禄大夫中军都督府都督佥事前同知镇守总兵官"，为石门游击管左参将事杨四德书写墓志铭碑。三十二年，佟登自题"赐会武第荣禄大夫中军都督府管府事都督同知前奉敕佩征房平羌将军印提督三关军务镇守山西辽东甘肃总兵官"，再替戚继光的

---

① 《明穆宗实录》卷6，隆庆元年三月丙辰朔，第159页；卷17，隆庆二年二月丁酉，第483页；卷23，隆庆二年八月壬午，第612页。

② 《明穆宗实录》卷43，隆庆四年三月辛卯，1095页；卷64，隆庆五年十二月戊戌，第1536页。

③ 《明神宗实录》卷16，万历元年八月癸酉，第490页；卷48，万历四年三月乙未，第1089页。

④ 《明神宗实录》卷51，万历四年六月癸酉，第1185页。而李如祯与杨镐"争相见礼"载《筹辽硕画》卷24，显示这些军功家族欲争取更高政治地位的努力，可参见。

⑤ 案：辽阳县下达河乡金刚山龙峰寺内有万历十三年《重修古刹朝阳白云洞龙峰寺碑记》末尾题名有"同知佟登、宁远伯李成梁"，载李大伟辑《辽阳碑志续编》，辽宁民族出版社2013年版，第269—270页。

⑥ 邹宝库辑录：《辽阳碑志选编》第105页《昭勇将军佟公合葬淑人苏氏墓志铭》；第103页《皇明诰封昭勇将军佟公墓志铭》文字略有不同。王晶辰主编：《辽宁碑志》，辽宁人民出版社2002年版，第426页《辽阳佟进合葬夫人苏氏墓志铭》"大夫亦数恳万允"以"方"为"万"。

继任者蓟镇总兵杨四畏书写墓志铭①,后者撰文朱赓,是万历三十七年首辅大学士;篆字李成梁是辽东最著名边将。通过这两通碑刻,可以推测出身女真的佟氏家族,与出自淮河流域、随朱元璋起兵后移镇辽东的杨四畏家族及明初自朝鲜内附的铁岭李成梁家族均可比肩而立,同为一品大员,杨四畏之子杨元长子杨玉祥,娶佟登长子佟养正女②;佟登次子佟进子卜年,嫁女于李成梁"曾孙"李延祖③。佟登两个孙女,分别嫁给李成梁曾孙和杨四畏之孙,佟、杨、李三家互为姻亲家族。

明代军卫世家佟氏,其姻亲家族也都出自军卫系统:出自明初淮滁集团的杨氏、海西女真的佟氏及自朝鲜移居辽东的李氏,经过二百多年发展,均已跻身为辽东土著中不可忽视的大族。他们彼此交结,盘根错节,荣损与共。佟登至少活到70多岁的万历末期,更多资讯有待其墓志铭出土。

2. 东征副总兵佟养正

佟登长子佟养正,墓志铭、家谱均可确征。可惜的是,1968年佟养正的墓志铭在出土时即已毁坏、散失④,而佟登的墓志铭尚未出土,这对父子生平有些问题就无法厘清:比如最后辞世时间、子孙后代嫁娶情况等等。但佟养正字子忠,号蒙泉,辽东卫人,万历八年庚辰武进士,史料可证,确无异议。他与清朝"佟半朝"家族的"忠烈"公佟养正实非一人。⑤

万历十三年,辽东巡抚顾养谦在考核镇武堡游击佟养正的评语是:"语地则处处冲边,抡才则人人骁将,士马各当乎一面,功名俱着于三

---

① 邹宝库辑录:《辽阳碑志选编》《昭勇将军前分守石门路游击管左参将事署都指挥佥事干庵杨公墓志铭》,第91页;《皇明诰封特进荣禄大夫中军都督府事右都督前三承敕命镇守昌平蓟镇保定总兵官知庵杨公墓志铭》第94页。

② 邹宝库辑录:《辽阳碑志选编》,《明诰封一品夫人杨母邹氏墓志铭》,第99页。

③ 见钱谦益撰《佟卜年妻陈氏》墓志铭,李大伟辑录《辽阳碑志续编》第57页"女适李宁远曾孙延祖"(钱谦益:《有学集》卷33,《佟公封孺人赠淑人陈氏墓志铭》,上海古籍出版社1996年版,第1184页亦同)。但李树德修撰《李氏宗谱》载李如栢子怀忠次子李懋祖"娶佟氏,山东登莱监军道金事佟公卜年之女",铁岭市博物馆1991年,第27页。

④ 邹宝库辑录:《辽阳碑志选编》第106页载:"1968年,墓志出土于辽阳市三道壕,志石长、宽各58厘米,盖篆'明诰封龙虎将军都督佥事蒙泉佟公配夫人王氏合葬墓志铭',志石散失,志文为抄录。"

⑤ 参见王成科《以碑志为中心,谈明代辽阳佟氏家族》,《辽宁省博物馆馆刊》2013年辑,辽海出版社2014年版,第289—299页。在镇江被毛文龙部将擒获、后被明廷处死的佟养真,在清朝因避雍正帝之讳,被称为"佟养正",故造成辨识困难。辽阳出土的七块佟氏墓志铭和辽东多种《佟氏族谱》都证明这两个"佟养正"并非一人。

第六章　后勤——粮饷运输及善后工作　225

韩",因其"练兵着有劳绩,所当叙荐"①。镇武堡在广宁东南。次年,佟养正即升为复州参将。②十五年十月至次年三月,随李成梁进征叶赫女真北关那林孛罗、卜寨等,"佟养正等为车营掌复州参将营新练火器并传调参将事"③,半年之内尽心尽力,与"原任总兵王尚文、原任游击吴大绩,并属南人,精于火器,攻击之际为力实多",最后强攻时"凡再发炮,内有八斤铅弹,挥所经城,坏板穿楼,大木断、壁颓,而中多洞胸死者"④。吴大绩为浙江义乌籍精于火器的南兵,佟养正掌管车营,也熟知火器,南北兵将配合默契,共襄"捣巢"⑤作战。佟养正多次考核都"荐扬录用"⑥。万历二十年,"调分守辽东复州参将佟养正分守宽奠地方"⑦,宽甸靠近中朝边境,历史就在这时给佟养正提供了新机会。

万历二十年,日本入侵朝鲜,壬辰战争爆发。明朝从朝鲜告急请兵到决定发兵,佟养正一直是传递消息的中介。

同年六月,佟养正最早通报朝鲜国王逃亡的消息,认为"拒之则栖依无所,外服失仰赖之心;纳之则事体非轻,臣子无专擅之义"⑧。八月,接到指示"着宽奠堡先具房屋、率役十员名,即于渡江之日,迎接留下,悉心保存。一日蔬菜银四钱,猪羊各一口。面饭等物,务使丰足,毋使缺乏愁恼。从官及人役共通百名,妇人二十名,只许从渡,勿令混援致误"⑨。明廷决定庇护朝鲜国王,令尹根寿传达明朝迎接国王渡江预案,佟养正负责承办物资供应。但在大臣柳成龙等人劝阻下,朝鲜国王停留在朝鲜义州一侧,明廷派祖承训增援朝鲜。⑩六月十一日,佟养正到朝鲜义

---

① 顾养谦:《抚辽奏议》卷3,《甄别练兵官员》,《四库存目丛书》史部62册,第426页;参瞿九思《万历武功录》卷10,《土墨台猪列传》,《四库禁毁书丛刊》史部36册,第173页。
② 《明神宗实录》卷180,万历十四年十一月庚子,第3356页。
③ 顾养谦:《抚辽奏议》卷14,《剿处逆酋录有功死事人员》,第600、601、607页。
④ 顾养谦:《抚辽奏议》卷14,《剿处逆酋录有功死事人员》,第603、608页。
⑤ 瞿九思:《万历武功录》卷11,《东三边·卜寨那林孛罗列传》载万历十六年春的征战北关卜寨,参将佟养正等随大将军李成梁出边"捣巢,皆当优叙",《四库禁毁书丛刊》史部36册,第196页。
⑥ 顾养谦:《抚辽奏议》卷15,《甄别练兵官员》,第610页;卷17,《甄别练兵官员》,第642页。
⑦ 《明神宗实录》卷245,万历二十年二月甲辰,第4566页。
⑧ 《朝鲜宣祖修正实录》卷26,宣祖二十五年六月一日己丑34条。
⑨ 朴东亮:《寄斋史草》下《壬辰史草·壬辰日录》三,《大东野乘》卷52,朝鲜古书刊行会1910年版,第293页。
⑩ [朝鲜]申钦:《象村稿》卷38,《志·本国被诬始末志》,《韩国文集丛刊》第72册,第254页。

顺馆落实布设通讯系统，百里一拨，义州到平壤共设五站"拨儿"①，"专为飞报倭贼进退有无消息"收集情报，知会宣祖"多设兵马于紧要去处，互相盘诘"②；总兵杨绍勋发兵往义州，"明明当渡，祖副总承训亦于今日当到江沿堡"③。佟养正负责战前军需各项事务，包括情报、交通及物资供应，等等。

七月初，援朝东征战争拉开序幕。祖承训率兵入朝，佟养正随部队推进负责布置通信路线："宽奠副总兵佟养正设拨儿于顺安，与我军同进退，连日斩贼，积至千余级。"但因明军人数过少败归："大军溃乱奔走，还者仅三千人"④，实战"六千"⑤的明军损失过半，祖承训轻敌、迷信亦难辞其咎。宣祖寄希望明朝再派大军，"杨总兵以张奇功为将，使统广宁军马，佟参将率五百军马驻夹江"⑥，欲待秋高、道路干爽后入朝。

八月至十月，佟养正在九连城附近的夹江地区穿梭于甜水站、夹江营与朝鲜之间，准备军需、督察备战等各项事务。"点军士铠仗，一边决罚，甚为扰乱""备经艰苦，欲速成事还阵"⑦。因佟大刚之死，佟养正亦心急如焚，欲报仇雪恨。大刚当是养正亲丁，两个月前曾与夜不收金子贵等先后前往朝鲜哨探情报⑧，或随祖承训出征，战死平壤。于此透露明军上下都想速战速决，尚无人估计到这场战争的长期性和艰巨性。

十月十一日，朝鲜持平具宬到夹江递交呈文，佟"参将辞疲不见"⑨。3天后，明廷已行经略督抚责令吴惟忠统领南兵、火器手各3000人，限5

---

① 《朝鲜宣祖实录》卷27，宣祖二十五年六月十一日己亥7条。
② 李好闵：《五峰先生集》卷14，《呈文》《通远堡迎候李提督如松呈文（壬辰）》，《韩国文集丛刊》第59册，第530页。
③ 《朝鲜宣祖实录》卷27，宣祖二十五年六月十四日壬寅7条。
④ 朴东亮记载祖承训失败的两个原因：一是不听朝鲜大臣柳成龙、金命元等以为天雨路滑，不宜急击的建议，但却轻信朝鲜斥堠将顺安郡守黄瑗日军居留者少的情报，"乘此机攻城可得成功，且认为日军与蒙古人类似，"我常以三万骑兵歼尽十万貔子，观倭贼如蚁蚊耳！"二是相信占卜："我军中亦有善占者，言十七日城可破，毫无防备地进入平壤城，中埋伏后日驰三百里逃回，游击史儒等三千人覆没。［朝鲜］朴东亮：《锦溪东亮·寄斋史草》下，《壬辰史草·壬辰日录》三，第281—282页。
⑤ 《朝鲜宣祖实录》卷28，宣祖二十五年七月三十日丁亥3条。
⑥ 《朝鲜宣祖实录》卷28，宣祖二十五年七月三十日丁亥4条。
⑦ 《朝鲜宣祖实录》卷29，宣祖二十五年八月七日日甲午5条。
⑧ 侯继高：《全浙兵制》卷2，《许仪后赠朱均旺别诗》后附辽东总兵杨（邵勋）为紧急倭报事准巡抚都御史郝会稿言万历二十年六月十五日"据管宽奠参将事副总兵佟养正火牌报称：本月十三日亥时据本职原差爪探倭情夜不收金子贵回来禀称……后差家丁佟大刚，相继亦到平壤，仍哨倭贼何往情形，方来另报等因，呈报到职"。
⑨ 《朝鲜宣祖实录》卷31，宣祖二十五年十月十一日丁酉1条。

日内到辽东，会同辽兵万人赴义州，协同朝鲜兵将堵剿日军。十四日，朝鲜获得日本活俘，宣祖欲留传习铳筒制造、放炮、剑术，因"佟参将欲见生倭"①转送辽东都司。十二月十二日，朝鲜吏曹判书李山甫在甜水站"行过佟参将"②，得知提督李如松初八日到辽阳，十三日将入朝。可见，战前准备工作千头万绪，佟养正以宽奠副总兵身份住沿江义州，统辽东骑步两营、大宁营兵，包括参将张奇功等马兵1000人。

佟养正在朝鲜拥有良好口碑："佟公以本府主镇总兵军前机务、兵马刍粮等事，无不管辖。克殚心力，靡有缺乏。"郑琢尤其感激佟养正："自军兴以来，有称唐兵者众寡无定，出入闾阎，夺人牛马，则别发夜不收五、六人，一切呵禁。"佟养正特设监察员，监察朝鲜驻兵的防卫兼军纪。如平壤之战调发骑兵500名，戍守高原、阳德边界，防截北路清正之军；又在铁山、丘家山等地设置烽火烟台，各留兵四五名瞭望。烟台北至义州，每50里分3段，各有2名骑兵驰报，"唐兵寄寓人家，横加凌暴，或打破器皿，或掠夺财产，人甚苦之"，佟养正随见穷治。故郑琢自承"本府之人得保今日，亦无非总兵之力""本府之终始得免重谴者，皆其德也。"③

万历二十一年八月，佟养正自朝鲜归国。宣祖以"佟参将尽心我国事，其德至矣"④，特送其环刀一把、妆弓一丁，帷箭二十个。次年二月，佟养正从辽东副总兵调任神枢营副参将⑤，因"行贿营迁"遭"法司究勘"⑥，或牵涉明廷内部不同利益集团争斗，也是东征过程中南北兵矛盾、和战路线斗争的继续。吏科给事中戴士衡与署兵科给事中徐成楚的控辩过程就是典型的体现。⑦

东征后期，佟养正以"赎罪"官员身份效力朝鲜。⑧ 万历二十五年十

---

① 《朝鲜宣祖实录》卷31，宣祖二十五年十月十五日辛丑2条。
② 《朝鲜宣祖实录》卷33，宣祖二十五年十二月十七日癸卯5条。
③ 未标出处者均见郑琢《药圃先生文集》卷6，《龙湾闻见录》，《韩国文集丛刊》第39册，第524页。
④ 《朝鲜宣祖实录》卷41，宣祖二十六年八月七日戊子6条。
⑤ 《明神宗实录》卷270，万历二十二年二月乙亥，第5021页。
⑥ 《明神宗实录》卷300，万历二十四年八月丙申，第5613页；《明史》卷242，《列传》第130《程绍》。
⑦ 《明神宗实录》卷306，万历二十五年正月丁酉，第5723页。
⑧ [朝鲜] 申钦：《象村稿》卷39，《志·天朝诏使将臣先后去来姓名》载其"丁酉，纳米赎罪出来。我国服其清德，为备百五十斛助之，养正悉以银货计直而还之。"《韩国文集丛刊》第72册，第269页。

二月,携银 500 两纳米 1000 石,为荐举南原败将杨元赎罪。① 因杨元子杨玉祥娶佟养正女为妻,可见佟养正为姻亲佝赎罪。

万历二十七年,朝鲜国王拜访佟养正,以之与南兵将吴惟忠、骆尚志等媲美:"吴惟忠稍可称者,予非以力于我国事而称誉之也。骆尚志、佟养正亦其次也。"② 佟养正建议朝鲜以南兵技法训练军队,防备海上日本和山中建州:"贵邦亟选精兵一万,教以南兵之长技,分守海岸或有益也。"见解已超越时代。至言"老胡声息"建州近况,"其众不过一万"且"比岁效顺,贡献不绝",又与开原鞑子结婚,欲进犯辽阳,宣祖言"始闻实状"③。从墓志铭情况推测,佟养正大约辞世于万历三十七年。

二 佟养正的东征职事

1. 东征后勤的工作范围

援朝东征过程中,佟养正负责军需后勤工作,如供应军火、装备、器械、弹药及筹集、运输米、豆、粮、草、菜、肉、盐、酒等战备物资。后勤贸易网络遍布辽东、畿辅、山东及内地,运输则主要通过海、陆两路转运朝鲜。如万历二十一年正月,辽东海盖道、辽海道被分派制造三样铅子各 1500 个、打造铁鞭、铁镶连楂木棍各 1500 根;发银 700 两,买牛解发军前应用;委官雇募海船,海运山东粮草至义州、爱州交割;委官沈思贤等发运轻车 300 辆转运各项军火器械;都司修造各道解到明火、毒火药箭;委官李大谏等制造大将军灭房炮、火药;委官吴梦豹转运一应军火器械及副总兵佟养正置造麻牌 1000 面、住宽奠原任游击戴朝弁置造大小三样铅子,尽原发 800 两银子置造足用。④

五月,"佟养正于双山用船运送食盐" 17 万斛⑤,差人解牛 69 只⑥至李如松军前。宋应昌还曾请求将散堆囤积在山东福山、黄县、王徐寨、海沧、巡检司、海庙、乐安、寿光、唐头寨等各处米豆,集中到"登州府

---

① 《朝鲜宣祖实录》卷 107,宣祖三十一年十二月二日癸丑 4 条。
② 《朝鲜宣祖实录》卷 37,宣祖二十六年四月四日戊子 3 条。
③ 《朝鲜宣祖实录》卷 108,宣祖三十一年正月初四日乙酉 1 条。
④ 宋应昌:《经略复国要编》卷 5,《咨赵抚院》(万历二十一年正月)初五日,第 356—357 页。
⑤ 宋应昌:《经略复国要编》卷 8,《檄李提督》(万历二十一年五月)初七日,第 685—686 页。
⑥ 宋应昌:《经略复国要编》卷 10,《示谕》(万历二十一年八月)二十六日《又》,第 874—875 页。只是宋应昌给李如松的檄文中少记了佟养正解送的 9 头牛,加上郑同知差人解牛 120 头,分守道差官解牛 80 头,共 269 头,俱解至提督李如松军前。

第六章　后勤——粮饷运输及善后工作　229

近海地方",再由辽东抚院差人由海搬运①;令海盖道雇募海船五十只,依照平时商民载运脚价,前往山东登莱等处搬运粮料。② 这都说明东征军军火、器械、牛、盐等物资,大都在辽东就近制造、采买;而粮草米豆等则从山东采买,初由辽船搬运登州,再从旅顺转运朝鲜义州、平壤等地。

在此涉及一个问题:即东征前期,明军海路运输有无开通?③ 万历二十一年三月,宋应昌原议山东临清、德州仓粮,由天津召雇民间海船以及清江厂新船,先运至辽东马头山交卸,再转运平壤,因马头山无贮粮房屋,改檄海盖道加发船户脚价,用临江官船与天津民船"径送平壤",由佟养正差拨军沿海哨探,海盖道派人雇觅惯海水手,或雇朝鲜人船为向导,"舍马头山径至平壤"④。除这一条材料外,前述佟养正五月于双山用船运送食盐17万斛,以及东征后期经略邢玠言及"上年各援兵皆聚平壤"时,山东、辽东押运官张延德、金正色等"运粮万余石,亦俱由旅顺直至平壤江口下卸,不由义州镇者"⑤,都证明东征前、后期,明军海路运输毫无疑问开通了——佟养正及张延德、金正色等都是前期海运的人证。

十月二日,朝鲜赵翊《辰巳日记》亦载:"闻唐船载军粮到泊扶安界。本国人等或劫杀,或驱逐。一船之米,全数偷出,唐人十名逃入小岛。遇海采船,哀乞得出。即告官。自官密关,捉作贼人,方伯以明日入完山推问云。本国人所为,极为痛骇,天将之发怒,固其宜也。"⑥ 抚安在庆尚北道,接近全州,说明万历二十一年初冬明朝运粮船到庆尚北道抚

---

① 宋应昌:《经略复国要编》卷5,《咨山东抚院》(万历二十一年正月)二十六日,第449—450页。
② 宋应昌:《经略复国要编》卷3,《檄海盖道》(万历二十一年正月)十六日,第226页。按:东征结束后,畿辅供应辽东粮草仍经陆路运输,参见黄中允万历四十八年三月住宿辽东牛家庄梅姓人家,见到"牛家城内……军兵数千留镇,道上车辆载军粮者,或三十两为一起,或四、五十两为一队,陆续不绝。问何处军粮,则言自北直八府运转来,大车四千两,小者无数,皆官给其价云。北直八府乃顺天、永平、顺德、大名、广平、真定、河间保定等府,其刍草之车亦如之"。《东溟先生文集》卷6,《杂著·西征日录》,《燕行录全集》,首尔东国大学出版社2001年版,第16册,第39—40页。
③ [韩]洪性鸠《丁酉再乱时期明朝的粮饷海运》(《新亚学报》第34卷,新亚研究所2017年版,第259—284页)认为战争前期没有开通海运,确认"在丁酉再乱期间,再次启动遮洋总的海运机制,这是事实"。
④ 宋应昌:《经略复国要编》卷7,《檄海盖道》(万历二十一年三月初十日),第606—607页。
⑤ 邢玠:《经略议倭奏议》卷2,《酌定海运疏》,《御倭史料汇编》第2册,第65页。
⑥ [朝鲜]赵翊:《可畦先生文集》卷8,《杂著·辰巳日记·七月癸酉》,《韩国文集丛刊续编》第9册,第469页。

安,被朝鲜人截杀、驱逐,船米也被偷光,更是铁证。而万历二十五年,重新勘通海路的镇江游击佟起凤,正是佟养正亲弟①。具体海运路线,分登州—旅顺的内海航线和从旅顺到朝鲜的外海北路、南路两个方向。佟养正墓志铭也记载他"率部卒建墩台,凿壕堑",又"造战车、铅铁子、麻牌之类以供军用"及"运米万余、草百万余至朝鲜,以佐军需"②。

东征后勤还包括以下工作:

一是选调东征后备军。万历二十一年二月,辽东总兵杨绍祖、宽甸付将佟养正接令,从佟养正管下宽甸各城堡选选调马、步军兵或五千,或三千,"听候接应征倭兵马"。当时东征大军已深入朝鲜王京、汉城等处,前有大敌,后无救援,征集后备兵刻不容缓,命令限文到二日内"宽奠副将佟养正先调马军五百督发过江"③,共从肜患少缓的各城堡原设马、步军兵中挑选3000名,分拨过江接应,发至朝鲜益水、剑山等处,防止咸镜道日军袭攻平壤。

二是维护交通线和善后工作。万历二十一年四月起,中日开始和谈,战场停战。佟养正负责工作:稽查东征将领家丁及借故逃回军兵等,都由"佟养正委遣的当员役,于鸭绿江渡口把截"④,只放行前往朝鲜贸易的商贩。把江各员役若有需索商贩财帛及生事者,捆打100棍,以军法究罪,与佟养正同时负责边海稽查的还有李荣春。⑤ 到年底,也是佟养正负责查收贮辽东都司张三畏、刘应祺运回的一应军火器械;包括海盖道及戴朝弁、宁国胤解到铅铁子;王宪、蒋表解到鞭棍;除平壤傅廷立收管、刘绽营内之外,其余均运发佟养正处收贮。⑥

三是尝试在朝鲜开发银矿、发放军饷。这项工作一直都是东征军高层

---

① 邢玠:《经略议倭奏议》卷2,《酌定海运疏》,第64页。邹宝库辑录《辽阳碑志选编》第104页《佟进与夫人苏氏合葬墓志》载:"佺养正膺督府,佐大将军,侍天子,统禁兵而帅焉。其次佺养直、起凤、鸣凤辈,悉充将选。"另王晶辰主编《辽宁碑志》,辽宁人民出版社2002年版,第419页亦同。
② 邹宝库辑录:《辽阳碑志选编》,第106页。
③ 宋应昌《经略复国要编》卷6,《檄辽镇杨总兵》《檄副将佟养正》(万历二十一年二月)初二日,第474—475页。
④ 宋应昌:《经略复国要编》卷8,《檄佟养正》(万历二十一年四月)十五日,第651—652页。
⑤ 宋应昌:《经略复国要编》卷11,《檄佟养正李荣春》(万历二十一年九月)初一日,第899—900页。
⑥ 宋应昌:《经略复国要编》卷12,《檄都司张三畏》(万历二十一年闰十一月)十一日,第1005—1006页。

的理想，从前期经略宋应昌建议开作朝鲜银矿"散给新军作为粮饷"① 到胡大受的三大建树都如此。佟养正也积极响应宋应昌指示"吹炼银铜以为粮赏之资"，带银匠到朝鲜"令义州之人传习其术，使之吹炼于本道及黄海道各官产银之处，以继国用。"② 在平安道、黄海道等地推广银矿勘探和冶炼技术。郑琢说佟养正"令唐匠教习采银于本国界上，概皆为本国通变济之周急良图也"③。东征军将用银、贵银之风带到以货易货的朝鲜后，中江开市实际上也就水到渠成了。

2. 中江开市与贸易资源及网络

万历二十一年十月，中江开市④。柳成龙记载："时饥荒日甚，饿莩满野，公私蓄积荡然，赈救无策。余请移咨辽东，开市中江，以通贸易。中原亦知我国饥甚，奏闻许之。于是，辽左米谷多流出于我国。平安道之民先受其利。京城之民亦以船路相通，数年之间，赖此全活者，不计其数。"⑤ 十一月，朝鲜户曹因平安道遭受霜雹灾害，赈济无策，而辽东米豆甚贱，请求在"中江去处姑开场务，通行卖买"，上咨辽东都司请求开市。

万历二十二年三月，佟养正建议在中江贡道上建筑土圈开市："宽典副总兵佟养正手本回称：查议得中江系长奠堡该管地方，离义州约四里许。近因倭奴侵犯朝鲜，于西岸奉明筑建墩台，仍隔鸭绿一带。今彼国近遭兵荒，时值匮乏，似当相时制宜以赡其用。合无于中江贡道处所，筑一土圈，或准一月一市，或准半月一市，稍待彼国兵息年丰，即行停止。"但辽东都司不愿在明方一侧"我地"交易："朝鲜今被倭残，不能依时耕种，或糊口不继，冀求我地商贾交易，此图一时之便，非长久计也。揆佟副将要于此处筑圈，又定日期，民不便也。"但允许明朝商民赴朝鲜义州交易。最后几经反复，同意"彼国人民，准来中江，逾往交易"⑥。可见，佟养正推动中江开市甚力，但辽东都司则因管理问题，一度反对。

---

① 宋应昌：《经略复国要编》卷7，《报三相公并石司马书》（万历二十一年三月）初五日，第593页。
② 《朝鲜宣祖实录》卷36，宣祖二十六年三月初八日癸亥9条。
③ ［朝鲜］郑琢：《药圃先生文集》卷6，《龙湾闻见录》，《韩国文集丛刊》第39册，第524页。
④ 《燃藜室记述》卷18"宣祖癸巳十月，本国请于鸭绿中江开市交易，仍设场市"，《朝鲜文献中的中国东北史料》，第309—310页。
⑤ ［朝鲜］柳成龙：《西厓集》卷16，《中江开市》，《韩国文集丛刊》第72册，第125页。
⑥ 以上未指明出处均见《光海君实录》卷114，光海君九年（万历四十五年）四月七日辛丑4条。

中江开市的具体地点是在威化岛。正如万历二十七年，朝鲜使臣赵翊朝天赴京，在鸭绿江上小夹江，见到"唐商簇至，船亦无闲"，中江之外的威化岛"岛边设铺，差官监税行商"①，一片繁忙景象。再前行十里许就到九连城，移设前堡改名镇江城，主事者佟姓游击佟起凤正是佟养正的弟弟，而建议并主持中江开市的则是佟养正本人。

朝鲜使船过鸭绿江，至小夹江处见"唐商簇至，船亦无闲"，威化岛在中江开市后"买卖人往来不绝"②，与战争相关的商业网络延伸到朝鲜京城，"买卖唐人亦皆遍满于京外"③，汉城明商充斥，朝鲜地方官还对明人抱怨"上国地方官三个月收了一千两税银"④，辽东进项大超朝鲜。

万历二十五年十二月，朝鲜使臣黄汝一记载30多位朝鲜人"随刘绖军入来于此……其中一人行商贸货，活计大饶"⑤。正因各方利薮所系，原定战争结束即停止的中江开市，延续了20多年。⑥ 万历后期，经管中江贸易的辽东地方官，靠抽税作弊及收受朝鲜馈送，动辄可得银子数万两。⑦ 万历四十一年，中江停市⑧，仍有商民张彦顺等要求复市，而朝鲜坚持以疆场大患为由，未允复市。东征初期管理后勤供应的佟养正，能赢得"廉清介节，前后罕闻"的名声，实属不易。他在鸭绿江、中江等地

---

① ［朝鲜］赵翊：《可畦先生文集》卷9，《皇华日记·己亥九月》，《韩国文集丛刊续编》第9册，第474页。
② 尹斗寿：《梧阴先生遗稿》卷3，《论进战运粮箚字》，《韩国文集丛刊》第41册，第559页。
③ 《朝鲜宣祖实录》卷124，宣祖三十三年四月二十三日甲辰7条。
④ 《朝鲜宣祖实录》卷69，宣祖二十八年十一月二十八日丙申1条。
⑤ ［朝鲜］黄汝一：《海月先生文集》卷10，《银槎日录·上》，《韩国文集丛刊续编》第10册，第152页。
⑥ 案：《明神宗实录》卷385，万历三十一年六月丙戌条：辽东镇守太监高淮进贡子粒银1800余两，矿税银23600两，金60两及马匹、貂鼠等物，金银财物相加应当超过3万两，其中来自中江的税银和各种贡献不少。熊廷弼也曾揭露万历三十七年中江抽税时，"商民数百人"送银500两，共得赃银数千两（《熊廷弼集》第179—181页）。清代中江税额据档案所见，康熙年间由凤凰城守尉征收的中江贸易税4000两，雍正五年，凤凰城中江税务改由盛京五部司官管理，征得税银4177两，火耗银835两，后历任监督俱由盛京户部，依照正额加耗题核五千余两，该定制一直维持到清末。
⑦ 参见李红权点校《熊廷弼集·巡按奏疏》卷4，《劾自在州疏》，学苑出版社2011年版，第179—181页。万历三十七年，熊廷弼揭露管自在州事、山东济南府同知万爱民以心腹敲诈勒索朝鲜财物，数额轻易可突破上万两。
⑧ 万历四十年朝鲜国王致礼部请罢中江关市的咨文，现存中国国家博物馆，参见《中国国家博物馆藏文物研究丛书·明清档案卷》，上海古籍出版社2006年版，第82—85页；高艳林《明代万历时期中朝"中江关市"设罢之始末》，《中国历史文物》2006年第2期及前书第244—248页。

设置监察员管理非法行为："特置千总委官于鸭绿、中江等处，使之十分检察。自越边江岸以至汤站，逐日搜检所抢牛马，前后刷还者无虑四十余头。"特设军官监督管理交通孔道。

3. 佟养正掌管的贸易资源

通过郑琢提供的史实和部分东征军将士的行事可窥见一斑。比如，佟养正曾因"宋侍郎、李提督、艾主事诸公不喜土馔，则至备唐产鸡、猪、鹅、鸭、生菜以供之，以慰其心"，为东征军高层提供"唐产"畜品及新鲜蔬菜。若为活物，供应链缩短，经辽东及中江市贸的可能性更大，若是腌卤肉类和畜禽，供应链则可拉长，畿辅、山东乃至其他地区采买均有可能。而全国各地商人丛集辽东，被组织到东征后勤供应网内则是必然之势。郑琢记载佟养正在辽东"优备赏价，贸易土产"① 以满足往来上司需求之事，可见其身后的交通和贸易网络不可小觑。

比如郑琢言及"山东布政司韩公、巡按御史周公之行，出于意外……本府无以供亿"时，佟养正遂"借以本镇所储唐磁器、汤甫儿"30座，茶钟十，瓶一，大红匹段、手案甲巾各二袭，鸦青草绿匹段褥二面，大红草绿寝帐并二袭，鸦青绡门帐一幅，朱红高足床4坐，交椅2把，红毡5面，白金笔山2坐，红黑匣砚2面，栏干、平床等物次第进排，还"赠以白地青花磁器贴匙30坐，大油烛50对"②。可见，佟养正手中物资储备丰富，不仅包括各色瓷器、丝绸、缎匹、布料等纺织品，被褥、帐篷、床凳、椅子也一应俱全，还包括栏杆、蜡烛等建材、照明器具乃至文房四宝等。

郑琢名单中，有不少物品来自京城或南方各地。如京城瓷器，万历年间长途贩运至蒙古、女真地区的办法是"初买时，每一器内纳少土及豆麦少许，叠数十个，辄牢缚成一片，置之湿地，频洒以水，久之则豆麦生芽，缠绕胶固，试投之牢确之地不损破者，始以登车。临装驾时又从车上掷下数番，其坚韧如故者，始载以往，其价比常加十倍"③。京师北馆馆夫装车高至三丈余，"皆鞑靼、女真诸部及天方诸国贡夷归装所载"，瓷器一项即多至数十车。故朝鲜战地出现成套、规格齐全的大量瓷器也不奇怪，明军后勤供应链四通八达、佟养正掌握可调配的资源丰富可见一斑。

---

① 以上未见出处者均见郑琢《药圃先生文集》卷6，《龙湾闻见录》，《韩国文集丛刊》第39册，第524页。
② [朝鲜] 郑琢：《药圃先生文集》卷6，《龙湾闻见录》，《韩国文集丛刊》第39册，第524页。
③ 沈德符：《万历野获编》卷30，《外国·夷人市瓷器》，中华书局1999年版，第780页。

比如与辽东市场紧密相关的江南棉纺织业,江南洞庭商人、监生翁正学之父:"先君辛勤四十年,经营布帛,辽阳一失,商贾萧条,江南机杼之家,束手而坐,忧公及私,再三咏叹。"① 江南洞庭湖的翁家,在辽东经营纺织品布帛生意,早在万历初年已开始布局,至辽阳被后金占领的1621年为止,已前后持续40年。辽东生意好坏,直接影响到江南"机杼之家"的生计,可见辽东市场与江南棉纺织业之间的紧密联系。

前述万历二十三年,总管朝鲜练兵游击胡大受携带棉花、布匹等"花绒"入朝,分送"各道教师处"及宣祖国王与李德馨的对话,都从侧面证明东征军随带不少"花绒"棉纺织品入朝,以解决朝鲜缺乏银子月粮不给的矛盾。最终是胡大受派心腹余希元出使建州,帮助朝鲜解决边境纠纷得到特许发卖。而余希元出使建州时,考虑到胡人所谓"唐妆"是抚顺所赏给的常规红绿金段32匹,每匹银四两八钱五分;青布190匹,每匹三钱二分,蓝布190匹。"此物若贵国人往贸,则必有要索高价之患。俺当与家丁一人,领贵国的当员役一人,驰往辽东贸易而渡江",余希元亲往辽东购买常规绸缎布匹送往建州,只希望朝鲜将"贱生姓名愿于上本时从重载录,使得蒙恩"②。可见中江开市后,中朝贸易便捷,连接建州腹地也成为现实。

还有个例子是南兵参将骆尚志,携往朝鲜的书籍曾有"数千卷"之多。剔除文人虚夸的成分,可以肯定骆尚志携入朝鲜的书籍为数不少:"骆将勇冠三军,号称骆千斤……赞画使李时发与之周旋行阵,服其壮勇,气义相契,结为兄弟。骆将载唐书数千卷以赠之,李氏之家遂以多藏书称。"③ 一个武将携带大批书籍入朝,也是出人意料的史实,无论自阅还是别用,东征战争期间究竟有多少种类的明朝物品进入朝鲜,实是个令人好奇的问题,除了战争期间必需的粮饷、战马、火药等军需损耗品之外。

又如战马一项,东征战马损耗率极高,动辄倒死万匹。万历二十一年,宋应昌疏言"马倒者以万计"④;二十五年,邢玠疏"杨元一营,不

---

① 翁正学:《辽东倡房歌》跋语,载缪钺等主编《中国野史集成》(巴蜀书社1993年版)第25册,第320页。
② [朝鲜]李德馨:《汉阴先生文稿》卷9,《启辞·金[余]希元与虏人问答曲折秘密启(十二月兵判)》,《韩国文集丛刊》第65册,第406页。
③ 《朝鲜正祖实录》卷35,正祖十六年八月六日壬申3条。
④ 宋应昌:《经略复国要编》卷6,《报石司马书》(万历二十一年二月)二十三日,第520页。

数月而报倒死者二百余匹"①，岛山战役前后，明军的战马损失率达到了50%，原二万多匹战马驮马只剩一半②。补充战马，若不通过中江、辽东、抚顺马市连接建州女真和蒙古的马匹，从抚顺、宽甸、镇江、中江、义州等地输送，也是不可想象的。而调补战马，本为佟养正手下都司张三畏的特长。万历十六年，"辽阳营旗鼓本卫署都指挥使"张三畏因"壮年伟貌，雄略长才，缮云梯落海西之胆，调战马空冀北之群"③得任叆阳守备，十分熟悉战马资源的调配。同年，沈阳中卫抚顺千户所备御康元吉患病辞世，由张三畏接替："抚顺所，乃建州诸卫贡市孔道，控制东夷之要关也"，定辽后卫署都指挥使张三畏以"熟谙夷情，晓畅戎务"④，补任"抚顺备御"⑤，很快就与努尔哈赤打得火热，正是他在万历十七年建议努尔哈赤"忠顺可嘉，似应题请加升都督，管束建州诸夷"⑥。中江开市促进抚顺马市的繁荣，本为题中之义，抚顺取代开原，成为东征战争的后勤供应地之一，不仅为建州女真崛起创造绝佳的外部环境，也引发了辽东政治、经济格局的变迁。⑦ 顾养谦所谓"抚顺备御张三畏，雅度长才，壮年清守，抚东胡效顺而边警息，诘群小置法而奸蠹消"⑧，其中"东胡"正是建州女真，张三畏与建州左卫朝贡夷人马三非等关系密切，东征战争的后勤供应系统，正是通过这些人员交往，延伸到建州的。

万历二十三年冬，朝鲜主簿申忠一和南兵游击胡大受心腹相公余希元等出使建州，了解到"马臣、佟羊才满浦所受赏物，尽为奴酋兄弟所夺，渠辈亦有不平之色"⑨，马臣即马三非其人。而"佟羊才"考《八旗满洲氏族通谱》载佟养材"为佟养正亲伯佟选之子。国初自抚顺来归，其子

---

① 邢玠：《经略御倭奏议》卷2，《增调宣大蓟辽调议闽海商船疏》，第81页。
② 邢玠：《经略御倭奏议》卷4，《买补东征马匹疏》，第314页。
③ 顾养谦：《抚辽奏议》卷15，《甄别练兵官员》，第614页。
④ 顾养谦：《抚辽奏议》卷11，《沈阳缺备御》，第543页。
⑤ 顾养谦：《抚辽奏议》卷17，《甄别练兵官员》，第642页。
⑥ 顾养谦：《抚辽奏议》卷19，《属夷擒斩逆酋献送被虏人口乞赐职衔》，第679—680页。
⑦ 参见宋巧玲《从明代援朝抗倭战争看女真的崛起》（硕士学位论文，吉林大学，2007年）、龙武《从开原到抚顺——明末辽东马市贸易战和女真诸部兴衰》（硕士学位论文，中国社会科学院研究生院，2013年）都探讨了这个趋势。
⑧ 顾养谦：《抚辽奏议》卷20，《举劾武职官员》，明万历刻本，第703页。
⑨ 《朝鲜宣祖实录》卷71，宣祖二十九年正月丁西3条，30日，南部主簿申忠一书启。

佟恒年由闲散从征辽东,授为领催,遣守镇江城,兵变被害"[1]。抚顺"佟养材"与朝鲜史料中的建州"佟羊才"居地相近,音也相同。

《佟氏家谱》载:"兄讳国祚,号庆源,故明万历庚戌科武进士,宦至陕西游击。因抚顺事弃职,同叔祖讳养才,隐于凤阳府怀远县,易姓杨,更名浣,郁郁而终,葬于怀远之荆山。"[2] 佟氏家族以佟养材为佟国祚"叔祖",即东征副总兵佟养正之弟,国祚正是鹤年之子,养正之孙。这样,佟养正背后东征后勤供应网的背景更加清晰了。包括佟羊才(养材)以及万历末年"降奴"的抚顺巨商佟养性,佟氏族人历来就有朝贡、贸易传统,自然不可能放过东征战争这个机会。

万历三十五年,镇江游击吴宗道与族侄山东副总兵吴有孚,利用掌握登州水军的便利,从事军火、奢侈品、杂货等国际贸易,被辽东巡按熊廷弼揭露,其家族生意规模,两年内"陆续到镇江、旅顺、金、复及海外各岛者,约三、四十只不等",每年发船规模达20条左右,贸易网络覆盖中朝边境及渤海、黄海海域:"明以其半,撒放中江及朝鲜商人取值,而暗以其半同吴宗道所收丽人家丁,变丽服,乘辽船,潜往铁山、别东、大张各岛,换贸貂参等物。"当年朝鲜查获"自外洋来"的异样大船,船上19名军兵皆原籍浙江,装载"铳、炮、刀、鸟枪、火药诸器,与青蓝布匹、杂色货物"[3],动用海军从事远洋军火、奢侈品的走私贸易,规模之大,令人惊叹。当时离东征结束不到十年,吴氏家族的贸易活动当然不始于万历三十五年。吴宗道活跃于朝鲜,从"策士"跻身于镇江游击并为朝鲜君臣所看重,正是借助了东征援朝这个历史契机(详见第九章)。

日本学者中岛乐章也揭示过壬辰战争时期,日军将领加藤清正拥有九州—东南亚—吕宋岛的贸易网络,战争前期日军准备了6个月的粮饷,之后在朝军队的后勤供应需各自承担,尤其是制造弹丸必需的铅和硝石,完全或大部分倚靠进口,加藤清正的后勤供应链就延伸到东南亚,但因中国海禁及他本人被召回日本后遭幽禁,至1597年,加藤清正"指示将属于他

---

[1] 《八旗满洲氏族通谱》卷二十《佟佳地方佟佳氏·佟养材》,《四库全书》第455册,第326页。

[2] 佟国器:《先世被难述略》,载国家图书馆藏佟国勤编《佟氏家谱》第一册,第35页;佟明宽编:《满族佟氏家谱总汇》,辽宁民族出版社2010年版,第57页,但错讹字很多。案:抚顺之事是指明末佟养性归附后金事件,在明朝引起轩然大波,辽东佟氏遂被视为"叛党",不少人遭受牵连入狱处死,佟卜年案就是一个典型的例子,佟养正之子佟鹤年也被疑为"降奴"投降后金。

[3] 李红权点校:《熊廷弼集·巡按奏疏》卷1,《重海防疏》,第23—25页。

的唐船以合适的价格变卖"①。可见，像东征这样规模的国际战争，参战各方背后牵涉的贸易网络必定令人惊叹，遍及东亚乃至全球都当在意料之中。

到明末启、祯年间，中国商人向朝鲜半岛输出硝黄、布帛、生丝和绸缎，朝鲜商人输出貂皮、人参、粮食等都成常态。如毛文龙驻守东江"在岛中日市高丽、暹罗、日本诸货物，以充军资"②。整个亚洲包括从暹罗（今泰国）、日本、朝鲜运来的商货，都源源不绝运往东江，甚至达到"日市"的程度。天启四年"毛文龙自去年八月驻于铁山，船皆在岛上……内地前来之商人极多，财积如山"③，都证明16世纪以降，全球贸易繁盛，包括中国内地及边境蒙古、女真等部、朝鲜、日本、泰国、菲律宾等，都是全球贸易网络中的有机组成部分，其内在联系往往有超出意外者。

通过东征副总兵佟养正，可以看到他背后历史悠久的海西女真佟氏家族。在辽东军卫系统中，佟养正之父辽东总兵佟登，可与李成梁、杨三畏等辽东军卫世家比肩，他本人作为宽甸副总兵参与东征，主管后勤工作，包括情报收集、军需供应、运输粮饷、驿站管理、尝试采银等，尤其在创建中江开市过程中的作用，都说明万历时代的经贸市场和商品、商人的背后的复杂联系。而触角遍及东亚乃至全球的地区政治、经济格局及其变化，通过中江开市和抚顺马市繁荣，这个与战争相关的小窗口，就可看到东征战争与后勤供应基地、建州女真迅速崛起之间的关系。战争结束后不到半个世纪，明清易代就出现了。包括中国、女真、蒙古与朝鲜、日本的关系，都要超越单一民族、国家的视角及割裂政治、经济、军事关系来探讨东亚早期的全球化进程，以拓展出更大的学术空间，亦是题中应有之义。

第二节　粮饷运输及海道开通

东征初期，辽东和畿辅的天津、山东是朝鲜战场的主要后勤供应基地，尤其是山东粮食，总数达"几千万斛"的"东粮"输送，不仅对这

---

① ［日］中岛乐章：《十六世纪末朝鲜战争与九州—东南亚贸易：以加藤清正的吕宋贸易为中心》，郭阳译，台北中国明代研究学会《明史研究》2016年第28期，第89—120页，第110页。
② 毛奇龄：《毛总戎墓志铭》，载吴骞辑《东江遗事》卷下，浙江古籍出版社1986年版，第219页。
③ 中国第一历史档案馆、中国社会科学院历史研究所译注：《满文老档》上册，中华书局1990年版，第621页。

场战争,也对后来朝鲜人民度过生存危机起过重大作用。① 但具体到粮食运输及后勤供应问题,尤其是东征初期,海运有无开通、海道如何运行等细节,是有关战争史、交通史、外交史领域重要却没有得到确切说明的部分。

一 东征前期的海路运输

万历二十年至万历二十二年（1592—1594）东征战争前期,明军的后勤供应,包括粮饷及战略物资,都是通过水、陆两路运输进入朝鲜的。对于陆运,海内外学者研究较多且无分歧,陆路大部与朝鲜贡道②辽东段重合,即从辽东到朝鲜经甜水站—连山关（鸦鹘关）—通远堡（镇夷堡）—镇东堡（松站）—凤凰城—凤凰城栅门—汤站—九连城（镇江堡）—鸭绿江—朝鲜义州到平壤。③ 但有关海运路线则有不同描述。④ 而东征前期的海运究竟有没有开通？从现有史料看,毫无疑问是开通了海运。

万历二十一年正月二十六日,东征经略宋应昌通知朝鲜国王,考虑到

---

① 陈尚胜《壬辰御倭战争初期粮草问题初探》(《社会科学集刊》2012 年第 4 期,第 174—182 页)主要从明朝与朝鲜双方粮草征集和运输措施的角度,考察朝鲜欠缺应对重大战争灾害的社会动员能力及应负的责任,但缺乏运输过程及海道运行实态。另刘晓东《"山东粮"与明代抗倭援朝》(《东岳论丛》2016 年第 7 期)也简短未涉及。孙卫国《万历朝鲜之役前期明军粮饷供应问题探析》(《古代文明》2019 年第 3 期)则进一步探讨了东征前期明军粮饷来源、运输体系、影响等问题,也认为关键因素是朝鲜运输不力,明军已运到鸭绿江边的粮食也无法及时转运,影响了明军的行动并在一定程度上改变了李如松对封贡和谈的态度。对明朝完善的军事供给体系,如何适应域外变化,中朝双方做过怎样的努力进行了探究。

② 案：朝鲜陆路的贡道从京师、通州经山海关东行至凤凰城,渡鸭绿江至朝鲜汉城共有 60 个地标,具体见《迎接都监都厅仪轨》,载《中国明朝档案总汇》第 77 册,第 456—457 页。

③ 参见张存武《清韩宗藩贸易 1637—1894》,台北"中央"研究院《近代史研究》专刊第 39 号,1985 年,第 33 页《朝鲜贡道图》及叙述。

④ 案：张存武先生描述的朝鲜贡道,海路有两条：一是宣沙浦（咸从、安州之老江镇）—皮岛—鹿岛—石城岛—长山岛—三山岛—平岛—皇城岛—庙岛—登州—济南—北京；二是皮岛—旅顺—双岛—觉华岛—宁远—山海关—北京,是崇祯初年改道宁远的路线。张金奎《明代山东海防研究》(中国社会科学出版社 2014 年版)第三章"明中叶山东海防体系的战略预备化","登州的海船与海运"梳理了明朝登、辽航路,可参见。另尹泽凯《明代海防聚落体系研究》(博士学位论文,天津大学,2015 年)；刘文斌《明辽东地区海防聚落工程体系研究》(硕士学位论文,天津大学,2012 年)；罗杰《明代海运与漕运之比较——海运可行论》(《黑龙江史志》2011 年第 19 期)也都提及,但均因主题限制未曾深入研究具体路径及运行实况。

第六章 后勤——粮饷运输及善后工作 239

东征大军粮饷不继,准备三管齐下:一是中途陆运粮食,急催朝鲜国王,先发平壤、黄海诸路刍粮,赴开城听候大兵支用;二是催督车辆,将江沿等处粮料,搬运义州以及平壤,中间循环转输不断绝;三即严催海盖道整顿船只"由海路运粮前赴朝鲜",从辽东到朝鲜的海运船也已具备。但平壤以东、开城以西都有大江通海,"将粮船由旅顺、金州各口开洋,遵海而东,过马头山,或至平壤,或至义州,或至开城,其海路应否可行,亟咨朝鲜国王备查海运道路,以便发运。"① 这条史料显示需要朝鲜配合的海道是否真正开通仍存疑。

但前一天正月二十五日,东征经略宋应昌以"刍粮最为切紧",特发牌辽海二道与管粮主事艾维新、张三畏等人,"务令昼夜督促"运粮,但恐"辽阳并爱州(朝鲜义州)粮饷"因道远耽迟,决定从尚有余粮的平壤就近转解"先给三军",然后"辽阳、爱州者继至"不至匮乏,所以他"一面委艾主政急趋平壤发解,一面行各路换轻车、集船只,水、陆并进,必不致稽时日也"②。这里提到的水、陆并进,是包括从辽东到朝鲜义州的水陆两运,也包括从朝鲜义州到平壤的水陆两运,这两段都可通行。

同一天,宋应昌还下令"调朝鲜旧有大小船七十余只,行叆阳守备杨大观、长奠备御傅廷立督发匠作,修理听候,由海路前赴王京一带,运送粮料,务期足用"③。广宁卫人傅廷立"癸巳以管粮来住平壤,后以把截义州再来"④ 在平壤管理修船、运粮等工作,"即将所管匠役尽数通拘到官,会同都司张三畏,酌量易买板木并匠役工食饭米,动支马价银两给用,即令张三畏拘集水手,装载粮草,由海赴王京运送"⑤。辽东都司张三畏请行傅、杨二人调集匠役修补朝鲜旧船,并动用马价银从辽东拘派工匠,装载粮草,由海运输送粮草到朝鲜汉城。

有关海运路线,宋应昌"已令管粮主事艾维新、都司张三畏分投催债(聚)粮料及行海盖道参政郭性之拘集海船,一面由黄城岛赴登、莱

---

① 宋应昌:《经略复国要编》卷5,《檄艾主事》(万历二十一年正月)二十六日,第443—444页。
② 宋应昌:《经略复国要编》卷5,《与李提督书》(万历二十一年正月)二十五日,第428—429页。
③ 宋应昌:《经略复国要编》卷5,《议取王京开城疏》(万历二十一年正月)二十五日,第440页。
④ [朝鲜] 申钦:《象村稿》卷三39《李提督票下官》,《韩国文集丛刊》第72册,第274页。
⑤ 宋应昌:《经略复国要编》卷5,《檄长奠备御傅廷立并叆阳守备杨大观》(万历二十一年正月)十九日,第401—402页。

搬运；另一面由旅顺口沿海，运赴朝鲜义州林山岛转发，期鲜海船运至开城等处以待支用"①，分别连接山东和辽东的内海航运及辽东与朝鲜的外海航运二段。内海部分以登州、莱州、黄（皇）城岛、旅顺口为标志，外海部分是从旅顺口出发，到朝鲜义州林山岛转发，再由朝鲜海船运到开城等地。

三月初十日，宋应昌命由淮安清江厂官船与天津民船共运的粮饷"舍马头山径至平壤"②，原经辽东—马头山—朝鲜义州的海运路线，因战线南移也发生了变化。万历二十五年邢玠奏疏："查得上年各援兵皆聚平壤……山东辽东押运官张延德、金正色运粮万余石，亦俱由旅顺直至平壤江口下卸，不由义州镇。"③ 从天津到辽东经渤海、黄海的明军粮饷登、辽海运补给线，自明初开通运，亦未受永乐十三年（1415）海禁影响。④山东登州卫有千料、五百料、四百料等不同规格的海船100条，有水运官军承担辽东卫所官军的补给任务，通过海运棉布、棉花、钱钞等物资粮饷到辽东军卫，也有一定数量的水军，但后来逐渐减少到18只。弘治十六年（1503），南京龙江船厂还派造14条船于湖广、江西、浙江、福建等处，直到嘉靖三年（1524）才彻底停造海船，是为永乐至嘉靖年间海禁背景下登、辽海运的实况。⑤ 到万历援朝东征前期，山东粮也是先经内海航线运到旅顺，再从旅顺到平壤，连接登、辽内海航运及辽东与朝鲜的外海航运这两段航程。

万历二十一年二月底，宋应昌向山东讨粮："三万已籴者，目下即发旅顺口船只搬运。其二万未籴者……望门下曲为一处，作速凑完。"⑥ 但

---

① 宋应昌：《经略复国要编》卷6，《议乞增兵益饷进取王京疏》（万历二十一年二月）十六日，第505页。
② 宋应昌：《经略复国要编》卷7，《檄海盖道》（万历二十一年三月）初十日，第606—607页。
③ 邢玠：《经略议倭奏议》卷2，《酌定海运疏》，第2册，第63—64页。
④ 参见樊铧《明初南北转运重建的真相：永乐十三年停罢海运考》（《历史地理》，上海人民出版社2008年版）第188—198页；并参见其著《政治决策与明代的海运》，社会文献出版社2009年版。作者对明中后期海禁松动后海事活动趋频仍关注不够，故未能解答"明代海运议题的提出以及万历初年的短暂施行，是否与明中后期海禁政策的松动无关"，参见陈怡行《评樊铧〈政治决策与明代海运〉》，载《明代研究》，台北中国明代研究学会2010年第15期，第193—200页。
⑤ 参见张金奎《明代山东海防研究》第三章第258—269页、第四章第320—326页的相关内容。
⑥ 宋应昌：《经略复国要编》卷6，《与山东防海道田宪使书》（万历二十一年二月）二十八日，第530—531页。

第六章　后勤——粮饷运输及善后工作　241

山东因水灾需自赈兵食，故请停运未籴粮米："差得原奉经略右侍郎宋应昌札，发马价银五万两籴买米豆，由海运辽接济军需。"分发登、莱二府籴过49607.3两，但"因浮海坏船，不敢再运"①。据考山东巡抚郑汝璧的奏疏时间为十一二月，故大致推测到万历二十一年年底，明朝停止海运。结合郑汝璧与前、后两任经略宋应昌、邢玠的奏疏，朝鲜西海岸从"义州至平壤，水路甚险，先年鲁将本处委官郝继宗并水手三名淹死，船米损失"②事故，就是发生在东征前期从义州到平壤的海运中，山东海运官郝继宗等遇难，导致郑汝璧停止了海运。更主要的是随着明、日和谈展开和万历二十二年初大部明军已分批撤回国内，海运自然也随之停运。

万历二十一年七月二十日，宋应昌檄管粮主事艾维新："先据傅廷立禀称：平壤之粮尽运王京，大兵回日诚恐缺用，已于五月初六日票行该司水、陆速运……向者大兵所用粮米皆系全罗供送。今倭犯彼地，转运必难。中国粮料合行僦运，牌仰该司即会行张三畏将义州粮饷，作速水、陆并运，毋得迟缓。"③明确指示从朝鲜义州南行平壤的水、陆两路同时并运。

同年八月，辽东都司张三畏通报朝鲜"应办者止是行粮、盐菜、衣鞋、犒赏，前军（留军二万）以一年计该银64万两"，朝鲜以缺乏粮饷请明朝"惠救"④，大部分粮饷仍从明朝运出。至十一月，朝鲜查点"自辽东出来者十四万石，今自山东出来者又十二万石亦已出来云，而不知所在"⑤。可见，东征前期海运开行半年间，明朝损失不少粮食，失踪的12万石山东粮，应包括鲁将郝继宗等承运漂没的部分，或者类似的事故发生不止一次。

此外，同年七月朝鲜使臣赵翊记载"闻唐船载军粮到泊扶安界"⑥，也证明东征初期，明军粮饷通过水、陆两路运到朝鲜，海运开通毫无疑问。陆路运输通过朝鲜贡道，海路运输第一段是通过传统的登辽内海航线，再从旅顺口出发，运往朝鲜义州，或直接南下平壤及以南各地，海运维持时间在半年以上。

---

① 郑汝璧：《留漕银辽饷赈灾疏》，转引自张金奎《明代山东海防研究》，第325页。
② 邢玠：《经略御倭奏议》卷2，《酌定海运疏》，第61页。
③ 宋应昌：《经略复国要编》卷9，《檄艾主事》二十日，第775页。
④ 《朝鲜宣祖实录》卷41，宣祖二十六年八月二十八日己酉4条。
⑤ 《朝鲜宣祖实录》卷44，宣祖二十六年十一月十六日丙寅7条。
⑥ [朝鲜]赵翊：《可畦先生文集》卷8，《杂著·辰巳日记·七月癸酉》，第469页。

二 东征后期至明末的海运

东征后期的万历二十五年夏，海运重开。邢玠奏疏有"朝鲜差陪臣并同镇江游击佟起凤、原任守备李隆荫等"查得通往朝鲜的海道，从旅顺口出发，有北道、弯道和南道三种走法。北道终点是义州，弯道是从旅顺到义州再到平壤，南道最近，从旅顺经石城岛径到平壤广梁。[1] 再次证明辽东佟氏家族，东征前期有管理后勤的宽甸副总兵佟养正，后期有负责勘通海道的镇江游击佟起凤，这对亲兄弟对东征后勤工作的贡献。

万历二十五年五月，户部请行山东发公币三万金，委官买籴米豆，运至登、莱海口，"令淮船运至旅顺，辽船运至朝鲜"[2]，仍循行东征前期传统登辽海道运输故道。八、九月后，朝鲜闲山、南原被日军攻破，明朝大规模从辽东、山东、天津"三地兼运粮饷"[3]，发天津、临清、德州仓粮及堆放天津的召买粮石，用商、渔、淮、浙、吴淞等船接运，并改造工部"先年原造战船"150只，"赴天津接运，至朝鲜界上交卸"[4]。天津航线从大沽口出发，也需穿过渤海，经铁山水道进入黄海，再到朝鲜。

自黄海南线海道开通后，明朝运输粮草可走近道："用山东解京正项银或内帑，于登莱二府州县分投籴买，用车赢（马）运至附近海口，再将淮安大船多雇一、二十只装运，由旅顺径至广梁交卸。"[5] 比从辽东到义州再到平壤的北线、南线路程便利一半，但仍需连接从登辽、津辽的内海航线到辽东，再从旅顺、石城岛南行至平壤。尤在天津、淮安等地新造运粮大小乌船、梭船及拆修福船、苍船等290余只[6]，投入运行后，有力地保证了粮饷运输的顺利进行。

东征战争结束后，天启元年，毛文龙势力崛起东江，以皮岛（椴岛）为根据地，明朝户部多了一项"鲜运"工作。天启二年，明军发粮10万石，三年发粮12万石皆津运；四年发粮20万石，内有登、莱买粮二万石"系津门差官自买自运"也属津运；五年"鲜运"粮20万石，部议截漕

---

[1] 邢玠：《经略议倭奏议》卷2，《酌定海运疏》，第51—69页。
[2] 《明神宗实录》卷130，万历二十五年五月乙巳，第5797页。
[3] 邢玠：《经略议倭奏议》卷2，《议增天津海运疏》，第169页。
[4] 邢玠：《经略议倭奏议》卷2，《议增天津海运疏》，第174页。
[5] 邢玠：《经略议倭奏议》卷2，《酌定海运疏》，第69页。
[6] 邢玠：《经略议倭奏议》卷10，《（原缺题代拟）天津新造修补各船疏》，第418—419页。

10万石在津发运，其余10万石"于东省新饷及杂项银内那凑济急，止用津门回空官船，而召买发运俱登莱□政，是又鲜运一变局也"①。从天启二年至五年共"鲜运"粮饷62万石，年均十余万石。

从事"鲜运"的官兵，如管理天津海运的8位官兵，负责运船八帮，分号"明、王、慎、德、四、夷、咸、宾"，由都司王文宪、守备王成龙、俞明、胡远、张允昌、高登、王应龙、刘九逵等"照旧押运"。其中刘九逵蒙差押解浙营兵饷银"赴鲜交割"，船粮乏人管运，题补海运有年、海道熟谙的"关运"千总韩玉立代替。到天启五年，运船减少到六帮，改名"明、王、守、在、四、夷"六号，仍由都司王学易"总理鲜运诸务"，挑选津、淮并山东官民坚固运船共135只，分前帮81船，以实授守备俞明、胡远，把总张允昌统管；后帮54船，以实授守备高登、王应龙，千总韩玉立统管，"共计发过前后六帮"各运漕米99588石、小米250石、屯米162石，共米10万石，"以完原题鲜运之数"②。从事"鲜运"船只"每五十船为一帮"③，六帮共船300只运粮60余万石，每船可运2000石，总数与天启五年运粮62万石基本相符，与东征后期邢玠奏疏所载运船290余只也基本相当，"鲜运"一年平均运粮20万石，供应毛文龙不到4万人的生计，也与东征前期出征人数大致相当。

比照毛文龙所报的实收粮饷数，到天启五年九月共收天津米豆402477石余④，与户部运出的62万石，几乎相差1/3。其中，王学易、张允昌、余明、王文宪等，多次出现在户部尚书毕自严和毛文龙的疏揭中。仅从粮料一项统计看，天启年间，津运粮豆等907740石⑤，比毛文龙开报的66万石要多1/3，计算漂没和贪污所耗，取中间值或应符合实际。

天启年间"鲜运"的津辽航线，"过海甚艰，一年止可一运"⑥。如

---

① 毕自严：《饷抚疏草》卷6，《鲜运尽发谨报开洋疏》，天启五年六月十一日具题，《四库禁毁书丛刊》史部第75册，北京出版社2000年版，第306页。
② 毕自严：《饷抚疏草》卷6，《鲜运尽发谨报开洋疏》，第303—304页。
③ 毕自严：《饷抚疏草》卷1，《转饷多惫闻言增惕疏》，第43页。
④ 毛文龙：《东江疏揭塘报节抄》卷4，《天启五年九月初四日具奏》，第63页。案：其余还有布匹66111匹，硝黄286225斤，皮张189166张，器械20138件，盔甲23092顶副，帑银553180两余等物资和银两。
⑤ 案：天启二年，都司王学易、缪从正解到饷银10075两余，"津运委官俞明等八员解运米豆"199361石余；天启四年"津运委官王文宪等解到杂粮"195264.5石；余明等天启五年还运过杂粮147378.8石；六年杂粮运过166007石；七年运过漕米杂粮等199730石，天启年间津运粮食共907740石，而东江共收粮料664913石。参见毛文龙《东江疏揭塘报节抄》卷7，《崇祯元年正月十九日具奏》，第105—106页。
⑥ 毕自严：《饷抚疏草》卷1，《鲜运届期飞挽宜亟疏》（天启四年二月十五日），第57页。

天启四年议运 20 万石粮，因"一同起运，每船约装粮七百石计，须用船三百余只"，这是非战时的"鲜运"情况。故推测援朝战争期间的海运，当不至集粮排船待风"一同起运"，故在前期海运开通的大半年时间和后期的二三年内，当不止于一运，边收边运更符合情理。

在明朝灭亡之前的崇祯末年，崇明人沈廷扬勘探海道，又一次开通了从东南沿海绕过山东半岛到达辽东觉华岛的海道，但已无法挽救 13 万援辽大军覆亡的命运。

三 海道及海运的重要地标

1. 东征时期的海道

（1）第一段海道

第一段传统的登辽海道，即从黄海到渤海湾的内海航道，从山东半岛到辽东半岛的"登州海运道里"总计 560 里，具体运行路线是从登州备倭城新河口—长山岛—沙门岛（60 里）—鼍矶岛（130 里）—皇城岛（140 里）—旅顺口（230 里），"顺风四、五日可到"①。东征时的航线和速度，比明末毛文龙所说从"登州至旅顺，止用西南风或大西风，半日一帆便可早到"②慢许多，或与行走路线、船只大小、载重多少都有关。

登、辽运道辽东段终点，前后期有所变化。如洪武、永乐中，登州卫"海船偿运军需百物赴辽东者，俱于旅顺口交卸"，景泰三年（1452）六月前后"令运至小凌河、六州河、旅顺口、牛庄河四处交收"③。至成化十三年（1477），登州海运船已不至小凌河、六州河等广宁前屯卫、中屯卫属地，只交卸于旅顺口金、复、海、盖三卫的库房④，但民间"鱼贩往来动以千艘，官吏不能尽诘"⑤。

登辽路线以铁山嘴海道最难行，是一个重要地标。天启元年初，明失去辽沈，朝鲜国王李珲请改朝鲜贡道"自海至登州直达京师"⑥。五月"许开登州之路"，朝鲜贡使海行 3500 里，从登州登陆，再陆行 2000 里至京，来往十余年，经行无碍。自崇祯二年三月，袁崇焕奏设东江饷司于宁远，令东江自觉华岛转饷，禁止登、莱商船入海。"自是岛中京饷，俱着

---

① 邢玠：《经略议倭奏议》卷 2，《酌定海运疏》，第 57 页。
② 毛文龙：《东江疏揭塘报节抄》卷 8，《崇祯二年三月十三日具奏》，第 131 页。
③ 《明英宗实录》卷 217，景泰三年六月戊子，第 4691 页。
④ 《明宪宗实录》卷 161，成化十三年正月丁未，第 2948 页。
⑤ 《明世宗实录》卷 460，嘉靖三十七年六月己卯，第 7774 页。
⑥ 《明熹宗实录》卷 13，天启元年八月二十五日甲午，第 680 页。

关宁经略验过，始解朝鲜贡道往宁远，不许过皮岛。商贾不通，岛中大饥，取野菜为粮。"① 1629 年朝鲜贡道改行，下卸觉华岛，从山海关以入，"水路之远倍于登州，所经铁山嘴等处，波涛险恶，逆礁廉利，旁无岛屿可容停泊。本国船制又钝朴迟重，不能轻浮水面，往往撞碎沦溺"。朝鲜陪臣柳涧、朴彝叙、郑应斗、尹昌立等相继淹没，皆"遇风漂淌误入此路，今又尹安国到此覆败，水路之险，委难形言"②，成为事故高发路段。

崇祯四年十月初二，朝鲜贺至陪臣金蓍国，奉表文押领六起方物进贡，取道宁远，沿登州外海长山岛西行，两遇飓风，五船坏三，漂到莱州三山岛，请求登陆就道。山东巡抚余大成、巡按王道纯疏请通融，朝鲜使者从三山口登陆至京入贡，回程仍从觉华故道，得允。③ 可见，随着后金势力兴起，阻断朝鲜贡道，朝鲜使臣海行至山东登州、再陆行进京为大势所趋。

（2）第二段海道

第二段是从辽东到朝鲜的海道，有北道、弯道和南道。

北道路线，辽东巡抚称从旅顺口至义州镇 770 里，风顺无阻半月可往返一次。但经佟起凤等人勘察，自旅顺至石城岛有 650 余里，石城岛为"分路之界"，再往北 400 余里为义州，故从旅顺至义州的总长为 1050 里。

马头山是北道重要的地标。嘉靖初年，辽人 60 余户入居其中④，辽民乘夜潜通，私贸牛马及杂物普遍，尤其冬季冰封江面更为便捷。嘉靖初年，被掳的辽东边民从建州逃到朝鲜义州，再乘船返回辽东，说明海道也可通行。⑤ 只是运载三五人的小船，与东征时期由旅顺口过马头山，至平壤或义州的大规模海运，或有区别。朝鲜史籍记载的中朝边界居民走私路线，也包含水、陆两路。

弯道路线，自石城岛至义州 400 里，自义州至平壤广梁 340 余里，合计 740 余里，加旅顺至石城岛 650 里，自旅顺到平壤弯道可达 1410 里。比辽东巡抚所报 1610 里少 200 里。但朝鲜西海岸往东凹陷的海道迂曲复

---

① 计六奇：《明季北略》卷 5，《袁崇焕谋杀毛文龙》，中华书局 1984 年版，第 115 页。
② 第一历史档案馆藏明代档案第 991-012-293～310 号，兵部行稿：为朝鲜贡道改途令礼兵二部会议查考复咨事崇祯四年正月初三日（1631 年 2 月 3 日）
③ 第一历史档案馆藏明代档案第 991-012-150～154 号，礼部尚书黄汝良题本：为俯察情恳朝鲜及期进贡事崇祯四年十一月二十五日（1631 年 12 月 17 日）
④ 《朝鲜中宗实录》卷 63，中宗二十三年十月二十三日辛丑 1 条。
⑤ 《朝鲜中宗实录》卷 61，中宗二十三年六月十八日戊午 2 条。

杂，从旅顺至义州、定州、安州至平壤，海道一月只可往返一次。万历二十年冬，朝鲜两南（全罗、庆尚）地区征运"义谷"北上义州、海州，忠清道粮米 2000 余石沉没在长连海中[1]；前叙"山东运粮官郝继宗等遇难于义州至平壤的海道，都说明朝鲜西海岸的危险系数很高。

南道路线，从旅顺到三山岛，经行 250 里到广鹿岛，再行 100 里到大、小长山岛，100 里后到石城岛分界，自石城岛东折南行 200 里到朝鲜猪岛、腊岛，直抵广梁，不过 300 余里，比由鸭绿江、义州至平壤广梁之"路近强半，委为便益"[2]，是为近道。

石城岛是南线的重要地标。万历二十一年三月，宋应昌命舍马头山直接运粮到平壤广梁，应该就是走南道。五月，宋应昌总结中朝交通路线，陆路只有辽左一路以抵山海，水行则有七路，可达天津、山东等处，中朝鲜之间"止是西南一海，并无旱路间隔其中"，尚州洛东江、王京汉水、开城临津江、安州清川江、定州大定江、平壤大同江、义州鸭绿江都可通达出海，"若得顺风三、五日即达，无甚难者"[3]。这 7 条路线，应包含黄海北道、南道和弯道。

2. 重要地标及运输效率

连接登、辽海道至朝鲜的第二段海道，曾以广宁卫义州双山为出发点，"佟养正于双山用船运送食盐"[4] 17 万斛，及其"设烟台之地"[5] 的铁山，可视为东征前期明军海、陆运输通道的连接点和终点。东征后期海道重开，明军运输粮饷更趋便捷，包括内陆东南沿海乃至山东、天津的粮食都可由海道运到朝鲜。

明军粮饷运输效率，可比照朝鲜使臣赵翊的回程，从辽东广宁到凤凰城、汤站走了 10 天[6]，这是万历二十七年十二月严冬赶路的速度。从辽东运粮草经贡道入朝，运输方式是用"号车运送义州，复催朝鲜人畜，

---

[1] 《朝鲜宣祖实录》卷 33，宣祖二十五年十二月二十二日戊申 6 条。
[2] 邢玠：《经略议倭奏议》卷 2，《酌定海运疏》，第 65 页。
[3] 宋应昌：《经略复国要编》卷 8，《报三相公并石司马书》（五月）十九日，第 709—710 页。
[4] 宋应昌：《经略复国要编》卷 8，《檄李提督》（五月）初七日，第 685—686 页。
[5] ［朝鲜］郑琢：《药圃先生文集》卷 6，《龙湾闻见录》，第 524 页。
[6] ［朝鲜］赵翊：《可畦先生文集》卷 9，《皇华日记·己亥十二月》，《韩国文集丛刊》续编第 9 册，第 482 页。按：其行程是 20 日从广宁出发，21 日过盘山驿，22 日平洋驿，23 日沙岭驿，24 日海州卫，25 日过鞍山，26 日宿首山铺，27 日宿青石岭底，28 日过连山关，29 日宿镇夷铺东村，"三十日，未明发马。过大小双岭，午憩干河。历凤凰城，到阳站，宿王姓人家"。

用制造布袋，并调船只，水、陆并运，自义州以至平壤"①，陆路运输较为原始，水陆运输可提高效率。东征战争结束，朝鲜义州等仓还有"支剩米豆二十余万"存粮，户部建议搭放米豆本色作"正饷"钱粮，招致强烈反对，"各兵不愿米豆，惟要折色"，全给银数不过七万有奇，户部最后同意将朝鲜王京各仓米豆10万石作价6钱，酌量搭放作正支销报；义州仓收贮米豆9万余石，或发辽左备饷，或折价银协济。②因海运得力，东征后期粮饷问题基本解决。

战后的陆运情况，可参考朝鲜使臣黄中允所见辽东牛家庄"军兵数千留镇，道上车辆载军粮者，或三十辆为一起，或四、五十辆为一队，陆续不绝"。军粮自北直八府即顺天、永平、顺德、大名、广平、真定、河间保定等府运转而来，大车四千辆，小者无数，"皆官给其价……其刍草之车亦如之"③。这是万历四十八年三月，辽东粮草供应由畿辅八府负责，从陆路运输，正是东征结束后海运停止的结果。

总之，万历援朝东征时期，辽东和畿辅天津、山东乃至东南沿海都是朝鲜战场的后勤供应基地。明军的后勤供应，包括粮饷及各种战略物资，主要通过水、陆两路输入朝鲜：陆路与朝鲜贡道重合，水路海运则延续了传统的登辽海道，并延伸到朝鲜西海岸铁山、义州、平壤及半岛南部，在东征前期开始通航，中间万历二十一年年底一度停运，至二十五年重新开通。到明末天启元年辽沈失陷后，登州海道再次开通。

海运具体路线，可分三段。第一段登辽内海航线，从小凌河、六州河、旅顺、牛庄四个终点减到旅顺口一处，重要地标是铁山嘴。第二段从辽东至朝鲜的海道，曾以广宁双山为起点，经铁山水道，过旅顺口，海行至石城岛后，分路前往朝鲜。北路绕过马头山即至铁山、义州；南路则过定州、安州，南行猪岛和腊岛，可达平壤广梁江口。石城岛是重要地标。第三段是从义州到平壤，沿朝鲜西海岸南行海道，曲折危险，明、朝双方都有不少船只失事。而从朝鲜到明朝，自天启年间登州海路开通后，也循行传统的登辽海道，唯崇祯二年改行在宁远卫登陆，从山海关进京。但事实上，自朝鲜漂到登、莱三山岛等地上岸陆行的例子也不少。

---

① 宋应昌：《经略复国要编》卷8，《檄艾主政》（五月）十五日，第653页。
② 邢玠：《经略御倭奏议》卷9，《议给留兵折色免搭米豆疏》，《御倭史料汇编》第5册，第341—350页。
③ ［朝鲜］黄中允：《东溟先生文集》卷6，《杂著·西征日录》，《燕行录全集》，首尔东国大学出版社2001年版，第16册，第39—40页。

第三节　管粮通判陶良性

一　父辈抉择造就出身

东征粮饷问题涉及的管粮通判陶良性，到朝鲜是父子同行——陶良性、陶起潜、陶起鸣、陶起翱父子的东征经历，至少可以给我们提供两个视角：一是平民参战动力，出生在嘉靖、万历之际的读书人，多了一条可选之路，通过积极响应东征号召，谋得出身并快速进入仕途上升通道；二是东征战争期间，粮饷问题与军纪问题实是一个问题的两面，供应是否充足，直接导致军纪问题的产生或消泯，因地制宜的粮票制度就此产生。

浙江省处州府缙云县七里乡的小筎村，现称大园村。陶姓是村里的大姓，称为筎川陶氏，陶良性祖孙三代就出自这个村庄。① 据《陶氏族谱》记载，晋处士柴桑叟之后有唐台州刺史陶儒，浔阳人，其长子大中大夫陶温从临海迁居缙云，七传至宋左朝散郎、太学博士陶榆（常修），再迁县西北筎川之石鼓里；又十传至开庆（1259年南宋理宗赵昀的第7个年号）进士陶传（绍道公）卜筑隔溪大园，为大园陶氏始祖，自此诗书传家，簪缨不绝。村中尚遗有官邸厅堂大院，村庄原名"大院"即由此而来，作为村文化中心所在的陶氏宗祠，现也重修焕然一新。可见，发祥于江西浔阳的陶氏，迁居浙江临海，后迁居缙云。在科举时代，陶氏中进士者9人，入传《处州府志》的有25人，集中反映了陶氏族人曾经拥有的荣耀。

大园陶氏始祖绍道（大录公）公，八传至陶玺，生陶沛，庠生。陶沛生陶铣（1516—1579），承德郎，是为陶良性之父，字邦用，初习举子业。嘉靖二十四年（1545），陶铣30岁"为郡从事"，为县城小吏，四十三年，49岁的陶铣赴部"谒铨曹"却没选上。隆庆元年（1567），陶铣52岁再赴铨选，"奉檄掌书记于辽东苑马寺"，终于选上辽东苑马寺文书之职。

辽东苑马寺，设立于永乐四年（1604）九月，是甘肃、陕西、北京之外的第四个苑马寺。永乐十八年，北京苑马寺并入太仆寺。正统年间，

---

① 2017年5月的一天，笔者来到浙江省丽水市缙云县七里乡考察，首先看见的就是村里的文化长廊，上面描绘的正是陶良性父子叔侄抗倭援朝的事迹——历史已经活化为一种文化资源，无声地浸润着这块土地，并实实在在地影响到每一个村民。

甘肃苑马寺因管理不善被废,只余辽东苑马寺,运行到天启元年明朝失去辽、沈为止。初治辽阳,嘉靖三十一年移盖州。设从三品正卿1人,主孳牧马政令;正四品少卿2人,负责佐寺事;正六品寺丞4人,分督六监二十四苑孳马事宜;从七品主簿1人,负责典省勾校文移。①

洪武三十年(1397),辽东增设行太仆寺"专为提督点视孳生马匹"②,"凡骑操马匹、印烙、俵散、课掌、孳牧,以时督察之"③,主要负责马匹出离工作;而苑马寺管理马匹孳生、养育,负责马匹进入工作,出、纳分工明晰。起初辽东马匹由卫所军士直接抚养,因孳生、繁育大受限制,故特设苑马寺专责养马。来源于马市贸易或蒙古、女真各部的贡马,也出入于太仆寺和苑马寺,明初养马数目最高曾达10万—20万匹④。

在苑马寺寺丞管理下的六监二十四苑,主要负责"提督军人牧马",每监设正、从九品的监正、监副各一员,未入流的录事一员;各苑均设从九品圉长一名,管理五十人夫⑤,每夫牧马十匹。六监分布于永宁、新昌、昇平、长平、安市、辽河等地。永宁监,统管清河、深河、龙潭、复州四苑;新昌监,则统驼山、耀州、龙台、夹河四苑;昇平监,统古城、河阴、安山、甘泉四苑;长平监,统平山、广安、新安、平川四苑;安市监统名山、长川、高平、南丰四苑;辽河监,统石城、沙河、黄山、马鞍四苑,散布辽阳城西关外昇平桥至盖州、复州地区。

隆庆二年,陶铣"奉檄纪牧于辽东苑马寺",当是不入流的苑马寺六监录事乃至无品级吏员,但仍与子良心、良性同行"携家至辽为久居计"。明初以来,举荐、征辟、科甲为入仕三途,陶铣居辽十二载未能升职:"未疾之前数月,始授冠服,尚冀膺三途并用之选展所素蓄,遂一疾赍志以殁。"⑥ 万历七年(1579)冬,陶铣卒于辽阳盖州,享年64岁。当

---

① 毕恭:《辽东志》卷7,《艺文志·苑马寺卿冯时雍马政奏》,《辽海丛书》,辽海书社1985年版,第1册,第457页b。
② 张廷玉等:《明史》卷75,《志》51《职官四·苑马寺》,第1845页。
③ 李辅等:《全辽志》卷2,《马政》,《辽海丛书》第1册,第575页b。
④ 参见刘洋《明代辽东苑马寺研究》,硕士学位论文,辽宁大学,2017年,第6页。
⑤ 案:养马人夫属牧军,户籍世代从属苑马寺,来源有恩军、队军、编军、充军、募军和抽选之军等。因辽东位于苦寒之地,罪犯充军者多,故苑马寺牧军的主要来源是充军罪犯组成的恩军,直接听命于兵部,与明朝在中央设立的太仆寺并无隶属关系。
⑥ (浙江缙云)筠川陶氏宗谱重修委员会:《筠川陶氏宗谱》卷4,《墓志·古迹》,万历八年济南府通判胡靖《贞懿陶先生云锋陶公墓志铭》,第195页。

地士绅官员等商议拟私谥"贞懿"①并主办丧事，长子良心虽有"还葬之念"，仍听从次子良性意见葬父于盖州城北，或许是出于经济原因考虑，毕竟苑马寺小吏之家生活不会太丰裕。但陶铣就职选择离家万里的辽东苑马寺，仍有意义。

"辽故事：凡宦游、商游久不回籍，而子弟业儒者，例许出就试。公二子以随任例，后先试补弟子员，供饩廪，屡比艺京闱。"②长子陶良心在辽东"附籍，出就试"③，万历七年从贡荐、纳粟太学到谒选松江通判，13 年后成功。次子陶良性（1548—1601），字以循，号养吾，隆庆二年"以边方随任，例补盖庠弟子员，领优饩"为贡生，《陶氏谱·起翱公合门建功履历录》也证实"陶良性系贡士坐监"④，时年仅 20 岁。但六试京闱弗售，直到万历十五年才"循例升太学"，为太学生。

万历二十年，正是陶铣辞世的第十年。陶良性至辽迁柩归葬，"会倭犯朝鲜"，宋应昌开府山东，"公以御倭十二策献"，"遂留幕下，倚之如左右手……平壤以捷闻，公之策居多"。后因宋应昌罢，"公以平壤功，谒选天曹"，陶良性正是借助了东征的机会踏入了仕途上升的通道，这个机会看似偶然，但根基却奠定于其父二十五年前入辽的选择。

万历二十五年春，陶良性得授江西南昌府通判。邢玠经略朝鲜"廉知公才，咨改为永平府带衔通判"。二十八年秋，陶良性升任滦州带衔知州。次年东征大军班师，"邢司马咨请实授守滦州，道密云，俄以痰疾，告终"⑤，陶良性病卒于赴任途中，以辽兴亦以辽卒，享年 54 岁，得授四品服。

良性辞世后，其兄良心"存吾别驾闻讣，冒暑走万里，道辽至病而归弟梓"，"二难并厕大郡黄堂，里中盖争羡之"⑥。在缙云大园村留下多

---

① 《筠川陶氏宗谱》卷 4，《墓志·古迹》，万历八年济南府通判胡靖《贞懿陶先生云锋陶公墓志铭》第 195—196 页；《筠川陶氏宗谱》卷 2，《诰敕·传录》，前贡士顺天府顺义县司教事、永宁香山翁益儒拜议：《议定拟贞懿陶先生议略》，第 56—58 页。

② 《筠川陶氏宗谱》卷 4，《墓志·古迹》，万历二十九年秋七月赐进士出身中大夫太仆寺卿南京华亭林景阳撰《赠直隶永平府通判贞懿先生云峰陶公墓碑铭》，第 197 页。

③ 《筠川陶氏宗谱》卷 4，《墓志·古迹》，乡贡承德郎直隶松江府署知府事通判致仕陶良心撰《先室赵氏安人墓志铭》，第 191 页。

④ 《筠川陶氏宗谱》卷 8，《行第》，第 525 页陶良性行第错误明显。

⑤ 《筠川陶氏宗谱》卷 4，《墓志·古迹》，万历三十年赐进士出身中宪大夫巡抚凤阳等处兼海防提督军务、都察院右佥都御史眷生李鋕撰《明故滦州知州养吾陶公墓志铭》，第 193—194 页，1995 年 5 月重修本。

⑥ 《筠川陶氏宗谱》卷 4，万历三十年赐进士出身中宪大夫巡抚凤阳等处兼海防提督军务、都察院右佥都御史眷生李鋕撰《明故滦州知州养吾陶公墓志铭》，第 194 页。

座牌坊，匾额"科贡世芳"是万历十年贡士、松江府通判陶良心和万历二十年贡士、赠四品滦州知州陶良性所立；"天章世宠"则为敕赠工部营缮清吏司主事玻公、直隶永平府通判邦用公、加赠明威将军良性公立；"郡大夫第"是直隶永平府通判赠四品滦州知州陶良性立；"文武济美"为陶良性、陶良心、功赐总旗陶起鸣、处州卫指挥金事陶起翔所立。[1] 曾经留在宗谱中的牌坊大都为陶良性兄弟子侄所立，显示了陶氏祖孙四代在追求功名道路上的持续努力和成果。

二 建功立业与子弟归处

1. 建功立业

宗谱中没有专门提到的陶良性东征，却在异域朝鲜留下不少记载。

申钦记载陶良性到朝鲜二次，"戊戌三月出来，己亥三月回去。八月又来，庚子十一月回去"[2]。从万历二十五年三月至二十六年三月，在朝鲜留住一年；半年之后的二十六年八月再次入朝，至二十八年回国。但申钦的记载并不准确。

东征前期，陶良性以"监生"身份随经略宋应昌入朝："陶通判良性，号养吾，浙江处州卫缙云县人。初以监生随宋经略出来，其后任南昌府通判。丁酉，邢军门题请良性备知朝鲜事情，移授永平府，以干征倭军饷云。诏从之。及到我国，掌四路粮饷，条理甚悉，禁戢下人颇严明。管下家丁以至他阵军役，莫敢冒禁作弊。时大兵驻扎京城，撤毁人家，自通判入京后，设法严禁，都城赖之。"[3] 郑琢的记载比申钦更加可靠。

东征后期，陶良性就任南昌通判，离开朝鲜。半年后，经略邢玠特调其至永平府，专管东征军四路粮饷。陶氏整饬军纪甚有条理，得到朝鲜极高评价。《宣祖实录》有《陶通判揭帖》：

> 万历癸巳，本府以国子生，从大司马宋公东征。首辟和议，建破倭七策，遂奏平壤等捷。蒙宋公荐奖本府问学综博，智勇超伦，归父柩万里，独行勤王师，三战俱捷，仍檄有司制匾，书"文武忠孝"四字，表本府之庐。今再东役，幸今荡平，将告归事老母矣。闻国王善书，不揣欲求书文武忠孝四字于册，回中国，藏之家乘，以为常目

---

[1] 《筠川陶氏宗谱》卷4，《坊匾》，第174—175页。
[2] ［朝鲜］申钦：《象村稿》卷39，《徐监军票下官》，第284页。
[3] ［朝鲜］郑琢：《龙湾见闻录》，《宋经略书》，第46—47页。

252　中篇　和战之间的南兵北将

永言，何如？①

陶良性揭帖，也透露其以太学国子监生，万历二十一年随宋应昌入朝，参加平壤战役，反对议和上"破倭七策"。虽揭帖口气托大自夸，概有所求而特意为之。而檄朝鲜有司制匾，有些超纲，自云"文武忠孝"亦携官场故习。诗词唱和、墨宝往来则无伤大雅。朝鲜国王不会拒绝他的要求，陶良性必是携回异域珍稀墨宝衣锦还乡。

朝鲜车天辂，字复元，为延安著名文士，与陶良性多有交往，写了一篇八百余字的诗序②，文长不录。虚实结合，排比用句，通篇典故，笔下生花。从"四人通粮，实管主度之蓄积"到"但看行李之萧然，莫驻前茅之超忽"，可以看出陶良性是明军四位管粮官中较为重要的一员。他为人正派但也不忽视礼节，曾送车天辂"程文纸百张、徽烟墨三丁"，车氏回谢七律诗一首："微词不分动华人，辱赠还添箧笥珍。海吐龙涎玄蠘玉，云分鹤翅白堆银。砚中瑞雾磨逾出，案上祥光拭更新。不是谪仙肠锦绣，恨无佳句答清尘。"③还赠良性五言律诗四首、七律诗五首，属朝鲜高产赠诗的士大夫，已引起文学界的注意，对其事其诗有不少讨论④。其五言排律《送陶通判》有384字："士饱宁呼癸，军机肯后庚""驰驱勤跋涉，劳苦费将迎。自许心肝悴，何曾髀肉生。"⑤对陶良性管理粮饷工作的艰辛程度有写实的描绘。四首五言律也虚实结合，涉及陶良性早年的经历和生平，各种用典、排比，兵气铿锵的同时也不乏柔情。⑥五首七言律诗则用长沙公的典故，即东晋陶潜渊明来称赞陶良性为宋应昌幕僚时就

---

① 《朝鲜宣祖实录》卷107，宣祖三十一年十二月二十九日庚辰8条。
② 车天辂：《五山集》卷5，《序·赠陶通判诗序》，《韩国文集丛刊》第61册，第424页。
③ 车天辂：《五山集》卷3，《谢王人陶通判（良性）惠程文纸百张徽烟墨三丁前此月汀相公令余作通判送行诗序余奉以四六通判见而称美仍有此赠》，《韩国文集丛刊》第61册，第400页。
④ 参见王国彪《车天辂汉诗研究》，博士学位论文，中央民族大学，2010年；武汝凤《朝鲜车天辂〈五山集〉中的明朝形象研究》，硕士学位论文，山东大学，2016年；王红霞、任利荣《车天辂〈五山说林〉解李白诸条辨析》，《图书馆杂志》2016年总第35辑（10）第77—83页；孙德彪《一部展现朝鲜王朝文人生活史和心灵史的新作——评〈朝鲜车天辂汉诗研究〉》，《长江师范学院学报》2016年第2期，第135—136页等。
⑤ 车天辂：《五山集》卷4，《诗·五言排律·送陶通判》，《韩国文集丛刊》第61册，第407页。
⑥ 车天辂：《五山先生续集》卷1，《诗·五言律诗·赠陶通判良性四首》，《韩国文集丛刊》第61册，第478页。

具有封侯之志,体现了大丈夫的男儿本色。① 所谓青史留名,朝鲜东莱府五六岛上东征善后参将陈蚕所立的万世德碑中,也有"通判陶良性"②之名。

郑琢短律《呈陶通判》:

> 荒馆留旌旆,天星再换躔。
> 感公下陈榻,愧我非稚贤。
> 信宿行将发,重逢冀后缘。
> 深情无以泻,和泪写蛮笺。③

从诗意看,亲切随和的陶良性并不计较居住馆舍的简陋条件,给郑琢留下好印象。他在《寄子允穆》信中谈到誊抄戚继光兵书:"《纪效新书节要》监司于花山府刊板,以新本一件送示于我,仍求序跋,其意甚勤,辞之不得。已为草出,令崇寿誊书,送示于尔。尔经眼,别样加意,可删删之、可补补之,改誊别纸送来。别无大段错误,文从字顺,则直送于监司,或先示于峤处之是料。"还谈到"陶通判告示一纸,图出送去,领之。永兴府极远,恐唐兵不能入去。然而幸或有之,则此一纸告戒,严于斧钺,自不敢近,其为功力,顾不大邪?冀尔慎勿把弃,坚藏待时为用,或送诸本府,自其官家遍示之,则其功益弘矣。余具前书,今不复云"④。赞赏陶良性发布的安民告示并视若珍宝,认为"严于斧钺"的"一纸告诫",对约束不守纪的明兵"自不敢近""其功益宏",可见明军是有严格纪律并有专人把关并认真执行的,陶良性就是一个重要的证人。

柳根《题陶通判赠行帖名良性》更是不吝赞美之词,"南中第一贤"之称也较罕见:

> 天下无双士,南中第一贤。曾随提督府,越自水龙年。
> 海贼侵东土,鸿恩出上天。兴师衔命重,问罪许征专。
> 震荡雷霆疾,生成雨露偏。勋劳归拨乱,筹策荷扶颠。

---

① 车天辂:《五山先生续集》卷2,《诗·七言律诗,赠陶通判五首》,第502页。
② [朝鲜]尹行恁:《硕斋稿》卷9,《海东外史·五六岛》,载《韩国文集丛刊》第287册,第159页。
③ [朝鲜]郑琢:《药圃集·药圃先生续集》卷1,《诗·短律·呈陶通判》,《韩国文集丛刊》第39册,第573页。
④ [朝鲜]郑琢:《药圃集续集》卷3,《书·寄子允穆》,第605页。

254　中篇　和战之间的南兵北将

> 蜂虿犹怀毒，疮痍久未痊。威灵须振外，将相更临边。
> 幕佐多游刃，公才少比肩。扫清仍善后，拯济实无前。
> 继饷叨承教，求诗枉受笺。分携时晼晚，关塞路三千。
> 昔在龙湾馆，频登玳瑁筵。经秋逢邂逅，握手问沈绵。
> 四海情昆季，同心臭蕙荃。他时相忆处，两地月孤悬。①

在明军撤归之际，陶良性还负有监督逃兵之责。李恒福曾移咨陶良性："近闻南方已有（逃兵）散涣作耗之弊，此亦大段可虑。若天将尽撤，则应留者只有东关王庙监造官韩赟及叶靖国两人。而两人标下之人，俱不满十余人。及今陶通判在京时，可具此由使通判善为区处，分明开录此两官标下之人，且授粮票，使我国得以认票为验而散料，不得使无赖之徒，续续投托于两官之标下，渐成繁滋，则无票之人，我国自当一一捕捉解送。"②而另一启亦云："今当直以我国当初本意"及"经理、提督、陶通判等捕捉逃兵解送等文书"③ 出示诸衙门执行，可见陶良性还负责东征善后的缉捕逃兵工作，这仍然离不开粮饷管理，发放粮票的做法，从东征时期的朝鲜就已开始并严格执行。

朝鲜权韠作《陶通判别章二首（月汀相公所命通判名良性晋陶潜之后也）》：

> 太尉勋名照八垠（晋陶侃官至太尉），浔阳高节更无伦（晋书渊明寻阳柴桑人也）。九门飞上平生梦，五柳归来自在春。青史旧钦名世士，自眉今识出群人。衮衣忽似鸿遵渚，不许凡踪托后尘。四海堂堂盖世豪，几年东土独（一作叹）贤劳。又从紫极回金节，长使青丘恋绣袍。霜落蓟门秋叶下，月临辽塞朔云高。应知此去三千里，万古风烟入彩毫。④

朝鲜金止男尚有《天朝将官陶通判良性管调粮留江华，将行索别章

---

① ［朝鲜］柳根：《西坰集·西坰诗集》卷1，《五言排律·题陶通判赠行帖名良性》，载《韩国文集丛刊》第57册，第438页。
② ［朝鲜］李恒福：《白沙先生别集》卷1，《启辞·论天朝逃兵启》，韩国汉城民族文化推进会1991年版，《韩国文集丛刊》第62册，第339—340页。
③ ［朝鲜］李恒福：《白沙先生别集》卷1，《启辞·论叶靖国启》，第343页。
④ ［朝鲜］权韠：《石洲集》卷4，《七言律诗·陶通判别章二首（月汀相公所命通判名良性晋陶潜之后也）》，韩国汉城民族文化推进会1991年版，《韩国文集丛刊》第75册，第46—47页。

于边彦时，彦时时为督运使，代彦时作》：

> 道路争称吾老爷，堂堂七尺足英华。
> 从知清白心如貌，更服忠勤国忘家。
> 披雾正逢风落木，攀辕今值雪成花。
> 相逢何晚相离遽，明日千山万水遮。①

诗中透露陶良性身材魁梧，驻扎江华岛调济粮饷时，是飘雪的冬天，告别归国也与申钦所记庚子万历二十八年十一月符合。

粮饷问题，是东征中影响军事行动最重要的因素，涉及筹集、运输、管理、分配、兑现等多个环节，处理不善都易出问题，故东征粮饷官不少。

如前述三万卫张三畏以辽东都指挥使司佥事"住义州管粮，律己以简，人甚便之"②。与河南兰阳籍管粮饷主事艾维新，在宋应昌奏疏中出现三四十次，均关粮饷紧急征调、运送或销核等问题。③ 陕西徯吉，万历二十四年以山东兖州府同知管自在州知事入朝，"禁约拨军，拿送逃兵甚多。后又以管粮留黄海道，久而乃回"④。

大名府开州人、万历十七年进士董汉儒，以钦差管理备倭粮饷户部山东清吏司郎中入朝，二十六年正月至义州，粮饷"输转之际，务从便宜，深知我国物情，所禀无不曲从，自奉简约，义州人至今称之"⑤，次年四月升开原兵备归。

山东莱州掖县人韩初命，字康侯，号见宇，万历七年举人，二十六年八月以管粮同知入朝，二十八年十月归。万历二十六年春，朝鲜李时发曾与"唐官吴瑞麟，协同管饷于忠州之金迁"⑥。

---

① ［朝鲜］金止男：《龙溪遗稿》卷1，《诗·天朝将官陶通判良性管调粮留江华，将行索别章于边彦时，彦时时为督运使，代彦时作》，《韩国文集丛刊续集》第11册，第32页。
② ［朝鲜］申钦：《象村稿》卷39，第270、274、284页。
③ 参见曹金撰《（万历）开封府志》卷13《岁贡·壬午科·艾惟新》；王士俊修《（雍正）河南通志》卷45，《选举二·进士·明·丙戌科唐文献榜·艾维新》；宋应昌《经略复国要编》卷4至卷13各卷共40余处"艾维新""艾主事""艾主政"（郑洁西、张颖点校本，浙江大学出版社2020年版），而熊廷弼《熊廷弼集·按辽疏稿》卷3，《议留开原道候代疏》："甚有闻升而弃官长徒如艾维新者。"（李红权点校本，学苑出版社2011年版，第129页）故应以"艾维新"为是。
④ ［朝鲜］申钦：《象村稿》卷39，《册使标下官》，第279页。
⑤ ［朝鲜］申钦：《象村稿》卷39，《册使标下官》，第281页。
⑥ ［朝鲜］李时发：《碧梧先生遗稿》卷7，《自叙》，《韩国文集丛刊》第74册，第498页。

万历二十七年正月春节，朝鲜国王给"句管放粮"的知县赵汝梅拜年，谈及"粮之将竭"，实指"所乏者大米也，唐小米尚多有"，涉及粮食品种不平衡的问题；而赵汝梅所谓"俺以节省放粮，取怨于各将官"，则涉及放粮浪费的内幕。①

此外，管粮听用官王三善、沈有孚等15人，尤其是王三善和沈有容，后来或战死贵州，或以收复台湾，都成为名臣。

2. 子弟归处

东征援朝抗倭，不仅为陶良性提供了出仕的机会，也为其后裔进入军卫系统提供了入门条件。三子陶起翱的朝鲜事略在《陶氏宗谱·起翱公合门建功履历录》有详细记载：

> 父良性，亲斩倭级五颗。兄起潜，亲斩倭级三颗。听候叙功，侍父回京听选。兄起潜，选充辽东李总兵标下旗牌官。父于二十五年二月内考选南昌府通判，以边才改授永平府通判，督军朝鲜，委运粮饷。三年考满，敕授承德郎，升滦州知州，卒于王事，赠四品服。兄起潜于本年（万历二十五年）十月内，带兵征进安东，亲斩倭级一颗。十一月，攻破蔚山等处，亲斩倭级三颗，从斩二颗。
> 该监军赞画经理总督等官题请叙功，闻起翱因父兄从征异域，同兄起鸣、寿国等，给照前往朝鲜探亲。该兵部邢尚书招募壮士，翱等兄弟赴投选，委随茅游击从征。二十六年二月内，望津、农所等处对敌，起翱亲斩壮倭级二颗。该监军赞画经理总兵官验明，赏银二两，叙功。寿国亲斩倭级一颗，本年三月内进安东得胜，起翱亲斩级一颗，犒赏银五两。七月内，进攻望津、晋州地方对敌，起翱亲斩倭级一颗，起鸣斩倭级一颗，当阵阵亡，叙功优叙。九月内，征战咸阳等处，起翱亲斩倭级二颗。十一月内，征进泗州、新寨等处得胜，起翱亲斩倭级二颗，寿国亲获倭级一颗，俱经验明。该三院会题……查……万历二十年三月内，倭犯朝鲜。该兵部尚书招募忠勇，父献策，咨送总督经略朝鲜宋侍郎标下为参谋，带兄起潜进朝鲜平壤、王京等处对敌。万历三十年九月内，兵部汇题查拟勘科核册，酌定东征功次……覆议蔚山获功，陶起潜升处州卫百户，陶起翱望津等处获功，升处州卫百

---

① 《朝鲜宣祖实录》卷108，宣祖三十二年正月初六日丁亥1条。案：当时赵汝梅旁边站着"黄应阳妹子"外甥，因"杨公被参累及应阳"被辽阳分守道张某下狱，希望宣祖援手使"舅氏"早脱囹圄，"分守道别无朝廷之命而擅自囚之"。国王表示"以杨之故而至囚黄应阳云，不祥之甚也，此事当留心"。

户。陶起鸣阵亡,拟升一级,优银三十两。陶寿国升总旗。

家谱记录陶良性三子、良心一子在朝鲜的功绩。陶良性共生六子:长学巨(谱名起潜,娶樊东昌女)、次起翔、三学夔(谱名起鸣)、起腾(俱早逝)、学益(起翱,百户)、起官(殇)。长子起潜随父征战平壤、汉城、安东、蔚山等处,亲斩敌首7颗,协从斩敌2人,授处州卫百户。

良性三子起鸣,随征茅国器营,征战望津、农所、安东、晋州等地,斩敌4人,万历二十六年七月阵亡于晋州之战的望津。时五子陶起翱也随征望津、农所、安东、晋州、咸阳、泗州、新寨等地,共斩敌8人。《浙江通志》载"起翱、学夔俱授处州卫世袭百户,寿国世袭总镇。起翱后升处州卫世袭指挥佥事,署掌本卫印务,统兵把总温区金乡卫珠炎营"①,学夔即三子起鸣,泗川战役阵亡"优银三十两"。寿国为良心子,良性侄。

万历三十六年四月十四日,陶起翱世袭处州卫百户:"翱未奉勘合号纸,不敢到任。起文赴部该札,行浙江都司转发处州卫。本年十一月内,赴本卫前所到任供职。十二月内,本卫照例将呈送起翱各衙门,批准遵依接管所事。翱因父兄亡于王事,其斩获功级,例应承并。申明三院,赴部并袭。十二月内,该兵部题授前职,给发号纸,内开万历三十五年十二月初七日,汇题过处州为世袭指挥佥事一员陶起翱,查得本官功次与堂稿核册相同,将本官准改正并授予任本卫世袭指挥佥事。题奉圣旨:是,钦此。领到左军都督府勘合并文凭,升授本卫世袭指挥佥事。万历三十六年四月十四日到任,委管印操兵务。经荐十二次,天启二年四月内,挺身直入虎穴,招抚有名剧贼王钟、王锦等陆船,内附该三院题叙。奉圣旨:兵部知道。随该董尚书等题覆赏银四两、纪录。又本年九月内,海贼引倭入寇,势甚猖犯,督兵前赴三盘外海,冲锋破敌,犁沉剧贼座船,沉没贼王耀宇等八十人,亲斩总管大王、生擒据[剧]贼甘清溪等三十名颗,当阵夺回被掠汪顺等四十八名,随该三院晏赏题叙,该巡按冯御史核勘允为奇功,奏准升级,赠封子孙,世袭百户。"② 东征结束后第七年,陶起翱才世袭指挥佥事:从申明三院,赴部领取号纸、勘合、文凭到赴任"处州卫前所"。文件记录到天启二年九月,陶起翱在东南沿海击沉海盗巨船,涉及明末清初海盗的动向,王钟、王锦、王耀宇、甘清溪等均为

---

① 雍正《浙江通志》卷174,《人物》四,《武功·处州府》,第4945页。
② 案:以上未指明出处者,均见《缙云陶氏宗谱》卷2,《诰敕·传录》,第58—59页。

"海贼引倭入寇，势甚猖犯"，为海盗与倭寇的关系提供佐证，相当宝贵。

第四节　括苍总兵李承勋

一　生平履历与东征善后

1. 李承勋生平

李承勋是东征善后阶段的总兵官，字锡庸，号景山，浙江处州卫人，"先世安远人，永乐中由锦衣卫调处州卫，世袭指挥同知"①。嘉、隆之际，海上多警，抚按收罗各所将才，万历元年，檄取标下练兵，能尚节制，号令森严。九年改领军门总务，为坐营把总。十年，浙抚标下东西二营悍卒，以减饷故要挟抚臣，承勋弹力捍谕，始克安戢。十二年春，计擒首恶马文英等九人，历升操捕都司、南北游击。②

万历二十一年，李承勋以山东巡抚孙鑛荐授蓟辽参将，改留山东备倭。其子李大生助其练兵，练成标兵近4000名，得任胶即营守备，3年后"擢山东都司佥书"③，李承勋晋秩副总兵，寻推镇守山东总兵官署都督佥事："朝鲜倭平，督抚交章荐往镇守，用图善后，以原官提督南北水陆官兵，防海御倭，绥柔安定，且设备甚严。"釜山相望的对马岛，仅隔一洋，水陆操演，炮声相闻，"岛倭畏甚，屏迹不敢窥伺，鲜人赖以安枕"。得母丧信，坚请奔丧，格例不行，割股寄奠。二十八年，推镇守贵州，寻改镇守浙江左军都督府事佥事总兵官，卒，赠骠骑将军。④

万历二十一年平壤战后，东征经略宋应昌曾咨兵部，欲"将前调刘綎、陈璘、李承勋等兵，星夜兼程督发过辽援应"⑤，防守朝鲜益水、东海、剑山岭等处以防日军截断饷道，复取平壤。遭山东巡抚孙鑛拒绝："山东新调南兵，似不宜别调"，认为朝鲜外国，登州内地且与对马岛相邻，"虽经略移文相迫，鑛惟公家计利害守便宜，宁使身受抗违之罪，不

---

① 同治《丽水县志》卷10，《人物》二，第866—867页。
② 朱肇济等：《处州府志》卷11，《人物志·勋烈》，雍正十一年刊本。按：雍正《浙江通志》卷174，《人物》四，《武功·衢州府》，以李承勋为衢州人，第4932页。
③ 以上未指明出处者见同治《丽水县志》卷10，《人物》二，第866—867页。
④ 朱肇济等：《处州府志》卷11，《人物志·勋烈》，雍正十一年刊本。
⑤ 宋应昌：《经略复国要编》卷六《移本部咨》（万历二十一年）初二日，第472—474页。

第六章　后勤——粮饷运输及善后工作　259

敢使民受荼毒，误国家大事"①。山东素无额兵，止各道快壮数百，班军比快壮还弱，"其可战者，惟新募三千庶几焉。然以识倭情、经战阵，尚不如浙直义乌兵"，李承勋所统三千浙兵始抵山东，"留兵三千而保全一省，非置之闲旷"②，故李承勋统三千南兵，东征期间成为后备军，后随李承勋入朝善后。而停战期间入朝统练朝鲜军的游击胡大受也在这支队伍中。

南兵留居山东时的粮饷供给，孙鑛曾请"临德两仓额银及临清钞税各留多半，其抚按赃罚泰山香税、开广事例银则全留，又益之长芦盐税，庶几可得十余万……可备无事养兵之费"③。但户部尚书杨俊民"坚不肯从"④，认为解京即内帑，而浙直、闽、广皆备倭未请京储，恐各省援例。孙鑛还想加赋："东省地土有一百万余顷，若亩增一厘，则可得十万。"最终他说服杨俊民："福建盐课正额，半给官军月粮，各省杂税以供军饷者甚多。若兹地余盐及商香之税，原非正课，捐以充兵费，与出之内帑者或亦不同。至于临德二仓，原以备不虞，顷岁以荒歉亦尝请借，今以防倭例于赈荒，倘亦可乎？"⑤ 可见，山东所练南兵粮饷，出自山东商、香税、民屯存留余剩银及犯官赃银奏留，还有协济蓟镇银这四大项及临、德二仓之粮。

为创建山东海防南兵营，孙鑛还致信浙江巡抚常居敬"祈赐识倭情、熟武艺健士十余人，为诸戎士师""造藤牌、鸟铳及哨船等项"及"浙中船匠多，木植亦便"并借船30条。⑥ 这三千南兵构成了李承勋善后标兵的主干，原孙鑛标下叶靖国、骆一龙、胡大受等，也都活跃于朝鲜。

李承勋入朝的契机，得益于山阴将吴宗道的建议。他在李德馨家见过万世德的幕僚相公王万育，建议朝鲜"早撤兵、严禁约、择留将"。万世德听取吴宗道意见后，减少了留兵数，因朝鲜凑合"八道之粮，仅

---

① 孙鑛：《孙月峰先生全集》卷4，《与政府书》（万历二十一年二月二十六日），第64页。
② 孙鑛：《孙月峰先生全集》卷1，《东疏·留南兵疏》，第18页。
③ 案：明朝各省财政状况分五类：一类诸边，全仰给内帑，二类川、广地区取之本地，不需起运；三类福建起运十分之三，留存十分之七；四类浙江等省起运十分之七，仅留十分之三以佐军饷；五类山东、河南等地，"尽供京边，本地绝无军饷"，财政状况最为困难。参见《孙月峰先生全集》卷4《与杨本庵大司徒书》（万历二十年八月初二日），第9页。
④ 孙鑛：《孙月峰先生全集》卷4，《与梅歧岗书》（万历二十年十月十二日），第7页。
⑤ 孙鑛：《孙月峰先生全集》卷4，《与杨本庵书》（万历二十年十月二十一日），第12页。
⑥ 孙鑛：《孙月峰先生全集》卷4，《与常心吾独坐书》（万历二十年十月十二日），第7页。

可以供一万数千之众",上本"请天朝运粮"并调留防将李承勋、王良翰等入朝。① 同时准备退路:"近月经理抚臣寄臣书中,大率谓朝鲜多疑多虑。寇来,唯恐我援之不速;寇退,唯恐我去之不早等语。其留撤诸兵,仍与该国王商榷,如彼不愿留兵,另议撤回。"② 朝鲜的主要困难仍在粮饷供应问题。如朝鲜金德谦复李承勋帖:"(小邦)君臣弱植,自强无策。所以得一夕安寝者,只仗天兵之在。则欲留各营之兵,以控南服之势者,岂非至愿?而公私之竭,日甚一日,三千口饷之外,决无可办之路。故上本请留止于三千而并乞折银……岂有一毫余力,而故为此冒昧之举哉?"③ 朝鲜只能供应明军3000人粮饷且需折银,绝大多数粮饷仍需明朝供应。④

东征后期,海运重开,山东、直隶、天津等地的粮饷都可通过海道较为便利地运抵朝鲜,各地督运官也预有力。如南兵营参将陈蚕女婿宋惟权(1571—1615)"以藩司知印授山东兖州府宁阳县县丞,署印代朝督运有功,升河南彰德府经历"⑤ 就因在山东督运有功升职。在战争结束之际,朝鲜义州仍储米豆20万石,户部曾打算将这批米豆充作兵饷发给军士,引起驻朝将士强烈反对。

南兵营参将陈蚕呈称:"南人不食小米,向来兼支者皆用以易鱼、菜,尚不肯要,另贸大米以食。今反欲以米豆而作正饷,人情何堪?"广东水兵游击张良相呈称:"众军离乡背井抛弃父母妻男,……图维报效,觊觎钱粮,回家以资俯仰。今月饷缺逾半载,未蒙催给,众心日夜彷徨,何又有搭放米豆之议?大拂人情。岂能必其服从?"统领浙福水兵游击贾祥呈称:"水陆各兵舍家忘身,服役异国,岂真重忠义而捐躯命耶,不过远从征戍,离家逾远,得饷愈厚耳。……奈何倭去未几议减盐菜,又议减

---

① [朝鲜] 李德馨:《汉阴先生文稿》卷9,《启辞·与吴宗道问答留兵事宜启》,《韩国文集丛刊》第65册,第416—417页。
② 《朝鲜宣祖实录》卷118,宣祖三十二年十月十七日癸巳3条。
③ [朝鲜] 金德谦:《青陆集》卷6,《李提督承勋回帖》,《韩国文集丛刊续编》第7册,第393页。
④ 董建民《壬辰御倭战争后期(1597—1598)明军粮饷问题研究》(硕士学位论文,山东大学,2016年)讨论明、鲜双方针对粮饷供给中的问题展开交涉,用人不当与管理不力,致使粮饷供给出现困难。在平衡封贡关系中事大字小的道德责任与各自国家利益的前提下,为保障明军粮饷供给采取的系列措施,包括筹集粮饷与转运、遇事临时协调,不得不让渡自身利益等。
⑤ 宋杏春编:《(义乌)平望宋氏宗谱》卷4,"椿八十五府君幼子,杞四十派,行兰二百二,讳惟权,字可忠……娶倍磊副总兵陈公之女(1571—1656)生三子",民国壬戌续修本,第111页。此材料由陈江彬提供,特此致谢!

廪粮，兹又议以米豆作兵饷，使营伍之人，闻之寒心酸鼻。苟终以米豆给之，必致生变。"集体抗议户部拖欠半年月饷，又议减盐菜廪粮及欲以米豆代替正饷的做法。

李承勋也认为："（朝鲜）百物昂贵，即使月饷毫厘无减，以时给之，仅足一身衣食之费。犹苦俯仰无资，而况动辄半载不给饷银，辗转借贷生息额饷，实已减损；以致冬月无裘而冻死者，历历可查。其幸而生者，或裂肤或堕指，诚不忍言。"因不能及时领到粮饷，军兵冻困饿死者比比皆是，饥寒交迫的生者则需忍受高利贷盘剥，实在可怜可哀。且釜山、巨济岛等地，与日本对马岛相望，日将平义智、谋主玄苏等都驻扎于此，"则锋镝死亡之患，朝不保夕，讵谓恬然无事而遽可草菅兵命乎"！朝鲜居民不多，贸易更少。各兵日米搭小米兼支，不便煮食，只能贱卖于逐利辽人酿造薄酒，变卖小米困难，"况每兵月增一石乎"？至于水兵沙、唬等船船舱填满什物、火器、兵仗，何来"余舱月受数十石米豆"？今责令支领米豆，既无处易银，又贮顿无所，"其势不弃之陆，即投之水矣……乃逼令月弃饷银若干，人其甘心否乎？"李承勋如实汇报包括陈蚕等参、游官兵"不愿搭放米豆"之苦，"念兹水陆官兵调戍异国，远者万里，近者亦不下数千里。抛弃闾里田园，离别父母妻子，总为名利二端，故不暇恤躯命而趋王命也"，对"甘以躯命博名利者……月损其应得之饷而夺其利，无惑乎群哗而生怨恨之心矣"！

东征军生活的细节，诸如户部拖欠军饷，军中高利贷盛行，军士领到小米无法煮食[①]，只能贱卖给随军辽商酿酒，每个士兵月领小米一石（约120市斤）若卖不出去，又无处可藏，难免心生怨恨。这是在粮食运输问题基本解决后出现的新问题：户部为便利起见，欲搭放小米或以米豆代替正饷，在军中引起哗然。说明异国作战，即使粮饷充足，也还要解决供应、消费和流通环节的配套措施，否则依然难免军士脱巾之虞。

李承勋举了两个例子：万历十年，浙江巡抚4000名标兵"以搭钱损值，激之鼓噪，几至不可收拾"；二十三年冬"石门寨南兵三千余众，由上爽信，短少进关粮赏，因而跋扈脱巾"。抚镇监军的法令只可施加于逗留畏缩或跋扈悍兵，何可施之"缺饷冻馁乞哀之戍卒？"邢玠也汇报朝鲜

[①] 案：朝鲜尹国馨（1543—1611）所撰《甲辰漫录》曾记载："古人饮食用匙、箸……而我国之俗亦然。自（壬辰倭）乱后，中原大小将官征东士卒前后出来者，不知几千万，而凡于饮食、不拣干湿皆用箸，而匙则绝不用焉，未知自何时而然也。"可见东征将士只用筷子吃饭，不用勺子喝粥，不能煮食小米或也是原因之一。参《大东野乘》第41卷，朝鲜古书刊行会1909年版，第625页。

国王及明水陆官兵"俱嫌此米豆为锤髓剥肤之物",不愿意取用义州 20 万石米豆充当东征官兵月饷,前者不舍,后者不愿:"臣等文移之往复告谕之再三,口血几干,笔毫已秃……无奈人情难拂。"因涉及留守朝鲜官兵 1.5 万人的利益,户部最后不得不放弃原定方案,双方各让一步,勉强完局。①

有关东征善后措施,二十八年九月,李承勋与宣祖讨论釜山留驻都司谭宗仁军兵事,认为若留则需改造腐败船板,工役甚大,且饷银无备,留兵作乱又是问题,尤其"马兵多扰害,虽士大夫亦多见辱",宣祖所谓"虽马兵岂至于劳扰乎?""乃国王厚德,我则明白知之"。②

二 火器改良和马匹问题

除粮饷外,其他有关东征战争的细节和具体技术问题,也都是值得深入探索的研究方向。近年来,海内外史学界不断有佳作问世,极大地推动了研究向高、精、尖方向的发展。如常修铭的火器研究、郑诚对明军火器及筑城情况的研究,还有对明代珍贵兵书的整理,徐成对东征军作战马匹的种类、步法(均速每小时 12 千米)、载重、队形和进攻模式等角度的分析研究,都富有启发意义包括韩国学者**오호성**《壬辰倭乱与朝明日军需系统(**임진왜란과조명일의군수시스템**)》也是填补空白之作。③ 与李承勋有关的军器改良和《马经》、《剑记》也都是有代表性的问题。

李承勋的好友温纯(1539—1607)三原人,嘉靖四十四年进士,万历十二年巡抚浙江。他与胞弟温边合编《利器解》,图解部分包括威远炮、地雷连炮、迅雷炮、剑枪、铳棍、火枪、五雷神机、三捷神机、万胜佛郎机、钻架、地涌神枪、过足杀马风镰、神臂床子连城弩、药瓶、药囊

---

① 以上未指明出处者均见邢玠《经略御倭奏议》卷 9,《议给留兵折色免搭米豆疏》,第 345—350 页;第 369 页。案:除提督总兵李承勋标下官兵 3655 员外,原遗议留水陆三营官兵 8800 名,加吴宗道船兵选留 2000 人,将近 1.5 万人。
② 《朝鲜宣祖实录》卷 129,宣祖三十三年九月二十一日辛酉 1 条。
③ 常修铭:《16—17 世纪东亚海域火器交流史研究》,台湾"清华大学"历史研究所 2016 年博士论文;郑诚:《明代后期的火器与筑城》(博士学位论文,中国科学院,2012 年)及其整理的《明清稀见兵书四种》上下册,河南科学技术出版社 2018 年版;**오호성**:《壬辰倭乱与朝明日的军需系统(**임진왜란과조명일의군수시스템**)》,首尔景仁文化社 2017 年版;徐成:《壬辰战争中的宣大将士相关问题研究》,山东大学 2020 年硕士学位论文,第 95—97 页等。

弹模及鲁密鸟铳等，保留了明代重要的军事器械图及总解、附录等内容①，可见是一位军事技术的痴迷爱好者（图示剑枪合打地雷连炮）。

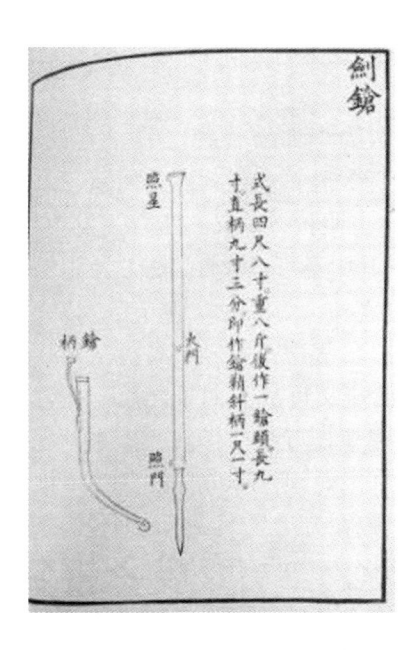

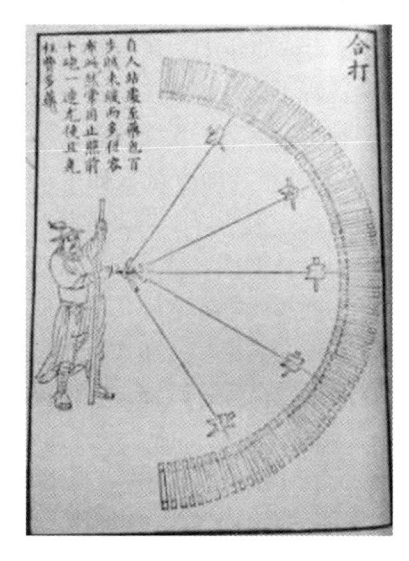

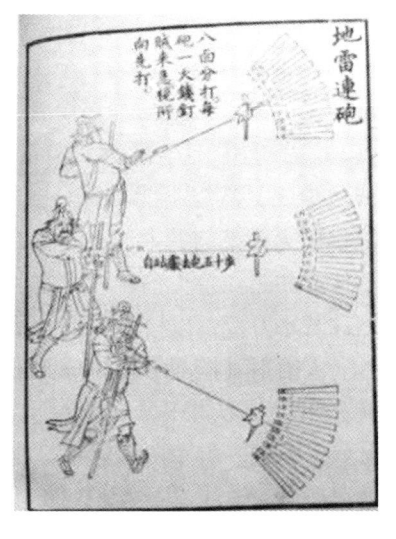

---

① 参见郑成整理《明清稀见兵书四种》下册《利器解》整理说明，河南科学技术出版社2018年版。

温纯与李承勋谈论倭事时，认为最佳战法是"水陆并攻"，指出朝鲜战事三大失策，一是陆攻"令我兵肉身附城"；二是"攻于陆而不能以火牵制于水"；三是"辽东、宣大之兵不善用火器"，总结了东征前期战略战术之失，涉及制度和军队技术改造的问题，都不是容易改进的小问题。

温纯推崇火器，尤其是三眼枪。认为李如松碧蹄之败"竟丧于敌，全以恃批捣、不精火器故"；而"甘肃近大胜，全以刘西井所遗三眼枪及大炮……不论何敌，皆当以火器胜"。"三眼枪叠陈又连炮，一发中数百、千人，若左、右三、四发，其声震天，其中不可以数计，贼亡不退？若不退而更能来，则吾之三眼枪足恃矣！枪之外，为深沟以逸待劳，以火器对敌而不以身对敌，万全决胜，无逾于此。"提醒李承勋装备标下 600 个鸟铳手，若三眼枪"即得千八百之用，敏捷又可敌三四千之用，且可及远力又大此，暗增兵不费饷之一着也"。还建议万一"倭或入山东，先焚于水次以前，说火器待于岸，又令绝食于村落，则吾大收功之日"① 推测此书为李承勋驻守山东时所作，因碧蹄之败在万历二十一年初。他为李承勋出谋划策，特别注重三眼枪，甚至认为比鸟铳更好用，概因多数明军士兵更熟悉的是三眼枪而非鸟铳。

或许受温纯影响，李承勋也对火器倾注大量热情。沈懋孝曾经提到："昔在谭司马席上，见一幕客韩生者，挟混元球如斗大，自言每于风沙冥晦之夕，能带神符腾风以去，至虏中穹庐毳帐上，从半空发球而下，则虏骇神威辟易相蹂践。故司马在镇者六年，神炮特有名，虏常远遁，不敢南下牧其马。盖虏中不生硝黄，硝黄出塞外禁甚肃，即有叛人如中行说之属，或教为之，然终不能发机。岂非中国长技，天所以限华夷者哉？乃若日本之佛机火箭，与我共长技，然在洋中舳次，铜铁之器，发势为难，则彼此长便亦共之。余见俞旴江总戎言，倭舟将入口争隘之际，不如使竹球为捷，球若小升豆，以楮叶封之数重，如岁时之响炮焉，遇倭舟至，巨舰围其外，火箭射其樯，手投竹球无数，继以小磁，盛裹膏油，亦襟投而佐之，膏火相炽，倭舟不须臾立尽也，言以此法，累获奇捷。余喜而记之，未明其效。今观李将军所创竹火器数十种，言其用于外洋舳次，易举易发，甚易办，所名《枕戈集》者传于时。盖与俞大将军之言若合符然，洵哉，其不我欺也。昔田单以千火牛，收复七十余城，周瑜以获舟百余，破曹瞒

---

① 温纯：《温恭毅集》卷29，《尺牍·与李景山总兵论平倭》，文渊阁《四库全书》本，第3页 B 面—4 页 B 面。

八十万于赤壁下。今者竹将军动于上,竹龙、竹虎之属佐攻于下,倘于诸葛木牛流木巧制同功,将今日所以制虏、破倭者,必有全算焉。孙子之书,特着火攻一篇,倘此书可以献枢符之府,亦京营神机之一筹云。"①

谭纶镇守北边,曾以火攻法对付蒙古骑兵。俞大猷抗倭时,也用装火药的竹球点日船炸之。李承勋受此启发,制造竹火器数十种,名为竹龙、竹虎等,易举易发,沈懋孝建议装备京师神机营。但山东巡抚孙矿并不看好:"大抵今人不高于古人。火器之利,轰烈则大将军、虎蹲炮;命中则鸟铳、神枪;此外恐无他奇也。大将军易铁以竹,或可用,然未只试。其火箭以助威势则可,全籍以摧敌恐未然。"② 认为李承勋制造的武器"亦属观美为多",实用价值不高。竹器易燃,既是火器的弱点、难点,也是火器的亮点,如作投掷器助燃则相得益彰,可见要视具体情况研判高下,而其创造精神实属难得,多多益善,值得鼓励。

有关东征战争中的马匹研究,除前举徐成对宣大将士的研究中稍有涉猎外,几乎是空白地带。李承勋编著《续名马记》也可为后续研究者提供线索。唐朝郭子章作有《名马记》一卷,李承勋作《续名马记》两卷。

其《跋文》:"夫唐马故多良,未必尽凤臆龙鬐、连钱夹镜也。即尽如凤臆龙鬐、连钱夹镜,亦仅仅一时骏尔,奈何云锦夸之?是未睹名马之全也。泰和郭公,海内博洽名儒,著述甚富,所著《名马记》二编,上下数千襈,一切龙驹天驷,飞腾于豪间,如睹金谷万花,应接不暇,藉令唐人目此,当什百云锦之矣。"③ 书中记载朝鲜名马"果下马"即《一统志》所载朝鲜名马,"高三尺,果下可乘"④,这当与其东征经历有关。

在《续名马记》中,李承勋征引的著作,除《史记》《汉书》《晋史》《齐书》《梁书》《唐书》《五代史》等正史外,还有《五行志》《世说》《家语》《广列仙传》《玄怪录》《异闻录》《丹铅录》《寰宇记》等神仙传奇志怪书,以及《山海经》《地里志》《游历见闻》《西域传》《西侠记》《回鹘传》《谢灵运诗》等山川地理著作,包括典制、杂录、诗文

---

① 沈懋孝:《沈司成先生文集》,《长水先生文钞·贲园草·枕戈集叙》,明万历刻本,第17—18页。
② 孙矿:《孙月峰先生全集》卷4,《与曹嗣山大参书》(万历二十一年三月十一日),第69页。
③ 李承勋:《续名马记》卷下,《跋名马记》,李承勋刻本,《续修四库全书》第1119册,第14—15页。
④ 李承勋:《续名马记》卷下,《朝鲜果下》,李承勋刻本,第10页。

集如《唐六典》《唐会要》《东汉世家》《苏东坡集》《杜牧集》《明皇杂录》《艺文类聚》《咸宾集》《韵府群玉》《文选》等，基本涵盖经、史、子、集四部，可见李承勋颇具中国传统文化基本素养。作为征战四方的将军，喜爱名马也很自然。李承勋还概览神仙、传奇、志怪、地理等书，其文集跋尾钤印两方，一为阳文"赐二品服大将军印"，一为阴文"总镇两省提督三韩总督之章"，可见他对自己的军事生涯，尤其是东征朝鲜"提督三韩"之事也十分自豪。

李承勋还作有《名剑记》一卷。黄克缵（1549—1634）《名剑记序》就提到李承勋"戍属国几三年"：

> 《名剑记》者，括苍李大将军所集古昔名剑奇异之事，与泰和郭大夫《名马记》争豪于蹑景，匹辉于腾空者也。将军总戎山东，奉命率师远戍三韩，行至碣石，腰间世传宝剑时发光怪状，遂博稽载籍，见古之英雄豪杰，所佩之剑，往往耀光焕彩，不与世间凡物同。私心益喜，自负戍属国几三年，倭奴不敢渡海，乃班师南旋。改镇两越，万里沧溟，波恬浪静，匣中剑锃以不用为用，其视渴饮壮士之血，饥飧上将之头者，功实倍之。承平无事，将军且解组家居矣，然一旦边海有警，欲求故剑，舍将军何适哉？将军既刻此记，寄余温陵，且征文为序。……李君世将也，良剑不可斯须去身，如农之必用犁锄，工之必用斧凿，其刻行此篇，固伏波将军铸为铜马之遗意也。读《马经》者，未必能相马，而马臭是矣。读《剑记》者，未必能识剑，而剑臭是矣。要以鼓舞英雄，发其雄心；虽懦弱之夫，亦知自奋。则剑记不为无助，余故乐为之序如此。①

黄克缵万历二十六年任山东布政使，巡抚山东十二年。万历四十年，以右副都御史参赞南京机务，四十七年为兵部尚书。启、祯年间复为工、刑、吏等部尚书，后以年老不就。徐乾学《传是楼书目·史部·律子上格·法令》载有李承勋《名剑记》一卷，不知原书是否存世。黄克缵有《读李都护〈枕戈集〉赋赠》："千群貔虎过辽阳，大将旌旗满路光。戍久不兴扬水怨，功成应赋出车章。铁船久已沉东海，铜柱还堪真异方。莫道枕戈心便老，匣中龙剑有星芒。"② 表达与《名剑记序》同意。黄氏所谓

---

① 黄克缵：《数马集》卷19，《名剑记序》，清刻本，第15—16页。
② 黄克缵：《数马集》卷17，《读李都护枕戈集赋赠》，清刻本，第11页。

的李承勋"腰间世传宝剑",极可能就是处州府龙泉县出产的名剑"龙泉宝剑",自宋代起这里就产有名剑以"龙泉宝剑"为名,《景德传灯录》及《五灯会元》中记载佛门师徒机锋问答语中,就已有"龙泉宝剑"①这个词,元、明杂剧《四马投唐》中也有"他拿龙泉剑在手""龙泉宝剑砍村夫"之类的唱词。②处州卫籍出身的李承勋喜爱宝剑,其家传世佩剑为龙泉宝剑也是可以想见的场景。

万历二十七年四月,北京举行了盛大的献俘仪式,正式宣告东征结束:"前后生擒倭六十一,四月十八日献俘。平秀政、平正成并枭磔,传九边。是日,天气清和,献倭俘礼成。大司寇萧大亨领左右侍郎出班奏事,长身伟貌,烨烨有威。时上御午楼,朝暾正耀。萧跪御道,两侍郎夹之,首仅及肘,致词先述官衔、名姓及左右侍郎请犯人某等磔斩,末云'合赴市曹行刑'。请旨凡数百言,字字响亮舒徐。宣毕,俯伏,上亲传'拿去'二字。廷臣尚未闻声,左右戚接者,二递为四,乃有声;又为八、为十六,渐为三十二,最下则大汉将军三百六十人,齐声应如轰雷矣。"③

同年五月,东征军"军门以下诸官皆回",唯留经理万世德、按察副使杜潜、提督军务总兵官李承勋标兵3600余名、副总兵张榜兵4000余名,驻扎王京,至二十八年九月"经理、按察及留兵尽撤回"④。万世德、杜潜及李承勋、张榜诸将士,是东征最后撤回之军,未经作战,主务为维持治安与功罪赏罚。⑤

万历二十七年九月十五日,李承勋因母辞世不能奔丧,在汉城举行祭悼活动,宣祖亲临其丧:"李中军着丧巾丧服,与丧主无异,军丁皆用素衣、素巾。中军出中门外引上揖让入堂内,堂内设灵帏,灵帏前设祭床。用羊豕牢,列置左右,像如人形,为木偶人,双立其傍。又有剪纸花如佛

---

① 释道原:《景德传灯录》卷24,《前婺州明招德谦禅师法嗣》有"衢州罗汉义和尚上堂,众集。有僧才出礼,拜师曰:'不是好底僧'。曰:'龙泉宝剑请师挥'。"四部丛刊三编景宋本,第22页B面;(宋)释普济《五灯会元》卷8也收录该段。
② 佚名:《四马投唐不分卷》,涵芬楼藏民国孤本元明杂剧本,第10页B面、第14页A面。
③ 沈国元:《皇明从信录》卷38,《己亥四月》,明末刻本,第24页A-B。
④ [朝鲜]申钦:《象村稿》卷38,《天朝出兵先后来援志》,《韩国文集丛刊》第72册,第267页。
⑤ 案:有关东征善后事宜,万睿祯《壬辰战后援朝明军善后事宜研究(1599—1601)》(2020年山东大学硕士论文)是关于东征善后事宜研究的最新成果,从撤兵、留兵以及功罪赏罚三方面分析援朝明军的善后工作。撤兵是必然选择,留兵是善后主务,而功罪赏罚是确保善后顺利的关键。

268　中篇　和战之间的南兵北将

前瓶花样及各品果菜、饼子等物,东边众乐寥亮。提督所服丧服略同我国制,而但面前以粗布为纱以遮之,两耳边用绵花,如梨子大悬之;杖则不大,而以纸细割,缠于杖上下。问之则曰'其名菩萨捧'"① 保存了明代丧礼灵堂布置、丧主穿戴及用"菩萨棒"的实例,有助于民俗宗教史的研究。

在朝期间,李承勋"自持甚恭,无扰害之弊"②。郑琢记其"以善后事留京城,别无大段扰害。待上甚敬,其自南方回也,上出迎于汉江。驾还之时,其手下军兵,皆下马致恭。"所部军兵均有礼貌。唯"广聚工匠,多造刀子、铜器以去"③,离朝时带走一批朝鲜工匠打造的军、铜器而被记了一笔。最后宣祖还应李承勋之请,亲笔御书按御宝的"积善堂"匾额,以供"挂诸正堂,以为传家之宝"。④

朝鲜士大夫称赞李承勋割股疗亲的诗篇,如柳根《题善后大将军李提督赠行帖（承勋）》:

> 属国滨危甚,天威再救之。乾坤归整顿,雨露荷恩私。
> 善后宁无策,征东更出师。异人专节钺,诸将总英奇。
> 令肃山河动,名高草木知。青油幕初辟,白羽扇常持。
> 草昧存经济,神功要设施。南边鲸浪息,北极凤书迟。
> 绝域縻王事,高堂恋母慈。平生裹革志,朝暮倚闾思。
> 义或恩相夺,忠惟孝所移。频年消息罕,万里梦魂驰。
> 喜惧心常折,沈绵病莫医。宁为反哺鸟,谁是绝裾儿。
> 割股悲何及,终天痛莫追。招魂迷日下,泣血杳天涯。
> 恋德留无计,班师去有期。日华摇剑戟,风色卷旌旗。
> 绘象凌烟阁,流芳堕泪碑。荒词如可采,鲁颂列周诗。⑤

李承勋割股疗亲事,流传甚广,见诸中国史料如王穉登诗:"征东诸将总纷纷,大节何人得似君？刲股疗亲祈寿考,糜躯报主立功勋。横波几

---

① 《朝鲜宣祖实录》卷117,宣祖三十二年九月十五日辛酉1条。
② [朝鲜]申钦:《象村稿》卷39,《陈都督票下官》,第286页。
③ [朝鲜]郑琢:《龙湾见闻录》,《宋经略书》,第58页。
④ 《朝鲜宣祖实录》卷129,宣祖三十三年九月二十四日甲子1、2条。
⑤ [朝鲜]柳根:《西坰诗集》卷1,《五言排律·题善后大将军李提督赠行帖（承勋）》,《韩国文集丛刊》第57册,第436页。

葬蛟龙腹，守险能驱虎豹群。今日归逢灞亭尉，不能容一李将军。"① 透露李承勋受到不公正对待，当指东征功罪不明的大环境。金尚宪称赞李承勋为"忠孝双全第一人"："天子深仁轸下藩，将军大旆扫边尘。二年铁钺青油幕，千里门闾白发亲。王事不饶西日暮，草心孤负北堂春。归来麟阁丹青里，忠孝双全第一人。"②

福建晋江黄克缵与李承勋私交不错，亦致信李承勋慰安："远戍外国古人所难。而麾下填抚三韩，业更两冬。岛夷虽遁，属国式微。振旅之期，尚未可卜。即班定远白首西域，何以异此？回首西望，将无以山海为玉门关乎？不佞久荷雅教，阙焉闻问，忽承翰扎，始知有三年之戚！夫简书可畏，将母不遑，斯已忠矣！至于缞墨从戎，情何以堪，自非念笃主忧，以忠夺孝。"③亦提到李母辞世，承勋移忠作孝，时为万历二十八年，黄克缵为山东布政使，两人交谊一直维持到李承勋致仕之后。

东征归国后，李承勋推任贵州总兵，寻改浙江。万历三十一年，浙江巡抚尹应元"视师海上。时总戎都督佥事处州李承勋，简锐卒数千以待"普陀山，"圣母皇上屡遣内官，赉帑金，重修梵宇经藏"，尹应元视察普陀山，李承勋备船、水手，由海道副使、参将、宁波知府、定海知县等陪伴，五月十三日乘船出发，十五日抵达山寺，焚香顶礼观音大士并镌石纪事，文载《普陀山志》。④

李承勋致仕时间尚待考。万历三十九年，李承勋已退居杭州，为子大生打点前程，请职任南兵部的黄克缵游览西湖："丈夫建节疆场，立功殊域，若非相时引退，优游林壑，则钟鸣漏尽，夜行不休，不免为有识者所笑。足下结发从戎，着勋华夏，垂老息肩故里，寄迹名山，出处全节，岂非古今所希遘哉！不佞居齐十载，如鸟倦飞，虽功业罔建，而浓华已澹。倘明岁得遂所请，拟过武林，遨游西湖天竺间，不遍涉名胜不止。麾下能效韩蕲王，策蹇从我于烟水云霞间乎？令郎故是奇才，取封侯如拾芥，能稍济以冲晦，则所向无空阔矣！翰教至，值计事方竣，疲困殊甚，率尔奉复，不尽所怀。"⑤从书中提到"明岁"遨游西湖天

---

① 王穉登：《王百穀集十九种·越吟卷上》，《李锡庸总戎论旧》，明刻本，第6页A。
② [朝鲜]金尚宪：《清阴先生集》卷5，《七言律诗·二百三十一首·奉教题李提督承勋诗帖遭母丧起复》，《韩国文集丛刊》第77册，第59—60页。
③ 黄克缵：《数马集》卷33，《书·答李景山总兵》清刻本，第1页B—第2页A。
④ 许琰：《普陀山志》卷14，《渡海记事》（汉阳尹应元浙江巡抚），清乾隆刻本，第31页。
⑤ 黄克缵：《数马集》卷38，《答李景山总兵》，清刻本，第8页。

竺，可知李书作于万历三十九年。黄克缵此践约行，见诸《龙井二首》①及《六言二首》②

李承勋《奉和黄大司马韵》碑刻留存龙井③，略见其晚年生活片段，心境似不恬淡。为儿子和时事操心，与现在的老人亦无大差别。如黄克缵书云："辽左有警，海内谋臣宿将，咸思驰骛以建功名。而麾下独徜徉西湖，无意于疆场，斯其识见固深远矣！不佞谓此时，诸少年侈言挞伐，不思辽当积弱之后加以覆败，卒伍死者未补，补者未练，全镇之中不过瘦马数千，安可与奴酋战？即召兵纷纷，然兵行须饷，所在给以行粮固已难矣，既至边塞将仰给何物？若聚兵而饷不继，为忧方大。况兵数千里之远，饮食栖息，俱不得所，疾病易生，抢夺易起，腹心之忧不在辽阳，恐天下从此多事矣！麾下素怀远虑，其欲筑城防守，最为得策。而庙廊之上，羽檄交驰，欲举酋而歼之，何视之太易也！近又索饷五十万于南京。若南户取去二十万，则帑中仅余三万九千余金，脱巾之祸，行且立见。不佞方摄部事，盖仰屋窃叹，无可奈何。上疏争之徒取诮让，亦何济于事乎！辱使者远示筹划，为感不切操觚报谢，语何能悉。"④ 时万历四十七年，黄克缵为兵部尚书，退居杭州的李承勋虽无意于疆场，仍关心辽东局势，建议"筑城防守"，无奈户、兵两部囊中羞涩，黄克缵忧虑"恐天下从此多事矣"实亦不幸而言中。

---

① 汪孟铟：《龙井见闻录》，《黄克缵李承勋倡和诗》。案：黄克缵《龙井二首（李大将军同游，壬子夏日泉南黄克缵题）》其一为"苏公曾访辩才处，夜半空山人定时。千古风流难再续，徘徊泉上得归迟。千株翠栢半垂藤，路绕清溪兴自增。安事辩公来说法，青山何处不逢僧。"其中"安事辩公来说法"之句，检《数马集》原文为"玉版籙龙堪入馔"，当是黄诗入集时有改动；而"石似龙腾凤舞"《数马集》为"石似鹏搏凤起"也略有差异（参见黄克缵《数马集》卷17，《龙井二绝》清刻本，第11页A—B）。
② 案：黄克缵《六言二首》之二"坐上明954翠岫，望中表里西湖。渴饮山僧茶茗，醉看大将昆吾"。《数马集》为"坐上参差翠岫，望中表里西湖。渴举山僧茗饮，醉看大将昆吾（是日李大将军同游）"。碑刻与文集的差异当是黄克缵文集在整理、版刻过程中多有修改，碑刻当为原作，两人同游之时为"壬子夏日"即万历四十年夏季。
③ 汪孟铟：《龙井见闻录》卷6，《碑刻书画·原碑存者十一·黄克缵李承勋倡和诗》，清乾隆刻本，第6页B—第7页A"冲炎徙倚龙泓上，何异坡公访辩时。喜有黄芽烹石髓。清风习习欲归迟。偶随元老共扶藤，古井云蒸景倍增。怪石垂头浑不语，前身疑是钵龙僧。路入方圆禅窟，泉飞新旧山亭。龙卧云封寂寂，客归月破暝暝。洞口两分邱壑，岭头双见江湖。坐拥几篇珠玉，顾惭三尺昆吾（括苍李承勋书）"。
④ 黄克缵：《数马集》卷45，《与李景山总兵》，第20B—21B页。

下 篇

南兵北将及其变迁轨迹

"南倭"与"北虏"是明代最基本的问题。万历援朝东征可以说是"南倭"问题的继续与发展,而"北虏"问题也是促使"南兵北将"问题发酵的一个根源。① 对万历壬辰战争中的"南兵北将",朝鲜人申钦有较为详尽的记载,将东征过程中到达朝鲜的重要南北兵将领基本记录在册,虽也有遗漏、讹误②,但按明朝官军到达朝鲜的先后顺序,已经搭建了一个明军建制的大致框架。近几年来,海内外先锋学者如卜永坚、孙卫国等,都关注到了明军的作战序列、指挥体制及相关问题③,期待将问题的探讨进一步引向深入。故再罗列东征将士的名单已无必要,但对申钦名单及现有研究拾遗补阙似有必要,比如南北兵的分类和作用、广义与狭义之别、个体及群体特征;九边的北将,尤其是辽东将领的复杂性和典型性

---

① 案:刘晓东最新力作《"倭寇"与明代秩序》(中华书局2019年版)分析了明人等同"倭寇"与"日本"的认识,从外交史角度考察以明为中心的东亚秩序之交涉与建构、冲击与维护、疏离与解构,认为中日关系真正的转折点是万历朝鲜战争:使前近代东亚关系中文化上的"华—夷"、政治上的"宗—藩"、经济上的"赐—贡"并系以伦理纽带的两国关系遭到挑战;解释了明朝"朝鲜保全"的真实原因,回击了否认明朝东征战争的意义、诋毁明军作战功绩和强调民弊乃至等同于日军对朝鲜的危害等论点,被誉为"综合利用多国史料,突破了国别、学科和地域限制,以详实考证揭橥历史事实……近年来倭寇题材研究的难得佳作"。但也如评论者所指出的那样:万历援朝战争确实使中日关系出现了一次重大"转折",而战争结束后的历史发展却并没有沿着这种"转折"越走越远,而是又出现了某种形式的"反转",取代丰臣政权的德川幕府完全放弃了对原有东亚秩序的挑战,致力于对传统的"回归"(郑洁西、毛秀芬:《刘晓东,〈"倭寇"与明代的东亚秩序〉》书评,载香港新亚研究所《新亚学报》2020年第37卷,第521、525页)实际上又消解了这种"转折"的意义,这也是明末清初"日本乞师"叙事中的"倭寇失忆"问题的根源所在。

② 案:比如《唐将书帖》里提到的几位邵应忠、董元、南兵营总领官郑德、张三六、吴惟林等包括骆尚志所部的老将闻愈等都未入申钦名单。

③ 案:如卜永坚《万历朝鲜战争第一阶段(1592—1593)的明军——以〈中国明朝档案总汇〉卫所选簿为中心的考察》(载《明史研究论丛》第12期,中国广播电视出版社2014年版,第132—141页)最早关注卫所选簿中的参战军官及其所属,进而欲探求东征前期的战斗序列;而孙卫国《"再造藩邦"之师——万历抗倭援朝明军将士群体研究》认为东征军总人数不超过23.4万,其中北兵12.2万余;南兵8.5万余;水兵2.3万余(社会科学文献出版社2021年版,第32、43页)。

和特殊性，都可进一步深入探究。至于南兵北将的变迁轨迹，可从吴宗道的个案研究中，得出不少带规律性的基本认识。以下本着详人所略、略人所详的原则，大至排列较为重要的南兵北将基本资料，以备将来进一步征考。

第七章 南兵

各种官私史料中的所谓的"南兵北将",并不意味着地理、地域意义上的绝对区隔,而多半是为叙述方便,在各自语境中采用形象、灵活的称呼。在不同的史料中,"南兵北将"就具有不同的含义。比如朝鲜人只认可浙兵为"南兵",就像朝鲜相臣柳成龙对南兵的经典定义:"所谓南兵者,乃浙江地方之兵也,其兵勇锐无比,不骑马,皆步斗,善用火箭、大炮、刀枪之技,皆胜于倭。头戴白帽巾,身以赤白青黄为衣,而皆作半臂,略与本国罗将之衣相近,真皆敢死之兵。"[1] 朝鲜人心目中的南兵,就是浙江兵的样子,他们的装备、面貌以及半臂五色的衣着,多半没有统一的军服,冬天穿羊皮大衣,不喜欢吃小米,生活习惯也与北方的兵将完全不同,但具有很强的战斗力。浙江募兵与习见北兵不同的外貌和特征,构成了朝鲜君臣特有的"南兵"概念,从观念史范畴来看,这是一种特定的也是狭义的理解。实际上,广义的"南兵",也还应该包括江南、福建、两广及西南云贵川地区的官兵。但以总兵刘綎率领的西南地区官兵,包括黔、楚、云、贵、川等地的苗、土兵等,在中国史籍中往往被称为"西兵"或"川兵"[2]。

第一节 南兵概览

柳成龙对南兵的看法,代表着朝鲜君臣的观念.他们往往只认可来源

---

[1] [朝鲜]柳成龙:《西厓集》卷10,《答金士纯书(癸巳二月)》,《韩国文集丛刊》第52册,第207页。
[2] 如明代毕自严《度支奏议》新饷司卷26《覆黔楚西兵随关例支月饷疏》就以黔楚地区官兵为"西兵",而其《石隐园藏稿》卷8,《答李河岑》提到"迩者辽阳之役,西兵走而川兵战,则马与步之异也",则将川兵和西兵又作了更详细的区分,可见所谓的东、西、南、北之别,都需要结合具体的语言环境做具体分析。

于浙江地区的"南兵"。如万历二十四年四月,朝鲜李好闵在《请兵粮奏文》中斩钉截铁地说:"复破此贼(指日军),非得浙兵不可。"① 南兵将陈寅也自言:"倭贼若寇于浙江,无一人生还者。盖以浙江之兵,勇于战斗,争先杀贼,知进而不知退故也。"② 所谓的"浙兵"正是在抗倭实践中成长起来又经过戚继光北戍长城、蓟镇10年练兵之后,同时具备与海上来的"南倭"及"北虏"即草原游牧或渔猎民族打交道的经验,是一支历练有方的新型军队。

一 狭义的南兵——浙兵内部亦分南北

1. 浙兵的核心是义乌兵

浙兵的核心无疑就是义乌兵。有关东征义乌兵,在过去十余年间,已调查到六七十种、近百部义乌家谱,逐渐形成了一份近百人的名单③。虽然每位出征"匹夫"的命运各不相同,但为照顾本书体系及避免重复,以下仅罗列可确证的东征将士,不重复铺陈史料及事迹,仅为阵亡者加注,以示纪念。新增者略详其事,按英文24字母顺序排列姓氏,以便查对。

曹一象(1529—1597);陈蚕(1539—1617);陈彦博(1569—1645);陈文湘(1551—1614);陈文濬(1548—1629);陈希明(1547—?);陈希圣(1556—?);陈文澜(1568—?);陈茂义(1555—?),"千总,经略刑[邢]差往日本,加衔守备"④,或与毛国科同行;陈良玉(1550—?),陈格之子,"大安口把总,朝鲜阵亡"⑤,时年40余岁;陈思贤(1569—1607),"征东千总"⑥;陈惟亮(1548—1614);陈思正,"征东千总"⑦,生卒缺;陈良琪(1578—?);陈文彦;陈文亮;陈朝阳(1553—?);陈大启(1562—?);陈守勤(1539—1600),杭畴陈

---

① [朝鲜]李好闵:《五峰集》卷12,《请兵粮奏文》(册封天使李宗城逃遁后奏请文丙申四月),《韩国文集丛刊》第59册,第501页。
② 《朝鲜宣祖实录》卷96,宣祖三十一年(万历二十五年)正月二十日丙午5条。
③ 更具体的内容,可参见杨海英《域外长城——万历援朝抗倭义乌兵考实》,上海人民出版社2014年版。
④ 《义乌倍磊陈氏宗谱》卷12,第73页,2009年己丑重修本。
⑤ 《义乌倍磊陈氏宗谱》卷6,宣统壬子重修本,参新谱卷12,第63页。
⑥ 《义乌倍磊陈氏宗谱》卷首《缙绅录》,宣统壬子重修本第56页;2009年重修新谱卷12,第90页。
⑦ 《义乌倍磊陈氏宗谱》卷12,2009年己丑重修本,第89页。按:此行传德广误为质,参见卷6《世系》第100页。

氏，建昌千总①，辞世之际正是东征军先后撤归之时；陈文顺（1550—1598），"随叔把总攻朝鲜有功"，从卒日推断阵亡朝鲜，万历二十五年十月，东征第二阶段岛山战役开始之时，杭畴村与倍磊村仅一江之隔，入伍从军者甚众；冯明珠（1549—?）；龚文贤、龚翘祖；何志正（1565—1642），爱溪何氏，字伯美，号清溪，"远涉朝鲜，返而不敌"②，东征时当为30余岁的青壮年，是普通下层兵士的难得代表；何文忠，三山何氏，"以总旗出拔朝鲜，钦赐旌赏"；何文彪（1568—?），字绍南，"以把总，出朝鲜，剿寇有功"③；（任三十三之子五都前屋派伯四十九）何伯銮（1568—1619），字端明，号竹轩，"朝鲜千总"。家谱记载其卒于"万历己未四月十五日"，推测何伯銮有可能死于萨尔浒之战，终年51岁，而其父何世章（1530—1619）卒日比伯銮仅晚两个半月，"卒于万历己未七月初四日"，有可能是白发人送黑发人引发的连环悲剧④；胡大受（1528—1603）；胡大经；胡天灵"为国建功，阵亡高丽"；胡天俊"为国建功，征朝鲜，阵亡三山"⑤；黄维逊（1569—1629）；黄宗懋；黄宗统；金福；刘廷樟；楼［娄］大有、王必迪及病亡的两侄，后改归楼姓；毛国科；施国用；施国忠；沈九贵（1556—?），双溪沈氏浩幼子，字天爵，从"山东把总，转调朝鲜守备，定海游戎……居官二十载，持斋半世"⑥；石希文（1558—?）；万伯元（1559—1629）；王闻忠（1556—?）；王朝元（1552—1621）；王朝禄"从征朝鲜阵亡"；王成夏；王尧朝（1551—?），蕃百六十四，字良忠，号鸣阳，"选授千总，奉督兵朝鲜，随提督效忠阵

---

① 陈有范编撰：《杭畴陈氏家谱》，《行传》，2004年重修谱，第8页。
② 何朱楹主修：《爱溪何氏宗谱》卷3，《世传》，第103页，2001年重修本（此材料由张金龙先生抄示，特此致谢）。案：新修谱"返而不敌"很可能有讹误，或无成功赏赐之意？待考。
③ 何进源主修：《义乌泮山何氏宗谱》卷5，第15、25页，民国丙戌年（1928）木刻版。
④ 陈江彬主修：《绣川何氏宗谱》卷3，《行传》，第42、30页，2018年重修本。材料由张金龙先生提供，特此致谢！
⑤ 《凤林胡氏宗谱》卷6，第69页，2009年己丑重修本。
⑥ 《双溪沈氏宗三宗谱》卷10，《行传》三十六世，第840页，2011年重修本。案：双溪沈氏还有沈大驄（1524—?），号南泉，勇略过人，剿倭军功授福建汀镇千总；沈九珑（1534—1572），广东香山把总；沈应瑞（1551—?），"广东把总"；沈九兰（1556—1610），"葬海沿"，推测亦卒于戎行，有一女适椒山吴文正；沈九叙（1550—?），有女适"椒山任淮安府三阳县主簿吴梦才"，与沈九春（1550—?）均为"卒葬缺"的同龄人；沈文仪（1572—1606），字周卿，号凤斋，任太平路千总，从军族人不少都为"卒葬缺"。材料由张金龙先生提供，特此致谢！

亡，恩荫世袭百户"①；吴惟忠（1533—1613）；吴文模（1564—?）；吴惟贤（1539—1604）；吴文林（1558—1630）；吴文亮（1567—1619）；吴惟珊；吴梦豹原为"百户，统兵赣营，力足招致数千人破敌"②，是火箭弹药制造专家，改革遵化三屯营将官王三乐③药方，去掉钢砂，采用辽阳工匠的硫黄和淘尽抄过的细沙，参用火焰既直又远的大梨花、赛月明、金禅花等花火配方加以改造，为"劳苦功高"④的"管造火箭原任游击"⑤；吴仲富（1563—1614），随吴惟忠赴山海关剿寇，并赴朝鲜参战，初授千总，后授候选主簿⑥；吴大绩（1550—1605）；徐延桂（1540—?）或即徐文；徐延宠（1547—1599）或即徐成；徐宗节（1548—1597）；徐敬贤（1561—1633）或即徐行；徐学圣（1577—1630）；徐文良（1563—?）；许汝良，昭仁许氏，字德忠，东征题叙守备；许宏纪，许宏纲弟，字理之，号见薇，朝鲜守备⑦；稠岩杨氏杨一洍（1550—1637）；赤岸柏峰杨氏"朝鲜阵亡"杨希凤（1561—?），⑧，东征时30余岁；杨惟杰（1572—1610），万历年间把总，"出征朝鲜"⑨；杨思方（1553—1638），"征东守备"⑩；梅溪介山杨氏杨江（1554—?）；杨文洪（1554—?）；杨文详（1558—?）三位子弟都是"卒朝鲜"⑪，阵亡于东征援朝战争；叶邦荣（1536—1608）；叶思忠（1564—1620），叶大正子，入朝时"以原任游击随军门（邢玠）来去"⑫，万历二十六年三月，叶思忠代领陈蚕南兵2100员，与游击陈寅所领兵4000人均驻庆尚道义城⑬，二十七年二月受宣祖接见，自言四月将返辽东，祖先三世以忠臣著名，"俺常欲以赤心报国，

---

① 三槐堂《盘溪王氏宗谱》卷3，《世传》，第187页，2010年续修本，材料由义乌张金龙先生提供，特此致谢！
② 张萱：《西园闻见录》卷56，《兵部五·防倭·前言》，民国哈佛燕京学社印本，第4页A面。
③ 杨嗣昌：《杨嗣昌集》卷28，《功罪关封疆之重疏（残）》，岳麓书社2005年版，第806页。
④ 宋应昌：《经略复国要编》卷6，《檄游击吴梦豹》，第515页。
⑤ 汪应蛟：《海防奏议》卷2，《酌议海防未尽事宜疏》，《续修四库全书》第480册，第412页。
⑥ 《延陵吴氏宗谱》卷3上，《列传》。
⑦ 此材料由张金龙先生提供，特此致谢！
⑧ 《赤岸杨氏宗谱》卷4，《世系》，2007年丁亥重修本，第30页。
⑨ 《赤岸杨氏宗谱》卷8，《世系》，2007年丁亥重修本，第75页。
⑩ 《赤岸杨氏宗谱》卷7，《世系》，2007年丁亥重修本，第181页。
⑪ 杨仕铭主编：《梅溪介山杨氏宗谱》卷6，《世系》，2005年重修本。
⑫ [朝鲜] 申钦：《象村稿》卷39，《军门票下官》，第280页。
⑬ 《朝鲜宣祖实录》卷98，宣祖三十一年三月二十九日甲寅6条。

虽对马岛亦可往矣"①；叶思义（1563—？）"以坐营守备，代方时新为中军"②，万历二十七年九月，入朝为都司，受过宣祖接见③，懂得法术技能，还作过演示④；叶思孝，号继川，"征东统兵把总"；叶思贤，万历二十一年，经略宋应昌报："本部委官叶思贤等发去轻车三百辆，都司修造、各道解到明火毒火药箭、委官李大谏等制造大将军灭虏炮、火药委官吴梦豹转运一应军火器械"⑤；叶富春（1568—？）；俞廷仁（1564—？）；余希元，为胡大受幕僚，"同地方之人"⑥，随同的"唐人教师"方孝忠、陈国用、陈忠等，为义乌人的可能性很大，因未确证暂不计入名单；而教师胡汝和、骆尚志的旗牌官张三六（张子龙或居留朝鲜的张龙）及王大贵，是张三六"同乡练兵官"，故均计入；余启佑；张三凤，金华人，"从军，以功升温州卫指挥使，调往朝鲜征倭，署为先锋，斩首数十级，生俘十余人，乘胜单骑先驱，遇伏被擒，不屈死之，世袭杭州卫百户"⑦；周冕，号冠吾，金华卫人，曾领浙兵三千驻汉城，后为李提督旗鼓官，随征中部千总，领步兵二千五百，随提督来去"⑧；朱邦瑞，"钦差朝鲜征倭守备"⑨，有女嫁枧畴杨思明（又名鸣鹤）⑩，东征结束后为选补营官，向南兵将陈寅打点关系花费不少。万历三十四年，御史孙居相参劾广东副总兵陈寅"选补营官，亲索把总朱邦瑞等或贰百两，或三百两……遂起买官之谣"⑪，可补朱邦瑞的生活片段；朱良俊（1567—？），"车［东］路千总，朝鲜阵亡"⑫；朱惟宁，万历十一年蓟镇中路南兵营千总，十五年调曹家路黑谷关千总，二十六年为"浙兵营游击叶下管理中军，统兵出高丽，于九月内领兵攻破晋州，固城、昆阳等处，在固宁亲斩倭级八颗。

---

① 《朝鲜宣祖实录》卷109，宣祖三十二年二月二十七日壬申1条。
② ［朝鲜］申钦：《象村稿》卷39，《董提督票下官》，第285页。
③ 《朝鲜宣祖实录》卷117，宣祖三十二年九月二十七日癸酉。
④ 《朝鲜宣祖实录》卷130，宣祖三十三年十月二十八日戊戌。
⑤ 宋应昌：《经略复国要编》卷5，《咨赵抚院》（万历二十一年正月初五日），第357页。
⑥ 《朝鲜宣祖实录》卷70，宣祖二十八年十二月五日癸卯1条。
⑦ 雍正《浙江通志》卷165，《人物》三，《忠臣·金华府》，第4707—4708页。
⑧ ［朝鲜］申钦：《象村稿》卷39，《陈都督票下官》，第286页。
⑨ 杨晓声主修：《枧畴杨氏宗谱》卷8，《行传》第5页，2009年己丑重修本。但查《山盘朱氏宗谱》卷18，行明六百三十，讳邦瑞，字孔凤（生嘉靖壬子六月廿四日，卒缺）娶氏（生卒缺），未见载其东征事迹，生二子庆祐（千八十一）、庆祺（千九十三）见《山盘朱氏宗谱》卷18，第117页，2008年戊子年重修本。
⑩ 《枧畴杨氏宗谱》卷8，《行传》，2009年重修本。
⑪ 朱吾弼、李云鹄等辑：《皇明留台奏议》卷18，《举劾类·丙午军政拾遗疏（孙居相）》，明万历三十三年刻本，第50页A面。
⑫ 《（义乌）山盘朱氏宗谱》卷18，2008戊子年重修本，第132页。

本年六月内蒙兵科给事中杨类荐题叙取晋州、拔三寨，斩级功多，蒙授蓟镇大安口守备，以都指挥体统行事"，①《清溪紫阳朱氏宗谱》载有4位"征东"千、把总：朱天成（1549—？）"征东把总"②；朱华（1551—？）"征东千总"；朱荣（1552—？）号少南，"征东中军"③；朱大科（1556—1606）"征东把总"④。从最年轻的朱大科卒年判断，他们参加的"征东"应是朝鲜战事而非明末清初辽东战事，萨尔浒之战爆发于朱大科辞世之后，故以上4人也计入名单。赵天考也"出征朝鲜，夷虏归降"⑤。

曾被称"壮士"⑥的千总娄国安⑦，先后为兵部尚书石星差官⑧、经略顾养谦差官⑨，曾入日军小西行长营中侦探，与杭州千总陈云鸿不协，万历二十八年病故。其侄"原任浙兵营旗鼓千总娄世镇"呈有《为恳恩俯赐咨用乞求印信执照归国事》："镇自二十五年八月内奉旨：浙江调取官兵，朝鲜国王剿倭，选练旗鼓，督兵亲剿乐安、咸阳、晋州等处地方，血战伍阵，助斩李仪、范得功等首级六颗，镇左手见伤一弹。经今四载，劳苦万状。又有亲兄娄汝恩，冲锋阵亡，系游击叶邦荣下把总；叔娄国安病故，亦系游击蓝芳威下旗牌把总。痛思两命阵亡、病故，镇弹伤见存。虽未能有补于朝鲜国，初志实怀报效于国家。且叔、兄命塞丧身，贵国念镇颇获微绩，恳乞国王垂念大开洪恩，俯赐廪粮马匹，咨附近浙江抚台老爷标下效劳，以图挺身报效。"⑩从娄国安与世镇、汝恩叔侄曾隶属叶邦荣为浙兵营把总，娄国安为隶属蓝芳威营把总推测，娄国安叔侄为义乌人的可能性超过福建人⑪，故系此俟考，但暂不计入名单。⑫总计以上义乌

---

① 《清溪紫阳朱氏宗谱》卷13，《行传》，2010年重修本，第5页。
② 《清溪紫阳朱氏宗谱》卷11，《行传》，2010年重修本，第103页。
③ 《清溪紫阳朱氏宗谱》卷1，《名宦录》，2010年重修本，第63页。
④ 《清溪紫阳朱氏宗谱》卷1，《名宦录》，2010年重修本，第65页。
⑤ 郑子麟编：《派溪赵氏宗谱》卷2，2003年重修本，第226页。
⑥ 朴趾源：《热河日记·铜蓝涉笔》，上海书店出版社1997年版，第366页。
⑦ 《朝鲜宣祖实录》卷69，宣祖二十八年十一月三人辛未2条。
⑧ 李好闵：《五峰先生集》卷12，《咨·兵部移咨》乙未三月，《韩国文集丛刊》第59册，第517页。
⑨ 《朝鲜宣祖实录》卷48，宣祖二十七年二月二十五日甲戌2条。
⑩ 《朝鲜宣祖实录》卷121，宣祖三十三年正月十五日庚申8条。
⑪ 案：吴亮辑《万历疏钞》卷18，工部郎中乐元声万历二十四年五月《发奸类·亟削奸臣以图太平疏》："长安传闻更多骇异，谓关白用通事闽人娄国安，携金二万，真珠二囊，珊瑚十七枝，赍送石星，石星亦以金币厚相酬馈，而沈惟敬则并《大明一统志》赍送关白，且惟敬诱带长安歌童、舞女数十辈随行，用媚关白。摇摇之议者满长安，岂绝无影？"（万历三十七年刻本页75B面）虽属谣言，也是一种说法。
⑫ 又案：《朝鲜宣祖实录》中出现的娄国安多为"千总"职衔，

东征朝鲜将士确切可征者 97 人，若全数计入已超过一百人。

2. 浙江温、台、衢、处等地卫所军

主将包括陈寅、李承勋、张榜、卢继忠、季金等人。

张榜，字汝元，处州卫人，以祖父死难荫袭千户，历升松海北总、江西都司、广西浔梧参将、狼山副总兵，"督兵前赴朝鲜应援，事平，留防善后，把守汛地．后以撤兵凯旋，所过秋毫无犯。榜自束发从戎，以至功成，雅有儒将风，清操不染，兵民立石以颂功德"①。万历二十七年，张榜入朝时，"年五十，入城之后，持身清素，令下严明，都监支供之物，一切不受，为乱后诸将中第一"，宣祖"呈礼单，榜不受，领帖而出"②。所留浙兵 4600 余人，在朝鲜防汛，至万历二十八夏撤回。张榜所统"皆浙兵，剽悍，总兵不能制。时饷银到平壤，其兵围住不放，固要俵给，经理命枭一人，乃定"③。可见，张榜所领的浙兵极有个性。

卢继忠的家世值得注意。其父、祖是抗倭名将卢镗、卢相，尤其是继忠之父、卢镗次子卢相，曾在浙江沿海金塘、烈港之战中，擒获日倭辛五郎，是一位掌握"番传"鸟铳制造技术的关键人物："（嘉靖）三十五年八月，倭酋辛五郎、徐明山攻犯金塘、烈港等处，势甚猖狂。（卢相）乃奋身冲杀，生擒辛五郎，囚送京师，献俘枭示。兵部题覆：相屡立奇功，先摘王江泾大战，亲斩首七颗，功除授本卫世袭指挥佥事，给予号纸，奏留神机营教习鸟铳，三十六年以教演功成，升仪真守备。"④ 卢相由此获得明兵部荐留神机营教习鸟铳之机，卢镗、卢相父子遂为对明末鸟铳技术传华并量产投放战场有重要贡献的历史人物⑤。至今浙江省丽水市莲都区（原处州府城）还有一条街道，被称为卢镗街，以纪念卢镗抗倭值得铭记的历史功绩，但卢继忠虽为名将之后，却

---

① 朱肇济等：《处州府志》卷 11，《人物志·勋烈》。参雍正《浙江通志》卷 174，《人物》四，《武功·处州府》。
② 《朝鲜宣祖实录》卷 110，宣祖三十二年三月二十七日丙午 4 条；三月二十九日戊申 1 条。
③ [朝鲜]郑琢：《龙湾见闻录》，《宋经略书》，第 76 页。
④ 叶志淑纂：《万历处州府志》卷 8，《武功志》，《南京图书馆稀见方志丛刊》景印万历三十三年刻本，第 3 页。
⑤ 案：常修铭特辟专节"明代鸟铳传华新探：以卢镗史料为中心的讨论"论及"在辛五郎之前卢镗对鸟铳的掌握，实已达到相当熟练的程度，并可有效投入作战且产生一定程度的战果"，结论是《全浙兵制考》的说法不如《筹海图编》准确，日本鸟铳于嘉靖二十七年的双屿之战中经由"番酋善铳者"的传授使中国工匠掌握了鸟铳的制造技术。参见《16—17 世纪东亚海域火器交流史研究》，博士学位论文，新竹清华大学历史研究所，2016 年，第 25—30 页。

未能在朝鲜战场上立功。

卢继忠，"号仰云，浙江处州卫人，钦差统领南北调兵五军四营参将都指挥使，领马步军二千七百七十，丁酉十一月出来，戊戌三月回去"①。万历十四年，卢继忠为江西泸州把总，十九年升五军营佐击，二十一年升徐州参将，二十三年九月为分守福建南路参将②，"奉敕救援朝鲜，征进日本"③，府志所谓"救援朝鲜"属实，但"征进日本"则未实现。

卢继忠留住朝鲜半年，从万历二十五年十一月至万历二十六年三月。二十五年十二月初三日，宣祖接见卢继忠，谈起"近日贼势……东自机张、西生等处，西至顺天等沿海地方，处处屯结，连亘九百余里"。卢继忠言："可尽杀此贼，片帆不回。国王安心，第观之。"④但在岛山之战中，"右协卢继忠以兵二千屯江口，防水路援"军。二十四日，他与茅国器等"攻破城隍堂及太和江左右贼垒，焚烧日军栅房，斩级六百余颗。贼遁入岛山小城，步兵三面围住。是日，游击茅国器、卢继忠等步兵俱在前行，多有被伤或有致死者"⑤。二十五日，进攻本城，游击陈寅督兵先登，至西门城下中丸，管下官兵亦多死伤，左右齐进的各营官兵多中丸而退，明军死者约200余人，伤者千余。次年"正月三日，经理闻报，即仓皇夜遁，倭袭两协，弃辎重无算"⑥。卢继忠部官兵死伤甚多，但建制仍在。二十六年二月，与卢得功、李化龙等驻兵安东府。⑦ 六月，经理杨镐以"李化龙、卢继忠迟惧，则论罚"⑧。其论罚，杂糅了战场意外、指挥失误及党、政争端等各种原因，令人遗憾。

季金，字长庚，号龙岗，台州松门卫都指挥佥事，隆庆二年武进士第三名，万历六年，以"分守浙江杭嘉湖参将署都指挥佥事"升"分守广东惠州陆路等处兼管碣石水寨海防参将"⑨。八年，平定广东鲍时秀之乱，

---

① ［朝鲜］申钦：《象村稿》卷39，《曹副总票下》，《韩国文集丛刊》第72册，第288页。
② 《明神宗实录》卷256，万历二十一年正月戊辰，第4754页；卷289，万历二十三年九月丁丑，第5350页。
③ 叶志淑等纂：《续处州府志》卷8，《武功志》，万历三十三年刊本，第4页B面。
④ 《朝鲜宣祖实录》卷95，宣祖三十年十二月三日己未2条。
⑤ 《朝鲜宣祖实录》卷107，宣祖三十一年十二月四乙卯4条。
⑥ 《明神宗实录》卷317，万历二十五年十二月丁亥，第5911—5912页。
⑦ 《朝鲜宣祖实录》卷97，宣祖三十一年二月十六日辛未2条。
⑧ 《朝鲜宣祖实录》卷101，宣祖三十一年六月十五日戊辰1条。
⑨ 《明神宗实录》卷80，万历六年十月丁亥，第1772页。

迁秩一等及赏金帛。① 十年,以"贪纵"罪"褫职"。② 十二年,浙江巡抚温纯荐举"原任广东惠州参将、今听调季金,发迹武科,扬威南服,历各省以英干闻而自守且正,在岭表有筹算略,而人攘其功"③,助其复起。二十三年,季金参与平定蓟镇石门兵变,获赏十两银子。④ 二十五年三月"参将季金领舟师二百只,每船载军三十,四月初约会于朝鲜平壤"⑤。十一月初四,宣祖接见季金与参将陈愚闻,曾言季金"欲面见李舜臣相议行兵之事",令"李舜臣从水路,迎于中路面论"⑥,因李舜臣在南海组织鸣梁海战未成。明军当时也计划分三路进发庆州,准备蔚山战役,由"季金等领兵,赴珍岛设疑行计"⑦。但蔚山战役以陆战为主,明朝水师未能发挥作用。

自万历二十五年十一月至次年四月,季金率水师驻扎忠清南道水师营驻地保宁鳌川⑧,留下地方有型文化遗产第159号《游击将军季公清德碑》:"将军姓季,讳金,字长庚,别号龙岗,浙江台州府松门卫人,中隆庆戊辰科武进士,历浙江、广东、山东参将。统帅浙直水兵三千艄士,一皆当百。鲸涛万里天风送便,乃以上年仲冬,湖面未下碇,海飓猝起,多船淹没,将军色不动。觌见本国篙工冻湿者,解衣衣之,仁之渥也。以至下卒,见人蓝褛无衣褐,辄为之制套,化至神也。逮及解缆下营,无哗若衔枚。昼听襫霉,夜警刁斗而已,令至肃也。要酒馔者,银布有准,尺童莫之欺,不待阿蒙之斩覆铠,推其廉也。男女偪侧不相猜贰,而罔敢侵犯风诱,御以简也。将军从旱路,在南留丁、朱两千总,以视余卒。两千总咸能体将军意,毋动威,素行也。湖南再经贼,驼驮不受递者,尽籍

---

① 瞿九思:《万历武功录》卷3,《广东·鲍时秀列传》,《四库禁毁书丛刊》史部35册,第520—521页。
② 《明神宗实录》卷123,万历十年四月庚戌"褫广东惠州参将季金、真定延绥游击路登云、赵武职,各以贪纵,为抚按所劾也",第2299页。
③ 温纯:《温恭毅集》卷4,《灾异频仍悬乞圣明敦政体饬武备以除隐忧以图消弭疏》,清文渊阁四库全书本,第23页A-B面。
④ 参见方应选《方众甫集》卷7,《滦东平叛记》;《明神宗实录》卷290,万历二十三年十月乙丑"加京营佐击陈云鸿游击职衔,与原任游击季金,统押防海南兵发回原籍。有不听命者以军法从事",第5381页;卷301,万历二十四年闰八月壬辰,第5655页。
⑤ 《朝鲜宣祖实录》卷86,宣祖三十年(万历二十五年)三月二十五日乙卯5条。
⑥ 《朝鲜宣祖实录》卷94,宣祖三十年十一月四日辛卯2条、4条、5条。
⑦ 徐希震:《东征记》,首尔大学奎章阁藏本,奎中5249号,第16、19页。此材料由韩国平均馆大学李平秀博士提供,特此感谢!
⑧ 案:在今韩国忠清南道保宁市鳌川初等学校校园内,还保存着万历二十六年朝鲜户曹郎安大进所撰的《钦差统领浙直游击将军季公清德碑》。

其牛马齿毛，各令计还。由是远近悦服，翕然无异词，德施普也。将军既仁而化，令以廉简，威与德并济，得三千同德之士，其与田家之五百，孰为之多少？"碑文提及季金船队抵达伊始即遭飓风，明朝水军在吃穿住行等方面也与吴惟忠所领南兵一样，军纪严肃，童叟无欺，获得仁化廉简、威德并济的赞誉。

季金水师营的编制，分前、后、左、右四营：前营千总丁文麟、后营千总吴惟林、左营千总朱守谦、右营千总江鳞跃。此外，督阵旗牌官周焕、张邦达；中军官王启予；把总陈子秀、戴起龙、侯应连、陈国敬、杨永、龚玭、许龙、施胜等人的名字也都刻记碑阴，全碑700余字，虽然经历400多年岁月流逝，依然清晰可辨。①

与季金相关的问题：一是季金所率水兵的来源和人数，究竟是福建水兵还是浙江水兵？或是闽浙南直合营水兵？万历二十七年十月，经理万世德移咨朝鲜云："游击季金兵一百二十余员名"，与其他将领差别较大，如"游击蓝芳威兵二千六百余员名，与原留善后蓟永营兵二百一十余员名，俱总兵李承勋入境之时先期撤回。在八月之应撤者，守备姜良栋兵一千四百余员名、左总兵三百余员名、千总李应昌船兵一千七百五十员名、把总李天常船兵二千八百余员名。"②所谓季金兵120余名员，很可能是其初率入朝的"福建水兵"，而副总兵陈蚕所领的"浙江水兵"及其他各路水陆官兵共计10万名，与徐希震《东征记》所载9.8万名接近③。推测季金初领数量不多的福建官兵，后经重新分工：季金领浙直水兵驻守西线保宁，陈蚕则统陆兵驻守东线釜山。

二是季金到达朝鲜的时间，据李舜臣《乱中日记》载万历二十五年十月二十四日，"闻唐舟师到江华云"④，这是东征后期首支抵朝的水师部队，季金就在其中。赵庆男《乱中杂录》记同年十二月二十三日，"天将浙江游击季金领舟师数千，到泊湖西下陆。因到南原，阵于时罗山（即

---

① 碑文参见王英础、朴现圭、孙连忠编著《抗倭援朝的名将——季金》，浙江工商大学出版社2020年版，第142—144页；《温岭日报》2009年4月3日第6版《人文》载王英础《万历抗倭名将——季金》已披露该碑文。
② 《朝鲜宣祖实录》卷118，宣祖三十二年十月十七日癸巳3条。
③ 《朝鲜宣祖实录》卷87，宣祖三十年（万历二十五年）四月十三日癸酉8条。案：万历四十二年徐希震所撰《征东记》则记"凡钱粮支销、记功定皋各有司存用水陆兵九万八千名，帑银四百余万两"，与朝鲜实录所载"水陆十万"基本吻合。
④ 李舜臣：《李忠武公全书》卷8，《乱中日记》四，韩国汉城民族文化推进会1996年版，《韩国文集丛刊》第55册，第299页。

今韩国南原大山面)。"① 当时蔚山战役正如火如荼,明军攻坚岛山,持续十余日,季金所领的水军何在?十一月初,杨镐云季金要见李舜臣未成。李舜臣日记载十一月二十九日"麻〔马〕游击差官王才以水路天兵下来云"②,可见岛山战酣时,季金水军刚抵达保宁。而次月到南原时罗山时,岛山战役已经结束,朝、明水师未能完全掌握南海水域的控制权,导致日军以朝鲜被掳人组成"援军"干扰了杨镐的判断和岛山战局,这两者间或当存在因果关系。

明朝水师将领与朝鲜水师统帅李舜臣礼尚往来,李记录受赠物品包括三大类:一是服饰类,如青云娟、领娟、绫袜、暑袜、云履、服履、金带、镶带、绣补、香线、花帨、粗帨、汗巾、枕头花、青娟线、青、红、蓝布、蓝带等;二是器物类,如杭筋、朱红筋、苏梳、梳大细、香棋、花盒、酒盏、神仙炉、嵌图壶、青茶瓯、花酒盃、铜茶匙、细茶匙、茶匙、苏针、藤扇、诗扇、(真)金扇、蒲扇、朱笺、拜帖、红礼帖、金(全)柬帖、书柬帖、红纸等;三是食品饮料类,如香桂、茶叶、春茗、两茶、花茶、浙茶、生鸡、咸羊、胡椒等,赠礼人名和数量备具。从中也可管窥万历时代民众日常生活资料的种类及礼俗风尚。③ 而季金的大刀等兵器,至今也仍在忠清南道展出。

现藏韩国海事博物馆的李舜臣书信,提及"陈都督明日内当到阵,孤哀与季爷偕往康津,月望内望见都督威风如何"?时间为万历二十六年七月初八日。季金与朝鲜文人白振南、尹光启等交好④,说明在为人处世方面,比"暴猛"的陈璘更入世,朝鲜至议"水兵有季游击"而移"陈都督于陆地,以当一隅。"⑤ 七月十六日,陈璘到古今岛,朝明联合水军

---

① 〔朝鲜〕赵庆男:《乱中杂录》三,《大东野乘》卷28,朝鲜古书刊行会1910年版,第102页。
② 〔朝鲜〕李舜臣:《李忠武公全书》卷8,《乱中日记》四,第303页。案:文中"麻游击"当为马呈文之误写。
③ 〔朝鲜〕李舜臣:《李忠武公全书》卷14,《附录》六《李氏遗录》,第424—425页。案:内"写埃"是否为纸衬,俟考。
④ 分见《抗倭援朝的名将——季金》,第308、291—294、318页。
⑤ 《朝鲜宣祖实录》卷104,宣祖三十一年九月八日庚寅1条。另张金奎《从名将陈璘看晚明武官之政治生态》(《安徽史学》2017年第1期)述及"晚明时期,随着军事领域的不断变革,武官群体必须面对来源不同、待遇不一士兵的混合编组,领导体制变化等种种不适,并从中寻求平衡点,以维持所部战斗力。在考选权被文官集团垄断和官场腐败日渐严重的背景下,有志于建功立业的武官不得不违心做出妥协,以换取主持军务的机会",陈璘就成为"这一特定政治生态下的典型证例"。并参刘祥学《"贪将"抑或猛将?——再论明代名将陈璘》(《军事历史研究》2018年第1期)、魏子健《万历朝鲜之役中明军将领在中朝史籍中的形象建构》(硕士学位论文,山东师范大学,2018年)等。

正式成立，原分驻保宁鳌川与南原的明军水师也移住古今岛，朝、明两军合师共八月有余，在战功题叙、粮饷问题和指挥权归属等方面多有矛盾。

如万历二十六年六月，备边司启李舜臣军兵驻荒绝之地，"物力仅仅自给"，天朝将官"与之合阵"致其"查点军兵，稽考器械，一切事务不得自由，而一听于委官，则其间征索之弊、难堪之役，不可胜言"。而明军粮饷未到，"不得已以我国舟师之粮先为供给"明军，这即"与季游击同处"①时李舜臣的窘境。后明朝水师自运自食，如九月二十九日，浙水营中军、绍兴卫指挥使方日新卒于飓风："统浙兵三千，自义州卸粮，将赴鼓金岛邓子龙所。九月念九日至岛。夜发定更铳，惊动水族，海飓顿起。波涛播荡，下触铁板沙。二更，楼船首尾俱裂坠，止存中舱。急呼小舟接登岸，方始下船，军伴五六人齐上，一时覆没，去岸止寻丈矣。……（日新）虽武弁，负隽才……始与沈游击督兵至天津，后属邓子龙。又奉命督刍，挽舟赴旅顺。及难，闻者无不痛惜。"② 水师运粮路线是从旅顺、义州南下古今岛，而秋冬季节，朝鲜西海岸飓风多发，季金抵达保宁的见面礼也是一场飓风。

二十六年七月十八日，金塘岛折尔岛之战，朝鲜统制使李舜臣部斩级七十余，因陈璘所请"不得已送分四十余级，季游击亦送家丁求级，臣送五级，皆作帖谢之矣"③。可见双方在军功叙题上有矛盾。明监军王士琦查问首级事，备边司以"今若送实状，则必陷都督于大罪，当以假状送之"④，报以李舜臣26级，陈璘40级，季金5级。故审视"今季金以三千水师，蹙倭于海，生擒活倭二名，斩级九十三颗，夺获倭船、刀铳、衣盔多可数"⑤ 等记载，需考虑是否有夸大成分。而季金接伴官文大忠驰启"游击军兵及我国舟师合势，兴阳境倭船相逢接战，生擒十一名，斩获十七颗"⑥ 这样当时当地、战场直报数据当为实数而非虚数。

尽管宣祖一再令李舜臣"战船水军尽数调聚，整齐于釜山海口，勿使轻动，听候经略分付"，或"一听副总（刘綎）节制"⑦，但李舜臣从子李芬言："都督在阵日久，熟见公之号令节制，且料其船虽多，而不可

---

① 《朝鲜宣祖实录》卷101，宣祖三十一年六月二十四日丁丑3条。
② 诸葛元声：《两朝平攘录》卷4，第375页。
③ 《朝鲜宣祖实录》卷103，宣祖三十一年八月十三日丙寅4条。
④ 《朝鲜宣祖实录》卷105，宣祖三十一年十月一日癸丑7条。
⑤ 张辅之：《太仆奏议》卷2，《防播剿倭疏》，明天启刻本，第70页A-B面。
⑥ 《朝鲜宣祖实录》卷103，宣祖三十一年八月二十日癸酉6条。
⑦ 李舜臣：《李忠武公全书》卷首，《命听候经略谕书》《命授副总节制谕书》，第89页。

以御贼。每临战乘我板屋，愿受制于公。凡军号指挥皆让之，必称公为李爷，曰公非小邦人也，劝令入仕中朝者数矣。"①记载陈璘不仅自动放弃指挥权，且数劝李舜臣入仕明朝，或可从另一角度反映中、朝普通民众观念中，确实存在内外、高下之别，这也"符合古代士大夫的行为规范。看看李舜臣所为，我们如再妄加褒贬，岂非度量、见识都不及古人"②，弥合朝明水师的矛盾，也是一种良好的心愿。而在朝、明联合军中，指挥权属于明军统帅，毋庸置疑。③

从全局来看，西线明、朝联军与日军作战互有胜负。万历二十六年九月曳桥之战，"季游击金右臂中丸，不至重伤。天兵中丸致死，不知其数"④，明军似是吃了大亏。但李舜臣记季金所伤为左臂，明军死亡11人，显然更加准确。⑤ 当时提督刘綎还在制造云梯，十月初匆匆一战，初七刘綎"陆兵暂退顺天"；十一月二十二日水战，"游击季金所骑船搁于浅溆，岸上之贼，放丸如雨，天兵从船，亦放大铳子。行长挥兵督进，贼二十余直涉浅港，拦止其船。季金鼓其军抗战，斩十余级，贼少却，遂刺船而去"⑥。暴露在近海浅水区域作战，明朝水师船不能发挥长处，容易被动挨打。季金归国的时间，不在万历二十七年四月，当在九月之后，年底之前。参照另一位水兵将领张良相的东征诗碑，很可能是在十月中下旬。⑦

---

① [朝鲜]李舜臣：《李忠武公全书》卷9，《附录一·行录》，第319页。
② 参见颜广文《论"壬辰之役"中的陈璘》，载2006年《东亚人文学》第9辑，第357页（总347—364）页，收入《古代广东史地考论》，中山大学出版社2007年版，第129—140页。
③ 案：中朝宗藩关系的框架，决定了联合军中指挥地位所在。相关研究尚可参见孙卫国《明抗倭援朝水师统帅陈璘与露梁海战》，《南开学报》（哲学社会科学版）2020年第4期；吴如功《壬辰战争陈璘"击杀石曼子"事迹及其传播考辨》，《陕西学前师范学院学报》2016年第12期等。
④ 《朝鲜宣祖实录》卷105，宣祖三十一年十月一日癸丑7条。
⑤ 李舜臣：《李忠武公全书》卷8，《乱中日记》，第302页。
⑥ [朝鲜]申钦：《象村稿》卷38，《天朝出兵先后来援志》，《韩国文集丛刊》第72册，第266页。
⑦ 案：万历二十七年八月二十九日朝鲜国王"幸季游击所馆处，行酒礼"（《宣祖实录》卷116，宣祖三十二年八月二十九日乙巳4条），次日"季游击诣时御所，行回礼而出"（《宣祖实录》卷116，宣祖三十二年八月三十日丙午1条）至二十八年初，"唐人黄君井、刘举等状传曰'于路侧观之，有病唐人ች为惨恻'……此必是季游击军丁而得病落后，口粮罄竭，号诉于驾前，情事矜恻。令接待都监访问所寓下处，限差病回还问题给粮料及馔物，使之救活"（《宣祖实录》卷121，宣祖三十二年一月六日辛亥11条）。可见季金回国当在九月后年底前。军中落后伤员生活困难，朝鲜设法解决。《抗倭援朝的名将——季金》第190—191页关于季金"夺情"的分析合理，因路途遥远且在异域，父母辞世未能守制的官兵将领并不罕见，包括李承勋也是如此。

季金回国后，任山东临清参将、永生洲参将、镇江总兵。万历二十八年十一月，永生洲"见任参将季金，病难遽出，听其离任调理，赴部推补别用"①，印证季金退职养亲的说法。嘉庆《太平县志·右榜进士》载："季金，字长庚，登第三名。从征关白，复朝鲜，积功官至都督佥事。能诗，有《友人招游委羽洞作》，见《委羽山志》。"诗题"季金，松门卫人，总兵"当为晚年所作。季金入朝前最高职衔仅为参将而非总兵："尘俗何时远，空嗟岁月催。"② 表现出来的也属晚年心境。

清顺治十八年，因迁界令由"世居松门"迁居黄岩的石曲季氏宗谱中，载有彩色"镇江府总兵金公遗像"，像赞为："躬膺柱石镇南邦，曾扫蛮兵十万降。纸上传神知大半，疏中论将忆无双。喷烟鸟窜归穷岛，跋浪鲸鱼静大江。晚效蕲王身乞退，月明夜泛木兰艘。裔孙源邦题。"③ 该谱失名《原序》载季氏出自"后唐宣奉大夫孟宾公，处之青田人，避寇镇涂，徙居天台湖嶍。逮宋有讳镕者，职任平江府知府；希声翁为江西参政，遂为伊省诗家之宗；后迁仆射尚书至台谏柱史斯可翁肥逊雷马山，再传仁勇公，游江淮，适明太祖高皇帝与戡乱之师，以军功授职指挥使，三传至十九公，徙宁邑桑洲，五传仁政公徙台之西门，仁懋恋公徙黄邑之方山，至十世进士仕进公任河南提举，乃徙太邑之莞田，若孟宾公又徙仙居横溪。诸族之仕宦缙绅莫可胜记，虽居五邑，同出一源。非谱以纪之，奚知其皆出自青田乎？"可见季氏源出青田，随明太祖起兵作战，以军功任卫所指挥使。从顺治十八年迁居黄岩的十一世祖倒推，则万历中晚期的季金约为季氏八、九世族人。

龙游徐大鹏，字翔云，少有膂力，从"麻贵、刘綎将兵征倭……渡海屡战悉捷"，再从刘綎征播、从熊文灿征郑芝龙，以军功授总兵，崇祯

---

① 施沛：《南京都察院志》卷32，《奏议六·巡江改移将领疏（朱吾弼）》，明天启刻本，第29页B。
② 参见《抗倭援朝的名将——季金》，第39页。
③ 道光丙午年重修《石曲季氏宗谱》卷1，《祠堂记》载"余家世居松门，顺治十八年十一世祖洁斋公以海寇故至石曲，见其地美风淳，遂徙家而家焉。越四世，余先君蹙然动念曰'吾族徙居已久而无宗祠，何以妥先灵、序昭穆、利后祠乎？虽不能联合族而其立大宗，亦当就本房儿自立小宗'"，遂在黄岩石曲中街大浃东坐西朝东"祖业"之田中建立一座祠堂，为石曲季氏南房宗祠，从十一世祖开始祭祀，"不祀洁斋公以上，恐涉谬，悠示慎也"，道光十八年十七世裔孙春芳所作记。黄岩石曲这支季氏，虽将明末季金图像录入家谱，为审慎起见，并不列入祭祀之属，以别大小宗和南北支，推测季金直系后裔也有可能留在仪真。另据调查浙江泰顺县也存有1807年（嘉庆十二年）《塔头底季氏家乘》，因未得寓目，俟考。

年间卒于家，享年 94 岁。①

3. 浙北杭嘉湖宁绍等地卫所军

杭州有千总陈云鸿、王文宪从刘綎东征②和杭州右卫的张良相等。

万历二十二年十一月，明廷派遣浙江千总"陈云鸿同沈嘉旺往釜山，宣谕平行长，作速率众启行，以候封使"③。"陈云鸿行亦有五十人，亦但日给三分"；其回程当在二十三年二月之后："陈云鸿或更迟，但有动静消息即当先奉报。"④ 二十二年十二月十二日，"天朝游击陈云鸿，奉晓谕诏敕到京，因下湖西、湖南，分遣教士，于各道长官，训习操练军三枝"；二十七日，陈云鸿从汉阳南下南原，守备骆一龙、参将叶芳亦自全州到南原。翌日，陈云鸿在四咏楼东轩咏诗《奉使釜山宣谕倭众归巢时万历甲午岁腊月二十八日驻节南原午睡闻莺鹊争喧登台见雪有感云》：

> 岁暮京南客未回，那堪惆怅此登台。
> 万山雪积迷苍翠，千里烟岚蔽草莱。
> 日午庭前莺扰梦，朔风楼外鹊喧槐。
> 天涯四顾无穷思，忧国空惭廊庙才。

又《立春有感（是日立春）》：

> 去年今日客京华，今日新春又离家。
> 赢得朱颜途路远，令人伤感自嗟呀。

《又》：

> 仕路驱驰三十年，历来劳苦未容安。
> 今冬又奉传宣命，万里遐荒枕雪眠（皇明神机备兵坐营兼管三营游击将军事都指挥使、武林遵楼陈云鸿）。⑤

---

① 雍正《浙江通志》卷 174，《人物》四，《武功·衢州府》，第 4932 页。
② 韩浚等修：《嘉定县志》卷 16，《兵防考下·世官》，第 1023 页。
③ 《明神宗实录》卷 279，万历二十二年十一月己卯，第 51155—5156 页。
④ 孙鑛：《孙月峰先生全集》卷 5，《与石大司马书（万历二十二年十二月初三日）》，第 26 页。
⑤ 赵庆男：《乱中杂录》二《大东野乘》卷 27，朝鲜古书刊行会 1971 年版，第 689—690 页。

"遵楼"或为陈云鸿字或号,为五六十岁的老将。原籍浙江杭州的陈云鸿,据说"陈女送司马为妾,故白身顿膺三品"①,为"神机营坐营游击"。

万历二十三年三月,坐营官陈云鸿"屡报釜倭闻命即退"②,但日军实退36船千余人,"倭营星布数百里,此岛登舟,彼岛即可登岸,亦不知是退去否"。故沈惟敬估计日军"七分要退,三分不退""又云倭虽退,必更须得七八千兵,一支住对马岛,一支住釜山,如此五年方可无事"③。可见,沈惟敬也摸不准丰臣秀吉的意图,但对日军侵略朝鲜的胃口仍有清醒认识,不会轻易吐出朝鲜这块肥肉,没有5年观察、防备,不能了结战事。事实比沈惟敬估计的更遭:朝鲜战事延续了7年,直至丰臣秀吉死去才得以结束。

同年五月,陈云鸿报称:总督孙鑛差官骆一龙直抵行长营中,行长率夷僧玄苏、宗一、倭将平调信等出迎恭谨,倭船大半归巢,载还倭兵1.5万名,量留以候天使者不过行长幕下残士。石星遂据其言请乞敕杨方亨前驻居冒,李宗城与小西飞等前驻南原,以示东封大信,报可。④ 朝鲜兵曹佐郎李时发陪入东莱倭营:"游击陈云鸿奉诏入东莱倭营……公扮华服,随侦察贼情。"⑤ 因李时发通汉语,也随陈云鸿等入日营。

陈云鸿归国后,参与平定蓟镇石门兵变:"加京营佐击陈云鸿游击职衔与原任游击季金,统押防海南兵,发回原籍,有不听命者,以军法从事。"⑥ 闰八月,以平定乱兵事,陈云鸿、季金、参将管一方、方时辉、游击王必迪、兵备方应选、郎中李开芳等,各升职、赏银有差。⑦

万历二十四年夏,宽奠副总兵马栋言"行长婿平义智率部下从倭兵二十五船,于十二日蚁渡,值风且止,而行长……渡海之举约在六月十五日",而陈云鸿报"初九日倭众已渡,而但量留倭小西飞船以候敕命。至十五日,行长率众渡讫,因船不敷,留平调信待对马岛船至续载"⑧,留李大谏、沈懋时在日营候信。

---

① 诸葛元声:《两朝平攘录》卷4,第278页。
② 《明神宗实录》卷283,万历二十三年三月庚辰,第5231页。
③ 孙鑛:《孙月峰先生全集》卷5,《与沈阁下书(万历二十三年三月初四日)》,第44页。
④ 《明神宗实录》卷285,万历二十三年五月甲戌,第5273—5274页。
⑤ 李时发:《碧梧先生遗稿》卷8,《附录·谥状·南九万药泉》,韩国汉城民族文化推进会1991年版,《韩国文集丛刊》第74册,第519页。
⑥ 《明神宗实录》卷290,万历二十三年十月乙丑,第5381页。
⑦ 《明神宗实录》卷301:万历二十四年闰八月壬辰,第5655页。
⑧ 《明神宗实录》卷299,万历二十四年七月丁卯,第5595页。

二十五年正月，陈云鸿告知宣祖"行长来言黄陪臣［慎］小官不可遣，王子不可不来谢"，被问及关白受封却未撤兵，天朝何以处之？陈答："贼之虚张，不须深恃，但当自坚防守，毋为惊动……天朝必为尽力。汉、唐、宋以下连为属国，岂为恝然？更祝毋为惊动，以为引贼之端。"① 三月，吏科给事中戴士衡"奏倭情狡诈，奸臣欺蔽，如石星、沈惟敬、杨方亨及奸党假捏伪报，陈云鸿、孟良相等请俱重加处治，不报"②。但三个月后，就因李宗诚逃跑事败，服毒自杀身亡。③

万历二十七年五月，张良相以"广东水兵游击"④ 入朝，二十八年四月至十月，驻守釜山⑤。留有东征诗碑刻："东征诗万历二十六年季秋，国家复有事于东夷。维时朝鲜受倭患，至是六七年矣，我师救之，久未报捷。天子赫然震怒，乃命中丞万公往视师，经理与总督大司马邢公、都督陈公以下文武将臣十余人，兵会于朝鲜，先后济鸭绿江，数道并进。惟公壮志鹰扬，英风虎视。既于群公罔不协乃心力，竭厥忠谋，将轾乐浪、鸡林，耀师于釜山，封鲸鲵而后返。太史氏区大相以为，从古帝王出师命将，咸有诵音以壮军容，宣国威，伸同仇之谊，轸于役之劳，矧夫以大王之师，征诛夷狄，芟除暴乱，算出万全，事在必克，顺治威严，于兹为盛。宜□示远服，永诏来禩。于是作诗二章，虽乏孔硕之雅，庶扬有□□□云尔。"其词曰：

> 皇赫怒兮定夷乱，壮士奋兮不遑宴。
> 横长戟兮帘劲箭，组甲耀兮星辰焕。
> 蹴溟泐兮波涛晏，倚长剑兮扶桑岸。
> 四极莫兮鳌足断，皇灵震兮穷海外。
> 征不庭兮静殊类，甲旅悦兮从公迈。
> 封鲸鲵兮戬鳞介，加日出兮尽地界。
> 标穹碣兮际荒裔，异域来兮嘉王会。

---

① 《朝鲜宣祖实录》卷84，宣祖三十年一月十日辛丑1条。
② 《明神宗实录》卷308，万历二十五年三月癸巳，第5749—5750页。
③ 《朝鲜宣祖实录》卷102，宣祖三十一年七月十六日己亥1条。朝鲜国王询问黄应阳前期东征各官情况黄答："宋、袁皆无恙在家，而不做官；刘（员外）、张（总兵）曾已辞世，李总兵解兵家居，陈（云鸿）服毒药而死；杨邦衡方被系；戚总兵充军；杨元囚在辽阳狱，困苦万状矣。"
④ 《朝鲜宣祖实录》卷112，宣祖三十二年五月十九日丙寅1条。
⑤ 《朝鲜宣祖实录》卷124，宣祖三十三年四月十一日甲申2条。

皇明万历二十七年阳月上浣吉旦日建，督工征倭游击将军张良相。①

浙江前卫李香，号兰台，以钦差统领南北御倭提督票下坐营游击将军署都指挥佥事领南兵 3600 人，随提督李承勋入朝，二十八年十月归国。

千总李天常，字惟经，号灵峰，武进士，领水兵 2700 人，露梁之战斩倭 269 级，夺回被掳人 300 余口，论功升游击。

嘉兴沈惟敬是著名的东征和谈使。秀水李大谏也随之两次入朝②，初为经略宋应昌守备"直往倭营，谕倭尽数过海去，准封准贡"③，"本沈惟敬中军，从前误事亦多，而今因军门差委，不计事体，一心只欲救出惟敬"④。曾入日营见正成⑤，万历二十二年六月，监刘綎军"每名日给发在官升米一升"⑥，居留日本时与平调信往还称"李中军"，再次东征为杨镐幕僚，以"谷城、求礼等处人民，具鱼肉酒食，请倭留连，争运军粮，靡然从风，极为痛恨"⑦。后代表邢玠参与朝日交涉，"李大谏被邢制府之教宣谕行长"被誉"赤心效劳"，但遭经理万世德反对"争之不录"⑧。

绍兴最著名的是落籍余姚的骆尚志及兄弟子侄，如骆尚忠，训练都监郎厅派人往质"骆参将留营之人骆尚忠"⑨ 习《纪效新书》者；守备骆一龙，称骆尚志为"叔父"⑩，万历二十三年，奉经略孙矿之命，与千总陈云鸿等入日军小西行长营侦探；骆尚志的女婿茅国器是东征后期著名的南兵将领。

余姚沈思贤，字邦达，号沙川，同沈惟敬入倭营⑪，万历二十五年再次入朝。他的余姚老乡胡泽，号龙山，也两次入朝，先为经略顾养谦标下"守备"，与张九经、王希鲁、许国忠、柴登科、吴大绩等，均曾以"策

---

① Japan's Second Invision of Korea in 1597（丁酉再乱），2017 - 07 - 25，JinJu National Museum，p. 54，《张良相东征摩崖碑拓本》。此材料承山东大学陈尚胜教授惠示，特此致谢！
② ［朝鲜］申钦：《象村稿》卷39，《李提督以下诸官一时往来衙门》，《韩国文集丛刊》第72册，第275页。
③ 《朝鲜宣祖实录》卷50，宣祖二十七年四月二十六日甲戌1条。
④ 《朝鲜宣祖实录》卷101，宣祖三十一年六月二十日癸酉3条。
⑤ 《朝鲜宣祖实录》卷108，宣祖三十二年正月一日壬午2条。
⑥ 《朝鲜宣祖实录》卷52，宣祖二十七年六月四日辛亥4条。
⑦ 《朝鲜宣祖实录》卷94，宣祖三十年十一月十五日壬寅4条。
⑧ 《朝鲜宣祖实录》卷101，宣祖三十一年六月二十日癸酉3条。
⑨ 《朝鲜宣祖实录》卷43，宣祖二十六年十月六日丙戌11条。
⑩ 《朝鲜宣祖实录》卷58，宣祖二十七年十二月二十二日乙丑3条。
⑪ 《朝鲜宣祖实录》卷34，宣祖二十六年四月二日丙戌6条。

士"身份受到过宋应昌的题叙表彰（详见第一篇）①。

山阴县州山吴氏家族有吴宗道、吴凝道、吴贵道、吴自华、马骢、吴大圭及吴来臣、吴教等参与东征的将士：吴来臣，字士进，万历十九年至都，入京卫武生，考选将才，随总兵李如松援朝鲜。二十年正月克平壤，计斩倭首三颗。随征碧蹄馆，力战死，荫子绍兴卫后所百户；吴教，官湖广司仓，万历四年浙江武举，授镇鲁营千总。二十五年三月，随经略杨镐援朝鲜败绩，"力战阵亡，以匿报未恤"②。

邵姓千总某，"禄二十七，行语，朝鲜千总，卒于扬州，生二子，兵乱失去"③。参《唐将书帖》及《宣祖实录》中千总邵应忠、董元致柳成龙书曾自言为嘉善袁黄④标下差官。

会稽冯仲缨（详中篇）及蒋弘济（号静吾）"以原任守备为中军旗鼓官，随军门（邢玠）来去"⑤。

湖州姜良栋，号渭滨，以招抚海屿把总，隶经理万世德票下，领兵八百人，万历二十六年九月入朝，二十八年四月归国。他曾自言："栋起自吴兴，中少事铅椠，颇识训诂，未卒业，弃去。读城旦书，补邑橡史，久之束于格，无可自见；且有怀二人，遂拂衣去。迨服阕后，乃仗剑从戎，驰驱互市，虽树微绩，不能振起。时天子以疆场多事，下玺书总督万公，令招延海内诸凡文武罢闲将吏、布衣人等，但有奇谋善谍奋勇立功者俱得收用。栋乘此会，遇事辄奋其螳臂，竭其驽力，以博一效。"自称吴兴人的姜良栋，曾在跋文中用印"平东将军章"⑥，可见也是一位活跃北边的南将。

万历二十五年十二月，万世德荐本言："把总姜良栋，系浙江湖州府归安县人，俶傥不群，慷慨自命。驭下则倾身接纳，虽金石而可靡。承委则矢志周旋，即汤火而不避。十年边塞，曾掉舌而折龙庭，千里沙场，又捐躯而扫鱼海……查得本官往年经略七镇，以清海焚功题升署镇抚，未经部覆。今似量复原官，仍念岛屿辽远、人民狂野而中间避差亡命之辈，强半皆若人焉……合无量加把总名色，使衔命而往，竖标而呼，容臣再于文

---

① 宋应昌：《经略复国要编》卷7，《叙恢复平壤开城战功疏》，第576页。
② 以上未指明出处者均见《山阴州山吴氏族谱》卷30，《叙传记》、《忠烈传略》。
③ 邵荫裳纂：《绍兴江左邵氏家谱》卷5，《中宅支世系》，页40，民国十九年（1930）安乐堂活字本。
④ 《象村稿》卷38，第269—270页。参《再造藩邦志》卷2，第488、543—544页。
⑤ ［朝鲜］申钦：《象村稿》卷39，《军门票下官》，第280页。
⑥ 姜良栋：《东征录》跋文，日本公文书馆藏万历刻本，二册，收录万历二十五年至二十九年万世德、邢玠奏疏关于姜良栋的相关文书共3万余字，此材料由中国科学院自然科学研究室郑成博士提供，特此致谢！

职首领佐贰内,会委一员,赉带花红银两,自淮阳界起,自安东而至靖海,自靖海而至威海,自威海而自登州;自登州而至旅顺,中间各岛有人住居者,或立耆民,或立保长,或优以冠带,或免其差役,其有自备船只,可资会哨,临海山阜,可据传烽,俱议给行粮,务裨实用。其原无人住之处,是否可以泊船,是否可以瞭望,如果堪扼险,则议添哨船,果能望洋,则议增墩戍,一一亲历,处处调停,使我之耳目外张,臂指内拊。"万世德荐举姜良栋开辟海道并探究建立军事基地的可能性。

万世德荐姜良栋第三疏:"将姜良栋授浙江湖州守御千户所署所镇抚,量升署指挥佥事,充天津海务巡抚标下招抚海屿把总,照例以都指挥体统行事。"万历二十六年七月,万世德"札行招抚岛屿把总姜良栋赉带银牌、花红并给船只、向导、随行人役,前往登莱、旅顺等处招抚"①,显示姜良栋在东征后期招抚水兵。二十七年五月,御倭经略邢玠条陈东征善后事宜十事,其六为重将领:"守备姜良栋、左聪量加游击,以隆责任,且示鼓舞"②,但最终似未能落实。

东征结束后,姜良栋曾任苏松兵备兼粮储水利右布政杨洵的坐营游击,被评论"事有担当,不辞劳怨,三载功多,捕盗四境,宴然不惊。臣实器之。但直肠易发,不能容人,任久生忌,遂滋多口"。故自请辞职,其呈称:"切照卑职身入戎行,遍历九边,东征西讨,至万历二十五年始授钦依招抚海屿把总,后改东征守备,航海外藩,未沾功典。至三十年叨补坐营,题升今职。昼则训练武艺,夜则督兵游巡。以故三年之内幸保地方盗息民安。不意微躯,缘以勤动,冲寒冒暑,耗血捐心,感成怔忡,兼以脾胃不调,时常举发。近日头目眩晕,药饵无功,兼之屡诘总练官买粮剥军,致有仇嫌,任重怨深,尤宜亟退。伏乞怜念劳臣苦马,委官署事,交割敕旗,回籍调理。"可见东征之后,姜良栋未能叙功。杨洵接到报告后,随行苏州府查勘。知府李右谏勘详结果是"坐营游击姜良栋,奋迹戎行,躬亲天石,穷历边疆,练达营务。及管标下中军,劳绩尤多,一切部署行伍、巡防信地,皆能仰承号令。不但矢公矢慎,更能任怨任劳,是以士卒用命,盗贼潜踪。两年以来,地方安枕,已有成效,惟是自任亢直,每事摘发,遂致人情惶惧,谤毁交集。本官所以不得已,而以病乞归,情亦苦矣"。由此,杨洵会同直隶巡按监察御史杨廷筠认为:"坐营游击,内之传宣号令,外之调剂群情,必使众寡大小,毫无猜疑,而后

---

① 姜良栋:《东征录》,邢玠《把总疏》二,《把总疏》三。
② 《明神宗实录》卷335,万历二十七年五月壬戌,第6211—6213页。

行止进退动无窒碍。乃坐营游击姜良栋,即今左右前后,既非同心,则施为措注,必多掣肘。若复久留此地,诚患别生事端。虽曰借重,更非曲全。况本官东征,效有功劳。九边尤其谙练,似难听其以疾而去,而当用尽其长。"最后,应天巡抚周孔教建议:"俯念边海重地,敕下兵部,覆议上请,将游击姜良栋改调边陲要地,以尽其用。遗下坐营员缺,臣查得原任副将吴惟忠,身经百战,气雄万夫。虽投闲而不忘裹革之忠,倘起家可卜横海之绩。所遗员缺,或以参将署游击事令本官补之。虽本官原系副将,不无少贬,然人臣苟可效忠,何难自屈?又不然者,原任参将蓝芳威,力能扛鼎,气欲成虹,鹰扬虎视之姿,水断陆剸之器,资颇相当,亦堪起补。此二臣者,虽曾受三至之言,终难为二卵之弃。如果臣等所言不谬,并敕该部覆议一员上请,速赐除补。"①

但遭到兵科给事中孙善继反对:"先是闻良栋奉职无状,孔教欲行论斥。良栋假以条陈,历数抚臣行事乖张,具揭投院,事遂得寝。臣谓事出风闻,恐未必然。今良栋不议斥而议调矣。无论奉职无状,要挟抚臣,就如疏中所称疾病委顿之状,亦宜准其回卫调理,不宜改调边方要地,以误封疆……乞敕兵部申饬,各督抚以后调用武职,必境内所辖真知其贤,毋得滥举以开幸窦。该部起用废闲,亦必屡经荐举,详核生平毋,得概用以紊旧。章下兵部,覆议:姜良栋回籍养病,吴惟忠、蓝芳威永不叙用"②,姜良栋最终也与吴惟忠,蓝芳威一样,成为政治斗争的牺牲品。

宁波万邦孚,万表之子,"三世从征斯王事",邦孚"会援朝鲜,邦孚出督龙江水师,守鸭绿江,通馈运。晋参将,守温、处、闽……再迁以都督佥事总福建兵,修戚继光遗法,壁垒一新"③。其《东征赐宴》诗云:"铁甲森罗列晓星,边臣佩剑上明庭。金尊开处皇恩重,带月归来醉未醒。"及《请告得旨东归》四首之二"葛巾野服作闲人,廿载奔驰剩此身。几度乡云时在梦,舟行急急水濒濒"④,抒发了对东征时事的感慨。据邢玠《补统领广兵副将疏》考申钦所记其"领水军二千二百,己亥四月出来,庚子九月回去"⑤ 有误,万邦孚出督龙江水师守鸭绿江,并未入

---

① 周孔教:《周中丞疏稿·江南疏稿》卷5,《调补坐营将领疏》,明万历刻本,《四库存目丛书》史部第64册,第296—298页。
② 《明神宗实录》卷415,万历三十三年十一月初八日丁丑,第7791—7792页。
③ 雍正《浙江通志》卷172,《人物》四,《武功·宁波府》,第4896页。
④ 万邦孚:《一枝轩吟草》,载《四库存目丛书》集部第187册,第57页。
⑤ [朝鲜] 申钦:《象村稿》卷39,《曹副总票下官》,第291页。

朝。而鄞县单思南"从征关白，归老于家"①。所谓的单思南"从征"，是否随万邦孚行动，尚待考。但其以武术教授弟子，著名者如王来咸②，曾为南明浙东鲁监国大学士钱肃乐的中军；王来咸的再传弟子甘凤池，则是清初著名武术家，其抗清活动甚至持续至雍正年间。③

观海卫梁守忠，先从吴惟忠，再为按察使杜潜中军④，先后两次入朝。

二 广义的南兵——南直、闽赣、两广、云、贵、川兵

1. 南直钱世祯等将士

嘉定钱世祯，字士孙，号三持，为月浦乡东钱宅人（今属上海宝山区月浦镇），万历十年武举，十七年武进士，授苏州卫前所镇抚，升浙江运粮把总、浙东游击、镇江参将⑤。二十年十二月，以文武能臣随宋应昌东征，为钦差统领山东秋班经略票下御倭防海游击将军，领马兵一千入朝，后领"南方炮手、步兵千余，所着外服色多有不同"。防牌车、火车各三十余辆，以五千人分作五队，"而眼〔服〕象五方之色，头巾皆白者，象西方肃杀之色云"⑥。住定州时，习阵"甚勇猛"，尤是"围包变阵等法甚奇"，故朝鲜流传"钱世祯号称骁将"⑦。攻克平壤有功，朝鲜西川君郑昆寿将他与参将骆尚志、游击吴惟忠并列⑧。但为同官所忌，功虽多而未蒙上赏，著《征东实纪》一卷，是《唐将书帖》之外难得的东征亲历者撰著，记载的诸多细节值得关注。

如平壤之战："倭奴铅子矢石如雨注，前锋中伤者稍却，余拔刀砍其项，遂鼓勇带伤而进，后队继至，呼声动天地。有一百总吴计会者，跃而超其陴，为贼所击而坠，复超而上，仰砍数人。余与家丁杨文奎、徐大胜、郭子明已攀堞而登，遂克其城。时日尚未午，辽左兵犹未至城下者。既入城，与倭奴巷战，凡数十合，贼兵屡败，逾城而走，本营兵士死者二

---

① 黄宗羲：《南雷诗文集·碑志类·王征南墓志铭》，载《黄宗羲全集》第10册，第313页。
② 《清史稿》卷505，《列传》292，《艺术》四，《王来咸》，第13919页。
③ 参见何龄修《拳术家和反清斗士甘凤池》，载《顾诚先生纪念暨明清史研究文集》，中州古籍出版社2005年版，第1—8页。
④ [朝鲜] 申钦：《象村稿》卷39，《杜按察票下官》，第284页。
⑤ 参见韩浚等修《嘉定县志》卷10，《选举考·科贡表·武秩》，万历三十三年刊本。
⑥ 《朝鲜宣祖实录》卷33，宣祖二十五年十二月十七日癸卯5条。
⑦ 《朝鲜宣祖实录》卷33，宣祖二十五年十二月二十三日己酉3条。
⑧ 《朝鲜宣祖实录》卷36，宣祖二十六年三月十三日戊辰4条；卷38，宣祖二十六年五月庚辰10条。

十二人，伤者一百四人。他营之伤死者不能记忆也。"① 钱营真实的死伤数据，可作为整个明军在平壤战役中伤亡数字的参照，证以游击王必迪、参将骆尚志等人书帖：骆营死伤二百余，王营死伤也相当。可见，平壤之战中，南兵死伤较为严重。②

其所记辽兵辽将的形象："先是，提督公下令有敢下马取首级者斩，余以为防争功而误事耳。兵士或有取首级者，余谓之曰：'既得先登，当受万金赏，何必首级为重？独不畏斩乎？'遂皆掷去。日平，见提督公家丁首级满马项，始知号令之不严，而首级已为人掠取，不复可得。无如之何，率家丁过大同江，穷追得首级数颗，有一倭将白袍绛领……斩之，取其衣甲旗帜以为信。军法管兵五百以上者不许亲有斩首级，虑夺军士功也。因以此首级赏家丁周旋。次日解验首级……验功者曰：'贼将如何姓名？'因不知姓氏，遂不蒙叙录。于是军中为之谣曰：'行军只是依旗鼓，接刃何尝问姓名。记得当时传小说，来将何人也有因。'继而叙先登之功，幸蒙首列，然亦未见实录也。"③ 暴露平壤战后酬功的问题和内幕细节：如提督李如松口谕，先登者悬赏万金，最后不了了之；军令不许下马割首级，而李如松家丁割取日军首级却挂满马项；验功者甚至要求报出所得日将姓名及军中流行小谣等，均为难能可贵的亲见实录。

此外，崇明沙兵游击王国威、扬州卫游击福日升、淮安大河卫游击梁天胤、太仓卫游击王元周等也均为水军将领④，分别于万历二十六年七、九、十月到达朝鲜。⑤ 文臣则包括常州府无锡县杨应文，号凤麓，万历十七年进士，二十六年以钦差查功刑科给事中代徐观澜勘会军功。还有与杨镐关系不错的黄应阳等人⑥。

徽州奇士程鹏起，休宁县人（新都、草市等古地名即今黄山市屯溪区屯光镇），字相如，生员出身，精通舆地之学。东征初期，向兵部提议"借兵暹罗"之计被接受，授为使臣，计划出使暹罗、占城等海外"八

---

① 钱世祯：《征东实纪》，观自得斋徐氏校勘本，收入四川大学图书馆编《中国野史集成》第 25 册，巴蜀书社 1992 年版，第 303—304 页。
② 案：宋应昌后来汇报各营"阵亡官丁"796 员名，"阵伤官军"1492 名，伤亡 2000 余名与日军伤亡数目"共斩获倭级"1647 颗，其中"倭将头目二十五颗"，"奉旨有名倭首三名"，而"焚溺死者约有万余"难以清点。至少，明、日双方当阵对战死伤数目大致相差不大。
③ 钱世祯：《征东实纪》，第 303 页。
④ ［朝鲜］申钦：《象村稿》卷 39，《曹副总票下官》，第 290、286 页。
⑤ 参见附录表 6。
⑥ 李德馨：《汉阴先生文稿》卷 9，《进杨经理肖像启（庚戌）》，第 65 册，第 420 页。

国",后以"谤"言喧腾被止于占城,因"夤缘进用"而被追责逃归。万历二十七年前后,"或以听用、或以管粮"① 来去于中、朝之间。东征结束后,被谪两广,曾任永升州(今江苏泰州)游击、桂林卫把总,客居福建、杭州等地,天启六年辞世于扬州。②

广德宋大斌的东征诗附记于此:"雪霁名花县,春回细柳营。喜传前部捷,好缓后援兵。鼓角山城静,烽烟海宇清。愿言诸父老,从此任归耕。(自注云:残倭败遁,猛师出阳德县,赋此为洪大尹赠)"③

2. 闽赣等地东征将士

在刘綎、邓子龙④所率的东征将士中,包括均随刘綎来去南昌卫卢世卿、陈以笠、陈大纲、东路监军徐中素⑤中军邹良臣、抚州金溪县游击傅良桥⑥、饶州府鄱阳县游击蓝芳威⑦、泉州卫游击白斯清、福建晋江县武

---

① [朝鲜]申钦:《象村稿》卷39,《曹副总票下官》,第291页。
② 参见周郢《明万历壬辰之役"借兵暹罗"发覆——以程鹏起〈灵岩寺诗碑〉为中心》,《历史研究》2017年第6期。
③ [朝鲜]尹行恁:《硕斋稿》卷9,《海东外史·阳岩》,《韩国文集丛刊》第287册,第161页。
④ 案:关于邓子龙之死乃因"后船用火器失手,反打邓船,篷樯俱着。我兵窜伏一边,被倭乘势登舟,将邓将及家丁皆砍死"从《两朝平攘录》带有神秘色彩的预言式记载(第379—380页)到孟森《清代堂子所祀邓将军考》(孟森:《明清史论著集刊》中华书局1984年,第311—323页)、钱基博《代陶平凫按察明赠都督金事副总兵邓子龙祠碑文》(钱基博著、傅宏星校订:《碑传合编》,华中师范大学出版社2014年版,第261—263页)、商鸿逵《明代援朝最后胜利中的大将陈璘和邓子龙》(商鸿逵:《明清史论著合集》,北京大学出版社1988年版,第25—32页)及最近为纪念邓子龙殉国400周年江西丰城政协1998年编印的《明代爱国将领邓子龙》(丰城市发电公司商务中心承印)及韩国顺天乡大学朴现圭利用民国二十二年《邓氏族谱》及徐希震《东征记》、李舜臣《李忠武公全书》等中朝史料,结合对丰城邓子龙遗迹及邓氏后裔的田野调查所写的《明将邓子龙의활약과죽음》(《韩中人文学研究》2007年第22期)等,均为重要参考资料。
⑤ 案:徐中素,号玉渊,南康府建昌县人,山东兵备道按察使司佥事赞画主事。万历二十六年五月任东路明军监军,六月闻父丧回。参见[朝鲜]申钦《象村稿》卷39,《梁布政票下官》,第284页。
⑥ 《朝鲜宣祖实录》卷104,宣祖三十一年九月九日辛卯2条;卷107,宣祖三十一年十二月十四日乙丑5条给事中徐观澜奏"麻贵师无节制,士有饥寒。邓子龙漫尔逗遛,傅良桥侮帅无状,茅国器通倭可疑等因",奉圣旨自审核闻处置,勿令枉纵,致有后言。
⑦ 案:申钦《象村稿》卷39,《曹副总票下官》第290页记其为"饶州府江西县人",饶州并无江西县,误。蓝芳威原为景德镇陶丁,万历十六年二月曾被"乘饥倡乱、凿鹊湖之矿"的陶丁推为领袖,"聚众六千,一夕建寨三百余所"(延丰撰《重修两浙盐法志》卷25《商籍二·人物·明·程朝京》清同治刻本),在鄱阳知县程朝京、江西九江分巡道顾云程等人劝说下"芳威遂单骑诣军,后卒为名将"(许重熙撰:《嘉靖以来注略·万历注略》卷8,明崇祯刻本),是以壮劲善斗的"降卒"戍边之后成为名将的代表人物。

进士、游击许国威等，均为各领数千的南兵或水兵将。但《象村稿》所记沈璨所领3000名水兵与邓子龙3000名水兵在数额上也不能重复计算（参见附录《表五》）。

万历二十五年三月，福建游击许国威率1180余水兵驻扎迎日、长鬐。他与经理杨镐关系密切，杨镐被参时，曾策划南兵诸将申救，被丁应泰称为"大猾许国威，承望风旨，恣逞刀笔，强写诸将连名奏疏，称讼杨镐"①，深度卷入丁、杨事件，被指与督臣邢玠、按臣陈效、提督麻贵以及司道、将领等官在未勘之先"自商计一疏，扶同欺罔。明日令人保留，徇私曲庇"；还阴诱朝鲜"陪臣李元翼上疏保留颂镐功德"。考虑到素与杨镐矛盾尖锐的吴惟忠，居然出面疏保杨镐，或许确与国威有重大关系。其中的未发之覆，尚有待深入挖掘。②

许国威禀帖，涉及其保留杨镐的心理活动，值得一看。

统领福兵御倭游击将军署都指挥佥事许国器[威]谨禀："国威患病情由，具载公文中，伏祈老爷恩照施行。威病之真，其起病之根，缘禀气微薄，途来冒寒入骨，入抵王京，水土不服。且见兵少，不成营伍，水用无舟，陆用无车，虑蒙调征，势恐误事。所以日夕深忧，食减病生。忽闻抚院被劾西归，转益惶惑。夫抚院，大臣也；征讨，大事也；朝鲜，异域也。任大臣，成大事于异域，必宽文网、假便宜，一人誉之，不加隆；一人毁之，不加杀，惟责其结局成效而定功罪，乃能有济。今遽以一人之言而废置之，则抚院以下，戮力鲜疆者，决不能尘盈箧之谤，赦三人之罪，恣示祖之入，辟舍人之谗也，明矣。无怪乎褊裨之夫，益临事模梭[棱]，当局先撑。夫用兵之事，与大平之政殊科；而锋镐之下，与庙堂之议难同。昔苏子瞻讥孔明曰：'弃荆州而就西蜀，吾知其无能为矣。'藉使子瞻与孔明用兵，则断断乎在范围之内。信所谓谈事易，当事难。谈事于局定之后易，猝然之际难；当事于大平之时易，应变之顷难。昔后将军上屯田便宜十二事，汉宣难之。公卿咸以为不可，独魏相坚其画，卒之振旅而还，先零悉平。班定远功振外夷，李邑毁之曰：'超拥爱妾，抱爱子，安乐外国，无内顾心。'帝切责李邑，令诣超受节制，故成功西域，

---

① 《朝鲜宣祖修正实录》卷32，宣祖三十一年九月一日癸未1条。
② 案：申钦《象村稿》卷39，《曹副总票下官》第289页记载许国威领"步兵"1160人到朝鲜误，当为福营水兵。参见张辅之《太仆奏议》卷3，《捷音辄至灭倭有期疏》有"直于游击许国威移寓行李箱内检得银八百余封识贮库"被其疏参劾的细节（明天启刻本），联系吴惟忠与杨镐素有矛盾却出面联名具保杨镐，均可证实许国威卷入丁应泰事件较深，在其中起了较大作用。

附国七十。今法网如此之密，更置如此之频，而欲洗七年积谋之狡倭，威虽武人无知实，亦方信忽疑。人之言曰'倭善用兵'，威独曰'倭善用将'。夫行长、清正拥兵西犯凡七年，所败平壤，败王京，败稷山、青山，败蔚山，栖迟海岛而尚握兵犹故，关白为之增兵继饷，未闻有一代之者。今蔚山之战，尚斩首二千余。二酋戢兵经今，铳不敢西弹，刀不敌西刃，伊谁之功欤？乃经理忽更，未传先咻，方树忽拔。议论多而成功少，刀笔重而弁兜轻，无惑乎英雄短气，哲士先几，病自丛身，退不可得也。威本蓬士，无当世用，学书无成，学剑又误。况在异域之乡，日起悲歌之叹，喘日促而骨日高，心日乱而志日颓。伏祈老爷俯念威身病兵少，志大才疏，留之无益于事，且正犯丁赞画疏中。庸将可去，廪饷可积之议，容令回卫调理，则生还之恩，威誓世世结衔。干冒斧钺，无任战栗。须至禀者。"①

其揭帖规劝朝鲜国王上疏解救杨镐，或为归田杨镐后来复起之先声。其文曰：

八年狡倭，一朝尽扫。国王江山，巩固如旧。市野黎庶，喜色耀天。天朝将士，巨勋者进爵，微劳者赍金。日将凯歌，渡绿入榆，岂不称万古一快事哉？但木必有根，水必有源，溯根穷源，方为知本。窃照倭自议封以来，战守俱废，当轴者以谈战为生事，一朝忤封西犯，彼军门新更，经理甫设，军兴之具，百无一备。赖二人同心，一调度于内，一勷勤于外，征兵输饷，治舟备器，而南原又失守矣。势若狂澜西涌，有如贤王亦移宫眷于黄海，拟效航海故事矣。经理公昼夜自平壤东驰，衄之于青、稷山前，追斩六百里，而王京奠然如旧。后复与军门镇边计议，谓不挫之，彼必复来。遂前冬躬擐甲胄，攻围岛山，旬余破寨三所，擒贼千余。去岁一年宁谧者，实赖此也。今倭惧我兵力，进退无据，扫穴尽遁。鲜民享故土之乐，汉兵荣爵金之赐。独一先劳经理，缩息田间，惧罪不知所终。上天后土，必有哀于王。若不为特疏救解，诚恐上干天怒，下失人心。即有土有位，亦为不知本之人矣。不佞非有所私，实公论专如此也。嗟嗟！关白倡乱，八道丘墟，我朝贻累不少。石本兵逮狱，宋经略谪居，果谁累之乎？即其议封一节，诚所当罪。然先之碎平壤，复开城、王京以东城郭，举七道残破之墟而授之，王功亦伟矣。王亦宜疏内及之，以快万世人

---

① 《朝鲜宣祖实录》卷102，宣祖三十一年七月十日癸巳4条。

心也。不佞万里应援，愧无寸功。薏珠未释，铜柱难标；自救不暇，何遑规人？惟素受雅爱，不与众类，则威之报王自当以德，亦不宜与众默默也。①

东征归国后，许国威得任四川总兵官，修建福州鼓山里白云洞元真庵。② 可见他既有活动能力，也颇富财力。

金溪傅良桥，万历三十四年，被御史孙居相参劾"原任神枢营参将今调广东东山参将傅良桥，志行贪淫，心术狡诈非出奇之陈平；而奸姊遣戍事同盗嫂，非好色之吴起，而携妓征复，侈拟攘苴。方其初入辽阳也，请带太仆寺马价捌万两，途遇达虏，杀兵千名，朦胧不报，冒破银叁万余两，竟无下落。及其营转东山也，带家僮传文赞等百余人，名寄尺籍，身居私家，冒饷叁年，共计银叁千余两，作何支销？游击罢矣，旋报升防参将；斥矣，又复游击，犹不知足，而贿改东山带管肇庆，钻刺何通神也？兵器不利，怒欲革矣；百金既入，议即罢焉。至班师而众兵扯轿喧噪，还银始散，名节何扫地也。兵法贵秋毫无犯，本官往征思明，途遇耕牛，辄并执牛主，牛充赏而主赎还，将民间鸡犬不宁矣。军职贵盘诘奸盗，本官受脱狱强盗刘应龙肆拾，隆纳为旗牌，又受叁百金迁为把总，非军中猫鼠同眠乎？卑卑干进，岂是分阃之才？营营谋家，何堪专城之寄？"建议革任回卫。③ 可见，东征后傅良桥从京城神机营，调任边方广东东山参将，依然受到密切关注，包括他的个人私生活以及行为方式、治兵御下之道等等。这些判语和军中小报告是否属实，若无另一参照系可资对照，很难判断前因后果及是非曲直。这从吴惟忠拥有"军中第一神钻"之称，到征播狱事经历，都是明证。

3. 两广、云、贵、川东征将士

以陈璘为首，包括陈璘子九经、中军沈璨、广东英德县游击吴广、四川宁川卫游击周敦吉、普安卫游击王之翰、叙南卫左营都司吴从周、夔州卫游击司懋官（标下陈信）、成都后卫游击曹希彬（中军王名世）等均为陈璘所领，及陈璘子九经、中军沈璨、千总张汝文等。另有四川

---

① 《朝鲜宣祖实录》卷108，宣祖三十二年一月二十一日壬寅4条。
② 鲁曾煜撰：《福州府志》卷16，《寺观一》，清乾隆十九年刊本。其东征归国后任四川总兵官，见诸《国榷》卷78"乙卯，叙东征功进邢玠世太子太保佥锦衣卫指挥佥事……游击许国威为四川总兵官"。
③ 朱吾弼、李云鹄等辑：《皇明留台奏议》卷18，《举劾类·丙午军政拾遗疏（孙居相）》，明万历三十三年刻本，第55页。

成都府温江县人梁祖龄，为辽阳宽奠等处海防兵备兼理朝鲜东、中二路军务、山东布政使司右参议兼按察使佥事，也是东征后期一位重要文臣。其中，申钦《象村稿》统计随陈璘来去的广东营千总张汝文所领狼土兵4000余人，实即吴广所领5500名狼土兵，后均编入刘𬘩西路军中，故被重复统计了3次，在计算明军兵数时尤其要注意①（参见附录《表五》）。这部分人物的相关研究，除陈璘外，仍尚较为薄弱，有待加强。②

例如周敦吉，字宪甫，号驷桥，所领川贵汉苗官兵3000余人，骁敢善战，甚得刘𬘩喜爱。东征后为四川永宁参将，但得到评语"周敦吉，狡同鬼蜮，恶若豺狼，霸金氏为妾，而拨兵柒百酬其夫，则帅府为易淫之门；买戏女自娱而宅分两院，弃其妻致闺门有卖奸之丑；钻求非官箴也，况为土官陇澄代干，实授诓金银贰千余两，非指官诈骗乎？贸易非官体也，划分运皇木贰根，解枋货卖，得价银伍百余两，非欺公取财乎？徐参议与刘知府有隙，解之可也，何串同江万化攒捏访单，甚至拨兵围衙，逼刘知府自经以死，至今有逼杀郡守之借。杨酋既灭，其祖先无罪，置之可也，何纵令标兵尽据其冢，甚至取其金宝，而尸骸悉以暴露，夷种有虐及枯骨之恨。土妇奢世续与奢世统争印，彼自争耳，乃听刘国用教唆拨置，故捏奢世续反叛，重情其造，计抑何毒也！阁宗传与阁宗袭赴欣，彼自欣耳，乃听舒自清把截要路，指称奸细，擒拿打死，其操心抑何忍也？扣克新兵柒百名，月粮叁年，通计壹千叁百伍拾两，罗胜等敛送足证；骗受奢氏夷财叁千两，又得筱宝金手镯壹付，重贰拾两，严世才过付不虚。凶淫暴横一方，尽被鲸吞机变，饕餮两川，悉苦蚕食，亟宜褫职以清戎行。"③也包括周敦吉为人处事方面的漏洞，包括妻妾不和的个人私生活、插手土官承袭与仕进、与地方官矛盾、行为方式极端、染指皇木利益、克扣官兵粮饷

---

① 参见郑洁西《兵额、兵源、兵种及兵力配置——丁酉再乱期的援朝明军》，山东大学历史文化学院"第二届壬辰战争研究（国际）工作坊"《壬辰战争与日本、朝鲜、明朝三国政治生态论文集》，第215页。

② 案：孙卫国《明抗倭援朝水师统帅陈璘与露梁海战》[《南开学报》（哲学社会科学版）2020年第4期]及韩国放送通信大学（KNOU）陈邦植《陳璘提督과壬辰倭亂의終結》（서울：东邦企劃1988年版）《陳璘明水军都督의「征倭纪功圖」再照明》（서울：东邦企劃2000年版）为有关陈璘的专题代表作；以及文智成对陈璘后裔的研究《한국적객가후여I광동진씨적역사여문교》（韩国的客家后裔广东陈氏的历史与文教）》（韩国中国文化学会《中国史论丛》2004年第17卷）均值得关注。

③ 朱吾弼、李云鹄等辑：《皇明留台奏议》卷18，《举劾类·丙午军政拾遗疏（孙居相）》，明万历三十三年刻本，第52页B面—53页A面。

等行为，也透露明代中后期西南地方军事官员日常生活片段，可视为地方政治、军事治理的法律案件，但是非真相都还需要慎重调查后才能下结论。

三　南兵种类、数量与特点

万历十五年（1583），戚继光辞世。他在蓟镇 15 年所练部队，一支包括马、步、战、车兵等军种在内，还拥有"大将军"重炮的"混成旅"，曾被认为"没有经过实战的严格考验"[①] 而稍逊风骚。但若越过万历十五年这个界限，就会毫不意外地看到：在戚继光辞世之后的第 5 年，东亚世界就爆发了一场规模空前的国际大战：万历援朝战争，一般也称壬辰战争，中、朝联军与日军持续进行了 7 年的断断续续战争。在这场战争中，戚继光训练出来的许多"戚家军"将士，都作为"南兵"的一员到了朝鲜，尤其是吴惟忠、骆尚志及所率南兵，在朝鲜战场大放异彩，也在实战考验中交出了一份圆满答卷。

1. 南兵种类

南兵从兵种分有炮兵、车兵、步兵、水兵等。但细分如步兵尚有台兵、烽兵、斥候、夜不收、铳兵、牌手、筅枪党手、狼筅党兵射手、杀手和炮手等。常规装备如"每军弓二张，弦四根，箭务足三十枝。各腰刀一口，或枪、或党、或棍，各一件……南兵每队，原有铜锅外，每名椰瓢一个，每队斧二把，镐头一把。除铳手、牌手原有腰刀外，其筅枪、党手各要快利腰刀一把，不拘一式，狼筅党兵各带火箭十枝。铳兵每名务要火药四斤，棉线火绳五根，铅子五百个"[②]，但实际上"各营军士，除其余什物完全外，每军止带弓箭一副，小弓一张，弦二根，箭不等"[③]。东征南步兵随身携带的装备并不多，这可能是平壤战役打响后，骆尚志在"火具未来时，用贵国天字铳筒毁城子"[④]，即使用朝鲜天字铳炮充当"大椽攻城"[⑤] 的原因。"征倭之具，轻车最利，今欲于京营借取百辆以备战守"[⑥]，这就需要车兵，即管理炮车之兵。大将军炮或重千斤，各需数名

---

① 黄仁宇：《万历十五年》，中华书局 1982 年版，第 183、189 页。
② 宋应昌：《经略复国要编》卷 2，《檄辽东都司》（二十年十月二十七日），第 192—193 页。
③ 宋应昌：《经略复国要编》卷 3，《檄辽东杨总兵》（万历二十年十一月十六日），第 234 页。
④ 《朝鲜宣祖实录》卷 36，宣祖二十六年三月二十六日辛巳 2 条。
⑤ 《朝鲜宣祖实录》卷 50，宣祖二十七年四月十七日乙丑 2 条。
⑥ 宋应昌：《经略复国要编》卷 3，《答石司马书》（万历二十年十一月二十九日），第 255 页。

车兵配合，携带、看管大炮，装药、协同作战，均各有条约①。水军，则往往带长枪等应手武器二三件。明军在东征时的火器种类，除天启后才问世的红衣（夷）炮尚未出现外，大将军炮、虎蹲炮、灭虏炮等装备当有300位以上。②

南兵的生活习惯不吃小米，衣着也各不相同，或称"五色衣"。而南兵炮手放炮容易惊吓战马，往往因此与北军产生矛盾。因待遇、分工（兵种）不同引起的南北矛盾及朝、明矛盾所在皆有："臣闻曩者南兵之变，盖帅臣统驭失宜所致。又闻朝鲜，苦我兵骚扰特甚，皆缘诸将不能禁戢。今宜亟返故辙，抚臣孙鑛虽当移镇，总督尤宜慎择一大将，往领各处募兵。"③ 明廷官员了解这种状况，也曾想方设法禁稽、改变。

2. 南兵数量

万历东征期间，前后两次入朝参战的南兵，总数达7万余人④。

第一次入朝南兵1.5万余名，只占出兵总数的1/4弱（参见附录表1）。主要是吴惟忠兵3000名、骆尚志所领南兵600名及戚金、王问蓟镇车兵2000名及刘綎所领的5000名川兵。综合《唐将书帖》中吴惟忠、骆尚志、王必迪书帖及申钦《象村稿》与《宣祖实录》卷34所记《天兵各营领兵数目》、宋应昌《报进兵日期疏》中的南兵，可以肯定：申钦记载吴、骆兵4500名，与《宣祖实录》所记吴惟忠、骆尚志兵各3000名，都有讹误、模糊之处。

骆尚志书帖反复提及所领兵600余名，与宋应昌疏符合。另有蓟镇王问、戚金所领2000名车兵亦当为南兵，而李芳春原领蓟镇马兵1000名，无论《象村稿》《宣祖实录》还是宋应昌疏均无异。但在平壤战役后，李

---

① 宋应昌：《经略复国要编》卷3，《军令三十条》（二十年十一月三十日），第275—276页。
② 案：据宋应昌《经略复国要编》卷4，《檄李提督》（万历二十年二十月初八日），明军大将军炮有80位。将军或者大将军炮，属于明中期以后出现的威力巨大的大口径火炮，多道箍与明代中国传统铁炮相似，但耳轴和瞄准装置吸取了佛郎机的新技术，约重千斤（参见王全福《军事博物馆藏明代火器》，《文物春秋》2018年第5期，第67—77及第81页；成东《明代后期有铭火炮概述》（《文物》1993年第4期，第79—87页）也有详细的介绍可参见。附录表2也列出了明军的主要武器。
③ 黄华秀：《预防倭患疏》，载张翀等撰《皇明留台奏议》卷15，《兵防类》，台北广文书局1972年版，第41页。
④ 案：进攻平壤的南兵至少有8500名，参见《朝鲜宣祖实录》卷34，宣祖26年正月十一日丙寅16条所记《天兵各营领兵数目》，加后到的刘綎5000余名，近1.35万人。

芳春与戚金、高策领"炮手三千直向开城府"①，此"炮手三千"当即包括原蓟镇王问 1000 名车兵、戚金 1000 名车兵及李芳春的 1000 名马兵，骆尚志的 600 名南兵也应在内。这支原数 3600 人的队伍，经战斗减员 600 剩余 3000 人也是合理推测——仅骆尚志 600 人即折损百余员，所剩不满 500 人。这支部队后由骆尚志率领驻扎南原，在城工修造将竣时，调赴大丘、八莒，与刘綎合营。万历二十一年十月，因庆州报警，骆尚志率兵驰援，溪岖鸟道，暑往寒来，历尽辛苦。与吴惟忠所领驻扎庆州的 3000 名南兵实为两支南兵。后者在安康之战中，遭到加藤清正军袭击，折损 200 余兵丁而被削职，即转由王必迪统领。② 因此，东征前期入朝南兵，吴、骆、王三营将所率共 6000 余名兵，加上刘綎的 5000 余名兵，大约为 1.2 万—1.5 万人（参见附录《表一》）。③

第二次入朝南兵，包括浙兵、云贵川土兵、南赣兵、广东兵、狼山兵及江北兵等水陆兵在内，根据申钦《象村稿》、杨镐《分兵二南疏》及邢玠的相关奏疏，综合分析已达 6 万余人，占当时出兵总数的 1/2 强（参见附录《表五》），在数量上超过北军，说明南兵，尤其是水师，在朝鲜战争后期南兵的地位和重要性都进一步增加，比重甚至超过了北军。

郑洁西统计对比各种记载，认为《象村稿》重复计数的情况较为严重，如附录《表五》，延绥营陈愚衷 1900 名马兵，即王国栋统领的 2000 名马兵；摆赛 3000 名马兵，即解生统领的 2500 名马兵，甚是。同项数字差距，减少者当为战斗、非战斗减员，增加者有可能经过重编。另外，《象村稿》记李化龙 2500 名马，后由郝三聘统领，只余千人，与杨镐《分兵二南疏》中郝三聘统兵 3000 差距较大，或因岛山之战减员，但李、郝之兵无论多寡，都不能重复计算。卢继忠 2700 名马步兵，后由陈蚕统领，亦不能叠加统计；邓子龙所领 3000 兵与沈懋兵重合；吴广所领 5500 名狼土兵与张汝文所领 4590 名狼土兵、沈璨 2000 名步兵及刘綎西兵都有

---

① 《朝鲜宣祖实录》卷 36，宣祖二十六年三月十三日戊辰 5 条。案：万历二十五年二次东征时，李芳春与李如梅、解生同属东路麻贵三营兵，卷 93，宣祖三十年十月二十九日丙戌 3 条。

② 案：王必迪在《象村稿》《宣祖实录》及宋应昌进兵疏中未出现，但二月朝鲜户曹为明将做春服时，王必迪为"督战将都司"列名 47 位将官中。参《宣祖实录》卷 35，宣祖二十六年二月二十四日己酉 7 条。

③ 案：刘永连、段玉芳《万历援朝御倭战争明军兵力考》综合整理中韩现存相关史料，考察战争前后两个阶段的调兵活动，认为最终可坐实援朝明军的兵力确数为 139045 人（《朝鲜韩国历史研究》2016 年第 4 期）。

重复，故在实际兵力统计过程中要注意加减。①

除重复计数和前后变化之外，还要注意统属将领的变化和兵力重编的问题。如杨镐《分兵二南疏》中，"游击陈蚕领兵二千一百余员名驻义城，今叶思忠代领。南兵游击陈寅领兵四千员名，驻义城"②，在义城的6000名南兵，后屡经改编，叶思忠所领兵马，万历二十七年二月在义城与陈蚕交代③，具体数字则变为"陈蚕营原止二千一百应再添拨一千六百"，同时驻善山的叶邦荣营1600人也由原额添拨1400人，"各合营征剿，不比另行设将，如蓟镇有见在南兵，即令陈蚕带来"④。陈蚕兵添拨达3700人，叶邦荣兵添拨达3000人，这些用于添拨的兵员，很可能即来自陈寅所领的4000名南兵，因陈寅岛山之战受伤重新分配归并，总领于陈蚕。

东征战争后期，最大的变化是新增水军。根据杨镐三路屯守计划，总计水兵有3.7万余人，包括东路4000人，中路也有"未到浙兵四千"应即水兵，西路总兵陈璘本营及浙广、江南、江北兵等共1.89万人，西兵1.2万名含步兵在内。但在邢玠的计划中，三路屯守改为四路进剿，原分属东、中、西三部的水军，集中统属于陈璘，水军独立成为一路，方便掌握海上主动权，总数达2.4万余（参见附录《表六》）。但水陆配合仍是问题。

如万历二十六年十一月顺天之战："刘提督催给水兵五、六日粮饷，前进顺天……提督说道初二三发此兵马，进扎于顺天近处，与在彼兵马合势。我则过一两日督备检牌，商量事体，与水兵约举云……提督言虽如此，而行事则一骄轻好钱妇人耳。诸将狎而不怕，尤为可虑。如李芳春、牛伯英等尤无斗志，每言贼砦之难后，进兵不便，以挠其狐疑之心。又带南原所率娼来阵上，故裨将及军兵亦为争畜女人，阵中紊乱无比……此皆由大将计不定、法不严之所致。"李德馨还提到刘绽以降倭叶春往来日营与周敦吉联系，李芳春"大骂，叹恨提督之错处"及"行长于天兵撤回之后，深有疑怕之意。海南之贼先送其妻子，放卖牛马"等情况，认为明军若水陆合势再进则可得志。陈璘也欲再攻倭城，但"刘某违约不

---

① 参见郑洁西《兵额、兵源、兵种及兵力配置——丁酉再乱期的援朝明军》，山东大学历史文化学院"第二届壬辰战争研究（国际）工作坊"《壬辰战争与日本、朝鲜、明朝三国政治生态论文集》，第203—234页。
② 《朝鲜宣祖实录》卷98，宣祖三十一年三月二十九日甲寅6条《杨经理分兵二南咨》。
③ 《朝鲜宣祖实录》卷109，宣祖三十二年二月二十二日壬十四日申1条。
④ 邢玠：《经略御倭奏议》卷4，《补统领广兵副将疏》，第340—341页。

战"，监军王士琦遂责令朝鲜"与水兵速图南海"。①

东征明军的来源，分召募兵与卫所军两种。召募者往往称兵，属卫所者称军，前遇敌后坐守，自有分工，待遇基本相同。但因出国作战"饷银必须加倍"②，计算年薪达43两余③，比16世纪末17世纪早期通行"募兵年饷银为18两"④的标准高出不少。具体标准是：副、参、游、都一日支廪给米5升，廪粮银一钱；千总一日支廪给米3升，廪粮银8分；把总一日支廪给米3升，廪粮银5分；管贴队军丁一日支米5合，盐菜银3分，一日支折色总给银5分。⑤立意很好，但并不能与明朝兵饷支付体系无缝衔接，这也是石门兵变的内因。

如南方数省军队的"供给方法是在抗倭战争期间建立起来的"⑥，而援朝期间所需军费，很大部分来源于太仆寺的马价银。明朝国库收入"每岁入四百万……两次征倭用过五百九十五万四千余两"⑦，已超过明朝国库的年均收入，成为财政赤字的一个源头。故宋应昌调兵伊始，即从山东布政司借支"泰山香税银或登州府库贮民屯银共五万两"⑧，依时价召买粮料供应军前。而召募水兵如江南沙船、沙兵的经费，除动支太仆寺马价外，尚有"南京兵部车场租银"⑨一项，任事者不得不承担到处找钱的职责，这说明明军的制度存在短板。

此外异国征战，战地的实际粮饷供应情况更不理想，缺乏或拖欠粮饷为常态，孙卫国曾计算东征前期明军粮饷标准和现实供应之间的巨大缺口：在朝4万名明朝将士8个多月内，共支十余万石粮食，初步估算人均

---

① 《朝鲜宣祖实录》卷106，宣祖三十一年十一月二日癸未4条。
② 宋应昌：《经略复国要编》卷7，《报三相公并石司马书》（二十一年三月）初五日，第593页。
③ 宋应昌：《经略复国要编》卷9，《移本部咨》（万历二十一年七月），第769—770页。
④ 参见黄仁宇《十六世纪明代中国之财政与税收》，阿风等译，生活·读书·新知三联书店2001年，第374页。
⑤ 宋应昌：《经略复国要编》卷4，《檄蓟辽等七道及艾主事》（二十年十二月）初三日，第281页。
⑥ 案：其特点是所有资金由地方筹措而非户部管理，额外征派，独立核算，来源极为多样化，如嘉兴府的五总陆军中有募兵一总，军兵和民壮各二总，另外还有水军一总1500人，其中募兵为"耆舵"，军兵为"贴架"，迟至1597年，所有的战船都是租来的，兵饷则出于嘉兴府库。参见黄仁宇《十六世纪明代中国之财政与税收》第七章《财政管理》，第382—384页。
⑦ 赵世卿：《司农奏议》卷3，《径用匮乏有由疏》，明崇祯七年赵浚初刻本，第1页B面。
⑧ 宋应昌：《经略复国要编》卷2，《移山东抚院咨》（万历二十年十月）十九日，第147页。
⑨ 《明神宗实录》卷251，万历二十年八月辛亥条，第4683页。

分摊2.5石，理论上约有"20斤粮食"包括小米、大豆和刍秣并非精米，实际还要低于这个数字，"可以想见，明军将士每日几乎都处于饥饿状态"①。故从经略宋应昌到普通兵士都热衷于在朝鲜寻找银矿，欲采银以支用粮饷，即与此现状有关。而东征第一阶段结束后发生的石门兵变也是由于拖欠粮饷造成的悲剧，更说明制度短板未得强有力人才为之弥缝，难免令人唏嘘。

3. 南兵特点

东征南兵具有三大特点：

第一，热衷找矿逐富，把握世界经济发展脉络。万历二十一年三月，宋应昌建议内阁及兵部访得朝鲜银矿甚多，"似可开做，且其国银钱绝不使用，虽产此利，民不知行"，建议朝鲜辅臣主其事，所得之利散给新军作为粮饷，"则上不烦国课，中不累小邦，下可鼓士卒"，借此还可"招致辽阳诸处客商，往彼生理，乘便进剿，亦一策也"②。因此，南兵将对寻找矿脉均极为在意，甚至引起朝鲜君臣的恐慌。而东征最终将朝鲜带入白银资本的世界潮流，商品经济大潮势不可阻，这也是战事影响深远的一个表现。就像《象村杂录》所说朝鲜"银货大行"，乃"世变之易流而难遏"的表现，朝鲜很难置身潮流之外。

第二，掌握先进火器，可先发制人。普遍使用火器，是东征军胜于日军之处，尤其操纵火器更熟练的南兵。

大中型火器，如东征首功取得就是依赖火器强大："以佛狼器、虎蹲炮、灭虏炮等器为之，距城五里许，诸炮一时齐发，则声如天动，俄而火光触天，诸倭持红白旗出来者尽僵仆，而天兵骈阗入城矣。"除大将军炮没有运到外，其他大、中型火炮都参战，"虽金城汤池亦无奈何"，宣祖结论："以我军决不可凭仗矣，且后世非火攻不能成功矣。军数三万云，此不多而素所节制者，故能战矣。"③ 参见下图④。

关于明日武器的优劣，钱世祯认为中国炮打得更远："倭丸只到百余步，中原之丸可至二百步，大将军箭则可至六里。虽以远近言之，蔑不胜

---

① 参见孙卫国《万历朝鲜之役前期明军粮饷供应问题探析》，《古代文明》2019年第3期，第98页。
② 宋应昌：《经略复国要编》卷7，《报三相公并石司马书》（万历二十一年三月）初五日，第593页。
③ 《朝鲜宣祖实录》卷49，宣祖二十七年（万历二十二年）三月二十日戊戌1条。
④ 图片来源：冯颖：《山海关长城博物馆藏明代火炮》，《文物介绍与研究》2018年第2期，第71页。

铭文大将军炮

虎蹲炮

云。"① 宋应昌也认为平壤之战,日军"屯积角楼,被我兵施放明火毒火等箭,焚掠殆尽",故"火攻为今日第一策",但大将军炮未运到,"倭奴但知我火箭之利,而不知我大将军神速,一发数里,势如霹雳,触之者立为齑粉"②。而中小型火器,如"南人战时专用火箭,其制即我国神机箭,

---

① 《朝鲜宣祖实录》卷33,宣祖二十五年十二月十三日己亥2条。
② 宋应昌:《经略复国要编》卷5,《檄李提督书》(万历二十一年正月)二十七日,第451页。

但甚长,而付结小发火二个,每于临战或攻城之际,火箭千万齐发,贼阵火光遍空,烟焰四塞,贼不得开目,所触皆焚,甚是利器"①。可见明军最普遍使用火箭,带两个连发点火装置,形制比朝鲜的神机箭更长。

在平壤之战中,宣祖注意到日军在"驰突之际放铳,何以为之"? 李德馨答:"最远处放丸,其次以枪触之,最近处以刀斫之。"再问日军"铳筒之声不与天兵之火炮同耶"? 德馨答以"倭铳之声,虽四面俱发,而声声各闻。天兵之炮,如天崩地裂,山原震荡,不可状言"。国王问能否打破城墙上的石头,李元翼说:"触之无不裂破,犯之无不焦烂。"② 可见日军火铳大都是一枪一发,也有三枪连发,"倭奴所恃惟鸟铳,然三发之后即难继矣"③,其射程达百步以上。

明军在入朝前集结辽阳时,就讨论过"御鸟铳之法"。如钱世祯认为:"鸟铳虽能杀人于百步之外,至短兵相接,不足虑也。"④ 建议避开日军鸟铳,创造短兵相接的机会,发挥南兵特长。宋应昌比较明、日武器优劣云:"说者谓倭之鸟铳,我难障蔽;倭之利刀,我难架隔。然我之快枪、三眼枪及诸神器,岂不能当鸟铳? 倭纯熟故称利,我生熟相半故称钝,原非火器之不相敌也。"他认为日军敢战"非缘一刀之故",而是有死战之心,"前者死,后者进,无少退怯"⑤,当属人数不多的武士。但"中国长技,惟制火器为先","倭奴长技惟鸟嘴,能击二层,又有利刀,纵横舞掠。今该作何障蔽以破鸟铳,用何架隔以敌利刀? 近闻给絮作被,坚木为棍,二法可用"⑥,实际上战斗意志才是更重要的决定因素。

日本大炮数量不多。虽在东征后期有日军"守城铜铳,至数千斤重者,中国铳炮无可与比"⑦ 之说,但数量较少。万历二十二年四月,朝鲜君臣观摩日本降军所带的大鸟铳:"此穴中容铁丸二十个及小石四个,于陆战载车以放,则不可当也……有大炮之势,中则有鸟铳之妙。"可装填火药四两,与虎蹲炮同,但不敌大将军炮,且"此大炮于倭国中亦不多有,若以此多载战船放之,则不得敌矣"。而朝鲜的"大铳以木箭放之",

---

① [朝鲜] 柳成龙:《西厓集》卷10,《别录》,《韩国文集丛刊》23册,第208页。
② 《朝鲜宣祖实录》卷35,宣祖二十六年年二月二十日乙巳2条。
③ [朝鲜] 李好闵:《五峰集》卷12,《经略赞画(武库清吏司员外郎刘黄赏、职方清吏司主事袁黄)迁回咨(癸巳)》59—512页。
④ 钱世祯:《征东实纪》,观自得斋丛书本,第2页。
⑤ 宋应昌:《经略复国要编》卷3,《檄大小将领》(万历二十年十一月)十六日,第230页。
⑥ 宋应昌:《经略复国要编》卷1,《移本部咨》(万历二十年九月)二十七日,第96页。
⑦ 邢玠:《经略议倭奏议》卷6,《献俘疏》第3册,第190页。

明军笑之"何不纳大橼乎?"骆尚志在平壤攻城时,正是以朝鲜的天字铳"充以大橼攻城矣"。概因朝鲜缺乏火药及其制造技术,因此天字铳大炮仍属施放木剑的冷兵器,骆尚志用之是充当撞击器具。日炮可装填四两火药、20个铁丸、4个石丸,"胜于百子铳",故宣祖认为"水战有我国大铳之具,不须为之,可用于陆战也。"①

小型火器不需人抬车拉,见下图②。东征之前,在蓟镇所练的十余万雄兵中,擅长使用大小火器的南兵,或配以车,出入关内外,征战辽东西,屡建战功者比比皆是。

嘉靖二十四年胜字佛朗机式铳

成化年烈字铳

日军鸟铳最精。"贼之长技惟在鸟铳,此无可防之物乎?"柳成龙回答宣祖提问说:"《纪效新书》言莫能当云矣。且鸟铳放时,火箭一二千,一时放之,烟气散于贼阵,则贼必惊乱。此时万众突入击之,则必取胜矣。烟气收卷,贼若突入,则必败矣。"③明军需利用火器造成的烟雾和短暂的震惊,突击日军阵地。在平壤战役中明军就是施放毒火箭后开始攻城,故也有不少自己人中毒受伤,包括李如梅、李芳春等。

万历四十七年六月,徐光启《练兵疏》言:"辽人不善火器且不肯习。其守台放炮,非南兵、西兵,从本营将官,择取原籍家族众盛,及素

---

① 以上未指明出处者均见《朝鲜宣祖实录》卷50,宣祖二十七年四月十七日乙丑2条。
② 图片出自力凡《首都博物馆藏明代铜火铳火炮》,《文物春秋》2013年第3期,第68页。
③ 《朝鲜宣祖实录》卷45,宣祖二十六年(万历二十一年)闰十一月二日壬3条。

有行止者，不可用耳。"① 当时东征结束已经 20 多年，火器使用更普遍，但在辽东似并无大改善。故前述沈有容、吴大绩等在李成梁军中，随征放炮，可得厚赏，概也因此注重掌握火器的佟登、佟养正家族实为独特。

第三，拥有海上的水战优势，而这却是日军短板。"倭人中国也，野战最猛，而水战非其所长。中国之破倭奴也，水战为利而野战更须详慎。此二者不可不熟讲也"，宋应昌认为水战所急在巨舰，而巨舰以福船为主，仓船次之，沙船又次之，而哨艘主要借以侦探。"彼之长技不在倭刀，而在鸟铳"，因此明军的防御"必船身之外，以竹木为架，以布帏为障，使有藏身之处，而乃乘机觅便或用火药，或用弓矢，或用三眼枪、快枪，或用佛郎机，而又于桅杆斗上，用标枪、飞镰刺之。乃若虎蹲、灭虏、大将军等炮，非遇急则不敢轻用，何也？以其气力重大，虽能碎彼船，恐于我船亦不免有伤。凡此长技皆海上之所必用者"②。明军利用障碍防护，以便利的小型火器打击日军，尤其是对付鸟铳，不用虎蹲、灭虏、大将军等重炮，以免造成战船不稳，这是明军的局限性。故明军以众击寡见长。

万历二十年，顺天巡抚李颐"于遵化另开厂局，躬自料理，选委中军参将陶世臣等调集匠役，星夜打造炮一百五十位，炮车五十辆，三眼铳一千杆，火箭二万枝，火药二万斤，鱼脊竹脾三千面。并随铳、炮、铅子什物，刻期正月内，尽数完报。再于丰润县局委官陈云鸿等现造大将军炮，续完者借留五十位，载炮滚车五十辆，俱听分发沿海要害，以资防御"③。到十一月底，陈云鸿、孙兴贤共督造完大将军炮 110 位，未完 110 位。宋应昌并借京营大炮 100 位，若全到位，明军大将军炮可达 300 位。④

---

① 徐光启：《徐光启集》卷 3，《练兵疏稿》一，上海古籍出版社 1984 年版，上册，第 112 页。
② 宋应昌：《经略复国要编》卷 1，《移本部咨》（万历二十年九月）二十七日，第 96 页。
③ 清官修《明臣奏议》卷 31，万历二十年李颐《条陈御倭事宜疏》，清武英殿聚珍版丛书本，第 33 页 A 面。
④ 宋应昌：《经略复国要编》卷 3，《移本部咨（二十七日）》，第 251—252 页；《报石司马书（二十六日）》，第 250 页。案：十二月，宋应昌咨李颐借炮弹"重七斛者五百个；三斛者五百个；一斛者五百个"[《经略复国要编》卷 4，《咨顺天李抚院（十五日）》第 316 页] 共 1500 发炮弹，大约凑够 50 位大将军炮的用弹量。再参《经略复国要编》卷 4，《与副将李如柏李如梅等书（二十一日）》计划"以大兵围其各垒、芦门、普通、七星、密台、五路外……其南面、北面、西面及东南、东北二角，各设大将军炮十余位，每炮一位，须用惯熟火器手二十余人守之。或抬运，或点放，炮后俱以重兵继之，防护不测"（第 326 页）则至少有 50 余位。

陈云鸿监造的大将军炮,至今还有4门实物留存:一位"仁字五号大将军"炮,陈列于北京中国人民军事博物馆古代战争馆①,另三位保存在日本,25号"皇图巩固"大将军炮藏于日本山口县岩国城,69号和135号炮则保存在游就馆即靖国神社。② 结合史料和实物推测:陈云鸿万历二十年夏季、秋季和冬季共监造大将军炮220位。

综合以上三个特点,东征军的总体实力当比日军更强。这也是明朝得以维持传统朝贡体系的内在基础,虽然维持成本日益高昂,压力在不断增加,尤其是推广火器使用,必将增加军队开支,若无充足财力支持,基本上不可能达到目标。这也是明朝财政官员苦恼的问题,没有制度性的支持,新技术、新武器的推广,只能是竹篮打水一场空。相比较而言,朝鲜为训练"三手军",改革赋税和财政制度,实现了"兵农分离",新建了火炮部队,可谓船小好调头,在改革力度上,明朝和朝鲜的差距不可小觑。

另外,南兵的文化程度普遍较高。据沈德符观察,自隆庆以来,因蒙古俺答款市成功,"西北弛备,辇下皆以诸边为外府",甚至出现"诸边营妓如云,大胜京师"③的情况,造成"武臣好文"的风气,这的确是一个独特的现象。就这里所涉及的东征将士,袁黄这样的文臣著有的《功过格》大流行尚在其次,武将戚继光本人不用多说,李承勋刊刻了戚继光的《纪效新书》,还著有《马经》和《剑记》;嘉定钱世

---

① 案:收藏于北京军事博物馆的"仁字伍号大将军铁炮",铭文为"保阵边疆,仁字伍号大将军,巡抚顺天都御史李颐置。整饬蓟州兵备佥事杨植立、整饬永宁兵备佥事杨镐、监造通判孙兴贤、万历壬辰孟冬吉日兵部委官千总杭州陈云鸿造、教师陈朗、铁匠卢保"。参见王全福《军事博物馆藏明代火器》,载《文物春秋》2018年第5期第67—77页及第81页。

② 现存日本的三门"皇图巩固"大将军铁炮为25、69、135号。25号铭文为"皇图巩固天篆贰拾伍号大将军监造通判孙兴贤贰贯目玉万历壬辰季夏吉日兵部委官千总杭州陈云鸿造教师陈胡铁匠董世金",藏于日本山口县岩国城。69号铭文为"皇图巩固天字陆拾玖号大将军监造通判孙兴贤贰贯目玉万历壬辰仲秋吉日兵部委官千总杭州陈云鸿造教师陈雄铁匠徐玉",135号铭文为"皇图巩固天字壹佰叁拾伍号大将军监造通判孙兴贤贰贯目玉万历壬辰孟冬吉日兵部委官千总杭州陈云鸿造教师陈湖铁匠刘淮",后二位均藏于日本就游馆即靖国神社[参见日本学者有马成甫《火炮の起原とその伝流》(the origin of firearms and their early transmission)》东京:吉川弘文馆,1962年,第175、177、180页]。此材料由张建提供,特此致谢!另张建解释"二贯目玉"是炮被运到日本后加刻的,"玉"是指弹丸,"一贯目"约3.7千克,"二贯目玉"弹丸约重7.4—7.5千克的铅弹,这比攻打建州女真的火炮要大一倍的火力。另王兆春《中国火器史》提到的是135号大将军铁炮,军事科学出版社1991年版,第162页。

③ 沈德符:《万历野获编》卷17,《武臣好文》,中华书局1999年版,第434—435页。

祯著有《东征记》，宣城沈有容著有《仗剑录》，湖州姜良栋著有《东征记》，义乌人陈良玑、叶邦荣等都著有宗谱《谱序》。可见，这种武臣好文的风气已成为时代潮流，但对处于末世的明朝来说是不是一件好事，尚值得深思。

戚继光这个"在抗倭战争中功绩最为卓著的"将军，从隆庆以来在蓟镇练兵十余年，得到内阁首辅张居正支持，进行了大刀阔斧的军事改革，将戚家军南兵北调蓟镇，驻守长城沿线，在经济背景、军事技术、生活习俗等各方面一直与北军存在较大差异，尤以高出普通军士的待遇招致嫉妒。南北矛盾世人皆知，这也无可讳言。如东征第一阶段，朝鲜大臣李恒福就观察到"南北诸将，猜隙已成，号令每相反。窃闻中朝诸将中，勇敢善用兵，推刘綎第一；而兵精不如吴惟忠。惟忠勇敢不及于刘綎，而手下精兵皆素训炼，故冠于诸军，而数甚少。经略深忿提督，倚重刘綎，其他诸将亦皆爱敬之，故名为副将，颇为号令。此外骆尚志、宋大斌、祖承训、李宁、查大受等皆骁将"①。朝鲜人对东征军中的南北将领了如指掌，声气特点也点评到位，尤其是"号令每相反"，完全是致命的弱点。但事实是明军依然取得不少胜利，如平壤之战、稷山之战，甚至岛山之战也不可言败，南北各军都拼死战斗，这不能不说是一个奇迹。

到明末崇祯三年，南兵在蓟镇充当台兵，每台储粮十石，月粮仍月1.5两："塞上之台有二：一曰楼台，每台设兵，或四、五名，或六、七名不等，酌冲缓为多寡，每名月粮一两五钱。百总春、秋两防共八个月，各加三钱。其潘家口设居境外，每月百总、台兵各加行粮米四斗五升。此系召募浙人，所谓南兵者也。一曰烽台，每台额军五名，每名月粮上半年七钱，下半年四钱五分，此系金发祖军，专管传烽者也。又楼台上仍有台正、副二名，亦系祖军，其粮与烽军等。大都台兵粮厚，无可议加。烽军，瞭望支更最为艰辛，而台正、副尤与台兵共患难、同甘苦者，乃饷不及台兵之半，安得不望泽而希恩也？中协残破之后，杀掠无遗，勾补既难，地当危险，人不乐就，此所以有台兵加粮之说，而非为台兵起见者也。"② 此时恐已无甚战斗力了。

---

① 《朝鲜宣祖实录》卷40，宣祖二十六年（万历二十一年）七月二十日壬申2条。
② 毕自严：《度支奏议》卷119，《边饷司四》，《题覆边工太监议烽军台正副增饷疏》，《续修四库全书》史部第487册，第180页。

第二节 历史迷雾中的吴惟忠

作为"东征之旗"[①]的吴惟忠（1533—1613），在中、外、官、私史料中，却展示出完全不同、甚至截然相反的形象。迄今为止，在所有能看到的中外有关援朝东征战争史料中，朝鲜史料所呈现的品行无亏、作战忠勇的明军表率就是吴惟忠、骆尚志，但在中国史料中，吴惟忠却成为"军中第一神钻"，反差之大，令人惊愕。这背后的隐情，反倒更令人感兴趣。

一 中朝史料的反差与分析

1. 朝鲜史料中"忠勇清操"的天将

朝鲜史料中呈现出来的吴惟忠形象，卓尔不群，光辉挺拔，是第一个清晰的正面历史形象。督兵东征朝鲜时，吴惟忠已年届六十[②]。我们找到了3位与吴惟忠同时代且与他有过直接交往的朝鲜人记载。

一是金大贤（1553—1602），丰山人，是朝鲜相臣柳成龙的同乡，曾接待过东征经略邢玠，后为伊山山长、山阴县监。他说："东征将士律己捡下，以吴惟忠、茅国器为首……惟忠、国器经过之地，皆竖碑颂德。"[③]

二是李时发（1569—1626），庆州人，通晓汉语，为人敏达且有智虑[④]，先后担任过多位明朝将领的接待使，从南兵参将骆尚志到游击陈云鸿、册封使李宗诚等入朝，都是由他接待。他对吴惟忠的评价是："己之役攻平壤，先登功最。丁酉再来，镇守忠州，性简约，驭众严整，秋毫无所犯，民甚悦服。东征诸将之中未见其比，忠人立石而颂之。及移镇安东，安东人亦服其清德，立碑，其他所过处亦立碑，凡五处。同列有争名者忌之，言于监军陈御史曰：'吴某要市名誉于外国，到处私馈白金五两于地方官，立碑五处，老爷可察焉。'陈知其诬，即应之曰：'然乎？吾

[①] 案：《域外长城——万历援朝抗倭义乌兵考实》中对吴惟忠部分史实的考订，现在看起来也还需要更多佐证，结论也需更加审慎，但把他作为"东征之旗"，可以说依然是当之无愧。

[②] 据《柳溪吴氏宗谱》卷4，《行传》，吴惟忠生于嘉靖癸巳十二年，卒于万历癸丑四十一年，享81岁，首次出征朝鲜之年已届六十，确为老将。

[③] ［朝鲜］金大贤：《悠然堂先生文集》卷3，《杂著·总叙·衙门之事》，《韩国文集丛刊》续编第7册，第528页。

[④] 《朝鲜宣祖实录》卷58，宣祖二十七年十二月十九日壬戌5条。

且馈你五十两,你可优给十两,立碑五处而来,何如?'毁者惭服而退。"① 其中所记载的典故,涉及援朝东征明军的内部矛盾,不仅形象而且十分难得,反映吴惟忠处境艰难,似乎一直处于漩涡中心,知之罪之,毁誉不一。

三是郑琢(1526—1605),岭南人,后为吏、兵、刑三曹判书,也曾亲自接待、送行明军大小将领,还详细记录其种种表现,各自细节直书无隐。如记载广州顺德人、礼部行人司行人薛蟠在义州时"不能戢下,临去之日,管下人卷取龙湾馆所铺地衣而去,盘中锸筋亦并取去,视之莫敢禁"。另一位行人河南睢州人司宪,则"性情暴躁,鞭挞下人甚残,下人皆怨苦之……其在京城聚铁匠打造铜锸器皿甚多,造大烛台十六双,公然载于车而去"。而经理万世德中军、参将孙邦禧也"极严猛,所征索少不满欲,则鞭扑狼藉,都监下人奔走应命之不暇……多求镜面纸及好品花席、箭竹、鱼胶、牛筋、黑角、桦皮、银装刀子、铜铁等物,无有纪极……及回驮载之数倍于经理,沿途州郡守令无不被其折辱"②。同在他的笔下,吴惟忠"丁酉来驻忠州,性清严,与士卒同甘苦。前后出来将官无不克减饷银,而独无所取。在岭南,多露处野中……故能得军心,号令明肃,所过不折一草。虽瓜菜之微,必出其价而买之,岭南一路皆立碑颂之。沿路之民避大兵于山上,闻吴军之来,则必下来尽力供顿"③。口碑极好,深得朝鲜民心。

成海应(1758—1818)比以上三人晚出200年:"《惩毖录》称吴公最廉操,余尝过竹山,见道傍有碑,书曰'天将吴公惟忠清勇之碑',意其留镇忠州也,我人立碑颂德也,今见此书,良然。"他在竹山亲眼见到吴惟忠留镇忠州时邑民给他竖立的纪念碑。吴惟忠还有留在朝鲜的墨宝:"尔国受惨,国破人离,天朝悯愤,特发大兵,恢复尔国,雪尔之忿,昨已论之,不必供膳。我有天朝俸禄,百物自备,今复进酒,扰尔之国,我心何忍,尔国谅之,毋再备贡。"④ 成海应曾任奎章阁检书官,是朝鲜著述丰盛且颇严谨的学者,如十四卷本《尊周汇编》即出其手。他肯定了吴惟忠清勇廉操,无出其右。

---

① [朝鲜] 李时发:《碧梧先生遗稿》卷7,《漫记》,《韩国文集丛刊》第74册,第501页。
② [朝鲜] 郑琢:《龙湾闻见录》,首尔大学奎章阁藏本,第25、26、81—83页。
③ [朝鲜] 郑琢:《龙湾闻见录》,第25页。
④ [朝鲜] 成海应:《研经斋全集·外集》卷55,《识小类·诗话·万历东征诸公书牍》,《韩国文集丛刊》第277册,第486页。

朝鲜裴龙吉作有1400余字的《天将吴侯颂德碑铭并序》,详细记载了吴惟忠驻扎尚州时史事迹,文长不录。其中的三件事,典型地体现了吴惟忠的性格及吴军深受朝鲜人民拥戴的原因。

一是万历二十一年冬,吴惟忠与刘綎、王必迪等率南兵驻尚州时,裴龙吉代表当地百姓前往慰劳。其他将领均以礼相见,唯独吴惟忠拒绝见客也不收礼。裴氏不解,觉得吴惟忠为人峻刻,不好相处。直到二十五年二次东征,裴龙吉作为主管司粮官,与进驻庆尚道的吴惟忠再见,接触多了,才了解其性格,不愿"以声音笑貌求取美于外国瞻聆",吴惟忠的朴质自律可见一斑。二是吴惟忠军南下,有一个士兵割取"官褥"补马鞍,被吴惟忠看见后,"痛绳以律,偿以己银,太守固欲还之而不可得",他一定要自己贴钱,赔补被士兵割了一块的公家被褥,朝鲜人想还他银子也没成功。三是裴龙吉说他所知道的驻扎在庆州、蔚州一带的大军,"支放之际终始不横者,惟侯军为然"。朝鲜支粮官还说过吴惟忠因事路过一邑,见有托儒冠揣画讨要银子者,吴惟忠"与之银而还其画"。故即使言语不通的朝鲜百姓,只要看到明军的服色也能轻易分辨。

吴惟忠军之难能可贵,实因"凡将相之经过列邑,必括尽村巷牛马,以供刷役。往者颠而还者毙,无以为将来耕垦转输之资,举国苦之"①。赵翊记"闻刘总兵綎、吴游击惟忠,号令严明,志行廉洁。万余军卒,秋毫不敢犯。天兵之侵夺作弊,无所不至。惟两将所率,独无其害。在中国亦以贤将见称云。刘之为人,容貌端重,风神爽俊,一见可知其不凡。吴之简抗有愈于刘,一言一笑,不轻视人,苟非其道,毫末不近"②,可见吴惟忠与刘綎不同的风貌与性情。对比刘綎后来的表现,吴惟忠显然更胜一筹。故吴惟忠军所到之处,朝鲜百姓不招自来,不令自集。裴龙吉对吴惟忠的评价完全不是应景之作。可以说,正是吴惟忠等人,高高扬起了东征军中的一面旗帜,驱散了军纪败坏的乌云,出自朝鲜百姓之口的"南营良善"且"七八年之间,数千里之远,转相称颂,莫有异同"。这"千百中之一二"的概率,正是由吴惟忠及其他所领导的南兵创造的,前后二个阶段均如此,这是朝鲜人提供的铁的事实。

从初次入朝得到的"稍可称者"③之评,至二次入朝后享有"十年留

---

① 以上未指明出处者均见[朝鲜]裴龙吉《琴易堂先生文集》卷6,《碑铭》,《韩国文集丛刊》第62册,第124页。
② 赵翊:《可畦先生文集》卷8,《杂著·辰巳日记》七月,《韩国文集丛刊续编》第9册,第467页。
③ 《朝鲜宣祖实录》卷37,宣祖二十六年(万历二十一年)四月四日戊子3条。

住不厌"的美誉,"惟忠持身不滥,检卒能严,东征诸将实斟其俦"木秀于林、云出于岫而做到极致,靠的是什么?吴惟忠自言:"吾所领浙江、福建兵,当初戚总兵所练,而吾其门生也,岂有违吾分付作弊之事乎?"①不辱师门的自许和自律正体现了其人品!戚继光在蓟镇练兵十年,前后所练之军不下十万,违背师门的人多见不怪。

明人王士性曾总结说:倭寇横行,从嘉靖丁未到辛酉"十五年间督、抚踵死"。嘉靖三十一年,王忬练兵选将,得俞大猷、汤克宽、卢镗等人,取得普陀、太仓之捷,"杀萧显,败尹凤,浙人始知兵"。自王忬后,"雄行阔略"的胡宗宪再败倭寇皂林、梁庄,杀徐海,擒麻叶,降王直、毛海峰。其后有谭纶、戚继光、刘显,再奏白水洋、崇明沙之捷,"浙人始力能胜倭,志在杀倭,至今称南兵,皆其遗也"。也就是说,从东南沿海抗倭起家的"南兵",源起浙江的"戚家军",胡宗宪、谭纶、俞大猷、汤克宽、卢镗、刘显等均为有功之臣,尤"戚功在闽,其方略又出诸将之上"②,对南兵的创建、成长功不可没。

吴惟忠所率的南兵正是戚家军的正脉。朝鲜人认可的"南兵"就是浙江兵,他们的身形、面貌,尤其是着半臂五色衣,似乎没有统一军服,冬天穿羊皮大衣,不喜欢吃小米,生活习惯与来自北方的士兵差异较大,却具有很强的战斗力。在初入朝鲜之际,南兵就利用最擅长的极具中国特色的火炮技术,加以运用传统中医药知识,对据守朝鲜平壤的日军发动攻击,从根本上动摇了他们占领朝鲜的野心。柳成龙、李好闵等人的看法代表了朝鲜君臣的意见,往往只认可浙兵。③

援朝东征的战场,也可以说是后"戚家军"时代的大练场。经戚继光精心调教出来的南兵,维系着一直不坠的优良传统、过硬的军事素质和严格不懈的自律精神,使他们赢得朝鲜上下一致爱戴。朝鲜崔岦《帖吴、骆、宋三将(惟忠、尚志、大斌)》也印证了这个事实:"秋高辕门,动静有相。束楚之戍,事异勤同。采薇之还,人先我后。虽系严命,盖缘借留。将万里于三年,微小邦而奚故。士无宿饱,则虑未暇于言饥;时及授衣,则惭不能于改敝。莫躬慰谢,惟局寝兴。陪臣某某,拟充跟随,听候

---

① 《朝鲜宣祖实录》卷89,宣祖三十年六月十四日癸酉1条。
② 王士性:《广志绎》卷4,《江南诸省·浙江》,《王士性地理书三种》,上海古籍出版社1993年版,第334页。
③ [朝鲜]柳成龙:《西厓集》卷10,《答金士纯书》癸巳二月,《韩国文集丛刊》第52册,第207页;李好闵:《五峰集》卷12,《请兵粮奏文》,《韩国文集丛刊》第59册,第501页。

指使。因其前进，布此区区，别具菲微，匪伊为物，冀谅。"① 万历二十二年秋，南兵入朝的第三个头年，"士无宿饱"显示朝鲜粮饷供应仍成问题。东征军军纪之所以成为问题，与朝鲜供应不及有莫大关系；而支粮的朝鲜官员营私舞弊、大斗换小斗也不一见。舍因论果，总难以让人信服。何况东征军中南兵军纪普遍良好，吴惟忠这样的典型，也非独一无二。只有全面公正地看待历史问题，才能避免成为谀文或陋见。

朝鲜裴龙吉总结说"南营之良善"，"导率教迪本系于侯"②，吴惟忠不仅靠言传身教保持自身号召力，而且完全不屑搞关系，曾拒绝御史陈效建议贿银于提督："我若从此径作官，则为大将固已久矣。"③ 吴惟忠憨直耿介、忠正固执的个性特点也一览无余。与陈子銮一样，吴惟忠也"忠勇有余，委蛇不足"④，一生坎坷。戚继光曾有赠诗"半百风尘暂息居，伤心相对各踌躇……红叶无边云外树，青蝇不尽箧中书"别之。⑤

戚继光曾自言平生"无疆场酬应之事，朝夕所守所教惟四千良家耳"⑥，吴惟忠正是在戚继光教导下脱颖而出的良将。"臣之用南人，所以得其死力，一呼数万而莫后，去家万里而不辞，杖戮犯者而不怨，是以慰岂真为升合之养乎？盖有大义存焉。"⑦ 戚家军的传统是以大义感召军士，也是吴营的惯习。正是他们的牺牲，维护了明朝的国格和戚家军的军威。

万历二十六年初，吴惟忠军到安东，"此处大小人民亦皆以为吴总兵之来，民皆见德而不见弊，虽十年留住不厌……总兵来到忠州之日，忠州之民自为一市，军兵买卖，一从民情，皆着青布，来集成村。而马军下来之后，民皆奔窜失巢，家幕荡尽，有同经乱。及其下去安东时，路由丹阳、丰基在在皆然，从忠州、安东到丹阳、丰基、荣川，所过民皆晏然，一路郡县皆为立碑颂德"⑧。吴惟忠之军受到朝鲜人民衷心爱戴，所到之

---

① [朝鲜] 崔岦：《简易文集》卷5，《槐院文录》，《韩国文集丛刊》第49册，第355页。
② [朝鲜] 裴龙吉：《琴易堂集》卷6，《碑铭·天将吴侯颂德碑铭并序》，《韩国文集丛刊》第62册，第124页。
③ [朝鲜] 郑琢：《龙湾闻见录》，《宋经略书》，第67—70页。
④ 戚继光：《止止堂集》，《横槊稿》下《祭陈守备》，中华书局2001年版，第230—232页。
⑤ 曲树程注：《戚继光诗稿·秋日送别协守李副将军及吴参戎于涞水上》，海洋出版社2020年版，第243页。
⑥ 戚继光：《止止堂集》，《横槊稿》下《祭王参将》，中华书局2001年版，第234页。
⑦ 戚祚国：《戚少保年谱耆编》卷10，隆庆六年，中华书局2001年版，第326页。
⑧ 《朝鲜宣祖实录》卷97，宣祖三十一年（万历二十六年）二月八日癸亥3条。

处朝鲜士民都立碑颂德。

韩国顺天乡大学教授朴现圭多年关注万历援朝战争的参战明将,发表过关于邓子龙、季金、蓝芳威等人的系列论文。[1] 近年来,调查吴惟忠在朝鲜半岛的文物,结合史籍记载和现状,发现吴惟忠碑共有7处,分别在竹山、忠州、丹阳、丰基、荣川(荣州)、安东、新宁。其中,竹山竹州山城碑仍存,其他碑石都已失传。[2] 如荣川碑是被麻贵部士兵砸碎;忠州碑只留《清肃碑》之名;安东碑即裴龙吉《天将吴侯颂德碑铭》;新宁碑为孙起阳作《吴总兵惟忠碑铭》:

  总府驻师新宁之半年,民有十夫来谓太守曰:"愿立碑以颂德。"太守曰:"总府有何德于汝?"曰:"严禁戢也,省营为也。"太守曰:"天朝矜悯我国之败坏,以抚恤昭苏为务。故握兵东来之将,皆能遵奉诏旨,廉约相持。姑以来驻此地者言之,禁戢之严,营为之省,不独总府为然,尔何舍彼而取此?"曰:"吾等皆穷村僻巷之蚩蚩者也,吾官府之政,尚未能知之,又乌知天将之德不德哉?虽然吾等亦有耳目,请以所闻见者复之:某月日,天兵二人投某村,一人温言和色,以有易无,惟谨;一人作气势,生愤怒,以白劫为事。问之,则前一人总府兵也,后一人某府兵也。以为偶尔,问之里则如此,问之乡则如此,以至他乡他里之所闻见者亦如此。此非禁戢之严耶?自天兵之驻吾境,朝暮吏来而呼曰赴某役供某物,吾民废农桑、倾甔石,应某役、供某物者,今且半年。而总府之入,盖十无二三,此非营为之省耶?兹二者,岂不足以立碑乎?"太守愕然曰:"立碑大事也,非尔所能知,以吾为邑长于斯,一邑之事,吾得以主之,吾将从公论,采石立碑,尔姑退去。"傍有识者曰:"古之所谓公论,不在于一人,而在于万民。子虽为邑长,公论则在于民,子无劳焉。"于是太守不有,归之于民众,民姑以木代石,立之营门之西数百步。铭曰:"威

---

[1] 朴现圭:《邓子龙考》,《韩中人文学研究》第22辑,韩中人文学会2007年版,第237—257页;朴现圭:《壬辰倭乱时季金的军事行迹考察》,《温岭理论与实践》2015年第2期,第72—76页;朴现圭:《明代万历水军将领——季金的行迹考察》,《台州文化学刊》2014年第3、4期合刊,第117—120页;朴现圭:《论明朝蓝芳威的〈朝鲜诗选〉》,《一九九七东亚汉学论文集》,台湾学生书局1998年版,第225—244页;朴现圭:《壬辰倭乱时机明军搜集和编撰韩国文献的活动》,载邵毅平编《东亚汉诗文交流唱酬研究》,中西书局2015年版,第60—80页。

[2] 具体内容参见朴现圭《壬辰倭乱明将吴惟忠在朝鲜半岛的遗存文物》,载《明史研究论丛》第15辑,中国社会科学出版社2016年版,第171—184页。

而爱，清以约。士畏法，民蒙泽。立短碑，匪公荣。铭遗惠，是我诚。"①

车天辂（1556—1615）有1700余字《上天将吴总兵启》②与孙起阳《吴总兵惟忠碑铭并序》、裴龙吉《天将吴侯颂德碑铭并序》为朝鲜赞誉吴惟忠的三忠碑。车天辂借用薛仁贵、鲁仲连、孙武、吴起等古典，颂扬吴惟忠忠勇威谋，义薄云天。自古以来，防民之口甚于防川。民心向背，才是决定统治者及其政权前途命运的决定力量。吴惟忠及所率南军，在朝鲜所赢得的民心，比起东征军的战绩更光彩夺目。而严格的军纪，是靠吴惟忠及南兵的自我牺牲建树的。吴惟忠以自己的坚忍及南兵的自律，在东征军中升起了一面高高飘扬的旗帜。而朝鲜人对吴惟忠的赞颂，也是明朝东征军所取得的最高荣耀。

早在万历二年，蓟辽总督刘应节就称刚届不惑之年的吴惟忠"机智足称老将"，东征之后，经略邢玠称赞吴惟忠为"南将中之白眉"，与朝鲜史料中忠勇清操的天将基本吻合。但是未曾几何，吴惟忠的形象就反转成为军中"第一神钻"，历史真的可以如此翻云覆雨吗？

2. 中国史料中的"第一神钻"及相关狱事

朝鲜人对吴惟忠的赞叹，在中国史料的反衬下，却好像是一个黑色幽默。在明朝官方史料中，吴惟忠的形象极为尴尬，与东征战场上的高大光辉完全大相径庭。

万历三十三年十一月初七日，兵科给事中孙善继疏："吴惟忠起自纳级，滥竽副将，旋蹶旋起，武弁中第一神钻。"列举万历二十八年"吴惟忠密令张忠义以千金来京，营荐征播，事发逮问鞫审，拟徒赃罪明确，谳牍俱存"。反对应天巡抚周孔教荐举副将吴惟忠、蓝芳威接替坐营游击姜良栋的员缺，言吴惟忠为浙江人，蓝芳威是江西人，既不隶籍东吴，又不挂名幕府，周孔教如何得知二人堪以起补？兵部覆议"吴惟忠、蓝芳威永不叙用"③。"武弁中第一神钻"与东征朝鲜的吴惟忠形象实有天壤之别。

《明实录》是明代最基本的史料汇编。编纂者是否存在特定意图无法

---

① ［朝鲜］孙起阳：《聱汉先生文集》卷3，《碑志·吴总兵惟忠碑铭并序》，《韩国文集丛刊续编》第11册，第217—218页。

② ［朝鲜］车天辂：《五山先生续集》卷4，《上天将吴总兵启》，《韩国文集丛刊》第61册，第532—534页。

③ 《明神宗实录》卷415，万历三十三年十一月初八日丁丑，第7791—7792页。

悬猜，但周孔教荐举吴惟忠的原文未载，而孙善继的指控却完钞具在。将《明实录》作为一种"好"史料的看法是不是过于幼稚？万历三十三年，是明廷对武官5年一次的军政考选年。《明实录》记载了考选过程中发生的一些事实，但也确定无疑地遗漏了另一些事实。正因为史料不对等，控辩双方就失去了对质的机会。好在历史还是留下了另一扇窗子——万历三十三年十月，应天抚院周孔教荐举吴惟忠之事被保留在吴惟忠家谱中："原任东征副总兵都督佥事吴惟忠，浙之金华人也，胸富韬钤，力优摧陷。始从戚少保于闽广，身经百战，多所斩首，累官参游副将，洁己奉公，绝无瑕疵可议，驭士卒严而有恩，争愿为之效死。朝鲜之役，诸将多纵兵骚扰，而惟忠纪律森严，秋毫无犯，庆尚一带所在伐石颂德。特以秉性不阿，见疾李氏，弗果优叙。裁补镇江，赏不酬功，抗文辞面。即金吾逮系，起于部曲之急功名，原非其罪，故朝议宽而置之，至今散发家居，无复用世之急，卒然有警，犹可强而起之，以当八面之寄。"① 从这条史料看，孙善继指控万历二十八年吴惟忠部下张忠义以千金进京"营荐征播"是确有其事，旧部为主将谋求功名，触犯军纪，致使吴惟忠缧绁被逮，但已经审明"原非其罪，朝议宽之"。这与周孔教疏中"臣查得原任副将吴惟忠，身经百战，气雄万夫。虽投闲而不忘裹革之忠，倘起家可卜横海之绩。所遗员缺，或以参将署游击事令本官补之。虽本官原系副将，不无少贬，然人臣苟可效忠，何难自屈？"② 文字不同，也有可能是家谱摘引了不同层级官员的荐语，而事情着实不虚。义乌稠州楼楒曾作诗吟咏吴惟忠之《系狱》："功高剿房犬羊寒，铁面威名闾外单。萤赋槐吟同扼腕，腥腥宝剑血痕干。"③ "萤赋"典出唐代诗人骆宾王的《萤火赋》"类君子之有道，入暗室而不欺"，显然是指吴惟忠蒙冤受屈。历史的真相究竟如何？旧事重提的孙善继又有何居心？

孙善继是山东平度掖县人，万历十七年进士，历任工科、兵科、礼科给事中、尚宝司司丞，三十七年四月被革职为民，原因是擅自狂肆于文华

---

① 吴福梅等撰：《柳溪吴氏宗谱》卷9，《内纪文集》，李洵瑞撰《云峰将军履历功次荐本考语缘由书记于左》，民国廿六年丁丑重修本。该谱现藏义乌夏演吴坎头村吴云飞先生家，共十卷，云飞先生所藏九册（一、二、四、五、六、七、八、九、十）缺卷三《系图》之一部分。

② 周孔教：《周中丞疏稿·江南疏稿》卷5，《调补坐营将领疏》，明万历刻本，《四库存目丛书》史部第64册，第296—298页。

③ 《柳溪吴氏宗谱》卷9，《内纪文集》。按：此诗附于"蓟镇赐一品侍俸经筵户部尚书蓟门笔峰张守直"等所作《奉贺大元戎云峰吴老大人擢山海参戎序》之《附稠竹山羼提懒楼楒有赠吴云峰将军诗》五首之后。

门进本，首先倡率擅自离职，引发其他官员仿效"纷纷径去"①。此举惹恼了万历皇帝，朝堂无人办公，这成何体统？孙善继还指控过辽左税监高淮及参随宋希曾等，疏参宣大总督杨时宁不职宜致仕，弹劾左府金书镇远侯顾大礼，弹劾新推总河周孔教等，其中既有当时主流观念中的正人君子，也有作恶多端的太监狗腿子。显然，吴惟忠和蓝芳威，就是孙善继与周孔教打笔仗时所用的一颗炮弹。

孙善继最大的问题是人品曾受多方质疑。除巨额财富来路不明，"贪墨渎职"的声名远播海外，他家乡山东莱州城西那座精美绝伦的花园，被称为"孙给事花园"，一直都是天启年间朝鲜使臣参观、感咏奢腐的素材。天启四年，朝鲜冬至使书状官金德承《天槎大观》的记载及朝鲜正使李德泂九月十五、十六日的《朝天录》都相似："重楼叠阁，拟于皇居，台沼曲曲，砌皆玉石，奇观异景，不可胜状。其中清涟一洞、石假三峰尤绝奇小。西有高楼，楼前凿池养五色鱼，黑白黄赤之队，洋洋上下。池中矗石为岛，立无梁阁。楼上有菊花五十余盆，盖孙给事善继曾受贿五万金，坐是沉屈而人皆唾鄙。"②

朝鲜奏请使、书状官洪翼汉甚至认为这座"极其佳丽"的花园，"虽穷一国之力未易办也"。他还从孙善继同乡士子朱延光的口中，听到孙任给事中时"受武人金五万两"得为富家翁，且"坐是沉屈"的往事。30年过去后，年近八十的孙善继"始除尚宝寺丞"③，还在准备入京受职。可见此翁炽热名利，从未改变。正因他在万历朝贪墨武将5万两银子的事被坐实，才导致他落职归乡、里居30年的结果。《明实录》另一版本列举的这些事实——天启五年（1625）六月，广西道御史梁炳疏纠尚宝司司丞孙善继"贪秽"的5个事实，包括其在山东老家"田占各县""庄第联云"④，也包括莱州花园在内。

---

① 《明神宗实录》卷457，万历三十七年四月十三日甲子，第8619页。
② 未指明出处的材料，转引自陈长文《朝鲜贡使对明代山东官吏的印象》，http://www.jiaodong.net 2010-11-01 09：34：59 胶东在线。
③ [朝鲜]洪翼汉：《花浦先生朝天航海录》，载林基中编《燕行录全集》卷17，韩国东国大学出版社2001年版，第17册，第160页。
④ 李长春编：《明熹宗七年都察院实录》卷9，天启五年六月十二日（第545—546页）梁鸿志影印江苏省立国学图书馆本，第1090—1092页。按：此本不源于嘉业堂本，所据殆系史馆"来源不明"的另一钞本，亦"非今所影印之馆本"。参见黄彰健《明实录附录·明熹宗实录校勘记》，"中央"研究院历史语言研究所1967年刊本。查其所载孙善继的贪腐事实，未被通行本《明实录》作为校勘底本的国立北平图书馆藏红格抄本——简称馆本的晒蓝本所载，即可知黄彰健先生所言不虚，参见《明熹宗实录》卷60，天启五年六月甲申条既可知。

现存山东省平度县大泽山智藏寺，尚有崇祯年间《重建大泽山智藏寺碑》，记载该寺"重建工程的首事者与承办人"①即孙善继，从万历四十三年（1615）至书碑时历经13年的持续支持，所需财力几何？乾隆《掖县志·坊表》也载有万历三十七年赠礼科给事中孙一鹏、工科都给事中孙善继所立"清朝谏议坊"②及资助小学之事。建牌坊、助学堂所需资金尚可不论，但孙善继拥有的巨额财产是否有合法来源？从御史梁柄控告孙善继"四次剥削军役"及万历年间就因"贪秽"落职的结果看，答案相当不乐观。由此反观孙善继对吴惟忠的指控，难道不是"贪竞"者索贿未成的反噬？从孙善继"贪秽"落职的结果推测，这种可能性很难排除。试问，吴惟忠若打点妥当了，孙善继的指控还会存在吗？

二 与吴惟忠生平相关的几个问题

浙江省义乌市夏演吴坎头村是吴惟忠的家乡，至今还保存着《柳溪吴氏宗谱》，内载吴惟忠《行传》、金志宁撰《赠云峰将军分镇边城序》、吴悬撰《云峰吴将军传》，李洵瑞等整理的《云峰将军履历功次荐本考语缘由书记于左》等材料③，记录了吴惟忠的履历、功次、荐本、考语，提供了官书之外的另一个视角的不同声音，构成了朝鲜史料、明朝官方史料外的第三方史料，对全面客观了解吴惟忠并澄清其生平疑点有极大帮助。

1. 纳级出身

《行传》记载吴惟忠从浙闽赣东南沿海抗倭剿贼、奉调北上驻守蓟镇、修葺山海关长城、东征援朝、告标回卫的戎马一生，他最引人注目的是4次"回卫"的经历。但这个"卫"究竟是指哪一卫？

吴悬所作传记说吴惟忠"幼习诗书……自嘉靖四十年（1561）贼寇扰台州，始奋志从戎"④，县志记载吴惟忠"以武生应募，累功授松门卫

---

① 按：该碑立于智藏寺大雄宝殿前，高270厘米、宽82厘米，明崇祯元年（1628）立。材质汉白玉，碑额饰以盘龙浮雕。工科都给事中孙善继撰文，太常寺少卿张孔教篆额，监察御史张新诏书丹。碑文约千字，楷书，介绍了智藏寺重建工程的首事者与承办人孙善继自万历四十三年（1615）至崇祯元年（1628），历时13年始完成该寺重建的具体过程。参见高瑞吾《大泽山石刻钩沉》，网址：http://202.110.193.6/nianjianku.nsf/a797ca9c92b69cd0482569c3001f3148/73d6c0ead78b401a482570fb002513cf?OpenDocument。
② （乾隆）《掖县志》卷7，载有孙善继《创东莱小学记》。
③ 吴福梅等撰：《柳溪吴氏宗谱》卷9，《内纪文集》即卷4《行传》，第66、69页。
④ 《柳溪吴氏宗谱》卷9，《内纪文集》，吴悬撰《云峰吴将军传》，民国丁酉1937年重修本。

指挥"①，可见孙善继所谓"纳级"应即吴惟忠"武生"起步的途径。明代继承元代以徭役制定户籍，分军、民、匠、灶、商等籍，军人是世袭职业，与民籍有严格界限。国家为保证足够兵源，将军户人口依户役不同，分"正军"与"余丁"，正军需赴卫所服役，余丁则帮贴军装、继补军役。明代中叶以后，由于商品经济发展，纳银当差不断冲击旧制度，军、民的严格区分逐渐模糊，文武转换也更方便。通过"纳级"取得武生资格，在当时就很普遍，如"戚家军"中，胡守仁、王如龙、陈濠、金科等均为纳级武官，通过上交银钱、粮食、马匹等，取得武职初阶及加纳、免比试、升级等资格，通俗说法是买资格、买官，专用名词叫"捐纳"，开始于明代正统四年（1439），是军民升除身份、职位的常见途径②。从制度上说，是对正常官员铨选制的破坏，但同时也打破了户籍限制，实现了职业、阶层的流动，可谓是"好""坏"并存的行政举措。

纳赀时代不同，费用不等，总趋势是越晚越廉越滥。正统年间"纳银四十两即得冠带"③，到明末"候缺农民径题冠带纳银二百两"④。正德十六年（1521），山西李福达改名张寅，以援例监生身份"赴顺天府纳银四百八十两，上纳山西太原府左卫指挥使职衔，工部给有札付收执"⑤。嘉靖六年，山陕民间宗教领袖李福达，捐银50两纳府县办事吏员，140两纳北京各部办事吏员，以监生纳银480两为山西太原卫指挥使。正德年间"良医纳银不过百两，典膳引礼不过五、七十两，比之监生、吏典，纳银尚不及半"⑥，推测监生纳银概需200两。

武生的纳资，清代定例：俊秀108两、附生90两、增生80两、廪生60两、武生100两，青衣生100两⑦。万历三十七年，兵部尚书李化龙奏准：纳级官输银300两以上助边者可实授署职，与卫所世官及中式武举一

---

① 周士英、熊人霖等：《义乌县志》卷10，《人物表·武职表》，崇祯刻本，载《希见中国地方志汇刊》第17册，中国书店2006年版。
② 参见许大龄《捐纳制度研究》及曹循《明代武职纳级述论》，《古代文明》2011年第1期。
③ 王锜：《寓圃杂记》卷5，《义官之滥》，参见商传《走进晚明》商务印书馆2014年，第475页。
④ 毕自严：《度支奏议·堂稿》卷4，《会议边饷条陈六款疏》，明崇祯刻本，第75页B。
⑤ 佚名：《大狱录》上卷，五石斋钞本，第18页。
⑥ 夏良胜：《东洲初稿》卷6，《议处纳银事例奏草》，清文渊阁四库全书补配清文津阁四库全书本，第34页B。
⑦ 《乾隆元年条例》，转引自许大龄《捐纳制度研究》，载《明清史论集》北京大学出版社2000年版，第39页。

体录用。① 可见军队中，买官卖官已成常态。明末，文监生选官"免历事"需纳银30两②，从监生到吏员，买资历需三五十两至上百两银子，吴惟忠捐纳武生的费用，概在100两左右。③

捐得武生资格后，吴惟忠"札授台州把总"，驻海门卫，县志所载"松门卫"有误。吴惟忠《云峰将军履历功次荐本考语缘由书记于左》"左府守字二千九百四号勘合"谓授金华所世袭副千户，升海门卫指挥佥事。戚继光奏疏曾言："夫军城之空虚者，固莫惫于海门卫；而军户之在籍易于清查勾补充实行伍者，亦莫易于海门卫。"故吴惟忠卫所"老家"当在海门卫而非松门卫。《行传》所记的3次回卫，也应是回海门卫，这才是他的卫所老家。

嘉靖四十二年（1563）六月，吴惟忠任"把总"在福建平倭，参与横屿、福清、牛田、兴化等战役，巡按御史李邦珍勘状吴惟忠等19人各升一级④，次年升秩加俸2次⑤。他曾"亲斩真寇首级五颗""亲斩真贼首级六颗"，"貌不逾乎中人"但"体貌精健"，属短小精悍型的"百炼精刚"。从东南沿海转战蓟镇，隆庆二年实授"大毛山提调指挥"⑥。戚继光《定庙谟以图安攘疏》建议由老部下浙江杭嘉参将胡守仁、福建南路参将王如龙、署事参将李超、坐营都司金科、福中路守备朱珏、坐营把总胡大受及浙江把总吴惟忠、陈子銮等"分募"3000名火铳手，吴惟忠等均为"戚家军"的老班底。

从蓟镇大毛山提调升任山海关参将，吴惟忠参与募兵、执勤、修建长城、敌台等，前后驻守蓟镇15年。隆庆六年创修滦阳驿，戚继光亲率左、右二营史宸、马承允、吴惟忠等"诫诸部士鸠材塞外"⑦；万历七年六月，

---

① 程开祜：《筹辽硕画》卷26，第35页。
② 毕自严：《度支奏议·边饷司》卷4，《覆福建道孙御史条议边饷疏》，明崇祯刻本，第74页。
③ 案：王圻《续文献通考》卷50，《选举考》载："世宗嘉靖四十三年正月，户部尚书高耀奏：蓟镇缺乏粮饷数多，乞开乞运事例，请于岁贡、援例等监生，预授在外府按二司经历等官：经历五百两，至检校一百二十两各有差。其官员出身，从七品一百六十两至从九品六十两各有差。"王海妍《明代捐纳与监生入仕研究》（《北方论丛》2011年第5期）也可作为参考。
④ 《明世宗实录》卷522，嘉靖四十二年六月初四庚戌，第8540页。
⑤ 《明世宗实录》卷536，嘉靖四十三年七月十二日壬子，第8698页。
⑥ 《柳溪吴氏宗谱》卷9，《内纪文集》，吴悬撰《云峰吴将军传》，民国丁酉1937年重修本。
⑦ 戚祚国汇纂：《戚少保年谱耆编》卷10，《创修滦阳驿记》，中华书局2003年版，第360页。

蒙古入关，吴惟忠"哨探稽迟，收敛失预，拒关自固，保障疏虞"[1] 被革山海关参将，首次回卫。万历八年五月，受总督梁梦龙、巡抚张梦鲤委托，又督买枪杆解赴蓟镇，吴惟忠调管操营事务参将，驻守蓟镇3年余。十一年二月，因戚继光改镇广东而"随任回南"，这是吴惟忠第二次回卫，实与戚继光同进退，故戚有"青绳不尽箧中书"之句慰别之。

赋闲8年之后，万历十八年十一月，蓟辽总督张国彦、巡抚王之栋[2]、巡按荆州土等合荐吴惟忠"一介不取，万夫莫当，遇事而机智愈生，临敌而精神愈奋"，兵部尚书王一鄂题请，次年六月，推补为蓟镇统兵游击，驻三屯营[3]。比起山海关参将，三屯营游击职低一级，但为实职。最重要的是，很快吴惟忠就作为救援朝鲜的先锋，开赴东征援朝的海外战场。万历十九年六月，吴惟忠重返三屯营。十一月，朝鲜战争尚未爆发，但日本异动明显，朝鲜报信使臣已来到了明廷的朝堂上。

2. 吴惟忠第三次回卫原因

在万历二十五年再次入朝之前，吴惟忠曾被"革任提问"。《宣祖实录》摘录兵部题本："今议原任副总兵吴惟忠堪领浙兵，杨元堪领辽兵。查得吴惟忠先经革任提问，杨元革任听勘，缘事未结。但系紧要用人，责令立功赎罪，应如所议，各以副总兵职衔，令其领兵前往效用，合用旗牌，照例请给，俟有功之日，一体议叙。"[4] 这是吴惟忠第三次回卫，但家谱《行传》失载，唯记万历廿九年吴惟忠告标，奉旨回卫（即遭孙善继疏劾后"永不叙用"），实是第四次回卫。

《云峰将军履历功次荐本考语缘由书记于左》载："廿二年九月内，功升御寇副总兵，九月到任。"[5] 辽东巡抚李化龙疏："查得吴惟忠所领浙兵，原系防倭兵数，前者东征稍有损伤，合无仍募足三千七百名，其安家银两即取足于宽奠募兵银内，或即于台兵内抽补，令驻扎山海、石门等处

---

[1] 《明神宗实录》卷88，万历七年六月二十二日丙申，第1828页。
[2] 案：查《明神宗实录》卷213，巡抚王之栋万历十七年七月二十五日告病，十九年三月除补御史，十八年在职者或未补他人，暂存疑。
[3] 《明神宗实录》卷237，万历十九年六月初一甲午，第4387页。
[4] 《朝鲜宣祖实录》卷86，宣祖三十年三月十九日己酉3条。
[5] 《柳溪吴氏宗谱》卷9，《内纪文集》，李洵瑞撰《云峰将军履历功次荐本考语缘由书记于左》。

操练，遇有倭警，调发凤凰城一带防御，无事仍回蓟镇。"① 万历二十二年十月吴惟忠职"副总兵"，朝鲜实录亦证家谱所载为实。

东征前期撤回的南兵，由吴惟忠率领驻扎在山海关、石门等处，经募补达到 3800 名左右。但二十五年奉旨再援朝鲜时，已部伍不敷，吴惟忠也早罢归。所谓"先经革任提问"所为何事？朝鲜李德馨言："以月银不给事，人多怨詈。而李提督以我庆州安康（属县名）之战败，归罪于南人，罢斥吴惟忠。惟忠将罢归乡里，孙军门劝惟忠留军门云矣。"除月银不给之外，兵变原因还与吴惟忠被罢有关。虽孙鑛劝留吴惟忠，但李如松及兵部尚书石星等都视南兵为"赘疣"，"都督必杀石门仓""杀害南兵之事，天下莫不怨骂石尚书、李提督"②，暗指蓟镇兵变与吴惟忠被罢也摆脱不了干系。

万历二十三年十月，驻扎三屯营石门一带的南兵，发动一场兵变，结果导致蓟镇南兵被遣散，将官也经历大换血。此事在《明史·神宗本纪》中没有提到，唯私史《两朝平攘录》记载南兵被杀 1300 人③，《宣祖实录》记载被杀南兵达 3300 余人④，《明史·王保传》记载被杀数百人⑤。中外官私史料记载石门兵变被杀的人数，差别从数百至数千不等。这些索要钱粮、鼓噪被杀的"反叛者"，正是原吴惟忠所领的东征南兵。

万历二年，南兵近万人，"议加工食"⑥ 费 18.4 万余两，一年花费近 20 万两银子。三年，在蓟镇南兵东、西两协的基础上，增设中协，设三游击分驻建昌、石匣和三屯⑦，每年费银蓟镇 65880 两、密云镇 57000 两、永平镇 43200 余两。戚继光坚持守蓟即守京师，正如顾炎武所谓"过计不

---

① 李化龙：《抚辽疏稿》卷1，《募补浙兵疏》（按：原疏有残缺，此处暂按疏意加目），载《四库禁毁书丛刊》史部，第 69 册，第 17 页。参见《明神宗实录》卷 278，万历二十二年十月庚申，第 5142 页。按：巡抚辽东李化龙、总督经略孙鑛议得关涉吴惟忠处未列职衔，仅言"吴惟忠所领浙兵，原系防倭东征稍有损伤，宜仍募足三千七百名，就近给粮，令驻劄山海、石门操练，遇有倭警，调发凤凰城一带防御，无事仍回蓟镇。"揆其原意"拟添设备倭总兵一员"，吴惟忠为人选。
② 《朝鲜宣祖实录》卷 84，宣祖三十年（万历二十五年）正月十六日丁未 1 条。
③ 诸葛元声：《两朝平攘录》卷 4，台湾学生书局 1969 年版，第 290—291 页。
④ 《朝鲜宣祖实录》卷 69，宣祖二十八年十一月三十日戊戌 9 条。
⑤ 《明史》卷 239，《列传》第 127《董一元附王保》，第 6215 页。
⑥ 戚祚国汇纂：《戚少保年谱耆编》卷 11，《呈阅示兵饷条议》，第 365—366 页。
⑦ 戚祚国汇纂：《戚少保年谱耆编》卷 11，《题请增中路协守疏》，第 376—377 页。《戚少保奏议补遗》卷 2，《题请增中路协守疏》，第 60 页。

为迁，过力不为劳，过劳不为损"①，故蓟镇常有雄兵十余万人②，从义乌带过去的南兵，正是戚继光的亲军与教导队。可惜的是，这个设想在张居正辞世后落空了，蓟镇南兵甚至被视为"国之赘疣"。兵变甫一发生，当局即动用武力镇压，以外科手术的方式，切除了南兵这个"赘疣"，戚家军的老班底基本上被瓦解。

事实上，早在万历二十年五月十二、十三日，蓟镇三屯营兵就因月粮、行粮拖欠，"遂聚众二千余，猝至遵化城外，要挟总兵，牌谕而不解，明日复聚而不休"③。东征前蓟镇军士已因欠饷鼓噪，石门兵变不过是前期未解决的矛盾再度爆发而已。二十三年十月，3000 名海防营南兵留守石门路，统领参将是钱世祯与管一方。

在胡怀德、李无逸、龚富等人带领下，蓟镇南兵索要功赏、路费，结聚教场 9 日。当局一味搪塞、欺骗，南兵遂歃盟张帜，掠台攻城。时骆尚志在其中做安抚工作，"入檄南营骆副将，申饬各营勿动"，但兵备道方应选认为"先是朝鲜、辽阳有要必遂，顷督抚诸公檄谕不悛，必难以口舌解，必不可赍金而解"，遂与巡抚王保"两人各书一兵字掌中若左券"，定计调兵镇压，摒弃用金钱和谈判方式和平解决。《明实录》记载："防海南兵以要挟双粮鼓噪，蓟镇督、抚、道臣擒其倡乱者正法，余党尽驱南还。"④ 十月二十六日，京营佐击陈云鸿被授予游击职衔，与原任游击季金"统押防海南兵，发回原籍"⑤ 解散。事实上，南兵鼓噪"要挟双粮"是要求补发拖欠粮饷，但朝廷囊中羞涩，当事者又斡旋无能，导致事情失控。

给事中戴士衡、御史汪以时交章论及南兵要赏结聚，本无逆谋，总兵

---

① 顾炎武：《天下郡国利病书》，《九边四夷备录·蓟州论》，《四库存目全书丛书》史部 172 册，第 767 页。
② 案：曾任蓟辽总督的刘应节《蓟门会阅》诗："大将临戎亲合围，貔貅十万铁为衣。月明虎帐传刁斗，风卷龙沙列羽旗。转战河源边地动，屯军塞口阵云飞。壮猷此日推元老，谈笑樽前赋采薇。"民国《蓟县志》卷 10，《艺文 1·古今体诗》，第 62 页，台湾成文书局影印本，第 759 页。
③ 佚名：《万历邸抄》万历二十年八月，江苏广陵古籍刻印社 1991 年，第 674 页。
④ 《明神宗实录》卷 290，万历二十三年十月己未，第 5378 页。案：记事背景是九月二十日："兵部以倭封就绪，议撤沿海水陆官兵，檄蓟镇将永平防海南兵照天津议撤。督抚报：蓟门与天津冲缓不同……况各兵农农从戎，归无所依，一概撤回，健士可惜。部据以覆：除愿归农者，厚给资饷，令归；愿充兵者，查台操见缺填补，未尽补者，责成新任游击李皆春加意操练，陆续候补，从之。"（《明神宗实录》卷 289，万历二十三年九月己丑，第 5358—5359 页）
⑤ 《明神宗实录》卷 290，万历二十三年十月乙丑，第 5381 页。

王保挥兵乱斫,"死者无数,虽长平、新安之杀降坑卒未为过之"①。且传言南兵被杀之夜,官军乘势劫掠滥杀,被害诸商确有的证。围绕此事,朝廷明显有意见不同的两派对垒:一派是以给事中戴士衡、御史汪以时和兵科都给事中吴文梓等为代表,请求严查勘覆的南兵支持派;另一派则是以巡关御史马文卿、通州籍御史马经纶为首,"力言南兵之大逆有十","南兵屡噪乃蓟镇痼疾",且"渐成逆乱",建议采用快刀斩乱麻式的外科手术,割除南兵这个"毒瘤"以省"冗滥之费"②。十二月初六日,南兵鼓噪首领胡怀德及军师李无逸等被凌迟、斩首,枭示于各边镇。③

当事官员态度的转变却耐人寻味。永平兵备道方应选一直为亲自设计、参与镇压南兵"逆乱"自喜。他回忆海防营的来历:"万历二十年,倭陷朝鲜,募南兵二千一百名,又抽台兵九百名,加设游击吴惟忠,率之东援,饷仿台兵,人月食一两五钱。率义乌旁邑一带游民,性素犷悍。平壤之捷,登城者不下数十枝,而独负先锋功,与北兵露刃相睨。从此,衔李提督甚,已修怨,挞本管某,经略宋公置不问。顾缚本管鞭之,日益骄。至二十二年,朝鲜难解,撤入关,人犒银二两,还乡者若干,归台者若干,存者一千二百有奇。前参将陈蚕及今参将钱世桢奉文续募,留住石门路,计三千五百九十有奇,称海防营兵。"可见,海防营南兵以义乌人为主,原为吴惟忠所率,东征后归留石门1200余人,加募至近3600人。

方氏记载兵变过程和死亡人数较为翔实。十月初二日,南兵开始劫守各台起事,至空台50余座。蓟镇总兵王保等纠集附近各地驻军,于初十日开始武力镇压,第一批擒斩80余人,南兵犹愤战不下,"复发火炮震惊",王保亲自督领"精骑"逼迫追斩,第二批又擒杀40余人。继而在演武场,将首恶缚至庭下;其他胁从者,每人给一纸免死票,叩头谢不杀之恩后发回各营。十二日,又搜出首恶32名,当场枭示许国安等6人,杖死张文荣等25人,只留金奇1人,与生擒胡怀德等11人候题奉旨。总共杀死南兵150余人,事后通计南兵只存3240人有奇④。

孙鑛确谳"擒杀止一百五、六十人"⑤,初衷是为避免悍卒脱巾,重演大同、郧阳兵变而姑息酿祸,故亟招石门参将管一方与总督王保剿杀,

---

① 《明神宗实录》卷291,万历二十三年十一月癸未,第5392页。
② 《明神宗实录》卷291,万历二十三年十一月己巳,第5383—5384页。
③ 《明神宗实录》卷292,万历二十三年十二月甲辰,第5403页。
④ 参见方应选《方众甫集》卷7,《滦东平叛记》,第153—157页。
⑤ 孙鑛:《孙月峰先生全集》卷5,《奉沈阁下书》(廿三年十一月十六日),第100页。

后乞降、释放叛乱者3200余人,"原未尝多戮"①。孙鑛采用方应选的报告数字,蓟镇石门路南兵或死或逃减少300多人,至部委京营左击陈云鸿、赞画茅国器两人赶到通州时,叛兵已被平定。孙鑛坚持"若不与路费,非立视其死,即驱之为盗",最终以十月月饷人给一两四钱五分,将剩余2500余人分批押解"发之归南"②。

值得注意的是,同在《唐将书帖》及相关史事中出现的王必迪、季金、陈云鸿和胡泽等,在这场兵变中都代表镇压方出场。季、陈得到赏银10两;王必迪时为"中路南兵营游击"得到赏银7两;胡泽作为"保定营都司"先"以各兵胁之请饷至",但被力主镇压的兵备道方应选三言两语搪塞后打发;至"潜入延绥营借兵而来"③ 的参将钱世祯,也不得不向昔日朝鲜战场上的同袍开火,这样的制度之殇,实在无法追究个人行为与集体困境下的不得已。

3. 石门兵变与制度困境

围绕兵变的性质,朝堂论争剧烈。永平兵备道方应选认为南兵"自恃为非""且恋饷厚""为蠹久矣"之语,说明在他们眼里,南兵早已成为恶瘤,故在事变处置过程中主张"非兵不可",与蓟镇总兵王保"两人各书一兵字掌中",决定武力镇压。朝堂上马文卿论"南兵大逆有十",马经纶将南兵"要恩"鼓噪的群体性事件上升为"逆乱"高度,都说明反对南兵的政治势力,包括兵部尚书石星,御史马文卿、马经纶及蓟镇总兵王保、永平兵备道方应选等内外军政要员,视南兵为乱源而除之后快,国家省费,地方平安。马经纶还建议:"南兵即撤,不须更募,当急练土著以代之"④,兵部覆报可,革除了一批南兵营游击、中军、把总等将官,不仅完全颠覆戚继光视南兵为教导队的原意,剩余南兵也沦为辛苦异常又升迁无望的斥候、瞭望。明末户部尚书毕自严曾谈及在蓟镇三协沿边楼台、烽台的南兵:楼台设兵或四五名或六七名不等,每名月粮一两五钱,百总外加三钱召募南人。烽台额设烽军五名,每名月粮上半年给七钱,下半年给四钱五分,是金发祖军。楼台内设有台正、台副也为祖军,粮与

---

① 孙仰唐等纂:《余姚孙镜宗谱》卷2,《传赞类》,分守河北道甥吕胤昌撰《大司马月峰孙公行状》,第116页,光绪二十五年活字本。
② 孙鑛:《孙月峰先生全集》卷5,《致本兵石东泉书》(廿三年十月廿二日),第96页。
③ 以上未指明出处者均见方应选《方众甫集》卷7,《滦东平叛记》,第135—141页。
④ 《明神宗实录》卷291,万历二十三年十一月甲戌条,第5388页。

烽、台军等。南兵"每名月粮一两五钱"①，但烽军系祖军，粮薄，不足台兵之半，尤其是边地残破后尺籍沦亡无从勾补，不得不召募土著以补额。可见，南兵缺乏的窘境，而月粮一两五钱的基本标准则仍坚持到了明末。

南兵的支持者，如福建莆田人、吏科给事中戴士衡，除弹劾蓟州总兵官王保滥杀南兵"极论其罪"外，还纠劾石星、沈惟敬、杨方亨及蓟辽总督孙鑛等人，万历帝息事宁人："给事中刘道亨右坤，力诋士衡，谓其受大学士张位指；士衡亦劾道亨与星同乡，为星报复，帝以言官互争，皆报寝。"②而吕坤、戴士衡等也以南兵问题为契机，对阵山东刘道亨等并牵涉大学士张位；马文卿虽籍贯贵州③，但得到兵部尚书石星的支持，张位、石星也不同道，可见主流之外，暗流深潜。在愈演愈烈的兵变谣言中，朝廷的舆论导向也悄然拐弯。

万历二十三年十月廿二日，"京中传言，昨剿杀乱兵，斩杀有六七百人"④，一周后已演变成"京中传有杀千余人之说"⑤，再过一周发酵为"京中讹传所杀至二千人"⑥。《宣祖实录》记载被杀南兵3300余人当即谣言流传的结果，展示了历史上隐而不彰的另一种力量。围绕石门兵变，朝廷上下朝野内外，各方力量均有运作。故蓟辽总督孙鑛特别叮嘱方应选，决不可更改已报被杀人数："若昨塘报外再增一人，即是吾等罪案，即中叛党之计矣。"坦言担忧叛党讹言，要以多杀为戒，"不当以少杀为歉"⑦。十月尤其是月底孙鑛的言论，反映改动报告数字是官场习见做法，至特别强调"戒杀"之意，与起初顺着镇压派论调称南兵为"叛党"相比，立场已发生改变。

到十一月，孙鑛不再称南兵为"叛党"，认为镇压南兵并不"荣光"反而"碍眼"："巡关一疏真足正其罪。但鄙意则谓原不必真反，但聚教

---

① 毕自严：《度支奏议》卷119，《边饷司四》，《题覆边工太监议烽军台正副增饷疏》，《续修四库全书》史部第487册，第179页。
② 《明史》卷234，《列传》122《戴士衡》，第6109页。
③ 现存河北省迁西县董家口的万历二十三年德州营所修长城碑刻列名中有"巡按直隶监察御史安邑徐遇文、巡按直隶监察御史贵州马文卿"字迹，载华夏子《明长城考实》，档案出版社1988年版，第299页。
④ 孙鑛：《孙月峰先生全集》卷5，《致本兵石东泉书》（廿三年十月廿二日），第94页。
⑤ 孙鑛：《孙月峰先生全集》卷5，《与永平道书》（廿三年十月廿九日），第98页。
⑥ 孙鑛：《孙月峰先生全集》卷5，《致本兵石东泉书》（廿三年十月廿九日），第99页。
⑦ 孙鑛：《孙月峰先生全集》卷5，《与永平道书》（廿三年十月廿九日），第98页。

场谕之不散，即当用剿矣"①，开始认识到谣言的后果并为自己解脱，似欲撇清与反对派的粘连。虽仍支持巡关御史马文卿，但实际已另有立场："此兵形虽悖逆而实非真反，若献俘恐亦未妥。"② 强调南兵"实非真反"，"我军轻重伤者亦有三十余人……且以马兵二万围此兵三千，胜之原不难"，对胜之不武的"平叛"，孙鑛只能从"处理得宜"上下功夫，不能过度叙功，"以二万敌三千，又何剿杀之难哉？今径坐各恶以反，原足使人惊疑，且首级报数，尤更碍眼"③。他给内阁沈鲤的信中讲得最直白，"首级报数，尤更碍眼"甚至坦露了镇压南兵的不适感。

以南兵"逆反"为名一杀了之，事实上并不能真正解决问题。只不过多了场南兵人头落地，当事者立功受奖，各级领导皆大欢喜的历史闹剧而已。这样的闹剧若反复上演，既不能清理国家积弊、弥补制度缺陷，更无从激发创新意识，反而积累固有矛盾，一旦激化爆发，导致更多人头落地，匹夫鲜血长流，肉食者迁延岁月。说到底，这是南兵在用自己的鲜血，为无担当的庸俗政治和被浪费的历史埋单！孙鑛恐怕也想不到，历史留给明朝解决问题的时间已经不多了。但比起石星、王保和方应选等人，不得不说孙鑛显得更清醒，或可视为圆滑老练，建议采取灵活手段解决问题。对南兵三营所报的345缺，孙鑛授意："若讨安家银，则只是五两；路费银，只是三个月。俱是定例，一毫难以加增。汝等可即散归营伍。愿归者，赴道领银；愿补兵者，赴台操著伍。余者仍旧合营训练，按月给粮。汝等南兵，忠义报国有功，何乃一旦自行毁坏，将汝义乌好名坏了？"④ 软硬兼施，谨慎处置南兵善后。

孙鑛降调处理兵变事件，减少评奖人数、降低受奖规格："功赏自当从薄例。"唯蓟镇总兵王保以下十余人及秦得倚等4人议叙，其他"录名请教中有可删者，更望再删去"，认为："平乱兵与倭、虏不同。倭、虏但些微即是功，而失事亦无甚重罪；乱兵但稍蔓延，即是重罪。而平定亦未足示功一，此亦平论。"直言："今次功亦不难叙，惟是首级之赏，当用何例？……更望教之。"⑤ 讨论杀害南兵的政治正确：砍下一个南兵头

---

① 孙鑛：《孙月峰先生全集》卷5，《致本兵石东泉书》（廿三年十一月），第103页。
② 孙鑛：《孙月峰先生全集》卷5，《致顺抚李及泉书》（廿三年十一月六日），第108—109页。
③ 孙鑛：《孙月峰先生全集》卷5，《奉沈阁下书》（廿三年十一月十六日），第100页。
④ 孙鑛：《孙月峰先生全集》卷5，《与永平道书》（廿三年十月三日），第89页。
⑤ 孙鑛：《孙月峰先生全集》卷5，《与永平、蓟州二道书》（廿三年十一月十二日），第114页。

颅，该用何种规格进行奖励？而这些头颅的主人，不久前还是征战异国的功臣，却为区区几两银子丢了性命！何况又成另一些人立功受奖的垫脚石！

茅坤曾在给张佳胤的书信中谈道："顷戍兵鼓噪一节，非敢称乱也。大略此辈自海上烽燧以来，前军门所从遑急，中外既困于岛夷之力，关内复厌夫调兵之凶悍。故募金、衢及处州一带掘山窃矿之夫……当是时专阃者方提枹鼓，急矢石，故不得不捐厚赏以招之。而此辈抑遂稍稍习战斗，赴汤火，所向亦时时摧锋斩馘，以为功甚。且谭司马、戚将军挟之而闽，挟之而蓟……其中丰衣饱食，载橐而归。什伍闾里，转相仿效。父死子继，兄死弟及。频年以来，东阳、义乌诸州县间，弃累世剧山崖之业，执戈为兵什而五六矣……曩军兴时，月粮外，别给行粮，间有摧锋破阵，即冒不赀之犒，故众贪而竞前。近既海上无事，又从而于其所例给月粮之中去其什之二三，甚而或给之又不以时，又从而以子母钱阴夺之焉。猎犬鞲鹰，肉食不饱，能不号而飏去乎？近年浙中多盗，亦大率坐此。旬日来，或谓此中有飞扬跋扈之士，不可不力除之，否则必多他变；或谓事体已缓耳，目已静稍，从月粮中优以一二即可无事。愚窃谓二者皆过也。"[①] 认为加、减两法都不得宜的茅坤，也未提到到兵变背后的制度困境。戚继光以蓟镇南兵为理想中的教导队，所具前瞻性的军事变革思想，需以重兵厚饷的财力支撑为经济基础，也需要政治层面不加干涉的坚定支持，张居正辞世后，石门兵变成为军事改革史的分水岭。

如何在募兵制和卫所制之间取得平衡而不是彻底铲除作为改革先锋的南兵，这是摆在主政者面前考验智慧和实干经验的难题。孙鑛通过派往日军营中陈云鸿、叶靖国等人传回情报，更早预见到危险：日本志向在市土不在封贡，正所谓"但有封王之事而无实利故终不成"[②]，故反复提醒需做好战斗准备，但被一心完封的兵部视为"破坏"（杨方亨回京言封事颠末正欺罔以绝祸源疏中语）分子而终至罢职。

总之，蓟镇兵变正是以经济问题为中心，诸多军、政问题的集中爆发，处理结果标志朝廷放弃以重饷养精兵的决策。因为南兵的主要来源是募兵——自土木之变后开始实行的募兵制，如何与日益衰败的卫所制配套前行，获得制度化的财政支持，维持国家正常运转，这个历史使命落在掌舵者万历皇帝和他的阁臣肩上，也落在各级具体执行者的肩上。

---

① 茅坤：《茅鹿门文集》卷6，《与张督府崌崃公书》，明万历刻本，第7页。
② 《朝鲜宣祖实录》卷93，宣祖三十年（万历二十五年）十月三日庚申3条。

这一步,却是藩邦国朝鲜走到了前面。宣祖国王君臣通过南兵这个媒介,改革了军队和财政制度,或许是船小好调头;而在君父之国的明朝,却导致问题丛生,付出了沉重的代价却未能前进。即使同为南兵,不隶军籍者也"所在多有"①,如何妥帖处理东征各项善后事务,合理疏导来源不同、身份不同的南兵归宿,实际上关系到明代军制变革成败的大局。在战争已经启动的情况下,撤兵和谈本非上策:第一阶段的撤兵固属情非得已,从军事角度讲就是一个错误;而处分东征将士、甚至屠杀南兵,更是错上加错。蓟镇兵变的恶果,说明明代军制变革的过程充满艰辛,吴惟忠所部的南兵,就是这一艰辛过程的牺牲品。甚至在东征的第二阶段,其所率南兵的遭遇,依然未得到改善,动辄沦为政策轮动、变化的替罪羊。

三 吴惟忠与杨镐关系的谜团

石门兵变后,蓟镇南兵被解散,部不成伍。仅仅年余之后,朝鲜战事却又重启,明廷不得不再次召募南兵。万历二十五年二月,兵部覆总督蓟辽都御史孙鑛奏:"原议调发蓟镇南兵二千名,但部伍不敷,难以远发。议照先年戚继光伍法,共选三千七百八十五员名,以原任副总兵吴惟忠领之……刻期前往以救朝鲜。得旨:允行。"② 与吴惟忠同行的还有杨元所领 3000 名辽兵。吴惟忠的《云峰将军履历功次荐本考语缘由书记于左》亦载总督孙鑛荐题吴惟忠推补御寇副总兵,还有兵科给事中徐观澜、河南道御史陈遇文③会荐、南京兵科给事中郑某推荐等细节,但吴惟忠与孙鑛最终仍然失之交臂。

再次东征,吴惟忠与经略杨镐的矛盾最为突出,见诸《宣祖实录》记载的许多细节。但杨镐受丁应泰弹劾时,吴惟忠却率许国威等 23 员南兵将出面疏保杨镐,事情显得莫名诡异。这份奏疏《明实录》未载:

> ……臣等武人,不习文事,其于丁赞画所论杨经理之事,非敢预知,然吴惟忠、李芳春等俱从战蔚山,而后至薛都司辈,旦夕逐队鲜京,其见杨经理作为甚详……且杨经理前以母丧去任,陛下察能,既又夺情而责成功。今以在鲜之劳悴,际垂成之事机,乃令弃去,则杨

---

① 《明史》卷91,《兵志》三;参见张显清、林金树主编《明代政治史》上册,第四章第四节"明代中后期军事制度的变化"的有关论述,广西师范大学出版社2003年版,第536—547页。
② 《明神宗实录》卷307,万历二十五年二月戊寅,第5744页。
③ 《明神宗实录》卷307,万历二十五年二月庚午,第5739页。

经理乌鸟之私，藉此得遂，而釜山之倭，又宽一蓄矣！夫陟罚大典，出自圣明，垂仁普照，去疑投杼，冤鲜民之哭声，悯将士之失怙，惜垂成之事业，乘釜倭之恐慑，丞〔亟〕赐追返杨镐，照旧经理朝鲜，相时征战，以毕前功。凯旋之日，臣等诣阙剖心以洗杨经理罪羞。所有战功愿不受赏，以谢陛下追用深仁。①

我原本觉得吴惟忠率南兵将疏保杨镐，这是将个人矛盾置之度外的大公无私，表明他胸怀大义、不计个人利害。但仔细推敲又隐觉不安：以吴惟忠这样踏着血路走来、富有实战经验的老将，绝口不提杨镐误判敌情、岛山撤围的失策②，忽略杨镐值得怀疑的军事才能，却押上全部身家疏保杨镐，是否过于冒失或动力不足？纵然可从全局出发考虑问题，临阵换帅确属不当，但他的"大义"能否担得动这个"大局"？

在朝鲜战场上，吴、杨关系从未理顺过。朝鲜舆论至有"岛山之围，经理不从其（指吴惟忠）言故败"③之说，浙兵的反抗也公开化："经略号令太遽，军无爱者。及是役也，冒雨围城，怨咨益兴。其发还安康也，令旗牌官持令箭，欲止浙兵留永川，则浙兵折令箭投诸地，不顾而去。"吴、杨镐关系别扭、紧张，朝鲜人见怪不怪："经理……见路上颂吴碑，则必冷笑之。惟忠知其意，一向退避，不敢见经理。甚至自上欲接见于所馆，辄托故避之，盖恐经理知之也。"④ 吴惟忠对杨镐退避三舍，甚至为此不敢面见朝鲜国王，"俺以留驻忠州事得罪杨经理"，故不敢见国王以"重吾之过"⑤。故杨镐受丁应泰弹劾，吴惟忠不仅未添油加醋、落井下石，反而力保杨镐，是否过于违背人性？

或是与杨镐私交甚好的许国威，私下做了很多工作，说服吴惟忠放弃立场出面保杨，或许具体真相永远成谜：明廷内部主战、主和派之争、首辅、次辅之争、南兵、北兵之争，等诸多因素都在交互作用⑥，但误判敌情在前，功亏一篑在后，杨镐去职已成定局，且明军在援朝东征中的战

---

① 《朝鲜宣祖实录》卷102，宣祖三十一年（万历二十六年）七月十日癸巳3条。
② 参见王崇武《论万历征东岛山之战及明清萨尔浒之战——读〈明史杨镐传〉》，载《"中央研究院"历史语言研究所集刊》第17本，第137—164页。案：王文并不认为杨镐岛山之战撤兵有误，但看出"北将中如麻贵与李如梅及镐亦不谐"。
③ 《朝鲜宣祖实录》卷111，宣祖三十二年（万历二十七年）四月二十日己巳4条。
④ 郑琢：《龙湾闻见录》，《宋经略书》，第69—70页。
⑤ 《朝鲜宣祖实录》卷98，宣祖三十一年三月十九日甲辰2条。
⑥ 参见孙卫国《丁应泰弹劾事件与明清史籍之建构》，《南开学报》（哲学社会科学版）2012年第3期。

绩，亦无须维系于杨镐个人的才能或荣辱，但刚愎、严苛的个性，确实影响其军事判断力及战略思维。在东征战争中，无论是南北矛盾，还是"北将中如麻贵与李如梅及镐亦不谐"①的事实，都是毋庸避讳的现实。自古以来，南北地区差异，民族矛盾、冲突，农耕、海洋、草原游牧经济与生活方式的开合变化，都是自然的存在，也非不可调和。在东征如此规模的国际战争中，不同来源的军队协作、运转出现问题、存在矛盾都是正常的现象，若无一点矛盾反倒令人怀疑，吴惟忠与杨镐的关系，也当如是观。

从制度层面看，他们的个人恩怨可以忽略。吴惟忠所领的南兵多有募兵成分，与卫所军的兵种之别、制度不协调，或许才是问题的根本所在。隆庆以降，在内阁首辅张居正的支持下，戚继光开始进行军事改革，招募戚家军北上蓟镇，驻守长城沿线，以超高待遇招致北军嫉妒。在东征早期，朝鲜大臣李恒福就观察到"南北诸将，猜隙已成，号令每相反"②，这样的军队如何协同作战？但明军仍得胜于平壤之战、稷山之战，安康之战、岛山之战可谓平局，说明东征军与日军有得一拼！

但南、北兵的经济待遇、军事技术、生活习俗等各方面的差异，在多大程度上影响了战场的制胜？这或许也是值得深耕的方向。失去配合的军队招致失败，如泗川之战、南原之败均存在类似的教训。如何以募兵制的新鲜血液，改造卫所体制的困境，划起双桨推动明朝的航船继续前行？在东征前后阶段间的石门兵变，也提供了观察问题的另一个窗口。而杨镐与吴惟忠的矛盾，若从这个角度理解，或许更能看清其根源及实质。杨镐在朝鲜拥有的声望，尤被丁应泰弹劾引发的深切同情，成为后世史家欲为杨镐平反的契机。但其意气用事，其对南人的看法，影响他的战略判断，导致岛山决策失误，表现明显。

万历二十五年年底，西生浦日军清正部进阵蔚山，因冬季乏粮，再次准备抢掠沿海一带，杨镐、邢玠等人遂组织了蔚山战役。杨镐、麻贵分统明军左、右两协，自忠州、鸟岭向安东、庆州一路，专攻蔚山清正部。十一月二十二日，派遣诸军左协李芳春部、中协高策部、右协彭友德部同时前进。此计划"举事首在机张。恐石曼子、行长东援清正而北窥王京，必以奇计而分其势，俾渠不能相顾，方可全胜。摘令游击董正谊等，领兵

---

① 参见王崇武《论万历征东岛山之战及明清萨尔浒之战——读〈明史杨镐传〉》文。
② 《朝鲜宣祖实录》卷40，宣祖二十六年七月二十日壬申2条。

赴南原、求礼一带设伏,令季金等,领兵赴珍岛设疑行计"①。从地理位置看,珍岛远在朝鲜西线海角,南原、求礼则扼西线与汉城的海陆交通要道。战略计划的主攻方向蔚山,在朝鲜东南沿海,西、中线若策应不力,"专力于东"也难以实现,故各方配合尤为重要。

朝鲜李舜臣的水军在十一二月,并无大的动作。其《日记》仅记十一月"十七日辰雨,杨经理差官持招谕文、免死帖来"。杨镐或对李舜臣有所期待。十一月二十日,李"菀岛侦探则无贼船",二十二日始有"长兴之贼,二十日奔出之报至",未记奔往何处。其间,雨雪三日。二十七日,修正"长兴胜捷启本"。二十九日,季金等"水路天兵下来",这时,岛山之战已在紧锣密鼓地准备着。十二月,李舜臣的日记更为简略,除天气和"来见"数人外,未见有任何排兵布阵之举。②

十二月初,杨镐亲到东线蔚山,会同总督麻贵发兵,将士奋勇扑杀40余里,俘斩日军1300多人,攻破坚城大栅数处,清正仅以身免,奔入岛山之窟。③蔚山城周仅二三里,城凡四重,兵分四营:"内三城石筑坚固,城上列置房屋,其屋跨出城外",可俯瞰制敌,"放丸如雨"。岛山建在内城小山上,地势居高临下,这是明军二次东征中最为艰苦的战役,明军将士折损率高,杨登山之死、陈寅之伤乃至李化龙被绑示军前都是在此战役中。而日军战斗力并不比明军更强,实也视蔚山为败绩,并处理了锅岛直茂部、黑田长政部等将领,以惩罚其"退缩"以对"蔚山的失败"负责,并做出了"缩小战线"的决定④(参见附录《表五》)。可见,双方都打得焦灼不堪。尤其二十三、二十四两日大战,明军斩杀日军千余级。攻破外城的明军,避开日军火铳列营。杨镐、麻贵屯城北,高策屯城东,吴惟忠屯城南,李芳春屯城西,李如梅、摆赛把截西生浦江边,祖承训、颇贵把截釜山日军。因城固难破,杨镐决定"围屯累日,以待其自毙"。时岛山"万倭"缺粮少水,困窘至极。釜山日军"无来援之形,西生贼逐日从水路出来,而为我兵所拦阻。来而复去,一日二三次"⑤。至

---

① 徐希震:《东征记》首尔大学奎章阁藏本,奎中5249号,第16页。此材料由韩国平均馆大学李平秀博士提供,特此感谢!
② 李舜臣:《李忠武公全书》卷8,《乱中日记》四,《韩国文集丛刊》第55册,第301—303页。
③ 《朝鲜宣祖实录》卷97,宣祖三十一年二月十六日辛未2条杨镐题本。
④ 参见津野伦明:《文禄庆长之役诸大名的目的:对参战动机的讨论》,山东大学第三届壬辰战争工作坊论文集,第18页。
⑤ 《朝鲜宣祖实录》卷96,宣祖三十一年正月三日己丑1条军门都监启言。

此，明军基本没出差错。①

功亏一篑，根源何在？朝鲜右副承旨郑经世言："吴惟忠言杨老爷性急，虽欲一举而灭之，实不知兵力之不能当也。"攻岛山时，吴惟忠派人建议当日军未备时急攻，"经理割其来人之耳"，李好闵状启也提到提督麻贵忌李如梅专功"故为迟缓而不急攻"。② 杨镐与麻贵放缓攻城节奏，这是第一个问题。

杨镐与李如梅关系亲密而"取怨于南将"③。称道杨镐的郑琢认为："岛山之役，送高策及惟忠于迂路，二军由箭滩进驻于城外五里许，禁不许进。是日，城不得破。高策使人禀于经理，欲合兵急攻。经理怒曰：'无大将令而敢来相扰耶？'即割耳送之。"④ 杨镐不采用吴、高南北合军急攻岛山的建议，在苦战12天后，于二十九日撤围，原因是得知日军来援："一举扫清是俺本心。而兵力不齐，且缘贼援大至，以致班师。以此之故，业已具本辞职。"⑤ 实际也承认情报不明导致误判，使处在崩溃边缘的清正军逃过一劫，这是第二个问题。

万历二十六年正月，吴惟忠扼守海岸梁山、釜山、全罗间通道，所部"浙兵与船上之贼大战良久，两边炮响连结，贼多中伤却退"，炮战穿插水、陆战进行。初六日，"倭船四十余只，泊于太和江下流蓝江。经理令浙兵二千，骑兵一千，防守江岸。日落后，经理闻倭人五、六名山城逃走，挺身追之"⑥。二十三日，吴惟忠审讯日俘得知："前日倭贼救岛山之兵，非是真倭，乃高丽人数千协同倭子数百，多张旗帜，以为声势。船上之贼，则大船所载倭子仅五、六人，其余皆是高丽人。"⑦ 明军在撤围半月后即得知真相，杨镐的懊恼可以想见。

而西线顺天小西行长无心驰援，也不恋战："行长于天兵撤回之后，深有疑怕之意。海南之贼先送其妻子，放卖牛马云。"⑧ 甚至在明军撤围后还不相信清正脱险，做好了撤兵准备，故李舜臣及季金水军也基本未发

---

① 案：朱尔旦《万历朝鲜战争全史》（北京：民主建设出版社 2020 年）认为二十三日战斗即"农所之战"，斩日军440余级，二十四日斩日军661级，李如梅军也有200余人攻上岛山得不到接应被杀，对其后数日战斗也有较为翔实叙述，可参见第474—493 页。
② 《朝鲜宣祖实录》卷97，宣祖三十一年二月三日戊午2条。
③ [朝鲜] 郑琢：《龙湾闻见录》，《宋经略书》，第14—15 页。
④ [朝鲜] 郑琢：《龙湾闻见录》，《宋经略书》，第69—70 页。
⑤ 《朝鲜宣祖实录》卷98，宣祖三十一年三月十五日庚子2条。
⑥ 《朝鲜宣祖实录》卷96，宣祖三十一年正月六日壬辰4条。
⑦ 《朝鲜宣祖实录》卷96，宣祖三十一年正月二十三日乙酉6条。
⑧ 《朝鲜宣祖实录》卷106，宣祖三十一年十一月二日第4条。

挥作用。可见，此役明军的关键问题还是指挥不当，判断失误，错失战机。前线总指挥杨镐负有很大责任，故其心结难解："前日蓝江之举，我至今有恨"①。岛山战役，明朝联军与日军激战12昼夜，明军官兵死伤人数，当在三四千人。②

造成杨镐误判的原因，除日本援军外，其主观认识，尤其是对南人的成见，极大影响了他的情绪。

万历二十六年二三月，重新分派明军驻地，总兵吴惟忠原部官兵从忠州移驻安东东南、庆州西北的永川、新宁③，直压庆尚北道南沿，离日本海对马岛的直线距离只有300里。明军战线从京畿道、忠清道快速推进到全罗北道和庆尚北道，以全州为南界，水兵也逐渐布置到位。从忠州南下永川、新宁，吴惟忠部再次担任先锋角色。

邢玠也认为"东一路，惟永川、新宁之间南距庆州之冲，不可不守"，故命参将王国栋、降级副将吴惟忠修筑城栅并驻于此。许国威所领水兵，则驻守其东50里的迎日湾、兄山江，尚未到位的王元周、李天常等水兵也被安排"以控蔚山、机张之势"；附近义兴、义城、安康等地，安排了原任副将解生、参将杨登山、游击陈寅、颇贵、摆赛、陈蚕及都司薛虎臣等兵马，"并听麻贵节制"④。可见，明军东一路集中了重兵骁将，无论是解生、杨登山、颇贵、摆赛等西北四将，还是南兵将吴惟忠、陈寅、陈蚕等，都属东征军南北精锐。

但杨镐对南兵成见很深。朝鲜国王认为："吴总兵将屯永川云，此地荡破最甚，钱粮难继。时节且晚，农事亦难，若仍前驻忠州则好矣。"永川、新宁粮食供应困难不适合驻军，宣祖建议吴留居忠州。杨镐勃然变色："将令已下，不可变也！渠若厌往，则何将官肯往乎？国王岂知之乎，南人素奸，必往见国王也。"⑤ 他的激烈反应，与其"南人素奸"的主观认识有关，而岛山之失、蓝江之恨，也需吴惟忠这样的出气筒。万历

---

① 《朝鲜宣祖实录》卷97，宣祖三十一年二月二十六日辛巳2条。
② 案：刘宝全《明晚期中国和朝鲜的相互认识——以丁应泰和李廷龟的辩论为中心》（北京大学韩国学研究中心编《韩国学论文集》2011年第19辑，第48—60页）采用李炯锡《壬辰战乱史》亡1000人、伤3000人之说（第49页注1）；徐成《壬辰战争中的宣大将士相关问题研究》（硕士学位论文，山东大学，2020年，第90页）考证明军损失为三四千并参朱尔旦《万历朝鲜战争全史》第492—493页。
③ 《朝鲜宣祖实录》卷97，宣祖三十一年二月三日戊午5条；卷98，三月二十九日甲寅6条。
④ 邢玠：《经略御倭奏议》卷2，《议三路屯守疏》，《御倭史料汇编》第四册，第274页。
⑤ 《朝鲜宣祖实录》卷98，宣祖三十一年三月十五日庚子2条。

二十六年六月初四，杨镐被罢，归家南阳。但被重新起用后，指挥萨尔浒大战仍然大败，明朝从此陷入失地丧国的恶性循环，这固然不能由杨镐全权负责，但他的军事才能究竟如何，是不是也要打个问号呢？

吴惟忠一生4次被革职"回卫"。万历四十年四月："四川巡按御史朱万春……题奏：武臣吴惟忠三朝名将，一生清节，南复宁波台州兴化福宁，西清弋阳吉安；北摘赶秃，东恢高丽，筑长城二千余里，西自石塘东至山海，曾不费国家一文半钞，北房号为黑脸爷，日本称为吴神仙，高丽仰之为天将，蓟平祀之为香火，水旱疾疫有祷必应。今使之老处林下，而小人金夫悉居要路。"呼吁让年过八十的吴惟忠出山，针对身居要路的"小人金夫"。十一月，"户部广西清吏司主事李朴为朝野人望，上下否隔已极，冒进危言，少安社稷事，内开吴惟忠忠贞昭日月，清操凛冰霜，谋略冠孙吴，智勇超韩白。向也图像御屏，想望其英彩；祀边镇编氓，军伍景慕其精灵。奸贼寇于白水、三台、平壤，功实可据。……平壤之捷，行长敛手；庆州之守，清正输心。其去国之日，高丽人为之诗曰：'功盖华夷压阵云，可堪爵位不酬勋'，高丽之言犹如此，而堂堂天朝可谓厚于臣下者乎？事业流边陲而位止偏裨，历官遍南北而家无宿米。讵不谓真将军？而乃以细人之言逮狱，臣不知其折冲御侮之实学，但见桓桓威武，允矣为北门之镇钥；凛凛重镇，诚哉为王国之干城！多事之秋，用之横戈马上；而承平之日，使之铨伏山林。此以惟忠言之而知武弁之人望益空。"①万历四十年，两位巡按御史荐举吴惟忠，当李朴以"事业流边陲而位止偏裨，历官遍南北而家无宿米"为吴惟忠鸣不平时，离吴惟忠辞世只有3个月了。

李朴，字继白，朝邑人，万历二十九年进士，由彰德推官入为户部主事。刘宗周以其为"诤臣"②，政治对手则攻其为东林"门户之走狗""敢死军人"云云，可见是个不怕事敢出头的人。中国并非无人，但用人机制确实存在问题。

---

① 吴福梅等：《柳溪吴氏宗谱》卷9，《内纪文集》，金志宁撰《赠云峰将军分镇边城序》；吴悬撰《云峰吴将军传》及李洵瑞撰《云峰将军履历功次荐本考语缘由书记于左》。参《柳溪吴氏宗谱》卷4，《行传》，民国廿六年丁丑重修本，第66、69页。

② 《明熹宗实录》卷18，天启二年正月丙寅，第946页。

第三节　东征炮兵队长骆尚志

对于万历三大征之一的援朝东征，明清时代的中国基本上都持否定、贬低的态度。[①] 即使在7年战争期间，前后几位东征军最高统帅宋应昌、顾养谦、孙鑛、邢玠等人的传记，《明史》都付诸阙如，即使提到也是以他事入载，更遑论其他参战将士。而明军在东征各个战役中的具体作战序列，也因之莫名所以。所以，卜永坚想通过明朝档案《选簿》等材料，来重建明军在各战役中的具体作战序列的努力扑空。[②] 因此《选簿》记载左军都督府浙江定海卫的"世袭百户"骆尚志祖孙九辈履历，也不能被确认为东征参将骆尚志的家族。但是，通过分析目前可见的各种劫余资料，基本上可以断定，选簿骆尚志也即东征参将骆尚志。

一　骆尚志的原籍与卫籍

在明代遗留的档案《选簿》中，有左军都督府浙江定海卫的选簿，其中一份载有"世袭百户"骆尚志祖孙九辈履历的选簿，应该就是东征朝鲜的参将骆尚志家族。以下为这份选簿的全貌。

一辈骆保保，缺。

二辈骆骥，旧选簿查有洪武二十六年五月，定海卫百户右所骆骥，旧名福安。

三辈骆谨，旧选簿查有洪熙元年四月，骆谨年11岁，系定海卫右所淹故世袭百户骆骥亲侄，钦与全俸，优给至洪熙四年终，住支。旧选簿查有宣德四年十二月，骆谨年16岁，系定海卫右千户所故世袭百户骆骥亲侄。

四辈骆胜，旧选簿查有正统九年十月，骆胜年8岁，系定海卫右所故世袭百户骆谨嫡次男，父有嫡长男骆贵，因双眼瞎疾，不堪承袭。钦与本人全俸，优给至正统十五年终，住支，待有男还与职事。旧选簿查有景泰二年九月，骆胜年15岁，系定海卫右所故世袭百户骆谨嫡次男。因有嫡

[①] 参见孙卫国《清官修〈明史〉对万历朝鲜之役的历史书写》，《历史研究》2018年第5期。

[②] 案：卜永坚考察选簿只找到8名有直接参战记录的军官，参见《万历朝鲜战争第一阶段的明军（1592—1593）——以〈中国明朝档案总汇〉卫所选簿为中心的考察》，载《明史研究论丛》第12辑，中国广播电视出版社2014年版，第132—141页。

长男骆贵，患双眼瞎疾，不堪承袭。本人先因年幼已与优给，今出幼袭职，待有男还与职事。

五辈骆钦，旧选簿查有弘治九年十二月，骆钦年16岁，合肥县人，系定海卫右所世袭百户骆胜嫡长男，伊伯骆贵原患眼疾，伊父借职病故，本人袭职。待伯有男，还与职事。

六辈骆松，旧选簿查有嘉靖二年十二月，骆松年9岁，合肥县人，系定海卫右所患疾世袭百户骆钦嫡长男，照例与全俸，优给至嘉靖七年终，住支。旧选簿查有嘉靖八年八月，骆松年15岁，合肥县人，系定海卫右所患疾世袭百户骆钦嫡长男，优给出幼袭职。

七辈骆尚志，零选簿查有嘉靖三十八年十二月，骆尚志，合肥县人，系定海卫右所故世袭百户骆松嫡长男。

八辈骆大升，万历九年六月，骆大升年29岁，合肥县人，系定海卫右所患疾世袭百户骆尚志嫡长男，比中三等。

九辈骆应魁，万历三十八年八月，大选过定海卫右所世袭百户优给一名骆应魁，年4岁，系病世袭百户骆大升嫡长男，照例与全俸，优给至四十八年终，住支（花押）。天启二年八月，大选过定海卫右所世袭百户一员骆应魁，年15岁，系出幼袭职，比中二等。（留讫)[①] 可以看出这是一个与明同休的世袭军卫家族。

明代中、后期，随着卫所制度的颓败，浙江沿海卫所出现了"额军减少和卫籍人口大量膨胀"的现象，顾诚先生曾敏锐地指出：州县和卫所，作为地理单位"具有可转化性"[②]。洪武二十年设立定海卫，就是以宁波一卫五所兵充置。成化年间，宁波卫所兵"五千人，每一千户所分管地方及干废寺墓及城空地，或一二百家置营居住，今多离营与民杂居"[③]，卫所军人经商、业艺、科举、役占或放回原籍都有事实存在，这在胡宗宪、谭纶、戚继光等人的奏疏中也都有体现。例如，嘉靖三十九年十一月，戚继光在浙江海门卫查点旗、军、左、等四卫，原设官军6528员名，现存止1183员名，"中所百户伍内，原额一百一十三户，今存者止

[①] 《中国明朝档案总汇》第54册，第392—393页。案：定海卫右所，据嘉靖《定海县志》卷7，《兵卫》"定海工指挥使司在县治东北一里……经历司、卫镇托、千户所有署……卫仪卫外设图圃，设千户所、东列左、中二所，西刘右、前二所"（台北成文出版社有限公司1982年版，第236—238页），可参见。

[②] 参见顾诚《明帝国的疆土管理体制》《谈明代的卫籍》等论文，载《隐匿的疆土》，光明日报出版社2012年版，第59、67页。

[③] 黄润玉撰：《（成化）宁波府简要志》卷1，《城镇志》，清抄本，第20页。

老军二户"①。在这样的情况下，定海卫右所军户骆尚志，其卫籍逐渐不为人注意是自然发展的趋势。

那么，骆尚志的籍贯究竟何处？选簿所谓的"合肥县人"，应该是骆氏祖籍或原贯。定海卫是骆氏从第二辈起至第四辈的戍守之处，顾诚认为三辈以下可称卫籍人口，但选簿自第五辈骆钦开始又注籍"合肥县人"，一直到第八辈骆大升为止，而第九辈骆应魁则注籍为定海卫右所世袭百户。这说明即使是同一骆氏家族的各辈族人，注籍习惯也各不相同，前三辈注以定海卫戍籍，后四辈注以合肥县祖籍，第九辈又回注定海卫卫籍。

高寿仙的研究揭示：明人对籍贯的表述并无明确统一的标准，出生地、居住地和役籍所在地合一或分离都可。"在不涉及服役、科举等与籍贯密切相连事项时，人们往往更倾向于认同自己的祖籍，一个人常常出现两个甚至更多的籍贯。即使是在科举等需要严格确认籍贯的场合，考生的理解也大不相同……要想弄清某人的真实籍贯，必须结合传记资料加以判断。"② 明人的两种注籍习惯：以占籍地为籍贯，或以原籍地为籍贯，在骆氏选簿中都有体现。

对比这份选簿与骆尚志在《明实录》中的资料，可以发现：嘉靖三十八年，骆尚志袭职定海卫右所百户前后，浙江沿海抗倭战事频仍，戚继光开始练兵抗倭。骆尚志长男骆大升，万历九年因骆尚志"患疾"，通过比试袭职定海卫右所百户。而骆尚志本人，则万历十五年署任大同入卫游击，两年后升大同左路参将，至十九年与杨万金一起或"回卫"或"革任听调"。③ 在九年至十五年，骆尚志是在浙江、蓟镇还是山西大同？目前的史料尚无法判断，但他有机会接受戚继光教导而为戚氏门生则无疑。万历二十年，骆尚志以钦差统领浙直调兵神机营左参将率兵入朝，而宋应昌称为"蓟镇原任参将骆尚志领南兵六百名"④，可见他与蓟镇的渊源。

---

① 《戚少保年谱耆编》卷2，嘉靖四十年《呈请清理军丁户籍》，中华书局2008年版，第53页。
② 参见高寿仙《关于明朝的籍贯与户籍问题》，《北京联合大学学报》2013年第1期，第25—35页。
③ 《明神宗实录》卷191，万历十五年十月癸未，第3604页；卷241，万历十九年十月己酉，第4495页："革游击杨登山等回卫，卢应奎准听用，骆尚志等革任听调……从曾乾亨请也"；卷270，万历二十二年二月癸亥，第5014页，以原任大同参将骆尚志为浙江参将；卷276，万历二十二年八月己未，调浙江参将骆尚志管蓟镇建昌游击事，第5113页。
④ 宋应昌：《经略复国要编》卷4，《报进兵日期疏》，第308页。

朝鲜人记其籍贯为"余姚人",万历二十二年春回国,半年后调管蓟镇建昌游击①,终任于京营副将。从万历以来的史籍都将其归籍余姚县,应是卫所制度衰落、定海卫颓坏、人口膨胀、卫所民化后迁移到余姚的结果。故按明人惯习,骆尚志既可称为定海卫(戍籍、卫籍)或余姚人,也可称为合肥县人(原籍、祖籍)。

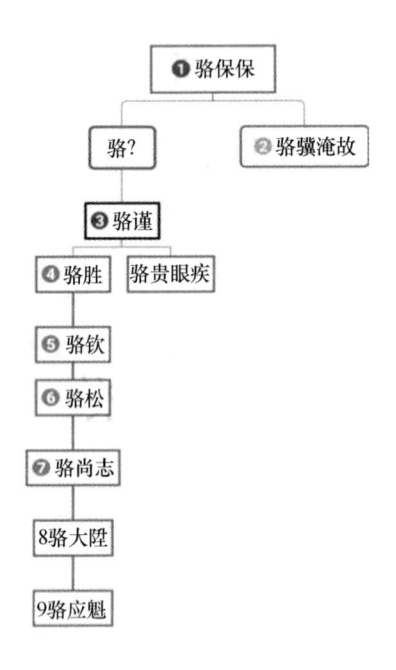

```
        ❶骆保保
         │
     ┌───┴───┐
     骆?    ❷骆骥淹故
     │
    ❸骆谨
     │
   ┌─┴──┐
  ❹骆胜 骆贵眼疾
     │
    ❺骆钦
     │
    ❻骆松
     │
    ❼骆尚志
     │
    ❽骆大陞
     │
    ❾骆应魁
```

嘉庆余姚吴大本所辑《三祠传辑》载:"骆尚志,才艺绝人。尝提兵征西寇有功,东倭入掠,公设编伍,邑人恃以无恐。公不由武科,崛起阃帅,累擢神枢营右副将、左军都督府都督佥事。"② 其中"不由武科,崛起阃帅"一语是什么意思呢?"七辈骆尚志……系定海卫右所故世袭百户骆松嫡长男",选簿的这条材料,正好解释了"不由武科"的内涵。嘉靖三十八年,骆尚志作为骆松的嫡长男,"世袭"定海卫百户,这是明代武官除武举外,其他世袭、行伍、纳级等主要途径之一。结合光绪《余姚

---

① 《朝鲜宣祖实录》卷29,宣祖二十五年八月十三日庚子4条;卷36,宣祖二十六年三月四日己未3条。
② 余姚梨州文献馆藏:吴大本辑《三祠传辑》卷9,《乡贤·义行》页六(序为嘉庆二十五年),此条材料由慈溪王孙荣先生提供,据云为海内孤本,特此致谢!

县志》所谓骆尚志"行伍"①出身，正可反观清初废除明代卫所和军屯制度后，清人对明代制度的隔膜。尤其是到光绪年间，晚清的县志编纂者，对明代卫所军屯制度的了解还剩多少，实在是一件值得怀疑的事。除在选簿中还保留着走程序的老套记录外，现实生活中多半已与民人无甚区别：骆尚志的女儿嫁与民籍毛希遂之子毛国器，也说明这一点。故清县志编纂者事视骆尚志为"行伍"出身不奇怪。除《选簿》僵化而不完备的程序记录外，现实生活中的骆尚志，卫籍出身已渐模糊，终至变身为余姚籍"行伍"，这也是明人在清代被误置的缘故。

二 骆尚志的生平之惑

东征经略宋应昌所言："沈茂浙兵，俱系招募义乌等处之人，与吴惟忠兵无二，虽骆尚志之兵稍有不同，然止六百余名。"②此"稍有不同"之意，或即指骆尚志的600余名军兵，有源自卫所的成分，与骆尚志的身份也相符合。③判断选簿骆尚志与东征骆尚志是同一个人的根据何在？可从以下几个方面来分析。

第一，从骆尚志的姻亲关系看。东征归国后，骆尚志就任浙江参将，半年后调管蓟镇建昌游击事。他并未参加万历二十五年的二次东征，但朝鲜国王还是请茅国器给骆尚志带去问候。万历二十七年十月十一日，宣祖国王到茅国器驻地，简单寒暄后，就说："骆参将大人于小邦平壤之战，多有功劳，如见大人，为传小邦不忘之情，幸甚。"④朝鲜国王请茅国器转达对骆尚志的怀念之情。为何请茅国器而不是别人转达对骆尚志的问候？茅国器与骆尚志之间有何特殊关系？

答案是茅国器为骆尚志女婿。只不过在《毛氏宗谱》中"茅国器"被称为"毛国器"，其父毛希遂与骆尚志同年入伍，毛通过武科中式，骆则为卫所世袭，因同年同乡两人结为姻亲。万历《绍兴府志·选举志·武科》载："嘉靖己未科，毛希遂，余姚人，民生，授所镇抚。"万历二

---

① （光绪）《余姚县志》卷19，《选举表》中载明代《行伍》有"骆尚志总兵"一条；万历《余姚新修县志》卷7《建置二·学校》提到"邑人"骆尚志捐学田40亩，对其身份的记载或不确或模糊，但都记载确有其人，在是归老后在余姚县居住。
② 宋应昌：《经略复国要编》卷9，《移本部咨》（万历二十一年七月十四日），台湾华文书局据万历刊本1986年影印本，第769—770页。
③ 案：朝鲜方面的记载有言骆部有步兵"三千"名，当是总计骆尚志炮营在内的3000名南兵，而不是单指营即有3000人。如申钦《象村稿》卷39，《韩国文集丛刊》第72册，第370—371页，《朝鲜宣祖实录》卷34所载《天兵各营领兵数》均同。
④ 《朝鲜宣祖实录》卷118，宣祖三十二年十月十一日丁亥1条。

年，在蓟镇设置了漕运把总一员，以都指挥体统行事管运漕粮事务，第三任把总为"毛希遂，浙江人"①。嘉靖四十三年二月十一日，蓟辽总督刘焘、兵部尚书杨博曾题请"三屯营武举官毛希遂量加升赏"②，奉旨得允。《绍兴府志·职官志·指挥佥事》："毛希遂，嘉靖三十八年武举，升授署职，历升参将。"③可见，毛国器之父毛希遂是余姚民籍，通过武举考中武生，从所镇抚实授把总，擢升指挥佥事实授参将，曾任三屯营参将，其三子维成"官名国器，配骆氏总兵尚志女。后无查，由武科授镇国大将军"④。

光绪《余姚丰山毛氏谱》载："纯十二子希元，官名希遂，号斗麓，生嘉靖庚寅十月十一，配吴氏，生子三：维英、维美、维成。嘉靖乙未武进士，授昭武都尉，历任大同都司、京营游击、京营参将，吴氏封淑人。卒万历癸巳四月十九，年六十四。葬三屯营任所。"⑤毛希元的官名为希遂（1530—1593），第三子维成的"官名国器，配骆氏总兵尚志女"，正是骆尚志的女婿，毛国器（维成）有两兄而无弟⑥，本姓毛，时人误写为茅，差不多所有东征时期的中外史料都以毛国器为"茅国器"，原因俟考。正因为骆尚志与毛（茅）国器为翁婿关系，故宣祖国王请他带达问候，这也说明在当时，明朝及朝鲜人都清楚他们的关系，只不过未得到正史的记录而已。骆尚志任大同参将时，即与毛希遂同事；蓟镇任建昌游击及最后任职京营神枢营右副将，也基本与毛希遂门当户对，从毛希遂葬于三屯营看，毛、骆两家的亲事恐也是在三屯营缔结的。

第二，从骆尚志的行事风格看。万历《新修余姚县志》载："万历二十八年，巡抚刘公元霖发银百两，买邵坊田一十九亩二分有奇。三十年，邑人骆尚志助田四十亩（骆以作战功，积官至京营副将，尚义向学。若

---

① 刘效祖：《四镇三关志》卷8，《职官考·蓟镇职官·武阶·漕运把总》，明万历十四年师贞堂刻本，北京出版社2000年版《四库禁毁书丛刊》史部第10册，第465页。
② 杨博：《杨襄毅公本兵疏议》卷13，《覆蓟辽总督都御史刘焘等一片石拒房功赏疏》，齐鲁书社2001年版《四库存目丛书》史部第61册，第548页。
③ 张元忭：《（万历）绍兴府志》卷29，《职官志》六《指挥佥事·临山卫》，李能成点校本，宁波出版社2013年版，第568页；卷34《选举志》六《武科》，第672页。
④ 毛云祥纂：《（光绪）余姚丰山毛氏谱》卷5上，《骥三大房冠二支世系》，《十六至二十世》，中国社会科学院古代史研究所藏本。
⑤ 毛云祥纂：《（光绪）余姚丰山毛氏谱》卷5上，《骥三大房冠二支世系》，《十六至二十世》。
⑥ 案：毛国器二兄维美官名国华，字廷美，号文齐，配四堡张氏，后无查。万历乙酉科武举，授信武都尉。长兄维英号仰斗，配埋马胡氏，生子一汝立，万历乙酉科武举，授武德将军。所谓毛［茅］国科为茅［毛］国器之弟的说法不实。

此，不可武人目之)。"① 吴大本所辑《三祠传辑》亦载: "骆尚志，才艺绝人……万历三十年，有司经纪学校，公独捐田四十亩以赡生徒廪饩。吾邑学田，元时史华甫捐田五十二亩，骆公继之，其好义可谓加人一等矣。"② 明、清两代的地方史料都记载了骆尚志以战功擢任京营副将，有为余姚县捐赠学田40亩的义行。

以上材料都没有提到援朝东征。但《朝鲜正祖实录》记载骆尚志的朝鲜事迹: "骆将勇冠三军，号称骆千斤。当时讨倭之役，每多摧陷之功，赞画使李时发与之周旋行阵，服其壮勇，气义相契，结为兄弟。骆将载唐书数千卷以赠之，李氏之家遂以多藏书称。以此观之，其于却谷之《诗》《书》，关公之《春秋》，庶几近之，可谓稀世之奇男子也。"③ 通过朝鲜李时发与骆尚志的交情，也表彰了骆尚志的义行。

李时发自叙，万历二十一年"秋，天将并班师，留骆总兵及刘总兵、吴总兵等镇守南边。上命选文官之他日可合将才者为接伴，鳌城举余膺选。即往庆州，随骆将留数月。甲午春，天兵尽撤回。余到京，已为翰林荐矣。余以承文著作为检阅，骆总兵有称誉于上前，因有升叙之命，即出六品为典籍。随骆将到义州，送行而回"④。他回忆自己受李恒福荐举，以接伴使的身份，陪同骆尚志居住庆州数月，直至次年春天，骆营南兵撤回，在义州分手。而李甫一回京即"升叙"六品典籍，正是骆尚志在朝鲜国王面前美言的结果。值得注意的是，骆尚志在回国前将"数千卷"书籍赠予李时发，这与他捐赠余姚学田40亩，堪称"义行"双响炮; "数千卷"与"四十亩"，符合骆尚志好文尚武、急公好义的一贯行径。他被誉为"稀世之奇男子"，在战后200年的朝鲜，依然享受异国酬典，完全不是偶然。

乾隆五十七年 (1792)，朝鲜正祖朝平安道观察使洪良浩状启: "我东方再造家邦，莫非皇朝之恩，而抑由东援诸将仗义奋武之功也。而东援之功，莫大于平壤一捷。"所以宣祖国王特遣画工，图写尚书石星、提督李如松、总兵杨元、李如柏、张世爵之像，供奉于乱后创建的平壤武烈祠

---

① 《新修余姚县志》卷7，《建置二·学校》页十五，万历三十一年，赐同进士出身通议大夫南京工部右侍郎、邑人沈应文纂修并作序，现藏日本国立大学图书馆，慈溪王孙荣先生见告，特此致谢!
② 余姚梨州文献馆藏: 吴大本辑《三祠传辑》卷9，《乡贤·义行》页六 (序为嘉庆二十五年)，此条材料由慈溪王孙荣先生提供，据云为海内孤本，特此致谢!
③ 《朝鲜正祖实录》卷35，正祖十六年八月六日壬申3条。
④ [朝鲜] 李时发:《碧梧先生遗稿》卷7，《自叙》，载《韩国文集丛刊》第74册，第498页。

中。洪良浩赴任之初，首先瞻谒了石星和李如松画像，"俨然飒爽如生"，但杨元等3人的画像"佚于兵燹，代以木主"。洪良浩遂新构东西两斋，恢拓外基，并建大门以尊崇报之道。

他回忆《平壤志》记载的平壤复城始末："癸巳正月六日，提督李如松，领三协将杨元、李如柏、张世爵率兵四万二千七百余人，进阵城北。八日黎明，提督鸣锣一声，三军齐进。一军攻七星门，一军攻普通门，一军攻含球门。贼徒上用长枪、大剑齐刃下垂，森如猬毛，矢丸雨下，人不敢近。提督手斩退缩者一人，徇示阵前。参将骆尚志奋身先登，诸军鼓噪从之。尚志腋挟大炮，大呼连放，烟焰涨天；又手攫死尸，掷之城上。贼大惊，以为天兵飞上城，退保内城。尚志打破城门，乘胜剿杀，贼穷，缩走入土窟，多穿孔穴，望之如蜂窠。从穴中乱发铳丸，天兵多死者。"在此特别列举了偏爱骆尚志的原因。

一是平壤复城，虽借提督李如松等协力之威，至若"奋身陷城，扫荡巢窟，专由骆将之功。观其冲冒白刃，挟炮投尸，雄胆猛气，摧山倒河，虽古之名将无以过之，岂不伟哉！至今箕城之人传说如昨日事，欲报其功，实合家尸户祝"。需要注意的是，平壤之役，骆尚志因"火具未来时用贵国天字铳筒毁城子"①，即用朝鲜铳炮充当"大橡攻城"②，看中的是其重量而非火力，因天子铳是放木箭的。

二是因骆尚志为大帅麾下偏将，未入图像，漏列祀秩，"可胜惜哉"！以若人物、若功绩却未享朝鲜酬报之典，特请求补列"皇明参将骆尚志跻享于武烈祠"。国王回谕称："骆参将之有大功伟劳于我国，而尚阙一体之祀，实为旷典欠事。"③批准骆尚志补祀武烈祠。这时离东征已有200年之久，朝鲜并未忘记骆尚志。若按万历九年骆尚志长子骆大升29岁推算，1592年东征时，骆尚志应已超过60岁，概为65岁左右，较为合理也与朝鲜人提供的细节吻合。在万历二十一年冬安康之战后，吴惟忠就说过"吾恨不听老将之言"④，这个"老将"即指骆尚志。当时吴惟忠（1533—1613）也已60岁，却仍称骆为"老将"，可见，骆尚志年长于吴惟忠。骆尚志东征时，嫡子骆大升已承袭百户，随行朝鲜的当是另一未袭职之子⑤。除一子外，尚有其他族人随骆尚志东征，如兄弟辈骆尚忠：

---

① 《朝鲜宣祖实录》卷36，宣祖二十六年三月二十六日辛巳2条。
② 《朝鲜宣祖实录》卷50，宣祖二十七年四月十七日乙丑2条。
③ 《朝鲜正祖实录》卷35，正祖十六年八月六日壬申3条。
④ ［朝鲜］郑琢：《龙湾见闻录》，《宋经略书》，首尔国立大学奎章阁藏本，第67—70页。
⑤ 详见第一章"骆尚志第四书"。

"骆参将留营之人骆尚忠称云者，尚忠乃参将亲属。"① 朝鲜差训练都监郎厅李自海到骆营向骆尚忠、金文盛等学习《纪效新书》的文字及器械名物等难解之处、侄子骆一龙等。

天启二年，骆尚志嫡孙骆应魁年满14岁，出幼袭职百户，后事备考。②

骆尚志的女婿茅国器，号行吾，武进士出身，以钦差统领浙直胜营兵游击将军都指挥同知身份，领步兵3000人住星州。万历二十五年十二月，"游击茅国器统浙兵先登，连破之（岛山三寨），获级六百六十一，倭坚壁不出"③。茅军标下千总王子和、哨总汤文瓒等战死，朝鲜君臣备棺致祭。④ 在新城战役中，茅国器与叶邦荣、彭信古部担任攻坚重任，因彭部不善火器，木炮爆裂散乱导致溃败，茅国器等不得不退回星州。二十七年二月，朝鲜人言"军门今欲归罪于茅国器，其实非国器之罪也"。朝鲜国王也说："国器若果有罪，则岂饶一国器哉？"⑤ 茅国器也是东征第二阶段著名的南兵将。

朝鲜左议政尹斗寿有《次赠游击茅将军国器》二首：

一：

> 浙中人物昔闻之，今得吾公果是奇。
> 笔逼钟王元有自，弓弯钓石合需时。
> 提兵岂惮穷沧海，捣穴要须斩月支。
> 形上麒麟应未远，名留草木亦能知。

二：

> 仙曹赫世风流远，有道知心士论庞。
> 投笔远游箕子国，提兵直渡洛东江。
> 伫看三箭天山定，何幸洪钟寸草撞。
> 欲以小诗酬厚意，向来曹郐未成邦。

---

① 《朝鲜宣祖实录》卷43，宣祖二十六年十月六日丙戌11条。
② 案：李绶撰乾隆刊本《广西府志》卷16《弥勒州·吏目》有明朝"骆应魁，江西吉安府吏员"的记载，但难以证实是否即骆尚志之孙骆应魁其人，故暂系此备考。
③ 《明神宗实录》卷317，万历二十五年十二月丁亥，《两朝平攘录》，第439页。
④ 《朝鲜宣祖实录》卷96，宣祖三十一年一月二十三日己酉2条；二十五日辛亥1条。
⑤ 《朝鲜宣祖实录》卷109，宣祖三十二年二月二十六日丙子2条。

诗后所附的茅国器原韵,也是难得的材料:

裘马翩翩何所之,同江飞渡亦云奇。
两邦构衅经多载,三捷成功在一时。
闪闪飞弧枭可汗,萧萧汗血蹀阏支。
燕然不必重镌石,大义弘仁万古知。
大廷命将出东征,特简彪熊与厚庞。
百万貔貅探虎穴,三千甲骑渡龙江。
鼎钟务保无瑕缺,鲸首安容一击撞。
万里西风堪奏凯,早飞肤捷报天邦。

茅国器曾通过翻译与尹斗寿交谈,国器的幕府参谋诸葛锈,在休整期间也曾同游杨花渡,尹也有诗赠《送茅将军事竣归还》:

君听空外三年笛,我是居停一主人。
凭译语音何易悉,羸肠情事自难陈。
铙歌此日还相别,云树他时几怆神。
节序已过吟蟋蟀,功名须趁画麒麟。①

茅国器在星州修建的关王庙很有名。朝鲜人认为丰臣秀吉之死,就与明军所建关王庙有关:"[戊戌五月]朝议大祭关王庙,而十三日即关王生日也。是日午前,天益清明,无一点云气,午后大风从西北起,黑云四集,迅雷暴雨,有顷而止。众皆肃然,曰王神下临矣。闻星州、安东两邑关王庙亦皆有灵验云。其后关白平秀吉死,岂非关王所助耶?"至十一月,"倭兵自度势穷,尽撤河东、蔚山、釜山沿海诸屯,一齐遁去"②。

万历二十六年初,战死岛山的游击杨万金,曾自言是"浙江人",为骆尚志"亲族"③,其具体关系俟考。很可能骆尚志、杨万金都属入卫大同的浙兵。隆、万之间,戚继光练兵蓟镇,曾合练山、陕、蓟、辽边兵包

---

① [朝鲜]尹斗寿:《梧阴遗稿》卷2,《次赠游击茅将军国器·又·附茅游击元韵》《茅游击幕下诸葛锈宋诗次韵以赠·附诸葛锈原韵》,《韩国文集丛刊》第41册,第533、539页。
② [朝鲜]吴克成:《问月堂先生文集》卷3,《杂著·壬辰日记下(癸巳正月开始)》,《韩国文集丛刊》第10册,第503—520页。
③ 《朝鲜宣祖实录》卷93,宣祖三十年十月十一日戊辰4条。

括宣府、大同、延绥等地的入卫边兵达十数万人。① 万历十五年，骆尚志署任大同游击前，或已经在边，杨万金或与他同在，故十九年一起被革。

杨万金，山西太原卫籍，任钦差统领大同兵游击将军都指挥佥事领马兵 1000 人到朝鲜。"岛山之战，手执金鼓，登城力攻，中丸而坠，异道卒"②。宣祖曾欲亲临杨万金灵前吊祭③，朝鲜礼曹十分为难："杨游击身死……自上哀恻阵亡天将，特行亲临吊祭，激励将士之心，闻者孰不感泣？"但因"此事曾所未有，考诸《礼经》既无可据之仪，问于大臣亦不能分明指授"，故礼曹大臣"极为难处"不得已参用《五礼仪》及近世通行俗礼，以前后再拜礼、焚香、奠酌等节目略成仪注。又因入棺之物未备，正月二十四日杨万金遗体尚未入棺，入棺后，朝鲜国王"亲临吊祭"，亲属杨一夔则遣近臣吊丧。④ 二月初四日举行丧礼："上亲幸致祭。"⑤ 前所未有的隆重丧礼，表达朝鲜对敢战浙兵心怀敬意。

虽然尚未发现骆尚志本家族谱，但通过其姻亲、女婿毛国器家族的《毛氏宗谱》及朝、明地方史料的佐证，可以解释其卫所军籍和原籍身份不一致及出身等疑问，各种材料都不矛盾，明朝档案《选簿》所载的骆尚志就是东征参将骆尚志。

万历援朝东征有 20 余万将士入朝。卜永坚教授在明朝卫所《选簿》中只找到 8 名⑥，未计骆尚志在内。为何选簿漏载了数量庞大的东征军官事迹？这个问题或正像卜永坚分析的那样：史料的自然流失与破坏、明朝政府刻意毁灭档案（政治审查和销毁）及卫所选簿不能真正反映明朝军

---

① 案：戚继光《戚少保奏议》卷 2《上大兵援辽议疏》"再于宣府调一万，大同调五千以入备蓟镇"，且"大同在昔年原有应调入卫兵马一枝，止多一枝"（中华书局 2001 年版，第 64 页）；卷 3《议房》"蓟、辽、宣、大藩卫京师……今既议战……分募边郡诸县之士，合三千人为一旅……视浙兵法，分合更番，训之三年，乃始议战"（第 88 页）。卷 4《练全镇兵马实守实战条略·合练约法》载"主客将领三十余枝"中就有"宣府入卫游击杨振充塘马官专管桩贼塘马"（第 153、154 页）及《补遗》卷 2，《优给延绥卫兵布匹》"比以行边相定新立台基，至太平寨青山口，见延绥游击张拱立下军鹑衣露体，鬼貌惊人"（第 204 页）都显示山、陕、宣、大、延绥等地入卫官兵合练蓟镇得以实现。
② ［朝鲜］申钦：《象村稿》卷 39，《四路提督以下诸将官及善后留驻将官一时往来各衙门》，第 289 页；申灵：《再造藩邦志》四，第 671、673 页。
③ 《朝鲜宣祖实录》卷 96，宣祖三十一年正月二十日丙午 4 条。
④ 参见《朝鲜宣祖实录》卷 96，宣祖三十一年正月二十二日戊申 4 条；二十四日庚戌 9 条。
⑤ 《朝鲜宣祖实录》卷 97，宣祖三十一年（万历二十六）二月四日己未 2 条。
⑥ 参见卜永坚《万历朝鲜战争第一阶段的明军（1592—1593）——以〈中国明朝档案总汇〉卫所选簿为中心的考察》，载《明史研究论丛》第 12 辑，中国广播电视出版社 2014 年版，第 132—141 页。

事制度的真相，三大原因或都有关，但卜教授过于审慎的态度，也是造成数字偏低的第四个原因。选簿虽不直接记载"东征"或"朝鲜"字样，但凡中、朝史料中显而易见人名、地望（卫所或原籍）合拍的参战军官，都不能因为选簿未载而不计入，骆尚志也是一个实例。这从另一个角度提示我们，任何史料都有自身的局限性和缺陷，也有其独特性和不可取代性，这正是历史考证之所以吸引人的魅力所在。

三 骆尚志刀剑谱与朝鲜炮队的关系

朝鲜史籍记载"参将骆尚志领兵入守义州。尚志勇力绝伦，号骆千斤。将尝见我国人十二名，运大将军箭一座不能动，遂挟之左腋，如举一束薪，运置五里许地，略不以为劳"①，塑造的骆尚志简直就是大力神形象。

朝鲜李颐命跋史籍《武艺诸谱》：

> 五兵之用，长短相须，其不可废一……我国自昔但习弧矢，虽有刀枪，莫晓其用，况于铳、牌、筅、棒之后出者乎？万历壬辰，天兵征倭，其中多荆楚奇才，善技击，盖传戚少保遗法云。游击将军骆尚志，力劝我兵学习炮手、杀手之艺，此训局之所以创设。而此谱之印行于其时也，至今百有余年。炮手几遍一国，而短兵之用殆废。独训局有杀手六哨，他军门仅有数十人。虽以时试艺，谱亡不传，教师之相口授，多失其旧法。近有人得此谱于金化县者，余亟请训局大将李侯基夏，重刻而寿其传，又欲其校杀手之艺，以复其旧。李侯乐闻而锓梓……余未尝学军旅，何能论此谱得失。然曾见他军门操场，贼迫阵前，弓铳难施，炮手荷铳叠出，空手徒喊，益知游击之尽教诸艺，训局之并置杀手，深得五兵相须之意也。李侯今获旧谱，果能复正其坐作击刺之法，以壮环卫之势，庶几无负天将当日之心矣！呜呼，此谱初成于甲午之岁，重刻于再周之今年，疑若有数存焉。固已兴感于今昔，而天将之教我兵习艺，何可复见也，遂抚卷流涕而题其后。②

---

① ［朝鲜］朴东亮：《寄斋史草》下《壬辰史草·壬辰日录［四］》十月，第302页。
② 李颐命：《疏斋集》卷10，《题跋·武艺诸谱跋》，韩国汉城民族文化推进会1992年版，《韩国文集丛刊》第172册，第266页。

对骆尚志的功绩一唱三叹。结合第一章《唐将书帖》中骆尚志的域外七书可以看出，他所率领的南兵营炮队，人数虽少（600余名战损所剩400余名），却是万历援朝东征军中最先进，也是最受瞩目部队。朝鲜将领李时发及习炮朝鲜军人，都在骆尚志营中学习，"南兵一人主教一人"，同吃同住同器械，骆尚志本人也擅长"舞剑用枪"，为训练朝鲜军队贡献良多。他和戚继光部将闻愈等成为朝鲜炮队的启蒙教练，闻愈等人还为此贡献了生命。这也是一段需要被铭记的历史。

骆尚志的刀剑武艺和训练朝鲜军队事，也受到国内武术专家的注意。晚明茅元仪《武备志》收录的唯一一部双手剑谱、"剑诀歌"及古老的"朝鲜势法"，在中国文献中"差不多是一个孤立的存在"，故推想从朝鲜带回这本剑谱的"好事者"很可能是一位参加"万历二十六年（1598）入朝抗击日本侵略军的浙籍军人"，即与"浙兵""南兵"骆尚志（绰号"骆千斤"）有关。[①] 这种推测很有道理，只是骆尚志入朝时间在东征前期的1593—1594年，后期东征他没有参加，代替他的是他的女婿毛国器。总之，朝鲜"十八般武艺"的形成"是中朝武艺交流史上一件大事，也是中国武术史上的大事，因为朝鲜王室十分重视从明朝引进的各种武艺，特由官方汇编成书，才使得许多中国不传的古典武艺内容得以完整的保存下来"[②]。

朝鲜英祖李昑次子李愃（1735—1762）曾叙《艺谱六技演成十八般说》，具体解释了朝鲜的"十八般武艺"："武艺旧谱，只传六技，出于戚氏新书。宣庙朝，幸提督营，贺其大捷之功，仍问胜绩之所以。提督对以'北将习于防胡，吾则用戚帅御倭法，得以全胜'。宣庙欲试戚法，购而得之于提督麾下，相臣柳成龙使其郎僚韩峤专意讲解后，相臣尹斗寿又领其事，与赵儆，李德馨募丁壮，授以戚氏之法。初，天将骆尚志劝柳相效习戚法，所模仿者惟枪筅，又因游击许国威之东来，与杨经理亲好，峤以参谋官，往来两帅之府者为有年，峤问其妙谛于许游击。游击先以粗术教之曰'一胆、二力、三精、四快'；峤又问枪势之二十有四，游击教之曰'一势之变耳，推可为百势'。峤又问易之六十四卦，是亦一卦之变，而一卦减不得，则枪势之二十四势奚间？游击教之曰'道本一体，散为万殊。如棋之势，多多万万，精得百势，可称国手'。他日请益，游击教之

---

① 马明达：《说剑丛稿》卷4，《历史上中日朝剑刀武艺交流考》，中华书局2007年版，第211页。

② 马明达：《说剑丛稿》卷4，《历史上中日朝剑刀武艺交流考》，第217页。

曰'身法、腰法、手法、足法，可学也'。于是峤退而成诸谱，教三手法于国中，一曰射，二曰炮，三曰技。技者，俗称杀手也。及老谢仕，卜居广湖之滨，犹惓惓于国事……竟以前所未学之技术教国人，其功不亦盛哉。"[1] 李恒提到韩峤根据《纪效新书》所教六技是棍棒、藤牌、狼筅、长枪、钂钯、双手刀。而许国威所教的枪势24式，包括竹长枪、旗枪、锐刀（或称短刀）、倭剑、交战（或与倭剑为一技）、月刀、挟刀、双剑、提督剑、本国剑（或称新剑）、拳法、鞭、棍等是也。他还解释了竹长枪、旗枪"即周之戈柲，汉之中坚，皆远器"；锐刀、倭剑、双剑、提督剑、本国剑"如周之五投，汉之三尺，皆近器"；月刀、挟刀"则其号虽剑，其用若枪……今夫月刀挟刀之刀而有杆，谓之曰远近器可矣"；交战、拳法、鞭棍"则各以一夫之斗力，交锋相接，明于势者捷，大抵鞭拳之制"；而交战"最后出，军门人金体乾学来于日本者，仅为百年余。其手势、足法之巧于击刺，视鞭、拳有倍蓰之利，谓之一远二近之器，亦可矣"。后习知六技的林秀雄等"裒成新谱十二技，并列于引关之指南，自是始有十八技之称"。

关于势法的具体情况，如"竹长枪，凡七势，始于泰山压卵势，终于白猿拖刀势，叠势不并计"；旗枪有十六势，"始于龙跃在渊势，终于夜叉探海势"；锐刀凡二十八势，"始于举鼎势，终于金刚步云势"；倭剑"凡八流，自土由流，至柳彼流"；交战"甲乙进退，自负剑，至投剑，凡四十二合"；月刀凡十八势，"始于龙跃在渊势，终于竖剑贾勇势"；挟刀凡十八势，"始于龙跃在渊势，终于竖剑贾勇势"；双剑凡十三势，"始于持剑对贼势，终于项庄起舞势"；提督剑凡十四势，"始于对贼出剑势，终于藏剑贾勇势"；本国剑凡二十四势，始于持剑对贼势，终于兕牛相战势"；拳法"甲乙进退，自探马至拈肘，凡三十八合"；鞭棍"甲乙进退，自龙跃在渊势，至甲右巡乙相接，凡二十合"。从中可知，月刀和挟刀的起势和终势都是一样的，中间过程可能有不同。鞭棍或是鞭棍合一的器械，就像明军的铳棍一样，是结合闷棍和火铳的优势形成的新式武器（参见《利器解》所载的铳棍图和文字说明），岛山之战中，麻贵军所持的"环鞭，乱打如雨疾雷不及掩耳（日军）铳筒亦不暇放"[2]，当即其器。

---

[1] ［朝鲜］李恒：《凌虚关漫稿》卷7，《艺谱六技演成十八般说》，韩国汉城民族文化推进会2000年版，《韩国文集丛刊》第251册，第130页。

[2] 《朝鲜宣祖实录》卷188，宣祖三十八年六月七日庚戌2条，巡边使李时言语。

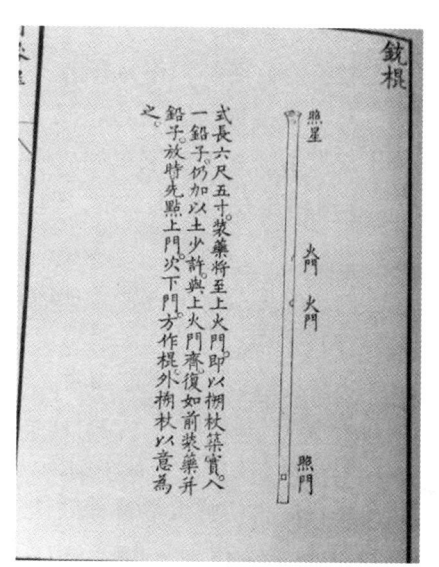

关于"提督剑"应该是指刘綎的剑和剑术,在东征时期也十分有名:"刘善于用剑,所用之剑,其重七十余斤,而运于掌上如小丸。盖剑即关将所用之剑,而关将以后用之者,始有刘君云。"[1] 重达70余斤的剑,应该就像大刀,如何能"运于掌上如小丸",或也是从远处看的大概影子?

可见,朝鲜在学习明朝和日本武学精髓的基础上,新创了适合本国的武学传统,走出了一条新路。而这与印制、修订《纪效新书》《练兵实纪》《倭情备览》《操炼图式》《拳谱》《武艺诸谱》等中日武籍并融会贯通是分不开的。朝鲜肃宗时代(1675—1720)的金锡胄曾言"仍取戚氏《新书》,撮其操炼之要,名之曰《兵学指南》"[2],即"此因戚继光《纪效新书》而钞节为书者"[3];"今之《兵学指南》,即戚氏御倭之法也……又为阵图附其下,名之曰《兵学通》"[4]。正祖十四年(1790),朝鲜《武艺图谱通志》撰成:"《武艺》诸谱所载棍棒、藤牌、狼筅、长枪、镋钯、双手刀六技,出于戚断光《纪效新书》……己卯(1759)命增入竹长枪、

---

① [朝鲜] 赵翊:《可畦先生文集》卷8《杂著·辰巳日记》七月,《韩国文集丛刊续编》第9册,第467页。
② [朝鲜] 金锡胄:《息庵遗稿》卷8,《序·行军须知序》,《韩国文集丛刊》第145册,第245页。
③ [朝鲜] 李祘:《弘斋全书》卷138《群书标记》50,《韩国文集丛刊》第267册,第565页。
④ [朝鲜] 李祘:《弘斋全书》卷8,《序引》,《兵学通序》,《韩国文集丛刊》第262册,第134页。

旗枪、锐刀、倭剑、交战、月、挟刀、双剑、提督剑、本国剑、拳法、鞭棍十二技,纂修图解,作为新谱。上即阼,初命增骑枪、马上月刀、马上双剑、马上鞭棍四技,又以击球、马上才附之,凡二十四技。"① 可见,朝鲜不仅发扬、光大戚家军的战法,英祖时还在六技的基础上增加"倭剑""本国剑"在内的十二技,到正祖时再增加骑枪等马上诸技始成二十四技。

如果说戚氏六技加上朝、日技法十二技在内的朝鲜"十八技",在明末就已传到中国,那么完全可以说东亚武学传统一直处在互动与交流过程中。戚家军中曾有善用双手刀者,东征南兵中擅长此道者如戚家军老将杨贵擅长"双手、偃月刀"②,骆尚志本人也擅长"舞剑用枪",吴惟忠擅长软颤梨花枪③法等。东征军归国初,自有刀法可传。但东征南兵逐渐退出历史舞台后,朝鲜人学习并效法《纪效新书》中的双手刀技,将《锐刀》谱收入《武艺图谱通志》中,作为二十四技之一发扬光大,与《武备志》中所收"朝鲜势法"相同,不同之处有三:一改剑为刀,二多了四势共二十八式;三有全套刀法的演练套式。④

而茅元仪所说的"今其法不传"⑤,当指东征结束后的天启、崇祯年间,世界进入火炮、火枪、火铳等热兵器快速发展时期,冷兵器时代惯用的刀剑古法,自然失去重要性和流传的迫切性。而掌握刀剑古法的东征将士或年老,或消耗于萨尔浒之战,刀剑谱失可能失传。至于明清鼎革战争,主要通过火炮决胜负,特别是自努尔哈赤受炮伤辞世后,清军更把发展火炮作为重点。崇祯五年,东江毛文龙部下孔友德、尚可喜、耿仲明等降清,给清朝带去一支满文称为"乌金超哈"的汉军火炮部队,明清历史翻开了新的一页。易代战争之所以能在三四十年之内走完全程,火炮不能不说是最重要的助力之一,这样留给刀剑古法的生存空间就更小了。

而经过东征战争的朝鲜,却从此拥有了一支技术精良的新式陆军部队,尤其是火炮火铳,在后来的历史上还发挥过重要作用。

第一次是在崇祯十五年(1643),在明清易代的松锦大战中,已被清

---

① 《朝鲜正祖实录》卷30,正祖十四年四月二十九日己卯5条。
② 《朝鲜宣祖实录》卷61,宣祖二十八年三月二十三日丙申3条。
③ 《朝鲜宣祖实录》卷90,宣祖三十年七月五日甲午3条。
④ 马明达:《说剑丛稿》,第218页。
⑤ 茅元仪:《武备志》卷84,《阵练制·练十七·教艺三》。

军掌控的朝鲜军的火炮，杀伤了很多明军。① 第二次是清朝借兵朝鲜，利用他们擅长的鸟枪（炮）队在宁古塔打击俄罗斯殖民者，在顺治十一（1654）年六月，朝鲜将领边岌率领 152 人远征军，加入清军昂邦章京沙尔虎达部，打击斯捷潘诺夫所率的俄国哥萨克。第三次是顺治十五（1658）年五月，以申浏为首的 260 人朝鲜远征军再次加入清军，最终击毙了斯捷潘诺夫，夺回雅克萨等被俄侵占的据点，基本肃清了流窜在黑龙江流域的哥萨克。②

目前，很少有人将朝鲜这支被清朝掌握用来打击明军或俄罗斯的军队，跟东征援朝时期明军训练出来的朝鲜"三手军"（炮手、射手、杀手）联系起来看。③ 东征之际，朝鲜最重视炮手训练，骆尚志就是统率明军炮队的参将，与部将多人是朝鲜火炮部队的启蒙教练，谙练火炮制度的千总闻愈等还身死朝鲜，他们都是经过戚继光东南沿海抗倭洗礼及蓟镇十年练兵锤炼的"毕业生"，也是"戚家军"的老班底。虽说从东征援朝到明清易代四五十年过去，朝鲜军队的人员不可能还是同一批人，但朝鲜军队的战略战术体系、武艺训练方法，长期得益于《纪效新书》和明军教练，这是无可否认的事实，而朝鲜《兵学指南》《武艺图谱通志》等古籍都是对《纪效新书》的再编和改编。至于茅元仪所说的"今不用于阵，以失其传"的"朝鲜势法"，应指东征之后，中朝武学传统（实际也应包括日本在内的整个东亚）的互动与交流，而非东征传到朝鲜之初，否则骆尚志、闻愈、杨贵这些东征军教练在朝鲜教习武艺，包括双刀法就不好理解了。

历史之所以能让人感慨，就在于这样的事实前后呼应，像铁一样摆在我们面前的时候。明朝动用重饷在蓟镇练兵十年，成就的精兵部队——由"戚家军"转化的南兵，在万历援朝东征的战场上，联手朝鲜军队大战日军，绽放出夺目的光彩，包括以《纪效新书》为教科书，训练出一支近

---

① 朝鲜炮手打击明军和朝鲜"精炮"实例，参见《朝鲜仁祖实录》卷 42，仁祖十九年九月七日庚辰 1 条；《朝鲜孝宗实录》卷 19，孝宗八年十月二十五日甲午 1 条。
② 参见金东哲《17 세기朝鲜·清·러시아의关系와"罗禅征伐"：罗禅征伐의性格과意义를中心을》，硕士学位论文，韩国中央大学校，2002 年，[TheRelationship among Chosun, Qing and Russia and "the Conquest to Russia（Nasun，罗禅）" in the 17th Century]。
③ 案：张建《火器与清朝内陆亚洲边疆的形成》（博士学位论文，南开大学，2012 年）已注意到 1592—1598 年"壬辰战争"中日两国火绳枪传入李朝"一变而成李朝重整军备的首选火器"；1619—1636 年在与金/清冲突中"李朝鸟铳传入清朝"及清朝数次征调朝鲜鸟铳手投入战争及汉军前身"黑营"和天聪年间所谓的"火器营"的来龙去脉，但仍未能连接一些关键性的环节。

代化的朝鲜精兵,成为"戚家军"在海外的嫡传正脉。

  浙江义乌籍的副总兵吴惟忠和定海卫百户出身的参将骆尚志,正是其中的杰出者。他们竖起了明军东征的战旗,在战后 200 年依然高高飘扬。这并非偶然,而是有其"内在理路"的:具备礼义世界的忠勇清操,才是他们一直受到朝鲜人民尊敬和爱戴的原因。更令人深思的是,像吴惟忠、骆尚志这样真正的英雄,或者失落于历史,或者以另一种截然相反的形象出现在历史中,这样的历史难道不需要清理?可以说,清修《明史》的问题和误导,使我们失落了一个时代!失落了一批光辉的英雄!对这段历史及诸多历史人物的认识,现在是时候将它纠正过来了。

第八章 北将

"南兵北将"的内涵外延,不能从历来习见以长江为界区分南北的字面意思理解,而须结合史料的来源、语境,分析明代来自中国东南西北、五湖四海的官兵所构成的万历援朝东征军。比如九边兵,自然都是典型的北兵,包括以李成梁家族的"李家将"为中心的东三边辽军及山西、陕西、甘肃等西三边边军,以及中部腹地豫、鲁、北直等地的官兵。他们在万历援朝的东征前期,在数量上占绝对多数,但东征后期数量上已不如南兵。而他们中的不少个体,却是原籍南方或东南沿海,出生成长于江南、浙江、福建等南方省份,却因服役于卫所而成为"北军"的一员。如何界定他们的"南北",也是现实的问题。比如,岛山之役中,战死朝鲜的宣大游击杨万金,自言是"浙江人",为骆尚志的"亲族";另一位江南广德州人宋大斌,为广宁右卫人,壬辰东征时以统领宣大入卫班兵游击将军的身份入朝,被归入宣大兵将群体中。[1] 这就涉及"南兵北将"的转化与重新界定、自我认同等更加复杂的问题。因此,"南兵北将"也仅为尊重历史原貌采用的灵活概念,大致代表万历援朝不同来源、身份特征和形体面相的东征军群体,具体情形必须具体分析。更重要的是,"南兵北将"的身影,大都淹没在复杂纷繁的历史尘埃中,无论是贤、愚、勇、废,一如前述吴惟忠、骆尚志,也包括即将登场的康霖、康世爵和张应种。女真人康世爵与东渡朝鲜的明末清初康世爵之祖康霖,都应该是参加援朝东征的"北将"一员;而东征北将张应种后来沦为"废将",他的子孙却成为新朝股肱。通过不同来源和立场的官、私记载,可以进行一场出其不意的历史考古,从中或可窥见风云变幻的历史变脸过程。

---

[1] 参见徐成《壬辰战争中的宣大将士相关问题研究》,硕士学位论文,山东大学,2020年,第32—35页。

第一节　北将概览

一　辽东北将

来自东北这个"外族王朝的滋生地"①，以李家将为中心的辽东将士构成了北军主力。主要包括北部开原东宁卫、三万卫和铁岭卫，南部辽阳各卫：广宁卫、宁远卫、前屯卫等。其中，李氏、祖氏、韩氏、杨氏等为世家大族，民族成分也有朝鲜、汉族、女真、蒙古等不同来源，东征前期是绝对的主力，但后期因南原之败，光芒渐消。

铁岭卫李氏，就是以李成梁为中心发展起来的军事集团。万历七年，李成梁封宁远伯，李家将势力逐渐形成，包括李如松与弟如柏、如樟、如梅俱官总兵。正如辽东巡抚顾养谦所谓："李平胡于大帅为先锋，李宁、李兴为左右翼。此三臣者，房中素所畏惮。镇城大营之中，缺一不可，且相与约为兄弟，誓同生死……近李平胡虽加升右都督，李宁、李兴亦俱为副总兵，而随营报效之勤如故。察其心，即以他镇一镇守与之，所不愿也。臣以为此三臣积有功劳，第当加其名号，厚其赏赉，听其为大帅之手足，而不宜他推，以夺骁将而损军声者也。"②可见，李家将抱团得到辽东地方军政大员的支持。包括李宁、李栾、李逢阳、李有升、李平胡、查大受等，均为宁远伯的家丁或养子，勇敢善战，团结成军。甚至包括河南鄢陵籍原任副总兵王有翼、"平壤之战，不离提督左右"的副总兵孙守廉等，也都是铁岭卫人。东征后期以钦差抚院听用游击将军都指挥同知，领宣镇马兵660名入朝的秦得贵也属之。李如松"容貌魁杰，宇量宽洪，行军临阵，钤束得宜，所过皆便之"③。万历二十年十二月入朝，二十一年十月班师，朝鲜人给出也有好评。

铁岭李氏增强家族势力的重要手段是通婚。如韩宗功为李如松姊夫，以原任备御随提督往返。韩氏也是历史悠久的辽东土著，魏齐至隋的韩暨、唐代营州韩相、辽代韩橁、韩瑞、明代韩斌、韩承庆等有名于史。韩斌（1429—1500），山后兴州人，祖福原，洪武间占籍密云卫，父韩春

---

① ［美］巴菲尔德：《危险的边疆》，江苏人民出版社2011年版，第14页。
② 顾养谦：《抚辽奏议》卷9，《甄别练兵官员》，《四库全书存目丛书》史部第62册，第521页。
③ ［朝鲜］申钦：《象村稿》卷39，《李提督以下诸将官一时往来各衙门》，第271页。

"从太宗文皇帝征讨升东胜卫指挥使,调守辽东,选管宁远卫事"。韩斌年16袭职,年72终职辽东副总兵①。韩斌有七子:长辅、次轨、辄、轩、轼、轮、辂;孙六:玺、玠、鎏、玫、玮、瑶;曾孙:承恩、承庆、承训②。辽东副总兵韩承庆侧室李氏,生子宗功,"间宁远伯参将李成林季女为婚"③,宗功孙登科后流寓朝鲜,肃宗时年已80岁,曾因荒年无食"上言愿得粮资",与其徒明人刘太山、金长生等均为"中原飘零之人,寄托本国已过四十余年"。朝鲜户曹以"登科,壬辰征倭时备御韩宗功之孙"④而资给衣食。1675年韩登科80岁,刘太山59岁,金长生60岁。6年后,肃宗特命赡养年老韩登科等,可见韩登科至少活到86岁的高年。

宁远卫祖承训,早年也是李成梁家丁,曾三次入朝。万历二十年六月,初次入朝参战,七月,与游击史儒等败于平壤,被革职。十二月以李如松票下听用官的身份入朝,协攻平壤有功,回任辽阳协守,旋又因罪革职。二十五年,复随经略邢玠入朝,"与高策南征岛山,守箭滩,夜半率敢死士二十人,潜入西生浦,拔吊桥上牌字而回"⑤。李如松战死以辽阳无宿将召还,为经理杨镐留镇,领遵化步兵7000人,协董一元讨泗川,"诸军失利,而承训独能军,素善战勇敢,而御众宽简,以此得士心"。他曾自述:"蔚山之战所骑马中丸,家丁之马亦多散失。如身上羊皮衣等物,亦转卖贸马以来矣,然皆驽疲,不合于战用。"故宣祖赠之战马。承训之弟承教亦战死岛山,《选簿》记载其万历二十六年"阵亡"⑥,与承训所言"舍弟死于兵事,军卒亦多死亡"相合。⑦祖承训嫡长男祖天寿,万历四十三年曾以宁远失事监候斩决⑧,孙承宗令改名起用:"祖天寿更

---

① 邹宝库辑录:《辽阳碑志选编》,《明故镇国将军辽东副总兵韩公墓志铭》,辽宁民族出版社2011年版,第54—57页。
② 李大伟辑录:《辽阳碑志续编》,《明故镇国将军辽东副总兵韩公神道碑铭》,辽宁民族出版社2011年版,第35—37页。
③ 邹宝库辑录:《辽阳碑志选编》,《明韩承庆夫人张氏铭》,第58—60页;《辽阳碑志》第405页《辽阳韩承庆夫人张氏墓志铭》同。
④ [朝鲜]申钦:《象村稿》第271页;《朝鲜肃宗实录》卷4,肃宗元年五月九日丙申2条;卷10,肃宗六年十月十二日丁酉3条。
⑤ [朝鲜]申钦:《象村稿》卷39,《李提督票下官》,第271页;《军门票下官》第280页。案:所谓祖承训率遵化步兵七千参与泗川之战,应是战地临时任命,这与其自言"兵马未得多带,只有家丁百余名"(《朝鲜宣祖实录》卷100,宣祖三十一年五月二日丙戌1条)也不矛盾。
⑥ 《中国明代档案总汇》第55册《指挥佥事祖天定》,第292页。
⑦ 《朝鲜宣祖实录》卷100,宣祖三十一年五月二日丙戌1条。
⑧ 《中国明代档案总汇》第55册,第291—292、301—302页。

名大寿，鲁之繇更名之甲，皆枢辅令其更正也。"① 后为明末清初祖家将的核心人物。② 从李家将没落到祖家将崛起，也是明清历史鼎革过程中的一段变奏。

除李氏、祖氏之外，辽阳地区的名将，还有定辽左卫杨四畏、杨元父子与其姻亲佟养正等。辽东总兵杨四畏与弟四德均原籍"安庆桐城"③，出身明初淮徐军事集团。定辽左卫都指挥使张国忠，万历十五年因"失于稽查"被革"广宁前锋左营左哨千总"职④，二十年七月十七日战死平壤，同时战死的还有辽阳游击戴朝弁及"剑击杀贼甚多"的马世隆（龙）等。

广宁右卫有张世爵、宋大斌（原籍南直隶广德州），广宁前卫有郭梦征。广宁卫傅廷立，东征前期"管粮平壤，把截义州"；游击安本立东征后期统领宣府营。前屯卫辽东总兵杨绍勋、参将杨绍先、备御杨绍祖兄弟，与源自山后蒙古广宁右卫杨五典⑤、五美兄弟，是否有亲缘关系尚待考。杨绍先、杨绍祖均先后随李如松东征，后期也再次东征。

---

① 王在晋《三朝辽事实录》卷7："河西既陷，觉华岛储积颇多。祖天寿拥众踞岛，左右望以为向背。按臣招之，犹居于岛，静观时势。比晋当关歇房，毳幕西移，列队守关，而天寿乃委心相从。用阁监军议，仍令天寿守觉华，而家眷则安置于昌黎。天寿欲移家以出，而晋未之许也。阁臣贻书问'天寿业已招安，何不奏报？'愚谓徐观其意，察其所安而后可闻于上耳。彼时奴势甚强，辽臣俱有叛心。至壬戌四五月间，而关门支架，若犹可自存者，是以王绍勋始降而终顺，嗣后刘兴祚亦弃奴而思归，败叶随风，在我之自强而已。祖天寿更名大寿，鲁之繇更名之甲，皆枢辅令其更正也。"（明崇祯刻本，第50页A—B面）案：常虚怀《明末将领祖大寿改名问题探源》（载《历史档案》2015年第2期，第126—129页）未引该条史料。
② ［日］绵贯哲郎：《再论祖大寿与"祖家将"》，《吉林师范大学学报》（人文社会科学版）2017年第6期，第26—40页。
③ 杨元父杨四畏（1530—1604），其先桐城人，一世祖兴武，以养马人从征有功升千户，充燕山护卫；靖难不从戮之，录用其子忠，以战功升指挥佥事，调辽东，遂为辽阳人。三传至远，远生辅，俱世其职位裨将。辅生应奇，号龙岗，积迁至开原参将，娶王，生四畏，仕至辽东总兵右都督府署中府事，享年74岁。见邹宝库辑录《辽阳碑志选编》，《明韩承庆夫人张氏铭》，第94—97页。杨应奇生六子，次子杨四德墓志铭，见同书第91—93页。
④ 案：顾养谦《抚辽奏议》卷18，《查发侵饷大奸请旨处分》疏，第661、665页。
⑤ 杨五典（1540—1609），字克从，山后人，始祖德自北山归附，任东宁卫实授百户，历升指挥佥事，公父世禄，两任备御都司，兄五美，袭父职提兵至北邙山捐躯，"至公计八世，袭父职，从懿路备御、蓟门红山口提调、东路宽甸参将、副总兵。子五：永盛、永植、永芳、永蓁、永茂；八女；三孙：弘祖、光祖、三百。孙女二。邹宝库辑录：《辽阳碑志选编》，第110—111页。

宁远卫葛逢夏（1556—1590），先祖原为清河堡壮士，以功升副千户①。葛逢夏曾以游击统领保定、正定、建昌、遵化等地马兵2000人，万历二十年十月，继查大受护卫宣祖行宫，久住义州，万历二十二年正月归国，是最后撤归的北将②。他在朝鲜口碑不佳，"天将之中最无功绩，尝夸张己功且愿得赞扬文字，金命元等时在岭南，称其功以为呈文"③。宣祖曾指示政院："观此呈文，不知其所以。其中郑光绩之文，则极其谄媚，至用一戎之语（光绩文有曰：衣暂试于一戎，奏攸馘之肤功。今日三京之克复，孰非老爷之功德云）所见极骇，我国人之处事如此，可叹！"故传教："此处则渠虽求之，勿许。"拒绝褒扬葛逢夏，或也表示对其平庸的不满态度。

宁远卫试百户尚朝荣，四川潼州人，"系家丁，于万力[历]十六等[年]在开原、靖远、平壤等处地方节次亲斩贼首三颗，叙升试百户"；左所正千户陈志羔，南直宜兴县人，"万历二十一年，斩倭首十颗，升指挥同知"④。这两位宁远卫东征辽将，原籍或在四川，或在宜兴，与原籍广德的广宁右卫宋大斌均属南人入籍北卫。

开原三万卫，除管粮都司张三畏以外，以钦差统领蓟镇调兵原任副总兵，领马兵一千往返的王维贞；以广宁游击统领马兵的王守臣，七月与史儒败于平壤，撤归，后再以听用，随提督李如松入朝；原籍湖广黄冈县民籍的三万卫都指挥佥事郑一道，因参加碧蹄馆战役"斩倭首二颗"获升该职。⑤ 另有东宁卫人刘天秩，为按察使萧应宫中军，后为按察使梁祖龄中军，也是来自开原的东征辽将。

二 山陕边将和直隶北将

1. 山陕边将

山西以太原、大同和宣府为三大重镇。有关山陕边将的研究，向来比

---

① 《中国明代档案总汇》第55册《宁远卫选簿》第339页《副千户葛逢夏》记载："万历九年六月葛逢夏年二十五岁，定远县人。系宁远卫左所老疾副千户葛景岳嫡长男，伊父原系壮士……升清河堡重升试百户一级，改正与替副千户，比中三等。三辈葛有功，万历二十八年五月单本选给宁远卫照理与指挥佥事优给舍人一名葛有功年七岁，定远县人，伊父原系副千户……本舍以子承父，准指挥佥事全俸优给，扣至万历三十五年终。"可见葛逢夏辞世于万历二十八年。

② [朝鲜]申钦：《象村稿》卷39，《李提督以下诸将官一时往来各衙门》，第272页。

③ 《朝鲜宣祖实录》卷47，宣祖二十七年（万历二十二年）正月十五日甲午2条。

④ 《中国明朝档案总汇》第55册，第431—432页《宁远卫选簿·前所试百户尚从得》；第300页《宁远卫选簿·指挥同知陈必舜》。

⑤ 《中国明朝档案总汇》第55册，《三万卫选簿·指挥佥事郑国良》，第219页。

较薄弱。新近徐成《壬辰战争中的宣大将士相关问题研究》的问世，填补不少空白：利用正史、金石、谱牒、档案、方志、政书、文集、笔记等材料，佐以田野调查，梳理两次东征宣大北将概况，包括麻贵、董一元、周弘谟、任自强、高策、宋大斌、史儒及"四鞑将"、牛伯英、柴登科等人的生平履历及宣大将士在平壤开城、碧蹄馆、稷山和两次蔚山战役及泗川等战役的表现，是目前为止最为翔实、细致的研究成果，值得关注。尤其是分析迁居朝鲜的宣大将士后裔与辽东李氏及其他东迁朝鲜将领后代待遇差异与成因，对比国内存留后裔与朝鲜同宗对东征不同的历史记忆及归于落寞的原因，都具有相当的开创性。[①] 以下仅撮叙一二，以见梗概。

太原偏头所杨万金，以游击统领大同马兵1000人，万历二十五年十月入朝，曾自言为"浙江人"，是骆尚志"亲族"[②]，在岛山之战中"手执金鼓登城力攻，中丸而坠，舁道卒"[③]。现存长城碑刻有"杨万金，号少夆，腾骧右卫人，万历二十年□□到任，二十三年四月内推升真定营游击"[④] 的记载，亦属原籍浙江北将，军籍为山西腾骧右卫，万历二十年任擦子崖关把总，三年后升任真定营游击。北将中的南兵成分值得深入探究。

宣府前卫总兵董一元（约1536—1622），字天象，又字仁夫，号少山或小山，有嫡长子董用和（次男）、嫡次子董用文[⑤]，幼子董用武；堂兄弟有董用中，族兄弟辈宣府前卫指挥使董用贤[⑥]和"随邢玠来去"[⑦] 之侄

[①] 徐成：《壬辰战争中的宣大将士相关问题研究·摘要》，硕士学位论文，山东大学，2020年。
[②] 《朝鲜宣祖实录》卷93，宣祖三十年十月十一日戊辰4条。
[③] ［朝鲜］申钦：《象村稿》卷39，《韩国文集丛刊》第72册，第289页。
[④] 《河北省明代长城碑刻辑录》第《七关一营屯田文告碑》，科学出版社2009年版，第434页。按：此碑2003年春发现于迁西县太平寨镇擦崖子村一旧庙址，已残，现保存原地。残高87厘米、宽57厘米、厚14厘米，阴阳两面均有文字。碑阳刻明嘉靖四十一年十月城子岭关、擦崖子关、洪峪口关、新开岭关、五重安关、白羊峪关、白道子关和五重安营等"七关一营"所辖地亩及应缴地租情况。碑阴刻于明天启六年，主要记录了明嘉靖四十年至崇祯十三年近80年间擦崖子关先后在任的25位把总姓名及其擢升情况。
[⑤] 《中国明朝档案总汇》第69册《武职选簿·后军都督府·万全都司·宣府前卫》，第182、343页。
[⑥] 《中国明朝档案总汇》第75册《新官袭职选底·天启二年四月分》，第138页。
[⑦] ［朝鲜］申钦：《象村稿》卷39，《天朝诏使将臣先后去来姓名，记自壬辰至庚子》，第280页。

董用威。①

宣府右卫游击颇贵"勇健善战,与解生、杨登山、摆赛齐名,号四将";朝鲜人认为四"达将,而赛最勇……岛山之战功最大。经理将回军,赛独请决战……不从,横卧马前不起,作歌风之"②,极有个性。徐成梳理了四鞑将履历,挖掘了解生的身世及解、麻、马三家的姻亲关系,考订申钦《象村录》及《宣祖实录》关于摆赛辞世之误,尤其是稷山战役中与黑田长政所部黑田图书助、栗山四郎右卫门等交战;对杨登山家族后裔的田野调查及考证《皇朝遗民录》所记杨登山孙东渡朝鲜居南原史实,包括对明代卫所中"蕃将"族属、作用与地位的探讨等都富参考价值。③

宣府游击周弘谟,湖广麻城民籍,万历四年武举乡试解元,再中武进士,从靖州守备历升宣府游击,参与沈惟敬议和,万历二十二年"堕马病卒"汉城。徐成分析其辞世与坠马受伤、感染时疫相关很有道理。④ 而战死平壤的史儒,原籍山西临汾,曾祖为宣府左卫左所署百户后升实授百户史鉴,祖父史经与父亲史斌皆为宣府左卫左所百户,史儒袭职宣府左卫左所署试百户食总旗粮⑤,后效力辽东为李成梁部将,以东征归命朝鲜。

大同卫总兵麻贵(1538—1616),字崇秩,号西泉,又号小川,先世为回回人,容貌雄伟,铁面华发,与经理杨镐攻岛山,曾"请开一面,使贼得遁,设伏于要路以邀之,经理不听,后竟无功"。丁酉再征守东路,"贼通书于各衙门,他将皆受之",独麻贵不拆而焚:"朝廷欲令讲和,则一能言之士足矣,何用我辈领十万军来耶?"⑥ 麻贵持身简约,于万历二十七年四月撤回,四十四年十一月十三日卒于故里,墓在原大同右卫老城东北(今右玉县城关镇袁家窑村北麻家坟)。四十六年八月赐后军都督府右都督、辽东总兵官麻贵及妻沈氏祭葬,杨镐撰《明诰封特进光

---

① 案:徐成辨析山东清平县田庄(今归临清市)董一元墓的来历及韩国庆尚道地方志《桥南志》,据朝鲜广川董氏家族董一元有大顺、昌顺二子居朝鲜的说法也有道理,可参见徐成《壬辰战争中的宣大将士相关问题研究》,第100—102、129、139—143页。
② [朝鲜]申钦:《象村稿》卷39,第285、290页。
③ 徐成:《壬辰战争中的宣大将士相关问题研究》,第41—65页、第109页。
④ 徐成:《壬辰战争中的宣大将士相关问题研究》,第19—23页。
⑤ 《中国明朝档案总汇》第69册《武职选簿·后军都督府·万全都司·宣府左卫》,第411页。徐成:《壬辰战争中的宣大将士相关问题研究》,硕士学位论文,山东大学,2020年,第35—36页。
⑥ [朝鲜]申钦:《象村稿》卷39,《天朝诏使将臣先后去来姓名记自壬辰至庚子》,《韩国文集丛刊》第72册,第285页;另《宋经略书》作"少川",韩国首尔大学奎章阁藏钞本,第27页。

禄大夫麻公暨配夫人沈氏合葬墓志铭》碑均藏右玉县杀虎口博物馆。徐成对麻政、麻禄、麻贵（兄锦、富）祖孙子侄数代世系的考证及大同麻氏家族的分析颇见功力。① 最值得关注的是宣大辽东将士之间的矛盾与关联。

大同蔚州方时春，原为山西偏头关守备，嘉靖四十二年出边捣巢，"军门标下原任总兵官刘汉，正兵营坐营冯大威，管领家丁千总方时春，均当收录"；次年，山西巡按陈桂覆劾定功罪："守备方时春，张世美等于御史问恤……方时春革任推补。"② 四十五年，谪"山西西路偏头关右参将朱瀚、守备方时春戍边"③，方时春从千总到守备，踟躇于基层。隆庆五年六月，宣府西阳河堡守备方时春"以为事官佥书山西都司事"，次年二月"升山西都司佥书为事官方时春为署都指挥佥事，以前蓟镇获功也"④。隆庆后方时春从戎蓟镇，得到快速升迁。

万历十九年二月，方时春从宣府守备升真定车营游击；八月，擢蓟镇墙子路参将，九月记录兵部⑤。二十年年底，方时春以李如松中军入朝参战："臣标下听用原任都司吴梦豹、提督李如松标下中军都司方时春，俱智勇过人，堪以统兵……其方时春加以参将职衔。"⑥ 平壤战役中，方时春与南北将士"鼓众登城，奋勇杀贼，冒矢石而争进，拥炮火而突攻"，与李如梧等均负重伤，"俱应照加参将职衔；方时辉应加游击职衔"，方时春、方时辉兄弟都得提名并赏银20两。⑦ 方时春后为宋应昌随行中

---

① 《明神宗实录》卷573，万历四十六年八月戊午，第10817页。参徐成《壬辰战争中的宣大将士相关问题研究》"留居雁北与塞上的宣大将领家族个案分析"一节，涉及麻贵及后裔、麻氏家族在中朝两国的流衍及现迁居塞外的麻氏后裔，填补了诸多空白，可参见第37—38页、第62—66页及第104—128页等。
② 杨博：《本兵疏议》卷13，《覆宣大巡按御史成守节核实宣府捣巢功赏疏》；《续修四库全书》史部第61册，第551页；卷15，《覆山西巡按督抚等官奏报功罪互异勘问疏》，第595页。
③ 《明世宗实录》卷556，嘉靖四十五年三月丙子，第8945页；卷565，嘉靖四十五年十一月乙酉，第9057页。
④ 《明穆宗实录》卷58，隆庆五年六月辛卯丙辰，第1430页；卷66隆庆六年二月辛卯，第1581页。
⑤ 《明神宗实录》卷232，万历十九年二月初八乙亥，第4284页；卷239，万历十九年八月十一癸卯，第4434页；卷240，万历十九年九月十八庚辰，第4470页。
⑥ 宋应昌：《经略复国要编》卷4，《请加将领职衔疏》（万历二十年十二月）十二日，第303页。
⑦ 宋应昌：《经略复国要编》卷7，《叙恢复平壤开城战功疏》（万历二十一年三月）初四日，第574页；卷5《檄通判王君荣》（二十日），第408页。

军①，与李如松等同时撤归。二十三年十月，镇武堡大捷，游兵左营参将方时春"加副总兵职衔"②。十二月考察"原任广宁副总兵方时春等，回卫听候降调"③，可见东征结束后，方时春效力辽东，晋升副总兵，随带不少家丁。④

方时春的军中生涯也有污点："宣府西路参将方时春，狼贪横肆，诛求狐媚，尤工钻刺，始求上西路署守，方期月而酷索无厌，或属官、或员役、或富户，约有千金。次补下西路参将，甫任事而假借为名，或守备、或守操、或把总，共索数百贩。马本垄断贱行，乃买夷马千匹而给军士，每匹扣价拾柒两，固不能掩哨长王国之耳；其他折旗牌李让等伍拾贰名，油酱柒银，人各壹两，不更可鄙乎？验马诚明例宜然，乃先索受贿赂而后准验，每匹要银壹贰两，俱不能逃旗牌贾国之口；其他将暗门所进夷马、夷盐等项，独专其利，不尤可羞乎？沿边墩台之设，原为保障，岂为茧丝？胡为索青草、索麻菇、索杏仁，墩台柒拾贰座，座座苛求，如乔世福、石山等，皆被害之家也；官署公馆之修，当用公费，岂可殃民？胡为要松树、要柏树、要榆木，军士壹千余名，人人科敛，如张大林、李信等，皆交纳之人也；屯田一概占种，每年约利伍百余金，柠腹之苦，已罔知矣。至占边军，纳月钱而仍复做工，不几于重役迭扰矣乎？布花百计折算，每季克银百拾余两，挟纩之仁已不闻矣。至造桌椅，扣月粮而公然无忌，不几于巧取横敛矣乎？御戎无策，黩货有声，似兹豺虎贪残，安胜貔貅重寄。"⑤ 万历三十四年，军政大计暴露方时春利用职务之便，大肆索要贿赂，包括各种抽头、回扣及金银、财物、布花、军士粮饷、屯田之利，当被革职。四年后重新起用，万历三十八年"起原任参将方时春为宣府西路万全右卫城参将"⑥，说明他根基尤在。

蓟镇游击方时辉，隶李如柏票下，攻平壤有功，久驻尚州。万历二十

---

① 宋应昌：《经略复国要编》卷6，《移本部咨》（万历二十一年二月）三十日，第536页。
② 李化龙：《抚辽疏稿》卷1《镇武大捷疏》，载《四库禁毁书丛刊》史部第69册，第24—35页。
③ 《明神宗实录》卷292，万历二十三年十二月甲寅，第5412页。
④ 参辽抚李化龙《摘陈辽左紧要事宜疏》："本镇自东征之后，兵马凋敝，招募勾补，急难如额……如李如梅、赵梦麟、李如梧、方时春、马栋、董雄等，皆自到任之时，即领家丁同到地方，至今有二、三月尚未得食，粮缘未经题请，故饷司不肯支放，合无仍令按月补给，庶免怨咨。"（《抚辽疏稿》第37—38页）
⑤ 朱吾弼、李云鹄等辑：《皇明留台奏议》卷18，《举劾类·丙午军政拾遗疏（孙居相）》，明万历三十三年刻本，第56—57页A面。
⑥ 《明神宗实录》卷471，万历三十八年五月辛亥，第8892页。

一年十月撤归。① 二十三年为遵化左营参将，参与平定蓟镇石门兵变，得赏银8两。② 二十六年任"马水口管参将事游击"③。三十八年以"原任五军营参将方时辉充宣府正兵营团练坐营"④。

沈阳中卫备御方时新，万历二十四年，随李如梅战于可可母林⑤。二十五年以中军守备随提督董一元入朝，次年十月病卒星州。⑥ 蔚州方家三兄弟也依附铁岭李家将集团，尤其方时春风评不佳，仍复起用，可为典型。

大同玉林卫柴登科（1559—？）字仰元，号汲泉，祖籍山西曲沃，万历三年袭职大同镇玉林卫指挥同知⑦，后任遵化游击。徐成据20世纪初期尹昌铉《朝鲜氏族统谱》所记泰仁、金化、绫乡柴氏始祖不可考及高丽王朝显宗朝就有柴臣云，任兴化镇头（兴化镇在今平安北道义州郡一带）论证朝鲜半岛原有柴氏，对所谓柴登科后人居留朝鲜，居住全罗北道泰仁与庆尚南道晋阳，柴氏家族所修《己未谱》将祖籍定于浙江省绍兴府余姚县⑧，持审慎态度，颇有意思。

大同阳和卫副总兵任自强，早年参与镇压白莲教分支"三乘教主"曹仑民变、平定北直隶广宗、束鹿、巨鹿、新河一带张从敬民变⑨，参将李宁、大同委官王宗义均属之，可补民间宗教史研究之资。

天城卫高策（1556—1618），祖贯山西汾州府永宁，始祖高万僧以总旗领兵天城卫，六世皆受军职，其父高兰曾任天城卫指挥佥事、宣府游击，授阶骠骑将军。高策登以万历八年庚辰科武进士，从灭虏堡守备历升大同入卫游击，两次出征朝鲜。⑩ 二十五年再次东征，以邢玠中军"领蓟

---

① ［朝鲜］申钦：《象村稿》卷39，《李提督票下官》，第273页。
② 方应选：《方众甫集》卷7，明万历刻本，第36页A面。参《明神宗实录》卷301，万历二十四年闰八月二十八壬辰：万历二十三年蓟镇兵变后"兵部题乱兵平定等事……副总兵陈霞李如樟游击陈云鸿季金参将管一方、方时辉、游击王必迪、兵备方应选、郎中李开芳各升职赏银有差"（第5655页）。
③ 汪应蛟：《海防奏议》卷2。
④ 《明神宗实录》卷467，万历三十八年二月甲戌条，第4821页。
⑤ 案：《明神宗实录》卷300，万历二十四年八月戊戌，第5616—5617页。
⑥ ［朝鲜］申钦：《象村稿》卷39，《李提督以下诸将官一时往来各衙门》，第285页。
⑦ 《中国明朝档案总汇》第71册，《武职选簿·后军都督府·山西行都司·玉林卫》，第504页。
⑧ 朝鲜柴氏家族所修的《己未谱》将祖籍定于浙江绍兴府余姚县。转引自http://blog.naver.com/kcs022/140143013397，徐成2020年3月12日引，参见论文第103页。
⑨ 徐成：《壬辰战争中的宣大将士相关问题研究》，第23—26页。
⑩ 孙如游撰：《诰授荣禄大夫后军都督府署都督同知廷高公墓志铭》，载胡元朗纂修《天镇县志》卷7《艺文中》，中国国家图书馆藏乾隆四年刻本，第14页B面。案：山西高策与陕西游击高彻并非一人，须注意区分。参见［朝鲜］申钦《象村稿》卷39，第273页。

兵二千五百赴岛山之役，纪律严明，管下军卒如有掠民财物者，必罪之而还其主。下营之地，尤加钤辖，所过晏如"①。十二月，朝鲜李埈为之撰碑②，不知实物是否留存至今。万历四十六年，高策病卒于蓟镇中路副总兵任上，其谕祭碑仍保留在山西省天镇县洋河北岸。③

大同右卫师道立、平虏卫游击郝三聘则以泗川溃败革职回国。山西参将陈邦哲、游击施朝卿、阳河卫游击高升等仍待考。

2. 直隶北将

东征前期经略宋应昌的中军，除杨元外，还有北直隶大宁前卫王承恩，原任蓟镇东协副总兵后府署都督佥事，但不久即被经略参劾"私卖官马，革职去"；河南睢阳卫的张九经，也以中军旗鼓官"随宋经略来回"。万历二十五年再次入朝；苏国赋，以随营参将"同经略宋应昌来回"；万历十四年武进士义勇卫王问，"律身甚约，所过称便"；昌平参将赵之牧统领的一千马兵，是首批撤归的东征军。

大名府平虏卫遵化参将李芳春，字应时，号晴冈，万历二十五年，以总兵任岛山之役，"芳春手下所斩百余级"，退军后驻扎安东"严饬军丁，不许侵扰，招民还集，劝勉耕种，令其卒伍各葺房屋，勿令占夺民居。广设屯田，军民按堵，零贼之出没近境者设伏遮击，前后斩获五十余级"。二十六年四月，移驻南原时，"官宇烬毁，白骨山积，芳春即坎瘗之，运材作公馆居之"。曳桥之战，李芳春由乐安进兵，斩贼十余级。时刘綎围行长，旬久不决，行长撤军"盖綎用计退之，而芳春知之"④，申钦对他的评价也相当不错。

《宣祖修正实录》载："骆尚志、查大受、李芳春，最着勇功，皆辽卫人，本成梁家人。"⑤ 将李、骆与查大受同列为李成梁家人（家丁）显然不确。二十七年正月，李芳春面见宣祖，自言"俺上年蔚山之役，暴露雨雪，今年又如此，此情事愿乘念焉"。表示"但流名青史曰'三协将李芳春良将'云则足矣"⑥。

---

① ［朝鲜］申钦：《象村稿》卷39，第272、280页。
② ［朝鲜］李埈：《苍石先生续集》卷8，《碑碣·天朝都督高公策威德碑铭》，《韩国文集丛刊》第65册，汉城景仁文化社1990年版，第86页。
③ 董瑞山等编：《三晋石刻总目大同市卷》，山西古籍出版社2005年版，第49页。《三晋石刻总目大同市卷》误记为墓志铭。具体参见徐成《壬辰战争中的宣大将士相关问题研究》，第26—32页。
④ 申钦：《象村稿》卷39，第287页。
⑤ 《宣祖修正实录》卷27，宣祖二十六年九月一日壬子4条。
⑥ 《朝鲜宣祖实录》卷108，宣祖三十二年正月初六日丁亥1条。

畿辅地区东征将士，除保定游击李化龙（事迹详见上篇），岛山之役中被杨镐绑示革职外，还有保定游击梁心、定兴卫都司薛虎臣、真定游击赵文明、永平千总斯天爵、天津督府票下中军守备李应昌、原籍遵化的山西保安卫游击牛伯英①等，也都在东征前后期往返朝鲜。

但青州卫前所正千户田浩负责运输粮草"死于王事"；青州左卫指挥同知丁大壮"征倭病故"；保定卫保定前所小旗杨尚仁阵亡于昆阳望津；保定前卫后所总旗柴进高阵亡于昆阳寨；保定中卫右所指挥佥事平应期也"东征阵亡"，这些回不来的东征将士，包括蒙古"山后人"的出身也都是不能被遗忘的。②

卜永坚教授将显而易见的宁远卫"指挥佥事祖承训"都排除在东征名单外，实无必要。事实上，选簿中出现的董一元、麻贵、史儒、柴登科、高策、牛伯英、骆尚志、李化龙、葛逢夏、康世爵、祖承训、祖承教等人，只要姓名、履历、出身、居地、所属等要素，可对应于中朝史料中有关东征的记载，就都应该载入东征名单。这样，东征将士的人数就会大大增加。

三 北兵人数与特点

1. 人数与装备

东征前期，明军入朝总数 5 万人左右。③ 其中，北兵人数占绝对多数。但经过平壤、碧蹄馆、开城诸役后，明军遭遇粮饷危机，从万历二十一年四月至十月，明军分七批撤回 3.38 万人，所撤全为北军④——四五月撤 6500 人，六七八月及九月各撤 7000 人，十月撤回 1.33 万人。因战前所备 3 个月的粮饷用完，后续粮饷则因朝鲜运输能力跟不上，战争停滞，议和重开。万历二十一年十月以后，留住朝鲜的北兵，只剩下葛逢夏、宋大斌、谷燧所领 5000 名兵马，其余均为南兵，即刘綎所率步兵 5000 名及骆尚志、吴惟忠、王必迪等所率 5000 余人，共马步兵 1.5 万

---

① 《中国明朝档案总汇》第 70 册，《武职选簿·后军都督府·万全都司·保安卫》，第 115 页。
② 参见卜永坚《万历朝鲜战争第一阶段（1592—1593）的明军——以〈中国明朝档案总汇〉卫所选簿为中心的考察》，载《明史研究论丛》2014 年第 12 期，中国广播电视出版社，第 132—141 页。
③ 案：刘永连、段玉芳《万历援朝御倭战争明军兵力考》（《朝鲜韩国历史研究》2016 年第 4 期）统计东征前期入朝明军在 46941—48274 人，多少之间仍有 1333 人的误差。可见要掌握准确的人数几乎是不可能的，但主张统计以人次为单位则是正确方向。
④ 参见附录表 1。

人，留守朝鲜南部全庆地区至次年春撤回。①

明军作战序列，一般分左、中、右三军，分别配备马、步、车炮兵协同作战，后期增加水军。例如东征前期进攻平壤，中军以副将杨元率官兵10639名，包括宁前营原任参将杨绍先领339名、标下都司王承恩领蓟镇马兵500名、标下游击戚金领车1000名、辽镇游击葛逢夏领辽镇选锋右营马兵1300名、保定游击梁心领保定马兵2500名、大同副总兵任自强并游击高升、高策共领大同马兵50名。左军以副将李如柏率官兵10632名，包括原任副总兵李宁、游击张应种领辽东正兵亲兵1189名；宣府游击章接领马兵2500名、参将李如梅领义州等营军丁843名；参将李芳春领蓟镇马兵2000名、都司方时辉领千名；原任参将骆尚志领蓟镇南兵600名；都司王问领蓟镇车兵1000名；宣府游击周弘谟领马兵2500名。右军以副将张世爵率官兵10626名，包括本官并游击刘崇正领辽阳营并开原参将营马军1534名、原任副总兵祖承训领海州等处马军700名、原任副总兵孙守廉领沈阳等处马军702名；原任加衔副总兵查大受领宽佃等处马军590名；游击吴惟忠领蓟镇南兵3000名；标下都司钱世祯领蓟镇马兵1000名；游击赵文明领真定马兵2100名；大同游击谷燧领马兵1000名，俱于十三、十六、十九等日拔营齐进。可见南兵与直隶、宣大、辽东等北兵大致是均衡配置协同作战的。

东征后期，北军数量约有6万，已不如南兵步兵及水兵的总和。②

从兵种角度看，马兵是北军中最重要的兵种，却在朝鲜多山地形中不易施展，且因刷马弊病及军纪问题多遭诟病，不为朝鲜君臣所喜，但也不能一概而论。如万历二十六年八月，宣府游击马呈文等率2000名马兵入

---

① 案：这阶段《象村稿》记载入朝明军4.88万人，与《宣祖实录》记载的4.65万人差距不大，区别在南兵将王必迪的1500人，在《象村稿》中未出现；叶邦荣的1500名南兵是丁酉年入朝，而《象村稿》中的王汝征马步兵2000名《宣祖实录》未载，与宋应昌报告的31897人相差万余人，后者若再加刘𬘩的5000人则达3.6万人，与朝鲜记载仍相差1万余人。其中，宣府游击章接2500名马兵、杨元标下都司王承恩的蓟镇马兵500名均未在《宣祖实录》和《象村稿》中出现，这说明中、朝统计出入不小。

② 案：刘永连、段玉芳《万历援朝御倭战争明军兵力考》(《朝鲜韩国历史研究》2016年第4期) 统计东征后期援朝明军兵力确数为92100—92374人，合计前后期援朝军共139045人，考虑伤亡等因素或达15万人，相对准确但过于保守。如文章认为申钦所记宣府马呈文马兵2000人不实，但马呈文、郝三聘、师道立等入朝及败于泗川属实，后为御史陈效弹劾回国，邢玠奏疏万历二十七年正月撤回，确定申钦所记无误。明军人数须通过核对中、朝史料的具体落实情况才能稳妥。东征前后来往之人，申钦未记或宋应昌、邢玠等人奏疏疏漏者也大有人在，加上战亡（或有瞒报）及整合调兵的变化都是难以落实的变量，因此很难有可以准确到个位数的具体明军数字。

朝,"号令严明,自奉甚简,天马支待,一切省约,所过地方,秋毫不犯。"① 严格执行军纪。马呈文等后被编入中路董一元部,在泗川战役中遭遇溃败,被指为"步兵措手不及,稍有可原。马兵先逃,则罪浮于步。而马呈文、郝三聘二营,实先倡之……畏敌先奔,罔念援抱之义,委众锋镝,全无死绥之忠"②,奉诏"斩马呈文、郝三聘以徇"③。而其所领之兵,即"原调宣府旧游兵营入卫蓟镇兵二千","议撤回"。万历二十七年正月,升守备黄钺补游击"星夜迎至中途,接押前兵回镇"④,而马呈文、郝三聘、师道立3人于当年十一月尚未归国,申钦记马、郝己亥正月以泗川败回不确,也有可能指先前撤回是兵,包括马呈文部2000人、郝三聘部3000人。

骑兵使用的另一种常规武器当是刀,铁鞭、连楷棍也各相间使用。相比之下,日军刀器更难对付:"倭之刀最精利,长六尺,两手两刀,共长一丈八尺,虽左刀以木假之,然其右之真者,亦足以杀人而无敌。故中国之畏倭者,畏其刀也。而制刀之策,一切钯、棍、短兵俱不济事,必用丈八长枪,盖刀能伤人,不能自卫。惟长枪可以乘其破绽,而人之故御倭,以长枪为上;其次则用狼筅等器。因刀虽快利,一有兜碍,便不称手。"⑤显然需要步兵护卫、配合。故从武器装备和实战阵法等战术角度看,明末陈仁锡建议"分南北练"兵之说,虽貌似合理实逆潮流:"如山陕兵、川湖兵、河浙、两广兵、辽兵,群聚一处,声音不相通,精神不相属。卒而临敌,乘危忌胜,往往有之。谓宜南将统南兵,北将统北兵,使各识其嗜欲,各惜其甘苦,而后将与兵亲,兵与将亲。"⑥ 这种强调地域区划并固化畛域的做法,不仅在实战中没有体现,即使真的实行恐也无益处。

以步兵为主的南兵,也包括炮兵、车兵、水兵、船兵、沙兵等不同来源、类型、功用的部队,尤以来自江浙地区的南兵最受朝鲜君臣欢迎。在东南沿海抗倭斗争基本结束之后,戚继光调任蓟镇,以三屯营为大本营,先后练兵十余年,"戚家军"的核心成员也随之北上,驻守长城沿线,常与蒙古、建州女真各部交锋,故隆、万之际,活跃九边的南兵也为数不

---

① 《朝鲜宣祖实录》卷103,宣祖三十一年八月二十六日己卯3条。
② 《朝鲜宣祖实录》卷105,宣祖三十一年十月十七日己巳1条。
③ 《明神宗实录》卷328,万历二十六年十一月壬午朔,第6067页。
④ 邢玠:《经略御倭奏议》卷6,《补回兵将领疏》,第3—6页。案:马呈文、郝三聘、师道立3人,万历二十七年十一月尚羁留朝鲜未归,见《宣祖实录》卷119,宣祖三十二年十一月二十五日2条"巳时,上幸师游击馆,仍幸郝游击馆,仍幸马游击馆"。
⑤ 陈仁锡:《无梦园初集·漫集一》,《纪御倭刀》,明崇祯八年刻本,第58页A—B面。
⑥ 陈仁锡:《无梦园初集·漫集一》,《纪练战兵》,明崇祯八年刻本,第39页A面。

少。仅从掌握火器技术这个角度而言，就形成了南北军士的大交流。陈寅恪先生特别注意的辽东女真佟氏家族的崛起和熟练掌握的火器技术，就当得益于这样南北交流的历史机遇。

仅从武器角度看，明代后期，马兵使用先进火器已较普遍，包括三眼枪、马上佛郎机等尤其是蓟镇马兵，根据常修铭的研究，"在戚继光的蓟镇车营和步营中完全未见快枪、三眼铳等传统小型火器，车营配备佛郎机炮和鸟铳等大小火器，步营火器更是只有鸟铳，其基层单位火器手队则是完全使用鸟铳作战的小型战术单位，这种编制与同时期的西欧步兵和日本足轻极其类似。唯有马营仍配备快枪……与鸟铳混编使用"[①]，快枪与鸟铳就是蓟镇使用的两种常规火器。

再从明代火炮遗存看，延庆永宁长城发现的带铭文的"马上佛郎机"母子铳炮，为骑兵专用轻型单兵火器（见图3、4）。其中9件带铭文的佛郎机母铳，制造于嘉靖二十三、四、六年，还有5件无铭文的母铳，也属于单兵轻型火器（见图1）。[②] 戚继光《练兵杂纪》有图及详尽记载，每佛朗机一架配备"子铳九门、铁闩二根、铁凹心送一根、铁锤一把、铁剪一把、铁锥一件，铁药匙一把、备征火药三十斤、合口铅子一百个、火绳五根"，在东征中也曾广泛应用。

杭州千总陈云鸿在万历二十年十一月底，与通判孙兴贤督造完成大将军炮达到110位，未造完的还有110位，宋应昌还借用京营大炮100位，若能到位的话，明军大将军炮就达300位。[③] 300多位中大型火炮，包括大将军、虎蹲炮和灭虏炮，还须组合炮手、护卫兵、车兵编为混成部队，以南兵为主，技术性较强。

如中型的虎蹲炮，就须装备爪钉、腰绊、铁（木）榔头、药升、火门锥、木送子等附属配件，使用点火装置开火发炮。即使不能如数，在平壤战役中，投入大将军炮至少50位当无疑议："以大兵围其含球、芦门、普通、七星、密台五路外，当如新议铺铁蒺藜数层，以防突出死战，其南

[①] 常修铭：《16—17世纪东亚海域火器交流史研究》，第75页。
[②] 案：佛朗机依照其型号分为守卫要塞及舰炮、随军机动、单兵使用等各种不同功能。馆藏佛朗机4件均为延庆出土，形制基本相同。母铳由前膛、装弹室和铳尾构成，前膛有两道加强箍，铳口明显加粗加厚，铳身两侧各备一个耳轴，耳轴上接铁叉以便固定在炮架上。铳尾为铁质，均带有一个子铳。子铳由前膛、药室和尾部构成。药室前后各有一道加强箍，箍上各置一环钮可系连铁质提梁，以便于子铳的装填更换。参见于力凡《首都博物馆藏明代铜火铳火炮》，《文物春秋》2013年第3期，第64—69页。
[③] 宋应昌：《经略复国要编》卷3，《移本部咨》二十七日，第251—252页；《报石司马书》二十六日，第250页。

面、北面、西面及东南、东北二角,各设大将军炮十余位,每炮一位,须用惯熟火器手二十余人守之。或抬运,或点放,炮后俱以重兵继之,防护不测"①。以大将军炮弹铅子从重 7 斛、3 斛、1 斛各 1000 个共 3000 发计算,每炮可放大、中、小 3 种型号炮弹一二十发,宋应昌还另向顺天巡抚李颐借 1500 发炮弹:"重七斛者五百个;三斛者五百个;一斛者五百个"②,也包括大、中、小 3 种型号炮弹。

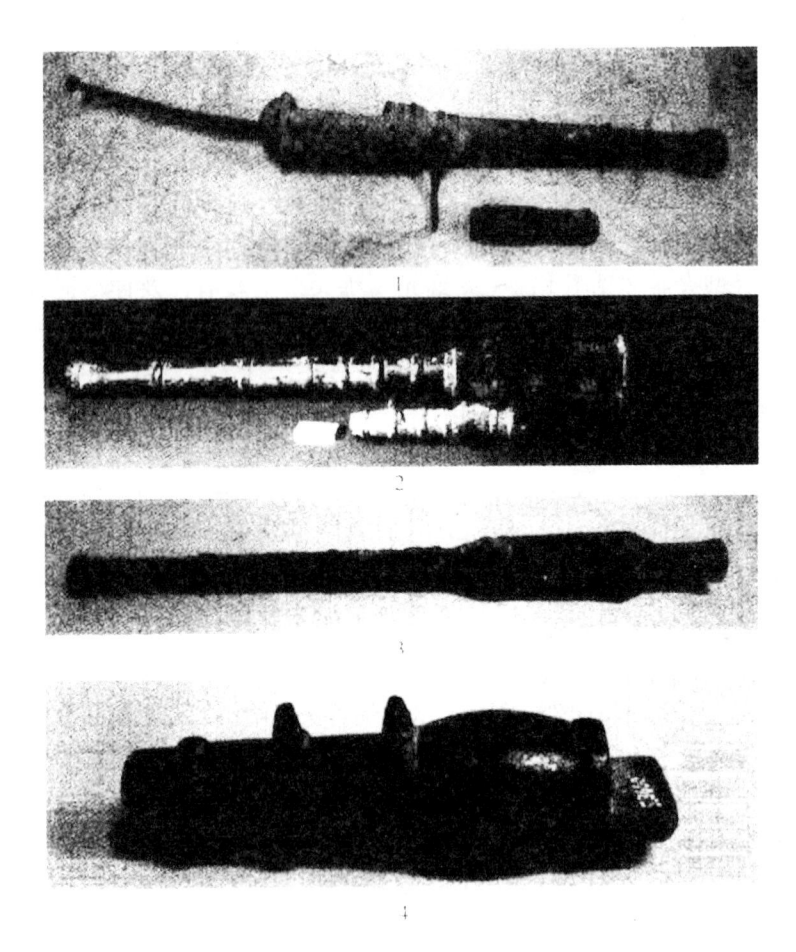

图 1. 嘉靖二十八年胜字佛朗机　2. 嘉靖十年胜字流星炮
3. 嘉靖二十三年马上佛朗机母铳　4. 嘉靖十九年马上佛朗机子铳

---

① 宋应昌:《经略复国要编》卷 4,《与副将李如柏李如梅等书(二十一日)》,第 326 页。
② 宋应昌:《经略复国要编》卷 4,《咨顺天李抚院(十五日)》,第 316 页。

再参照宋应昌所报战前武器装备情况，明军轻型火器兵装备的1000杆铜神枪、500杆快枪、100杆三眼铳（包括药杓及锥），主要使用者当为北军。而7000多支火箭，既可装在弓弩、神枪上使用，也可以装在竹筒、喷筒上使用，是适合南北水、步、骑兵的数量多、使用范围广的轻型火器。东征后期露梁水战中，明军大量使用火箭，误中邓子龙船即为一例。郑若曾总结中、日两国火器的特点："倭之火器，祇有鸟铳，直百步而止。中国有鸟铳，又有大炮，去七百步，佛郎机去三百步，又有神枪、火箭、飞天喷筒、埋火药筒、大蜂窝、火妖诸器，敌不足以当我，明甚。第闻倭制火铳，其药极细，以火酒渍制之，故其发速，又人善使，故发必中。中国有长技而制之不精，与无技同。谓宜严督制造令中法更熟，演之何忧乎不敌耶？倭铳发每无声，人不及防，类能洞甲贯坚，诸物难御。惟是广中所产鳔胶，形如掌片，坚劲异常，较之浙中所产者不同，用钉连缀于木架，造为防牌，铅弹始不能透，亦一策也。"① 所以东征前准备的麻牌、毡牌、麻帘也达三四千面；其他狼筅、铛钯、竹、木长枪，合计千余根杆（参见附录《表二》）。

2. 南兵北将的转化

沈有容，南直宣城人，为广宁中卫正千户，从经略宋应昌东征朝鲜为中军，后回任福建都司、浙江总兵。著有《仗剑录》收录于《洪林沈氏宗谱》，详细记载其从戎入伍的经历，从武生、旗牌、千把总一直到浙江总兵的经历，很值得注意：

> 容少时好驰马试剑，遂误入武途。丁丑仲夏，即西走云中上谷，效用于宣大总制吴襄洲门下。戊寅，以先太史请告偕归，乃束兵池阳。己卯，中应天武试第四名。庚辰会试不第，投蓟辽总制鸣泉梁公，蒙录为旗牌，寻补昌平右骑营千总。辛巳，圣驾谒陵，容束兵护驾，得亲睹圣颜者两日，亦天幸也。癸未，戚南塘迁东粤，蓟镇诸虏遂起戒心，山海一带多事，蓟辽军门崐崃张公，调容于蓟镇东路南兵后部千总，防守燕台二路。八月初一日，长昂统达虏三千余骑犯刘家口。刘家口，容驻扎地也。二更闻警，即领跟役及家人辈百二十九人，一出台二射死七十余，各带重伤。容亦中二矢，奋力冲入，斩虏首六级，而虏始退。主兵把总李养性及传烽守台兵周养珠等十人皆枭

---

① 张萱：《西园闻见录》卷56，《兵部五·防倭·前言·佚名》，民国哈佛燕京学社印本，第4页A面。

首传示，又毙杖下者八人。容以首功得初赏荐。乙酉，辽抚冲庵顾公，闻容冲锋破敌，移容制台，取容赴辽指练全镇火器。丙戌正月，得李宁远公出寨，逐虏至可可母林，亲斩首四级，家丁斩首十四级。除自报公外，余皆分与同事。容得赏赉过厚，遂装金入长安，酬赠故人与穷交，同饮高阳市上，因谬得任侠声。丁亥、戊子屡有斩获，亦屡负箭伤。己丑，奉旨剿北阙逆酋猛骨孛罗卜寨，由开原出境，围剿二日不下。容冲南门，所乘战马中箭死，再换马，皆为矢伤。容右腿亦中矢，步行不前，则未诸虏所钩，因盔铠鲜丽，虏意欲拖入城，脱铠杀之。得宁远副将祖承训统家丁救出，不然赍粉矣。后容带大将军炮二架，对城施放，一破其城角，二碎猛酋所居楼房而死其妻，诸酋遂出城跪降。彼时，容名色也，功不得白，惟以所斩级数并前功，于法当得世袭宣州指挥同知，司马王公题其非籍，勒之，仅得赏四百金。容乃入籍广宁中卫，复以虏功得升正千户。辛卯二月，迁漂［浮］图钦总，以条议忤当事，八月托疾乞归。抚台宋可泉置之不题，在告一年……经略宋桐岗移咨制台，取往朝鲜，补本部院中军。因经略溺信术士张元阳，谓能驱使神兵，容窃笑之，以此失宋意，听容告病归田。癸巳八月抵子舍，得见二亲，躬耕而居。朝夕椒水，承欢者三年。关白之猖獗于朝鲜也，闽抚肖吾金公，欲出奇捣其穴，聘容至闽。容见同聘者多老疾，即以聘金封上福州太守车公处，驰至洪圹，买舟欲归。金公知之，令运幕林守宇追回。次日，补海坛把总，防海一汛，欲差往日本，探关白情形。扮商以往，授容千金。容辞金以付同往者刘思。后不果往，追还原金，思同是破家。金公亦知容，稍加重焉，故又得补语铜。语铜素多虚冒，容至痛洗夙弊，鼓舞士卒。辛丑岁，各寨游兵船多为倭所掠，独容于四月初七日擒生倭十八名，斩首十二级于东捷外洋……①

---

① 姚永森：《明季保台英雄沈有容和〈洪林沈氏宗谱〉》附录一《仗剑录》，《安徽史学》1987年第1期，第25—32页。案：文中提到吴大斌有《赠都督沈将军预告旋里》一文，惜未引用。所谓的"漂图钦总"应为"浮图钦总"之误。李祖基《陈第、沈有容与〈东番记〉》（《台湾研究集刊》2001年第1期，第79页）则作"源图钦总"，亦未释何意），实为"浮图峪钦依把总"，乃武进士或世勋高等题请升授者，可弥补其为"名色"把总不能题叙的遗憾。可参见曹循《明代名色武官考论》（《史学月刊》2021年第2期）。浮图峪位于保定涞源县杨家庄镇，有浮图峪长城。长城敌台形制多为正面1门2箭窗，侧为4箭窗，少数正面为1门3箭窗，浮字27号敌台最特殊，侧为5箭窗。2013年成为第五批全国重点文物保护单位。

第八章 北将　377

沈有容自述万历五年，曾投靠山西巡抚吴兑。七年，通过武举中式武生。八年，入蓟镇为昌平右骑营千总。十一年，戚继光南迁广东总兵，沈有容调任蓟镇东路南兵千总。十三年，辽东巡抚顾养谦调入辽东"指练全镇火器"，这是很重要的一个关节点。不仅是沈有容"南兵北将"的转化关键，也是万历时代南、北军融合的具体体现。十四年曾随李成梁出征，得厚赏。十七年，攻剿猛骨孛罗卜，遇险得祖承训家丁救护脱险，说明南北军兵配合的重要性。沈有容负责操放大将军炮，因抚院所授"名色"把总，不得题叙，遂"入籍广宁中卫，复以房功得升正千户"。虽然没有具体提到"入籍"广宁中卫的途径，但在组织上已完成南兵北将的转化。这种转化在万历时代具有相当典型性。万历十九年，迁"漂［浮］图钦总"（即"浮图峪钦依把总"简称），次年，被宋应昌调取朝鲜任中军，但因不协于术士张元阳告归。后参与福建巡抚金学曾捣剿日本的计划，终未成功。其最著名者为康熙二十二年《谕退红毛番韦麻郎等碑》，仍存台湾澎湖县马公市澎湖天后宫，也是台湾现存年代最早的石碑，被誉为"保台第一人"[1]。另"以管粮、听用等官往来朝鲜"的沈有孚，或为其兄弟辈。如有机会读到《洪林沈氏宗谱》或许还会有新的发现。

与沈有容相似，义乌"把总"吴大绩（1550—1605）等500名官兵，万历十五年十月二十七日至十一月初一日，从义州大宁堡青水墩出境，尾随袭击"达贼""冒险而远出，同收奇绩，全旅而遄归……俱当查例升赏"[2]。十六年三月，以南兵火器营游击，随李成梁进征叶赫女真北关那林孛罗、卜寨等，"原任游击吴大绩所领家丁，素练火器，督率放打，炮火震天，呼声动地"，与复州参将兼任新练火器营参将佟养正所率车营"分番迭进"，强攻发炮，时"有八斤铅弹，挥所经城，坏板穿楼，大木断壁颓而中多洞胸死者"。顾养谦荐举"原任总兵王尚文、原任游击吴大绩并属南人，精于火器，攻击之际为力实多……在吴大绩应资其教练，另议取用"[3]。可见，吴大绩、佟养正等南北兵将配合默契，共襄"捣巢"[4]，多次立功受奖："原任游击吴大绩，志欲吞胡，才能集事。发大炮开原之绩已著，练火器边

---

① 姚永森：《明季保台英雄沈有容和〈洪林沈氏宗谱〉》附录一《仗剑录》，《安徽史学》1987年第1期，第25—32页。
② 顾养谦：《抚辽奏议》卷13，《虏贼入犯官军袭击获功》，第582、586页。
③ 顾养谦：《抚辽奏议》卷14，《剿处逆酋录有功死事人员》，第603、606、608页。
④ 瞿九思：《万历武功录》卷11《东三边·卜寨那林孛罗列传》载万历十六年春的征战北关卜寨，参《四库禁毁书丛刊》史部36册，第196页。

埵之效可臻，应俟臣等具题录用者也"①。南兵炮手在辽东教练北人大显身手，吴大绩教练、操纵的火炮，铅弹就有8斤重。

吴大绩也参加东征。经略宋应昌题："随征督阵中军、旗鼓等官原任游击王承恩、原任守备张九经、王希鲁、胡泽、许国忠、柴登科、吴大绩，千、把总顾可教、唐尧臣等，质本豪雄，志俱远驭，握奇而决策定谋，略阵而搴旗斩首，并应优叙，或复原职，或量行加级。"② 参加过平壤、开城之役，原为守备的吴大绩，推测就在骆尚志营中。"吴大绩，由庠生，从武籍辽东广宁卫镇抚，授直隶大河口钦依把总，以功升两广游击参军"③。吴大绩，出自义乌大元吴氏，字子绩，号松麓，是嘉、万间义乌名臣吴百朋④之侄，百朋同父异母弟百谦之长子，少习文，由县学生员改武职，以军功由广宁卫镇抚升任两广游击、昭义将军。⑤

据《义乌市志》载，义乌吴氏始迁祖为南宋吴造，裔孙分6个分支，即大元、柳溪、延陵、石溪、椒山、塔溪。柳溪的吴惟忠及子侄、延陵的吴仲富、吴大明及大元的吴大绩，均为同一始祖下不同分支的族人。据《椒山吴氏宗谱》载第十四、十五世，定居北京蓟镇及三屯营的吴氏族人尚有吴天本⑥、吴承贵及七子吴德远等⑦，从婚姻关系、生辰卒葬等信息看这支吴氏族人直到明末都未曾离开南兵的大本营三屯营附近。

综上，沈有容、姜良栋、吴大绩和其他蓟镇南兵将，或因懂得蒙语，或因精通火器，以技术型人才的身份奔走于九边。这些活跃于北边的南人，究竟如何定义，尚可进一步探讨。

---

① 顾养谦：《抚辽奏议》卷17，《甄别练兵官员》，第644页。
② 宋应昌：《经略复国要编》卷8，《叙恢复平壤开城战功疏》，第576页。
③ 嘉庆《义乌县志》卷12，《武职》，台湾成文出版社1970年版，第285页。
④ 案：吴百朋（1519—1578），字惟锡，号尧山，明嘉靖二十六年进士，官至南刑部尚书，参见《明史》卷220，《吴百朋传》。
⑤ 参骆立胜主编《义乌名人传·吴百朋及其子孙》，中国文史出版社2001年版，第331—347页，其中引用了同治壬申年的《大元吴氏宗谱》。
⑥ 《椒山吴氏宗谱》卷13，第十四世，第263页"塘西闱二百五十八幼子'行璋六百十四，讳天本，生于万历丁丑七月十一日卯时，卒缺。娶北京氏'，2003年癸未重修本"。
⑦ 《椒山吴氏宗谱》卷14，第十五世，第194页"竹槀璋六百八次子，行瑛千五十四，讳承贵，生于万历庚戌年二月十八日丑时，卒于康熙丁卯年月日时。娶陈氏，合葬在京三屯营。生七子：德远，瑢千二百廿一；德迪，行缺；德远[还]行缺；德迎；德周，出继包姓为嗣；德道，行缺；德遂，行缺，俱在京三屯营。一女适塔山下丁"；卷15，第十六世，瑢派行，第223页"德远，字履祥，生于崇祯己卯十二月廿九日酉时，娶北京毕氏，迁顺天府遵化州山[三]屯营。生二子：秉惟，秉恢。一女适北京黄"。

第二节　东征参将张应种

一　张应种的东征事略

东征游击张应种来自辽东，字崇元，号肖泉，广宁卫籍。这是一个在当地生活已经超过 200 年的辽东军卫家族。明初，张氏祖先升任指挥使从河南上蔡移居辽东广宁。张应种是这个家族的第九世子孙，风云际会中他参加了东征战争。朝鲜申钦记载张应种的身份是"以钦差统领南北调兵涿州参将，领马兵一千五百出来"。无论是李德馨、申钦、还是其他更晚出的朝鲜材料均记载他的职衔为参将。但对照东征经略宋应昌万历二十一年十二月十二日报进兵日期疏提到集结入朝明军部队序列，"原任副总兵李宁、游击张应种领辽东正兵亲兵"[①] 共 1189 名入朝，隶属李如柏统帅的左军，张应种职任游击，其中的差异值得关注。

东征前张应种为参将，驻扎蓟镇，与蒙古作战："弱冠补博士弟子员，试辄高等。后袭祖职为指挥同知，遂投笔辍业，慨然有班定远之叹。以功迁游击将军，镇守辽海。时辽方用兵，多风尘之警。公严斥候，简卒乘，缉奸宄，屹然长城，三韩倚重焉。山海关为畿辅咽喉，往时守者多不慎，烽烟一传，震惊三辅，朝议难其代。金谓公才勇足任，遂迁参将以镇其地。公甫抵关，即讲求方略，诸凡汰冗弱、补卒伍、增楼堞、缮城堡，旬日之间，厘然具举，壁垒为之一新。旋调宁远、开原，所在着有成绩，迁副总兵，卒于任。"[②] 万历十五年九月，张应种为"山海管参将事游击"[③]。次年六月，因潘家口失事，山海关参将张应种也当在"分别罚治"之列。[④]

万历二十年三月，浙江道监察御史梅国桢为"求旧易于得人，使功

[①] 宋应昌：《经略复国要编》卷 4，《报进兵日期疏》，第 308 页。
[②] 国家图书馆藏：辽宁北镇《张氏家谱》第一册，吴正治《皇清诰封光禄大夫太子少保兵部尚书兼都察院右副都御史加二级肖泉张公神道碑》，第 52—53 页。
[③] 顾养谦：《抚辽奏议》卷 13，明万历刻本。
[④] 《明神宗实录》卷 199，万历十六年六月癸亥 11 日，"中研院"史语所 1967 年校勘本，第 3738 页。

不如使过"①，建议重新起用退闲辽东的李家将，包括总兵李成梁子侄如松、如栢、如桢、如樟、如梅等及闲住戴罪将领史宸、张应种、麻贵等"随军自效"前往宁夏平叛，张应种或亦随行。

东征前期入朝明军主要包括蓟镇、保定、宣府、大同等南北军兵，十二月初中旬陆续到达辽阳。初三日，先锋吴惟忠等5000名步兵出发。初八日，提督李如松及赞画员外郎刘黄裳、主事袁黄、管粮主事艾维新、辽东总兵官杨绍勋等分明兵为中、左、右三翼各万余人。②

平壤战役是东征明军入朝后影响最大的一仗。阵斩获倭级1285颗，获马2985匹，倭器452件。张应种在左军，设伏攻击从平壤城撤出的日军："李提督复料贼计已穷，夜必逃遁。遵照经略密谕设伏江东之计，阴遣副参等官李宁、张应种、查大受、祖承训、孙守廉、葛逢夏等领精兵三千，趋江东小路埋伏，倭果扶伤从小路宵遁。"③张应种率3000名辽兵伏击日军有功，与王有翼等28人"共怀报国，克破坚城，率死士而争先用命，奉将令而陷阵摧锋，均应并叙。在见任者，相应升级，原任者相应复职"④。宋应昌表彰南北将领，包括孙守廉、祖承训、查大受、佟养中、张应种等为北将，叶邦荣、胡鸾、王必迪、周易、李都、娄大有等为南兵。而张应种"设伏江东"，与冲城克坚未得首功的南兵将之别，还是清楚的。

正月二十一日，朝鲜汉城府判尹李德馨到达开城府，"督造浮桥，初昏驰到东坡，则贼留屯坡州梨川院，天兵摆拨儿又斩十余级，贼尽焚其巢穴遁入京城。李宁、张应种等领精骑六七千，由浅滩过涉，结阵坡州，将薄京城。提督待浮轿毕造，即领大军，长驱前进……粮饷则方以江华船运米，仅句支供云"⑤。平壤战役之后，张应种所领六七千辽兵到达坡州。二十七日，李如松在碧蹄馆遭遇日军伏击时，张应种未如杨元杀入重围救护如松、如梅兄弟，也不像李氏家丁李有升等舍命砍杀受到表彰，当属祖

---

① 吴亮辑：《万历疏钞》卷44，《哱播类·叛丁悖乱异常时事万分可虑乞宸断决机宜任宿将清弊政以消祸萌以安人心疏》，梅国桢浙江道监察御史（万历二十年三月），明万历三十七年刻本，第2—3页。
② 宋应昌：《经略复国要编》卷4，《报进兵日期疏》（二十年十二月）十二日，第306—309页。
③ 宋应昌：《经略复国要编》卷7，《叙恢复平壤开城战功疏》，第562页。
④ 宋应昌：《经略复国要编》卷7，《叙恢复平壤开城战功疏》，第574页。
⑤ 《朝鲜宣祖实录》卷34，宣祖二十六年正月二十八日癸未5条。

承训、胡鸾、高升等"各军退走以致偾事"①的观望派。但所领兵马从1500员名减少到1100员,损失400余人,当包括平壤、碧蹄战损及伤病减员。

申钦记载张应种"癸巳四月回"有误。《再造藩邦志》载:"鸟岭横亘七十余里,悬崖镜削,中通一栈,灌木丛杂,骑不得成列。倭尚拒险,诸军畏不敢逼。沈惟敬方在倭营,知大军在后,恐阻和事,使人禀提督勿追,仍逶迤移向釜山浦,筑屋屯种为久驻计。自蔚山、西生浦至东莱、金海、熊川、巨济,首尾相连凡十六屯,皆依山凭海,筑城掘堑,计甚凶狡。而副总兵王有翼、参将张应种、赵之牧、张奇功,依经略檄文回去。"②也系于四月。但万历二十一年八月张应种部兵1100名,尚在宋应昌"从长酌议应留官兵"③1.6万名单中。十二月初八日改"除刘綎一枝暂留外,其宋应昌、李如松俟有倭归确报,着便回朝"并准兵部咨题"东征议贡议封,均属失策……议将吴惟忠、骆尚志、谷燧、宋大斌、张应种、邓永和、陆承恩、刘崇政、母承宣等留守南北官兵尽数撤回。"④最终撤回明军。张应种部撤归,当在万历二十一年春季。

在东征前期,张应种并无个人突出表现。回国后,复职宁远参将,很快又以作战不力被撤。万历二十二年十月,"长昂以七千骑犯中后所……副总兵李平胡、游击崔吉、参将张应种列阵大战,追至半边山,虏复并力来攻,我兵遂却,各阻险自守,独得倚、梦麟两军在阵鏖战良久,多所杀伤……兵部上功罪:秦得倚、赵梦麟各赏银十五两,梦麟以功准罪,张应种、崔吉等褫职提问有差。"⑤ 中后所属宁远,参将张应种被褫职提问,

---

① 宋应昌:《经略复国要编》卷6,万历二十一年二月初七日《檄李提督》,第486页。按:碧蹄馆一战,明代官私诸史均视为败绩,如沈德符《万历野获编》(卷17《日本和亲》称"败于碧蹄馆",《斩蛟记》称"碧蹄馆败归")、查继佐《罪惟录》、陈鹤《明纪》、茅瑞征《万历三大征考》、范景文《昭代武功编》、沈国元《皇明从信录》、潘柽章《松陵文献》、张岱《石匮书》、陈建《皇明通纪集要》等;惟宋应昌不言败:十一日《通示谕帖》、十六日《议乞增兵益饷进取王京疏》、《移朝鲜国王咨》及二十三日《报石司马书》均无败字出现。而事实上,他是在二月六日才得报知晓李如松"轻犯敌锋几至不测"的(初六《与李提督书》)。同时战场上有祖承训"与游击胡鸾、高升见倭奴势众望风先自奔溃,各军退走以至偾事。若非杨副将统兵救援,几致大危。"
② 申灵:《再造藩邦志》三,载《大东野乘》卷37,朝鲜古书刊行会1971年版,第533页。
③ 宋应昌:《经略复国要编》卷10,《议朝鲜防守要害并善后事宜疏》,第837页。其他留兵包括刘綎川兵5000名、吴惟忠南兵2000名、骆尚志南兵600名、戚金选领蓟镇各营精兵3000名、谷燧部兵1000名、宋大斌部兵1100名、千总邓永和领山西兵1000名、把总陆承恩领蓟镇三屯营兵700名、刘崇正和毋承宣部拨丁500名,于辽兵内选给。
④ 宋应昌:《经略复国要编》卷13,《慎留撤酌经权疏》,第1025页。
⑤ 《明神宗实录》卷278,万历二十二年十月丙寅22日,第5144—5145页。

似可印证其在朝鲜的表现。

东征后期，张应种从都司升义州参将，未入朝参战。万历二十五年十月，朝鲜使臣黄汝一出使明朝，次年正月到锦州，时驻守锦州西北的就是"义州参将张应种"①，主要是防止蒙古出掠。正月初一日，黄汝一宿小凌河王姓家，听闻堡人言蒙古400余骑，抢掠本州30里锦场堡地方，掳走三四十人。次年八月，"分守永宁地方都司金书张应种为辽东右参将分守义州地方"②，证实黄汝一见闻确切。

二 将帅与方略：废将与肱骨之才

义州参将张应种因何事被降革不明。万历三十三年十月，"添设辽东戚家堡游击一员，以都司张应种升补"③，离其任义州参将已过去七年。

任戚家堡游击四年后，张应种第四次擢升参将，辖地开原。万历三十七年二月，辽东巡按熊廷弼考察将领，以开原参将张应种不擅作战冲锋，但"精详老练，久历行间，其才独优于整饬戎伍"建议调任宁远右屯游击，"若以张应种居此，必能起废修坠，有壁垒一新之效"④。四月，张应种就任宁远右屯游击⑤。很快，熊廷弼承认看错人。万历三十七年，熊廷弼罗列"见任右屯营游击张应种"十项罪名："其为人也，口多游词，外虚恢而中实贪婪，无所顾忌。一，在戚家堡为部军所告，贿侥郝巡道而调宁远矣；一，在宁远为军民所讦，行求旧抚镇而调开原矣，一，索取常例，月扣军饷四、五十两，而李必茂等扣送矣；一，更换旗牌，每名得银五两免换，而刘世亨等过付矣；一，领阖营军陆续采打柴木，卖银千余两，而修城为骗局矣；一，占使骡四十头，曰每轮载所造各色器物运赴广宁私家，而驮炮为名色矣；一，生辰讽各军孝顺，马、步每队各攒银五两，约四百金上寿矣；一，伊男张士彦赴京袭职，驾言缺费，科门下殷实员役数百金，充行橐矣；一，占军匠织网、结席、造器、驾鹰、打鱼等项，而取尽锱铢矣。此一臣者，桑榆已逼，溪壑难填，所当革任回卫，以恤军困者也。"⑥ 张应种以贪污贿赂、克扣官兵、中饱私囊等，十二月十

---

① ［朝鲜］黄汝一：《海月先生文集》卷10，《银槎日录》日录上［己亥正月］，《韩国文集丛刊续编》第10册，第152页。
② 《明神宗实录》卷325，万历二十六年八月甲戌二十一日，第6035页。
③ 《明神宗实录》卷414，万历三十三年冬十月癸丑二十二日，第7759页。
④ 熊廷弼：《按辽疏稿》卷1，《纠劾将领疏》，载《熊廷弼集》，学苑出版社2011年版，第35页。
⑤ 《明神宗实录》卷457，万历三十七年四月庚辰29日，第8632页。
⑥ 熊廷弼：《按辽疏稿》卷4，《阅视疏》，载《熊廷弼集》，第168—169页。

一日，奉旨革职回卫，成为广宁著名的"废将"。

广宁张氏，洪武三年，张留注以指挥同知由上蔡移居广宁，"高祖凤仪，由世袭累官参将，计三任；祖应种，官都指挥同知，而历任开原左参将，升副将，诰封定国将军，凡十二任。"① 证实张应种先后四任参将：驻地山海、义州、宁远、开原，副将一任，其他七任从都司到游击，升降无常。承袭军职前，张应种曾习儒业，考取卫学诸生后改从军职。从张凤仪、张九思、张应种祖孙三代坟墓俱在"广宁北风水关外五里许"，"始祖以下诸墓传在四里屯乐鹿堡者"②，推测张应种死于明亡之前。

张应种之父张九思也是参将："先世自青阳肇基，历千余载。迄汉唐诸族，散处吴豫间。君游公以渔阳太守家南阳，至留注公以指挥使由上蔡移广宁，是为公之始祖"③ 广宁张氏这一族，自始祖张留注这辈，自河南上蔡移居辽东占籍军卫，中经六传，第七代为参将张凤仪；第八代是参将张九思，嘉靖三十四年任游击。④ 5 年后为开原参将，嘉靖三十九年，被罚俸一月。⑤ 隆庆三年，因"修浚辽东三岔河广宁铺路河工"⑥ 赐银有差。张应种为第九代，终副将任，到第十代张士彦（东越公），在广宁居住已经超过两百年，可见是一个辽东土著军事家族。

张应种有四子：长士彦，次士奇、三士英、四士杰，其中，以长子士彦最为著名。万历三十九年，熊廷弼荐举辽东操司、卫所官员。张应种长子张士彦赫然名列第一名："访得巡抚标下旗鼓、广宁卫指挥佥事张士彦，逸度飘然，霞举隽才，飒尔风生，警敏多能，缓急可用。"建议"将张士彦等及时擢用"⑦ 为守备、备御。10 年后，张士彦即在广宁迎降后金。

《清史稿》载："太祖……下广宁，游击孙得功、守备张士彦、黄进、石廷柱、千总郎绍贞、陆国志、石天柱降……玉和、一屏、得功、士彦、廷柱、砺皆以有功授世职。"张士彦以守备迎降广宁授世职。家谱载："至先大人（张士彦）东越公……因辽阳失守，太祖武皇帝豁达神智，延

---

① 中国国家图书馆藏：《（辽宁北镇）张氏族谱》第一册，第 15 页。
② 《张氏家谱》第一册，第 33 页。
③ 《张氏族谱》第一册，《张士彦传》（原无题，笔者自拟）。
④ 杨博：《本兵疏议》卷 3，《覆宣大蓟辽等处总督尚书许论等献捷升赏疏》，明万历十四年刻本，《四库全书存目丛书》史部 61 册，第 310 页。
⑤ 《明世宗实录》卷 480，嘉靖三十九年正月丙戌二十日，第 8020—8021 页。
⑥ 《明穆宗实录》卷 30，隆庆三年三月己酉初五日，第 787 页。
⑦ 熊廷弼：《按辽疏稿》卷 6，《举将材疏》，载《熊廷弼集》，第 308 页。

揽英雄，先大人识时归顺，首建大功。"① 误"首建大功"之地为辽阳。错误来源于康熙十八年法若真所作张士彦传："字白俊，三韩人……值辽阳失守，太祖武皇帝豁达大度，智勇天赐，延揽英雄……而公雄姿锐发，屹然有万里长城之望。早识天命，仗剑以从，首建大功。"②

事实是天启二年正月十九日，广宁城内尚有守兵1.6万余人，"一切守御之具甚设，即贼至城下未必可攻而入也"。但人无固志，城内人奔避山中，共谋斩关，"关一启不可复止。而守兵随之以出，且多有自城缒下者……张士彦、孔从周等公然为迎降之事矣"，"广宁之陷，奴未抵城，而辽兵尽溃于顷刻间，开门启钥，以龙亭迎奴矣。辽兵献城，奴踌躇不敢入。盘桓于外者久之，已而知城中无他拘也，始入。"③ 张士彦等主动迎降，献城后金，但清朝史料都有意抹去这个细节，无论《满文老档》《清史稿》《八旗通志》还是《八旗满洲氏族通谱》，或轻描淡写，或根本不提。

《清史稿》载张士彦为"化贞中军守备，太祖兵至，化贞走入关，士彦降。汉军旗制定，隶正蓝旗。天聪八年（1634），与一屏同授三等甲喇章京，旋乞休，子朝璘袭职"④。张士彦"乞休"由子朝璘袭职，亦见于《清太宗实录》："三等甲喇章京张士彦年老，以其子朝璘袭替，仍准袭三次。"⑤ 似因年老将让世职于长子朝麟（1522—1695），但法若真作传云："惟豫闽督公年十四，即遭先公变，赖继母太夫人王氏鞠育有成，袭先职。"⑥ 张朝璘《自叙》："予年甫十四，即遭先大人见背……幸邀父荫袭三等阿达哈哈番职"⑦，证实张士彦在张朝璘袭职前已去世⑧，所谓年老"乞休"实为诳语，士彦墓在"盛京北二十里大凹"⑨。

有意思的是人死债不休。天聪九年七月，去世半年余的张士彦仍被"罚银百两"。天聪四年后金开始编审壮丁，三年一比。凡总兵、副将、

---

① 张士甄：《张氏家谱序》，载《张氏家谱》第一册，第7—8页。
② 《张氏家谱》第一册，第5—6页。
③ 王在晋：《三朝辽事实录》卷7，《壬戌》，明崇祯刻本，第23页A面；第16页A面。
④ 《清史稿》卷231，《列传》18《张士彦子朝璘》，中华书局1986年版，第9343—9344页。
⑤ 《清太宗实录》卷21，天聪八年十一月乙丑（十三日），中华书局1985年版，第278页。
⑥ 《张氏家谱》第一册，第6—8页。
⑦ 《张氏家谱》第一册，第16页。
⑧ 《张氏家谱》第五册，第2页。张朝璘天命七年（天启二年，1622年）三月二十九日生，康熙三十四年（1695）八月十九日卒，享年73岁。天聪八年十一月十三日年14岁袭职三等轻车都尉。
⑨ 《张氏家谱》第一册，第33页。

参将、游击、备御等官都需"自誓"：编审时隐匿壮丁者，壮丁入官，本主及牛录额真、拨什库等俱坐以应得之罪。九年七月，因张士彦原管壮丁450名减少128名，与高鸿中、金玉和、李时馨、张大猷、祝世荫、吴守进等"各罚银百两"①。《皇清开国方略》亦同："七月……分别管理汉人官员，以各堡生聚增减黜陟之。升李思忠、杨于渭、佟三、吴裕、李国瀚等世职；罚高鸿中、张士彦、金玉和、李时馨、张大猷、祝世荫、吴守进等银各百两。"② 十五岁袭职的张朝璘，首先面临的就是"罚银百两"的重担。

但张朝麟从未提起这段困境，曾自述："十六岁奉太宗文皇帝命，随肃亲王攻松、塔二山，困锦州计四载而得下，遂凯旋盛京……窃念予结发从戎，屈指二十余载，身经数百余战，皆赖朝廷威德，所向成功。"③ 几乎未错过明清易代之际的重大战事，以铁血生涯为清朝入关开辟道路，这是明末清初多数辽将（包括降将）的普遍经历。张朝璘后仕至江西、福建总督④，享年73岁。

张朝璘出生于士彦降清前两月。士彦辞世后，年仅14岁的张朝璘，承袭"三等轻车都尉"世职，与降清第一大臣、替清朝平定江南、西南，勉力支撑南中国长达数年之久的洪承畴所得世职相同，后者在清朝的实际地位，由此可见一斑。

广宁张氏虽已入辽200余年，但并非著名军卫世家。在明代家族中最高职衔仅为副将，完全不能与李成梁等势家比肩，虽在外来、数代军功、累计血缘、地缘⑤等方面有相似处，但只属于二三流的军事家族。正是此

---

① 《清太宗实录》卷24，天聪九年七月癸酉，第315页；清官修《八旗通志》卷17，《旗分志》17，东北师范大学出版社1985年版，第1册，第296页。《通志》注明材料来源《太宗实录》。

② 彭绍观：《皇清开国方略》卷20，清文渊阁《四库全书》本。

③ 以上未指明出处者均见《张氏家谱》第一册，第15—24页。

④ 按《清史稿》卷231，《列传》18，《张士彦子朝璘》，中华书局1977年版，第9343—9344页。

⑤ 如：叶高树的研究将李成梁、祖大寿、毛文龙等著名家族或势力分为不同类型：李成梁助长努尔哈赤势力兴起；二次镇辽八年，万历三十六年回京后家族"已呈没落之势"，萨尔浒之战与铁岭之陷，李氏"家族在辽东残余的根基也遭铲除，自此一蹶不振"（第156页），明清政权转移与军事家族的解体使李氏"家族势力彻底解体，无足轻重"；"倾向于中央型"的祖氏家族也被分别纳入八旗汉军系统"不可避免地走向解体一途"。毛氏部众解体降清后，却因顺治六年后携家驻防和开镇分藩取得特权，实为明末辽东军事家族的后续发展。分别具有不同特点。即外地移居、数代军功、累计血缘、地缘、主仆、异姓家丁武士追随、军中培植袍泽关系，等等。参见叶高树《明清之际辽东的军事家族——李、毛、祖三家的比较》，《台湾师大历史学报》2009年第42期，第121—196页。

类在明代并不著名的二三流军事家族,在明清易代过程中,反而快速崛起,最著名的辽东李氏家族,却在易代过程中被彻底瓦解。

其中,起关键作用的是清朝的政策:重用明朝二三流的军事家族,打造成新政权的中流砥柱:张朝璘,顺治年间为江西督抚,康熙初年为福建总督;行五张朝珍,三藩叛乱期间任湖广巡抚,"调集兵将,极力捍御,幸保无虞……而中州、江南等地亦借以有金汤之固,此实抚军弟之功"①。行四张朝瑞为登封知县,曾"擒获伪总督李企晟,搜有伪印伪札数十,将赴楚豫各处诱惑布散,倘漏网贻害,可胜言哉!"② 张家子弟胜任为清朝崛起的马前卒,而正蓝旗汉军第四参领第二佐领也即张氏家族的世管佐领:"系崇德七年编设,初以广宁投诚游击张士彦之子、三等阿达哈哈番张朝璘管理。"③ 一直由张氏家族内部承管。

通过以上考察,可见:第一,以张朝璘为代表的易代之际出生的辽人,在思想意识方面基本上与明朝脱离了关系:"因忆先大人即世以来,余兄弟自幼赖先慈谕之以大义,长复诏之以服官,余兄弟亦惇遵惟谨以至今日,俱仰承休命,累秩重封,抚躬自省,固不能报答皇恩于万一,庶几无愧于祖宗世泽,而次亦不负先慈家训也。"④ 源自明朝的"祖宗世泽"与清朝"累秩重封"结合,弥缝了明清政权间的现实争斗,也弱化了满汉民族间的隔阂。在东征游击张应种子孙后辈身上,完全没有明朝遗民、烈士所面临的选择困难。

第二,辽东土著张氏家族融入清朝的道路,与后金扩张的步伐一致。原明卫所官兵从驻地失陷那一刻起,即已进入清朝的"国初",广宁张氏家族被移植入八旗制后,切断了与明代卫所间的联系。清朝的改造仅限于俘获、接收原明卫所军士,将之分散、打乱,编入八旗佐领,从而抹去明代的痕迹。清朝内务府旗鼓佐领、内佐领及外八旗汉军诸旗出现,都是明代卫所制度被彻底改造、颠覆的结果。只是新瓶装旧酒——明代卫所官兵成为旗下官兵、壮丁或奴仆。张朝璘三兄弟为清朝定鼎中原立下汗马功劳,由此成为佼佼者。

第三,得辽人者得天下,辽人确实是由明入清的关键。辽东本为多民族交错杂居之地,张氏家族在明代较为平凡的历史,代表了辽人中的多数。清军占领广宁,张应种之子张士彦主动迎降,背叛了明朝。而其子朝

---

① 《张氏家谱》第一册,第29—30页。
② 《张氏家谱》第一册,第26页。
③ 鄂尔泰等修:《八旗通志》卷16,《旗分志》16,第1册,第285页。
④ 《张氏家谱》第一册,第30页。

璘，出生前后即由明入清，以百战之身晋升清朝新贵，父辈的污点在儿辈身上并不存在。且朝璘兄弟成长于清朝，"自幼"由继母先慈谕教，自然没有故国之思，明朝对他们的吸引力只体现在荣华富贵——这与江南簪缨世家在明清易代中的感觉和表现完全不同，但世道艰难或亦相同。①

素研清史的赖惠敏教授曾论及"当政权转换时，个人到底要为自己争得千载声名，还是要为子孙铺下平坦仕途，的确是一大抉择。选择降清者多，当遗民者少，因为士绅在家族中扮演了重要角色"。此结论放在辽东张氏这样的军事家族中也同样适用。故定宜庄揭示在历史大转折的时代，那些士大夫是把国看得比家更重要，还是把家族亦即世家的延续，看得比国更重要呢？这已经触及中国历史中某些很深层的东西了。这个提问的直接结果，是使得处于"国家"与具体"个人"之间、以往被忽略的"家族被凸显"② 出来：东征参将张应种家族及后代经历，也暴露了历史纵深的更多面相——"废将"是否可用，关键还在于政策、制度和环境。

第三节 东征北将康霖与康世爵

在朝鲜史料中具有典型意义的"皇明"人康世爵，是明末清初东渡朝鲜的明遗民。在他在回忆录中，提到了祖父康霖参与万历壬辰东征，战亡于朝鲜黄海道平山地。恰巧在现存的明代卫所选簿中也记录着一个同名同姓的康世爵——是嘉靖三十二年袭职辽东三万卫左所副千户的女真人，从时间和历史环境看，很有可能也是一位援朝东征的北将。但这两个康世爵的生活年代大约相差半个多世纪。因选簿中存在的康世爵，我先入为主恰又漏看了明清易代之际流寓朝鲜的康世爵自述，故在先期发表的文章中③，轻率否定了明末清初康世爵存在的可能性。随之而来的问题是这两

---

① 比如周绚隆所著《易代——侯岐曾和他的亲友们》（中华书局2020年版）涉及江南嘉定缙绅世家侯峒曾、岐曾兄弟及后代的表现、际遇，完全是不忍卒读的"孤臣碧血遗民泪"，与尴尬又无法摆脱的"贰臣"洪承畴等有苦难言的境遇，也竟然有几分相似。
② 定宜庄：《清代的皇权与世家》序，北京大学出版社2010年版，第36页。
③ 案：拙文《朝鲜康氏的女真来源及其变异》在《清史论丛》2021年第1辑发表后，所学部委员彭卫先生就提示我《清史资料》中收有朝鲜康世爵的材料。回家查看《清史资料》第一辑所收《朝鲜族〈通州康氏世谱〉中的明满关系史料》，正是由何龄修先生标点，前言也是他老人家所写，读完就知道自己犯错误了。参见中国社会科学院历史研究所清史研究室编：《清史资料》第一辑，《朝鲜族〈通州康氏世谱〉中的明满关系史料》，中华书局1980年版，第178—192页。

个都是真实的康世爵之间是否存在某种关系？对于明清易代之际康世爵自述和他提及的祖源，也很有必要进行重新探讨。

一 《冠堂公自述》和朝鲜叙事中的康世爵

《清史资料》第一辑收录的《冠堂公自述》是明末东渡朝鲜之后的康世爵自述："父母生我三男妹。长妹适襄阳人李挺柱，余则生于万历三十年壬寅十二月二十日申时，而名余曰世爵，字余曰子荣。舍弟则生于丙午七月初七日寅时，而名之曰世禄。"① 他所说的"三男妹"应该是指三男女，即适襄阳人李挺柱的当是长女，生于万历三十年（1602 年）的康世爵为次，他"居东国六十年，以寿终，年八十四"②，则康世爵卒于 1686 年，时间为康熙二十五年丙寅，朝鲜仁祖宗三年。康世爵（1602—1686）的生卒年月确切无误，他的弟弟康世禄（1606—？）、父亲康国泰（1581—1646）和叔父康国胤（1584—？）及祖父康霖（1558—1593？）的名讳也大都不误。这个康世爵的真实性不能否定。

康世爵自述提及祖父康霖参加万历援朝战争并"战亡于黄海道平山地"："粤若余八代祖仁宣，以通州士人移居于荆州所管辖州境，北面四十里许（地名石塔）③，而子孙仍家焉。其后四代则余忘其名。曾祖讳祐，嘉靖三十六年丁巳冬，以勇健擢为金州参将，往伐蒙古，亡于胡地。追赠为指挥使。祖父讳霖，以遗腹子生于嘉靖三十七年戊午七月初七日。至于万历十九年辛卯，为天水郡守，时年三十四。翌年壬辰，东倭来伐朝鲜，皇帝使杨镐为经略，徂征倭贼。经略杨镐素闻祖父之武勇，奏请为中军，自天水直来东国，而战亡于黄海道平山地。二代战亡之功，赠为都指挥使，而功臣禄则一年准给米百二十石、银百二十两。父讳国泰，字宁宇，生于万历九年辛巳三月初一日寅时。岁在丁酉登武科，时年十七。季父国胤，甲申生，登文科，而登科之年则余忘之矣。"④

对于这些说法，何龄修先生曾认为"然查荆州府、荆门州地方志，撞州、石塔等地均不可考。本文所述康祐、康霖、康国泰、康国胤、王景辅等之科甲、官职等都不可考，可能作者的记忆有失误"⑤，对名讳之外的履历提出一些质疑。因康世爵对父、祖、曾祖、高祖四辈以上的记忆完

---

① 《清史资料》第一辑，第 180 页。
② 崔昌大：《康世爵墓志铭》，载《清史资料》第一辑，第 189 页。
③ 案：何龄修先生显然已做过一番考察，他的结论就体现在第 179 页的注释中。
④ 《清史资料》第一辑，第 179—180 页。
⑤ 《清史资料》第一辑，第 179 页注释 1。

全缺失，三辈以内的记忆也有部分缺失，故其"八代祖仁宣"及从通州移居荆州诸事都需打个问号。康世爵自述中所忘记的家族史内容，包括四代以上的祖先名讳和叔父康国泰的登科年份以及自述中不可考的内容，如康氏祖居地的具体地点、康世爵祖孙三代的履历、官爵、姻亲姓氏等内容，都不容易找到佐证，尤其是在官书中。但在出现具体反证之前，包括他提到的万历援朝东征的祖父康霖，仍应被视为真实的存在。

康霖出生于嘉靖三十七年，万历十九年三十四岁时"为天水郡守"——"翌年壬辰，东倭来伐朝鲜，皇帝使杨镐为经略，徂征倭贼"，真实背景应为陕西提督总兵官李如松在平定宁夏哱拜叛乱之后，继任征倭总兵官，率辽军及陕西、宁夏等边军赴朝鲜抗击日军，康霖"自天水直来东国"的内因当在此。而康世爵所谓"翌年壬辰……皇帝使杨镐为经略……素闻祖父之武勇，奏请为中军"的说法，显然混乱了李如松壬辰东征与杨镐丁酉经略朝鲜的时间，中间相差五年："壬辰"是万历二十年东征前期，朝鲜称之为"壬辰倭乱"；而万历二十五年为东征后期，朝鲜称之"丁酉再乱"。明朝东征军实先后三次入朝，从万历二十年七月到十二月有两次出军援朝，万历二十五年又第三次出兵。从康世爵自述祖父康霖入朝"自天水直来东国"的情形看，很可能是前期随李如松入朝的"壬辰"东征；但若果为杨镐"中军"，就是万历二十五年东征后期入朝，又跟自述中的祖父年龄有悖。故康世爵自述的混乱之处已非偶见。出错原因或以杨镐万历四十六年再起为辽东经略，统帅四路大军征剿后金，结果大败，导致康世爵之父战亡、他本人颠沛流离：从辽沈失守到逃亡朝鲜，都是以杨镐四路大军的失败为起点的，深刻的印象影响了康世爵记忆的真实性也是有可能的。

正是根据康世爵自述，朝鲜领议政南九万（1629—1711）写了一篇《康世爵传》：

> 康世爵者，中国荆州府人。曾祖祐以金州参将战死蒙古。祖霖从杨镐东征死平山。父国泰官青州通判，万历丁巳坐事谪辽阳，世爵随焉，时年十六……己未三月，经略杨镐自辽阳命将分军四路出征……都督刘綎由牛毛岭，国泰在刘綎军，故世爵亦随焉……败绩，都督自烧死，国泰亦中箭死。世爵潜身涧谷……撺立东兵中得免，走还辽阳……时世爵以未收父骸不忍还乡。（熊廷弼）经略招谓之曰："日者，汝季父国胤书来，请我资汝衣粮，收汝父骸。汝方年少壮勇，可起复从军，复汝父仇。"世爵不敢辞……辛酉三月，清人围沈阳……

世爵方在城中亦跃马下城，坠积尸上，且踬且跑，得奔归辽阳……世爵当城陷时……入山。昼伏夜行。到凤凰城……与广宁人刘光汉收聚辽阳散卒三百人同守凤城，未几光汉战死，世爵亦创重被禽，幸不死……脱身走无人境……鸟兽窜十三日，始越鸭绿江到满浦镇，是天启五年乙丑八月也。自满浦周行关西诸邑糊口，又念逃生他国，不可久处于清国差人往来之地。岁丙寅入咸兴，渐转北，丙子到庆源，丙戌移锺城。辛丑始定居于会宁之西都昆地，年八十余，以寿终。世爵以驿婢为妻，生二子。道臣以上国衣冠之裔沦贱籍为可伤，上闻朝廷，许赎从良……所居乃清人开市地，货物遍民间。而世爵自以戴天为痛，未尝一毫近诸身、畜诸家……世爵将死，叙其祖系宗族及丧乱流离之首尾以遗其子……余于辛亥岁按节北路，巡到会宁。时世爵尚无恙，来谒。与之言，仅能识字，而言清人度辽事，历历如昨，且论东征诸将长短曰："杨镐宽厚得士心而昧于料敌，以清人为易与而败；刘綎杜松勇而无谋，深入险地，不设斥候，猝遇敌而没；熊廷弼清白守法，有威望而喜杀不已，士卒多怨，亦以此不能成功。虽然胜败天也，岂专在人乎？"余见中国人来东者，类多浮诞好利，求丐人不厌。世爵独能不虚夸、不妄取，无二言，无疑行，信孚于乡里，教行于诸子，此皆可书者也。①

南九万记载的康世爵身世履历、生平细节与《冠堂公自述》基本一致，而南氏"辛亥岁按节北路，巡到会宁"的时间是1671年（康熙十年、朝鲜显宗十二年），他在担任咸镜道观察使时见过康世爵，知其识字，见识不凡，所记康氏祖孙四代的时间节点及事件因子也都清楚明白。

与南九万同时的朴世堂（1662—1703）也有《康世爵传》：

康世爵者，自言淮南人，父为青州虞候，坐事谪戍辽阳。世爵年十八，随父至辽阳。牛毛岭之败，父死焉。世爵在军中独脱，还走辽阳。及后辽阳城陷，世爵逃匿草间，转侧山谷……遂东走渡鸭绿江。游关西诸郡县数月，以近房惧难，去之踰岭，客咸兴、端川间八、九年。转北至庆源、锺城，亦屡迁移不定舍……世爵为人不龌龊，类非

---

① 南九万：《药泉集》卷28《杂著·康世爵传（戊辰）》，韩国汉城民族文化推进会1994年，《韩国文集丛刊》第132册，第474页。

庸人。粗识字，性喜酒，既久客北土，多熟土人，时过乡里所与识者辄索饮，至醉乃去……为州邑者，怜世爵羁客异国不得归，招延之，多厚遇者。世爵与之无所失欢，然未尝为困穷乞怜态，又皆能知其才否长短。言之，未尝不如其人。所居田作，郡尝税狼尾……诣郡言曰："郡之税也，视田所出，而田今无狼，吾安所得狼尾而输郡税乎？"郡卒无以责之……余随幕留北，世爵适至，时年六十余，须发尽白。与之言，为方语不能了。笑曰："吾少去中国，今四十年。既忘中国语，又习东语不成。吾真所谓学步邯郸者也。"又曰："吾知明之亡，朱氏不能复兴也。汉四百年而亡，虽以昭烈之贤不能复。唐与宋皆三百年而亡，明自洪武至崇祯亦三百年，天之大数，谁能违之，虏其终有天下乎？夫虏方强，而中国之人困敝已极，父子兄弟救死不给，虽有英雄豪杰，莫能抗也。竢五七十年或百年，虏势少衰，中国之人且得休逸，奋于积耻之余，起而逐之，如元氏之亡，此其已然之迹，可知也。"又叹曰："自吾年十三四时，已有志在家为孝，在国而忠，如有所树立。今吾忠不成于国，孝不成于家，为不孝不忠之人。"世爵取东妇，生二子有孙云。①

朴世堂所记的康世爵"自言淮南人"，与南九万所记"荆产"略有距离，而康世爵入辽年龄也与南九万版本相差两岁。朴世堂见到的康世爵已60多岁，既不会说朝鲜语，也说不好中国话，所操方言"不能了"，显然朴、康面谈存在实际困难。朴、南两人所记各有侧重，朴讹误虽多，但推广甚力。其侄朴泰辅言："北伯兄以康世爵子免贱事报甥。意甥尚在京中，欲有周旋。而甥方来此处，故今以其小录送呈。事若可为，则欲状闻云耳。"② 推测朴世堂报请康世爵子孙免贱事，始于朝鲜肃宗十三（1687）年，正是康世爵辞世次年。从他开始将康世爵这位因辽东失守而东渡朝鲜、复明壮志未酬的惆怅老者推入了朝鲜朝野的视域。

李德寿（1673—1744）载："中国之民有至我境者，必执拘以还。我民之至中国者亦然。中国之大，而不敢有违于是约，矧小国而敢隐蔽哉？此非独今日，在大明时已然。故如郑善甲、康世爵者，皆因中朝抢攘之

---

① 朴世堂：《西溪先生集》卷8《杂著·六首·康世爵传》，韩国汉城民族文化推进会1994年，《韩国文集丛刊》第134册，第154页。
② 朴泰辅：《定斋集》卷8《简牍·上舅氏药泉南公［（丁卯）十二月四日］》，韩国汉城民族文化推进会1996年，《韩国文集丛刊》第168册，第170页。

时，因缘流寓，非无自而来也。"① 康世爵明末流寓朝鲜。此后，朝鲜士大夫李时恒（1672—1736）②、黄景源（1709—1787）、朴趾源（1737—1805）、李德懋（1741—1793）、成海应（1760—1839）、尹行恁（1762—1801）、金景善（1788—1853）等均记载过康世爵史事，并不断增加新轶事。如金景善道光十三年所记："世爵之初至，客于嘉山驿子。驿子父子皆学汉语，至其孙得龙，以最善华语，自十四岁出入燕中，凡三十余次，行中大小事，例皆任之云。"③ 嘉山在朝鲜忠清北道博川附近，30里外有嘉平馆，据说驿站馆夫父子就跟康世爵学习中国话，后代因此得随朝鲜使臣出使清朝，出入北京30余次。

雍正九年（1731）），朝鲜英祖右议政赵文命建议："康世爵子孙之在北者，及胡斗弼之为五峰后者，俱自中国来。而朝家本优待者并宜给复，以示轸恤。"英祖同意"康、胡两人并录其后，亦令给复焉"④。

乾隆三十八年（1773），英祖四十九年也是崇祯殉国130周年。三月十九日拂晓，英祖具翼善冠、黑圆领袍，诣崇政殿月台板位行四拜礼，殿内板位亦行三上香四拜礼，天明召见"皇明人子孙及丙、丁忠臣子孙"，命康世爵奉祀孙康相尧备拟北道边将，以世爵"其父战亡于锦州虏乱，世爵逃来我国，定居于茂山，子孙至今蕃盛焉"⑤。这里所谓的锦州虏乱，即明末松锦大战，与萨尔浒大战已相差30余年，说明朝鲜康氏叙事的背景也在不断变化。

到了正祖时代（1777—1800），康世爵裔孙康佐尧之妻金氏，因"夫死殉身"⑥ 被旌为烈妇，康氏子孙享有"各营门录用"⑦ 的待遇。乾隆五十三（1788）年，在大报坛行礼时，正祖召见"皇朝人子孙"，各问姓名、世派，庠生王尚文五世孙愿忠、按察使王楫六世孙道成、侍郎郑文谦五世孙昌仁、庠生冯三仕六世孙庆文都以"军门将官调用"，而"尚书田应扬七世孙世丰，康世爵五世孙尚尧时在乡里，待上京令兵曹启禀收

---

① 李德寿：《西堂私载》卷3，《序·赠文金知序》，韩国汉城民族文化推进会1997年，《韩国文集丛刊》第186册，第201页。
② 李时恒：《和隐集》卷5《杂录·记闻录》，韩国汉城民族文化推进会2008年，《韩国文集丛刊》续编57册，第494页。
③ 金景善：《燕辕直指》卷1《出疆录·壬辰·金石山记》，《燕行录全集》第70册，东国大学出版社2001年版，第314—317页。
④ 《朝鲜英祖实录》卷30，英祖七年八月十日庚子1条。
⑤ 《朝鲜英祖实录》卷120，英祖四十九年三月十九日戊申1条。
⑥ 《朝鲜正祖实录》卷4，正祖元年七月十六日己卯5条。
⑦ 《朝鲜正祖实录》卷11，正祖五年五月十二日甲寅1条。

用"；同时"命提督李如松后孙光遇除守令，钱塘太守黄功曾孙世中为五卫将"，"二王氏及郑、冯、黄三姓，孝宗在沈阳时随跸东来者也，田、康二姓，崇祯丙子前流寓人也"。① 正是为了"追述列祖盛意"，朝鲜正祖规定，凡康世爵后世裔孙"此家主祀人之无职者，堂上以上随品付加设枢衔，堂下以下至白徒，付司果"②。这种"永付司果，世世给禄"③ 的待遇，正是朝鲜遵周思明的典型表现，从肃宗时期开始萌芽、经过英祖、正祖时代的发展、壮大，一直保持到朝鲜末期。④

二 选簿中的康世爵及其家族史

明朝档案选簿中的康世爵，为嘉靖三十二年三万卫左所副千户，是一个如假包换的女真人。他与朝鲜史料中明末清初的康世爵相差至少半个世纪。那么，这个嘉、万之际的康世爵，与明末清初的康世爵是否有关呢？

三万卫选簿中，"副千户康世爵"的袭职记录，与朝鲜康氏世系全无关系："六辈康世爵，旧选簿查有嘉靖三十二年二月，康世爵，女直人，系三万卫左所故副千户康显荣嫡长男。"⑤ 除"康世爵"这个名字之外，他与东渡朝鲜的康世爵并无任何瓜葛。

但仔细分析起来，朝鲜流传的康世爵叙事，至少有4个成分因子，可在明朝选簿中找到对应项。

第一，朝鲜康世爵战死蒙古的"曾祖祐"的事迹，可对应选簿三万卫副千户康世爵一辈祖康严珠："永乐八年，征剿胡寇有功，总旗升试百户。"⑥ "胡寇"即指蒙古，康严珠与蒙古作战立功升"试百户"，此职由侄子康旺继承。二辈康旺为康严珠亲侄，正统十四年升任副千户，推测康严珠因"战死"蒙古无嗣，故由亲侄康旺承职"试百户"。而康旺是明朝

---

① 《朝鲜正祖实录》卷25，正祖十二年正月十二日乙亥1条。
② 《朝鲜正祖实录》卷28，正祖十三年十二月十一日壬戌1条。
③ 《朝鲜正祖实录》卷48，正祖二十二年四月二十五日己未1条。
④ 案：有关朝鲜王朝意识的演变，孙卫国《大明旗号与小中华意识》（商务印书馆2007年版）及《从"尊明"到"奉清"朝鲜王朝对清意识的嬗变（1627—1910）》（台湾大学出版中心2018年版）两部前后相承的专著进行了详细的梳理和研究，是目前为止最前沿的成果，可参见。
⑤ 《中国明代档案总汇》第55册，《三万卫选簿·副千户康世爵》，广西师范大学出版社2001年版，第233—234页。
⑥ 《中国明代档案总汇》第55册，《三万卫选簿·副千户康世爵》，第233—234页。

创建奴儿干都司的三大名臣之一，学界研究成果堪称丰富①。朝鲜康世爵战死蒙古的曾祖事迹，可落实到康旺伯父康严珠身上。只是选簿中的康世爵是康旺四代孙，其曾祖为康全，成化十六年十二月承袭正千户；与朝鲜康世爵的"曾祖祐"差一字（参见下图）。

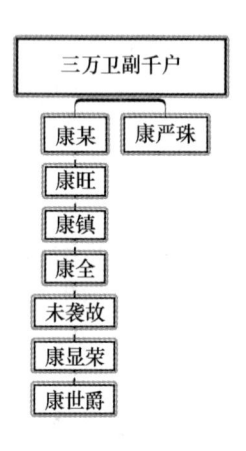

```
        三万卫副千户
        ┌────┬────┐
        康某  康严珠
         │
        康旺
         │
        康镇
         │
        康全
         │
        未袭故
         │
        康显荣
         │
        康世爵
```

第二，明档另有万山卫康氏选簿，万山卫指挥同知康阿剌孙之孙名"康琳"，与朝鲜康世爵参与东征的祖父"康霖"也是同音异字。

选簿记载康琳为康阿剌孙庶孙："永乐九年进贡，系万山卫指挥同知，坐住辽海卫带俸，故。曾伯祖康三官保，袭职三万卫，带俸。正统十四年，鸠鹤嘴有功，升指挥使。景泰元年，了高山有功，升都指挥佥事，故。庶伯祖孝儿革与指挥使俸，优给。康单保奴，系康三官保亲庶弟，袭，故。祖康琳，袭，故。"②永乐九年（1411）进贡的海西女真头目康阿剌孙的世职，从长子一系转到次子一系承袭。正德十五年（1520）十二月，康镇嫡长男康云③袭职，推测康镇辞世于1520年前后，而正德元年（1506）康镇以"达舍"身份袭职安乐州住坐三万卫带俸指挥使，可

---

① 按：从清史开山鼻祖孟森的《女真源流考略》（《明清史论著集刊续编》，中华书局1986年版），到杨旸《明代奴儿干永宁寺碑记再考释》（《社会科学战线》1983年第1期），到万明《明代永宁寺碑新探——基于整体丝绸之路的思考》（《史学集刊》2019年第1期）等，这些研究成果可以看出，学界对奴儿干都司及其管理者的关注热度一直没有衰减。

② 《中国明代档案总汇》第55册，《三万卫选簿·指挥使康永清》，第136—137页。案：康永清万历七年故去，子承恩未袭当是先卒，其子康宁万历十一年优给全俸，时年6岁，"扣至万历十九年终住支，照例袭职"，为优养至14岁停俸袭职的惯例。

③ 嘉靖《辽东志》记载"康云，定辽右卫人，都指挥佥事"，联系选簿可知康云任职定辽右卫，驻地凤凰城，接近中朝边界。

倒推其父康琳卒于正德元年前后，康琳是生活在正统、景泰年间的人，最晚活到正德元年。可见选簿"康琳"的生活年代，比朝鲜叙事参与壬辰东征的康世爵之祖"康霖"差不多早100年。壬辰战争前夕，康琳家族依然承袭世职，从未间断。

明代选簿只能确认纵向亲缘关系，无法指认横向的亲缘关系（或要看运气），如同源所出却隶属不同支派的承袭者，故无从得知以上两支康氏间是否存在亲缘关系。但是万山卫源出海西女真，历史悠久"康琳"与"康霖"之间的对应关系，在口述史上是可以成立的（参见下图）。

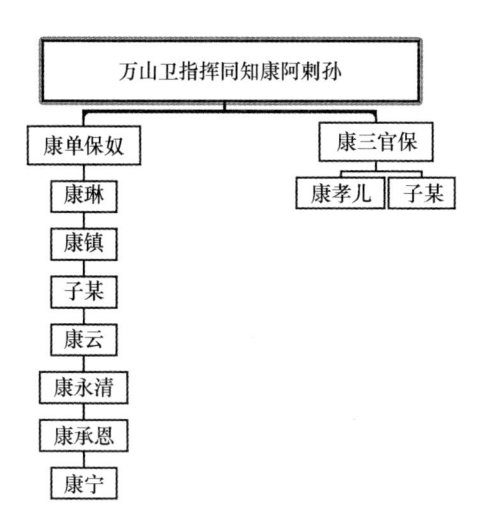

```
        ┌─────────────────────┐
        │万山卫指挥同知康阿剌孙│
        └─────────────────────┘
           │              │
       ┌───────┐      ┌───────┐
       │康单保奴│      │康三官保│
       └───────┘      └───────┘
           │           │      │
        ┌────┐    ┌─────┐ ┌────┐
        │康琳│    │康孝儿│ │子某│
        └────┘    └─────┘ └────┘
           │
        ┌────┐
        │康镇│
        └────┘
           │
        ┌────┐
        │子某│
        └────┘
           │
        ┌────┐
        │康云│
        └────┘
           │
        ┌─────┐
        │康永清│
        └─────┘
           │
        ┌─────┐
        │康承恩│
        └─────┘
           │
        ┌────┐
        │康宁│
        └────┘
```

而三万卫选簿中的康氏，大多为女真人，也不乏同名者。如康阿剌孙家族中康琳的二代孙康云，在选簿康济远家族中也有同名者①。这支以脱因不花为始祖的康氏，第四辈二代孙"康云"正德九年袭职，卒于嘉靖三十年前后，与康琳二代孙"康云"同名，但袭职于正德十五年，明显不是一个人，生卒年也都不同（参见下图）。

另外，康琳这支正德元年袭职的康镇，与康世爵这支天顺四年袭职的"康镇"也同名。但选簿中3支康氏之间是否有亲缘关系无法确认，虽均属永乐初年，或因征剿蒙古，或因进贡等原因归属明朝的女真人。

第三，选簿康世爵之父为"五辈康显荣，旧选簿查有嘉靖四年六月，康显荣，女直人，系三万卫左所老疾正千户康全嫡长孙。高祖旺以试百户遇例实授，历功升至前职。曾祖以下沿袭。父未袭，故，本人查立革与，

---

① 《中国明代档案总汇》第55册，《三万卫选簿·达官指挥使康济远》，第136页。

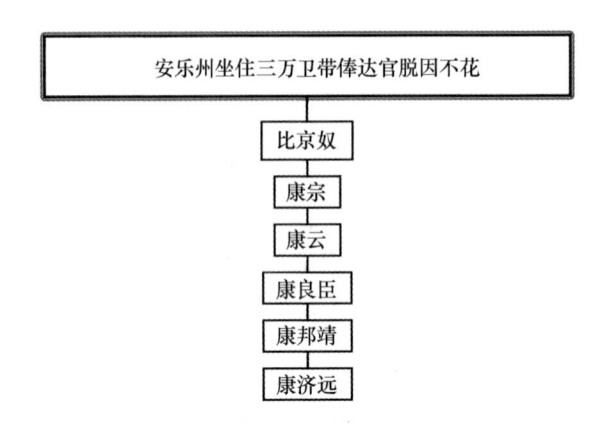

```
安乐州坐住三万卫带俸达官脱因不花
            │
          比京奴
            │
          康宗
            │
          康云
            │
          康良臣
            │
          康邦靖
            │
          康济远
```

遇例壹级与替副千户。"从康显荣袭职情况推测,他是以"嫡长孙"身份继承"老疾"祖父康全的副千户,时为嘉靖四年六月。按惯例祖孙两辈人差距四、五十年算正常,康显荣承袭祖父职位时,最多也就20来岁。28年之后,康显荣去世,或在50岁左右,其"嫡长男"康世爵成年袭职估计也是二、三十岁。按年龄推算,万历援朝东征时,康世爵大约60岁左右。在东征战场上,60多岁的南、北将领有不少,康世爵东征在时间上也可成立,与朝鲜康世爵参与东征"战死平山"的祖父或可出现在同一个时空中。

从人物关系看,出自三万卫的东征者,除管粮都司"三万卫人"张三畏以外,还有"三万卫人"王维贞,以钦差统领蓟镇调兵原任副总兵,领马兵1000名往返;"三万卫人"王守臣以广宁游击统领马兵,与史儒败于平壤,七月撤回,后再以听用,随提督李如松入朝。另外还有"东宁卫人"刘天秩,先为按察使萧应宫中军,后为按察使梁祖龄中军,均为康世爵同时同地的同袍同僚。① 万历初年,康世爵"畏避考察"② 之事,尚见于辽东都指挥使司的考核评语中。东征军入朝,康世爵应该有机会与张三畏、王维贞等同时入朝,只是具体事迹无考。

而朝鲜康世爵的祖父康霖,战死地平山,曾为朝鲜黄海道平山都护府,也是朝鲜使臣朝天驿路二十八站中安成馆的所在地。明军入朝之后,从义州、定州、嘉山、肃川、顺安、平壤、黄州、凤山、剑水、瑞兴、龙

---

① 参见申钦:《象村稿》卷39《李提督票下官》,《韩国文集丛刊》第72册,第274、272、271页;《萧按察票下官》第283页;《梁布政票下官》第284页。
② 辽宁省档案馆、辽宁省社会科学院历史研究所编:《明代辽东档案汇编》上册101条《辽东都司各州卫官员考核评语名册(八份)》之七,辽沈书社1985年版,第344页。

泉，再南下40里就到平山，从平山再南下汉城，还有300里①，是明军入朝后南下汉城的必经之地。万历二十一春或二十五、六年之间，康霖应为明朝东征军南下过程中战死或伤病亡于平山的一员。

三 两个康世爵是否有关？

如前所述，明末清初康世爵自述的混乱、讹误处不少。而他最初的记忆"八代祖仁宣，以通州士人移居于荆州所管撞州境"。对此"八代祖"，可有两种解读：若按一代20年计算，一是以康世爵本人为基点，从他出生的万历三十年往前推八代160年，大约是1442年前后的正统年间；二是以康世爵之父为基准，从他出生的万历九（1581）年往前推160年，大约是永乐年间。不管哪种算法，康世爵的"八代祖仁宣"都是明初（或明前期）人，他从通州移居到具体地点无考的荆州，是否可靠还是要打个问号。

有关康氏的来源，唐宋以前主要有二种说法：

一是周文王后裔康叔之后，"康，出自姬姓周文王子，封为卫侯，谥曰康叔，支孙以谥为氏。或云康叔初食采于康，故谓之康叔，其地颍川，康叔城是也。《南史》康绚，字长明，华山蓝田人，其先出自康居。初汉置都护，尽臣西域，康居亦遣侍子，待诏河西，因留不去，其后遂氏焉。晋时，陇右乱，迁于蓝田。绚曾祖坚，为苻坚太子詹事，生穆。穆为姚苌河南尹，宋永初中，率乡族三千余家入襄阳之岘。南宋为置华山郡，蓝田县寄立于襄阳，以穆为秦、梁二州刺史。生绚，伯元龙，父元抚，并为流人所推，相继为华山太守。绚，司州刺史，卫尉卿，谥壮。唐徐浩作《康府君墓志》云康叔子王孙牟，谥康伯，子孙为氏。唐太学博士康国安远祖，过江居丹阳，又徙会稽。国安，崇文馆学士，以明经高第供奉白兽门，有集十卷。又开元台州刺史康希诜，字南金，有集二十卷。希诜兄显，为修书学士，有《辞苑丽则》三十卷，《海藏连珠》三十卷。泸州刺史康元辩，字通理，有集十卷。本朝避太祖庙讳，改匡氏为主氏，政和间以民姓主为嫌，并改为康氏。"② 从中可见：无论是周朝康叔之后，还是

---

① 案：景泰元年，明使倪谦出使朝鲜，其《朝鲜纪事》记载渡鸭绿江到朝鲜义州义顺馆，经18站到平山府安成馆，从平壤到平山有295里，从平山到汉城有300里，平山正处于平壤与汉城的中点。

② 邓名世：《古今姓氏书辩证》卷15《十一唐·康》，清文渊阁四库全书本，第7—8页。参宋《宝刻类编》卷3《名臣》十三之二《唐·康晋》："泸州刺史康元辩墓志，王羡门撰。子晋书。开元十二年京兆。"（清粤雅堂丛书本，第15页）

西域康居留居者，在宋、元易代之后，大都迁居到南方。如现居江苏泰州的南沙康氏，也称"姑苏康氏……其先出康叔后"，尚有清咸丰年间康汶泉等重修《（南沙）康氏宗谱》存世。① 现居浙江会稽的唐康国安后裔、台州刺史康希诜后裔②以及东阳吴宁康氏等。③

还有江西太（泰）和县康氏："泰和康氏，系出周太保召康公之裔子孙，以先爵谥为姓，盖称世家于三代旧矣。在五季之际有讳立极者，自金陵官太和，留家；二子延庆、延恩择壤揆卜，延庆居邑之爵誉，延恩居邑之雷冈，数传而二族互有更徙，然皆不出其先世故址，上下六七百年间名人显士，蹑迹振，奋于当年，殆不可殚。④

二是汉代以来自西域入华的康居人。如康僧会："天竺人，幼随父居交阯，年十余出家。其先康居人，因谓之康僧，汉末入吴。吴主权召为博士。赤乌中，居建初寺，造舍利塔，中国有寺塔自此始。天纪四年，吴平，寻卒。"⑤ 又如"慧明，姓康氏，本康居人，祖世避址于东吴。明少出家章安东寺。齐建元中，与沙门共登赤城山石室，见猷公尸骸不朽，而禅室荒芜，高踪不继，乃雇人开剪，更立堂室……齐文宣王闻风祗挹，频遣三便，股勤敦请，乃暂出京师到第，文宣事以师礼，旋辞□山，以微疾卒，世寿七十。"⑥

宋元之后，还有外姓改为康氏，为第三个来源。如匡氏，元、明以来

---

① 案：原谱藏辽宁省图书馆，国家图书馆官网可线上阅览，从洪武八年开始建谱，经正德五年、万历六年、天启三年、康熙二十七年、乾隆二十七年、嘉庆六年、道光十五年、咸丰元年等8次重修，有洪武八年宋濂序、陕西武功宗人康海题字，可参见。
② 施宿：《（嘉泰）会稽志》卷16《碑刻》载："康希诜残碑，大历十二年颜真卿撰并正书，旧在山阴离渚。今在府治厅壁，通判府事施宿又得二十余字于民间，并陷真焉（22页）……《康府君碑》并阴皆不存。碑阴上列伯显贞，伯遂诚，父德言，叔希铣，叔（阙）五人，各有官位，中列堂兄四人，堂第九十，下列男泚、液、令初、令望、泳五人，德言即率更令，有徐浩所书墓碑。嗣子珽又有《大理少卿康公夫人许氏墓志》，云有子泚、液、令初、令望、泳，则此碑概《康珽碑》也。夫人碑载珽正为少卿，不及送葬府君，正碑既亡，所终官不复可考，碑阴拓本犹有存者。王顺伯录其碑，始得具载本末，然遂诚有墓志，希铣有颜鲁公书碑，康氏在一时亦盛矣。《太子率更令康君碑》，徐浩正书，篆额九字云'大唐故康府君墓志铭'，环以十二相属，石在山阴之离渚，绍兴间里正病官司拓本之烦，断仆田间。"（清文渊阁四库全书本，第21页B面至22页）
③ 康武琴等：《吴宁康氏族谱》，乾隆十一年重修本，上海图书馆（上海科学技术情报研究所）藏，可线上阅读。
④ 尹台：《洞麓堂集》卷1《泰和康氏族谱序》，文渊阁《四库全书》本，第78页。
⑤ 严可均：《全上古三代秦汉三国六朝文·全三国文》卷75《康僧会》，民国十九年景清光绪二十年黄冈王氏刻本，第13页。
⑥ 徐象梅：《两浙名贤录·外录》卷3《空空·慧明》，明天启刻本，第39—40页。

聚居江西吉安泰和以东的淘金站："西昌东南五十里曰深溪，溪之上有世家曰康氏，其文献由宋至今，承续不绝。其初本匡氏，仕南唐为蕲州刺史，曰稠者，归宋避讳，遂易为康。……康氏之宗乎，泝其先唐贞观中有讳胄者，为吉州判官，过西昌之祁洲，乐之，遂留家焉。胄二子：琬、珏。琬之后，徙安成；珏之孙曰常，五子：坝、坊、坎、垍，始徙深溪，则稠之曾祖也。祁洲在今淘金驿东五里，有匡家坊。余前四十年尝过之，匡氏合族而居，尚百数十人，皆珏之后也，亦皆谨愿敦朴，务农桑，而诗书礼乐之风，视深溪邈乎悬绝矣……匡氏出鲁匡宰，句须以邑为氏，康出卫康叔，以谥为氏，不可以殽也。"①

到明代则有女真人加入，这是第四个来源。如前述明代选簿中记载的三万卫康世爵等。而朝鲜康世爵的祖孙四代，祖源并不清楚，其自述的"八代祖仁宣"最早可推到永乐年间的通州士人，也不能排除实为选簿中因朝贡或编入卫所的女真人嫌疑。

首先，要追踪康世爵家族的真实来历，不能离开他们所生活的历史环境。从康世爵自述可知，从其高祖开始，康氏家族就已生活在辽东。在明朝3份康氏选簿的照映下，朝鲜康世爵的真实祖源有了新参照——虽然不能明确断定定居朝鲜咸镜道的康氏家族②就是明代三万卫选簿中女真康氏的后裔，但康世爵曾祖康祐以"勇健"就任金州参将，家族是如何从荆州到达辽东，在自述中并无交待：八代祖仁宣与曾祖康祐之间的空白也无法连接，并不能排除康世爵故意隐匿家族的真实来源而创造出一个从通州迁居荆州的"八代祖仁宣"的可能性。

康世爵逃亡朝鲜时为"天启五年乙丑八月"。之前他曾参加明军在开原、沈阳、辽阳、凤凰城等地守城，失败后于天启三年二月"被贼抢"，屡逃又"累次被掳"③，多半在后金军中服役或为壮丁劳作于农庄。入关

---

① 杨士奇：《东里文集》卷4《康氏族谱序》，文渊阁《四库全书》本，第18—19页。
② 案：朝鲜《东国舆地胜览》（奎章阁图书，贵1932）记载康氏姓氏分布朝鲜南北，包括开城、龙仁、阳城、通津、高阳、永平、忠州、洪州、温州、庇仁、牙山、庆州、安东丰山、义城、知礼、昆阳、全州、临陂、康津、顺天、宝城、光阳、黄海道黄州、安州、定州、肃川、瑞兴、凤山、安岳、载宁、谷山、信川、文化、长连、海州延安、丰川、瓮津、松禾、康翎、咸镜道安边、永丰、德源、文川阴竹、富宁、中和、甑山等地（卷4、10、11、14、19、20、21、24、29、31、33、34、37、39、41、42、43、49、50、52等），而咸镜道康氏当即康世爵后裔。
③ 《清史资料》第一辑，第184页。

前，后金人"出则为兵，入则为农"[1]，被掳辽东军民大都被编入八旗各牛录下当兵种地，康世爵自述"与其披发左衽，岂若着冠而垂绅"，毅然选择"走向东国逃亡"。他在"行粮已绝，粒米难得"的情况下，依靠"山果木实，以辽饥肠"，并靠"刀割所着羊裘，煮火而食之"，"作路十三日，始越满浦境，留十余日。又来江界地，留三十余日。其后西路四十二官殆无不踏。丙寅（天启六年）七月，入咸兴地，留一年。至北青，留半年。戊辰（崇祯元年）来于端川、吉州，互相并居。丙子春，来居于庆源，留十一年。丙戌，移居于钟城境长丰，留十六年。辛丑春，移居于会宁境都昆地，于今二十余年矣。"[2]逃亡过程充满艰辛，走了13天才从满浦越境到江界，在朝鲜西部地区流浪近一年，或靠"拳博之术"及"粗解相人及卜筮多中"资生，经过端川、吉州、庆源、钟城等地，最后到达会宁定居"力农作自给"[3]。东渡朝鲜之后，康世爵及其后裔始终不用清朝服饰、不与清人往来，一直保持明朝遗民的形象和气节，这也是朝鲜康氏叙事中最明显的特点。康氏欲隐匿其真实来源，具备内在动力。

其次，如果明末清初的康世爵，与明选簿所记女真血统的康世爵及辽东三万卫其他女真康氏家族同源，在朝鲜生存也面临外在压力。自天启、崇祯以来，明与后金在辽东激烈争战，朝鲜因地理关系夹在中间，一方面要维持与明朝的关系，又无法忽略后金日益强硬的需索和压力，直到崇祯九（1636）年"丙子胡乱"发生，被迫断绝与明朝关系转奉清朝正朔，但在朝鲜朝野"胡无百年运"的看法及崇明贬清的浓厚风气中，意识形态领域流行"遵周思明"思潮[4]，从肃宗时代开始萌芽、经英祖、正祖时代发展、壮大，一直保持到朝鲜末期。在康世爵的有生之年这种环境并无根本变化：尊"皇明"、慕"中华"而厌恶取代明朝的"夷狄"清朝，在这种情况下，即使康世爵明知家族拥有女真血统和家世，也有可能不愿披露真实情况而招致白眼，故创造出一个"荆州祖先"，外在动力在康世爵身上也是存在的。

再次，康世爵家族被发掘的过程，也正是朝鲜士大夫贯彻"遵周思

---

[1] 《清太宗实录》卷7，天聪四年五月壬辰，中华书局1985年《清实录》第2册，第98页。
[2] 《清史资料》第一辑，第184—185页。
[3] 崔昌大：《康世爵墓志铭》，载《清史资料》第一辑，第187页。
[4] 案：有关朝鲜王朝意识的演变，孙卫国《大明旗号与小中华意识》（商务印书馆2007年版）及《从"尊明"到"奉清"朝鲜王朝对清意识的嬗变（1627—1910）》（台湾大学出版中心2018年版）两部前后相承的专著进行了详细的梳理和研究，是目前为止最前沿的成果，可参见。

明"思想的具体体现。1688年即肃宗十四年,"命赎皇明人康世爵子女"。虽然南九万任咸镜道观察使时就知道有流寓明人"康世爵",直到担任领议政后,南九万才将康世爵发掘出来:"通庆源府妓,多生子女,道臣状请许赎。"① 中间有17年的时间差。南九万为洪翼汉、尹集,吴达济三学士立祠及发掘康世爵,都是担任领议政期间的政治建树。

肃宗八年(1682),领议政南九万在南汉山城启:"三学士中,尹集、吴达济二人,自此城出送,则与死于此地者何异?"② 开始发掘"三学士"的政治资源。"丙寅(1686)六月十三日引见时,左议政南九万所启仁祖朝丁丑年,洪翼汉、尹集、吴达济死于沈中,国家可以有辞于天下后世者,赖有此三人守正而死。国家宜有推奖之典,而其时忌讳不即举行,孝宗朝始赠堂上职矣……实是欠典。"③ 为三学士立祠之事也被提上议事日程。从为三学士立祠到许赎康世爵子女,都是肃宗时期朝鲜"大讲尊周思明、建大报坛崇祀神宗皇帝"④ 系列活动之一。

韩国学者桂胜范认为:"进入十六世纪之后,朝鲜人开始将明鲜关系的本质,理解为君臣兼父子,将忠孝基础之上的君臣—父子关系理念化。而在壬辰战争爆发之前,明朝与朝鲜的关系已经超越单纯的君臣关系,发展成为父子关系。"明清易代后朝鲜王朝的国家认同、政治正确和时代观念发生了重大改变:"将清朝视为夷狄的认识,已经超越了单一使臣的个人认识,而与朝鲜王朝的国家认同直接相关。"故《燕行录》作者若发布不符合这种认同的言行,有可能会引发"政治生命的终结"⑤。这个时代背景也是南九万、朴世堂等人挖掘康世爵时不能不考虑的重要因素。

因此,康世爵及其家族的确切来源、身份并非他们关注的重点,只要是"皇明人"、来自那个被灭亡的明朝就可以了。康熙三十九(1700)年,朝鲜侍读官尹趾仁奏言:"唐人康世爵是荆产而皇朝衣冠之族也。其曾祖祐战死于蒙古。其祖霖,壬辰年从杨镐东来,又死于平山地。世爵与其父国泰在刘𫄨军中,牛毛岭之战,国泰又战死,世爵脱身,流离转至我境,居生于会宁地,而颇有忠义之气。北人衣服之资,皆资清差,而终不

---

① 《朝鲜肃宗实录》卷19,肃宗十四年三月八日辛巳2条。
② 洪翼汉:《花浦先生遗稿》卷5《附录·戊辰二月启辞》,首尔:韩国古典翻译院2006年《韩国文集丛刊续编》第22册,第41页。
③ 洪翼汉:《花浦先生遗稿》卷5《附录·丙寅六月启辞》,第413页。
④ 参见孙卫国《从"尊明"到"奉清":朝鲜王朝对清意识的嬗变》第五章"清朝对朝鲜王朝宗藩政策的演变",台湾大学出版中心2018年版,第185页。
⑤ 丁晨楠译桂胜范:《桂胜范评〈想象异域〉》,载《澎湃新闻·上海书评》2020年3月9日 https://www.thepaper.cn/newsDetail_forward_6403438。

傅于身，临死戒子孙使之同居。"① 与南九万、朴世堂前后呼应，关注康氏与"清差"划清界限之举，正象孙卫国指出的那样"尊明"的核心是为"反清"②，政治寄托寓意明显。

到19世纪后期，申锡愚（1805—1865）出使清朝时仍关注康世爵。1862年他"自渡中江为中国地界，有民居及往来军民，呼一人与马头语，盖甲军戍边者。马头指一山曰：此金石山，奇峭崒崪，横障西北，康世爵所避地处，无知其迹者。独自聘望，兴叹。"③ 从未被遗忘的康世爵俨然成为联结媒介，那些东渡朝鲜的明人后裔，涉及石星、李如松、高策、董一元、邢玠、韩世功等人也都有真伪并存的故事流传朝鲜，需要仔细考辨。④

尹昌铉《朝鲜氏族统谱》载："康氏，有九十七，本系出中国京兆（见宋氏）卫康叔，后以谥为氏（一云周康叔后）。其后晋穆帝时有康权，秦太史令，南北朝时有康绚，字长明，梁兖州刺史，华山蓝田人"⑤，后裔分布朝鲜信川、载宁、谷山、康翎、云南、晋州、忠州（康俨，宣祖朝乙酉文科，父世云）、任实等97处，故康氏也被认为是朝鲜半岛最早产生的姓氏之一，是"源于周朝王侯血统的朝鲜族姓氏"⑥，即与箕子一起进入朝鲜的康侯后裔，与朝鲜信州（在今黄海道辖区内）的康姓存在血源关系，但与康世爵家族有别。

因此，我原以为"朝鲜流传的康世爵祖孙四代世系，应是其后裔记忆模糊、东拼西凑的产物，如果不是康世爵或者其子孙特意隐瞒家族来历的话"需作部分更正：东渡朝鲜的康世爵及其祖孙四代的世系应当无误，但其家族来历仍然不明：除康世爵"八代祖"祖源不明之外，其高、曾、祖、父四代名讳虽不误，但履历细节也有不可考处或出入，康世爵正是造

---

① 《朝鲜肃宗实录》卷34，肃宗二十六年九月二十八日丁巳1条。
② 参见孙卫国：《从"尊明"到"奉清"：朝鲜王朝对清意识的嬗变》，第26页。
③ ［朝鲜］申锡愚：《海藏集》卷16《入燕记·渡江记》，韩国古典翻译院2011年，《韩国文集丛刊续编》第127册，第574页。
④ 可参见：孙卫国《兵部尚书石星与明代抗倭援朝战争》（载《朝鲜韩国历史研究》第14辑，延边大学出版社2013年版）、王秋华《明万历援朝将士与韩国姓氏》（《中国边疆史地研究》2004年第2期）、徐成《壬辰战争中的宣大将士相关问题研究》（山东大学2020年硕士学位论文）等论文中提到的相关事例。
⑤ 尹昌铉《朝鲜氏族统谱》，首尔Seoul：世昌书馆，1952年，第11—12页。
⑥ 案：信川康氏始祖康之渊乃康侯80世孙，康侯的67代孙康景是高丽太祖王建的外祖父，康氏后裔康纯为李氏王朝初期的名将，1467年9月明兵会同康纯率领西征军大败浑江流域五女山的李满住女真，被封于信川府院君，信川遂为康氏本贯，参见朴尚春《朝鲜民族历史文化研究》，吉林大学出版社2017年版，第85—86页。

成这种模糊的始作俑者。

总之,在明清之际朝鲜王朝的国家认同、朝野士大夫的"尊明攘夷"观念和政治正确要求的共同推动下,从肃宗授命追赠康世爵祖先、录用其子孙开始,朝鲜康氏家族进入了在朝"皇明人"群体。在这个过程中,朝鲜地方官及朝堂两班贵族也非旁观者,他们积极参与挖掘、推出康世爵家族的行动,与康世爵隐匿家族来历、重新构建通州 - 荆州世系相辅相成。在"共同创作"下,康氏祖先的真实来源泯灭了。正是朝鲜王朝"思明宗周"的意识形态,决定了东渡朝鲜的康世爵家族的基本叙事基调和相关人士的行为方式。

第九章　南兵北将的变迁轨迹

"南倭北虏"的问题，既塑造了明朝，也削弱了明朝。紧接着"南倭北虏"出现的，就是"明亡于万历"——类似鸦片战争是否为中国近代史开端这样的论断，清修《明史》时出现的说法①，虽自清初起已深入人心，但理由是否充分、证据是否确凿，仍有必要进一步探讨。尤其自万历以后，明代政治生活空前活跃，但其后出现的改朝换代及清对明代史料的严厉禁毁，形成了诸多空白和历史谜团，使人对《明史》的结论难以放心。最明显是忽视万历援朝战争，很多偏颇、负面的看法，已引发越来越多的讨论。本章通过考察东征南兵吴宗道的个案，了解被称为"游徒骗子"的吴宗道，如何通过东征战争获得出身并入仕？不仅可透视万历后期党派、朝政、外交与家族间千丝万缕的关系、复杂利益的纠葛，也可考察东征和善后相关问题处理的细节。吴宗道本家吴大斌兄弟、子侄入辽、出辽的经历，更涉及南兵北将的变迁轨迹及相同境遇下不同的抉择和表现，为援朝东征到明清易代的历史进程提供注脚，是极富启发性的难得而生动的个案。

第一节　东征崛起的山阴将吴宗道

一　从东征"策士"到镇江游击

作为16世纪末全球最大的国际事件，万历援朝东征战争，不仅导致参战各国政治、经济、军事等领域发生重大变化，也对地区环境、个人及

---

① 汪景祺：《西征随笔》不分卷《熊文端明史》，民国本，第33页。"熊相国赐履重为编定"的《明史》有"谓明亡于万历年，太祖龙飞而明社遂屋，万历中年以后皆删之，明史至万历而止。一时为之不平，相国闻之，遂以词臣所修明史付之烈焰，书上不当先帝意，留中不发"之语。

第九章 南兵北将的变迁轨迹

家族命运影响甚巨。仅就明朝辽东地区而言，政治、经济格局变化，助力建州女真力量壮大，很快引发了天翻地覆的改朝换代。东征崛起的山阴将吴宗道（1544—1621）及其族人的命运，不过是历史巨变过程中匆匆翻过的一页，但也能让我们看到很多历史幽微处有意思的细节。

吴宗道，浙江山阴人，通过万历援朝东征成为镇江游击。但在时任辽东巡按熊廷弼的眼里却是一根刺。他总结说："辽左数十年来，将官世职为四方游徒骗去者，不啻百数"①，其中一位就是吴宗道。随着建州女真兴起，辽东危机陡现，却也在短期内也聚集了大量人才。万历三十九年，熊廷弼弹劾了一批辽东卫所官员，吴宗道这个"游徒"，就是利用边疆危机谋得了不"体面"的出身。他是如何做到的？

万历二十一年，东征经略宋应昌题奏："随征策士吴宗道、吕永明，术数可征，兵机多验。文学堪充记室，权谋可备将材，亦应并叙，授以应得武职者也。"② 东征前期吴宗道为随征"策士"，以宋应昌标下参谋及"都司""指挥""都指挥使"③ 等身份，做了不少工作，包括收复汉城后"分投给散免死帖万余纸"④ 并参与明日和谈。四月，到汉城宣谕日军退兵并押解日俘"到关白处讨其降书"⑤，显得沉着冷静。七月、八月间，与总兵查大受、参将骆尚志、游击宋大斌、高策、相公吕永明等到达南原，多次往返日军营中奔走、联络。⑥ 九月，祭奠晋州战役中死难的朝鲜守将金千镒等。⑦

东征前期，作为"总督经略军门标下坐营都司"，从宋应昌、顾养

---

① 熊廷弼：《按辽疏稿》卷6，《营驿穷军受害疏》，《四库禁毁书丛刊》，北京出版社2000年版，史部第9册，第637页。
② 宋应昌：《经略复国要编》卷7，《叙恢复平壤开城战功疏》（万历二十一年三月）初四日，第577页。
③ 案：吴宗道所任的"都指挥使"、都司等职，均非明代地方最高军事指挥机构"都指挥使司"（简称都司）的首领官，而是脱胎于卫所省镇营伍制下中级营官"都司"之谓。可参见彭勇《从"都司"含义的演变看明代卫所制与营兵制的并行与交错——以从"都司领班"到"领班都司"的转变为线索》，《明史研究论丛》第13辑，中国广播影视出版社2014年版，第140—153页。
④ 《经略复国要编》卷7，《辩杨给事论疏》（万历二十一年三月十一日），第620页。吴宗道所任的"都指挥使"、都司等职，均非明代地方最高军事指挥机构"都指挥使司"（简称都司）的首领官，而是脱胎于卫所制的省镇营伍制下中级营官"都司"之谓。
⑤ 《朝鲜宣祖实录》卷37，宣祖二十六年四月二日丙戌6条。
⑥ 《朝鲜宣祖实录》卷41，宣祖二十六年八月二日癸巳、八日己丑。
⑦ ［朝鲜］金千镒：《健斋先生文集》附录卷2《皇明指挥使吴公宗道祭文》《再祭文》，韩国汉城民族文化推进会1996年版，《韩国文集丛刊》第47册，第29页。案：万历二十八年，吴宗道再祭金千镒时已统率浙营水兵，防汛巨济岛，途经晋州时所作。

谦、孙鑛到邢玠，吴宗道都是明军核心圈外围的佐贰官，在南原、顺天等地与日军小西行长等打交道，侦探敌情，传递文书，还做过明日和谈首席谈判官沈惟敬的助手，常与李大谏同行，所带家丁有32名。① 万历二十四年四月初八日，最早报告册封使李宗城出逃釜山事②；还不时对朝鲜内政提出建议③，也包括"督抚议战，司马议封"④之类的明廷内幕。

万历二十五年春，东征后期，吴宗道仍与李大谏等往返日军行长、清正、正成营中联络，"用间之中少寓权衡"⑤，与主战的杨镐似不同调。不仅明廷内部意见分歧，前线将领也各有阵营。

万历二十六年五月六日，吴宗道致信宣祖："从事于贵邦者，已历五六霜……行长近虽帖耳，然狙猿不可使冠带，虎豹不可使羁縻。昔年东封之役非殷鉴乎？故用间退兵，道常授成算于柄东事者，此外，道非所知也。道之所为，道之所言，皆三年之共耳目者，可以对天地，可以对君亲，可以对愚夫愚妇，堂堂正正，未尝敢作蹑足附耳状，大王必闻之熟矣。兹倭使至王京，此诚东事吃紧功夫也……大王可利图之，不悉（总督经略军门标下坐营都司吴宗道顿首拜）。"⑥ 谈到东征已有五六年，日军小西行长部虽较安静，但羁縻和谈只为"用间退兵"，透露了东征军高层核心圈的意见，这为朝鲜君臣制定国策、筹划应对提供了有价值的内幕消息。

从策士到游击，东征就是吴宗道仕途的起点。熊廷弼弹劾其"起家书佣，黍冒将领"⑦即指此。但吴宗道协同沈惟敬从事明日和谈，在《宣祖实录》中有很高的曝光率。至今在韩国江华岛碑刻博物馆里，还留有唯一一通中国人的记功碑，那就是《钦差都司石楼吴公宗道清白保民去思碑》，提到他是浙江绍兴府山阴县人，字汝行，号石楼，武举出身，万历二十年以钦差官到朝鲜，二十五年再随邢玠入朝，"仍统水兵，久住江

---

① 《朝鲜宣祖实录》卷99，宣祖三十一年四月四日戊午2条；二十四日戊寅2条。
② [朝鲜] 李好闵：《五峰集》卷12，《请兵粮奏文（册天使李宗诚逃遁后奏请文，丙申四月）》，《韩集》第59册，第501—502页。
③ 《朝鲜宣祖实录》卷78，宣祖二十九年八月二日丁酉5条。
④ 《朝鲜宣祖实录》卷83，宣祖二十九年十二月初一己卯1条。
⑤ 《朝鲜宣祖实录》卷97，宣祖三十年二月十一日丙寅5条。
⑥ 《朝鲜宣祖实录》卷100，宣祖三十一年五月六日庚申5条。
⑦ 熊廷弼：《按辽疏稿》卷1，《重海防疏》，《四库禁毁书丛刊》史部9册，第381页。

第九章 南兵北将的变迁轨迹 407

华,抚绥岛众,一境安堵"①。申钦记载他到朝鲜3次②,事实应该不止。
《宣祖实录》中有吴宗道书帖17通③,时间从万历二十四年三月至三十七年四月,内容涵盖其充"都指挥使"到实任"镇江游击"十多年间参与的各项事务,显示了吴宗道与朝鲜密切的特殊关系,也是双方都努力维护的交通渠道。如万历二十四年三月,吴宗道致书宣祖,慰问祖陵被日军焚毁,对笃信风水堪舆的宣祖是及时安慰,可见吴宗道为人周到,善于利用机会,拉近关系。他还称东征期间在朝鲜留下最佳口碑的南兵将领吴惟忠为"家兄"④,实际上吴宗道籍贯浙江绍兴山阴,为州山吴氏二支三分第八世⑤,吴惟忠籍贯浙江金华义乌,他们之间并无血缘关系,虽同出浙江但不同族。因吴惟忠在朝鲜甚得爱戴,吴宗道也就与他攀亲论眷。

万历二十七年二月初四,吴宗道教导朝鲜都监官员如何应对东征军撤留谈判,透露吴宗道与朝鲜关系之深,出谋献策已达不遗余力的地步。其中涉及如何要求粮饷、军费、留军数量等有关东征军留撤的细节,甚至具体到视当事大臣(如经理万世德、总督邢玠、御史陈效等)的态度及动向如何商谈、措辞,俨然已为朝鲜在明廷的耳目。⑥ 因此东征期间,明廷有关战事的指画和决策倾向,对朝鲜并无秘密。与这些实质性内容相比,吴宗道书帖所显露的文采,实在是微不足道。

在明、日和谈早期,吴宗道曾为沈惟敬助手联络奔走。至东征后期,吴宗道的地位超过沈惟敬。如万历二十五年九月,朝鲜左议政金应南上札

---

① [朝鲜]李宜显:《钦差都司石楼吴公宗道清白保民去思碑》,原碑藏韩国江华博物馆,碑文转引自배성수:《조선후기강화도吴宗道去思碑조선후기강화도》(A study on Oh-Jongdo Geosabi in Ganghwa Island during the late Chosun Dynasty),《仁川学研究》第4辑,2005年,第79—108页。参《朝鲜宣祖实录》卷121,宣祖三十三年正月十六日辛酉4条。
② [朝鲜]申钦:《象村稿》卷39,《李提督以下诸官一时往来衙门》,第275页。
③ 按:最早一通书帖见载《朝鲜宣祖实录》卷73,宣祖二十九年三月九日丙子2条,最晚一通见《光海君日记》卷15,天启三年四月四日乙卯1条,其余15通分见《朝鲜宣祖实录》卷78,宣祖二十九年八月二日丁丙5条;卷83,宣祖二十九年十二月十七日己卯1条、二十四日丙戌2条;卷84,宣祖三十年正月二十三日庚申3条;卷97,宣祖三十一年二月十一日丙寅5条;卷100,宣祖三十一年五月六日庚寅5条;卷102,宣祖三十一年七月十三日丙申5条;卷109,宣祖三十二年二月二十日庚午6条;卷121,宣祖三十三年正月六日辛亥9条;十日乙卯12条;卷131,宣祖三十三年十一月二十八日戊辰1条;卷135,宣祖三十三年三月二日庚子3条;卷136,宣祖三十四年四月三日庚午2条;卷209,宣祖四十年三月五日戊辰5条。
④ 《朝鲜宣祖实录》卷100,宣祖三十一年五月六日庚寅5条。
⑤ 吴国樑:《山阴州山吴氏族谱》第20部,二支三分四世至九世,道光十九年刊本,第15、33、63页。
⑥ 《朝鲜宣祖实录》卷109,宣祖三十二年二月四日甲寅5条。

言邢玠"已令吴宗道躬诣贼营以为缓兵之计。此人言论、信义亦足以回犬羊之心,而比诸沈之只为身谋而归罪我国者,何啻天壤?"吴宗道若不得成事,"虽有百沈亦何为哉?"① 朝鲜甚至希望由吴宗道主持明、日议和,比起沈惟敬,他们对吴宗道寄予更多期望。

吴宗道有自己的"信义"体系,办事才能也得到充分认可。其朝鲜家丁身怀绝技如"顺天保人白飞虎",哨探、埋伏、杀贼、招徕被掳朝鲜人投出日营,潜入日军积粮小岛焚烧仓库,是吴宗道得力的帮手,甚至放言"若得此汉三百,可当一万"②,故东征结束后白飞虎也被带回辽东,吴宗道所拥有的"丽人家丁"还不止一个白飞虎。

万历二十七年归国前,吴宗道给宣祖开出太平方:"道行役贵邦七八霜许,沐大王之恩最深厚。今随经略相公西归,启行有日。自兹别去,后会难期。虽见山川草木,亦觉依依不忍舍也。赠以别言,莫忘薪胆。"③ 显示其与宣祖之交,但他心系朝鲜,实不止于公务。

万历二十八年春,吴宗道以水兵备倭都司率 3000 名水兵,参与朝鲜春季防汛。④ 十月归国途经釜山,遇飓风"所领船军卒太半溺死"⑤,损失惨重。为修补船只,休整队伍,留驻江华岛半载余,历经缺饷断粮考验,次年春汛后回国。⑥

驻守朝鲜期间,吴宗道生有一子,其母为朝鲜县妓兰生。万历三十五年三月,吴宗道遣"同生"兄弟吴贵道率家丁三人入朝,为"镇江吴游击所生儿存没探问事"⑦。实情是"游击巨济防汛时,果率县妓兰生娠有",到瓮津后也委送家丁专探兰生怀孕与否。至弥串镇临别时,流涕致嘱于文化县监林欢,如果生男"幸须庇护生长"。只是"生子未逾年遽为夭绝"⑧,吴贵道即专为宗道找寻此子而来。"吴宗道还朝之日,亦托以遗

---

① 《朝鲜宣祖实录》卷 92,宣祖三十年九月十六日癸卯 4 条。
② 《朝鲜宣祖实录》卷 101,宣祖三十一年六月二十日癸酉 2 条。
③ 《朝鲜宣祖实录》卷 109,宣祖三十二年二月二十日庚午 6 条。
④ 《朝鲜宣祖实录》卷 121,宣祖三十三年正月六日辛亥 9 条;《明神宗实录》卷 344 万历二十八年二月乙酉,第 6401—6402 页;李廷龟:《月沙先生集》卷 22《请留兵奏(庚子春)》,第 494 页。
⑤ 《朝鲜宣祖实录》卷 126,宣祖三十三年六月二十五日丙申 5 条。
⑥ 参见《朝鲜宣祖实录》卷 127,宣祖三十三年七月三日甲辰 4 条;卷 131,十一月八日戊申 4 条、二十八日戊辰 1 条;卷 135,宣祖三十四年三月二日庚子 3 条。
⑦ 《朝鲜宣祖实录》卷 209,宣祖四十年三月四日丁卯 3 条。
⑧ 《朝鲜宣祖实录》卷 210,宣祖四十年四月二十八日庚申 3 条。

腹子"① 于林欢，他曾经是吴宗道的接伴官，可惜此子产后夭折。查对《山阴州山吴氏族谱》载宗道有子一鳞，生于万历丙午年（即三十四年）九月初七②。可见，吴宗道朝鲜之子为长，虽宗道时已年近半百。他升任镇江游击后，即派家人入朝寻找，可见重视之至。吴宗道与朝鲜的关系实已深及血缘。

根据族谱记载，吴宗道万历十三年中式辽东武举；二十七年，以征倭授钦依守备管理两浙水师，三十年，论功世袭绍兴卫中所百户，次年补授辽东守备，三十四年升任镇江城守游击③。可见，驻守江华岛期间，吴宗道是以钦依守备身份管理两浙水师，三十一年实授辽东守备，三年后升任镇江游击。吴宗道只是一个中下层军官，但他在朝鲜的影响却非泛泛。三十五年春，吴宗道驻盖州，曾请朝鲜大臣宣扬其外祖母、外姑及母亲三世寡节，得到朝鲜相国李德馨为首的朝野缙绅回应：李山海题贞烈轴"奕世贞烈"，题宗道东征劳绩轴"请缨奏凯"，而沈喜寿、尹根寿、李好闵、柳根、李福恒、申钦、韩浚谦、吴亿龄等均有题赋或献诗。④

甚至在吴宗道归国后，朝鲜仍向明廷建议，希望由他经办涉及明朝、辽东与朝鲜相关的各项事务，"如吴宗道辈固当""如得此人，则必胜于他官"，可见吴宗道在朝鲜的分量。⑤ 万历三十七年，吴宗道被熊廷弼弹劾革职，尹根寿送其归乡书，言"遭谗解任"⑥，也为我们提供了观察问题的另一角度。若干年后尹根寿《答中原人书》尚致意吴宗道，感谢其所捎礼物如《圣教序》书帖、越扇、息香、池茶等并叹宗道夭折之子："天于吴氏之绪，独奈何曾不少延其似续之人之命耶！"⑦ 从东征初期的"策士"到题授"都指挥使"散职再到实授镇江游击，吴宗道虽与经略、总

---

① ［朝鲜］李恒福：《白沙集》卷2，《前文化县监林公墓志铭》，《韩国文集丛刊》第62册，第213页。
② 吴国楔：《山阴州山吴氏族谱》第二十部，二支三分四世至九世，道光十九年刊本，第63页。
③ 《山阴州山吴氏族谱》第二十部，第15、33、63页；第一部，《诰敕上》，第54页。
④ ［朝鲜］李好闵：《五峰集》卷4，《东征时有吴指挥宗道者来，江南人能文有计虑，尽力东事。丙午春，以游击将军来驻盖州，遗白绫一匹于汉阴相国，造两轴求诗，其一为其外祖母及外姑与其母早寡守节，要揄扬其烈也，其一要东人歌咏东征劳绩事也。鹅溪相国题贞烈轴曰奕世贞烈，题劳绩轴曰请缨奏凯。鹅溪、汉阴、一松、月汀及仆与西坰、月沙、象村、柳川、晚翠、蛟山诸君赋之二首》，第378页。
⑤ 《朝鲜宣祖实录》卷166，宣祖三十六年九月二十八日辛巳3条。
⑥ ［朝鲜］尹根寿：《月汀集》卷5，《答冯参军书》，《韩国文集丛刊》第47册，第259—260页。
⑦ ［朝鲜］尹根寿：《月汀集》卷5，《答冯沧洲书》，第262页。

理等高层接近，毕竟地位不高，那他是如何建立起与朝鲜的特殊关系的？

二　吴宗道的社会背景

1. 驸马切亲

与吴宗道同时入朝的黄应旸，据说是内廷翰林董其昌"姜父"①，曾密告朝鲜译官朱元礼"吴宗道乃皇上驸马之切亲"②。这种说法是否可靠？

明神宗在万历二十五、二十六年间的"驸马"有6人③，其中最有可能与吴宗道相关的是穆宗六女、封延庆长公主驸马的河北高阳王昺。

高阳王氏也是河北世家。王昺曾祖王荔，嘉靖壬午（1522）会试第二名，以诗名世，著有《青屏诗集》《万木亭一家言》等。王昺，万历十五年尚延庆公主，官太子太师，掌宗人府事。父鼎铉，以子尚公主，钦授南城兵马司副指挥。王昺为人"儒雅无勋贵气，时词臣陶望龄、董其昌皆乐与游，文献之誉，声闻宫禁"④。王昺与陶望龄、董其昌等关系良好，黄应旸以董其昌"姜父"身份所言皇上驸马之事，已有三分靠谱。

陶望龄出自浙江会稽陶堰陶氏，与山阴州山吴氏数世通婚。而山阴州山吴氏最著者为一支大分第八世吴兑（1525—1596），字君泽，号环洲，嘉靖三十八年进士，隆庆十二年任宣大总督，主持俺答封贡，万历九年任蓟辽总督，十一年以兵部尚书加太子少保致仕。⑤ 娶骆氏、王氏及某，育有二子八女。吴兑次女适"陶堰副使陶大有子主簿允惠"；吴兑嫡子吴有孚"娶参政陶大年之女"，陶氏与吴兑家族两代联姻者，均为东长房第六世陶性、陶恺之后。第九世陶大有，为嘉靖二十三年进士，授刑部主事、郎中，出守广州，擢山西按察使司副使，娶董氏，生五子，幼子山阳县主簿允惠即娶兵部尚书吴兑次女。陶大年，嘉靖二十年进士，选南京兵部武库司主事、车驾司郎中，历任山东、福建、四川、广西等地，终江西参

---

① 方孔炤：《全边略记》卷9，《海略》，《四库禁毁书丛刊》史部第11册，第323页。
② 见《朝鲜宣祖实录》卷102，宣祖三十一年七月十四日丁酉3条。
③ 查《明史》卷121，《公主表》，万历二十一年前后公主驸马有：万历九年，侯拱辰娶穆宗寿阳公主、梁邦瑞娶永宁公主；万历十三年，万炜娶瑞安公主；万历十五年，王昺娶延庆公主；万历二十四年，杨春元娶神宗荣昌公主；万历二十七年，冉兴让娶寿宁公主。
④ 李晓泠等纂：《高阳县志》卷6，《人物·文苑》，台湾成文出版社1968年影印民国二十年铅印本，第308页；卷8，《著述》，第465页；卷6，《人物·恩荣·明》，第395页；卷6，《封爵·戚畹》，第346页。
⑤ 《明史》卷222，《列传》110，《吴兑附孙孟明、孟明子邦辅》。

政，配章氏，生一子。① 吴兑嫡子吴有孚所娶的大年之女，未见载陶氏族谱。

陶堰陶氏人才辈出。东长房与大年、大有同辈的陶大临，为经筵日讲官，《穆宗实录》副总裁；大临侄允谆，任尚宝司丞，大临子允宜，亦任职礼部。南次房第九世陶廷奎次子陶承学，曾任礼部尚书，育有五子，第三子陶望龄、第四子奭龄均闻名当世。陶、吴联姻也是文、武相乘，是明代中叶以来江南世家大族共建亲缘关系网的实例，为考察士大夫集团的集结与成长提供了很好的分析素材，对万历朝政的影响尤不可小觑。

吴宗道为州山吴氏二支三分第八世，可谓尚书族弟。父九德，叔九霄"住武清县"，娶毛氏，生二子凝道、济道；二女"长适路家庄王，次适县前萧。"吴凝道"继娶王氏，生子一则玠"。叔九华亦"住密云县"，吴宗道这族至少有三房居住北方，武清、密云都在北京附近畿辅地区，也是皇亲国戚集中的居住地。吴宗道堂妹"适路家庄王"及宗道堂弟凝道所"继娶王氏"，都不排除出自河北高阳王氏家族的可能。②

家住武清县的宗道堂弟吴凝道，亦活动于朝鲜。万历二十四年六月，将"其兄所送杨天使之书"③ 送往朝鲜备边司，"以狂生自许"，在吴宗道与刘綎矛盾中推波助澜的"宗道之侄"④ 吴自华当即凝道之子。与董其昌、陶望龄相交密切的"皇上驸马"王昺，为黄应旸所云吴宗道"切亲"，即不中亦当不远。王昺为人慷慨豪迈，关心国事且有担当，成为吴宗道在朝鲜建立特殊关系网的一块招牌，合情合理。

2. 尚书族弟

吴宗道族侄吴有孚，即州山吴氏一支大分兵部尚书吴兑嫡子，字达卿，号禹门，万历十五年中举，袭锦衣卫正千户，升指挥佥事⑤，官南镇抚司升都指挥，分守蓟镇太平路参将，三十一年任蓟镇参将⑥，三十四年

---

① 《会稽陶氏族谱》卷17，《东长房列传·大参新岑公传》，道光九年刊本，第13—14页；卷8，《世系三下·东长房实斋公慥四支派》，第353页。按：族谱中不记载女儿。
② 均见《山阴州山吴氏族谱》第二十部，第15、33、63页。按：以"路家庄"为名的村庄中国南北均有，而河北沧州肃宁县的路家庄离高阳最近，离白洋淀也不远，正是驸马王昺常游处。
③ 参见《朝鲜宣祖实录》卷76，宣祖二十九年六月十九日乙卯5条。
④ 《朝鲜宣祖实录》卷109，宣祖三十二年二月二十六日丙子2条。按：吴自华《山阴州山吴氏族谱》失载，或即凝道卒葬情况缺失的二子中的一子。
⑤ 《明神宗实录》卷232，万历十九年二月戊寅，第4295页。
⑥ 《山阴州山吴氏族谱》第一部，第51页；第五部，卷2。

升任山东副总兵。①

万历三十七年二月，辽东巡按熊廷弼劾奏防海副总兵吴有孚、镇江游击吴宗道"役纵水兵，兴贩海上，每装载货物，撒放中江……潜入属国，压取貂参。其资本出有孚，而宗道为之窝顿地主，乞将二弁正法"。次月，辽东副总兵吴有孚革任，镇江游击吴宗道革任听勘。②

熊廷弼弹劾的吴有孚与吴宗道，正是州山吴氏家族的叔侄俩，年龄仅相差1岁，吴宗道生于嘉靖癸丑（1544），吴有孚生于嘉靖甲寅（1545），论辈分却为叔侄（宗道为八世，有孚为九世）。熊廷弼"从宗道衙内拿出"押货人"伊亲马英，为吴有孚表弟，吴宗道外孙"③，这层血缘关系，正是吴宗道在朝鲜建立特别关系网的第二块招牌。

3. 故相亲家

吴有孚所娶参政陶大年之女，生孟明、孟登、孟益、孟文四子。次子孟登"娶郡城大学士朱赓女"，"故相朱赓之儿女亲家"成为山阴州山吴氏的另一块招牌，也是熊廷弼弹劾宗道叔侄时特别强调的一点。在吴兑辞世后，吴氏族人依靠朱赓这棵大树遮阴乘凉，从朝鲜人透露的情报，我们看到了熊巡按未曾揭露的一些内幕。

吴有孚另娶妾马氏，生子孟仁，授锦衣卫总旗。辽东都司马骢，天启二年致信朝鲜大臣李廷龟提到："先母舅石楼吴公，讳宗道，游贵国最久，见知贵国最深。先外母则吴公母也，先母是其女兄也……向年德馨李公，为贵国大王请封入京，首辅金廷朱公之揭，无门可投，不佞见而代为投之。朱公，不佞姻娅也，尽暴其情，朱公一力主张，得如所请。"④ 马骢提到的情况关系甚重。

朝鲜仁祖反正后，起初未得到明朝承认。朝鲜遂派大臣李德馨到北京请封，但投揭无门，后通过吴宗道外孙甥马骢，靠"姻娅"关系打通关节，中间联络人应即朱赓女婿吴孟登，是吴有孚次子，也是马氏妾所生子吴孟仁之兄。故马骢以外祖母（吴孟仁母）为"吴公母"，也即吴孟登的庶母，吴宗道的族侄外甥媳妇。关节通达后，朝鲜请封成功，仁祖坐稳了宝座。此事在李德馨致吴宗道中简牍，也有清楚记载："回到鸭江，竟失

---

① 《山阴州山吴氏族谱》第五部，卷2。
② 《明神宗实录》卷455，万历三十七年二月癸丑，第8579页；卷456，万历三十七年三月乙巳，第8607页。
③ 熊廷弼：《按辽疏稿》卷1，《重海防疏》，第379页。
④ ［朝鲜］李廷龟：《月沙先生集》卷34，《简帖》，《答马都司骢壬戌宾拜时》附《马都司书》，《韩国文集丛刊》第70册，第88页。

攀叙，归计甚忙……广宁前抚镇有合揭于当途，欲因弊邦嗣君之未定位也，而占取地方作天朝郡县，被宋、王两给事重参。未知二老何意出此计也？大概尽悉于两参本，而前起告讦使臣得揭稿于一科官家，不佞恐其伪作也。念此揭必在首辅记室，敢托令表弟，使密图觅看矣。令表弟丈追到通州，说称多费重价乃得，同行二公谓此揭送贵府传致为妙，遂成约而来。令表第丈说跟到，而迄不至矣！幸十袭密封见寄，至望，至望！"①提到的"首辅"，即绍兴山阴籍内阁大学士朱赓，字少钦，号金庭，隆庆二年进士，改庶吉士，授编修，历任侍读、日讲官、礼部尚书。万历二十九年秋，赵志皋卒，沈一贯独当国，请增置阁臣，诏朱赓以故官兼东阁大学士诣阙。三十四年，沈一贯、沈鲤去位，时年72岁的朱赓"独相七年，史称其醇谨无过，然无所建白。唯是时东林声气倾动一时，赓独借汉唐宋朋党之害以立论"②，至易代鼎革后，清代史臣仍谓其"深识早见"，可见朱赓并非庸碌之辈。在"朝政日弛，中外解体，赓疏揭月数上，十不能一下"的背景中，朝鲜人通过递话朱赓及其运筹，终得如愿以偿。

李德馨书中所谓的"令表弟"当指首辅女婿吴孟登，或孟登之弟孟仁。孟仁外家马氏甥马骢称吴宗道为"先母舅"，实为绕了几个弯的族舅公，朝鲜正是利用东征时与吴宗道建立的旧谊，通过其族侄孙、族外甥与"首辅"朱赓间拐了几个弯的姻亲关系，建立交通渠道并斡旋成功，确立了朝鲜嗣君的正统地位，完成册封。重大的外交问题，竟借助如此复杂曲折的小手段处理，吴氏家族的社会关系网，被朝鲜利用得淋漓尽致。

万历三十六年十一月，朱赓卒官；次年二月，熊廷弼弹劾吴宗道、吴有孚叔侄，间隔之近令人遐想。朱赓"与沈一贯同乡相比"③，确有实迹。万历中期是浙、齐、楚、昆、宣等地域性的政治集团开始孕育并发展壮大之际。沈一贯、朱赓继任阁臣、首辅，浙党势大，致有"陛下三十年培养之人才，半扫除于申时行、王锡爵，半禁锢于沈一贯、朱赓"④之评，熊廷弼是否为楚党张目而弹劾吴氏叔侄？河南光州汪若霖弹劾朱赓女婿兵部主事张汝霖，开启"言官相攻自此始"⑤；而东林健将陈于廷"诋大学

---

① ［朝鲜］李德馨：《汉阴先生文稿》卷11，《简牍·上吴游府书》，《韩国文集丛刊》第65册，第448页。
② 朱赓：《朱文懿文集》卷12提要，载《四库全书存目丛书》第149册，齐鲁书社1997年版，第470页。
③ 以上未指明出处者见《明史》卷219，列传107，《朱赓》。
④ 《明史》卷236，《列传》124，《王元翰》。
⑤ 《明神宗实录》卷437，万历三十五年八月辛未，第8269页。

士朱赓甚力"①，也显示浙党与东林之间门户森严。在如此复杂的政治背景下，吴宗道叔侄的经济案件不能不被蒙上政治面纱：从经济问题入手牵查政治大案，一直都是历史上屡见不鲜的套路。

三 吴氏家族的经贸网

熊廷弼所揭露的经济案件，显示吴氏家族不仅掌握着中朝边境贸易，其经贸网也从内陆运河通达海外，宗道、有孚叔侄充分利用掌握水军的便利条件，从事包括军火、奢侈品、杂货等各项贸易活动，控制东海及东北亚沿海地区的贸易通道。

与朝廷争利，成为吴氏家族的罪状之一："漏报皇税，逼勒各行，强载货物……以致商民不得买卖，税银无从办纳"。吴有孚的水师官兵皆浙江人氏，万历三十五年被朝鲜俘获的"自外洋来"的一只异样大船，船上19名军兵皆原籍浙江，所装载者"皆铳、炮、刀、鸟枪、火药诸器，与青蓝布匹、杂色货物"，动用海军从事海外军火走私贸易，无论是从中江商民百数十人控告"海兵生事"，熊廷弼在汪家沟查获"登莱虎船三只"及水兵捕盗魏忠等33人，包括寄存吴宗道衙内价值约银千余两的货物、盖着"总镇印号"朱摽令票3张，无不显示吴氏海上走私生意的规模。

吴氏家族的边贸生意，曾受太监高淮制约，这或许是万历三十五年吴宗道建议宣祖闭市的内因："鸭绿之市以之通商可也"，"何以为垄断，税行商、税坐贾、税居民不足而复税及贡臣？"② 东征之初，朝鲜因经济凋敝，物质供应艰难，特请在中江贡道旁"暂设关市"济急，后因神宗所遣太监高淮等在辽东开矿征税，榷及中江，故关市一直维持19年，直至万历四十年，经宣祖再请才罢市。③ 时吴宗道已离职，请罢市时尚为镇江游击。吴宗道愿弃中江利薮转为朝鲜计虑，应即高淮榷税中江，阻碍了吴氏家族的边贸利益，这或许才是熊巡按所言吴氏叔侄与皇家争利的实质所在。

万历三十七年，辽东总兵李成梁、巡抚赵楫被参，吴宗道报告朝鲜"辽东二老缔结高太监，且与老酋（指努尔哈赤）相亲，图免其罪，欲掩

---

① 《明史》卷254，《列传》142，《陈于廷》。
② 《朝鲜宣祖实录》卷209，宣祖四十年三月五日丙辰5条。
③ 高艳林：《明代万历时期中朝"中江关市"设罢之始末》，《中国历史文物》2006年第2期。

袭二百年忠顺之国，故渠罪益重，人言尤起"①。显露他作为镇守地方大员，与太监高淮的矛盾。吴宗道被罢后，朝鲜李埈致宗道书言"今此被诬，孰不骇叹！"表示欲申报辽东都司为宗道辩白"非理之谤"，还特别提到熊巡按"乃以报功之举而反为媒孽之资"②，展示了观察问题的另一个角度。朝鲜虽为吴宗道动用了外交管道，但他显然未能脱困。

再具体看吴氏家族两年内"陆续到镇江、旅顺、金、复及海外各岛者约三、四十只不等"，一年发船20只左右，每月不止一船。其贸易网从中朝边境覆盖渤海、黄海海域，"明以其半撒放中江及朝鲜商人取值，而暗以其半同吴宗道所收丽人家丁，变丽服，乘辽船，潜往铁山、别东、大张各岛，换贸貂参等物。"③ 除军火外，还包括贵重奢侈品的买卖。吴宗道、吴有孚叔侄，一为登莱海防副总兵，有兵有船；一为镇江游击，有地盘有门路；从绍兴州山本贯、山东登州蓬莱乃至辽东镇江官衙，一条连接东海、黄海、渤海的贸易航线清晰地呈现出来——从东南沿海直通吴家后院，至今绍兴州山村里还留存四通八达的水路及吴家门前可系船的码头。④ 中朝边境贸易可能只是吴氏家族生意的冰山一角：军火和贵重奢侈品联结的买卖双方，吴氏家族的贸易对象及其国际性动辄牵涉军政大局，恐非过言。

吴氏家族贸易网中还有一个重要环节，即纵贯南北的大运河。万历四十年七月，明代漕运总督王承勋离职，二十年八月，以伯爵充任总兵官提督漕运，户部言"历年既久，谤议易生"，议改流官一扫"凌虐剥削等弊"⑤。至此，由明朝勋臣总督漕运的历史宣告结束。

王承勋也是吴兑姻亲，字叔元，号瑞楼，父正亿世袭新建伯。隆庆元年（1567），文成公王守仁（阳明）追封新建侯。万历五年，王承勋袭新建伯，所娶吴氏即吴兑三女。承勋之子王先进，亦袭爵新建伯，娶吴有孚长女为妻；而承勋之女也嫁吴有孚三子吴孟文为妻⑥。州山吴氏与新建伯

---

① 《光海君日记》卷15，光海元年（万历三十七年）四月四日乙卯1条。
② [朝鲜]李埈：《苍石先生文集》卷4，《揭镇江游击帖》《揭吴游击帖》，《韩国文集丛刊》第64册，第273页。
③ 以上未指明出处者，均见熊廷弼《重海防疏》。
④ 案：我曾经两次到州山进行田野调查，第二次在绍兴柯桥文旅局局长吴炎标的帮助下，终于确认了州山吴家码头。
⑤ 参见《明神宗实录》卷251，万历二十年八月癸丑，第4685页；卷497，万历四十年七月癸丑，第9377—9378页。
⑥ 吴国楳：《山阴州山吴氏族谱》第四部，八世意二子兑，第23页；九世兑长子有孚，第43页；十世有孚三子孟文，第3页。

王氏家族世代联姻，新建伯家族所掌的内河漕运，自然成为舟山吴氏海外贸易网的有机组成部分：无论是组织军火货源，还是运输、销售贵重奢侈品，包括江南布花、杂色的南来北往，都离不开运河这条贯通南北的交通大动脉。王、吴两家的姻亲关系，更能彰显云遮雾罩的事实真相。

王承勋总督漕运年间，与河臣李化龙、曹时聘、漕抚李三才等同事，管理漕船8000多只，每年夏运漕粮达300余万石①。万历三十七年十月，新建伯王承勋以督漕18年的积劳加少保兼太子太保，岁加禄米三十石。②3年后户部即题覆革除勋爵世袭总兵官督漕，给人留下无穷的想象空间。王承勋与漕抚东林党人李三才及河臣李化龙的关系，也有深入探讨的必要。天启五年正月王承勋病故③，因吴兑之女未育子嗣，酿成侄子先通、先达争讼袭爵案，旷日持久入编李清《折狱新语》中④，大族气象尽丧。

吴宗道的一生，与其家族成员的命运休戚相关；而吴氏家族又与其社会关系网中姻亲家族的命运一脉相承，都与明清之际的政治大局环环相扣。随着首辅朱赓辞世，宗道有孚叔侄被劾，新建伯王承勋离漕，驸马王昺被革职为民⑤，吴氏家族渐趋沉沦。

天启改元之后，借助大学士孙承宗经理辽东、遣御史游士任募兵江淮的东风，暮年吴有孚再现："同时有副总兵吴有孚及武举赵佑等，皆与士任深相结并荐于朝，期以大将。"⑥

游士任（1574—1633），江西丰城人、嘉鱼籍，万历三十八年进士，被列为东林党人榜"地囚星旱地忽律广西道御史游士任"⑦，颇有才干，敢于任事。天启元年七月受命为登、莱、天津等处监军御史。十一月，游士任疏报募兵八千余名，皆"力举千斤，弓开十石；火药、火器、战车、战船、没水黏竿、占风测象，无所不有"⑧者。兵部侍郎张经世将其招练淮兵，调发渡海接应毛文龙，后者因奇袭镇江创下恢复辽左传奇，大大鼓舞了明人士气。天启二年七月，渡海淮兵1500名，陆续到达登莱者达

---

① 《明神宗实录》卷412，万历三十三年八月甲寅，第7709页；卷452，万历三十六年十一月癸巳，第8540页。
② 《明神宗实录》卷463，万历三十七年十月癸酉条，第8742—8743页。
③ 《明熹宗实录》卷57：天启五年三月乙丑条，第2637页。
④ 参见桂齐逊《〈折狱新语〉导读》，台北"中央"研究院历史语言研究所法律史研究室2004年3月6日读书会报告；《崇祯长编》卷2，天启七年九月辛卯，第42页。
⑤ 《明神宗实录》卷535，万历四十三年八月甲辰，第10148—10150页。
⑥ 《明熹宗实录》卷11，天启元年六月甲戌，第547—548页。
⑦ 文秉：《先拨志始》卷上《东林点将录》，清写刻本第57页B。
⑧ 《明熹宗实录》卷16，天启元年十一月丁巳，第805—806页。

8700余名。① 到三年九月，"实在海上"的还剩4361名②，分布于各海岛，成为毛文龙东江防线的海上生力军。

但游士任很快遭到攻击："游士任假募兵，而与胡惟宁等侵冒帑金及登莱京边银六十余万。臣为莱州推官，经臣手者一十七万余银，未经销算，悉以充其囊橐。彼时科道纠参东林巨奸，熊明遇力为护庇。"③ 刑科都给事中薛国观倾覆东林意图明显。虽刑部"未有确以赃坐士任者"，后也承认"科臣谓维宁募兵计费银六十余万者，指总发之成数而言也。臣部节追维宁、孟淑孔、冯宾期等侵欺银共五万七千七百七十余两者，指侵冒之实数而言也"④，事实上肯定了游士任是被栽赃。正如游士任自言"任事太过而不顾其才，直前太勇而不恤其后，求人太急而不顾其费，安得非罪？然兵已一名不虚，则募兵之银，总谓之在也……是自怨自艾，受病在热心二字，以至委用不效，臣实罪矣，尚复开口言天下事哉！"⑤ 而原任参政胡维宁"止因忠贤坐派游士任赃银苛至巨万，维宁奋然烈士之概，一肩替死"⑥，史料往往"惟""维"并称。所谓"游士任募兵三千，无饷而哗"⑦ 更不能由他个人担责。崇祯三年，湖广巡按黄宗昌疏荐原任监军道游士任"赤心热肠，辞盐差而任练兵，臣省巍然有金汤之势。以曾参客氏中忌者之口，遂借题逮成。昨诏还原官，壮志犹昔，可需召用"⑧，但未得允。

赵佑，原籍山东登州⑨，武举出身。天启元年五月，以加衔守备授钦差游击，为监军道梁之垣所遣，护送朝鲜进香使臣柳涧等离开天津出海。八月，辽东经略熊廷弼疏言"三方建置，须联合朝鲜"，改辽东南路监军道梁之垣为行监军道，以其籍登州、生长海滨、习知鲜、辽形胜与民情土

---

① 《明熹宗实录》卷24，天启二年七月庚申，第1228—1229页。
② 《明熹宗实录》卷38，天启三年九月壬寅，第1968页。
③ 《崇祯长编》卷18，崇祯二年二月丁亥朔（初一日），《明实录》附录四，第1018页。
④ 《明熹宗实录》卷62，天启五年八月癸未，第2912页。
⑤ 《明熹宗七年都察院实录》卷6，天启三年闰十月二十七日，《明实录》附录三，第674—675页。
⑥ 金日升辑：《颂天胪笔》卷19，《讼冤·刑部主事耿应昌题为乾纲御极至德难逢敬献刑官一得之愚以广圣主如天之泽疏》，明崇祯二年刻本，第18页A-B。
⑦ 吴甡：《柴庵疏集》卷1《台疏·御患莫如修备弭盗莫如安民疏》，清初刻本页八A。
⑧ 《崇祯长编》卷30，崇祯三年正月二十三日日癸卯，第1680—1681页。
⑨ 案：朝鲜贡使安璥天启元年《驾海朝天录》羁留登州，言赵佑之兄赵佐为光禄寺卿，当籍登州。转引自陈长文《登州与明末中朝海上丝路的复航——以朝鲜贡使安璥〈驾海朝天录〉为文本》，载《登州与海上丝绸之路——登州与海上丝绸之路国际学术研讨会论文集》，北京大学出版社2004年版。

俗，前往朝鲜"敕谕慰劳该国君臣"，并使发兵与毛文龙"援助有济"①。九月，与赵佑等携家丁数十人入朝，滞留一年有余。② 二年八月，工科给事中方有度陈制奴要着，请以赵佑、汪崇孝为觉华岛守将，助毛文龙一臂之力。③ 赵佑后亦助孙承宗整顿关务，参与科田。六年六月，辽东巡抚袁崇焕更定营伍，加衔游击赵佑为"总兵标下练兵游击"④，八月"赵佑不意死于船上"⑤，真相待考。朝鲜认为"今此赵佑之死，机关甚重"；"徐敷奏逃还，亦以赵佑之死而然"；或言"毛将之擅杀赵佑，亦可诛也"⑥，传言为毛文龙所杀。

　　游士任冤案、赵佑之死与毛文龙疑叛大局，均系明朝东江防线创建与崩溃的重要关节。包括刘国缙、梁之垣、吴有孚等人，也都以登州为活动基地。吴有孚起复未见更多细节，但梁之垣前往朝鲜之际，有辽东"马都司"相伴左右，曾代表梁之垣与朝鲜谈判出兵事宜，正是吴有孚的小舅子、吴宗道的族外孙甥马骢。⑦

　　马骢与朝鲜谈判细节，不见于明史。唯《光海君日记》载天启二年五月，朝鲜领议政朴承宗等到辽东监军梁之垣处，有"监军令马都司出接"，双方围绕朝鲜派兵、助粮、买船3个议题进行了四五次谈判。

　　一议派兵。明欲朝鲜"调兵八万，每年二万，递番分休，屯戍于昌、义之间"⑧。马骢反复强调"贵国助兵之说，为楚非为赵也""贵国治兵境上相机进取，此亦为自完地，非特为中国协助计也"。但朝鲜坚持明朝先出兵，只愿助兵分羹而不愿火中取栗，态度十分游移。

　　二议饷银。马骢东征居朝鲜3年："先年征倭之役，亦曾参监院军事，三易寒暑，经游颇久，贵国事情知之极熟。"认为朝鲜助粮可行，

---

① 《明熹宗实录》卷13，天启元年八月庚午朔，第637—638页。
② 参见《明熹宗实录》卷10，天启元年五月癸亥，第532页；《光海君日记》卷169，光海君十三年九月二十八日丙寅；卷170，十月三十日丁酉；卷174，十四年二月十七日癸未。
③ 《明熹宗实录》卷25，天启二年八月丁亥，第1277页。
④ 《明熹宗实录》卷72，天启六年六月甲戌，第3472页。
⑤ 《承政院日记》仁祖四年八月十日己酉，原文第15册，第27页B面。
⑥ 《朝鲜仁祖实录》卷14，仁祖四年八月十二日辛亥2条；十七日丙辰1条；卷21，仁祖七年七月四日丁亥2条。
⑦ ［朝鲜］李廷龟：《月沙先生集》卷34，《简帖·答马都司骢（壬戌傧接时）》后附《马都司书》二通，其一谓"先母舅石楼吴公讳宗道游贵国最久，壬戌为天启二年，吴宗道已不在人世。李氏告别马骢诗曰："平生知己石楼翁，高义堂堂国士风。十四年来空洒涕，三千里外喜逢公。"称吴宗道为知己、国士，分别十四年，已成永别。
⑧ ［朝鲜］李廷龟：《月沙先生集》卷12，《傧接录中·序》，第69册，第325页。

"先年往来顺天，海道亦颇详知"，迫使朝鲜答应筹办。而朝鲜是能推则推，但因后金确如芒刺在背，欲拔不能，故未堵死与明谈判之门。

三议买船。马骢建议朝鲜代买大船百只，以便运回避难朝鲜的辽民。事涉难民问题，朝鲜不便推托，故着眼于时限、数量的协商。但光海君终以"安能以我不炼之卒，敌彼数十万猺兵乎？"① 结束谈判，梁之垣空手而归，奏言朝鲜"佥括遗丁二万以候助征"尚需我兵"自强而挟持朝鲜以为用"②。

万历四十七年萨尔浒大战，是继援朝东征后再次开启的朝、明军事合作抗击后金的首次尝试，在"事大"旗帜下的反向扶危，以朝军元帅姜弘立败降宣告结束。③ 天启二年五月，马骢的谈判，则是朝、明军队再次尝试合作抗击后金，但也未能成功。

马骢任职辽东、吴有孚与登州将官联系，都使我们对吴宗道叔侄革职后沉寂十余年的吴氏家族有了新的认识。就在毛文龙获得"镇江奇捷"之前，吴有孚、游士任等因大学士孙承宗经略辽东、招练淮兵而活跃，吴有孚再现政坛时年已74岁，政治态度不再明显。但吴氏家族与毛文龙东江势力矛盾尖锐，在接近权力的道路上，吴氏家族几度受挫，也随时可重整旗鼓，即使明清易代都未打断这个趋势。足见江南世家大族的坚韧与实力，其绵延不绝的社会力量和政治追求也几乎坚不可摧。

第二节　东征千总吴大圭的家族历史

明代卫所系统，是清太祖努尔哈赤出发及壮大的根源。从建州左卫指挥使开始，努尔哈赤依靠明政府所赐的龙虎将军称号，收拾建州各部人心、发展壮大力量，作用不可低估。但这一点却成为清朝统治者忌讳200余年的历史隐秘，不能触碰的历史禁区——清代禁毁书中数量最多、关系

---

① 以上未指明出处者，均见《光海君日记》卷177，光海十四年（天启二年）五月二日丁酉4条。
② 《明熹宗实录》卷27，天启二年十月丙寅条，第1342—1342页。
③ 案：张建《火器与清朝内陆亚洲边疆的形成》（博士学位论文，南开大学，2012年）从人数、阵法、武器、环境等方面分析萨尔浒战役朝鲜以鸟铳手为主的火器部队失败的原因，尤其是"朝鲜鸟铳手既缺乏大型火器如大将军炮、佛郎机铳的火力支持，也没有骑兵巩固侧翼，无法借助战术体系的力量因应后金铁骑的冲击。鸟铳的缺点被无限放大，而在兵力、兵种对比上又全居下风……在鸟铳种类、质量、战术体系三方面均存在问题，使甲—弹对抗的天平完全向金国一方倾斜"。第33—39页。

最重的主题大都涉及这段历史：有关明末清初后金与明代的关系、包括明代卫所制度与清代八旗的关系、明代军民演变为清朝领属的经过，都在清人剔除范围内。清理吴宗道族叔、东征千总吴大圭的家族史，对打破禁区、深入了解东征之后南兵北将的转变、吴宗道的结局、吴氏家族入辽出辽始末及在明清易代中的不同表现，都有重要意义。尤其是比对中外官、私不同来源的记载，发现具有亲缘关系的族人却分属南北、满汉，更有意思。

一　吴宗道的族父"东宁镇抚"吴大斌

1. 吴大斌（1556—1632）其人

东征结束六年后的万历三十四年，吴宗道升任镇江城守游击①，3年后被熊廷弼弹劾落职。当时，辽东还有不少山阴州山吴氏族人，吴宗道的"族父"吴大斌是其中最著名的一位。因为他在明清易代过程中成为一位殉节者，也因为他是清初著名辽人督抚吴兴祚的亲伯祖。他的事迹见载于吴氏族谱《晴川公小传》。原文如次：

> 幼应童子试，不售，乃弃举业，肆力于六经子史及兵法律例诸书，悉穷其奥。事母至孝兄弟友。于婚娶毕，乃喟然叹曰："家贫不为禄仕，何以荣亲？"留仲弟镇川公事母，偕季弟越川公遨游海内，以冀其遇。至辽左，遂寓居焉，凡族人有志四方者多往归之。公尚经术，重然诺，凡辽左知名之士，被其容接如登龙门云。初谒宁远伯李公，抵掌而谈天下，旁若无人。宁远公遇之如上宾，诸当事莫不欲延公为幕，莫可得也。万历丙辰，辽左失守，公遂浮海抵登州，守土者闻公至，咸以机务就问。公为之规划井井，无不切中时弊。惜不能用。无何，登州为孔帅所陷，欲劫公以去。公曰："吾家世清白，岂可从污就辱？"因集其从难子侄而告之曰："今日之事，义惟有死而已。汝等偕死无益，盍各为计。"遂绝食十一日，临诀嘱子侄辈曰："吾死，若等以抚榇榇出郭事告之，必不阻，因而为归计可也。"公官东宁镇抚，不屑就吏，故其宦绩不传。宠母吴安人属公家孙媛，而宠实公家外孙，故得备闻公之行实如此云。②

---

① 《山阴州山吴氏族谱》第一部，《诰敕上》，第54页。
② 吴国楳：《山阴州山吴氏族谱》第30部吕字集，《叙传记·晴川公小传》，道光十九年刊本，第12—13页。

第九章 南兵北将的变迁轨迹 421

  传文作者是吴大斌的玄外孙、赐进士出身、吏部验封清吏司员外郎何天宠,反映出自州山二支三分的吴大斌,因家贫不仕,前往辽东谋生,以才学结识辽东势家李成梁,在当地拥有影响并站稳脚跟,谋得东宁卫镇抚之职。继因建州女真兴起,辽左失守而浮海流亡到山东登州,成为琐尾流离的"辽人"之一,终迫于吴桥兵变后东江镇将孔有德的逼迫,绝食自尽,以此使子侄辈脱离险境。乾隆五十七年《绍兴府志》吴大斌传即根据谱传改编:"吴大斌,字叔和,山阴人,六岁而孤。天资高迈,能博闻强记。肆力于六经子史及兵法律例诸书,悉穷其奥。事母至孝,家贫,薄游辽左,遂寓居焉,族人多往归之。初谒宁远伯李公,抵掌而谈天下,旁若无人。诸当事欲延致之,莫能得也。万历丙辰,辽左失守,大斌浮海至登州。孔帅陷登州,欲劫大斌以去。大斌曰:'吾家世清白,岂可就辱?'因集其从难子侄而告之曰:'今日之事,义惟有死而已。汝等偕死无益,盍各为计。'遂绝食十一日,临死与子侄辈诀曰:'吾死,若等以抚榇出郭,必不阻,因而为归计可也。'《州山吴氏谱》。"[①] 但有4点需要引起注意。

  第一,万历丙辰(1616)是中国古代史上明清时代的分界点。这一年,明朝东北边外的建州女真部落首领、58岁的努尔哈赤被尊为英明汗,正式建立金政权(俗称后金),从此开始天命新朝。次年,努尔哈赤即以"七大恨"揭竿反明,陆续攻占铁岭、抚顺、清河、开原、辽阳、沈阳等地。辽左失守,虽然不在吴氏谱所言的"丙辰"这年,但由此导致吴氏族人命运转折,确是以此为起点的。吴大斌带领族人前往辽东的时间,当不早于一支大分曾任蓟辽总督的吴兑履任辽东的万历九年[②]。"族人多往归之"并在辽东站稳脚跟,吴大斌背后的真正靠山当是吴兑。非此,吴大斌能否起意从江南绍兴鱼米之乡,远涉辽东苦寒绝地,以及是否有机会得谒宁远伯李成梁都是问题。

  第二,东宁镇抚是明代卫所武官。东宁卫驻所在今辽阳旧城,明代辽东都司所在地,初设于洪武十三年,以故元归附人编成南京、海洋、草河、东宁、女直五千户所,分居女真、高丽、蒙古、汉军官兵,是明代卫所系统中一个特殊的军卫,既属华夷杂糅之地,居民"基本上是女真系

[①] 乾隆《绍兴府志》卷55,《人物志十五·忠节一》,第48页b。
[②] 案:吴兑万历九年四月任蓟辽保定总督,次年六月升兵部尚书(参见《明神宗实录》卷111,万历九年四月辛亥,第2129页;卷125,万历十年六月丁酉,第2330页)。

及朝鲜系住民"①，还有少数蒙古人和汉人。当地通行语除官方使用汉语外，非汉居民则操本族语如女真、朝鲜、蒙古语等，可充翻译和使臣。故辽阳也曾被努尔哈赤视为自己的地盘："辽东地方之东宁卫国人，本为我属。"② 虽吴大斌任东宁镇抚的时间不可考，但镇抚是明代卫所掌管刑狱的世职武官，卫设从五品镇抚二员，所镇抚从六品，除刑狱外，还监管盐场火丁、卤丁、卫所仓储等其他事务。③ 州山吴氏子弟，通过武举进入卫所系统，各支各分多有其人，遍布顺天、南京、辽东、浙江、湖广、江西等地，早已引起研究者注意。④ 吴大斌官东宁镇抚却"不屑就吏"，或以镇抚官品不高？但既言"东宁镇抚"显非其意；辽左失守，失去卫职，可与吴大斌浮海至登州互证。何天宠记载的这个重要细节，却被府志作者删除了。

第三，辽阳被后金攻陷为天启元年（1621）三月二十日。辽东经略袁应泰、巡按张铨、分守道何廷魁、监军道崔儒秀等或自刎、自缢，或被俘、被杀，辽东遂成乱世。辽阳失守时，溃卒约万人渡河，余者均被俘杀："奴既得辽阳，驱士民出城。一酋挟利刃倨坐城阐，令鱼贯出，拊其背而送之，刃加于颈，无一免者。已杀数百人，臂竭，刃堕地，一人踉而进，延颈就死，尽如惛癫。沉醉骈首，席地莫敢迕视。一老书生当见僇，奋白梃击杀酋，因伤数贼，父子、兄弟挟数十人结伴去，群夷瞠目莫敢动。从此，广宁、宁前数百年土著咸西徙；自塔山至闾阳相距二百余里，烟火断绝。"逃离辽东的"武弁、青衿携家航海流寓山东"⑤，成为劫后余生的流民。

山东巡抚王在晋曾谈到辽民渡海避难"蚁聚鳞集"，导致登州米价骤

---

① ［日］河内良弘：《关于明代辽阳的东宁卫》（杨旸、梁志忠译，《黑河学刊》1988 年第 3 期，第 99—106 页；第 4 期，第 72—78 页）。作者指出东宁卫看似羁縻卫，实质是"多民族的城镇"，为女真、朝鲜系的原住民及流民、汉人杂居的多民族城镇，由汉置古襄平县（故址在左右后三卫）、高丽城（故址在定辽中卫）、渤海城（故址在城东北北隅）、女真城（辽阳城北外城，东宁卫治）四城组成。元以后除女真人外，包括高丽将军洪福源降元部下及流民移入不少。洪武十九年设置东宁卫隶左、右、中、前、后五个千户所，汉军属中所，与朝鲜、女真人别居。洪武年间东宁卫高丽人口 8 万人，约占总人口一半。永乐年间因与女真进行马市贸易，人口仍以女真系和朝鲜系为主。

② 中国第一历史档案馆、中国社会科学院译：《满文老档·太祖》第 20 册，第 187 页。

③ 参见张金奎《明代卫所军户研究》第三章，《卫所军户的组织管理》中相关内容，线装书局 2007 年版，第 182—186 页。

④ 另见张金奎《明代卫所军户研究》第六章，《卫所军户与社会变革》，373—375 页。

⑤ 姚希孟：《公槐集》卷 4，《沈辽失守始末》，载《四库禁毁书丛刊》集部，第 178 册，第 348—349 页。

涌，招练使也不得不移驻郡城和潍县①。辽民在分置直隶、山东过程中，产生争攫、窃劫、叛逆作乱、勾引、外泄内溃等"五患"，都使明政府的努力打了折扣。从天启元年至二年底，在直隶顺天、永平、河间、保定等府及通州、涿州、武清等县，花费安插银22698两，报过安插辽人13414户，收回安插辽人执照13285张，均"造册缴送部科，具疏报明"②。其间虽有弊病，但"计户给之，虽少而单贫，受惠总以相补"③，安置辽人数万。东宁镇抚吴大斌就这样成为安插登州的辽人。

第四，崇祯五年（1633）正月初三，原属毛文龙的东江叛军攻破登州城，登州道宋光兰、监军道王征及府县官等皆被俘虏。吴大斌也因此被迫绝食死难。与谱传文相较，府志中删去的吴大斌曾任东宁镇抚一事，正是涉及明末清初史实中关键的细节。乾隆五十七年所刊《绍兴府志》虽已不再忌讳记载抵抗清军的忠臣义士，但康熙《绍兴府志》即未载吴大斌事迹，可见入关前清前世臣属于明的往事，仍属禁区且终清不变，直到民国后被清史开山鼻祖孟森等学者揭穿为止。因为禁令，府志作者删除关键性细节也就顺理成章了。只有在族谱这样私家性质的资料中，还有机会保留着历史真相的另一面。

2. 吴大斌与吴宗道的关系

天启三年六月二十一日，朝鲜奏闻使李民宬记载吴大斌流寓登州前，到过镇江，这个史实揭示了吴大斌与吴宗道的关系，其中或有未发之覆。这天，李民宬在登州陈梦琛庄园见到了吴宗道的"族父"吴大斌："吴相公大斌送示诗稿，乃与登州兵宪及乡绅所相唱和者……吴来见札，示曰：'承惠四章何感如之。后二诗非胸藏琬琰，口吐珠玑不能也。通示此城搢绅士大夫，皆敛衽敬服，我中国能有几人哉？非敢面誉貌言也。'因以蓬莱阁图见遗而去。吴公，号晴川，越州山阴人，故游击宗道之族父也。宗道东征时以都司来驻我国，宣庙见其揭帖亟加称赏，命承文院裒集前后之揭缮写以进，后终于镇江尤吉。晴川来从镇江，今寓登州之开元寺，与田一井、刘国缙、陈梦琛为吟禊，重厚温雅且有诗声，见重于士大夫。"④

李民宬谓吴大斌为吴宗道"族父"，曾在宗道生前"来从镇江"投奔

---

① 王在晋：《三朝辽事实录》卷7，载《四库禁毁书丛刊》集部，第70册，第503页。
② 董应举：《崇相集》卷1，《进辽册疏》，载《四库禁毁书丛刊》集部第102册，第57页。
③ 董应举：《崇相集》卷1，《报安插辽人支给成数疏》，第53页。
④ ［朝鲜］李民宬：《敬亭先生续集》卷1，《朝天录上·癸亥》，《韩国文集丛刊》第76册，第442页。

他。而所谓"尤吉"当为"游击"音转。万历三十七年，吴宗道因经济问题遭辽东巡按熊廷弼弹劾，被革任镇江游击后，依然住在镇江直至终年。吴大斌前往镇江投奔吴宗道，说明辽东州山族人间维持往来。问题是九死一生逃出辽阳的东宁镇抚吴大斌，为何还要投靠被革职的族侄？按家谱记载生年推算，吴宗道被熊廷弼弹劾时年已65岁，天启元年77岁，二年则已辞世，被辽东都司马骢称为"先母舅"，则吴宗道辞世时间当在天启元年三月之后、天启二年五月之前。

当时镇江正处在明朝与后金激烈争夺的风口浪尖，双方拉锯战如火如荼。天启元年七月，毛文龙突袭镇江，成功擒杀后金守将佟养真，成为明清易代史中著名事件，也奠定了其东江总兵的历史地位。

镇江奇捷。先是，辽东巡抚王化贞塘报标下练兵游击毛文龙报称："比时有辽左卫廪膳生员王一宁因辽城被陷，父子直往朝鲜投揭国王，借兵恢复辽左。朝鲜嘉其忠义，厚加宴礼，着令总督防护，送其归国，亦至石城相会卑职，急重加聘礼，共襄王事。因至朝鲜弥串堡地方，潜令镇江避难人民，暗通镇江士庶，咸共响应。次日，千总徐景栢差弟徐六潜渡通款，且云伪署游击佟养贞选兵二百余名，抄杀黄觜、奴〔双〕山归正人民去讫。卑职与王一宁议谓镇江兵止千余，壮勇既出抄杀屯民，城中必空，正可掩其不备，城可得也。卑职细观事机，当在必克。即命守备苏其民带领家兵一百名，要截去兵归路。随令千总陈忠等率兵一百余人，卑职同生员王一宁督家丁及屯民高大等一百余人，直至镇江城外二十里上岸，先令守备丁文礼暗通级〔镇〕江中军陈良策，钩〔约〕为内应。分布已定，鸡鸣俱薄城下。千总张先祖等持枪先登，众人一齐登城，喊声大震，一拥杀入。陈良策同弟陈良汉等自内杀出，内外夹攻，贼尽皆胆落，四下奔命。佟养真率夷众及家丁七十余名迎敌，家丁章得化等直前奋击，佟养贞被击仆地就缚，其子佟丰年及家丁七十余人一时斩获殆尽。卑职当即进城，安抚军民，秋毫无犯。民皆大悦，羊酒迎劳者几万人，数百里之内望风来归者络绎不绝。"① 以上记载错讹颇多，如佟养真写成佟养贞，但比《东江疏揭塘报节抄》所载毛文龙疏②有更多人名及细节。天启元年七月十九至二十日，镇江城经历了一场激变：入据椵岛的明将毛文龙率参加过

---

① 陈建：《皇明通纪集要》卷45，《八月镇江奇捷》，明崇祯刻本。《四库禁毁书丛刊》史部，第34册，第531—532页。
② 毛文龙：《东江疏揭塘报节抄》卷1，《天启元二年塘报》与《通纪》不同之处：一是毛疏未提到守备苏其民，二是毛疏在佟丰年后多出"其侄佟松年及家丁80余人"，第6—7页。

东征且颇了解后金军的千总陈忠等，联合镇江城内汉将佟养真的中军陈良策、良汉兄弟，擒获佟养真父子等，被称"奇捷"，后以援兵不续再陷。吴大斌渡海登州前，先到了风声鹤唳的镇江，这能说明什么问题呢？

吴宗道此后即不在世，很可能就死于镇江事变。而投奔吴宗道的吴大斌，从逃离辽阳、现身镇江再到浮海登州，或即毛文龙所谓"镇江避难人民，暗通镇江士庶，咸共响应"者。但吴宗道去世与镇江复陷，吴大斌浮海至登州恐有关。天启三年六月，在原尚书陈其学之孙陈梦琛庄园，与朝鲜使臣李民宬会面，与会者还有复州刘国缙，曾任山东按察副使，以直言被参，避地登州；原任知府陈梦琛及弟梦麟、梦梅等。吴大斌、刘国缙等均为辽南金、复、海、盖撤退的汉官，他们之间的关系也值得深挖。

总之，作为山阴州山吴氏二支三分穷宗的吴大斌，带着兄弟子侄前往辽东，通过结交宁远伯李成梁打开门路，得任东宁镇抚一职。清代史料完全未见吴大斌及族外孙甥马骢等曾为明代辽东卫所武官之事，这是清廷忌讳记载入关前臣属明朝史事的一个例子。而吴大斌浮海登州前曾投奔镇江吴宗道，中国官私史料均失载，却依靠朝鲜史料得以补充，这也提示我们：明清易代的历史中确实隐含着无限丰富的可能性。崇祯五年（1632）初，毛文龙部将孔有德等叛据登州，吴大斌以自尽开脱族人，终年77岁。其族外孙甥马骢，后也以谋内应而被孔有德所杀，显示州山吴氏家族与东江势力存在尖锐矛盾。吴大斌比吴宗道年轻，但辈分还大一辈（见下表）。

山阴州山吴氏世系简表

世系辈分	1	2	3	4	5	6	7	8	9	10	11	12
一支大分	均礼	渊	珲	璇	源	便	意	兑	有孚	孟明	邦辅	瑞祯
										孟登	邦璿	
										孟仁		
										孟文		
一支二分	均礼	潜	昱	镜	稜	统	德华	上恩	存正	承恩	大英	廷恩
二支三分	均礼	潜	旻	鈢	伟	相	九德	宗道	一麟			
二支三分	均礼	潜	旻	鈢	伟	相	九霄	凝道				
二支三分	均礼	潜	旻	鈢	佑	论	大斌					
二支三分	均礼	潜	旻	鈢	佑	论	大益	廷忠				
二支三分	均礼	潜	旻	鈢	佑	论	大圭	执忠	兴祚	秉均	绍曾	
二支三分	均礼	潜	旻	鈢	佑	谞	大武					
二支三分	均礼	潜	旻	鈢	佑	谘	大学					
二支三分	均礼	潜	旻	鈢	僎	谨	嵩	显忠				

二 吴宗道族弟：东江义士遗民吴廷忠

1. 吴廷忠其人

吴廷忠是吴大斌亲侄。《州山吴氏族谱·葵赤公小传》显示了更多吴氏族人在辽东活动的轨迹："公讳廷忠，号葵赤，自舞象勺时，即博瞻能文，而志不在是……时公伯父晴川公居辽，召公。公往，即命应清河试，入泮，旋补饩廪，尝以所学教授生徒，得宁、佟诸生数辈，肄其业，遂为兴朝从龙首彦。万历丙辰，会辽东失守，公等被俘，居常谓所亲曰：人生不得行其胸臆，虽百岁犹为夭。吾属去父母之邦而栖魂异域，一朝奄溘，与草木同朽，宁勿有愧于心乎？遂以计脱走，入海岛，谒毛帅文龙。"

吴廷忠正是相应伯父吴大斌召揽，前往辽东，在清河中式，以廪生"教授生徒"，不是教官就是私塾师，学生包括宁氏、佟氏等满汉弟子。

前者如"辽阳人"宁完我，自天聪年间已在文馆为"巴克什"，到顺治十五年（1658）九月以原衔少傅兼太子太傅、大学士致仕为止，一直为内院大学士[①]；后者如入关后与清帝数辈联姻、势倾天下的"佟半朝"家族，佟养真之孙佟国纲、佟国维家族，为康熙帝父子的母、后家族，从正蓝旗汉军被抬到镶黄旗汉军，又在编审册内改称满洲，却仍留于汉军旗下，成为一笔糊涂账。[②] 吴廷忠在教授生涯中，与宁、佟等满汉土著建立起师生关系，地点当在辽阳。辽东失守后，吴廷忠"被俘"却以计脱走，或当得益于这些关系。他入海后曾经投奔毛文龙，吴大斌也浮海至登州。这对伯侄的命运，不仅与建州努尔哈赤势力崛起有关，也与东江毛文龙势力消长相关。

崇祯三年，吴廷忠受明督师大学士孙承宗委派，到东江，帮助游击周文郁安抚毛文龙被杀后的纷乱岛众："周文郁入皮岛谕兴治，又督饷户部郎中宋献驻旅顺岛，谕各将安辑。承宗又遣诸生吴廷忠谕之，（刘）兴治等稍戢。"[③] 在周文郁入岛之前，吴廷忠已活动海岛多时，族谱记载了他投奔毛文龙却不见重的细节："时文龙数奏斩获功，朝野属望。公意其能建非常不世勋，惜文龙不能识公于牝牡骊黄之外，若伏波之于公孙述云，乃复弃去。诣阙下，会司礼监曹化淳奉使巡边，知公具戡乱才，熟边塞情，欲以总戎题请属公，公以进身阉宦为耻，勿就。时东事孔急，督师孙

---

① 参见《清史稿》卷232，《列传一九·宁完我》，第31册，第9359—9360页。
② 参见杨珍《史实在清代传记中的变异——佟国纲、华善奏请改隶满洲考辨》，载《清史论丛》2013年号，中国广播电视出版社2013年版，第73—99页。
③ 谈迁：《国榷》卷91，崇祯三年四月，中华书局1958年版，第6册，第5528—5529页。

公元化、都督陈公洪范驻节东平，乃以公为幕府参赞。公侗傥好直言，不能附媚，浸亦不相得，时事渐不可为矣，力辞隐去。"① 可见自辽阳逃脱后，吴廷忠即前往东江投靠毛文龙。此时，明清争夺辽东、拉锯正未分胜负。急需用人的毛文龙，却不待见吴廷忠，其中有何隐情？毛文龙与马骢的矛盾，似乎为我们破解毛、吴不协提供了线索。

天启三年五月，毛文龙报告欲约刘兴祚内应"计取南卫"被马骢破坏："广鹿岛游击张继善禀称：五月内遵谕驾船赴麻羊岛候接刘爱塔，因约内因，计取南卫，却被山东加衔都司马骢、守备金应魁等，与金州民谋挖民间窖内银钱，因便欲拿贼成功，遂即上岸，别兵不知其情失备，被贼杀死一名，活捉四名，绑解辽阳。奴酋亲审四兵，招出刘爱塔归顺天朝、相约内应、恢复辽阳等情，将四人碎剐。因于六月十三日差有马达贼九千，将金、复、海三州、永宁监各村屯，尽洗无遗。二十四日，洗黄皮寨，被汉人打死达子四十余名。"辽南民众因马骢在金州挖取窖银之举，蒙受重大损失，刘兴祚内应之事也被暴露。

至天启五年七月，毛文龙再次指控马骢："为中国之元气不可泄等事。臣自昔计授张盘恢复金、旅以来，每谓刘爱塔久有归心，因密嘱张盘潜为招接。不意被滑棍马骢挖民间所窖之钱，以致事泄，将臣数年心计大事，一旦败坏。……迄今张盘已陷，张攀新至，马骢又连被相溷，此何情景？臣已访之矣。奴自陷辽至今，已历五载，有花费而无出产，其最不足用布匹、棉花、绸缎、杂货，臣即奉旨招商，原为赡辽人以实军需，以我有余，禁彼不足。坐困贼奴，已得窘之之策。奈马骢托守汛地之名，竟与往来，私相贸市，贪一匹布卖银五两，一匹绸卖银五十两，不顾中朝泄气。总之，金、旅之事，权不归臣，致使神奸得以乘间逍遥，泄我机关，坏我大事也。"② 除旧事重提马骢金州挖银外，还揭出其与后金私贸匹布五两、匹绸五十两等大罪。毛文龙口中的马骢，是"滑棍"，是"神奸"，其罪行与天启七年登莱总兵杨国栋弹劾毛文龙"采参、掘金，大肆扰害"及"私通粟帛、易敌参貂""通商接济事出权宜，坑商货至百余万"③ 竟也类似。一方面，暴露明军内部一直存在与后金经济往来的事实，另一方面，也说明双方的经济联系，很难因政治关系的变化而割断。

问题的关键，并不在于明军与后金方面是否存在交通的事实，而在于

---

① 参见吴国楳《山阴州山吴氏族谱》30部，《叙传记·葵赤公小传》，第16—17页。
② 毛文龙：《东江疏揭塘报节抄》卷2，《天启三年七月二十二日塘报》，第14页；《东江疏揭塘报节抄》卷4，《天启五年七月二十五日具奏》，第58页。
③ 《明熹宗实录》卷83，天启七年四月乙卯条，第4042页。

由谁来做这些事,又由谁来主持评判?争论双方背后的势力,马骢代表登莱方面,与镇守东江的毛文龙争夺"战略地位",就像毛文龙与沈有容、毛文龙与武之望等登莱方面官员间的矛盾一样,都是双方争夺旅顺及"辽东半岛管辖权"①的表现,但内情恐还不止于此。

2. 与毛文龙东江势力的矛盾

崇祯五年年底,马骢在登州城内"擒贼以献"失败死难,证明了毛文龙参劾其经济问题,并不影响他的人生大节,马骢用生命践行了对明朝的忠诚和无可怀疑的政治立场。这也反衬毛文龙所谓的"滑棍""神奸"之说,与袁崇焕参劾毛文龙乃至袁崇焕本人被参诸情节有相似处,最后也都沦为了政治斗争的牺牲品。

《崇祯长编》所载马骢之死,与乾隆《绍兴府志》完全不同:

> 山东抚按朱大典、谢三宾等射书登城,谕降原任参将马骢结龚正祥等十六人谋内应,事泄,俱死之。时大典、三宾并居城外五里蜜水山破庙中,日按营垒,夜治军书,扫地为榻,与偏裨无异。贼每以中宵出兵扰之,二人不敢解甲……诸贼久在关外,谙习历练,城守事事有法……大典、三宾乃与监镇集议,为谕帖以射城中,开示祸福,俾早为反正,仍朱书纸尾,令马骢出城会话。骢,绍兴人,素有机智,城破为贼用,能得其欢心,每与密室画计。至是呼之使出,冀骢动故主之思,不然亦可以疑贼而败其谋也。既而果有降人订内应之约,则骢与被擒副将龚正祥及陷贼旧将陈朝柱、龙韬、董溢、洪声、刘应宗、岳永升等十六人,设誓歃盟,共拟擒贼以献者。谋既定,将于明日元旦有德、仲明行香水城时缚之,各官秉甲待晓。夜过半为永升门役苏有功所告。未明,二贼遽召诸将悉斩之,内应事遂不成。明年二月既望,有德、仲明相继浮海而遁,登城始下。②

崇祯五年,毛文龙东江部将孔有德等人叛乱,将登州城内军民扣为人质。马骢的表现兼具肝胆智谋,却因谋事不密,被隔墙有耳的门役苏有功告密而被杀,时间为十二月二十九日。

乾隆《绍兴府志》则载:"马骢,字最白,会稽人,万历四十六年武

---

① 参见张金奎《明代山东海防研究》第五、六章《明清战争期间的山东海防》的分析,中国社会科学出版社2014年版,第360—550页。
② 《崇祯长编》卷66,崇祯五年壬申十二月壬辰条,第3851—3853页。

举，曾任登州参将，崇祯六年死于孔有德之叛，阖门眷属亦皆死节……聪坚守一日，请援不至，至溃围出战，被创者十有六，乃被擒，不屈而死。……事闻，赐祭一坛，荫一子锦衣卫小旗。乾隆四十一年谥节愍。祀忠义祠。"① 不仅未载其任登州参将前在辽东都司的任何事迹，也与崇祯五年底马騌之死的实情相差甚大，当属另类虚构。

《崇祯长编》来源于毛霦《平叛记》："癸酉六年春正月初一日，贼杀降将马騌等十四人。城中诸贼最善守城，事事有法。毛承禄守水城，孔有德守大城南，耿仲明守城西，李九成守城东。九成死，则以王子登代之……攻围日久，计无所施。乃为谕帖以射城中，开示祸福，俾早投降。仍朱书纸尾云'着马騌出来讲话'。騌，原任参将，绍兴人，素有机智，城破为贼用，每与密室计事，能得贼欢心。谢监纪出都门时有言'此人可构者'而无其闲。至是呼之使来，欲騌觉我知其用事，惧而生心，不然亦使贼疑之耳。既而，果有贼中降人，密送内应之信，则马騌与被掳副将龚正祥并陷贼旧将陈朝柱、龙韬、董溢、洪声、刘应宗、岳永升等十四人，密谋设誓喋血定盟，共拟禽贼以献。虑先锋兵硬，不能下手，谋以元旦俟有德等行香水城时缚之，各官裹甲以待。适岳永升门子苏有功告变，贼遽召诸将，悉斩之，妻妾货产尽给有功，并统其众。事虽不成，然自此日疑其党，无固志矣。"② 乾隆《绍兴府志》塑造马騌战死的情节，与马騌联合登州城内其他14位将官谋内应未遂，被孔有德所杀、妻妾尽归苏有功的悲惨结局完全不同。

在吴大斌与马騌之死中间，似乎还贯穿着一条暗线。吴氏族人，自万历初年入辽开始经营，与李成梁家族的关系匪浅。万历三十三年，年已30岁以伯父毛得春嗣子身份入辽的毛文龙则属后来者。要在辽东分得一杯羹，毛文龙必须打破原来的利益格局，新、旧势力的矛盾恐难以避免。自镇江大捷后，毛文龙势头之盛一时无两，吴氏族人显然无能与抗。崇祯五年初，吴大斌以自尽换得族人生机，到马騌策划绑架孔、耿等失败被杀，都可看出在与东江势力斗争中，吴氏族人处在下风。由此吴廷忠不被毛文龙待见的原因，或许就可以看得更清楚。虽然登莱、东江两方，在对金政策、战略、战术方面存在分歧，但双方与后金的关系也有一致之处，即经济上私相授受、你来我往不绝如缕。

---

① 平恕等修：《绍兴府志》卷56，《人物志》十六《忠节》二，乾隆五十七年刊本，第8页A–B面。
② 毛霦：《平叛记》卷下，清康熙五十五年毛贡刻本，第67页B—68页A–B。

崇祯二年六月，毛文龙被袁崇焕诱杀于双岛，明廷欲迁岛众于辽。三年四月，刘兴祚之弟刘兴治叛于皮岛，督师孙承宗"遣诸生吴廷忠谕"刘兴治入岛。八月，已为刘兴治参谋的吴廷忠在小平岛面见游击周文郁。

《边事小纪》略云：

> 初二日东风发，兴治又携酒，诣余舟作别，令生员孙应科、参谋吴廷忠扶余于座而拜曰："兴治久在夷中，未识朝廷法度且误听小人之言，遂一时仇激。当日有教治抢朝鲜者、抢登州、据青州者，一闻开谕，如醉梦顿醒。公此来，不特为兴治一家曲全备至，且救了多少性命。望公回关，始终成就，兴治死不敢忘。"余乃屏左右问曰："所云抢朝鲜及抢登据青者是谁？"兴治曰："游击龚正祥劝抢朝鲜，都司徐大复云当抢登据青也。"①

崇祯三年从春到秋，吴廷忠受孙承宗指派帮助游击周文郁安抚东江刘兴治是史实，在《州山吴氏家谱》中也未提到。事实上，吴廷忠曾投奔毛文龙复弃，至为孙元化、陈洪范参谋，亦不甚得志，前后活动于东江一二十年，具体情形《谱传》完全失载，其中当有许多未发之覆。而劝刘兴治抢朝鲜的龚正祥，是与马驄同时殉难的登州将官。他与努尔哈赤身边的绍兴师傅龚正陆②是否有族戚关系？考察汉人在女真内部的生存、发展状态及其与登、辽、东江间的关系网络，加之与朝鲜、蒙古的牵连关系，正是明清易代史中最有意味却举步维艰的难题。

崇祯十年五月，吴廷忠代表都督陈洪范接见朝鲜使臣李晚荣，交代了五件事。其中，第一事即"急送接伴使于岛中，使两国声息相通。而馆穀之事，督府自办，毋贻贵国之烦费云。其他皆同仇共耻、合力恢剿事也"。李晚荣记载："吴赞画乃东征总兵吴惟忠之从弟也，居在浙江，陈都督辟为赞画也，似非寻常人也。说话间，赞画忧色满面，堕泪太息曰：'天朝贵国即是一家。不幸天朝外有诸狓寇掠近甸，内有流贼窃据岩阻，

---

① 周文郁：《边事小纪》卷2，《抚变》，《四库禁毁书丛刊补编》，北京出版社2005年影印本，第16册，第734、735页上。
② 《朝鲜宣祖实录》卷70，宣祖二十九年三月十七甲申3条译官李亿礼书启。日本学者和田清《清太祖顾问龚正陆》（载《东亚史研究·满洲篇》，第642—644页）及先师王锺翰《歪乃小考》（《王锺翰清史论集》，第740—745页）均向追索龚正陆真相不断逼近。

贵国被祸亦如此，天下事能不痛心。'泪下如雨。"① 所谓"东征总兵吴惟忠之从弟"，与吴宗道称吴惟忠"家兄"②，均为明末清初盛行的联宗表现。③ 浙江义乌人吴惟忠，与山阴州山人吴廷忠在血缘上并无亲缘关系，但吴廷忠、与吴宗道、吴有孚确为同族兄弟子侄。

天启元年镇江恢复及再陷前后，吴氏族人的动向很值得关注。毛文龙奇袭镇江，号召"镇江避难人民，暗通镇江士庶，咸共响应"，投奔吴宗道的吴大斌很可能参与其事；但吴廷忠投奔毛文龙却不受待见，显示东江势力与州山吴氏之间的矛盾，尤其是吴大斌、马骢的死难，凸显了明朝抗金势力内部矛盾爆发的恶果。

钱谦益记载这段史事时曾大发感叹："天启元二，东事方殷。缙绅靺韦，云集阙下，猎缨侧弁，而谈兵事。词垣则徐子先、顾九畴；卿寺则董见龙、刘梦胥、何天玉；台谏则游肩生；部郎则王季木、曹元甫；贵介则顾所建、茅止生、刘晋仲、翁孝先；布衣则孟羽尼、张任甫、金太初、胡敬仲；靡不骨腾肉飞，长肥脑满。购解飞之人，募凿空之使，迳将绳度白山，弓击绿水。期生少年金吾子，飞扬征逐，家世将坛，谙晓表饵，方略矢口，奋臂猎猎。然风生焰发，何其壮哉。迄今三十年所，星回物改，畴昔高谭阔步、请缨说剑之流，皆已化为碧血，漫为黄土。惟晋仲不知其存否？敬仲已作盲老，公余与提督幡然笃老，期生亦发种种矣。"④ 其中提到的"期生"就是吴兊曾孙、有孚长子孟明次子吴国辅，出继三弟孟益为嗣。吴孟明自万历四十六年中式京卫武举，袭祖荫锦衣卫正千户，考选北镇抚司理刑升指挥佥事，与游士任、孟淑孔辈"悉与接纳"，为营救楚人胡敬仲，触怒魏忠贤而遭削籍。崇祯改元，起补南镇抚司掌印，升堂上金书，再掌锦衣卫事，曾通过曹化淳营救以枚卜事入狱的钱谦益、瞿式耜，终以郑鄤一案忤温体仁再遭解职，时为崇祯十五年。他辞世于顺治十年，享年80岁。⑤ 孟明之弟孟登即大学士朱赓女婿，孟登子邦璿，在易代后，随朱大典抗清于金华，阖家死难。⑥

吴廷忠在东江活动持续十余年。崇祯十年五月，沈志祥叛于东江。朝

---

① ［朝鲜］李晚荣：《雪海遗稿》卷3，《崇祯丙子朝天录·丁丑五月》，《韩国文集丛刊》第30册，第92页。
② 《朝鲜宣祖实录》卷100，宣祖三十一年五月六日庚寅5条。
③ 参见何龄修《清初京师吸烟风等几个问题》中提到的吸烟风、吃喝风、人市和联宗等问题，载《五库斋清史丛稿》，学苑出版社2004年版，第718—738页。
④ 钱谦益：《期生金吾小传》，载《山阴州山吴氏族谱》30部，第25页。
⑤ 吴兴祚：《祖洲大金吾传》，载《山阴州山吴氏族谱》30部，第19—22页。
⑥ 参见《山阴州山吴氏族谱》30部，《都督吴公乾则暨傅夫人合传》，第27—28页。

鲜使臣李晚荣面见总兵陈洪范，吴廷忠仍为参谋。① 其后，吴廷忠或通过族孙锦衣卫的吴孟明，与司礼监曹化淳交往，却拒其"总戎"题请，概与崇祯末年吴孟明的失势有关。总而言之，启、祯年间吴廷忠往来东江、山东、京城，期待有所作为，风尘仆仆20年，却时势日非，不得展布，也是钱谦益"化为碧血，漫为黄土"的往事之一。

明清易代后吴廷忠归乡。《谱传》记载："迄兴朝定鼎之初，始归里，年已六十，自伤衰老，不得一展其胸臆。痛掉故君身殉社稷，言之必恸恸，辄病以累旬，诸子弟相戒，不敢以故国事为言。足迹不出里门，口不谭当世事，日以诗酒遣怀。丙戌，公之门人完我宁公居端揆，访求公迹于东鲁闽浙间，勿能得。至是始知旋里，命抚军萧公致书币迎公，公坚卧勿起，却其所遗，终不肯以刺通。其坚操劲节，始终勿变如此。猷生也晚，然犹及仰亲叔父颜色，周旋阙里，聆教言如一日。兹会大司马留村公重订家谱，猷偶被参校之任，因而环忆叔父畴昔高风，不揣鄙陋以志其实云。"② 传文作者是吴廷忠之侄树猷，至亲时近，所言可信度较高。

奔波一生的吴廷忠没有子嗣。他生于万历辛卯（1591），娶项里韩氏，"卒年五十九，葬姚家湾"概在顺治五、六年间。以侄应时（三兄存忠之子）继嗣；又曾以从弟、曾为榆木岭提调、辽东军前赞画吴大武之子禹道与陆氏妾所生子登元为继子。③ 一说其"年已六十，自伤衰老"，或有虚实之别。顺治三年，辽东旧门人宁完我遣人寻师及浙江巡抚萧起元书币聘请之际，吴廷忠也不甚衰老。吴廷忠的一生，从应伯父吴大斌之召入辽，至明清易代后回归山阴为遗民，早期辽东生涯与晚年东江活动，都与明清易代关系密切。

第一，吴廷忠是明末辽东诸多满汉生员的启蒙师，如辽阳宁完我、佟氏等，在入关前就得到江南世家山阴吴氏的教授。此种授受渊源，对认识

---

① 案：吴廷忠入陈幕概在崇祯五、六年登州恢复前后至崇祯七年七月之间。天启年间陈洪范任职陕甘。崇祯元年以甘州副将为都督同知（《崇祯长编》卷7，崇祯元年三月戊子，第383页）升南京右军都督府佥书兼提督大教场（《崇祯长编》卷10，崇祯元年六月乙未，第547页）；四年底以孔有德变起登州，升昌平总兵官（《崇祯长编》卷54，四年辛未十二月壬午，第3165页）入山东平叛，五年六月督兵到济南（《崇祯长编》卷60，五年壬申六月庚辰，第3440页）；七年七月移驻居庸关（《崇祯实录》卷7，崇祯七年七月戊戌，第207页）。崇祯六年，登州恢复，吴廷忠入幕与吴大斌以死脱子侄也可对应。

② 以上谱传均见吴国樑《山阴州山吴氏族谱》30部吕字集，《叙传记·葵赤公小传》，第16—17页。

③ 参见《山阴州山吴氏族谱》第20部《二支三分四至九世》，《八世》，第42、43页。

清初满族文化的发展过程有很大帮助。

第二，鼎革易代之际，吴廷忠在东江、京城的活动，显示多股政治势力的复杂斗争，尤其是州山吴氏与毛文龙之间的矛盾，廷忠接受孙承宗委派入海岛安抚刘兴治及与阉监曹化淳交往，至入陈洪范幕，都与东江、登莱史事及明清易代密切相关，可考诸多未发之覆。

第三，鼎革后的吴廷忠，谢绝一切外事，包括与过去学生、清初内院大学士宁完我、巡抚萧起元等人的联系，保全了义士与遗民的双重身份。

三 东征千总吴大圭祖孙的历史际遇

1. 吴大圭及兄弟子侄

吴氏族人中最富戏剧性经历的是吴大斌之弟——东征千总吴大圭（1565—1618）。其祖孙三代的历史际遇，不仅与吴宗道、吴有孚叔侄的类型不同，更与吴大斌、吴廷忠伯侄异帜，成为第三类有代表性的山阴州山族人：从东征千总转变唯辽人中的八旗奴仆，不仅兄弟从此分道扬镳，子孙后代也命运判然。

吴大圭是吴宗道的族父或族叔，被称为"越川公"。绍兴山阴州山吴氏第六世吴论生大斌、大益、大圭三子。其中，长子吴大斌率三弟吴大圭到了辽东，二弟吴大益居家侍亲。吴大益有四子：宗汉、成忠、存忠、廷忠，都随伯父大斌入籍辽东；三弟吴大圭生有二子：景忠和执忠。

吴执忠长子吴兴祚，即清初著名辽人督抚之一，为清廷平定郑氏武装、夺取福建、台湾立下了汗马功劳，却出身于正红旗下包衣奴仆。关于这一点，清史资料或者含含糊糊，或者割断他们与明朝的关系，唯有断了血肉仍连着筋的族谱留下蛛丝马迹。

吴执忠《匪躬公自序》云："先考越川府君明季随征关白，因家辽阳。执忠束发即事太祖、太宗于奉天。逮世祖皇帝受命，宅定区宇，从龙翊运，遂荷简拔，顺治初宰于顺天之丰润。嗣蒙宸眷，擢任西台，出为漳南布政司参议，卒役，复迁山东按察司副使。越二祀，仍有楚藩参政之命，夙夜祗图，涓埃未答……忠年已衰弊，且家于北方，有志而势不逮，尚以俟诸将来云。实康熙四年乙巳嘉平八世孙执忠顿首拜述。"[①] 清初内院翰林黄机也提到："公先世本籍山阴，与余为桑梓，且通门旧谊……公讳执忠，字匪躬，自始祖慎直公迄六世，皆为绍兴山阴之州山里人……公之曾大父也佑，生论，论生大圭，号越川，明世庙时，以千夫长领兵随征

---

① 吴国櫆：《山阴州山吴氏族谱》第 3 部，《修谱记叙辩》，第 26 页。

关白,是为公考,寓籍三韩,盖自越川公始……公少颖悟,多读书。岁乙卯年十四,甫游于庠,而我太祖武皇帝师克清河,公时方冲龄,器宇明敏,胆识过人。太祖见之色喜,命侍亲藩,佐理庶务。时宗社初立,用法严峻,人易犯诛。公委曲周护,多所获全。旧有流离散亡者,公咸收恤之,仰食于公者数十余家。其子若孙多冠裳,接踵于朝,其最盛者辛、高二氏焉。"① 透露执忠父吴大圭(越川公)为东征千总。东征结束后,留居辽东,"三韩"为辽东别称,州山吴氏"寓籍"辽东,就是从吴大圭这辈开始的。

大圭之孙吴兴祚《谱传》中多了一个细节:"公姓吴氏,名兴祚,字伯成,号留村。其上世居山阴之州山里,为通门右族。祖大圭,教授辽东之清河,值太祖龙兴,遂隶籍正红旗下。"② 千总吴大圭东征回国后,成为清河教授,职业与亲侄吴廷忠相同,唯地点有异。万历四十六年七月,后金兵攻占清河,吴氏族人的命运从此改变。

清军攻占清河时,清河守军因天雨火炮弹药受潮失效,未能进行有效抵抗。陷落之际,万余明军不是被杀就是被俘。金兵驻师边内13日,分配俘获人畜花了4天。③ 这即清河教授吴大圭一家遭遇变故之始:谱传记载时年17岁、已为庠生的吴执忠因得努尔哈赤喜爱,被分置亲王家中佐理庶务。正红旗亲王为代善,努尔哈赤次子,皇太极之兄,天聪、崇德朝的四大贝勒之首,称为大贝勒。吴执忠服务代善府达十余年,直到顺治四年以贡士身份就任丰润知县,这或许就是他能够庇护故人辛氏、高氏家族的资本。但吴执忠之父吴大圭的结局,未见载于史料。

《山阴州山吴氏族谱》仅记吴大圭葬清河:"大圭,字叔晋,号越川……嘉靖乙丑(1565)三月廿一生,娶在城王氏,生子二:景忠、执忠,女二。随征关白,领兵千总,升清河卫守备,升盖州城守尉。以子执忠贵,敕赠文林郎……卒,葬辽东清河卫威宁营东北五里坐北向南。"④ 这段行传未提吴大圭教授清河之事——吴兴祚《谱传》载祖大圭"教授清河",事在"太祖龙兴"之前。此外,吴大圭卒年空缺。从《匪躬公自

---

① 吴国楫:《山阴州山吴氏族谱》第31部,《赞状志表·中大夫湖广粮储道布政司右参政匪躬吴公墓志铭》,第67页。
② 吴国楫:《山阴州山吴氏族谱》第30部,《叙传记·都统前总督两广兵部尚书留村吴公传》,第16页。
③ 《满文老档·太祖》第7册,天命三年五月至十二月,中华书局1990年汉译本,第65—66页。
④ 吴国楫:《山阴州山吴氏族谱》第20部,《二支三分四至九世》,《七世》,第17页。

序》得知州山吴氏家谱重修于康熙四年，"辽阳清河卫庠生"吴执忠亲自作序，却不知亲父卒年空缺，除了忌讳记载这个年份之外，似乎也找不到更好的解释。

此外，吴执忠之兄吴景忠卒年也是空白。从生年推断，清河沦陷时，吴景忠正好20岁："景忠，行钦百廿四，通行萃一千百十六。万历己亥九月初二生，卒葬辽东。"① 本来，仅从这点还无法确定吴大圭、吴景忠父子死于清河城破，反倒是这些特别的隐晦、空缺，反衬事实基本成立。可以肯定的是，吴大圭幼子吴执忠被俘免难，导致清代八旗中出现了一支正红旗下的吴氏族人，而黄机撰写吴执忠墓志铭时，特意避开三点：一是清河城破，吴执忠成为俘虏；二是免于被杀，概因侥幸；三是被置旗下为奴，清朝术语叫"包衣"。

因此，清朝《八旗满洲氏族通谱》中出现一支世居铁岭的吴氏："吴伦，正红旗包衣人，世居铁岭地方。国初来归，其子达奎原任千总，达益原系生员，孙治忠原任湖广粮道，成忠原系举人。曾孙吴兴祚于福建巡抚任内平定海寇有功，授骑都尉兼一云骑尉，任两广总督卒。其孙吴义增袭职。现任散骑郎兼参领；又吴伦之曾孙吴兴宗，原任知府，吴兴祖原系举人，吴兴济原任知县；元孙吴秉政现任知府；吴秉义、吴秉公、吴秉经、吴秉礼、吴秉智俱原任知县……"② 赫然记载吴兴祚曾祖吴伦是正红旗包衣人，世居铁岭地方。如果没有族谱可资对照，又有谁能看出其中奥妙？

《山阴州山吴氏族谱》记载吴论（1506—1570）行传如次："论，号守庵，行相三十三，通行序百三十八。正德丙寅八月初七日生，娶梁枋通判秦伋女，生女一，适水澄巷刘；继娶沈氏，又娶傅氏，又娶宣氏，生子三：大斌、大益、大圭。以孙执忠贵赠中大夫湖广粮储道布政使司右参政，秦氏、宣氏俱赠淑人。又以曾孙兴祚贵进阶光禄大夫，福建巡抚兵部尚书兼都察院右副都御史正一品，秦氏宣氏俱一品夫人。康熙甲子又以曾孙兴祚进阶光禄大夫总督两广兵部尚书兼都察院右副都御史正一品，秦氏宣氏俱一品。卒年六十五，葬宋家山。"③ 生于正德年间的吴论，享年65岁，当卒于隆庆四年，葬地宋家山，在山阴"本里"，当时吴氏族人尚未涉足辽东。

---

① 吴国楳：《山阴州山吴氏族谱》第20部，《二支三分四至九世》，《八世》，第42页。
② 《八旗满洲氏族通谱》卷74，《吴氏》，上海古籍出版社1987年《四库全书》影印本，第456册，第310页。
③ 吴国楳：《山阴州山吴氏族谱》第20部，《二支三分四至九世》，《六世》，第8页。

谎言或始于吴执忠。被俘为奴后，既不能提起故国家园，又须有前世今生，除了靠编没有更好的办法。于是世居山阴、葬于"本里"宋家山曾祖吴论变身为"世居铁岭地方"的"吴伦"，被收入《八旗满洲氏族通谱》，祖父吴大圭变为《通谱》中的"达奎"，万历年间的千总的身份，只留下模糊的暗示；伯祖吴大益成为"达益"。若非有《山阴州山吴氏族谱》参照，从何得知"世居铁岭"的满洲吴氏是从绍兴山阴暗度陈仓而来？吴大圭以幼子吴执忠被俘，其世居绍兴、安葬山阴的亲父吴论，亦变身为清朝"国初来归"的正红旗包衣人"吴伦"，在死后多年被挪到了东北铁岭。

吴执忠比兄景忠小3岁："执忠，字汝荩，号匪躬。行钦百廿七，通行萃一千一百四十六。万历壬寅二月初一生，娶辽东东宁卫指挥使孟德春女，生子一兴祚。妾于氏生子一兴基。又妾程氏生子一兴都。由辽阳清河卫庠生，顺治丁亥贡士，授丰润县知县。行取山东道监察御史外转福建漳南道布政使司参议升怀隆兵备道，山东按察使司副使，升湖广粮储道布政使司右参政。孟氏累封淑人。……卒年七十三，葬京师平子门外龚村。"① 从其长子吴兴祚生于"崇祯壬申年（1632）"②，推测清河城破时17岁的吴执忠为奴服务代善府中14年后，才娶妻生子。

留山阴养亲的吴大益生有四子，也先后入籍辽东。吴执忠的墓志铭还记载："常自以生长于辽，念及祖居，则黯然而叹。初入关即访招族侄，至是宦成，亟游越里。扫封茔，仰堂构，历询耆旧故事，登陟先人钓猎遗址，低徊留之……本支之谊，蔼如更多。助给嫁娶丧葬之贫者，今伯成之于族谊特殷也，实推广于公之遗念云。从兄有三孤，公为衣食教训婚配之，及其孙亦一体抚鞠，皆恃以成立。"③

吴执忠抚养从兄"三孤"即二伯吴大益之孙。大益四子：宗汉，辽东自在州庠生，卒葬辽东清河；成忠，辽东自在州庠生，卒葬登州；存忠，卒葬辽东；廷忠，清河卫庠生，提授参赞山东巡抚军务，卒年五十九，葬姚家湾。除老三存忠未得功名，宗汉、成忠均为自在州庠生，廷忠为清河卫庠生。可见，吴氏族人均在开原、清河等地取得功名。但宗汉、存忠也都死于清河城破。唯成忠、廷忠逃生，成忠卒葬登州，与伯父吴大

---

① 吴国桢：《山阴州山吴氏族谱》第20部，《二支三分四至九世》，《八世》，第42页。
② 吴国桢：《山阴州山吴氏族谱》第20部，《二支三分四至九世》，《九世》，第73—74页。
③ 吴国桢：《山阴州山吴氏族谱》第31部，黄机：《中大夫湖广粮储道布政司右参政匪躬吴公墓志铭》，第71页。

斌同，唯廷忠归葬山阴。存忠子应昌、成忠子兴宗与兴祖，即吴执忠抚养的"三孤侄"①。

实际上，州山吴氏入籍辽东者不止这吴论这家。如曾为榆木岭提调、后为辽东军前赞画的吴大武，为吴论弟谔子，其子吴登元后为从兄吴廷忠继子。可见州山吴氏分布在辽东开原、铁岭、清河、辽阳、盖州、镇江等地族人不少，都因易代流离失所：清河吴大圭父子死难，幼子执忠被俘为奴；辽阳吴大斌、吴廷忠叔侄逃往山东等地。吴大斌是吴论家族闯关东的领头大哥，终以幼侄吴执忠苟活，始有正红旗下吴兴祚在易代之后崭露头角，成为清初著名"辽人"督抚，州山族人也自吴执忠开始，成为旗下新贵。这个江南世家的南北渊源，未因易代而斩断，这也是黄机所说"寓籍三韩，盖自越川公始"的真相。

2. 正红旗下的吴兴祚

明清易代之后，州山吴氏族人中最为著名的是吴兴祚，从正红旗下的王府包衣旗人中脱颖而出，依靠在东南沿海与郑成功武装抗衡、较量的汗马功劳，获得了清廷的"超擢"，成为清初著名的汉人督抚：

> 吴兴祚，字伯成，汉军正红旗人，原籍浙江山阴。父执忠，客礼亲王代善幕，授头等护卫。兴祚自贡生授江西萍乡知县。金声桓叛，郡县多被寇，萍乡以有备独完。坐事罢，旋以守御功复官，授山西大宁知县，迁山东沂州知州。白莲教啸聚为患，兴祚开谕散遣之，复坐事，降补江南无锡知县。县吏亏库帑，更数政未得偿，官罢不能去。兴祚至，为请豁除，其当偿者出私财代输。清丈通县田，编号绘图，因田征赋。飞诡隐匿，皆不得行，县徭役未均，最烦苦者为图六。兴祚以入官田征租雇役，民害乃除。岁饥，为粥食饿者。八旗兵驻防苏州，兴祚请于领兵固山，单骑弹压。兵或取民鸡，立笞之，皆奉约束。塘溢，兵不得度，立竹于塘旁，悬灯以为识，骑行如坦途。……康熙十三年，迁行人，仍留知县事。用漕运总督帅颜保荐，超擢福建按察使。②

吴兴祚从无锡知县骤升福建督抚，一直被认为是异数："洪承畴以内

---

① 参见《山阴州山吴氏族谱》第20部《二支三分四至九世》，第42—43页；第31部，金之俊《皇清诰封孟淑人墓志铭》，第78页。
② 《清史稿》卷260，《列传》第47，《吴兴祚》，第33册，第9862—9864页。

阁经略五省，吴兴祚由知县三年升总督，皆异数。"① 清末陈康祺也特记吴兴祚由"知县骤升臬司"："康熙间，无锡知县吴兴祚，以漕督帅颜保保荐，特擢福建臬司。"② 帅颜保是清初内院大学士希福次子，康熙初年，超授内国史院学士，历仕吏部侍郎、漕运总督、工部尚书、礼部尚书。十二年，任漕督时疏荐山东粮道迟日巽、河南粮道范周、无锡知县吴兴祚等。③ 希福家族与州山吴氏的关系尚不清晰，但仅凭这点，似乎不足以让吴兴祚骤得重任。

吴兴祚的"异数"开始于康熙十五年④，从无锡知县特擢福建按察使，参与平定东南沿海的抗清势力。在江西贵溪，有明朝宗室宜春王朱统锠活动"吴兴祚设计遣投诚总兵蔡淑佯回贼营以作内应"⑤，瓦解其军，初露锋芒。康熙十七年，吴兴祚擢任福建巡抚。当时福建总督是姚启圣，富有血性且敢作敢为，也当是被俘编入镶红旗的汉军人：

> 姚启圣，字熙止，浙江会稽人。少任侠自喜，明季为诸生。顺治初，游通州，为土豪所侮，乃诣军前自效。檄署通州知州，执土豪仗杀之，弃官归。郊行，遇二卒掠女子，故与好语，夺其刀杀之，还女子其家。去附族人，籍隶镶红旗汉军。举康熙二年八旗乡试第一，授广东香山知县。前政负课数万系狱，启圣牒大府，悉为代偿。寻以擅开海禁，被劾夺官。⑥

代偿的内情，袁枚的记载最为生动："明末广东寇灾，民税不登．知县坐负课，狱系者七人。公叹曰：'明年增吾为八矣'！乃张乐置酒，出七人于狱，痛饮之，为办装遣归。而通牒大府云：'七令名下应追金十七万，已于某月日收库讫'。督抚惊疑公巨富，代偿帑行善；而不知公故寒士，实未办，作何偿也？居亡何，三藩反，天子命康亲王南征；公谓其友吴兴祚曰：'我贾祸大，非佐王立奇功，不得脱。欲说王，非子不可！'吴许诺。乃予金五千，俾通门阑之厮；又阴探王好弹，为造十万丸银泥

---

① 赵吉士：《寄园寄所寄》卷6，《焚麈寄·科名》，《四库存目丛书》，子部，第155册，第237页。
② 陈康祺：《郎潜纪闻初笔》卷2，中华书局1984年版，第38页。
③ 《清史稿》卷232，《列传第19·希福子帅颜保》，第31册，第9348—9349页。
④ 《清圣祖实录》卷64，康熙十五年十一月丙申，《清实录》，中华书局1985年影印本，第4册，第822—823页。
⑤ 《清圣祖实录》卷69，康熙十六年十月丁未，福建巡抚杨熙疏报，第886页。
⑥ 《清史稿》卷260，《列传》第47，《姚启圣》，第33册，第9857页。

封，杂施五采，藉吴献之。吴亦貌玉立甚□，熟悉八闽厄塞、钱粮、兵马之数。王与语大悦，飞檄广东，辟公参谋。督抚知为公所卖，迫于王命，不得已，将所亏帑强海商填库，而遣公行。"①吴兴祚与姚启圣这两位同乡，配合默契，豪赌人生。而清初的环境和政策漏洞，也有助其冒险成功并做出更多惊人之举。

姚启圣曾自疏："臣于康熙十七年十月进兵至凤凰山，因一时投诚者多，犒赏不继，与抚臣吴兴祚议及外省贸易，颇有微利，前督臣李率泰、经略洪承畴曾借帑为之，遂冒昧上疏，未蒙俞允。臣自入仕，京师未有产业，而军前捐银十五万有奇者，香山罢官后，贸易七年，得积微赀，并臣浙江祖产变价及亲朋借贷，经年累月而后有此。"②姚、吴两人曾欲步武李率泰和洪承畴，以外省贸易盈利吸引抗清武装而未获允。姚启圣罢官后做了七年生意，甚至变卖老家祖业、借贷亲朋，投入全副身家性命与清朝绑在一起。通过吴、姚二人，略可窥见清廷所得绍兴地方家族襄助，不仅包括现成的物质财富、人际和社会关系，甚至捐生弃命亦在所不惜。

当时郑锦在台湾，遣刘国轩围攻福建漳州、泉州等地，吴兴祚以标兵赴援，募水师与战；次年合姚启圣兵再战郑氏水师，修理战舰 250 艘③、督造乌船、齐集江南炮手，并请"令浙江督抚、发标兵二三千人来延平固守要害"④：催调浙江总督李之芳、巡抚陈秉直抽选浙兵赴闽，更募有"资力壮健兵丁五千"补隶浙江各营。注重水战，立足故乡，吴姚搭档，堪称绝配。这些都是满洲八旗军队做不到的事情。

他们还采用福建漳蒲人黄性震的修来招抚法，对郑氏武装进行釜底抽薪的打击："建立修来馆，以收纳归诚将士来降者。无真伪，胥善待之；夏屋美衣，车马仆从，炫耀街衢。由是，海上诸党多潜来归顺。具白启圣，分别授以官，可用者竟实用之；至者如归，皆大喜过望。得海上间谍，悉不杀，厚赐之，恣其来往，即用以侦海上事。凡敌人举动，罔不知者。视岛中良将及所信任腹心有才干智谋者，或大书其官爵、姓氏，标之公馆，饬备供应；侦者以为实然，辄阴报海上，疑而杀之。由是贼人自相

---

① 李桓辑：《国朝耆献类徵初编》卷 159，《疆臣十一·姚启圣》，清乾隆刻增修本，第 26B—27A 页。
② 《清史稿》卷 260，《列传》第 47，《姚启圣》，第 9859—9860 页。
③ 《清圣祖实录》卷 86，康熙十八年十一月壬子，第 1094 页。
④ 《清圣祖实录》卷 75，康熙十七年七月辛酉，第 967 页。

疑贰，来归者日益众。一鼓而平十九寨，复海澄，克厦门、金门。"① 郑经的五镇将黄靖、廖屿、赖祖、金福、廖兴降以及林麟、詹天枢、陈彬、郑奇烈、林翰等先后归降清朝。康熙十八年八月，福建巡抚吴兴祚疏报招抚郑氏总兵蔡冲珮等 3 员、官员 85 名，兵丁 12517 人，招回岛民 3190 余名，共获大小船 67 只，分拨水师营用。② 次年，吴兴祚再疏台湾"逆党"刘天福率众投诚；和硕康亲王杰书疏报："伪将军江机等聚众恃险，通连海寇，为福建、江西、浙江三省之害已久。今福建巡抚吴兴祚等宣示招抚，江机等率领伪官" 1138 员、兵丁 43629 名投诚，各分别归农补伍。"③

吴兴祚和姚启圣，"两公以乡里交欢，指画军事如桴鼓。姚公御寇于漳，而泉州被围急，公赴援。时抚辖三营方屯戍漳州，分汛上游者，又不可卒调，竟不能成一旅。乃大集西山降众，佐以募卒、材官、家僮统之，乘间趋兴化，抵白鸽岭"，以次恢复永春、德化诸县，"旋省密疏请制乌船，又自制八浆船联络沿海渔户，鼓行而进"，且"不惜金钱官爵牢笼"郑氏官兵，甚至不恃荷兰夹板船至先行攻克厦门，"与总督姚公合宣露布而归美于亲王将军以下……圣祖仁皇帝嘉悦之，有倡先平海，克奏肤功之褒。晋秩兵部尚书，予世荫。公已操胜算，具疏欲乘胜直捣台湾。部议抚臣宜镇守，格之。迁两广总督。后一年，遣将军施琅取台湾，悉如公策"④。

即使"归美于亲王将军"，吴兴祚的功绩也很抢眼："进剿海贼一案，原系吴兴祚、万正色会同定议，不俟荷兰国船只即奋勇前往，志靖海氛。万正色领水师先行出洋，吴兴祚率陆兵互为声援。驱除海逆，克奏肤功。"⑤ 姜垚曾表彰"吾越固多伟人杰士，其在本朝扈从入关者有沈文奎、姜新诸公。今上继统，剪逆乱清海疆，则有吴兴祚、姚启圣同时奋起，为国桢干。而吴公更忠雅慈惠，朝野莫不欲瞻其颜色，卒以尽瘁疆场，竟其素志。大臣报国之谊，不当如是邪？"⑥

清初平定东南沿海，借大力于东南士绅，深刻表现在吴、姚这样被纳

---

① 钱仪吉：《碑传集》卷41，《内阁九卿》中，蓝鼎元《黄太常性震传》，《清代碑传全集》缩印本，上册，上海古籍出版社1987年版，第216页。
② 《清圣祖实录》卷83，康熙十八年八月癸酉，第1058页。
③ 《清圣祖实录》卷90，康熙十九年六月丁卯，第1149页；甲戌，第1141页。
④ 姜垚：《都统前总督两广兵部尚书留村吴公传》，《山阴州山吴氏族谱》第30部，第17—20页。
⑤ 《清圣祖实录》卷94，康熙二十年二月庚寅，第1189页。
⑥ 姜垚：《都统前总督两广兵部尚书留村吴公传》，《山阴州山吴氏族谱》第30部，第20—21页。

第九章 南兵北将的变迁轨迹 441

入旗下、却仍扎根故里的世家子弟,个人才能突出,家族财力充裕,本身职品低下,被超擢显员后,积极性、创造力迸发,充分挖掘自身乃至整个家族的潜力,爆发出惊人的社会动员力量,为清朝统治的建立和巩固鞠躬尽瘁,吴、姚两人就相当典型。康熙二十年,吴兴祚擢两广总督;二十四年,以疏请于广东、广西设炉鼓铸,被劾"鼓铸浮冒"调用副都统;康熙三十五年,随征噶尔丹,效力坐塘,次年卒,终年 67 岁。

很显然,吴兴祚的才干和社会关系,保证了他以亲藩旧人得到的机会:"圣祖破格登庸,以七品卑官骤迁宪长"的根本原因就在于此。如果不能胜任,他的命运与前任不会有任何区别:"无锡当南北孔道,苦供亿。(吴兴祚)抵任时,前官亏帑金不得归者三人,役之在狱者三十余人,公慨然力为补苴请豁,官得归,役得出狱,金曰:'吴公生我。'"①而所谓的"清贫"和"清操俊节",也为立体观察吴兴祚提供了另一个视角:

> 吴都督兴祚仕宦四十余年,位一品,所得禄赐,尽以养战士,遗亲故,而居无一厘,囊无赢金。自两广还京师,与无锡秦谕德遇于瓜州,脱粟枯鱼,酸寒相对。谕德曰:"公贫乃至此乎?"明日与别,公喜见眉宇,告谕德曰:"适有饷米数十石者,不忧馁矣。"见谕德所为公行状。从古天挺伟人,树立勋伐,固无不自清操俊节中来也。②

吴兴祚在担任无锡知县时,"族人至其治者踵相接也。公谊笃宗支,无论戚疏,必使称愿,盖十余年如一日焉。及公膺特简,秉宪入闽,道远数倍于锡,其至闽者,不减于锡也,而公待之则有加。迨公由秉宪晋开府……独与族人羁旅致惓惓焉。今膺命节制两粤矣,公言念族人何可使跋涉蛮烟瘴雨,不远六千里至岭外乎?爰为计贫乏者数百余家,差之以三等,约所惠者七千余金。而宗人之为侨若胲者,又汲引奖借,俾纳赀通籍,更仆未易数也"③。可见跟从吴兴祚讨生活、得接济的族人数多量大,甚至可以组织起来与抗清武装对抗。从无锡到福建再到广东,吴兴祚周济

---

① 陈康祺:《郎潜纪闻二笔》卷6,《吴兴祚之治行》,中华书局1984年版,第436页。
② 陈康祺:《郎潜纪闻二笔》卷6,《吴兴祚之清贫》,第436页。
③ 姜希辙:《赡族碑记》,载《山阴州山吴氏族谱》第30部,《赡族记》,第1a—2b页。

族人"赡给宗党不下数万金"①，他的财富来源是不是更令人好奇？

吴兴祚之父吴执忠，曾任福建漳南道、湖广布政司参政。"尝以两昼夜成布囊万余"飞挽供应前线，"功之在闽楚者不必汗马挥戈"②，未得大贵。福格所言"吴兴祚，汉军正红旗人"③并不准确，多数清朝史料沿袭其误。在清朝，上三旗内务府与下五旗王府的包衣，与八旗汉军分属两个系统，这是治史者不得不知的故事。④

如浙江平湖人陆菜，年十四"为镶黄旗带子阿什兔所俘"，遂认"阿什兔主人"、八旗固山"诚顺伯"马光远为父。后其亲生父亲"亲诣诚顺伯里第，乞放公归"得许归乡。后陆菜改名陆世枋，补平湖诸生，考选清内弘文院办事中书舍人。当马光远疾寝时，陆菜自三千里外往"侍汤药，奉含殓，疏麻服丧……躬亲送死"⑤，也是受一日奴、终身仆的八旗制度制约。康熙十七年，陆菜中式博学鸿儒科，授翰林院编修、充明史篡修官。他回忆过往："申酉之闲，风尘莫掩。师下江南，独被俘获，燕台囚服，饮血三年，戊子之岁，夏日见兄，冬日依父。如入墨辟，其赎百缓，言还里门。"⑥固然陆父已花"百缓"大价为之赎身，陆菜仍须为马光远尽最后的义务，这才是历史真相的另一面。论在旗资格，吴兴祚比陆菜老得多。但无论是封疆大吏，还是神童文胆，均摆脱不了同为旗奴的禁锢，这是清朝统治的一个突出特点，也是鼎革之际由明入清汉家子弟的共同命运。

风平浪静之后，吴兴祚的生活风流雅致："伯成风致甚俊爽，出则重髇吹螺，大帅戎服，帕首袴韝铧，以威见惮；入则衣轻衣，从小僮二，怀铅提椠，与骚人雅士酌酒分韵。所著有《宋元声律选》、《史迁句解》、

---

① 吴国桱：《山阴州山吴氏族谱》第 30 部，《叙传记·都统前总督两广兵部尚书留村吴公传》，第 21 页。
② 吴国桱：《山阴州山吴氏族谱》第 31 部，黄机《中大夫湖广粮储道布政司右参政匪躬吴公墓志铭》，第 69—70 页。
③ 福格：《听雨丛谈》卷 3，72《八旗直省巡抚考》，中华书局 1984 年版，第 68 页。
④ 案：王锺翰师曾指出清内务府三旗人在《题名录》、《缙绅录》内照例不写"内务府"三字，而隶内务府的包衣汉人，习惯上称"汉军"（即包衣汉军），很容易与八旗"汉军"弄混，这一点"治清史者不可不知"。见《清代八旗中的满汉民族成分问题》，载《王锺翰学术论著自选集》，中央民族大学出版社 1999 年版，第 154—155 页。关于包衣与汉军的区别，尚可参见张玉兴《包衣汉姓与汉军简论——八旗制度兴衰的一个历史见证》，载阎崇年主编《满学研究》第 7 辑，民族出版社 2002 年版，第 323—343 页。
⑤ 钱仪吉：《碑传集》卷 40，《内阁九卿》上，毛奇龄《予告内阁学士兼礼部侍郎陆公菜神道碑铭》，《清代碑传全集》上册，第 215 页中下。
⑥ 杨锺羲：《雪桥诗话余集》卷 2，北京古籍出版社 1992 年版，第 61 页。

《粤东舆图》，后徙古北口都统，卒于官。"①

吴兴祚学养不错，尤好填词，如《留村词》入选聂先《百名家词钞》；《踏莎美人·送顾梁汾之江右》《题王右丞初冬欲雪图》等入选蒋景祁《瑶华集》；《送孙恺似孝廉》诗入选《清诗别裁》：

> 沁园词客旧知名，曾在杨花渡口行。佳句已传箕子国，归心又向阊阖城。白苹风细扁舟稳，青桂香浓小苑清。吾亦有庐江上好，秋来鲈鲙不胜情（恺似曾使高丽采诗，故有第三句）。吴兴祚字伯成，辽东清河籍，旧本浙江山阴人，官至大司马，著有《留村诗稿》②。

沈德潜对其旗籍略而不提，省了不少说明的麻烦。

在明清易代前后，州山吴氏族人的经历，淋漓尽致地展示了这个江南世家大族成员，在风云激荡的纷乱世变中，复杂的经历、跌宕的命运与不同结局。无论是出自二支三分和一支大分的吴宗道、吴有孚叔侄，还是深刻涉足明清变局秘事的吴大斌、吴大益、吴大圭三兄弟及子侄吴廷忠、吴兴祚等人的生平，都反映这个家族的不同成员在政治抉择上的多样性。

首先，尽管人生际遇各不相同，但家族成员间的血缘联系却不因改朝换代而断绝。吴大斌辈分最高，吴宗道、吴廷忠与吴兑同辈，吴有孚与吴兴祚同辈。这也提示我们，明清政权的转移与建立，固然离不开江南世家大族的积极参与全力支持，而世家大族与统治政权结合的紧密度，也决定了该家族的盛衰，这是一个双方双向互动的选择过程。

其次，州山吴氏家族的经济建设，当发轫于吴兑总督宣大时期，执行"款房"政策，大力从事与蒙古的政治、经济及军需生意③；继之兑子吴

---

① 钱仪吉：《碑传集》卷64，《康熙朝督抚·两广总督吴公兴祚传》上册，第325页。
② 沈德潜选：《清诗别裁》卷13，上海商务印书馆1958年版，第二册，第102页。
③ 吴兑家族"有周楷者自称军门表弟，将布五千匹，托ների散与兵士，扣月粮为价，第不敢徇，随禀之总府。后军门闻知，将楷递解回籍，因此移怒，牢不可破"（万历十年七月，金云铭著《陈第年谱》，台湾大通书局，第49页）。至与蒙古的生意如"装送兵器、火器赂俺答"（《明神宗实录》卷132，万历十一年正月癸酉，第2460页）及"岁装送北房金缯之属数百扛，以求不犯；推补参游等官将缺之善否定价有差"（《明神宗实录》卷135，万历十一年三月甲辰，第2525页）等，故其政治靠山高拱倒台，吴兑致仕，均从经济把柄抓起。

有孚、族弟吴宗道因地制宜，利用中朝边境的中江贸易通道及水师，从事与朝鲜的边贸及海上贸易，年发货 20 船左右；而姻亲外孙甥马骢通过与女真后金的纺织品、杂货等贸易，获得厚利而为毛文龙所攻；至易代后吴兴祚与"海商"① 的关系及"鼓铸浮冒"离任两广总督，都提示了吴兴祚的财富来源：相对盈利丰厚的海内外贸易市场，鼓铸浮冒或许还是一个小问题。可见，这个家族的财富积累，不仅历经数代未曾断绝，而且形成利用体制便利、从事外贸的传统特色，其贸易对象包括蒙古、朝鲜、女真及海内外市场，几乎遍及内陆欧亚及东南沿海。

最后，山阴州山吴氏族人的文化地位也不容忽视：无论是作为宁、佟氏满汉弟子启蒙师的吴廷忠，还是吴大斌兄弟子侄在辽东自在州、清河、辽阳等地中式庠生、从事教授的资历，甚至吴兴祚的风流倜傥，都说明作为江南世家大族的州山吴氏族人所拥有的明显文化优势。

总之，山阴吴氏族人的经历和命运，丰富细致地演绎了明代万历援朝战争以来，一个世家大族子弟谋生的道路。他们在政治上的多样选择、经济上的不懈追求和文化上的制高占位，表现出明末清初江南世家的一些鲜明特征；而明清统治政权，无论是建立过程和运转方式等，都离不开这些世家大族的参与、支持，他们的向背也直接影响到国家政权的迁移与变化。

---

① 除前文提及吴兴祚、姚启圣合谋用"海商"补偿清欠事外，吴任两广总督四年，仅澳门"旱路界口"的"自由航海及粤澳贸易"一年税银加"私抽"就有 2 万两左右（转引自汤开建《清朝初期澳葡政权的走向及与清政府的关系》，载高伟浓主编《暨南史学丛书・专门史论集》，暨南大学出版社 2002 年版，第 329 页）。康熙二十三年二月，吴兴祚到澳门界口，有《抵香山炮舟从陆经翠微村前山寨官匿至濠镜遍观炮台及诸形胜薄暮留树宿》诗，其中"负贩纷纷多估客，辛苦言从澳里归"描写界口贸易的繁荣，表现的正是海外市场各航线的起点，亦可参见。

结　　语

战与礼，本来就是人类历史上最古老也是最重要的两项活动。在当今全球化的视野下，观察和研究战争，自然不应也不能再局限于单纯的军事攻防及纯粹的技术探讨，而须透过军事活动，看到与此相关的各个层面及这些层面所在的整个世界间的广泛联系：包括政治、经济、军事、社会、思想、文化联系等。这既是理想状态，也是追求目标。

万历援朝战争，是发生在16世纪末朝鲜半岛及所属海域、历时7年的国际大战。参战的明朝、朝鲜联军，与发动战争的日本军队间，既进行过规模空前的陆战、海战，也不断有大大小小、反复多变的和谈、反转，打打停停之间，手忙脚乱、莫名其妙乃至令人困惑的现象也多有出现。可以说，是拒绝"线性历史观"的最佳场域，充满了"线索之外的旁逸斜出与曲折反复"[①]，以致这场持续7年的战争，到底是为什么打起来的？究竟有没有输赢？至今仍无一锤定音的结论。

比如西方研究者，从美国学者玛丽·伊丽莎白·贝里肯定"远征朝鲜，旨在让整个亚洲震慑并给后代确立秀吉的伟大"，到 Kenneth M. Swope Jr. 的折中观点："贸易是个更重要的角度，争论丰臣秀吉的真正意图很难，中国和朝鲜都不愿承认他的地位。"[②] 近年来，与加拿大塞缪尔·霍利认为丰臣秀吉第一次入侵朝鲜战争的"目的是先征服中国，再征服全亚洲"；而第二次入侵只是为了夺取土地，为了"安抚太阁受伤

[①] 参见侯旭东《宠：信任型的君臣关系与西汉历史的展开》，北京师范大学出版社2018年版，《序言》。

[②] 参见［美］玛丽·伊丽莎白·贝里《丰臣秀吉：为现代日本奠定政治基础的人》（江苏人民出版社2017年版）第297—298页；Kenncth M. Swope Jr. 《万历三大征1592—1600——十六世纪晚期中国的朝廷、战争和社会》(*The Three Great Campaigns of the Wanli Emperor 1592—1600, Court, Military and Society inLate Sixteenth—Century China*, a dissertation submitted in partial fulfillment of the requirements for the degree of Doctor of Philosophy History in The University of Michigan, 2001) 第116页，美国密西根大学2001年史学博士论文。

的自尊心，证明他代价极大的第一次入侵并非一无所获"① 的观点不同，加哥伦比亚大学许南麟教授认为"没有证据证明秀吉曾经做过侵略中国的细致准备"，丰臣秀吉在对朝战争中没有取得任何成果的状况下死去，但日本却意外地因为侵朝战争的组织和动员方式改变、转换成一个拥有新的征税系统和权利结构的"近现代模式"的社会②。朝鲜因受到侵略及经济支持网络的崩溃和混乱，导致明军经常性地处于缺粮境地，加深了明军固有的矛盾，南、北军的战力也受质疑，从"剑阁精兵"到"一败再败"再到否认明朝出兵意义，甚至认为明军和日军一样，给朝鲜人民带来灾难等种种观点和看法，都显示了东亚三国之间，除了团结、友谊的主旋律之外，冲突斗争、矛盾纠葛也无所不在，叠加曲折、复杂的难解之局，对后世影响重大。

故自明末开始，舆论开始检讨东征失误，从"所虑万里援师，势难再举……恃愚和误国，封篡召侮，加之北帅南营，士伍弗协，军政无纪，虎鼠无辨，禀之石画，均无当为"③ 的说法，到清修《明史》几乎未给这场战争留下一席之地，都为探求战争实相制造了无数陷阱。但是，上百年的史学发展史，毕竟过滤和澄清了这场战争的许多史实，包括战争三国及涉及各方的主、次要人物、当时的社会、政治、经济、国际环境和战争局部等方面，都被置于显微镜下观察得越来越清楚细致了。战争最后的结果，对直接涉战的三国来说，都有纠结、尴尬的一面，也没有明显的赢家。如果说有的话，隐在幕后的建州女真，或可算是间接得益者。还有更多深层次的问题值得进一步研究。

第一，从中国历史的角度看，清承明制的一个重要观察点，就是国家体制和政务结构的变与不变。

就明朝而言，决策派兵参加遥远异国的战争，是由明朝国家及其掌舵人秉持的观念决定的。唇亡齿寒的"天下"观，是推动、指导万历君臣参战的基本动力——明代"国际主义"的"再造藩邦"，不仅是导致自身灭亡的原因之一，也是造成朝鲜孱弱的远因。从这样的认识中，可否推论万历君臣超越了时代，甚至多走了一步？

万历时代打得火热的政治派仗，最为重大持久的是"国本"之争，

---

① ［加］塞缪尔·霍利：《壬辰战争》，方宇译，民主与建设出版社2019年版，第321页。
② ［加］许南麟：《日本对朝鲜侵略（1592—1598）和丰臣秀吉政权》，载第二届壬辰战争（国际）工作坊论文集《壬辰战争与日本、朝鲜、明朝三国政治生态》，第93—111页。
③ 诸葛元声：《两朝平攘录》卷4《日本上·平倭赞》，台北学生书局1969年版，第399页。

与塑造"域外长城"的援朝东征等内外诸事,彼此牵连缠绕:大者从赵志皋、张位内阁的起复,北直御史郭实弹劾东征经略宋应昌"七不可"代之以顾养谦、再到孙鑛去职、杨镐被罢、邢玠与丁应泰你死我活的争斗,小到平壤酬功、石门兵变、吴惟忠被罢、毛国科还朝、胡大受出使女真等环节,功罪难辨,无不牵涉党争背景。正如日本学者小野和子揭示的那样,东林党人为争取确保政治批评自由、独立监察权和扩大言论渠道不断在积蓄力量,同时,也有浙、闽、赣、昆、齐、楚等党派力量和地域性政治集团的成长与活动①。在这样的大背景下,南兵北将自然无法置身事外,但又有多少人关注到了制度的短板?

在战争爆发之前,明代最杰出的军事家戚继光在蓟镇练兵10年,打造了一支新式军队。其中大部分人都在朝鲜战场,经历了血与火的洗礼考验,交出了一份实实在在的答卷。其中,优秀的如吴惟忠、骆尚志等所率领的南兵,以"剑阁精兵"之称扬名异域;不及格的则是军纪不良遭到诟病的少数北兵,但现实中也有不少北将良兵受到朝鲜君臣表扬。从这个角度看,张居正支持下的蓟镇练兵活动,明朝投入巨额经费,练就的蓟镇精兵②,在东征战争中开创了一个后"戚家军"时代:吴惟忠、骆尚志等所率南兵在东亚历史舞台上熠熠生辉,却在自己的国度黯然销魂。随着刘綎所率南兵,在萨尔浒被清军消灭,南兵很快伴随明朝落幕,失去了最后的踪迹。

南兵的命运实堪嗟叹。它不仅关系到明清两代军事和国力兴衰,也是衡量明清时代的中国在东亚乃至世界国际关系中地位变化的重要砝码。南兵作为当时世界上最具时代特色及活力的军队,表现出来的战斗力,得到朝鲜君臣的一致赞扬和肯定,却在明朝当局的政治斗争漩涡中被忽视、牺牲,从朝鲜战场局部的打打谈谈,到以惨烈方式借朝鲜之手重创自身,明朝付出了自身无法承担的历史代价。

南兵既是明代军制变革的一个标杆,也是衡量国力兴衰的一颗准星。取代明朝统治的清朝,其前身通过享受这场战争的胜利果实崛起——明朝军队和教练训练出来的朝鲜军队,成为易代战场上重创明军的清朝友军;同时又与清军联合,向侵犯黑龙江的俄罗斯哥萨克殖民者开枪开炮,朝鲜的炮手、鸟铳手,穿过16世纪末的战场硝烟一路走来,穿越了明军的南、

---

① [日]小野和子:《东林党考》,载《日本学者研究中国史论着选译》六,中华书局1993年版,第288—300页。
② 参见黄仁宇《万历十五年》及李伯重《创建新型军队:明代中后期的"练兵"运动》(载《文史》2012年第3期)等研究成果。

北对峙和地域矛盾，其中并未产生强烈的民族识别意识，国家动员令下的军队、军人动向证明了这一点，在回到过去现场时看得更清楚。清朝从禁毁私修史书开始，包括有专章东征人物传的万斯同修《明史》，官修《明史》却对涉及东征战争的相关人物语焉不详、叙述不清乃至一笔带过，都是造成明清时代东征历史定位难产的原因。

第二，对整个东亚世界来说，国际关系的变与不变，成为全球史研究视野下多角度观察战争极好的切入点。16 世纪末如此规模的一场东亚国际大战，对后来世界的影响有多大？目前虽已出现不少新成果，但还远远不够。[①] 或可认为明朝为战争付出了重大的历史代价，即战争直接、间接导致了明朝的灭亡。但是，秉承"天下"观的明朝，却是以无可辩驳的正义性，通过以战止战的实在付出，以类似"血盟"的方式，在东亚世界赢得了超越时代的敬意，而且深刻地影响了中朝、中韩也包括中日关系未来发展的走向。明朝对朝战略从唇亡齿寒的"输血"参战转化到锻造"造血"功能的练兵，体现在胡大受入朝总练朝鲜八道军民。而他个人的命运，则反映了明朝对边陲建州女真忽视和体制僵化的恶果，20 世纪 90 年代的《中国通史》中备受责疑的胡大受却在朝鲜甚被看重，也受到建州女真的尊重。这一出一入之间的差异，尤其值得深入思考。

这场战争还有另一个副产品，那就是参战各国的物质、经济、军事、文化交流的空前扩大。目前已有的研究成果分别从不同国别和地区，深刻揭示这场战争对东亚三国乃至东南亚及全球贸易网络的影响，包括东亚、东南亚的贸易体系与战争的互动过程[②]，也包括本书对山阴州山吴氏家族的观察和研究，都在朝着这个方向努力。

有关东征战争的影响，现在回头再看 15 年前申请的研究课题，即在

---

① 案：黄枝连《天朝礼制体系研究》系列《东亚的礼义世界——中国封建王朝与朝鲜半岛关系形态论》一直是这个问题标杆性的著作，近如王煜焜所著《万历援朝与十六世纪末的东亚世界》（上海大学出版社 2019 年版）则集中考察万历援朝之役战前、战时、战后的议和活动及三国交涉和外交动向，以期勾勒战争实质及 16 世纪末东亚国际关系的实际状况，也值得关注。

② 案：仅从日本丰臣政权体制看，日本大名拥有自己的领地、军队，加藤清正等领主参与侵略朝鲜，需通过自己的领地筹集军需费用。其 1593 年的吕宋贸易计划就是将领国盛产但不受日本市场欢迎的小麦，运往吕宋变价，换取硝石、铅等军需品。但因朝鲜战争明朝遏止海外贸易，尤其严禁铁器、硝石、铅等货物出口，加藤清正预定的吕宋贸易计划不得不改为换取丝绸、黄金等贵重货物带回日本国内市场，支持部队军费。参见中岛乐章《十六世纪末朝鲜战争与九州—东南亚贸易：以加藤清正的吕宋贸易为中心》（郭阳译，载中国明代研究学会主编《明史研究》第 28 期，第 89—120 页，2016 年）的研究。

明清易代过程中，朝、明之间最后一次军事合作计划及其失败的过程[1]，如果不看到万历援朝东征开始，启动的朝、明军队联合作战的模式，双方借兵互助，应对现实危机，从此成为历史惯性，就不能很好理解这个计划的实质所在。无论是东征之后，万历四十七年朝鲜军队不战而降的萨尔浒之战，还是光海君时代未能成型的朝、明军事合作再次谈判，都是这种历史惯性的体现。甚至包括清末袁世凯监国朝鲜、中国人民志愿军出兵入朝，都还与未摆脱的这种历史惯性有关。它不仅是历史，更关系现实。因此，对东征战争难以盖棺论定也就容易理解了：从歌颂万历皇帝"圣誉远""域外长城"的胜利，到反思明朝灭国祸根不一而足。万历时代确已出现制度变革的迫切需求及改革停顿的危险，正如募兵制与卫所制的矛盾与冲突、但还未达到产生国家认同危机的地步。这场战争并没有改变中朝关系以朝贡体系为主的性质和形式：明清易代后，明朝传统的朝贡体系由清朝继承，以蒙古为长城而弃修实体长城；朝鲜不得不与新兴后金及清朝建立外交关系，亲明派失势，经历系列政治、外交动荡后逐渐修复；日本也在丰臣政权没落，德川家康兴起后开始"回归"朝贡体系，并在东亚率先开始近代化，明治维新后走上了脱亚入欧道路，而东亚整体局势依然维持动态平衡。消失的只是数十、百万受战争波及的人口和生命。

这场战争的主体——中、日、朝三国直接卷入战争的数百万人，包括挑起、发动战争的日本实际领导者丰臣秀吉及遭到侵略、不得不应对的朝鲜君臣，乃至迎接挑战的明朝万历皇帝和他的臣僚，都是需要研究而且也值得大力研究的人物。但是，通过东征这个窗口，我们还能看到更多在历史上毫不起眼、在正史中从无地位却实实在在创造了历史的小人物。包括本书涉及的日军小西飞、明军毛国科、胡大受、吴惟忠、骆尚志、佟养正、康霖与康世爵、张应种等南北小人物，观照他们背后的群体、牵涉的各方关系，反映东征对明朝本体及周边的影响，涉及明、朝、日、琉球、

---

[1] 参见杨海英《关系明清易代的朝明军事合作计划及其执行者研究——洪承畴泄密新证》（载《中国社会科学院历史研究所学刊》第5集，商务印书馆2008年版）实际上是东征之后朝、明军队间的第三次军事合作，也即仁祖后期，后金及清兴起之初，朝鲜虽被迫臣服，但仍与明朝维持秘密交通，通过朝鲜总兵林庆业及僧人独步等人的努力，建立了朝、明双方高层的联系；明朝兵部至少派出3支水师船队，分别在崇祯十三、十四、十五年先后前往黄海海域，试图与朝军商讨合作抗清事宜。但受制于清朝压迫、明清间形势变化和朝鲜国内党争的影响，朝鲜未能在与明合作抗清的道路上走得更远，抗清派也遭到失败而被清洗，同时也显示了洪承畴暴露朝、明外交机密的新证据。

女真、蒙古等各方，实可谓牵一发而动全身。①

就像《唐将书帖》总共45通书帖中的27位作者，多数人已被淹没在历史长河中——如果没有重新发现的这些书帖，我们很难知道这些曾经名闻遐迩的东征将士，已经寂寞了四百多年！同时，这些墨翰淋漓的书帖，也在提醒我们：这些羁留在异域故纸堆里的人，正是我们国家和民族的宝贵财富——作为16世纪末全球最先进的军队、朝鲜君臣信任及喜爱的"南兵"，是援朝东征中最具战斗力和影响力的"浙兵"主干，也是戚继光蓟镇10年练兵的具体成果：无论在军队组织形式、战略、战术乃至武器装备方面都拥有世界性的优势。对付日军，他们是拥有丰富抗倭经验的南兵；对待朝军，他们是用《纪效新书》武装起来的教练，帮朝鲜训练出一支掌握最新作战方法和技能的"三手军"。他们拥有的良好军纪和精神风貌，不仅受到朝鲜君臣的喜爱，也赢得对手日本的尊重。让他们的灵魂回归故国家园，不正是历史工作者的责任和义务吗？

即使在明史中以负面形象出现的吴宗道与吴有孚，万历三十七年被辽东巡按熊廷弼弹劾利用明朝水师船只及浙江水兵从事走私贸易，背靠首辅大学士朱赓的叔侄俩：吴有孚职任山东海防副总兵；吴宗道为镇江游击，在朱赓死后两个多月即遭弹劾，次月被削职。透过他们的社会关系和家族网络链接的史实，可以看到东征战争大量丰富的细节与东亚世界的广泛联动。吴宗道、吴大圭的经历，及至南兵北将的变迁轨迹，是一个值得进一步探究的方向。

---

① 更广泛的方面，包括明军中的暹罗人、日本人、黑人与其他东南亚人、日军中的明人和明朝派到日本的间谍及晚明东亚、东南亚的人员流动和对战争的影响，可参见郑洁西的系列研究成果，大多已被收进其专著《跨境人员、情报网络、封贡危机：万历朝鲜战争与16世纪末的东亚》，上海交通大学出版社2017年版。

附　　表

表一　　1592—1594战争前期第一、二阶段明军出征回撤

出征年月	回撤年月	人员	所属	象村稿	宣录	宋疏
壬辰6/12		祖承训	辽东副总兵领海州等处马军			700
壬辰6/12		王守臣	广宁游击七月败于平壤	马兵300		
壬辰6		戴朝弁	辽兵游击战死平壤	马兵1000		
壬辰9	癸巳10	查大受	南北调兵副总兵领宽甸等处	马步3000	同	590
壬辰10	甲午1	葛逢夏	统领保定正定建昌遵化兵游击/选峰右营	马兵2000	同	1300
壬辰12	癸巳4	王有翼	河南鄢陵籍铁岭卫副总兵	马兵1200	同	
壬辰12	癸巳4	赵之牧	昌平右营参将	马兵1000	同	
壬辰12	癸巳4	张奇功	统领大宁营参将	兵马1000	同	
壬辰12	癸巳4	杨绍先	前屯卫人辽东参将领宁前	马兵800	500	339
壬辰12	癸巳4？12	张应种 1100	南北调兵涿州参将	马兵1500	同	+
壬辰12	癸巳5	孙守廉	辽东东路副总兵领沈阳等处	马兵1000	同	702
壬辰12	癸巳6	高彻	陕西游击	兵马1000	同	
壬辰12	癸巳6	赵文明	真定游击	马兵1000	同	2100
壬辰12	癸巳6	施朝卿	山西游击	马兵1000	同	
壬辰12	癸巳7	李芳春	大名府平房卫人遵化参将	马兵1000	同	1000
壬辰12	癸巳7	王维贞	三万卫人蓟镇调兵副总兵	马兵1000	同	
壬辰12	癸巳7	周弘谟	宣府游击	马兵1000	同	2500
癸巳1	癸巳7	艾维新	户部主事管饷			
壬辰12	癸巳8	任自强	阳河卫人宣府东路副总兵	宣府兵1000	同	5000

452　附　表

续表

出征年月	回撤年月	人员	所属	象村稿	宣录	宋疏
壬辰12	癸巳9	高升	山西阳河卫游击	马兵1000	同	+
壬辰12	癸巳9	高策	山西天城卫人大同游击	马兵2000	1000	+
壬辰12	癸巳9	王汝征	统领营兵游击	马步兵2000		
壬辰12	癸巳9	郑文彬	管粮同知			
壬辰12	癸巳9	陈邦哲	山西参将	兵马1000	同	
壬辰12	癸巳9	钱世祯	山东秋班御倭防海游击	马兵1000	同	同
		章接	宣府游击	马兵		2500
壬辰12	癸巳10	李如松	提督总兵			
壬辰12	癸巳10	王问	义勇卫人建昌游击/蓟镇都司	车兵1000	马同	1000
壬辰12	癸巳10	梁心	保定游击	马兵1000	同	2500
壬辰12	癸巳10	李宁	辽东副总兵	马兵800	1000	1189
壬辰12	癸巳10	李平胡	统领辽东调兵副总兵	马兵800	同	
壬辰12	癸巳10	张世爵	征倭右营总兵	两边1500	同	
壬辰12	癸巳10	李如柏	征倭左营副总兵	领兵1500	同	
壬辰12	癸巳10	杨元	定辽左卫人移授中协副总兵	领兵2000	同	
壬辰12	癸巳10	李如梅	义州参将	马兵1000	同	843
壬辰12	癸巳10	李如梧	调兵辽镇参将	马兵500	同	
壬辰12	癸巳10	方时辉	蓟镇游击/蓟镇都司	马兵1000	同	同
壬辰12	甲午1	吴惟忠2000	统领浙兵游击	步兵1500	3000	3000
壬辰12		骆尚志	统领浙直调兵神机营左参将	步兵3000	3000	南兵600
		王必迪				
壬辰12	甲午1	谷燧	大同游击	马兵1000	同	同
癸巳1	甲午1	宋大斌1100	统领宣大入卫班兵游击	马兵2000	同	[无]
癸巳1	甲午1	戚金3000	统领嘉湖苏淞调兵游击升副总/标下游击	步兵1000	同	车兵1000
	癸巳12	刘崇正	辽阳开原参将	马兵		1534
	甲午2	毋承宣				500

续表

出征年月	回撤年月	人员	所属	象村稿	宣录	宋疏
		邓永和	千总领山西兵			1000
		陆承恩	把总领蓟镇三屯营兵			700
		王承恩	标下都司		蓟镇马兵	500
癸巳2[3]	甲午9	刘綎	统领川贵汉土参将升副总兵	步兵5000	大丘	
			续到蓟镇应调步兵			2800
合计				4.3+0.8	4.25	33697

资料来源：根据申钦《象村稿》卷39、《朝鲜宣祖实录》卷34、卷26宣祖二十五年十二月初一日丁亥4条及宋应昌《经略复国要编·报进兵日期》疏等制作。

表二　　　　　　　　　　明军武器一览

大将军炮	灭房炮	虎蹲炮爪钉	小信炮个	三眼铳	一字小炮	快枪杆	铜神枪	百子铳架	小炮	火箭枝	火线条
80位	268位	各29	1526	100	532	500	1000	168	200	7250	112万
大将军铅子7斛	大将军铅子3斛	大将军铅子1斛	铅子斛	大铁子	二铁子	三铁子	大小铁子	大小铅子	石子	滚车+轻车	联车铁绳
1000个	1000个	1000个	1000	62个	542个	35656个	33941	94250+40个	159个	20+88辆	88条
狼筅	镋钯	竹长枪	木长枪	铁鞭	连楷棍	弓+弩弓	弦	箭	麻蕤+麻牌	竹牌	毡牌
236根	200杆	250杆	250杆	1500把	1500根	2237张	1237条	128700枝	488+2300面	560面	336面
硝焰	硫黄	朝脑	班毛	麻楷灰	火药	射虎药					
1.6万斛	1.32万斛	110斛	3.4斛	1300斛	3656+3万斛	5斛					

资料来源据：宋应昌《经略复国要编》卷4,《檄李提督（初八日）》编制。

表三　　　　　　1592—1597年（文禄、庆长之役）日军兵力

	将领	官位	在日领地	文禄兵	损失	合计	庆长兵
第一军	小西行长	摄津守	九州肥后宇土	700	11285	18700	14000
	宗义智	羽柴对马侍从	九州对马	5000			
	松浦镇信	肥前守	九州肥前平户	3000			
	有马晴信	修理大夫	九州肥前有马	2000			
	大村喜前	丹后守	九州肥前大村	1000			
	宇久纯玄	大和守	九州肥前福江	700			
第二军	加藤清正	主计头	九州肥后熊本	10000	8368	22800	10000
	加藤左马助						13300
	锅岛直茂	加贺守	九州肥后佐贺	12000			12000
第三军	相良长每	左卫门佐	九州肥后人吉	8000			
	黑田长政	甲斐守	九州丰前中津	5000	3679	11000	10000
	浅野长政				2617	16400	10390
	大友义统	羽柴丰后侍从	九州丰后府内	6000			
第四军	森（毛利）吉成	壹岐守	九州丰前小仓	2000	7918	14000	
	岛津义弘	羽柴萨摩侍从	九州大隅栗野	10000			10000
	高桥元种		九州日向宫崎	2000			
	秋月种长	长门守	九州日向财部				
	伊东右兵	民部大辅	九州日向沃肥				
	岛津忠丰		九州日向佐土原				
第五军	福岛正则	左卫门大夫	四国伊予今治	4800	10450	25200	
	户田胜隆	民部少辅	四国伊宇大洲	3900			
	长宗我部元亲	羽柴土佐侍从	四国土佐高知	3000			
	峰须贺家政	阿波守	四国阿波德岛	7200			
	峰须贺正胜						11100
	生驹亲正	雅乐头	四国赞岐高松	5500			
	来岛通之		四国伊宇来岛	700			
	来岛通总	出云守	四国				

续表

	将领	官位	在日领地	文禄兵	损失	合计	庆长兵
第六军	小早川隆景	羽柴筑前侍从	九州筑前名岛	10000	20356	45700	
	小早川秀包	羽柴久留米侍从	九州筑后久留米	1500			
	立花宗茂	羽柴柳川侍从	九州筑后柳川	2500			
	高桥统增	主膳正	九州筑后三池	800			
	筑紫广门	上野介	九州	900			
七军	毛利辉元	权中纳言	中国安艺广岛	30000			30000
	毛利秀元						
八军	宇喜多秀家	参议兼左近卫权中将	中国备前冈山	10000	2572	17200	10000
九军	羽柴秀胜	岐阜宰相	畿内美农岐阜	8000	2617	11500/30470	
	细川忠兴	丹后少将	畿内丹后宫津	3500			
合计				75613		158700/201470	141500

资料来源：[日] 日下宽：《丰公遗文》，东京：博文馆，1914 年，第 334—338、569—574 页。[日] 小司正向编辑：《文禄庆长の役：东アジアを摇るがせた秀吉の野望》，东京：学习研究社，1993 年，第 46 页。

表四　　　　　　　　　　　　　日本水军

将领	官位	兵力
九鬼嘉隆	大隅守	1500
藤堂高虎	佐渡守	2000
胁坂安治	中务少辅	1500
加藤嘉明	左马介	750
来岛康亲		700
菅野正影		200
总计		9200

资料来源：[日] 日下宽：《丰公遗文》，东京：博文馆，1914 年，第 341 页。

附 表

表五　　1597—1600年再战阶段明朝南北军出入表

入朝	回国	姓名	隶属	象村稿	二南疏	驻地
丁酉6	戊戌6	李开先	杨镐标下旗鼓守备指挥佥事	马兵1520		
丁酉6	戊戌6	刘仲武	杨镐标下指挥	马兵100		
丁酉6	戊戌6	李友胜	杨镐标下辽营亲兵千总	领兵800		
丁酉6	戊戌6	李益乔	杨镐标下统领坐营调兵千总	马兵1292		
丁酉6	己亥4	张维城	大同中卫人麻贵中军	马兵1620		
丁酉6	己亥4	郑印	领兵都司	马兵2500		
丁酉6	己亥4	梁黉	宣府兵营千总卫镇抚	马兵500		
丁酉6	己亥4	王勘定	麻贵坐营	领兵500		
丁酉6	丁酉9	陈愚衷	统领延绥营游击	马兵1900		
戊戌1	己亥2	王国栋	统领延绥前营参将代陈愚衷	马兵2120	2000	永新
丁酉7	己亥8	解生	大同左翼副总兵	马兵2500	原无	义兴
丁酉8	戊戌1	摆赛	统领宣大招募夷兵游击卒	马兵3000	2500	安东
丁酉7	己亥4	牛伯英	统领蓟镇三屯中右营游击	马兵600	1100	南原
丁酉8	己亥3	颇贵	统领宣大调兵游击	马兵2800	2500	义兴
丁酉9	己亥4	柴登科	密云前营游击	马兵1350		
丁酉10	己亥5	高策	统领中协副总兵	蓟兵2500		
丁酉10	己亥5	杨廉	绥德卫人骑兵左营守备参将	官兵990		
丁酉10	己亥5	祖承训	曾领遵化步兵7000名	家丁数百		
丁酉10	己亥5	张隆	邢玠标下骑兵指挥	马兵760		
丁酉10	己亥5	董用威	邢玠标下游击	夷兵300		
丁酉10	己亥5	斯天爵	邢玠标下永平后部千总	马兵700		
丁酉10	己亥5	王成	邢玠标下左营千总	步兵1150		
丁酉10	己亥5	王宗义	邢玠标下大同委官	马兵980		
丁酉10	己亥5	蔡仲宇	邢玠标下辽兵营指挥	马兵760		
丁酉10	己亥5	李国辅	邢玠标下右营千总	领兵880		
丁酉10	戊戌6	陈愚闻	遵化参将、遵化右营游击	马兵1490	1500	醴川
		方时新	代未到宣府兵		2000	
		彭信古	游击		3000	
丁酉10	岛山败	李化龙	统领保定兵游击	马兵2500		
丁酉10	岛山卒	杨万金	统领大同兵游击	马兵0100		

续表

入朝	回国	姓名	隶属	象村稿	二南疏	驻地
丁酉 10	戊戌 3	安本立	统领宣府营兵游击	马兵 2500		
丁酉 11	戊戌 10	卢得功	统领三屯营兵游击卒泗川	马兵 3000	安兵 2500	星高
丁酉 11	己亥 2	秦德贵	宣镇抚院听用游击	马兵 660		
丁酉 11	己亥 3	李宁	统领大同营兵西路参将	马兵 2600		
丁酉 12	己亥 4	薛虎臣	真定营坐营都指挥同知	马兵 3000	同	安东
丁酉	己亥 3	杨登山	协守东路参将	马兵 1200	同	安东
丁酉	戊戌 2	李如梅	左翼中路副总兵辽东宣府营	辽宣 1470		善山
丁酉 11	戊戌 8	涂宽	统领宣府营兵游击	马兵 1500		善山
戊戌 8	己亥 1	郝三聘	统领大宁都司入卫春班游击	马兵 1000	3000	善山
丁酉		李新芳	杨元中军千总	马兵 3750		
丁酉	戊戌 4	李宁	领保定营备倭副总兵卒居昌	马兵 2000	如梅 2800	尚州
		李宁	大同参将		1000	全州
丁酉	戊戌 4	李栾	辽营亲兵把总	家丁 600		
丁酉	己亥 2	李芳春	统领遵化宣府二营右翼副总兵	马兵 2000	步兵 1000	南原
		陈国宝	东路坐营指挥	马兵 1000	1000	南原
戊戌 6	己亥 2	杨绍祖	保定中营参将	马兵 1780		
戊戌 8	己亥 1	马呈文	统领河间营游击	马兵 2000		
戊戌 11	庚子 10	郭朝亨	万世德标下把总管千户	马兵 550		
戊戌 11	庚子 10	王在绍	万世德标下委官	马兵 380		
戊戌 11	庚子 10	洪居高	万世德旗牌官指挥号头	马兵 230		
戊戌 11	庚子 10	郑全斌	天津营领兵千总	步兵 2000		
丁酉	己亥 2?	叶邦荣	浙兵游击	南兵 1500	1600＋1400	善山
丁酉 9	己亥 10	茅国器	统领浙胜营兵游击/加密云	步兵 3100	2900＋1000	星高
丁酉 11	戊戌 3	卢继忠	统领南北调兵五军四营参将	马步 2700	步兵 2700	
戊戌 10	己亥 3	陈蚕	统领五军四营南兵游击叶思忠代	步兵 3000	2100＋1600	义城
丁酉 11	己亥 4	陈寅	统领蓟镇永平添防南北官兵游击	步兵 3850	4000	义城
丁酉	己亥 2	吴惟忠	中翼南兵副总管副总兵	步兵 3990	3900	永新
丁酉		叶朝柱	千总	步兵 240		龙宫
戊戌 1	己亥 7	蓝芳威	统领浙兵游击	南兵 3300	3300	南原
		刘綎	西路提督四川土兵		12000	自派
戊戌	己亥 3	曹希彬	统领川贵官兵副总兵	步兵 2890		

458　附　表

续表

入朝	回国	姓名	隶属	象村稿	二南疏	驻地
戊戌	己亥4	周敦吉	刘綎标下第四营指挥同知	川贵汉土 3140		
戊戌	己亥4	陈大纲	刘綎标下千总	步兵390		
戊戌5	己亥败	师道立	统领右掖兵游击	步兵2480		
戊戌6	己亥3	司懋官	统领建昌都司营兵游击	步兵3100		
戊戌6	己亥3	陈信	标下	步兵330		
		陈璘	广东兵	[5010？]	5000	
戊戌	己亥3	吴广	领云贵广东汉土官兵副总兵	狼土5500		重复
戊戌6		张汝文	陈璘标下广东营狼土兵千总	4590		
戊戌6		沈璨	陈璘坐营指挥中军	步兵2000		
戊戌6	己亥4	王之翰	湖北川东毕郎营四川游击	步兵4000		
戊戌9	己亥2	邹良臣	江西南昌卫人徐观澜中军	马步2790		
戊戌6		傅良桥	游击南赣兵	[2022]	1500未	
己亥	庚子	张榜	统领浙兵备倭都指挥使副总兵	步兵4600	未到领大同兵2000	
己亥7	庚子10	李香	统领南北御倭提督标下坐营游击	南兵3600		
己亥7	庚子10	周以德	李承勋标下中军守备	官兵3020		
己亥7		周冕	李承勋旗鼓标下随征中部千总	步兵2500		
合计			南步兵68610 北马军67182	135792	113000	

资料来源：申钦《象村稿》、杨镐《分兵二南疏》、邢玠《经略御倭奏议》。

表六　　　　　　　　　1597—1598年战争后期明朝水师

序号	入朝	回国	统帅	来源	象村稿	杨镐分兵二南疏	邢玠疏	地点
1	丁酉十	己亥十	徐成季金代	浙直水兵	3200	3300	3000	古今岛
			把总李天常	浙直吴淞	2700	1000元	1000	
2	戊戌三	己亥四	游击许国威	福营水兵	1160	1180+1000	1000	迎日、长鬐
3	戊戌六		陈璘陈九经	两广水兵	2000		5100	古今岛
	戊戌六	十月亡	邓子龙	水兵	3000		3000	古今岛
		庚子二	游击沈懋/茂	广东浙江水兵	1000	3100未到	3000	

续表

序号	入朝	回国	统帅	来源	象村稿	杨镐分兵二南疏	邢玠疏	地点
4	戊戌七	己亥四	把总梁天胤	淮安水兵	2000	3000 未到	3000	[3000]
5	戊戌九	己亥三	参将王元周	太仓吴淞	2000	1000		古今岛
		己亥四	游击福日升	山东直隶狼山兵	1500	1500 未到		
6	戊戌十	庚子二	王国威	崇明沙兵	1000			
7	己亥四	庚子九	万邦孚	宁波水兵	2200		2280	旅顺
		庚子三	白斯清	福建水兵	1600			[1320]
8	己亥五	庚子十	游击张良相	广东水兵	1500	3000 未到	2860	
9	己亥八	庚子11	吴宗道					江华岛
		庚子十	李应昌	天津水兵	1000			江华岛
10	己亥九	庚子四	姜良栋	招谕水兵	800			
总计	9			21000	26660	18280	24240	

资料来源：申钦《象村稿》、杨镐《分兵二南疏》、邢玠《留兵疏》及《催发续调兵马疏》等。象村稿总计162452人，南兵6.8万余人，北军6.7万余人，水军2.6万余人，但与杨镐所统计的131280人相差3万余人，数据差额大。明显讹误者如邢玠标兵3000人，万世德标兵1600人。

表七　　　　日军修筑朝鲜倭城及万历二十六年配备军力表

倭城	地点	建造人	配备日将	人数
蔚山城	蔚山岛山	浅野长庆	加藤清正	10000
梁山城	梁山	毛利秀元		
昌原城竹岛城	昌原马山	不详	锅岛直茂、锅岛胜茂	12000
固城城	固城	吉川广家	立花统虎	7000
泗川城	泗川、船津	长宗我部元亲	岛津义弘	10000
南海城	南海、船所	胁坂安治	宗义智	1000
顺天城	顺天、新城浦		小西行长	13700
唐岛濑户之城（见乃梁城）	巨济岛	不详	柳川调信	
西生浦城			黑田长政	5000
釜山城			毛利吉成等	5000
同丸山城			寺泽正成	1000

资料来源：日本参谋本部：《日本战史·朝鲜役·本编·附记》，东京：偕行社，1924年，第393—394页。

参考文献

一 朝鲜、日本、琉球古籍

［朝鲜］安邦俊：《隐峰全书》，《韩国文集丛刊》，韩国汉城民族文化推进会1992年，第80、81册。

［朝鲜］《朝鲜史料丛刊》第三种《军门誊录》，日本东洋文库1934年。

［朝鲜］车天辂：《五山集》，民族文化推进会1991年，《韩国文集丛刊》第61册《韩国文集中的明代史料》第8册，

［朝鲜］成海应：《研经斋全集》，《韩国文集丛刊》，韩国汉城民族文化推进会2001年，第277—278册。

［朝鲜］崔岦：《简易文集》，《韩国文集丛刊》，韩国汉城民族文化推进会1990年，第49册。

［朝鲜］《东国舆地胜览》，奎章阁图书，贵1932号。

［朝鲜］洪翼汉：《花浦先生朝天航海录》，载林基中编《燕行录全集》卷17，韩国东国大学出版社2001年版，第17册；洪翼汉：《花浦先生遗稿》，《韩国文集丛刊续编》，韩国汉城民族文化推进会2006年，第22册。

［朝鲜］黄汝一：《海月先生文集》，《韩国文集丛刊续编》，韩国汉城民族文化推进会2005年，第10册。

［朝鲜］黄胤锡：《颐斋遗稿》，《韩国文集丛刊》，韩国汉城民族文化推进会2000年，第246册。

［朝鲜］姜沆：《睡隐集·看羊录》，《韩国文集丛刊》，韩国汉城民族文化推进会1991年，第73册。

［朝鲜］金大贤：《悠然堂先生文集》，《韩国文集丛刊》，韩国汉城民族文化推进会2005年，续编第7册。

［朝鲜］金德谦：《青陆集》，《韩国文集丛刊续编》，韩国汉城民族文化推进会2005年，第7册。

［朝鲜］金景善：《燕辕直指》，《燕行录全集》，东国大学出版社2001年

版，第 70—71 册。

［朝鲜］金千镒：《健斋先生文集》，韩国汉城民族文化推进会 1996 年，第 47 册。

［朝鲜］金尚宪：《清阴先生集》，《韩国文集丛刊》，韩国汉城民族文化推进会 1991 年，第 77 册；《韩国历代文集丛书》第 244 册，景仁文化社 1988 年。

［朝鲜］金锡胄：《息庵遗稿》，《韩国文集丛刊》，韩国汉城民族文化推进会 1995 年，第 145 册。

［朝鲜］金止男《龙溪遗稿》，《韩国文集丛刊续集》，韩国汉城民族文化推进会 2006 年，第 11 册。

［朝鲜］李德懋：《青庄馆全书》，《韩国文集丛刊》，韩国汉城民族文化推进会 2000 年，第 258 册。

［朝鲜］李德馨：《汉阴先生文稿》，《韩国文集丛刊》，韩国汉城民族文化推进会 1991 年，第 65 册。［朝鲜］李好闵：《五峰集》，《韩国文集丛刊》，韩国汉城民族文化推进会 1991 年，第 59 册。

［朝鲜］李恒福：《白沙先生别集》，《韩国文集丛刊》，韩国汉城民族文化推进会 1991 年，第 62 册。

［朝鲜］李衡祥：《瓶窝先生文集》，《韩国文集丛刊》，韩国汉城民族文化推进会 1996 年，第 164 册。

［朝鲜］李民宬：《敬亭先生续集》，《韩国文集丛刊》，韩国汉城民族文化推进会 1991 年，第 76 册。

［朝鲜］李民寏：《紫岩集》，《韩国文集丛刊》，韩国汉城民族文化推进会 1992 年，第 82 册。

［朝鲜］李汝馪：《炊沙先生文集》，《韩国文集丛刊续编》，韩国汉城民族文化推进会 2005 年，第 9 册。

［朝鲜］李山海：《鹅溪遗稿》，《韩国文集丛刊》，韩国汉城民族文化推进会 1989 年，第 47 册。

［朝鲜］李时发：《碧梧先生遗稿》，《韩国文集丛刊》，韩国汉城民族文化推进会 1991 年，第 74 册。

［朝鲜］李时恒：《和隐集》，《韩国文集丛刊》，韩国古典翻译院 2008 年，续编 57 册。

［朝鲜］李舜臣：《李忠武公全书》，《韩国文集丛刊》，韩国汉城民族文化推进会 1996 年，第 55 册。

［朝鲜］李祘：《弘斋全书》，《韩国文集丛刊》，韩国汉城民族文化推进

会 2001 年，第 267 册。

[朝鲜] 李廷龟：《月沙先生集》，《韩国文集丛刊》，韩国景仁文化社 1988 年；韩国汉城民族文化推进会 1991 年，第 69 册。

[朝鲜] 李晚荣：《雪海遗稿》，《韩国文集丛刊》，韩国汉城民族文化推进会 2006 年，续编第 30 册。

[朝鲜] 李恒；《凌虚关漫稿》，《韩国文集丛刊》，韩国汉城民族文化推进会 2000 年，第 251 册。

[朝鲜] 李颐命：《疏斋集》，《韩国文集丛刊》，韩国汉城民族文化推进会 1992 年，第 172 册。

[朝鲜] 李宗城《梧川先生集》，《韩国文集丛刊》，韩国汉城民族文化推进会 1998 年，第 214 册。

[朝鲜] 林基中编：《燕行录全集》，东国大学出版社 2001 年版。

[朝鲜] 柳成龙《西厓集》，《韩国文集丛刊》，韩国汉城民族文化推进会 1990 年，第 52 册。

[朝鲜] 柳根：《西坰诗集》，《韩国文集丛刊》，韩国汉城民族文化推进会 1990 年，第 57 册。

[朝鲜] 南九万：《药泉集》，《韩国文集丛刊》，韩国汉城民族文化推进会 1994 年，第 132 册。

[朝鲜] 裴龙吉：《琴易堂先生文集》，《韩国文集丛刊》，韩国汉城民族文化推进会 1991 年，第 62 册。

[朝鲜] 朴东亮：《寄斋史草》，《大东野乘》，第九，汉城朝鲜古书刊行会 1910 年。

[朝鲜] 朴世堂：《西溪先生集》，《韩国文集丛刊》，韩国汉城民族文化推进会 1994 年，第 134 册。

[朝鲜] 朴泰辅：《定斋集》，《韩国文集丛刊》，韩国汉城民族文化推进会 1996 年，第 168 册。

[朝鲜] 朴趾源：《热河日记》，上海书店出版社 1997 年版。

[朝鲜] 权铧：《石洲集》，《韩国文集丛刊》，韩国汉城民族文化推进会 1991 年，第 75 册。

[朝鲜] 全湜：《沙西先生文集》，《韩国文集丛刊》，韩国汉城民族文化推进会 1991 年，第 67 册。

[朝鲜] 申灵：《再造藩邦志》，朝鲜古书刊行会 1971 年版。

[朝鲜] 申钦：《象村稿》，《韩国文集丛刊》，韩国汉城民族文化推进会 1991 年，第 72 册。

［朝鲜］申锡愚：《海藏集》，韩国古典翻译院 2011 年，《韩国文集丛刊续编》，第 127 册。

［朝鲜］孙起阳：《聱汉先生文集》，《韩国文集丛刊续编》，韩国汉城民族文化推进会 2006 年，第 11 册。

［朝鲜］许筠：《惺所覆瓿稿》，《韩国文集丛刊》，韩国汉城民族文化推进会 1991 年，第 74 册。

［朝鲜］尹昌铉：《朝鲜氏族统谱》，首尔 Seoul：世昌书馆 1952 年版。

［朝鲜］尹斗寿：《梧阴先生遗稿》，《韩国文集丛刊》，韩国汉城民族文化推进会 1989 年，第 41 册。

［朝鲜］尹凤九：《屏溪先生集》，《韩国文集丛刊》，韩国汉城民族文化推进会 1998 年，第 203 册。

［朝鲜］尹根寿：《月汀集》，《韩国文集丛刊》，韩国汉城民族文化推进会 1989 年，第 47 册。

［朝鲜］尹国馨：《甲辰漫录》，《大东野乘》第九，朝鲜古书刊行会 1909 年。

［朝鲜］尹愭：《无名子集》，《韩国文集丛刊》，韩国汉城民族文化推进会 2000 年，第 256 册。

［朝鲜］尹行恁：《硕斋稿》，《韩国文集丛刊》，韩国汉城民族文化推进会 2002 年，第 287 册。

［朝鲜］赵庆男：《乱中杂录》，载《大东野乘》卷 26—34，朝鲜古书刊行会 1910 年。

［朝鲜］赵翊：《可畦先生文集》，《韩国文集丛刊续编》，韩国汉城民族文化推进会 2005 年，第 9 册。

［朝鲜］震檀学会：《韩国史》近世后期篇，首尔乙酉文化社 1969 年。

［朝鲜］郑昆寿：《柏谷先生集》，《韩国文集丛刊》，韩国汉城民族文化推进会 1998 年，第 203 册。

［朝鲜］郑希得：《月峰海上录》，韩国精神文化研究院藏本，索书号 B15ID－9。

［朝鲜］郑琢：《龙湾见闻录》，韩国国立大学校奎章阁藏本。

［朝鲜］郑琢：《药圃先生文集》，《韩国文集丛刊》，韩国汉城民族文化推进会 1989 年，第 39 册。

韩国《古文书集成》第 16 册，韩国精神文化研究院 1994 年。

韩国《古文书集成》第 52 册，韩国精神文化研究院 2000 年。

韩国史学会国史编纂委员会：《备边司誊录》，《各司誊录》，时事文化社

1994年。

韩国史学会国史编纂委员会：《朝鲜宣祖实录》《宣祖修正实录》及其他各朝实录，日本东京学习院东洋文化研究所1962年刊本；探求堂1973年影印本；北京国家图书馆出版社2011年影印本，韩国古典综合数据库 http://sillok.history.go.kr 网上朝鲜王朝实录等。

韩国史学会国史编纂委员会：《承政院日记》，首尔奎章阁韩国学研究院藏本。

[琉球] 冲绳县立图书馆史料编集室编：《历代宝案》第1册，那霸冲绳县教育委员会1992年；韩国景仁文化社1990年影印1936年台湾大学影印本。

[日] 川口长孺：《征韩伟略》，《壬辰之役史料汇辑》，全国图书馆文献微缩复制中心，1990年。

[日] 辛基秀、仲尾宏编：《善隣と友好の记录大系朝鲜通信使》，东京明石书店1993年版。

二 明清官私古籍

毕恭：《辽东志》，《辽海丛书》，辽海书社1985年版。

毕自严：《饷抚疏草》，《四库禁毁书丛刊》史部，第75册，北京出版社2000年版。

毕自严：《度支奏议》，《续修四库全书》史部，第487册，上海古籍出版社2003年版。

毕自严：《石隐园藏稿》，明刊本。

陈建：《皇明通纪集要》明崇祯刻本，《四库禁毁书丛刊》史部，第34册。

陈康祺：《郎潜纪闻初笔》，中华书局1984年版。

陈仁锡：《无梦园遗集》，明崇祯八年刻本。

陈子龙等编：《明经世文编》，中华书局1962年版。

第一历史档案馆藏明代档案第991-012-150-154号，礼部尚书黄汝良题本：为俯察情恳朝鲜及期进贡事崇祯四年十一月二十五日（1631年12月17日）。

第一历史档案馆藏明代档案第991-012-293-310号，兵部行稿：为朝鲜贡道改途令礼兵二部会议查考复咨事崇祯四年正月初三日（1631年2月3日）。

邓名世：《古今姓氏书辩证》，清文渊阁四库全书本。

参考文献

董应举《崇相集》，《四库禁毁书丛刊》集部，第 102 册。

方孔炤：《全边略记》，《四库禁毁书丛刊》史部，第 11 册。

方应选：《方众甫集》，明万历刻本，齐鲁书社 1997 年版，《四库全书存目丛书》集部，第 170 册。

冯琦：《宗伯集》，明万历刻本，《中国基本古籍库》。

福格：《听雨丛谈》，中华书局 1984 年版。

谷应泰：《明史纪事本末》，上海古籍出版社 1994 年版。

顾炎武：《天下郡国利病书》，《四库存目全书丛书》史部，第 172 册。

顾养谦：《抚辽奏议》，《四库全书存目丛书》史部，第 62 册。

河北省文物局长城资源调查队编：《河北省明代长城碑刻辑录》，科学出版社 2009 年版。

侯继高：《全浙兵制》，《四库全书存目丛书》子部，第 31 册。

黄克缵：《数马集》，清刻本。

黄张翀等撰：《皇明留台奏议》，明万历三十三年刻本；台北广文书局 1972 年版。

黄宗羲：《南雷诗文集》，《黄宗羲全集》第 10 册，浙江古籍出版社 1985、2012 年版。

黄宗羲：《汰存录纪辨》，载《明代野史丛书》，北京古籍出版社 2002 年版。

姜良栋：《东征录》，日本公文书馆藏万历刻本。

姜亚沙等编中国文献珍本丛书《朝鲜史料汇编》（19 册）；《御倭史料汇编》（5 册），北京全国图书馆文献缩微复制中心 2004 年版。

金日升辑：《颂天胪笔》，明崇祯二年刻本。

瞿九思：《万历武功录》，《四库禁毁书丛刊》史部 36 册。

李长春：《明熹宗七年都察院实录·大明熹宗达天阐道敦孝笃友章文襄武靖穆庄勤悊皇帝实录》，梁鸿志影印江苏省立国学图书馆本，不源于嘉业堂本，所据殆系史馆"来源不明"的另一钞本，参见黄彰建《明实录附录·明熹宗实录校勘记》，台北"中央"研究院历史语言研究所 1967 年刊本。

李承勋：《续名马记》，《续修四库全书》第 1119 册。

李大伟辑录：《辽阳碑志续编》，辽宁民族出版社 2011 年版。

李辅等：《全辽志》《辽海丛书》第 1 册。

李恒辑：《国朝耆献类徵初编》，清乾隆刻增修本。

李化龙：《抚辽疏稿》，《四库禁毁书丛刊》史部，第 69 册。

李清:《三垣笔记》,中华书局 1982 年版。
李聿求:《鲁之春秋》,浙江古籍出版社 1984 年版。
辽宁省档案馆、辽宁省社会科学院历史研究所编:《明代辽东档案汇编》,辽沈书社 1985 年版。
刘效祖:《四镇三关志》,明万历十四年师贞堂刻本,《四库禁毁书丛刊》史部第 10 册。
刘元霖:《抚浙奏疏》,日本东洋文库藏万历刻本。
毛霦撰:《平叛记》,清康熙五十五年毛贡刻本。
毛文龙:《东江疏揭塘报节抄》,毛承斗辑,浙江古籍出版社 1986 年版。
茅坤:《茅鹿门文集》,明万历刻本。
茅元仪:《武备志》,《四库禁毁书丛刊》子部,第 23 册。
《明神宗实录》及其他各朝实录,台北"中央"研究院历史语言研究所,1967 年刊本。
《明史》,中华书局 1974 年标点本。
明佚名:《四马投唐不分卷》,民国孤本元明杂剧本,涵芬楼藏版。
倪谦:《朝鲜纪事》,明钞本。
戚继光:《纪效新书》,中华书局 2001 年版。
戚继光:《戚少保奏议》,中华书局 2001 年版。
戚继光:《止止堂集》,中华书局 2001 年版。
戚祚国汇纂:《戚少保年谱耆编》,中华书局 2003 年版。
钱谦益:《初学集》,上海古籍出版社 1985 年版。
钱谦益:《有学集》,上海古籍出版社 1996 年版。
钱世桢:《征东实纪》,观自得斋徐氏校勘本,收入《中国野史集成》编委会四川大学图书馆编:《中国野史集成》第 25 册,巴蜀书社 1992 年版。
钱仪吉:《碑传集》,上海古籍出版社 1987 年版《清代碑传全集》缩印本。
清官修:《八旗通志》,东北师范大学出版社 1985 年标点本。
清官修:《八旗满洲氏族通谱》,《四库全书》第 455、456 册,上海古籍出版社 1987 年版。
清官修:《明臣奏议》,清武英殿聚珍版丛书本。
清官修:《清史列传》,中华书局 1987 年王锺翰标点本。
《清实录》,中华书局 1985 年影印本。
《清史稿》,中华书局 1977 年标点本。

沈德符：《万历野获编》，中华书局 1959 年版；中华书局 1999 年、2007 年版。

沈德潜选：《清诗别裁》，上海，商务印书馆 1958 年版。

沈国元：《皇明从信录》卷 38，明末刻本。

沈懋孝：《沈司成先生文集》明万历刻本。

施宿：《（嘉泰）会稽志》，清文渊阁四库全书本。

释道原：《景德传灯录》四部丛刊三编景宋本。

释普济撰：《五灯会元》，中华书局点校本。

宋应昌：《经略复国要编》，台北华文书局据万历刊本 1986 年影印本；郑洁西、张颖点校本，浙江大学出版社 2020 年版。

孙承泽：《山书》，浙江古籍出版社 1989 年版。

孙鑛：《孙月峰先生全集》，嘉庆十九年刻本。

台北"中央"研究院历史语言研究所编：《明清史料》乙编、己编，中华书局影印商务印书馆 1936 年。

谈迁：《国榷》，中华书局 1958 年版。

谈迁：《枣林杂俎》，载《笔记小说大观》第 32 册，江苏广陵古籍刻印社 1983 年版。

万邦孚：《一枝轩吟草》，载《四库存目丛书》集部，第 187 册。

汪景祺：《西征随笔》，民国许宝蘅丁卯刻本，1936 年故宫博物院铅印本。

汪应蛟：《海防奏议》，《续修四库全书》第 480 册。

王晶辰主编：《辽宁碑志》，辽宁人民出版社 2002 年版。

王士性：《广志绎》，《王士性地理书三种》，上海古籍出版社 1993 年版。

王在晋：《三朝辽事实录》，明崇祯刻本，《四库禁毁书丛刊》史部 70 册。

王穉登：《王百穀集十九种》，明刻本。

温纯：《温恭毅集》，文渊阁《四库全书》本。

文秉：《先拨志始》，清写刻本。

翁正学：《辽东倡虏歌》，载张鼐《筹辽硕画》，缪钺等主编《中国野史集成》，巴蜀书社 1993 年版，第 25 册。

吴大本辑：《三祠传辑》，余姚梨州文献馆光绪藏本。

吴丰培主编：《壬辰之役史料汇辑》（2 册），北京大学中国社科院边疆史地中心 1990 年版。

吴亮：《万历疏钞》，明万历三十七年刻本，《续修四库全书》第 468、469 册。

吴甡：《柴庵疏集》，清初刻本。

夏良胜:《东洲初稿》,文渊阁《四库全书》补配清文津阁《四库全书》本。
萧大亨:《刑部奏疏》,日本石古屋市蓬左文库藏明刻本。
邢玠:《经略御倭奏议》,全国图书馆文献缩微复制中心 2004 年《御倭史料汇编》四十五册。
熊廷弼:《按辽疏稿》,《四库禁毁书丛刊》史部,第 9 册;《熊廷弼集》,学苑出版社 2011 年版。
徐光启:《徐光启集》,上海古籍出版社 1984 年版。
徐希震:《东征记》,首尔大学奎章阁藏本(奎중5249)。
徐象梅:《两浙名贤录》,明天启刻本。
杨博:《杨襄毅公本兵疏议》,齐鲁书社 2001 年版《四库存目丛书》史部,第 61 册。
杨嗣昌:《杨嗣昌集》,岳麓书社 2005 年版。
杨士奇:《东里文集》,文渊阁《四库全书》本。
杨锺羲:《雪桥诗话余集》,北京古籍出版社 1992 年版。
姚希孟:《公槐集》,载《四库禁毁书丛刊》集部,第 178 册。
佚名:《大狱录》,五石斋钞本。
佚名:《万历邸抄》,江苏广陵古籍刻印社 1991 年版。
尹台:《洞麓堂集》,文渊阁《四库全书》本。
张辅之:《太仆奏议》,明天启刻本。
张萱:《西园闻见录》,民国哈佛燕京学社印本。
赵吉士:《寄园寄所寄》,《四库存目丛书》子部,第 155 册。
赵世卿:《司农奏议》卷 3,《径用匮乏有由疏》,明崇祯七年赵浚初刻本。
赵志皋:《内阁奏题稿》,《续修四库全书》第 478 册。
郑诚整理:《明清稀见兵书四种》,河南科学技术出版社 2018 年版。
中国第一历史档案馆辽宁省档案馆合编:《中国明朝档案总汇》,广西师范大学出版社 2001 年版。
中国第一历史档案馆、中国社会科学院历史研究所译注:《满文老档》,中华书局 1990 年版。
中国社会科学院历史研究所清史研究室编:《清史资料》第一辑,中华书局 1980 年版。
《中国国家博物馆藏文物研究丛书·明清档案卷》,上海古籍出版社 2006 年版。

周孔教：《周中丞疏稿》，明万历刻本，《四库存目丛书》史部，第 64 册。
周文郁：《边事小纪》，《四库禁毁书丛刊补编》，北京出版社 2005 年版，第 16 册。
朱赓：《朱文懿文集》，《四库全书存目丛书》集部，第 149 册。
诸葛元声：《两朝平攘录》，台湾学生书局 1969 年版。
邹宝库辑录：《辽阳碑志选编》，辽宁民族出版社 2011 年版。

三 家谱方志

（浙江缙云）筠川陶氏宗谱重修委员会：《筠川陶氏宗谱》1995 年 5 月重修本。
不详：《叶氏宗谱》，民国三年（1914）甲寅重修本。
不详：《义乌龙山叶氏宗谱》。
曹金撰：《（万历）开封府志》。
陈江彬主修：《绣川何氏宗谱》，2018 年重修本。
陈如楠主修：《葛峰陈氏宗谱》，2010 年庚寅重修本。
陈有范编撰：《杭畴陈氏家谱》，2004 年重修本。
陈有家等纂：《葛峰陈氏宗谱》，民国乙亥（1935 年）重修本。
陈郁棠纂：《义乌倍磊陈氏宗谱前集》，民国乙亥 1936 年重修本，宣统壬子（1912）重修本。
程瑜、李锡龄等纂：《（嘉庆）义乌县志》，民国十八年灌聪图书馆石印本；台湾成文出版社 1970 年版。
仇锡廷等：《蓟县志》，民国三十三年刊本，台湾成文书局影印本。
《凤林胡氏宗谱》，2009 年新修本。
韩浚等修：《嘉定县志》，万历三十三年刊本，台湾成文出版社 1983 年影印。
何进源主修：《义乌泮山何氏宗谱》，民国丙戌年（1928）木刻版。
何楹主修：《爱溪何氏宗谱》，2001 年重修本。
胡慕歧等撰：《（浙江义乌）凤林胡氏宗谱》，国家图书馆藏光绪戊寅丁未（1907）重修本。
胡元朗纂修：山西《天镇县志》，中国国家图书馆藏乾隆四年刻本。
《会稽陶氏族谱》，道光九年刊本。
金云铭：《陈第年谱》，台湾大通书局 1987 年版。
《锦川叶氏宗谱》，民国己巳重修本。
康汶泉等重修：《（南沙）康氏宗谱》，咸丰元年重修本。

康武琴等篇：《吴宁康氏族谱》，清乾隆十一年重修本。
李绶撰：《广西府志》，乾隆刊本。
李树德修撰：《李氏宗谱》，铁岭市博物馆1991年。
李琬、齐召南等纂修：《（乾隆）温州府志》，民国四年补刊本。
李晓泠等纂：《高阳县志》，台湾成文出版社1968年影印民国二十年铅印本。
辽宁北镇《张氏家谱》，国家图书馆藏，共两册。
刘光寅主修：《青溪刘氏宗谱》，光绪十年（1884）木活字本。
刘文虎主编：《清溪刘氏宗谱》，2003年癸未重修本。
鲁曾煜撰：《福州府志》，清乾隆十九年刊本。
毛仍掬纂修：《绣川毛氏宗谱》，光绪二十四年（1898）木活字本（存首、一、三至六、末卷）。
毛氏宗办新纂：《绣川毛氏宗谱》，1995年重修本。
毛维堆纂修：《绣川毛氏宗谱》，咸丰八年（1858）木活字本（存卷末上下）。
毛信超纂修：《绣川毛氏宗谱》，嘉庆二十四年（1819）木活字本（存卷一、二）。
毛云祥纂：《余姚丰山毛氏谱》，光绪甲辰年（1904）永思堂活字本，中国社会科学院古代史研究所藏本。
民国《蓟县志》，台湾成文书局影印本。
平恕等修：《绍兴府志》，乾隆五十七年刊本。
三槐堂《盘溪王氏宗谱》2010年续修本。
山东省枣庄市李化龙家族《（兰陵）李氏族谱》，民国十三年续修本。
邵荫裳纂：《绍兴江左邵氏家谱》，安乐堂1930年活字本。
沈翼机等：雍正《浙江通志》，乾隆元年重修，中华书局2001年版。
《双溪沈氏宗三宗谱》，2011年重修本。
孙仰唐等纂：《余姚孙镜宗谱》，光绪二十五年（1899）燕翼堂活字本中国社会科学院古代史研究所藏本。
宋杏春编：《（义乌）平望宋氏宗谱》，民国壬戌年（1922）续修本。
佟国勤：《佟氏家谱》，国家图书馆藏康熙刻本。
佟明宽编：《满族佟氏家谱总汇》，辽宁民族出版社2010年版。
万俊达等修：《香山万氏宗谱》，2002年重修本。
汪孟铜辑：《龙井见闻录》，清乾隆刻本。
王秉中主修：《凤林蒲潭王氏宗谱》，民国丙子年（1936）重修本。

王梦松撰：《（义乌）铜峰王阡楼氏宗谱》，光绪丙午（1906）重修本。
王士俊修：《（雍正）河南通志》。
王用春等：《义乌凤林王氏宗谱》，2004年重修本。
吴德正主编：《（北山）延陵吴氏宗谱》，2004年重修本。
吴福梅等：《柳溪吴氏宗谱》，民国二十六年丁丑重修本（缺卷三部分）。
吴国樑：《山阴州山吴氏族谱》道光十九年刊本。
吴善庆：《山阴州山吴氏支谱》，1919年石印本。
《新修余姚县志》，万历三十一年刊本，日本国立大学图书馆藏本。
徐汉荣主修：《义乌龙陂徐氏宗谱》，2012年重修本。
许国忠等修，叶志淑等纂：《（万历）处州府志》《续处州府志》，南京图书馆稀见方志丛刊景印万历三十三年刻本。
许琰：《普陀山志》，清乾隆刻本。
许重熙撰：《嘉靖以来注略·万历注略》，明崇祯刻本。
延丰撰：《重修两浙盐法志》，清同治刻本。
《演溪叶氏宗谱》，2003年癸未重修本。
《演溪叶氏宗谱》，2004年甲申重修本。
杨福全等纂：《义乌稠岩杨氏宗谱》，宣统元年1909年木活字本。
杨铭春主修：《赤岸杨氏宗谱》，2007年丁亥重修本。
杨仕铭主编：《梅溪介山杨氏宗谱》，2005年重修本。
杨晓声主修：《枧畴杨氏宗谱》，2009年重修本。
杨子平主编：《赤岸杨氏宗谱》，2009年己丑重修本。
叶成调等重修：《义邑叶氏宗谱》，光绪五年（1879）己卯重修木活字本。
叶凤锑等主修：《叶氏宗谱》，光绪二十年（1894）癸巳重修本，木活字本。
叶兰茝等主修：《叶氏宗谱》，咸丰九年（1859）己未重修木活字本。
叶挺荣主修：《叶氏宗谱》，光绪二年（1876）乙亥重修木活字本。
叶梓盛等修：《演溪叶氏宗谱》，光绪七年（1881）辛巳重修木活字本。
义乌《椒山吴氏宗谱》，2003年癸未重修本。
义乌市地方志办公室编、张金龙收集整理：《义乌兵史料辑录（一）》，2019年内部资料。
于始瞻纂：《掖县志》，乾隆二十三年刊本。
余依成、余悦初等撰：《桐山余氏宗谱》，2007年重新本。
俞国正、俞关棋主编：《香山茂厚俞氏宗谱》，2005年重修本。
张涵文：《西方张氏宗谱》，2009年电脑打印本。

张元忭、孙鑛等纂：《绍兴府志》，李能成点校，宁波出版社2012年版。

赵亚伟等点校：《峄县志》，线装书局2007年版。

浙江黄岩《石曲季氏宗谱》，道光丙午年重修本。

浙江省义乌史志办：《义乌市志》，2010年。

郑子麟编：《（义乌）派溪赵氏宗谱》，2003年重修本。

《中国国家博物馆藏文物研究丛书·明清档案卷》，上海古籍出版社2006年版。

周士英、熊人霖等：《义乌县志》，崇祯刻本，中国科学院图书馆选编《希见中国地方志汇刊》第17册，中国书店2006年版。

朱贤华主修：《剡溪朱氏宗谱》，2004年电脑打印重修本。

朱肇济等：《处州府志》，雍正十一年刊本。

朱志清主修：《山盘朱氏宗谱》，2008年戊子年重修本。

朱中宝主编：《清溪紫阳朱氏宗谱》，2010年重修本。

撰者不详：《金峰张氏宗谱》，道光十年（1830）重修木活字本。

撰者不详：《龙陂张氏宗谱》，民国丙辰年重修本。

撰者不详：《义乌八峰周氏宗谱》，光绪二十二年（1896）木活字本。

四 中外论著

오호성：《壬辰倭乱と朝′明′日の军需系统（임진왜란과조명일의군수시스템）》，景仁文化社2017年版。

Kenneth M. Swope Jr.：《万历三大征1592—1600——十六世纪晚期中国的朝廷、战争和社会》（The Three Great Campaigns of the Wanli Emperor 1592—1600, Court, Military and Society inLate Sixteenth—Century China) a dissertation submitted in partial fulfillment of the requirements for the degree of Doctor of Philosophy History in The University of Michigan, 2001。

Kenneth M. Swope Jr. The Three Great Campaigns of the Wanli Emperor 1592—1600, Court, Military and Society inLate Sixteenth-Century China. (a dissertation submitted in partial fulfillment of the requirements for the degree of Doctor of Philosophy History in The University of Michigan, 2001).

［美］巴菲尔德：《危险的边疆》，江苏人民出版社2011年版。

白寿彝主编：《中国通史》，上海人民出版社1996年版。

［朝鲜］李清源：《壬辰卫国战争》，朝鲜民主主义人民共和国文化宣传省，1955年。

陈尚胜编：《登州港与中韩交流国际学术讨论会论文集》，山东大学出版社 2005 年版。

陈尚胜主编：《跨国史视野下的壬辰战争研究论文集》，山东大学出版社 2020 年版。

朱尔旦：《万历朝鲜战争全史》，民主与建设出版社 2020 年版。

杜宏刚等编：《韩国文集中的明代史料》，广西师范大学出版社 2006 年版。

[德] 贡德·弗兰克：《白银资本——重视经济全球化中的东方》，刘北成译，中央编译出版社 2008 年版。

樊铧：《明初海运研究》，社会科学文献出版社 2009 年版。

范中义：《戚继光评传》，南京大学出版社 2004 年版。

顾诚：《隐匿的疆土》，光明日报出版社 2012 年版。

[韩] 崔官：《壬辰倭乱——四百年前的朝鲜战争》，金锦善、魏大海译，中国社会科学出版社 2013 年版。

[韩] 韩明基：《壬辰倭乱与韩中关系》，首尔历史批评社 2001 年版。

[韩] 李烔锡：《壬辰战乱史战乱史》上下册，首尔大学校 1967 年。

[韩] 吴一焕：《海路·遗民·遗民社会——以明清之际中朝交往为中心》，天津古籍出版社 2007 年版。

何龄修：《五库斋清史丛稿》，学苑出版社 2004 年版。

侯旭东：《宠：信任型的君臣关系与西汉历史的展开》，北京师范大学出版社 2018 年版。

华夏子：《明长城考实》，档案出版社 1988 年版。

黄仁宇：《万历十五年》，中华书局 1982 年版。

黄仁宇：《十六世纪明代中国之财政与税收》，阿风等译，生活·读书·新知三联书店 2001 年版。

黄枝连：《东亚的礼义世界——中国封建王朝与朝鲜半岛关系形态论》，中国人民大学出版社 1995 年版。

江西丰城政协编：《明代爱国将领邓子龙》，1998 年编印。

蒋菲菲、王小甫等著《中韩关系史》（古代卷），社会科学文献出版社 1998 年版。

赖慧敏：《清代的皇权与世家》，北京大学出版社 2010 年版。

赖建诚：《边镇粮饷》，浙江大学出版社 2010 年版。

雷海宗：《中国的兵》，郑学稼《日本史》，台北黎明文化事业股份有限公司 1977 年。

李德进编：《满族佟氏史略》，抚顺市新闻出版局 1999 年版。

李光涛:《明清史论集》,台湾商务印书馆1971年版。

李光涛编《朝鲜壬辰倭祸史料》(五册),"中研院"历史语言研究所1970年。

刘晓东:《"倭寇"与明代秩序》,中华书局2019年版。

骆立胜主编:《义乌名人传·吴百朋及其子孙》,中国文史出版社2001年版。

马明达:《说剑丛稿》增订本,中华书局2007年版。

玛丽·伊丽莎白·贝里:《丰臣秀吉:为现代日本奠定政治基础的人》,江苏人民出版社2017年版。

[美]戴维·K. 怀亚特:《泰国史》,郭继光译,东方出版中心2009年版,第92页。

[美]狄百瑞:《东亚文明——五个阶段的对话》,何兆武译,江苏人民出版社2012年版。

孟森:《明清史论著集刊》,中华书局1984年版。

孟森:《清朝前纪》,中华书局2008年版。

牟复礼等编:《剑桥中国明代史》,中国社会科学出版社1992年版。

朴尚春:《朝鲜民族历史文化研究》,吉林大学出版社2017年版。彭勇:《明代北边防御体制研究》,中央民族大学出版社2009年版。

奇文瑛:《明代卫所归附人研究——以辽东和京畿地区卫所达官为中心》,中央民族大学出版社2011年版。

钱基博著,傅宏星校订:《碑传合编》,华中师范大学出版社2014年版。

[日]北岛万次:《丰臣政权の对外认识と朝鲜侵略》,校仓书房1990年版。

[日]北岛万次:《加藤清正——朝鲜侵略の实像》,吉川弘文馆2007年版。

[日]长尾景弼:《文禄庆长と朝鲜役全(朝鲜全图添)》,南满洲铁道株式会社,1914年。

[日]池内宏:《文禄庆长の役》,东京:博和堂1894年版。

[日]岛田虔次:《中国近代思维的挫折》,甘万萍译,江苏人民出版社2008年版。

[日]稻叶君山:《满洲发达史》,杨成能译,东亚印刷株式会社奉天书店1941年版。

[日]日下宽:《丰公遗文》,东京博文馆1914年版。

[日]上田信:《海与帝国:明清时代》,广西师范大学出版社2014年版。

［日］石见银山历史文献调查团编：《石见银山·年表、编年史料纲目篇》，思文阁 2002 年版。

［日］松浦章：《明清时代东亚海域的文化交流》，郑洁西译，江苏人民出版社 2009 年版。

［日］小司正向编：《文禄庆长の役：东アジアを摇るがせた秀吉の野望》，东京：学习研究社，1993 年。

［日］与那霸润：《中国化的日本——日中"文明冲突"千年史》，广西师范大学出版社 2013 年版。

［日］中村荣孝：《日鲜関系史の研究》，吉川弘文馆 1969 年版。

日本"参谋本部编"：《日本战史·朝鲜役》，东京：偕行社 1924 年版。

塞缪尔·霍利：《壬辰战争》，方宇译，民主与建设出版社有限责任公司 2019 年版。

商传：《走进晚明》，商务印书馆 2014 年版。

商鸿逵：《明清史论著合集》，北京大学出版社 1988 年版。

孙卫国：《从"尊明"到"奉清"朝鲜王朝对清意识的嬗变（1627—1910)》，台湾大学出版中心 2018 年版。

孙卫国：《大明旗号与小中华意识》，商务印书馆 2007 年版。

孙卫国：《"再造藩邦"之师——万历抗倭援朝明军将士群体研究》，社会科学出版社 2021 年版。

台湾三军大学编著：《中国历代战争史》第 14 册及《中国历代战争史地图册》，中信出版社 2013 年。

万明：《明代中外关系史论稿》，中国社会科学出版社 2011 年版。

万明主编：《晚明社会变迁问题与研究》，商务印书馆 2005 年版。

王锺翰：《王锺翰清史论集》，中华书局 2004 年版；《治史清源：王锺翰先生学术论著自选集》，人民出版社 2019 年版。

王英础、朴现圭、孙连忠编著：《抗倭援朝的名将——季金》，浙江工商大学出版社 2020 年版。

王煜焜：《万历援朝与十六世纪末的东亚世界》，上海大学出版社 2019 年版。

王兆春：《中国火器史》，军事科学出版社 1991 年版。

肖立军：《明代省镇营兵制与地方秩序》，天津古籍出版社 2010 年版。

许大龄：《清代捐纳制度》，哈佛燕京学社 1950 年版；《明清史论集》北京大学出版社 2000 年版。

杨海英：《域外长城——万历援朝抗倭义乌兵考实》，上海人民出版社

2014年版。

张存武：《清韩宗藩贸易1637—1894》，"中央"研究院近代史研究专刊第39号，台北南港，1985年。

张金奎：《明代卫所军户研究》，线装书局2007年版。

张金奎：《明代山东海防研究》，中国社会科学出版社2014年版。

张金龙：《义乌兵》，中国文联出版社2001年版。

张显清、林金树主编：《明代政治史》，广西师范大学出版社2003年版。

张显清、林金树主编：《明代经济转型》，中国社会科学出版社2009年版。

赵树国：《明代北部海防体制研究》，山东人民出版社2014年版。

赵现海：《明代九边长城军镇史》，社会科学文献出版社2012年版。

郑洁西：《跨境人员、情报网络、封贡危机：万历朝鲜战争与16世纪末的东亚》，上海交通大学出版社2017年版。

郑天挺：《清史探微》，北京大学出版社1999年版。

中国社会科学院历史研究所编：《中国历史年表》，中华书局2013年版。

周绚隆：《易代——侯岐曾和他的亲友们》，中华书局2020年版。

五 中外论文

cd0482569c3001f3148/73d6c0ead78b401a482570fb002513cf? OpenDocument.

卜永坚：《十六世纪朝鲜战争与明朝中央政治》，载《明代研究》第28期。

卜永坚：《万历朝鲜战争第一阶段的明军（1592—1593）——以〈中国明朝档案总汇〉卫所选簿为中心的考察》，载《明史研究论丛》第12辑，中国广播电视出版社2014年版。

曹循：《明代武职纳级述论》，载《古代文明》2011年第1期。

曹循：《明代名色武官考论》，载《史学月刊》2021年第2期。

常修铭：《16—17世纪东亚海域火器交流史研究》，博士学位论文，新竹清华大学历史研究所，2016年。

常虚怀：《明末将领祖大寿改名问题探源》，载《历史档案》2015年第2期。

陈长文：《朝鲜贡使对明代山东官吏的印象》，http：//www.jiaodong.net 2010-11-01 09：34：59 胶东在线。

陈长文：《登州与明末中朝海上丝路的复航——以朝鲜贡使安璥〈驾海朝

天录〉为文本》，载《登州与海上丝绸之路——登州与海上丝绸之路国际学术研讨会论文集》，北京大学出版社 2004 年版。

陈尚胜：《壬辰御倭战争初期粮草问题初探》，载《社会科学辑刊》2012 年第 4 期。

陈尚胜：《论丁酉战争爆发后的明军战略与南原之战》，载《安徽史学》2017 年第 6 期。

陈尚胜：《壬辰战争之际明朝与朝鲜对日外交比较——以明朝沈惟敬与朝鲜僧侣四溟为中心》，载《纪年许大龄教授诞辰八十五周年学术论文集》，北京大学出版社 2007 年版。

陈尚胜：《字小与国家利益：对于明朝就朝鲜壬辰倭乱所做反应的透视》，载《社科科学辑刊》2008 年第 1 期。

陈尚胜、赵彦民、孙成旭、石少颖：《地区性历史与国别性认识——日本、韩国、中国有关壬辰战争史研究述评》，载《海交史研究》2019 年第 4 期。

董建民：《壬辰御倭战争后期（1597—1598）明军粮饷问题研究》，硕士学位论文，山东大学，2016 年。

樊铧：《明初南北转运重建的真相：永乐十三年停罢海运考》，载《历史地理》，上海人民出版社 2008 年版。

冯颖：《山海关长城博物馆藏明代火炮》，载《文物介绍与研究》2018 年第 2 期。

高瑞吾：《大泽山石刻钩沉》，http：//202.110.193.6/nianjianku.nsf/a797ca9c92b69 高寿仙：《明代北京三种物价资料的整理与分析》，载《明史研究》第 9 辑，黄山书社 2005 年版。

高寿仙：《关于明朝的籍贯与户籍问题》，载《北京联合大学学报》（人文社会科学版）2013 年第 1 期。

高伟浓主编：《暨南史学丛书·专门史论集》，暨南大学出版社 2002 年版。

高艳林：《明代万历时期中朝"中江关市"设罢之始末》，载《中国历史文物》2006 年第 2 期。

桂齐逊：《〈折狱新语〉导读》，"中央"研究院历史语言研究所法律史研究室 2004 年 3 月 6 日读书会报告。

［韩］《Japan's Second Invision of Korea in 1597（丁酉再乱）》，JinJu National Museum，2017 年。

［韩］车勇杰：《壬辰倭乱前后의관방시설에대한몇가지문제》，载《韩国史论》9《朝鲜后期国防体制과诸问题·朝鲜后期关防施设의变化过程》，

国史编纂委员会 1981 年。

［韩］陈邦植：《陳璘提督과壬辰倭亂의終結》，서울：东邦企劃 1988 年；《陳璘明水军都督의「征倭紀功圖」再照明》，서울：东邦企劃 2000 年。

［韩］桂胜范：《桂胜范评〈想象异域〉》，丁晨楠译，载《澎湃新闻·上海书评》2020 年 3 月 9 日（https://www.thepaper.cn/newsDetail_forward_6403438）。

［韩］洪性鸠：《丁酉再乱时期明朝的粮饷海运》，载香港新亚研究所《新亚学报》2017 年第 34 卷。

［韩］金东哲：《17 世纪朝鲜·清·러시아의关系와"罗禅征伐"：罗禅征伐의性格과意义를中心으로》，韩国中央大学校，硕士学位论文，2002 年。

［韩］金冏泰：（김경태）：《임진전쟁기경주안강전투와강화교섭국면의변동（壬辰战争时期庆州安康战役与讲和交涉局面的变化）》，载《韩国史学报》第 62 号，2016 年。

［韩］金冏泰：《壬辰战争期间朝鲜军与日本军的秘密交涉》，载《第二届壬辰战争工作坊论文集》。

［韩］金冏泰：《壬辰战争前期加藤清部正的动向：战功的危机与讲和交涉的可能性》，载《大东文化研究》2012 年。

［韩］金冏泰：《壬辰战争时期丰臣秀吉的讲和条件研究》，载《朝鲜时代史学报》第 68 期，2014 年。

［韩］金冏泰：《壬辰战争初期军粮问题讲和交涉讨论》，载《历史与谈论》第 70 期，2014 年。

［韩］金冏泰：《壬辰战争时期讲和交涉破裂的原因研究》，载《大东文化研究》第 87 辑，2014 年。

［韩］李宜显：《钦差都司石楼吴公宗道清白保民去思碑》，原碑藏韩国江华博物馆，碑文转引自배성수《조선후기강화도吴宗道去思碑의건립베경과의미》（A study on Oh-Jongdo Geosabi in Ganghwa Island during the late Chosun Dynasty），载《仁川学研究》第 4 辑，2005 年。

［韩］李元植：《"韩氏两世墨妙"发现寄语（「韓氏両世墨妙」の発見に寄せて—壬辰倭乱艾主事所管文书を中心に）》，载《朝鲜学报》第 188 期，日本朝鲜学会财团法人学会志 2003 年。

［韩］朴现圭：《论明朝蓝芳威的〈朝鲜诗选〉》，载《一九九七东亚汉学论文集》，台湾学生书局 1998 年。

［韩］朴现圭：《邓子龙考》，载《韩中人文学研究》第 22 辑，韩中人文学会 2007 年。

[韩]朴现圭:《壬辰倭乱明将吴惟忠在朝鲜半岛的遗存文物》,载《明史研究论丛》第15辑,中国社会科学出版社2016年版。

[韩]朴现圭:《壬辰倭乱时机明军搜集和编撰韩国文献的活动》,载《东亚汉诗文交流唱酬研究》,中西书局。

[韩]朴现圭:《壬辰倭乱时季金的军事行迹考察》,载《温岭理论与实践》2015年第2期(总第48期)。

何龄修:《拳术家和反清斗士甘凤池》,载《顾诚先生纪念暨明清史研究文集》,中州古籍出版社2005年版。

胡适:《〈精本袁了凡先生四训〉封面题记》,载耿云志主编《胡适研究丛刊》第一辑,北京大学出版社1995年版。

[加拿大]许南麟:《日本对朝鲜侵略和丰臣秀吉政权》,载《第二届壬辰战争工作坊论文集》,山东大学,2017年。

李伯重:《创建新型军队:明代中后期的"练兵"运动》,载《文史》2012年第3期。

李森:《明代抗倭援朝名臣邢玠父母墓志考析》,载《中国国家博物馆馆刊》2011年第11期。

李祖基:《陈第、沈有容与〈东番记〉》,载《台湾研究集刊》2001年第1期。

廖元琨:《明代锦衣卫行为研究》,硕士学位论文,西北师范大学文学院,2007年。

刘宝全:《明晚期中国和朝鲜的相互认识——以丁应泰和李廷龟的辩论为中心》,北京大学韩国学研究中心编《韩国学论文集》第19辑,北京大学出版社2011年。

刘文斌:《明辽东地区海防聚落工程体系研究》,硕士学位论文,天津大学,2012年。

刘祥学:《"贪将"抑或猛将?——再论明代名将陈璘》,载《军事历史研究》2018年第1期。

刘晓东:《"山东粮"与明代抗倭援朝》,载《东岳论丛》2016年第7期。

刘洋:《明代辽东苑马寺研究》,硕士学位论文,辽宁大学,2017年。

刘永连、段玉芳:《万历援朝御倭战争明军兵力考》,载《朝鲜韩国历史研究》2016年第4期。

龙武:《从开原到抚顺——明末辽东马市贸易战和女真诸部兴衰》,硕士学位论文,中国社会科学院研究生院,2013年。

罗杰:《明代海运与漕运之比较——海运可行论》,载《黑龙江史志》

2011年第19期。

马廉真：《双手刀法源流》，载广州《武林》2004年第1、2期。

彭勇：《从"都司"含义的演变看明代卫所制与营兵制的并行与交错——以从"都司领班"到"领班都司"的转变为线索》，《明史研究论丛》第13辑。

朴现圭：《明代万历水军将领——季金的行迹考察》，载《台州文化学刊》2014年第3、4期合刊。

［日］川越泰博：《倭寇、被虏人与明代的海防军》，李三谋译，《中国边疆史地研究》1998年第3期。

［日］河内良弘：《关于明代辽阳的东宁卫》，杨旸、梁志忠译，《黑河学刊》1988年第3期。

［日］津野伦明：《文禄庆长之役诸大名的目的：对参战动机的讨论》，赵彦民译，山东大学《第二届壬辰战争研究（国际）工作坊论文集》。

［日］六反田丰等：《文禄・庆长の役（壬辰倭乱）》，载《日韩歴史共同研究报告书》第1期第2分科报告书，东京：日韩歴史共同研究委员会，2005年。

［日］三木聪：《万历封倭考——封贡问题と九卿．科道会议》，载《伝统中国と福建社会》，东京：汲古书院，2015年。

［日］三木晴男：《小西行长と沈惟敬—文禄の役、伏见地震、そして庆长の役》，东京：日本图书刊行会，1997年。

［日］森山恒雄：《豊臣期海外贸易の一形态续论》，收入箭内健次编《锁国日本と国际交流》上卷，东京吉川弘文馆1988年。

［日］小野和子：《明季党社考——东林党と复社》，京都同朋舍，1996年。

［日］新宫学：《十六世纪末的日本与中国和朝鲜的讲和交涉》，参泷野正二郎《2000年日本史学界关于明清史的研究》，《中国史研究动态》2002年第10期。

［日］樱井克己：《豊臣政权の朝鲜出兵における兵粮米调达政策とその实态》，载《一桥研究》第9辑，1984年。

［日］有马成甫：《火炮の起原とその伝流（The origin of firearms and their early transmission）》，东京：吉川弘文馆，1962年。

［日］曾根勇二：《第一次朝鲜侵略における城米奉行について》，《东洋大学大学院纪要》第24期，1987年第3期。

［日］中村荣孝：《万历朝鲜役と浙江将兵——柳成龙〈唐将书帖〉の一

文书をめぐつて》，载《东方学论集：东方学会创立二十五周年纪念》，东京，1972年。

［日］中岛乐章：《十六世纪末朝鲜战争与九州——东南亚贸易：以加藤清正的吕宋贸易为中心》，郭阳译，载中国明代研究学会主编《明史研究》第28期，台北，2016年。

［日］中野等：《朝鲜侵略戦争における豊臣政権の兵粮补给について》，《九州岛大学文学部九州岛文化史研究所纪要》第35期，1990年。

宋巧玲：《从明代援朝抗倭战争看女真的崛起》，硕士学位论文，吉林大学，2007年。

孙成旭：《壬辰战争期间册封使李宗城逃亡再考》，载《山东大学学报》（哲学社会科学版）2020年第3期。

孙德彪：《一部展现朝鲜王朝文人生活史和心灵史的新作——评〈朝鲜车天辂汉诗研究〉》，载《长江师范学院学报》2016年第2期。

孙娜：《沈一贯与万历东征之役》，硕士学位论文，宁波大学，2019年。

孙卫国：《兵部尚书石星与明代抗倭援朝战争》，载《朝鲜韩国历史研究》第14辑，延边大学出版社2013年版。

孙卫国：《丁应泰弹劾事件与明清史籍之建构》，载《南开学报》（哲学社会科学版）2012年第3期。

孙卫国：《东亚视野中万历朝鲜之役研究的总结与反思》，载《史学思想研究与中国史学的风格》编委会编《史学思想研究与中国史学的风格·吴怀祺教授八十华诞贺寿文集》2017年。

孙卫国：《〈纪效新书〉与朝鲜王朝军制改革》，载《南开学报》（哲学社会科学版）2018年第4期。

孙卫国：《清官修〈明史〉对万历朝鲜之役的历史书写》，载《历史研究》2018年第5期。

孙卫国：《万历朝鲜之役明军将士群体与指挥体制》，载《纪念郑天挺先生诞辰120周年暨第五届明清史国际学术讨论会》第二组论文集，2019年9月南开大学。

孙卫国：《明抗倭援朝水师统帅陈璘与露梁海战》，载《南开学报》（哲学社会科学版）2020年第4期。

孙卫国：《杨镐是贪功冒饷之庸才还是朝鲜"再造"之良将》，载北京大学韩国学研究中心编《韩国学论文集》（第20辑），2012年。

孙卫国、孙中奇：《近百年来中国对万历朝鲜之役研究的回顾与总结》，载《史学月刊》2020年第2期。

孙志虎:《〈锦衣卫选簿〉整理与研究》,硕士学位论文,陕西师范大学,2013年。

汤开建:《清朝初期澳葡政权的走向及与清政府的关系》,载高伟浓主编《暨南史学丛书·专门史论集》,暨南大学出版社2002年版。

万明:《万历援朝之战与明后期政治态势》,载《中国史研究》2001年第2期。

万明:《明代永宁寺碑新探——基于整体丝绸之路的思考》,载《史学集刊》2019年第1期。

万睿祯:《壬辰战后援朝明军善后事宜研究(1599—1601)》,硕士学位论文,山东大学,2020年。

王成科:《以碑志为中心,谈明代辽阳佟氏家族》,载《辽宁省博物馆馆刊》2013年,辽海出版社2014年版。

王崇武:《论万历征东岛山之战及明清萨尔浒之战——读〈明史杨镐传〉》,载《"中央研究院"历史语言研究生集刊》第17本,民国三十七年(1948)。

王国彪:《车天辂汉诗研究》,博士学位论文,中央民族大学,2010年。

王海妍:《明代捐纳与监生入仕研究》,载《北方论丛》2011年第5期。

王红霞、任利荣:《车天辂〈五山说林〉解李白诸条辨析》,载《图书馆杂志》2016年总第35辑。

王秋华:《明万历援朝将士与韩国姓氏》,载《中国边疆史地研究》2004年第2期。

王全福:《军事博物馆藏明代火器》,载《文物春秋》2018年第5期。

王英础:《万历抗倭名将——季金》,载《温岭日报》2009年4月3日第6版。

王政尧:《清代人物传稿》第三卷《佟养性》,中华书局1986年版。

魏子健:《万历朝鲜之役中明军将领在中朝史籍中的形象建构》,硕士学位论文,山东师范大学,2018年。

文智成:《한국적객가후예ㅣ광동진씨적역사여문교(韩国的客家后裔广东陈氏的历史与文教)》,载韩国中国文化学会《中国史论丛》2004年第17卷。

吴如功:《壬辰战争陈璘"击杀石曼子"事迹及其传播考辨》,载《陕西学前师范学院学报》2016年第12期。

武汝凤:《朝鲜车天辂〈五山集〉中的明朝形象研究》,硕士学位论文,山东大学,2016年。

谢扬:《〈实录政〉的版本与刊刻问题》,载台湾《汉学研究》第 26 卷,2008 年第 4 期。

辛德勇:《述明代戍卫长城之南兵》,载《中国史研究》2004 年第 4 期。

徐成:《壬辰战争中的宣大将士相关问题研究》,硕士学位论文,山东大学,2020 年。

许轫:《"壬辰之役"主题浮世绘作品中的中国人物解读》,载《吉林艺术学院学报》2016 年第 4 期。

颜广文:《论"壬辰之役"中的陈璘》,载 2006 年《东亚人文学》第 9 辑。

杨海英:《关系明清易代的朝明军事合作计划及其执行者研究——洪承畴泄密新证》,载《中国社会科学院历史研究所学刊》第 5 集,商务印书馆 2008 年版。

杨海英:《明清之际辽东佟氏先世考辨》,载《民族研究》2019 年第 6 期。

杨海英:《朝鲜康氏的女真来源及其变异》,载《清史论丛》2021 年第一辑。

杨海英:《南兵游击胡大受敕谕建州女真考》,载刘小萌主编《清代满汉关系研究》,社会科学文献出版社 2011 年版。

杨海英:《〈唐将书帖〉读后》文,载《中国社会科学院历史研究所学刊》第七辑,商务印书馆 2011 年版。

杨海英:《万历援朝战争期间的术士》,载《纪念郑天挺先生诞辰 110 周年中国古代社会高层论坛论文集》,中华书局 2011 年版。

杨海英:《万历援朝东征时期的海运和海道》,载《历史档案》2020 年第 1 期。

杨海英、任幸芳:《朝鲜王朝军队的中国训练师》文,载《中国史研究》2013 年第 3 期。

杨松林:《万历壬辰战争册封日本国正使李宗诚逃离釜山考》,载《黑龙江史志》2013 年第 17 期。

杨旸:《明代奴儿干永宁寺碑记再考释》,载《社会科学战线》1983 年第 1 期。

杨珍:《史实在清代传记中的变异——佟国纲、华善奏请改隶满洲考辨》,载《清史论丛》2013 年号,中国广播电视出版社 2013 年版。

姚永森:《明季保台英雄沈有容和〈洪林沈氏宗谱〉》附录一《仗剑录》,载《安徽史学》1987 年第 1 期。

叶高树：《明清之际辽东的军事家族——李、毛、祖三家的比较》，载《台湾师大历史学报》第 42 期。

于力凡：《首都博物馆藏明代铜火铳火炮》，载《文物春秋》2013 年第 3 期。

张建：《火器与清朝内陆亚洲边疆的形成》，博士学位论文，南开大学，2012 年。

张金奎：《锦衣卫职能略论》，载《明史研究论丛》第 8 辑，紫禁城出版社 2010 年版。

张金奎：《从名将陈璘看晚明武官之政治生态》，载《安徽史学》2017 年第 1 期。

张庆洲：《抗倭援朝战争中的明日和谈内幕》，载《辽宁大学学报》1989 年第 1 期。

张晓波、崔轶男：《禁通之间：朝鲜王朝庶孽制度初探》，载《韩国研究论丛》，2018 年第 2 辑（总第三十六辑）。

张玉兴：《包衣汉姓与汉军简论——八旗制度兴衰的一个历史见证》，载《满学研究》第七辑，民族出版社 2002 年版。

张子平：《万历援朝战争初期明日和谈活动的再探——以万历二十一年的"龙山谈判"为中心》，硕士学位论文，复旦大学，2011 年。

郑诚：《明代后期的火器与筑城》，博士学位论文，中国科学院研究生院，2012 年。

郑洁西：《兵额、兵源、兵种及兵力配置——丁酉再乱期的援朝明军》，山东大学历史文化学院第二届壬辰战争研究（国际）工作坊。

郑洁西：《万历二十一年潜入日本的明朝间谍》，载《学术研究》2010 年第 5 期。

郑洁西：《16 世纪末的东亚和平构建——以日本侵略朝鲜战争期间明朝的外交集团及其活动为中心》，载《韩国研究论丛》第 24 辑，社会科学文献出版社 2012 年版。

郑洁西：《沈惟敬毒杀丰臣秀吉逸闻考》，载《学术研究》2013 年第 5 期。

郑洁西：《16 世纪末明朝的征讨日本战略及其变迁——以万历朝鲜之役的诏令资料为中心》，载《明史研究论丛》第 14 辑，中国社会科学出版社 2015 年版。

郑洁西：《沈惟敬的籍贯家世、生卒年日及其早年经历》，载《宁波大学学报》2016 年第 3 期。

郑洁西、陈曙鹏:《沈惟敬初入日营交涉事考》,载《宁波大学学报》2017 年第 6 期。

郑洁西、毛秀芬:《刘晓东〈"倭寇"与明代的东亚秩序〉》书评,载香港新亚研究所《新亚学报》2020 年第 37 卷。

郑洁西、杨向艳:《万历二十五年的石星、沈惟敬案——以萧大亨〈刑部奏议〉为中心》,载《社会科学辑刊》2014 年第 3 期。

郑梁生:《壬辰倭乱间的和谈始末》,载《中日关系史研究论集》(十),台北文史哲出版社 2000 年版。

周郢:《明万历壬辰之役"借兵暹罗"发覆——以程鹏起〈灵岩寺诗碑〉为中心》,载《历史研究》2017 年第 6 期。

朱亚非:《明代援朝战争和议问题新探》,载《中国史研究》1995 年第 2 期。

索 引

A

阿里马 108
安邦俊 116
安本立 362，457
安康 13，14，24，42－48，50，51，327，335，339

B

白飞虎 408
白斯清 297，459
白猿之术 180
白振南 284
百子铳 310
摆赛 98，304，337，339，365，456
板屋船 170
北岛万次 133，134，148
毕自严 243，274，313，324，325，330
碧蹄馆 5，134，147，292，363，364，370，380
边岌 357
边梦龙 45
边彦时 255
兵农合一 170
《兵学通》 176，355

《兵学指南》 175－177，355，357
卜永坚 137，272，341，351，370
卜寨 225，376，377

C

蔡冲珊 440
蔡仲宇 456
曹化淳 426，431－433
曹时聘 416
曹希彬 300，457
曹一象 275
曹于汴 161
曹忠 198
查大受 83，124，369，371，380，405，451
柴登科 155，291，364，368，370，378，456
长盛 139
常居敬 259
常修铭 262，280，373
车天辂 200，252，320
陈白奇 196，200
陈邦哲 369，452
陈彬 440
陈秉直 439
陈蚕 57，125，253，260，261，

索　引

275，277，283，304，305，329，339，457
陈朝阳　275
陈朝柱　428，429
陈大纲　297，458
陈大启　275
陈恩　81
陈国宝　457
陈国敬　71，283
陈国用　214，278
陈洪范　430，431，433
陈九经　458
陈康祺　438，441
陈良策　424，425
陈良栋　68
陈良珙　199，275
陈良汉　424
陈良玑　179，181，195－197，199，200，206，313
陈良玉　275
陈璘　55，75，79，81，154－156，258，284－286，297，300，301，305，458
陈茂义　275
陈梦琛　423，425
陈名夏　104
陈仁锡　372
陈守勤　275
陈思贤　275
陈思正　275
陈惟亮　275
陈文栋　154，157，158，160
陈文潗　275
陈文科　69

陈文澜　275
陈文亮　198，199，275
陈文顺　276
陈文湘　275
陈文彦　67，68，146，199，275
陈希明　275
陈希圣　275
陈效　154，298，318，371，407
陈信　300，458
陈以笠　297
陈应龙　198，199
陈有年　136，139
陈于陛　142
陈于廷　413
陈愚闻　282，456
陈愚衷　304，456
陈遇文　334
陈豫钟　96
陈云鸿　135，141，143，148，194，195，200，201，279，282，288－291，311，312，314，328，330，333，368，373
陈志羔　363
陈忠　214，218，278，424，425
陈子秀　71，283
成海应　146，187，315，392
程鹏起　157，296，297
铳棍　262，354
崔德峋　178
崔辅臣　45
崔吉　381
崔昱　208，209，317
崔庆会　107
崔儒秀　422

崔兴源 54，145

崔遇 67，68，145

D

代善 434

戴朝弁 228，230，362，451

戴起龙 71，283

戴士衡 139，227，290，328，329，331

戴延春 162

单思南 294，295

岛津义弘 133，134，155，158，160，454，459

邓永和 381，453

邓子龙 285，297，298，304，319，375，458

地涌神枪 262

第一神钻 300，314，320

丁大壮 370

丁杰 6

丁文礼 424

丁文麟 71，283

丁言 194

丁应泰 97，98，100，146，147，157，161-165，298，334-336，339，447

定宜庄 387

东宁镇抚 420-425

董汉儒 128，255

董其昌 410，411

董一奎 82，222

董一元 79，155-157，160，164，327，361，364，368，370，402

董溢 428，429

董应诰 111

董用和 364

董用威 364，456

董用文 364

董用武 364

董用贤 364

董用中 364

董元 2，52，54，194，272，292

杜其 194

杜潜 123，267，295

段胡 194

对马岛 91，110，137，150，155，158，258，261，277，289，339

对马团队 148

F

范文石 55

方日新 285

方时春 366-368

方时辉 289，366-368，371，452

方时新 368，456

方孝忠 214，278

方应选 57，114，282，289，328-332，368

飞鸾岛法引 111

封贡 7，47，69，74，78，79，88，93，106，110，116-118，120，134-139，141，142，144，145，147，150，151，153，195，237，260，333，410，449

冯宾期 417

冯明珠 276
冯琦 160，161，166
冯如璧 194
冯三仕 392
冯仲缨 54，67，68，144－147，292
福日升 296，459
傅良桥 297，300，458
傅霖 74
傅廷立 230，239，241，362

G

甘凤池 295
甘清溪 257
甘士价 136，139，159
高策 303，338，361，364，368－370，402，405，452，456
高淮 232，322，414，415
高兰 368
高升 369，380，452
高寿仙 343
高万僧 368
高彦伯 43，48－50
哥萨克 357，447
割股疗亲 268
葛逢夏 362，363，370，371，380，451
耿仲明 356，429
龚富 328
龚珊 71，283
龚翘祖 276
龚文贤 276
龚正六 214，215，218
龚正祥 428－430

龚子义 194
谷燧 27，370，371，381，452
顾诚 295，342，343
顾可教 378
顾炎武 327
顾养谦 20，78，87，110，114－116，118，120，121，136，137，152，192，196，224，225，235，279，291，341，360，362，377，379，405，447
关白 88，107，110－112，128，136，139－144，147－151，154，157，160，161，163，165，197，279，287，290，294，299，350，376，405，433，434
关帝庙 95，97，103
管一方 289，328，329，368
光海君 84，85，168，174，186，189，201，231，407，414，418，419，449
桂胜范 401
桂有根 156
郭朝亨 457
郭国安 154，157
郭梦征 362
郭顺 141
郭天成 17
郭再祐 39
郭子章 265
锅岛直茂 134，454，459
果下马 265

H

海防营 57，143，151，328，329
韩斌 360，361
韩承庆 360－362
韩初命 199，255
韩春 360
韩登科 361
韩峤 168，174－176，178，183，186，203，353，354
韩浚谦 409
韩取善 78
韩瑞 360
韩相 360
韩信 112，160
韩玉立 243
韩赞 254
韩宗功 360，361
郝继宗 241，246
郝敬 161
郝三聘 304，369，371，372，457
合打 263
何伯銮 276
何和礼 214
何乔远 74
何世章 276
何天宠 421，422
何廷魁 422
何文彪 276
何文星 194
何文忠 276
何元贵 194
何志正 276
和田清 215，430

河为贵 55
黑田长政 337，365，454，459
黑田图书助 365
洪承畴 385，387，437，439，448
洪大尹 68，297
洪龟祥 68
洪居高 457
洪良浩 347，348
洪启睿 74
洪汝谆 209
洪声 428，429
洪世泰 67
洪文正 148
洪翼汉 322，401
洪重普 187
侯应连 71，283
胡参将 69，116，117
胡大经 121，276
胡大受 57，64，98，121，132，179，186，193，195，196，200，204－213，215－220，231，234，235，259，276，278，325，447－449
胡怀德 328，329
胡敬仲 431
胡鸾 380
胡其洪 205
胡汝辅 221
胡汝和 62－64，178，192，193，198，215，278
胡守仁 324，325
胡天俊 121，276
胡天灵 121，276
胡惟宁 417

胡文桂 197
胡游击 57，196，198，200，208，209，211-213，215
胡远 243
胡泽 2，37，69，72，92，104，110，113-121，291，330，378
胡宗宪 106，317，342
花应春 200
皇太极 434
黄功 393
黄机 433，435-437，442
黄加 110
黄玭 128
黄景源 392
黄靖 440
黄克缵 266，269，270
黄平 81
黄汝一 232，382
黄性震 439
黄应阳 256，290，296
黄致敬 128
黄中允 229，247
黄宗昌 417
黄宗统 276
火枪手 44

J

积善堂 268
吉继 139
纪效新书 34，94，167-170，172-178，181-183，187，189，190，193，196，220，253，291，310，312，349，354-357，450

季金 68，71，280-287，289，319，328，330，336-338，368，458
家康 154，158，449
贾大才 191，192
贾大恩 214
贾鸿儒 69
贾祥 260
建州女真 170，189，210-213，219-221，235，237，312，372，405，421，446，448
剑记 262，266，312
剑枪 201，262，263
江鳞跃 71，283
姜谝 178
姜沆 158
姜弘立 189，419
姜良栋 283，292-294，313，320，378，459
姜垚 440
蒋表 230
蒋弘济 292
蒋兴岩 154
教师队 183
杰书 440
解生 98，127，303，304，339，365，456
金长生 361
金大贤 55，74-76，162，314
金得龙 31，32
金德承 322
金德谦 260
金福 276，440
金龟长 68

金景善　392
金科　324，325
金克忠　178
金龙虎　143
金命元　69，116，202，226，363
金奇　329
金千镒　6，405
金润国　26
金尚宪　269
金蓍国　245
金万基　187
金文盛　194，349
金文子　134
金锡胄　176，355
金相　67，144，146，147
金学曾　153，377
金依祥　67，146
金应魁　427
金应南　194，407
金宇颙　145
金正色　229，240
金止男　254，255
金志宁　37，323，340
金忠　194
金子贵　226
金晔　74，155
金佐明　187
津野伦明　149，337
晋州　9，14，38，39，44，48，50，51，55，72，73，84，107，108，110，141，154，256，257，278，279，402，405
荆州土　71，326
景澈　134，148

敬止堂　68
巨济　38，48，261，381，408
具宬　226
瞿式耜　431

K

康古里　213，214
康国泰　388，389
康济远　395
康霖　359，387-389，394-397，449
康全　394-396
康世爵　359，370，387-397，399-403，449
康旺　393，394
康显荣　393，395，396
康相尧　392
康严珠　393，394
康祐　388，399
康元吉　235
康云　394，395
康镇　394，395
康佐尧　392
柯十郎　153，154
孔从周　384
孔有德　421，425，428，429，431

L

赖惠敏　387
赖祖　440
兰生　408
蓝芳威　153-155，160，162，164，279，283，294，297，319，320，322，457

郎绍贞 383
老乙可赤 213，214
梨花枪法 183
李邦珍 325
李超 325
李成梁 223－225，237，311，359－361，365，369，377，380，385，414，421，425，429
李承勋 132，156，205，258－262，264－270，280，283，286，291，312，458
李大谏 29，121，228，278，289，291，406
李大男 178
李大生 258
李德洞 322
李德懋 64，392
李德年 68
李德寿 391
李德馨 63，85，90，93，94，96－98，109，119，168－170，172，173，175，178，181，186，188，190，191，201，207，209，213，214，234，259，260，296，305，309，327，353，379，380，409，412，413
李都 266，380
李二 62，63，193，198，200
李芳春 303－305，310，334，336，337，369，371，451，457
李芬 285
李逢阳 360
李福崇 178
李福达 324

李福恒 409，456
李光庭 87
李光岳 188
李贵 189
李海龙 201
李好闵 47，48，50，226，275，279，309，317，338，406，409
李恒福 98，198，254，313，336，347，408
李化龙 2，72，81，101－104，112，146，149，151，207，281，304，324，326，337，367，370，416，456
李浣 187
李珲 244
李基夏 187
李景 102，103，264，269
李九成 429
李觉 17
李埈 217，369，415
李开芳 289，368
李开先 456
李隆荫 242
李栾 360，457
李民宬 423，425
李民寏 186
李宁 78，224，313，360，368，371，376，379，380，452，457
李平胡 360，381，452
李朴 340
李昑 353
李清 416
李荣春 121，139，141，230
李如柏 311，347，348，367，

371，374，379，452
李如梅　64，83，84，97，98，163，303，310，311，335－338，367，368，371，374，452，457
李如松　5－7，74，84，87，93，115，147，151，168，171，173，191，207，227，228，237，264，292，296，327，347，348，360－363，366，367，380，381，389，393，396，402，452
李濡　187
李汝馪　77，107，108
李汝温　45
李三才　416
李山海　102，103，409
李山谦　6，7
李绍先　101－103
李时发　42，168，185，188，201，234，255，289，314，347，353
李时恒　392
李时茂　196
李世忠　103
李守一　43
李叔和　222
李恕　111
李舜臣　38，170，172，282－286，297，337，338
李思命　42
李祘　176，185，186，188，355
李讨住　102，103
李天常　283，291，339，458
李廷龟　63，93，200，339，408，412，418
李晚荣　430，431
李为瑚　41
李无逸　328，329
李香　291，458
李新芳　457
李馨郁　80
李兴　360
李恒　203，353，354
李润瑞　37，321，323，326，340
李延祖　224
李昖　163
李颐　311，374
李颐命　352
李亿礼　32，178，213，214，430
李益乔　456
李镒　177
李应策　161
李应昌　283，370，459
李应顺　178
李膺　68
李友胜　456
李愈　119
李元　86
李元翼　17，217，298，309
李云龙　188
李之芳　439
李忠元　32
李仲庆　31，32
李自海　178，349
李宗诚　108，111－113，151，197，290，314，406
李祚永　80
立花统虎　459

《利器解》 262，354
郦食其 160
栗山四郎右卫门 365
连城弩 262
廉思谨 111
《练兵实纪》 175，355
梁炳 322
梁簧 456
梁守忠 123，295
梁天胤 296，459
梁心 370，371，452
梁之垣 417－419
梁祖龄 123，301，363，396
廖兴降 440
廖屿 440
林材 136
林翰 440
林欢 408，409
林郎浦 44，50
林麟 440
林梦 201
林明吾 154，158
林庆业 7，448
林万琪 203
林元 158，159
林仲梁 178
刘綎 3，8，10，13，26，36，37，39，42，47－49，55，63，66，69，72－82，84，87，90，95，108，114，115，124，141，154，155，160，162，171，178，183，190，193，195，196，200，230，232，258，274，285－288，291，297，301，303－305，313，316，355，369，370，381，401，411，447
刘爱塔 361，427
刘崇正 371，381，452
刘焘 222
刘芳誉 111
刘光远 200
刘国缙 418，423，425
刘国相 82
刘国轩 439
刘黄裳 27，54，380
刘九逵 243
刘葵 74
刘守信 67，146
刘天福 440
刘天爵 157
刘天秩 123，363，396
刘廷德 205，206
刘廷樟 206，276
刘万寿 154，155，158，160
刘显 317
刘兴治 430，433
刘兴祚 427，430
刘应节 129，320，327
刘应祺 230
刘应宗 428，429
刘元霖 153，154，158，160
刘兆元 155
刘仲武 456
刘宗周 340
柳成龙 2，3，5－7，9，13，14，19，21，23，24，26，29，30，32－34，38，39，54，55，62，

72，73，76，78，82，84，86，87，92，96，97，101，103，106，115－118，121，124，125，127，168－170，172，173，175，178，185－191，194，210，225，226，231，274，292，309，310，314，317，353

柳川调信　459

柳根　253，254，268，409

柳涧　245，417

柳子贵　194

柳宗伯　68

龙泉宝剑　267

龙山　6，114，120，133，134，147，291

娄虎　194

楼必迪　19，20

楼大有　4

卢得功　281，457

卢继忠　98，280，281，304，457

卢稷　162

卢世卿　297

卢镗　280，317

卢相　280

鲁密鸟铳　262

鲁天伦　191

鲁天祥　34，191，194，204

鲁之繇　361

鲁仲连　320

陆承恩　41，381，453

陆光祖　137

陆国志　383

陆菜　442

吕坤　331

吕汝文　181，182

吕永明　405

骆保保　341

骆大升　342，343，348

骆骥　341

骆谨　341

骆钦　342，343

骆尚忠　193，291，348，349

骆胜　341，342

骆松　342，344

骆一龙　141，143，148，259，288，289，291，349

骆应魁　342，343，349

M

麻贵　55，64，108，128，156，163，164，287，297，298，303，319，335－339，354，364－366，370，380，456

麻禄　366

麻叶　317

麻政　366

马臣　218，235

马呈文　284，371，372，457

马骢　292，412，413，418，419，424，425，427－431，444

马栋　82，216，289，367

《马经》　262，266，312

马三非　235

马世隆（龙）　362

马头山　229，239，240，245－247

马文卿　329－332

马文英　258

马英 412
马禹卿 41, 49
玛丽·伊丽莎白·贝里 140, 148, 153, 445
毛承禄 429
毛承祖 135
毛得春 429
毛国科 132-134, 153, 154, 156-162, 166, 275, 276, 447, 449
毛国器 160, 345, 346, 351, 353
毛海峰 317
毛利吉成 459
毛士珉 104
毛文龙 104, 189, 194, 224, 237, 242-245, 356, 385, 416-419, 423-431, 433, 444
毛希遂 345, 346
毛有孝 104
毛有子 104
毛宗元 159
茅国器 97, 98, 133, 153-155, 157, 160, 162-164, 166, 281, 291, 297, 314, 330, 345, 346, 349, 350, 457
茅坤 333
茅明时 157
茅元仪 176, 353, 356, 357
梅国祯 379
猛骨孛罗卜 376, 377
孟良相 290
孟森 217, 297, 393, 423
孟淑孔 417
闵镇厚 187

《名马记》 265, 266
明清易代 104, 170, 177, 189, 237, 356, 357, 385-388, 401, 404, 419, 420, 424, 425, 430, 432, 433, 437, 443, 448, 449

N

那林孛罗 225, 377
南兵北将 72, 93, 272-274, 359, 375, 377, 404, 420, 447, 450
南九万 289, 389-391, 401, 402
南原 8, 14, 24, 26-28, 30, 31, 36, 39, 46, 60, 73, 75, 78, 84, 107, 127, 128, 155, 227, 242, 283-285, 288, 289, 299, 304, 305, 336, 337, 360, 365, 405, 406, 456, 457
鸟铳 23, 29, 33, 139, 169, 174, 175, 178, 180, 181, 259, 262, 264, 265, 280, 309-311, 357, 373, 375, 419
鸟岭 27, 37, 115, 171, 336, 381
宁国胤 230
宁完我 426, 432, 433
牛伯英 305, 364, 370, 456
努尔哈赤 189, 193, 211-221, 235, 356, 385, 414, 419, 421, 422, 426, 430, 434

P

潘思见 184
裴龙吉 40, 316, 318-320

彭士俊 121
彭信古 155，349，456
彭友德 127，336
平山 389，396，397
平秀吉 206
平秀嘉 139
平秀政 267
平义智 76，261，289
平应期 370
平正成 267
颇贵 337，339，365，456
菩萨棒 268
朴承宗 418
朴晋 39
朴葵英 178
朴名贤 188
朴命寿 178
朴彭守 124，125
朴世采 189
朴世堂 390，391，401，402
朴泰辅 391
朴现圭 71，283，297，319
朴彝叙 245
朴震男 65，67，68
朴趾源 279，392

Q

戚继光 16，29，34，37，38，71，83，167，172，173，175-178，191，196，197，204，218，220，223，253，275，294，302，312，313，317，318，325-328，330，333，334，336，342，343，350，353，355，357，372，373，377，447，450
戚家军 34，38，167，170，172，176，177，190，191，196，197，206，302，313，317，318，324，325，328，336，356-358，372，447
戚金 2，72，82-84，86-94，121，169，173，198，207，303，304，371，381，452
戚云 93
钱和 328
钱立仁 69
钱谦益 147，221，224，431，432
钱世祯 57，135，295，296，307，309，312，328-330，371，452
秦得贵 360
庆州 3，8-10，13，14，16-18，24，26，27，30，31，39-50，55，78，85，108，125，126，145，164，282，304，316，327，336，339，340，347，399
权骅 254
权鹤 79
权应铢 43
全湜 194
拳谱 175，355

R

壬辰倭乱 27，37，113，155，203，262，319，389
壬辰战争 7，26，27，47，89，106，112，113，133，134，

索　引

140，149，170，190，207，210，225，236，286，301，302，304，337，357，395，401，445，446
任自强　84，135，364，368，371，451

S

萨尔浒　220，419，447
萨摩藩　133
塞缪尔·霍利　445
三成　139
三捷神机　262
三木聪　134，139
三手布　188
三手技　181
三手军　132，170，179，185，186，196，206，220，312，357，450
三手粮　170，185-189，220
三手米　188
三手木　188
三手钱　188
三屯营　17，37，114，129，204，277，326-328，346，372，378，381
三眼铳　180，311，373，375，453
三营将　3，8，41，45，47，51，52，57，84，145，304
沙古也门　111
尚朝荣　363
尚可喜　356
邵应忠　2，52，54-56，66，177，194，195，272，292

申晛　178
申浏　357
申钦　54，64，68，72，84，95，96，101，102，114，145，157，162，189，196，203，206，210，225，227，239，251，255，267，268，272，277，278，281，286，291，292，294-298，301，303，304，345，351，360，361，363-365，367-369，371，372，379，381，396，406，409，453，458，459
申时行　413
申宋九　74
申琬　187
申锡愚　402
申磼　68
申忠一　193，211，212，217，218，235
神臂床子　262
神机营　4，22，223，265，280，289，300，343，452
沈安道　155，160
沈璨　298，300，304，458
沈德符　137，233，312，380
沈德潜　443
沈嘉旺　106，135，141，148，288
沈九贵　276
沈鲤　332，413
沈茂　26，81，345
沈懋时　108，289
沈思贤　37，69，110，114，115，228，291
沈廷扬　244

沈惟敬 2，38，47，67，72，74，84，86，89，91，104－114，116，119，122，133－135，137，140，143，144，149－151，155，160，279，289－291，331，365，381，406－408

沈文龙 65，67

沈喜寿 409

沈一贯 134，152，157，163，413

沈有孚 256，377

沈有容 256，311，313，375－378，428

甚五郎 159

师道立 155，369，371，372，458

施国用 276

施国忠 276

施胜 71，283

石曼子 157，286，336

石天柱 383

石廷柱 383

石希文 276

石原道博 134

史斌 365

史宸 71，325，380

史鉴 365

史经 365

帅颜保 438

双刀技法 197

顺安 17，226，396

顺天 30，31，39，79，91，229，247，249，281，286，305，311，312，319，338，374，399，406，408，419，422，423，433，459

司懋官 300，458

司宪 73，86，87，93，315

斯天爵 370，456

寺泽正成 459

泗川 39，79，133，134，154，155，160，161，257，336，361，364，369，371，372，457，459

松门卫 37，281，323，325

宋安廷 178

宋大斌 39，68，124，146，297，313，359，362－364，370，381，405，452

宋德隆 203

宋兴祖 81，139

宋应昌 5，7－10，13，17，18，20，26－29，34，37，39，41，42，47，49，51，55，64，66，72，74，78，84，86，87，91，106，108，110，115，121，127，134－136，138－141，144，146，147，170－172，190，191，194，207，208，228－231，234，238－241，246，250－252，255，258，277，278，291，295，296，302－304，306－309，311，341，343，345，366，369－371，373－375，377－381，405，447，453

苏国赋 369

苏有功 428，429

孙承宗 361，416，418，419，426，430，433

孙居相 99，100，278，300，301，

索 引

367
孙鑛 20，55，57，67，82，111，112，115，118，120，136-153，179，180，185，192，195-198，200，204-209，214，217，219，258，259，265，288，289，291，303，326，327，329-334，341，406，447
孙龙 202，204
孙起阳 319，320
孙善继 294，320-324，326
孙升 137
孙守廉 360，371，380，451
孙燧 137
孙卫国 20，64，72，97，134，150，167，168，207，237，272，286，301，306，307，335，341，393，400-402
孙武 320
孙兴贤 311，312，373
孙一鹏 323
孙元化 430

T

谭德 69
谭纶 265，317，342
谭宗仁 140，141，262
汤克宽 317
《唐将书帖》 2，3，20，27，47，53，57，72，101，105，132，146，149，167，173，193，194，207，272，292，295，303，330，353，450
唐尧臣 378

唐一鹏 74
唐妆 234
陶承学 411
陶传 248
陶大临 411
陶大年 410，412
陶大有 410
陶良心 250，251
陶良性 125，132，247，248，250-257
陶沛 248
陶起翱 248，256，257
陶起鸣 248，251，257
陶起潜 248，256
陶潜 254
陶儒 248
陶廷奎 411
陶望龄 410，411
陶温 248
陶玺 248
陶铣 248-250
陶榆 248
天字铳 302，310，348
田好谦 64，65
田浩 370
田应扬 392
佟达礼 222
佟大刚 226
佟大年 221
佟登 221-224，237，311
佟恩 221，222
佟国纲 426
佟国维 426
佟国祚 236

佟恒年 235
佟进 223，224，230
佟敬 222
佟起凤 230，232，242，245
佟棠 222
佟暹 223
佟羊才 218，235，236
佟养性 236
佟养真 224，424－426
佟养中 380
佟昱 222
涂宽 457
屠科 198，200

W

歪乃 215，430
万邦孚 294，295，459
万表 294
万伯元 276
万历援朝战争 2，20，91，101，132，133，272，302，319，388，404，444，445
万世德 153，155，156，159，161，162，183，253，259，267，283，291－293，315，407，457，459
万斯同 448
万正色 440
汪崇孝 418
汪顺 257
汪以时 328，329
王保 327－332
王必迪 2－20，39，41，47，51，65，78，149，276，289，296，303，304，316，330，368，370，380，452
王昺 410，411，416
王朝禄 276
王朝元 194，276
王成 456
王成龙 243
王成夏 276
王承恩 369－371，378，453
王承勋 415，416
王大贵 62－64，192，193，198，218，278
王道纯 245
王杲 217
王珪一 19，20
王国威 296，459
王化贞 424
王怀泉 154
王楫 392
王继阳 68
王嘉猷 81
王建功 154，158，160，257
王勘定 456
王可成 100
王来咸 295
王荔 410
王良翰 260
王名世 300
王启予 71，283
王全一 19，20
王如龙 324，325
王汝贤 55
王三荐 194
王三善 225，256，377，392

索 引

王士琦　81，285，305

王士性　317

王世贞　173

王守臣　363，396，451

王守仁　415

王万育　259

王惟诚　99

王维贞　363，396，451

王文宪　243，288

王闻忠　276

王问　84，96，303，304，369，371，452

王希鲁　291，378

王锡爵　134，136，138，413

王先进　415

王宪　230

王学易　243

王尧朝　276

王耀宇　257

王一鄂　326

王一宁　424

王应龙　243

王有翼　360，380，381，451

王忬　317

王元周　296，339，459

王在晋　361，384，422

王在绍　457

王之栋　326

王之翰　300，458

王直　317

王钟　257

王锺翰　215

王子登　429

王宗义　368，456

威化岛　232

威远炮　262

渭源　214

蔚山　26，27，38，39，41，44，45，48，87，91，95-98，128，155-157，165，256，257，282，284，299，334，336，337，339，350，361，364，369，381，459

魏忠　414

温边　262

温纯　262，264，282

文庆男　124，125

闻继皋　191

闻庆　9，12，37，45

闻愈　32-34，62，63，177，191-194，204，272，353，357

翁正学　234

《倭情备览》　175，355

乌尾商船　158

毋承宣　452

吴百朋　378

吴秉公　435

吴秉经　435

吴秉礼　435

吴秉义　435

吴秉政　435

吴秉智　435

吴承贵　378

吴从周　300

吴达济　401

吴达可　161

吴大本　344，347

吴大斌　376，404，420-426，429，

431-433, 436, 437, 443, 444
吴大圭　292, 419, 420, 433-437, 443, 450
吴大绩　225, 277, 291, 311, 377, 378
吴大武　432, 437
吴大益　433, 436, 443
吴德远　378
吴登元　437
吴兑　377, 410-412, 415, 416, 421, 431, 443
吴广　81, 300, 301, 304, 458
吴贵道　292, 408
吴国辅　431
吴教　292
吴景忠　435
吴来臣　292
吴论　435-437
吴孟登　412, 413
吴孟明　431, 432
吴孟文　415
吴梦豹　29, 228, 277, 278, 366
吴凝道　292, 411
吴起　300, 320
吴瑞麟　255
吴守仁　198, 199
吴天本　378
吴天明　198, 199
吴廷忠　425-427, 429-434, 437, 443, 444
吴惟林　2, 69-71, 272, 283
吴惟璘　71
吴惟珊　277
吴惟贤　129, 277

吴惟忠　2, 3, 10, 18, 27, 36-43, 45, 47-51, 57, 65, 70, 71, 78, 82, 87, 93, 96, 115, 123, 126, 128, 129, 132, 145, 149, 164, 171, 182, 183, 201, 202, 204, 226, 228, 277, 283, 294, 295, 298, 300, 302-304, 313-327, 329, 334-340, 345, 348, 356, 358, 359, 370, 371, 378, 380, 381, 407, 430, 431, 447, 449, 452, 457
吴文亮　129, 277
吴文林　129, 277
吴文模　128, 277
吴文梓　329
吴兴济　435
吴兴宗　435
吴兴祚　420, 431, 433-444
吴行道　69, 114
吴悬　37, 128, 323, 325, 340
吴亿龄　409
吴义增　435
吴应鼎　178
吴有孚　236, 410-416, 418, 419, 431, 433, 443, 444, 450
吴执忠　433-437, 442
吴仲富　277, 378
吴自华　292, 411
吴宗道　55, 162, 236, 259, 260, 262, 273, 292, 404-416, 418-420, 423-425, 431, 433, 443, 444, 450, 459
五雷神机　262

《武艺图谱通志》 176，355－357

《武艺诸谱》 175，352，355

X

西兵 3，274，304，305，310，381，453

西人 72

西生浦 44，45，50，108，110，128，336，337，361，381

希福 438

喜右卫门 158

萧大亨 106，162－164，267

萧起元 432，433

萧应宫 108，122，123，128，363，396

小大胜门 158

小西行长 44，89，106，110，112，113，133－135，137，140，141，144，147，148，279，291，338，406，454，459

小野和子 134，139，447

谢隆 2，72，109－113，149，197

谢三宾 428

谢用梓 110

辛庆晋 168，178

辛五郎 280

信长 140

邢玠 20，55，81，91，108，109，146，147，153，156，157，159－166，199，203，229，230，234，235，240－244，246，247，250，251，261，262，277，291－294，298，300，304，305，309，314，320，336，339，341，361，368，371，372，402，406－408，447，456，458，459

熊明遇 417

熊廷弼 232，236，255，382，383，389，390，405，406，409，412－415，417，420，424，450

秀赖 154

徐成 68，69，262，265，277，339，359，364－366，368，369，402，458

徐成楚 139，150，227

徐锄头 17

徐大鹏 287

徐敷奏 418

徐观澜 157，161－164，296，297，334，458

徐光启 310

徐敬贤 69，277

徐明山 280

徐乾学 266

徐渭 42

徐文 2，60，66－69，195，277

徐文良 277

徐希震 282，283，297，336

徐行 69，114，277

徐学圣 69，277

徐延宠 68，277

徐延桂 69，277

徐一贯 110，111

徐治登 111

徐宗节 68，277

许国安 329

506 索引

许国威　164，182，186，201，203，298，300，334，335，339，353，354，458

许国忠　291，378

许宏纪　277

许龙　71，283

许穆　115

许南麟　89，140，149，446

许汝良　277

许顼　116

许仪后　154，226

薛国观　417

薛虎臣　339，370，457

薛仁贵　320

训练都监　69，132，167－170，172－175，177，179－181，183，186，188，190，191，193，196，197，200，201，203，206，220，291，349

训练师　167，182，190，194，195，201

迅雷炮　262

Y

偃月刀技　182

杨博　222，346，366，383

杨大朝　218

杨大观　239

杨登山　98，337，339，343，365，457

杨方兴　111

杨镐　20，71，95－98，101，102，160，163，165，206，216，223，281，284，291，292，296，298，299，304，305，312，334－340，361，365，370，388－390，401，406，447，456，458，459

杨贵　112，197，200，356，357

杨国栋　427

杨江　277

杨俊民　143，205，259

杨廉　456

杨乔林　203

杨三　237

杨尚仁　370

杨绍先　362，371，451

杨绍勋　74，226，362，380

杨绍祖　230，362，457

杨思方　277

杨四畏　129，223，224，362

杨万金　154，343，350，351，359，364，456

杨惟杰　277

杨文洪　277

杨文详　277

杨希凤　277

杨先　67，146

杨一泾　277

杨应龙　81

杨应文　296

杨永　71，283

杨玉祥　224，228

杨元　28，69，84，108，127，128，224，227，228，234，290，326，334，347，348，362，369－371，380，452，457

姚启圣　438－440，444

索引 507

要时罗 155
叶邦荣 153－155，160，162，277，279，305，313，349，370，380，457
叶伯明 67，68，146
叶朝柱 457
叶春 155，305
叶大潮 197
叶芳 20，143，148，288
叶富春 278
叶靖国 101，141，148，151，164，203，254，259，333
叶思贤 29，278
叶思孝 278
叶思忠 277，305
义兵 7
殷文龙 198
尹昌立 245
尹昌铉 368，402
尹斗寿 18，115，168，186，232，349，350，353
尹根寿 9，115，118，191，207，210，225，409
尹光启 284
尹集 401
尹行恁 64，67，68，145，146，253，297，392
尹应元 269
尹趾仁 401
游士任 416－419，431
又大夫 44
于永清 163
余大成 245
余启佑 278

余希元 64，98，212－220，234，235，278
俞大武 143
俞大猷 265，317
俞明 243
俞廷仁 278
虞膺鳌 67，146
元均 188
元慎 178
袁崇焕 244，245，418，428，430
袁黄 2，52，54，55，66，67，145－147，190，194，292，309，312，380
袁应泰 422
岳永升 428，429

Z

詹天枢 440
张邦达 71，283
张榜 267，280，458
张朝璘 384－386
张朝瑞 386
张朝珍 386
张凤仪 383
张国彦 326
张国忠 362
张海 213，214
张鹤鸣 71
张佳胤 333
张经世 416
张九经 291，369，378
张九思 383
张居正 223，313，328，333，336，447

张良相 260，286，288，290，459
张龙 64，65，193，194，278
张隆 456
张攀 427
张盘 427
张奇功 226，227，381，451
张铨 422
张汝霖 413
张汝文 300，301，304，458
张汝翼 67，68，146
张三凤 278
张三六 2，60，62－65，193－195，198，215，272，278
张三畏 13，125，221，230，235，239，241，255，363，396
张士彦 382－386
张世爵 124，347，348，362，371，452
张廷弼 104
张廷福 83
张万禄 111
张维城 456
张位 74，142，157，163，164，331，447
张文荣 329
张五典 184
张学颜 74
张延德 229，240
张彦顺 232
张寅 324
张应宿 112
张应霄 112
张应种 359，371，378－383，386，387，449，451

张元阳 376，377
张云翼 128
张允昌 243
张正学 149
章得化 424
章接 370，371，452
赵标 81，161
赵参鲁 136，139
赵楫 414
赵儆 168，169，177，178，186，188，353
赵岢 222
赵庆男 13，200，283，288
赵汝梅 256
赵天考 279
赵文明 370，371，451
赵文命 392
赵宪 7
赵谊 182
赵翊 229，232，241，246，316，355
赵应爵 68
赵佑 416－418
赵之牧 369，381，451
赵志皋 134，136，137，151，152，155，157，161，164，183，413，447
《枕戈集》 264
真定枪法 180
郑大任 45
郑德 2，52，56－59，272
郑光绩 363
郑国锦 109
郑弘翼 79，80
郑虎臣 178

索引

郑洁西　2，47，101，105，106，115，134，159，160，255，272，301，304，449
郑锦　439
郑礼　178
郑期远　28
郑奇烈　440
郑起龙　45
郑全斌　457
郑汝璧　156，241
郑若曾　375
郑善甲　391
郑士荣　178
郑文谦　392
郑希得　158
郑一道　363
郑一麒　152
郑印　456
郑应斗　245
郑应圣　45
郑琢　27，42，75，136，207，227，231，233，246，251，253，268，280，315，318，335，338，348
中村德五郎　134
中村荣孝　134，148
中岛乐章　44，45，134，236，448
周丁　194
周敦吉　300，301，305，458
周弘禴　121，364，365，371，451
周焕　71，283
周孔教　139，294，320-322
周砺　205
周冕　278，458
周文郁　426，430
周以德　458
周易　380
周于中　67
朱邦瑞　99，100，278
朱大典　428，431
朱大科　279
朱赓　114，224，412，413，416，431，450
朱虎　196，200
朱华　279
朱珏　325
朱良俊　278
朱荣　279
朱守谦　71，283
朱天成　279
朱万春　340
朱惟宁　278
朱文彩　198
朱延光　322
朱勇　158
朱元璋　103，224
朱忠　55
竹虎　265
竹龙　265
邹良臣　297，458
洴足杀马风镰　262
祖承教　370
祖承训　47，78，96，155，225，226，313，337，361，370，371，376，377，380，451，456
祖廉　68
祖天寿　361
钻架　262
佐岛显子　134

后　　记

　　2021年春节前后，拖拖拉拉看完本书清样。过年去何师母家，得到一张旧纸片，却是何龄修先生手写的一段话："题《壬辰卫国战争》：本书出版在1955年，朝鲜战争战与和交叉进行。其著作应在战前不久，战事方酣，硝烟弥漫，血肉横飞之际，乃有此本在华散发。余久无此书存室，至今所图书室处理废旧书，多复本书，始以廉值得之。读后颇以为奇。因题'烽火连天血腥浓，怪有余情并闲工。壬辰战史雕琢就，别有心事在书中。'"何先生提到的书十多年前就已给我，现在才看到当初何先生写的题记。遂问师母要了纸片，贴到书的扉页，也算是在先生辞世三年后，遗物终得"珠联璧合"。

　　不安混淆着懈怠和抗拒：交稿拖了两年多，看清样拖了两月余。因为自己知道并没能很好解决多年前何先生提出的问题。比如他说："某书的写作及其汉文版在中国无偿散发，广泛传播，是在朝鲜战争尚未结束，中国人民志愿军优秀儿女继续浴血奋战，中国人民节衣缩食支援战争，用辛勤劳动和宝贵生命拯救朝鲜政权于危急存亡之际进行的。在这种情况下，被拯救者应该做什么，不做什么，是不言自明的。因此，这一著作和散发是很不寻常的，反映出主事者的心中有些与众不同的别样的想法。中苏论战和分裂时，朝鲜科学院出版了《朝鲜通史》，这也是一种不容小视的著作。但如何应对是一个需要深思熟虑、谨言慎行的问题。"针对我最初开始研究南兵问题，他提出过以下意见："明军援朝抗倭是一场战争，为什么没有战争过程的描写和论述？""中枢不欲战……这可是大问题，是此次战争中明朝方面的战略问题，为什么没有集中的分析、论述？""你喜欢跟着材料走，依据材料安排全文的内容和结构，究挖某材料的客观意图比较薄弱。……如果依据某一合理的科学结构，深挖新材料，但仍有某些关键材料没有觅得，问题得不到解决，则说明研究不成熟，此时只有三种解决办法：一，放弃，留待后来者；二，继续深挖，不断探索；三，缩小课题，根据已有的材料，论述力所能及的范围……在研究过程中，人的思维是最主要的因素，起研究的能动作用。是思维驾驭材料使用材料，实际上也是思维发现材料、认识材料，这一点必须贯彻研究过程的始终。不能让思维无所作为，让材料决定内容。"现在回看多年前何先生的指示、教导，自省贯彻程度仍然有限。比如战争过程的描写，觉得已有现成的参考（如韩国李炯锡1967年已发表的著作，还有最新大陆出版的朱尔旦《万历朝鲜战争全史》）基本可以省略；而"中枢不欲战"的问题还是没能集中论述，因为分散在相关人物论述中，不能合理安排、妥善解决体例和问题的关系，当然还包括有限的课题和无止境探索间的矛盾，这都是不能很好向何龄修先生交代的地方。

另外还须检讨于我的导师王锺翰和姚念慈先生。八年前在《想念王锺翰》那篇磕头文中提到过1946年，锺翰师得哈佛燕京奖学金赴美深造，"第二年先生拟定明朝万历间援朝战争为学期论文，不料指导教师认为太偏重考据，暗示先生这样做论文将不能获得博士学位"，成为"先生人生道路上的第二个跟头"（王锺翰：《清史满族史讲义》，鹭江出版社2006年，第431页）。感觉自己始终没有越出先生学问的藩篱，冥冥之中都是循着老师的脚印走。但是究竟走出了多远，却仍四顾茫然。只知道自己做的工作仍是以不能获得哈佛博士学位的考据为主，不仅理论不够，篇章结构、叙事论述也都还潦草，关键的问题也折腾不动了，就这样赶着交差了。

除了遗憾，当然不能省略的是感谢名单。对相关研究做出过贡献的诸位先生和师友，包括2014年出版《域外长城——万历援朝抗倭义乌兵考实》后记中提到的诸位先生，在这里也希望能够再次感念他们的名字：包括原浙江省义乌市志编辑部主任吴潮海、张金龙、傅健、金善富、潘爱娟、虞金法、义乌市佛堂镇谱师陈江彬、大成中学的陈如楠老师、义亭镇叶前村的叶芹和、叶春竹、后宅五房头后宅二村的叶洪富、叶之翰、王阡一村的楼琪云、王阡二村的楼珍全、吴坎头村的吴云飞、夏演村的楼洪财、楼柄有、葛仙村的陈廷祥、义乌市北苑街道柳一村的杨南山、义乌著名的农民画家叶洪桐、义乌市图书馆古籍部丁小明以及辽宁省秦皇岛市山海关的郭泽民、辽宁省绥中一高中老师王怀平、绥中县地方志办公室刘宏伟、绥中县永安堡乡李兴泉、大甸子曹家房子村的曹成敏、洪山口村的蔡春芳以及浙江省慈溪市方志办王孙荣、谱牒专家励双杰、绍兴柯桥区史志办何鸣雷、文旅局吴炎标、云和县石塘镇徐瑞根、云和县政协黄育盛、松阳县史志办洪关旺、丽水市司法局吴志华、缙云县图书馆辛福民、钭伟民、郑勇辉、五云镇王达钦、谱牒专家陈渭清、莲都区周可木、中心医院李开军医生，还有我的中学、大学同学施健民、章钦飞、潘妃芬、卢连忠、周伟春、李能成、祝静芝、任幸芳等师友。

受教、赠书、提供各种帮助的各位师友，还包括：加拿大哥伦比亚大学许南麟教授、香港中文大学卜永坚教授、韩国庆尚大学张哲源教授、仁荷大学李俊甲教授、明知大学韩明基教授、河北大学宫进才教授、河北大学图书馆古籍部崔广社主任、浙江工商大学王勇、宁波大学郑洁西、江西师范大学方志远、西北大学曹循、东北师范大学年旭、上海复旦大学丁晨楠、日本东北大学东北亚研究中心程永超、中国科学院郑诚及中国社会科学院定宜庄、刘小萌、邱永君、江桥、靳大成、张建等诸位先生，本所已故商传先生及楼劲、博明妹、万明、张兆裕、张金奎、赵现海、解扬、吴伯娅、李万生、江小涛、李花子、乌云高娃、李华川、王士皓等明清史室同人，还有可随时聆听教诲的姚念慈老师，都是我要特别感谢的。

至于手下拥有国内最强研究团队的山东大学陈尚胜教授和南开大学孙卫国教授，多年来从组织国际学术讨论会到举办壬辰战争研究国际工作坊（已举办过三届，去年受疫情影响，今年将继续）还有编订、提供资料及各种帮助，个人受益尤多。更重要的是他们培养出来的多届学生，已经形成了国内较为稳定的高水平研究梯队，使该领域的研究后继有人。从这个角度来说，我能参与其中，也是与有荣焉。

最后，衷心感谢中国社会科学出版社历史与考古出版中心宋燕鹏编审，从2017年申请社科后期资助到结项、完成及四年后本书的出版所给予的各种帮助和关照。

2021年3月初春于北京朝阳